白话资治通鉴

第四册

卷第七十七至卷第一百
（魏纪九至晋纪二十二）

〔宋〕司马光 著
萧祥剑 主编

团结出版社

目 录

资治通鉴卷第七十七　魏纪九

起丙子（公元256年），止辛巳（公元261年），共六年。

【题解】本卷记录了魏帝曹髦甘露元年至魏帝曹奂景元二年共六年间魏、蜀、吴等三国大事：魏将诸葛诞反对司马昭篡魏遭其嫉恨，看到毌丘俭等被司马昭诛灭而心感不安，于是率众降吴并守寿春；司马昭率军施反间计破杀诸葛诞，平定寿春叛乱；魏帝曹髦因不满司马昭的控制率兵讨伐他，被杀，司马昭改立常道乡公曹奂为傀儡；吴国掌权者孙峻病死，其堂弟孙綝把持朝政，并将欲废自己的滕胤与吕据分别击破、灭族；吴主孙亮与近臣谋诛孙綝，事情泄露被废；孙綝改立孙休为吴主，后被吴主所杀；蜀将姜维多次伐魏均被击退；蜀国宦官黄皓把持政权，致使朝纲混乱；鲜卑拓跋氏逐渐在北方兴起并南进，为北魏的崛起作铺垫。

高贵乡公下

甘露元年（丙子，公元256年）

六月，改年号为甘露。春季，正月，汉姜维晋升为大将军。

二月，丙辰日（初九），魏帝曹髦在太极东堂宴请群臣，和许多学者讨论夏少康和汉高祖的优劣，魏帝曹髦认为少康出生在灭亡之后，可以降服诸侯，所以比较优秀。

夏季，四月，庚戌日（初四），魏帝曹髦赐给大将军司马昭衮服和冕冠，又赐给人君穿的红色鞋子来搭配以上服饰。

丙辰日（初十），魏帝曹髦来到太学，和众多学者讨论《尚书》《易经》和《礼记》，许多学者还比不过魏帝曹髦。魏帝曹髦曾经和中护军司马望、侍中王沈、散骑常侍裴秀、黄门侍郎钟会等在东堂讲学饮宴，并写文章叙述，对他们非常有礼貌，把裴秀称为儒林丈人，把王沈称为文籍先生。魏帝曹髦个性急躁，召见的时候就期望大家快速到达，因为司马望是外职官员，就特别赏赐他追锋车和虎贲五人，每当有召见，经常奔跑到达。裴秀，是裴潜的儿子。

六月，丙午朔日（初一），魏国把年号改为甘露。

蜀国大将姜维在凉州钟提，朝里人讨论，都认为姜维的战斗力已经下降，不会再向他们出兵。但安西将军邓艾说："洮西那次战役，我方并不只是小的失败，实际上士卒伤残严重，粮食仓库都已空虚，百姓流离失所。现在讨论彼我双方的情况，大概有五点：对方有获胜的士气可用，我方却是空虚而又衰竭，这是第一。对方的将领和士兵，相互都非常了解和相信，兵器齐备而犀利，我方却是新将新兵，兵器还未完备，这是第二。对方在船上行动，我方却在陆上奔行，劳逸不同，这是第三。我方要守卫的是狄道、陇西、南安、祁山四个地方，兵力非常散乱，对方却可集中兵力专门进攻一个地方，这是第四。对方如果由陇西、南安攻击，就可以用羌人的粮食作为军粮，如果向祁山进军，又有千顷以上成熟的麦子可以成为他们的外部粮仓，这是第五。按照以上五点比较，加上敌人狡猾的计谋很多，他们一定会再次出兵。"

秋季，七月，蜀国大将姜维再次带领士兵出祁山，听说安西将军邓艾早有准备，于是撤退，又从董亭进攻南安；邓艾防守武城山抵挡。姜维和邓艾争夺险地没有获胜，利用夜晚渡过渭水东行，缘山准备进攻上邽，姜维在段谷和邓艾相遇并进行了一番恶战，姜维战败。魏国封邓艾为镇西将军，都督陇右各军军事。姜维和蜀汉的镇西大将军胡济相约在上邽会合，胡济没有按时赶到，姜维战败，士兵四散逃跑，死伤惨重，蜀人因此都埋怨姜维。姜维上奏请罪，自己要求贬职，蜀汉就把他降至卫将军，代行大将军职权。

八月，庚午日（二十六日），魏帝曹髦下诏任命司马昭加号大都督，有事向皇上上奏可以不说姓名，出师持黄钺。癸酉日（二十九日），魏帝曹髦任命太尉司马孚为太傅。九月，任命司徒高柔为太尉。

文钦劝说吴国，说进攻魏国有很多有利之处，吴国孙峻命令文钦和骠骑将军吕据及车骑将军刘纂、镇南将军朱异、前将军唐咨等人从江都进入淮水、泗水地区，以图攻取青州、徐州。孙峻在石头城为诸将士饯行，突然染上重病，把后事托付给堂兄弟偏将军孙綝。丁亥日（十四日），孙峻去世。吴国任命孙綝做侍中、武卫将军、都督内外各军事，召回吕据等人。

己丑日（十六日），吴国大司马吕岱去世，终年九十六岁。起初，吕岱与吴郡徐原来往亲密，徐原为人大方有才气，吕岱知道他一定会成事，于是赏赐给他士冠和礼服，并且经常和他议事，后来又举荐他为官，一直升至侍御史。徐原性子耿直，直言不讳，吕岱有错误时，徐原经常用直言和他争辩，又当众议论；有人悄悄告诉吕岱，吕岱却感叹地说："这就是我尊敬徐原的原因！"等到徐原去世，吕岱痛哭哀伤，说："徐原是吕岱的良友，现在他不幸去世，吕岱再从什么地方听自己的错误呢？"因此议论的人都赞美吕岱贤能。

吕据听说孙綝代替孙峻辅佐朝政，内心很生气，就和诸督将一起举荐滕胤做丞相；孙綝派滕胤做大司马，代替吕岱的职务驻守武昌。吕据带兵返回京城，命人向滕胤通报，准备一起发事罢黜孙綝。冬季，十月，丁未（初四），孙綝命令堂兄孙宪带领士兵在江都抵挡吕据，让中使下令文钦、刘纂、唐咨等一起进攻吕据，并且命侍中左将军华融、中书丞丁晏去告诉滕胤理应快些到武昌去。滕胤自认为自身难保，就把华融、丁晏留下用兵自卫，召回典军杨崇、将军孙咨，宣布孙綝要叛乱，逼迫华融写信斥责孙綝。孙綝不相信这些事，向皇帝上奏说滕胤叛乱，应允封给将军刘丞爵位，让他带兵围困滕胤。滕胤又劫持华融等人，让他们下假诏书出兵，华融等没有服从，滕胤就把他们杀了。有人劝说滕胤带兵去苍龙门，说将士们看到滕胤出来，一定会放弃孙綝而跟随他。当时已过半夜，滕胤仗着和吕据有约好的期限，又很难向宫中发兵，于是向部队下令不得散乱，说吕据的兵已经靠近，因此，大家都为滕胤拼死抵抗，没有一人逃跑。滕胤并不恐惧，神色安然，而且谈笑风生。当时刮起了大风，天已经亮了，吕据的兵还没有抵达，而孙綝的兵已经集合，结果杀死滕胤和他手下的将士几十人，并诛灭了滕胤三族。己酉日（初六），天下大赦，年号改为太平。有人劝吕据逃跑去魏国，吕据说："我耻于做叛臣。"于是自杀而亡。

魏帝曹髦任命司空郑冲做司徒，左仆射卢毓做司空。卢毓决意辞让并推荐骠骑将军王昶、光禄大夫王观、司隶校尉琅邪人王祥，但魏帝曹髦诏令不准。

王祥生性至孝，他的继母朱氏待他很不好，但是王祥却对她更加尊敬。朱氏的亲生儿子王览，那年才几岁，每次见到王祥被荆条打，就哭着拉住母亲；母亲让王祥做难以做到的事，王览就和王祥一同去。等长大了，他们都娶了妻子，母亲又暴虐地使唤王祥的妻子，王览的妻子也赶快跑去跟着嫂嫂一起干，母亲心有顾忌，才稍稍减少了虐待。王祥逐渐有了一些好声望，母亲深深地忌恨他，悄悄在酒中下毒要加害王祥。王览知道了，立即拿过酒杯就要喝，王祥急忙抢夺，又抢不过来，母亲突然夺过去把酒倒掉了。从此以后，母亲每次给王祥吃的东西，王览一定要先品尝，母亲害怕把王览毒死，于是不敢再下毒了。东汉末年天下大乱，王祥隐居了三十多年，不接受州郡的征召外出为官，母亲去世，他心力交瘁，拄着拐杖才可以站起来。徐州刺史吕虔下公文召他做别驾，委托他处理州里的事情，结果州内清静，政化大行，当时的人歌唱道："海沂的康宁，实在依赖于王祥；国家没有空虚，这是别驾的功劳！"

十一月，吴国孙綝升为大将军。孙綝自负高贵，很是骄傲，做事经常没有礼貌。孙峻的堂弟孙宪曾参与诛杀诸葛恪的事情，所以孙峻待他不薄，官升到右将军、无难督，地位和九卿一样。但是孙綝对孙宪不如孙峻活着的时候，为此，孙宪很生气，准备和将军王惇谋杀孙綝，可惜事情败露，孙綝杀掉王惇，孙宪则服毒而死。

甘露二年（丁丑，公元257年）

春季，三月，大梁成侯卢毓去世。

夏季，四月，吴主孙亮莅临正殿，天下大赦，开始亲自管理朝政。孙綝上表奏请，经常遭受责难，吴主又挑选十八岁以下、十五岁以上的士卒子弟三千余名，选大将子弟中年少勇敢的人，派人带领他们，每日在苑囿中练兵习武，并说："我训的这军队，准备与他们一同成长。"他又数次拿出府藏书册阅览先帝时的旧事，问左右侍臣说："先帝经常有特殊的宣示，现在大将军上奏，仅仅让我画个'可'就可以了吗？"吴主有次要吃生梅，命令黄门到库里拿蜜，蜜中有老鼠屎；就召来守库官询问，守库官磕头谢罪。吴主问："黄门私下向你拿过蜜吗？"藏吏回答说："以前曾经来拿蜜，确实不敢给他。"黄门听了不服。吴主派人把老鼠屎剖开，中间是干的，因此他大笑着对左右说："如果老鼠屎以前就在蜜中，那么里外都应该是湿的；现在外湿里干，这必定是黄门做的假了。"仔细盘问黄门，果然认罪，左右之人都很震惊恐惧。

征东大将军诸葛诞平时和夏侯玄、邓飏等人关系很亲近，夏侯玄等人去世以后，王凌、毌丘俭连续被杀。诸葛诞内心很不安，于是尽量拿出府库中的财物，大力施舍，也赦免一些有罪的人，想收服人心，又蓄养了扬州的轻捷侠客几千人，作为护卫自己的死士。正赶上吴国准备往徐堨出军，诸葛诞就请求派十万人把守寿春，又要求沿淮河边建城，用来防备吴国进攻。司马昭起初执掌朝政，长史贾充请求派部下去向东、南、西、北四征将军慰问，并且观察一下他们的志趣、动向。司马昭派贾充到了淮南，贾充看到诸葛诞，一起讨论当前的情况，找机会问他："洛中许多贤才，都希望实行禅让，先生认为怎么样？"诸葛诞严厉地说："先生不是贾逵的儿子吗？你家世代接受魏国恩惠，难道会将国家拱手送人吗？如果洛中发生危难，我诸葛诞愿为国而死。"贾充沉默不语。返回京师，贾充将这话告诉司马昭："诸葛诞再次到扬州后，深得士民之心。现在召他回来，他一定不来，还会反叛，但是叛乱较快，祸患却小；如果现在不召回他，那叛乱会延迟，但是祸乱会非常大，还不如将他召回来。"司马昭接受了这个建议。

甲子日（二十四日），司马昭下诏书任命诸葛诞为司空，召回京师来。诸葛诞拿到诏书后，非常害怕，怀疑扬州刺史乐綝离间自己，于是杀掉了乐綝，聚集了在淮南和淮北郡县囤积良田的官兵十多万人，加上扬州刚投降的士兵四五万人，聚集了足够食用一年的粮食，作了闭门自守的长期准备。诸葛诞又命令长史吴纲携带小儿子诸葛靓到吴国去称臣请求救援，而且请求用部下将士的子弟做人质。

吴国滕胤和吕据的妻子，都是夏口督孙壹的妹妹。六月，孙綝派镇南将军朱异从虎林带兵进攻孙壹。朱异抵达武昌时，孙壹带领部下全部投降。乙巳日（初六），朝廷下诏书任命孙壹做车骑将军、交州牧，封为吴侯，开始建造府署征召僚属，仪式同三公相仿，穿礼服戴礼冠，着赤色鞋子，对孙壹很优厚，期望能得到招降的效果。

司马昭奉魏帝曹髦和太后的昭命，去征讨诸葛诞。

吴纲抵达吴国，吴国人很高兴，派遣将军全怿、全端、唐咨、王祚等人带兵三万，和文钦一起去救援诸葛诞；任命诸葛诞为左都护，持符节、大司徒、骠骑将军、青州牧，封寿春侯。全怿，是全琮的儿子；全端，是全琮的侄儿。

六月，甲子日（二十五日），魏帝曹髦坐车抵达项县，司马昭率军二十六万进驻丘头，任命镇南将军王基行镇东将军、都督扬州、豫州各军事务，和安东将军陈骞等人围剿寿春。王基刚抵达寿春，包围圈尚未形成时，吴文钦、全怿等人从城东北凭借山势险峻，带领部属冲进城内。司马昭命令王基召集军队在城外镇守。王基多次请求攻城，这时吴国将领朱异带领三万士兵进驻安丰，成为文钦的外部接应力量，魏帝曹髦下诏书派遣王基带领各军转移占据北山。王基告诉各将领："现在包围的壁垒已经很结实了，兵马也都聚集在一起，此时只应整治守备力量，等待敌人逃跑，如果动兵去镇守山险，让敌人放松，即使是有才智的人，也无法完成！"于是仍旧一边防守，一边上奏说："现在和敌人作战，我们确实应该像大山一样岿然不动，如果转移部队依仗山险，相反会动摇人心，士气也会消退。现在各军都把守着深沟高垒，人心都已稳定，不适合再加以动摇，这是统领御兵的要领啊！”皇帝看了奏折后，命令王基自己决断。于是王基等人四面围剿，战地里里外外有许多层，战壕也深，堡垒也高，防御工事非常坚固。文钦等人几次出城企图突破重围，全部被打回去了。司马昭又派奋武将军、监督青州各军事石苞督统兖州刺史州泰、徐州刺史胡质选拔精锐将士作为游军，防守外来敌人。州泰在阳渊打败吴国朱异，朱异逃跑，州泰在后面追赶，杀伤两千多敌兵。

秋季，七月，吴国大将军孙綝派遣大军驻扎镬里，再命朱异带领将军丁奉、黎斐等五人去解寿春之围。朱异把辎重粮草留在都陆，进军屯守在黎浆，魏国石苞、州泰又击败了他。太山太守胡烈利用奇兵五千人突袭都陆，把朱异的物资粮草全部烧光，朱异率领剩余的军队吃葛根树叶维持生命，撤逃到孙綝处；孙綝让朱异再去决一死战，朱异以士兵吃不到东西为由，不服从孙綝的命令。孙綝大怒，九月，己巳日（初一），孙綝在镬里杀了朱异。辛未日（初三），孙綝带兵返回建业。孙綝既不能救出诸葛诞，又损失许多士兵，而且杀了自己的名将，因此吴国人没有不怨恨他的。

司马昭说：“朱异不能抵达寿春，不是他的过错，但是吴国却杀了他，只是想安抚寿春的将士，并且坚定诸葛诞守城的决心，让他以为救兵一定会抵达！现在理应加强围剿，来防备他们突围逃跑，还要想方设法让他判断失误。”于是使用反间计，扬言说：“吴国救兵快要抵达了，而且魏国大军粮食短缺，要分散派遣一部分老弱士兵到淮北收集粮食，这里的围困时间不会太久了。”诸葛诞的军队于是随意浪费粮食，不久城中粮食就要吃没了，而外边的救兵还没抵达。将军蒋班、焦彝，都是诸葛诞的心腹之人，此时对诸葛诞说：“朱异等人率领大军前来却不能进城，孙綝杀了朱异后也回江东了，对外宣布说救兵即将到了，实际上是准备坐收渔翁之利。现在应趁人心稳定，士兵还愿意效力的时候，尽力决一死战，进攻一面，突破重围，即使不能取得全面胜利，也有可能保全一部分实力，如果只是在这城里等待，是没有出路的。”文钦说：“现在您带领十万大兵来归附吴国，而且我和全端等人与您一同居于这死地，我们的父兄子弟全部在江南，就是孙綝不想再进军，吴主和大家的亲属哪里会不管呢！而且魏国每一年都有战事，军民都很疲惫，现在包围我们一年，内乱一定会出现，为什么我们要放弃此地，而想冒着危险侥幸一战呢？”蒋班、焦彝坚定劝诸葛诞突围，文钦很生气。诸葛诞要杀掉蒋班、焦彝，两个人很害怕，十一月，蒋班、焦彝背弃诸葛诞跑到城外投奔魏国。全怿哥哥的儿子全辉、全仪在建业，和家人发生争执，于是带着母亲和部下几十家人来投奔魏国。但是全怿和他哥哥的儿子全靖，还有全端的弟弟全翩、全缉都带兵在寿春城中，司马昭采用黄门侍郎钟会的计谋，悄悄地替全辉、全仪写了书信，命令全辉、全仪的亲信之人把信送到寿春城里，对全怿等说：“吴主生气全怿等人没有办法攻下寿春，要把各将军的家属全部杀死，因此我们才跑来归顺魏国。”十二月，全怿等人率领手下兵将数千人开城门出来投降，城中的人非常害怕，不知道怎么办好。魏帝曹髦下诏书任命全怿为平东将军，封临湘侯，全端等人也都受封，不过拜官封职各有差异。

蜀汉的姜维听说魏国派关中兵远赴淮南，准备乘虚向秦川进军，于是带领几万人出骆谷，到达沈岭。这时长城一带积存的粮食很多，但是守卫的士兵却很少，征西将军都督雍州、凉州各军事的司马望和安西将军邓艾就出兵占据了那里，来抵挡姜维。姜维暂时在芒水驻扎，多次出来挑衅，司马望、邓艾就是不应战。

这时候，姜维数次出兵征战，蜀地人民非常忧愁，中散大夫谯周写了《仇国论》来讥讽说：“有人询问古代以弱胜强者，他们运用的是什么办法？回应说：‘我听说，居于大国的地位而无忧患意识，经常会懈怠轻慢，处于小国地位而拥有忧患意识，经常想要做善事；常常怠慢，国家就会出现内乱，经常思考行善，国家就会安定，这是世代不变的道理。所以周文王善于养民，就可以用小国寡民，攻打地大物博的商朝，句践卧薪尝胆，爱惜黎民，也可以打败强大的吴国，这就是他们的方法。’有人说以前项羽势力很强，汉高祖势弱，相互争战，没有一天和平，后来项羽和汉高祖约定中分天下以鸿沟为界，各归本土，让人民休养生息，张良却认为民心一旦安定，就难以再发动起来，于是汉高祖立即带兵追赶项羽，终于消灭了他。哪里一定要按照文王的方法做事呢？回答说：从前商、周的时候，王侯有世袭的尊贵地位，君臣的名分时间长久而且稳固，人民已习惯于事其君主；深深扎根的东西难以拔除，基石牢固的东西难以迁移。在那个时代，虽然汉高祖有雄才武略，又怎可以持剑鞭马利用武力来夺取天下呢？到秦朝废除分封侯国，设立郡县以后，老百姓厌烦了秦朝的奴役，天下已经土崩瓦解，有的一年中就换一位君主，有的一个月就更换了一个主公，人民如同鸟兽一般惊恐不安，不知该怎么办，于是豪强们都出来争夺天下，好像虎狼争夺猎物般撕裂瓜分，行动敏捷勇敢搏杀者得到的就多，稍微迟缓的就被吞没。现在我们和魏国都是传承了好几代，虽然不是秦朝末年天下纷争的混乱年代，但是确实有六国并据的形势，因此可以行文王之事，很难有汉高祖的行为。老百姓疲劳，动乱的征兆就会显现，君上骄慢，臣下暴虐，土崩瓦解的形势就将开始。有句谚语说：‘射箭很多次却全部不中，不如看清晰之后再发射。’所以真正智谋的人，不会因小利而改变目标，不会因好像可行的事而变化步骤，时机成熟，再采取行动，形势适宜以后再举兵，所以商汤、周武的军队，不需要打第二次仗就能取胜，他们确实是重视黎民的疾苦而能审时度势。如果只想穷兵黩武，一旦崩溃的形势出现，又不幸遭遇危难，就是再有智慧的人，也不会有重新挽回局势的谋略了。”

甘露三年（戊寅，公元258年）

春季，正月，文钦告诉诸葛诞说：“蒋班、焦彝因为我们不能突围，就逃跑到魏国，全端、全怿又带领士兵去投降，这正是敌方自负而防守松懈的时候，我们可以出兵了。”诸葛诞和唐咨等人都认为文钦说得很对，于是全力准备进攻的器具，连着五六个昼夜进攻南方的敌人，想从南方突围出来。包围圈上的魏国兵将也运用他们所建造的堡垒，在高处摆放石车火箭，迎面烧坏敌军的进攻器具，箭和石像雨一样投下来，遍地都是死伤者，血流成河，诸葛诞被迫撤退回城。城内的食粮越来越少，出城投降的有数万人之多。文钦准备把北方人都放出城去，这样可以节约粮食，留下来的粮食给防守的吴国人食用，诸葛诞没有听从，从此两人开始相互怨恨。文钦平时就和诸葛诞有矛盾，只是因反对司马昭的想法稍微相同而结合，但是事态紧急时，就相互怀疑起来。文钦去会见诸葛诞，商议军事，诸葛诞趁机杀死了文钦。文钦的儿子文鸯、文虎带兵在小城中，听说父亲文钦已死，准备带兵攻打诸葛诞，为父亲报仇，因士兵不服从，二人随即独自越过城墙逃跑，投降了司马昭。军吏说要把他们两人杀掉，司马昭说："文钦的罪是不能够免除的，他的儿子本来也应该杀掉；但是文鸯、文虎在穷途末路时来归顺我，而且城还没有攻下来，杀掉他们两个，就更坚定敌人防守的决心了。"于是赦免了文鸯、文虎的罪责，还派他们带领几百骑兵，在城外巡逻，并且大喊："文钦的儿子都没被杀，更何况其他人呢！还害怕什么呀！"又上奏把文鸯、文虎都封成将军，并赐爵关内侯。城内的人听说这消息都非常开心，而且他们一天比一天饥饿难耐。司马昭亲自来到外围圈视察，看见城上拿弓的人不发箭，于是说："可以进攻了！"就下令四面出兵，同时敲鼓呐喊登上城墙。二月，乙酉日（二十日），攻克寿春城。诸葛诞处境困难，不知该怎么办，独自骑马带领部下，准备从小城突围，司马胡奋带兵追上把他杀掉，又诛杀了他的三族。诸葛诞的部下几百人，拱手列队却不投降，每杀一人，就询问其他人投不投降，而他们的态度始终不变。一直到最后全部被杀掉，无一人投降。吴将于诠说："大丈夫接受君主的命令，带兵来救人，既然不能完成任务，又要束手被擒，我不愿意这样做。"于是脱下盔甲，突入敌人兵阵战死。唐咨、王祚等人全部投降。俘虏的吴兵有一万多人，缴获的兵器堆积如山。

司马昭起初围攻寿春时，王基、石苞等人全部建议立刻攻城，司马昭认为："寿春城墙非常牢固，而且城里面守军众多，攻城一定会遭遇困难；假如有外敌突袭，就要里外受敌，更是危急。现在诸葛诞、文钦、唐咨三个叛徒全在孤城内聚集，大约是上天想要他们在这里全部被杀，我理应用最完美的计谋对付他们。我们只要坚守三面，假如吴兵从陆路而来，输送不方便，军粮一定会少；我们就利用游击骑兵，把他们的运输断绝，这样可以不战而败敌。吴兵失败，文钦等在城内，一定会被抓到的！"于是命令各军按兵不动，全面坚守，最后没用频繁进攻就破城取胜了。讨论的人还说："淮南地区利用机会还是会叛乱，而且俘虏的吴兵，他们的家室全都在江南，不能放他们回去，应把他们全部活埋。"司马昭说："古人用兵，以保全对方的国家为上策，只要杀死元首就可以了。吴国兵士得以逃回去，正好可以显出我们大国的风度了。"结果一个俘虏都没有杀掉，把他们安置在河南、河东、河内三地接近京师的地方。又封唐咨为安远将军，其余的副将，也都给予相应的地位和封号，众人都心悦诚服。那些被诸葛诞胁迫掠来的淮南将士吏民，全部赦免放回。任凭文鸯、文虎收敛父亲文钦的尸体，并给他们车辆和牛，拉着文钦的尸体送回到祖坟去安葬。

司马昭给王基写信说："当时议论者众说纷纭，建议把军队转到北山防卫的人很多，起初我自己没有亲自去看，也以为应该转移。将军深深思考利弊，独自坚持自己的意见，上违朝廷诏命，下拒众人之议，最后把敌人收服，而且俘虏到很多人，即便是古人所述战术，也不能比得过呀！"司马昭准备命令轻兵进入吴境，招抚迎接唐咨等人的子弟，利用敌人的内部裂痕造成消灭吴国的架势。王基上奏说："以前诸葛恪利用东关的一次胜仗，竭尽江南的兵力来进攻新城，结果城没有占领，大半的兵士却死掉了。姜维凭借洮西的便利条件，竟然轻兵深入，但是却因粮草不继，大军在上邽战败。所以在取得胜利以后，军队上下就会看轻敌人，轻敌就不能思考深远了。现在敌人刚在外部战败，内部也有叛乱不安，这正是他们加紧防备与考虑御敌的时候。况且我们出战，已经一年多时间了，士兵全部有撤退归家的心理，现在俘虏了十多万人，诸葛诞等人也全部消灭和降服，从以前的征战来说，还没有不损兵折将，又获得全面胜利的战役像这样盛大的。魏武帝曹操在官渡战胜袁绍，自己对收获已经满足了，不再追击，就是害怕挫伤自己的威势呀！”司马昭听到这意见后，就停止行动，任命王基为征东将军、都督扬州各军事，并封他为东武侯。

◆习凿齿评价说：君子觉得司马大将军对于这场战争，可算是以德进攻了。能建立一番事业的人，有不一样的道路，各有所长，却不能同时兼顾。所以穷兵黩武的英雄，经常因为不爱护百姓而亡，例如夫差、智伯就是这种人；内心拥有仁义，但是失败在软弱不进取方面，像宋襄公就是这种人。现在一次战争就捉拿了诸葛诞、文钦、唐咨三个叛徒，又打败吴军，席卷淮浦各地，俘虏十多万人，总算是发展壮大了。但还没有安稳下来，就首先奖励王基的贡献；施加恩惠给吴国人，笼络异国人的感情；恩宠文鸯埋葬文钦，把以前的私仇忘掉；不追究诸葛诞部下的过错，让扬州人士感谢并且感到愧疚。功高盖世而且人们都喜欢看到他成功，事业扩大而敌人思念他的恩德。威严方面很普遍，文事方面也融洽，用这种办法施行，天下谁能抵挡呢？◆

司马昭占领寿春，其中钟会的计谋最多；因此，司马昭对他越来越亲近信任，委托他处理机密的任务，当时人把钟会比作汉代的张良。

蜀汉的姜维听到诸葛诞已死，再次撤退回成都，重新担任大将军之职。

夏季，五月，魏帝曹髦颁发诏书，任命司马昭做相国，晋封为晋公，食邑太原、上党、西河、乐平、新兴、雁门、河东、平阳等八郡，加封车马、衣服、乐则、朱户、纳陛、虎贲、弓矢、斧钺、柜鬯等九锡；司马昭前后推托了九次，这才作罢。

秋季，七月，吴主孙亮任命以前的齐王孙奋为章安侯。

八月，任命骠骑将军王昶为司空。

魏帝曹髦下诏书任命关内侯王祥为三老，郑小同为五更，魏帝曹髦带领群臣进入太学，实行养老而后求善言的礼仪。郑小同是郑玄的孙子。

吴孙綝因为吴主孙亮亲自处理政事，经常为难他，觉得很害怕；从镬里返回后，就谎称生病不上朝，并且派他的弟弟威远将军孙据进入仓龙门担任宿卫，武卫将军孙恩、偏将军孙幹、长水校尉孙闿分别驻扎各军营，想用以自保。吴主孙亮很厌恶他，就追问朱公主被杀的情况，全公主害怕地说："我确实不知道，这全是朱据两个儿子朱熊、朱损所说的。"当时朱熊为虎林督，朱损为外部督，吴主孙亮把他们全部杀了。朱损的夫人就是孙峻的妹妹。孙綝的意见是不要杀他们，可是吴主孙亮不同意，因此孙綝更加害怕。

吴主孙亮暗地里和全公主、将军刘丞谋划杀孙綝。全后的父亲全尚为太常、卫将军，吴主告诉全尚的儿子黄门侍郎全纪说："孙綝专制，看不起我年纪小，我从前让他赶快上岸，做唐咨等人的后援。可是他却留在湖中，一步也不肯上岸；并且把罪责强加到朱异身上，擅自杀掉功臣，也不先上奏请示；他还在朱雀桥南建造府第，再也不上朝。在家非常自由，无所忌惮，没有害怕君王的意思，我确实没有办法再忍受下去，现在准备谋划杀掉他。你的父亲为中军都督，让他暗中筹备兵马，我当亲自从临桥出发，带领宿卫虎骑、左右无难督一起来围攻他，再作版诏下令将孙綝统领的军队全部解散，不得反抗。如果一切按我说的去做，必然能够成功；先生回去，可要保密呀！向你父亲宣明诏令时，不能让你母亲知晓；女人既不明晓大事，而且她又是孙綝的堂姐，万一见了孙綝把事情泄漏出去，就会误我大事！"全纪接受诏令并告诉他的父亲全尚。但全尚没有做深远的考虑，就对全纪的母亲说了，全纪的母亲派人悄悄告诉了孙綝。

九月，戊午日（二十六日），孙綝趁夜出兵进攻全尚，把他抓起来，又命令弟弟孙恩在仓龙门外将刘承杀掉，天将明时，包围了皇宫。吴主孙亮很愤怒，骑上马带了弓箭就要出去，还说："我是大皇帝的嫡子，在位已经五年，谁敢不服从我！”侍中近臣及乳母等人一起拉住他，未能出去，吴主孙亮叹息生气，吃不下饭，谩骂全后说：“你的父亲昏聩无能，坏了我的大事！”吴主孙亮又命人去叫全纪，全纪说：“我父亲奉行诏命不小心，辜负了皇上，我没有脸面再去见皇帝了。”于是自杀而亡。孙綝派光禄勋孟宗去祭奠太庙，罢免吴主孙亮，封他为会稽王。又召见群臣商量说：“孙亮少帝神经错乱生病了，不能再担当大任，继承宗庙，已经祭告先帝把他废除。各位假如有不认同的，请说出意见。”大家都非常恐惧，只好说：“将军下令就是！”孙綝命中书郎李崇去把吴主孙亮的玺绶抢过来，把吴主孙亮的过错宣布给远近各处。尚书桓彝不愿签名，孙綝非常愤怒，就把他杀了。典军施正劝孙綝去把琅邪王孙休迎来立为吴主，孙綝听从了这个意见。己未日（二十七日），孙綝命令宗正孙楷和中书郎董朝去会稽迎接琅邪王。命令将军孙耽送会稽王孙亮去他的封国，孙亮这年十六岁。把全尚迁移到零陵，不久又追上去杀了他，又把全公主迁移到豫章。

冬季，十月，戊午日（十月无此日），琅邪王孙休走到曲阿，有位老头拦住他并叩头说：“事情耽误时间长了，会出现变化，天下黎民都希望太平，渴望皇帝赶快赶路啊！”孙休听了感觉非常有道理，于是兼程赶路，这一天，来到布塞亭。孙綝觉得琅邪王孙休还没有抵达，准备住在皇宫中，召见百官商议，大家都非常恐惧，没有胆量讲话。只有选曹郎虞汜说：“明公是国家的伊尹、周公，位于将相的位置，掌握着废立的权力，必将上安宗庙社稷，下施恩惠于百姓，大大小小一片欢呼踊跃，觉得伊尹、霍光重现于世。现在迎接的君王尚未抵达，您就准备自己进到皇宫，恐怕群臣会动荡不安，百姓也会觉得困惑，这不是永保忠孝心意、扬名后世的做法啊！”孙綝很不开心地放弃了入宫居住的做法。虞汜，是虞翻的儿子。

孙綝让弟弟孙恩处理丞相的职事，带领百官用皇帝乘坐的车子到永昌亭去迎接琅邪王。建造宫室，用行军帐篷搭起临时的便殿，安置了御座。己卯日（十八日），琅邪王抵达便殿，在东厢休息。孙恩奉上玺符，琅邪王孙休再三推托，才接受。群臣按次序在前引导车驾，琅邪王登上坐舆，百官陪伴在左右。孙綝领兵千人在中途迎接，在道路一旁叩拜；琅邪王下车答拜。当天，驾临正殿，赦免天下，改年号为永安。孙綝自称“草莽之臣”，在殿前上书，呈上印绶、节钺，请求避让进贤之路。吴主孙休接见勉励一番，并下诏书任命孙綝做丞相、荆州牧，增加封邑五个县；任命孙恩做御史大夫、卫将军、中军督，封为县侯。孙据、孙幹、孙闿都授予将军之职，晋封为侯。又任命长水校尉张布为辅义将军，晋封永康侯。

起初，丹阳太守李衡多次因事冒犯琅邪王孙休，他的妻子习氏规劝他不要那样做，李衡不听。琅邪王不能忍耐李衡的冒犯，就上奏请求迁移到其他郡，吴主孙亮下诏书让他迁移到会稽。等到琅邪王登上皇帝位时，李衡才发愁恐惧起来，就对妻子说：“以前没听你的话，结果弄到这种地步。我准备逃亡到魏国去，你觉得怎么样？”他的妻子说：“不能那样做。你原本是普通平民，先帝提拔、任用你，你却对他的后代没有礼貌，现在又恐惧了，准备逃跑以求活下来，你现在跑到北方，还有什么脸面去见中原之人呢！”李衡说：“该怎么办才好呢？”妻子说：“琅邪王平时就好善而追求名声，现在他正准备使自己显示名德于天下，终究不会因私人恩怨而杀你，这是很明显的。你可以到牢狱把自己囚禁起来，并上奏表明你从前的过错，公开要求接受惩罚。这样反而可以收获更优厚的待遇，岂止活着而已。”李衡照妻子的话做了。吴主孙休颁布诏书说：“丹阳太守李衡，从前对我有私人恩怨，可是他自己绑着来见掌管刑狱的司寇。春秋时齐桓公被管仲射中过带钩，晋文公也被寺人割过衣袖，那是因为在谁的手下就为谁出力的原因，让李衡返回他郡里去吧，不要自己不安心了！”不久又晋封李衡做了威远将军，授给他棨戟（带衣的戟，如同汉之斧钺）。

己丑日（二十八日），吴主孙休封去世的南阳王孙和的儿子孙皓为乌程侯。

群臣上书请求册立皇后、太子，吴主孙休说：“我一个寡德的人，掌管这样大的帝业，亲临朝事时间还不长，也没有广施恩泽，后妃的封号，太子的册立，还不是最紧急的事情啊！”有关部门仍坚定地请求，吴主孙休不准。

孙綝拿牛肉和酒给吴主，吴主没有接受，只好带到左将军张布家里；孙綝喝得大醉，口出怨言说：“起初罢免少帝孙亮时，大家都劝我自立为帝，我觉得现在的皇帝（孙休）比较贤德，所以到会稽去迎接他。如果不是我，孙休怎么可以坐到皇帝的位置呢？现在我给他送礼，却遭到拒绝，这是把我当一般臣子看待，我应该重新册立他人了。”张布把这话说给吴主孙休，吴主怀恨在心，害怕孙綝会发动叛乱，又几次给孙綝奖赏。戊戌日（十月无此日），吴主孙休颁布诏书说：“大将军掌管内外诸军事，事务繁多，应该加卫将军、御史大夫孙恩为侍中，和大将军一起处理军事。”有人告诉吴主孙休，说孙綝心怀怨愤冒犯皇上，还准备叛乱，吴主把这人缉拿起来交给孙綝，孙綝把那人杀了，可是却更加恐惧皇帝，通过孟宗转告皇帝准备离开建业，去防守武昌，吴主立即答应了。孙綝下令他所统领的中军精兵一万多人，全部上船；又从武库里取走了很多兵器，吴主也下令给他。孙綝又请求让中书两郎一同去管理荆州诸军事，主管官员上书说中书不应该外出，但吴主也特许孙綝带走中书。孙綝所有的请求，吴主孙休全部满足。

将军魏邈告诉吴主说：“孙綝驻扎在外，一定会叛乱。”武卫士施朔也报告说孙綝要谋反。吴主孙休想要讨伐孙綝，先悄悄询问辅义将军张布，张布说：“左将军丁奉，虽然不能书写，但是谋略超人，可以决断大事。”吴主把丁奉召来，告诉他孙綝准备谋反，询问他的计策。丁奉说：“丞相兄弟党羽非常多，恐怕人心不齐，不可以紧急制压；可以趁着十二月举行腊祭聚会时，利用皇帝宫中宿卫之兵杀掉他。”吴主接受了这个计划。

十二月，丁卯日（初七），建业地方散发谣言，明日腊祭聚会要有事变，孙綝听说此事，很不高兴。夜晚，大风吹起，飞沙走石，吹掀了屋顶，孙綝更加害怕。戊辰日（初八），举行腊祭，孙綝谎称生病不能参加；吴主强令他参与，派使者催促十多次，孙綝迫不得已，将要入宫，众人劝他不要去。孙綝说："皇帝一连数次下令，一定要去。大家可以把军队整顿好，在营内放起火来，我就以这个借口很快返回。"于是进入皇帝腊祭会场，不多时外边起火，孙綝请求出去救火，吴主说："外边兵力很多，不用烦劳丞相亲自去了！"孙綝站起来还要离开，丁奉、张布用眼睛暗示左右上前把孙綝捆起来。孙綝叩头说："我愿意迁移到离国内最远的交州。"吴主说："先生当时为什么不把滕胤、吕据迁移到交州呢？"孙綝又一次请求说："我愿意被贬为官奴。"吴主说："先生从前为何不把滕胤、吕据降作官奴呢？"于是把孙綝斩杀了。吴主孙休命人拿着孙綝的首级对他手下众将说："凡与孙綝同谋的人，全部可以赦免。"于是放下兵器投降的有五千多人。孙闿坐船想投降魏国，吴主孙休派人追杀了他。诛杀了孙綝三族，又掘开孙峻的棺木，拿出他的印绶，削薄他的棺木然后埋葬起来。

己巳日（初九），吴主孙休任用张布为中军督。改葬诸葛恪、滕胤、吕据等人，因为受到诸葛恪连坐被下放到远方的人全部召回。朝臣中有人请求给诸葛恪立碑，吴主孙休下诏说："他在炎热的夏季出征，士兵损伤严重，又没有取得任何成功，不能算作是有能力。他接受先帝托孤的任务，却丧命在一些小人手里，不能说是有智慧。"于是拒绝了这项建议。

起初，蜀汉昭烈帝刘备留魏延防守汉中，他运用实兵固守外围关口来抵抗外敌，敌人如果来攻击，不让他们攻入。在兴势的战役中，王平在汉中果断出兵占领兴势，把魏国曹爽所带领的大军击溃，也是承用了这种用兵之道。等到姜维掌握军政时，建议说："守卫各关口，只能抵挡敌人，但是不能获得大胜。不如让敌人进来，各防守关口的人，全部可以把士兵聚集在谷中，撤退到汉、乐两城，任由敌人进入平原之地，各城严密把守极力抵挡，派遣游军在敌人虚弱之处加以攻击。敌人攻城不能获胜，外面又没有粮食，从几千里外运送食粮，自然会疲乏劳顿；等到敌人即将撤退时，就让各城守军打出去，配合游击队，进攻敌人，这是打败敌人的最好办法。”于是汉后主刘禅派遣都督汉中的胡济撤兵把守在汉寿，让监军王含固守乐城，让护军蒋斌防守汉城。

甘露四年（己卯，公元259年）

春季，正月，黄龙在宁陵井中出没两次。先前在顿丘、冠军、阳夏的井中数次有龙出现，群臣都认为这是国家的吉祥，魏帝曹髦说：“龙，代表君王的道德。现在它上没有在天，下没有在田，却数次屈居在井里，恐怕不是好的征兆啊！”于是写了一首《潜龙诗》讽刺自己，司马昭见到这首诗后，十分不满。

夏季，六月，京陵穆侯王昶去世。

汉后主刘禅封他的儿子刘谌为北地王，刘恂为新兴王，刘虔为上党王。尚书令陈祗依仗巧言逢迎讨好，深得汉主宠幸，姜维官职虽在陈祗之上，但是经常带军在外，极少参与朝政，所以大权比不过陈祗。秋季，八月，丙子日（二十日），陈祗去世；汉后主任命仆射、义阳人董厥为尚书令，尚书诸葛瞻为仆射。

冬季，十一月，车骑将军孙壹被婢女杀害。

这一年，任命王基做征南将军，都督荆州各军事务。

元皇帝上

景元元年（庚辰，公元260年）

六月改年号为景元。春季，正月朔日（初一），发生日食。

夏季，四月，魏帝曹髦下诏给有关官员，一切按照以前的命令，再次晋升大将军司马昭为相国，封为晋公，加赐九锡。

魏帝曹髦见到自己的威权一天天丧失，内心难以忍受这种愤怒。五月，己丑日（初七），魏帝曹髦召见侍中王沈、尚书王经、散骑常侍王业，告诉他们：“司马昭有篡位的野心，连路上的行人都知道。我不能坐等被罢黜的侮辱！现在请各位先生过来，是准备商量讨伐他。”王经说：“从前鲁昭公因不能忍受季氏侮辱，失败逃跑，丢了国家，被天下人耻笑。现在天下的权势，都在司马昭的门下，这样日子已经很久了，朝廷和四方之臣都愿意为他效力，不管逆顺的道理，也已经很长时间了。而且宫中宿卫有很多空缺，兵力也非常弱，皇帝能利用什么力量呢？如果您一定那样做，就是准备去除疾病，反而使病更严重了！灾祸恐怕很难预测，您应该再思考一下。”魏帝曹髦从怀中拿出黄素诏书扔在地上说：“征讨司马昭的事情已经决定，就算死了又有什么可怕的，何况不一定会死呢！”于是到后宫去禀告太后。王沈、王业准备告诉司马昭，想叫王经也跟他们一起去，但王经不去。魏帝曹髦随即拔出剑来，坐上辇车，带领殿中的宿卫和奴仆敲着鼓大喊着出去了。司马昭的弟弟屯骑校尉司马伷在东止车门外看见皇帝，魏帝曹髦左右之人都斥责他，司马伷的下属都逃跑了。中护军贾充从外面过来，在南面宫阙下和魏帝曹髦作战，魏帝曹髦自己带剑上阵。兵众全部想要撤退，骑督成倅的弟弟太子舍人成济问贾充说：“事情匆忙，应该怎么办啊？”贾充说：“司马昭先生平时待你们不薄，正是为了今日啊！今天的事情不必再问了！”于是，成济就拿起戈来，走向前把皇帝杀死，尸体倒在车下。司马昭闻讯大惊，自己跪倒在地。太傅司马孚急忙上前，把魏帝曹髦的头枕在自己大腿上痛哭说：“陛下被杀，是臣的罪过呀！”

司马昭进入殿中，聚集群臣，商量审理刺杀皇帝的事情。尚书左仆射陈泰不愿过来，司马昭命令他的舅父荀顗去宣召他，陈泰说：“世人都议论我做人和舅父很像，现在看起来舅父比不过我呀！”陈泰的弟子和里里外外的人都来逼他，他才进到殿里，看见司马昭后，悲恸欲绝。司马昭也哭着对他说：“玄伯，你将如何处置我？”陈泰说：“只有把贾充杀掉，才能稍稍向天下谢罪啊！”司马昭思考了很久才说：“先生再考虑轻一点的处理办法吧！”陈泰说：“我已经说到这个地方了，不清楚还有什么轻一点的办法了！”司马昭就不再说话了。荀顗，是荀彧的儿子。

太后下令，把罪责归于高贵乡公的鲁莽，把他贬为庶人，用民间的礼仪把他埋葬。逮捕了王经和他的家属，交给廷尉处置。王经向母亲赔罪，表示儿子不孝，但是母亲脸色不变，笑着对他说："人哪有不死呢！只怕死得不得其所；以这样正直的方式而死，还有什么遗憾的呢！"等到被诛杀那天，以前的官吏向雄为他们痛哭，感动得整座城市都为他们悲伤。王沈因为做这件事有功，被封为安平侯。庚寅日（初八），太傅司马孚等人上奏折，向太后请求用王礼的规格葬埋高贵乡公，太后应允了他们的奏请。

派中护军司马炎到邺郡去迎接燕王曹宇的儿子常道乡公曹璜，曹璜是魏明帝的后代。司马炎是司马昭的儿子。

辛卯日（初九），王公大臣向太后奏请，从现在起，下达命令的诏书都称为诏制。

癸卯日（二十一日），司马昭坚决要辞去相国、晋公、九锡等职，太后下诏书同意他辞职。

戊申日（二十六日），司马昭上奏说："成济兄弟谋杀皇帝，这是大逆不道的，应该定他们抄家灭族之罪。"

六月，癸丑日（初一），太后颁布诏旨命常道乡公改名为曹奂。甲寅日（初二），常道乡公来到洛阳，当天，他登上皇位，时年十五岁，之后颁布命令大赦天下，并改年号为景元。

丙辰日（初四），魏元帝曹奂下诏书，恢复司马昭之前的爵位，司马昭坚决推辞，这才作罢。

癸亥日（十一日），任命尚书右仆射王观为司空。

吴都尉严密建议建造浦里塘，群臣都认为难以完成；只有卫将军、陈留人濮阳兴认为可以办到。于是召集众多军民开工兴建，结果花费功力不计其数，士卒也死伤很多，百姓怨声载道。

会稽郡流传谣言，说会稽王孙亮应当回朝做皇帝，而孙亮的仆人上告孙亮使用巫术祭祀，说了不好的话，有关官吏把这些情况报告给朝廷。吴主知道后，把孙亮降作候官侯，并把他流放到封地；孙亮在途中就自杀了，负责遣送他的人都被治罪。

冬季，十月，阳乡肃侯王观去世。

十一月，魏元帝曹奂下诏尊礼燕王曹宇，并以特殊的礼仪对待。

十二月，甲午日（十六日），魏元帝曹奂任命司隶校尉王祥做司空。

尚书王沈为豫州刺史。初上任时，下令给所辖各城邑的军民说："如果有能陈述官吏功过、诉说百姓困难的人，就赏他五百斛谷子。如果能说出刺史的得失、朝廷政令的宽松是否合适的人，就赏他一千斛谷子。"主簿陈廞、褚䂮来到衙门建议刺史说："教令的宗旨是要了解民间的疾苦，对于敢说的人，就给他奖赏，以鼓励人民进言。但是就怕那些清廉的人，怕奖赏累及自身而不愿说，而那些贪财昏昧的人，因觊觎丰厚的奖赏而随便乱说。如果百姓的进言不合宜，不照教令所说的奖赏他，那么那些不明情理的人，就会批评官府空设教令而不行赏。因此我们认为教令所说的事，应当暂缓实施。"王沈又下令说："进言对在上位者有益处，在下面的人才能受赏，这是君子应具备的节操，怎么会有人不说呢？"褚䂮又建议说："尧、舜、周公之所以能够得到忠直的建议，是因为他们诚恳的心很明显。冰不用说是冷的，炭不用说是热的，这是由于它们的本质决定的。如果有崇尚忠诚正直的本质，像那冰炭一样自然，那么正直的建议不用求自然就会来了。如果自己的德行配不上尧、舜，贤明不能和周公相比，真实不能像冰炭一样，那么即使高悬重赏，忠直的建议也不见得会来。"王沈听了这话才停止教令。

景元二年（辛巳，公元261年）

春季，三月，襄阳太守胡烈上奏折说："吴国将领邓由、李光等十八屯部队共同计划归顺我朝，派遣使者送来人质，希望我军派人到长江边去迎接。"魏元帝曹奂下令派王基的一部分军队前往沮水去迎接。诏书说："如果邓由等人按时到达，就可以开始渡江攻击，达到威慑作用。"王基在前往沮水的途中写信给司马昭说："邓由部队投降的事，有些可疑，应该先澄清一下，但是不能动用太多兵力深入敌境。”又说：“夷陵这地方，道路都很狭窄，竹林树木又都很茂盛，如果敌人在要害的地方埋伏，发动突然袭击，我们的兵马都用不上力。现在我们的弓箭潮湿无力，正当降雨之后，此时浪费良好的耕作时期，反而要在不利之处和敌人争利，这是非常危险的事。姜维想夺取上邽，文钦镇守寿春，这两次战役，都是深入敌营取利，但都全军覆没了，这是近来之事，应该拿来做警惕呀！嘉平以来，有曹爽、毌丘俭、诸葛诞等起兵内乱，现在应该做的是安定国家，抚慰上下臣民，努力务农再抚恤偏远地区的百姓，不应兴师动众再来谋求外利啊！”司马昭收到几回王基的信，但是犹豫不决，于是命令已经出发的军队，在中途暂停下来，等候新的部署。王基又写信给司马昭说：“以前汉高祖采纳郦生的意见，想要分封六国，后来领略到张良的计划，就迅速追回销毁了印绶。我王基的计谋虽然浅短，实在比不上留侯张良，但是也怕襄阳遭到郦生的阴谋。”于是司马昭停止进军，并且回信给王基说：“一般人处事，大多不论是否合宜，只是一味地曲意顺从，很少有坚定不移和我共同研究事情虚伪的。只有先生您能忠诚不移，一次又一次地规劝我，现在根据你来信中的意见，我已经下令停止发兵。”到了约定日期，邓由等人果然没来投降。胡烈，是胡奋的弟弟。

秋季，八月，甲寅日（九月六日），再次任命司马昭恢复原职，司马昭仍然没有接受。

冬季，十月，汉后主刘禅任命董厥为辅国大将军，诸葛瞻为都护、卫将军，让他们共同处理尚书事务，并任命侍中樊建为尚书令。当时中常侍黄皓专权，董厥、诸葛瞻都没法挟制他，因此士大夫们也都附和黄皓，只有樊建不愿与黄皓往来。秘书令郤正在内朝做了很久的官，家里和黄皓是邻居，与他周旋了三十多年，仍淡然自处，每日以读书为乐，既没有得到黄皓的赏识，也没有遭到黄皓的厌恶，所以，虽然每年的俸禄也不过是六百石，但也不至于遭到祸害。汉后主刘禅的弟弟甘陵王刘永非常讨厌黄皓，黄皓就在汉后主面前说他的坏话，致使刘永有长达十年的时间不能来朝见。

吴主孙休派五官中郎将薛珝出使蜀汉，等他回来以后，吴主问起蜀汉朝政的得失之处，薛珝回答说：“汉主昏庸而不明白自己的过错，臣子为了保全自身，免除罪罚不思进取，我在他们朝堂上没有听到正直的言论。经过他们的乡间，看到百姓的生活都很贫穷。我听说燕雀居住在宽敞高大的堂屋，雏燕母燕都很满足，认为那里是最安全的地方，其后烟囱着火，把栋梁焚烧了，但是燕雀仍然怡然自得而不知祸患将来。大概就是说的这个吧！”薛珝是薛综的儿子。

这一年，鲜卑族索头部大人拓跋力微派他的儿子沙漠汗入朝进贡，于是就留下他做了人质。拓跋力微的先人世代居住在北荒，没有和南夏交往过。直到可汗拓跋毛时，才开始强大起来，当时统治的小国有三十六个，大姓之族有九十九个。后来经过五世传到可汗拓跋推寅时，向南迁到大泽。又经过七世到可汗拓跋邻时，让他的兄弟七人以及族人乙旃氏、车惃氏，分开统率部族百姓成为十个部族。到拓跋邻年老时，把可汗的位子传给他儿子拓跋诘汾，并让他南迁，因此鲜卑族又回到匈奴的老地方。拓跋诘汾去世后，拓跋力微继立，再一次迁徙到定襄郡的盛乐县，鲜卑部族渐渐繁盛起来，其他部族也开始惧怕他们，服从了他的统治。

资治通鉴卷第七十八　魏纪十

起壬午（公元262年），止甲申（公元264年），共三年。

【题解】本卷记录了魏帝曹奂景元三年至曹奂咸熙元年共三年间的魏、蜀、吴等三国大事：魏司马昭派两路大军伐蜀，姜维等失败，退守剑阁；邓艾经阴平，至江油，直驱成都；蜀主刘禅向邓艾投降，并让姜维缴械；钟会为独揽军权、叛魏自立而陷害、袭捕邓艾；钟会、姜维被乱军所杀；司马昭预先防范钟会；卫瓘为掩盖与钟会一道陷害邓艾的罪行，于钟会死后仍将邓艾杀死；蜀将罗宪降魏后，英勇抗吴，立功封侯；还写了竹林七贤的生活习性，以及嵇康被杀；司马炎耍手段，夺取继承人之位；吴主孙休病死，孙晧被立后听谗言杀权臣濮阳兴等。

元皇帝下

景元三年（壬午，公元262年）

秋季，八月，乙酉日（十六日），吴主孙休册立皇后朱氏，朱氏是朱公主的女儿。戊子日（十九日），册立儿子孙𩅦做太子。

蜀汉大将军姜维准备出兵征战，右车骑将军廖化说："军队不严谨整治，一定会自取灭亡，说的就是姜维呀。智慧没有敌人高，兵力又比对方弱小，不间歇地出兵，国家将怎样才能自存呢？"冬季，十月，姜维再次进兵洮阳，邓艾和他在侯和交战，姜维被打败，撤兵回到沓中。起初，姜维本是一个四处漂泊的人，归附蜀汉后，不久就受到重用，几年来不断出兵，却没有取得一点政绩。黄皓在朝内专权，和右大将军阎宇关系很好，私下想要废掉姜维，把阎宇立为大将军。姜维知道后，对蜀汉后主刘禅说："黄皓这人奸诈专横，将来会危害国家，请您赶紧杀了他！”蜀汉后主刘禅说：“黄皓不过是供朝廷驱使的一个小小臣子罢了！以前董允在世的时候，就咬牙切齿地痛恨他，我也常常对他感到愤恨，先生何必为这点小事介意呢！”姜维看出黄皓在蜀汉后主刘禅身边有很重要的关系，恐怕说多了会失言，就很谦逊地退出来。蜀汉后主刘禅命令黄皓到姜维府上去赔罪。姜维因此更加惊疑害怕，从洮阳返回后，就请求辞去官职到沓中去种麦，不敢再回成都。

吴主孙休任命濮阳兴担任丞相一职，廷尉丁密、光禄勋孟宗两个人担任左右御史大夫。起初，濮阳兴做会稽太守时，吴主孙休正是当时的会稽王，濮阳兴对待吴主非常礼遇；左将军张布曾经当过会稽王的左右督将。所以吴主即位后，两人都因此很受宠爱进而专权；张布掌管宫中和朝廷的事，濮阳兴就负责管理军国大事，他们俩花言巧语哄骗吴主，互相依存，吴国人对此很失望。

吴主孙休爱好读书，想要和博士祭酒韦昭、博士盛冲一起讨论学术，因为韦昭、盛冲非常正直，张布害怕他们入朝接近吴主孙休时，会说出自己做过的一些错事，因此非常坚决地建议不让二人进宫。吴主孙休说：“我喜欢读书，所涉猎的学术种类，群书都约略看过一遍，只是想要和韦昭二人讨论讨论读过的书籍，这有什么关系呢？先生只怕韦昭等说出臣子的奸邪私密，所以阻挠他们入宫。像这样的事情，我自己已经有所了解，并不一定要听他们说了，才会了解大家的行为。”张布听了很害怕，连忙告罪，并且说他是因为害怕妨碍到国家大政，所以才不让韦昭等人进宫。吴主说：“国家的政事和学业，是两样不同的事，不会彼此妨碍的，这没有什么不妥之处，但是先生你却认为这不合时宜，所以认为我另有目的。没想到先生今天掌握大权后却这样对我，我不希望看到你这样做！”张布立即谢罪叩头。吴主又说：“我只是想让你开通一点而已！何必叩头呢！像先生这样忠诚，远近之人都知道，我今天能高高坐于皇位之上，都是先生的功劳呀！《诗经·大雅·荡》说：‘忠诚守信厚道，开始的时候都能做到，但很少有人能坚持到最后的。’可见做到有始有终很困难，先生应该坚持做到有始有终！”吴主恐怕张布惊疑害怕，所以最后还是顺从张布的意思，放弃了讲学这件事，不再召韦昭等人入宫。

谯郡的嵇康，写作文辞雄壮清丽，喜好谈论老子、庄子的学说，又崇尚奇异的言谈，为人仗义行侠，和陈留郡阮籍、阮籍的侄子阮咸、河内人山涛、河南人向秀、琅邪人王戎、沛国人刘伶都有很好的交情，他们几人被称为“竹林七贤”。他们都崇尚虚无之论，轻视礼法，嗜好饮酒，不问时事。

阮籍做步兵校尉时，他的母亲去世了，当时阮籍正在和别人下围棋，对方因为他母亲去世，不好意思再陪他玩棋作乐，于是请求停止下棋，但是阮籍却非要强留别人决一胜负。接着又饮酒两斗，大声号哭，吐出几口血来，身体马上消瘦得只剩皮包骨了。阮籍为母亲守孝的时候，还像平时一样饮酒。司隶校尉何曾非常厌恶他，在司马昭面前当面责问阮籍说：“你是个纵情无度、违背礼节、败坏风俗的人，现在是忠诚贤德的人在执政，正要考核一个人是不是名实相符，像你这种行为，是不能任其发展的！”何曾接着又对司马昭说：“您以孝治天下，但却听任阮籍在母亲去世应守重丧的礼仪下，不但不哀痛，反而在您面前饮酒作乐，这样您怎么有资格教训别人呢！应该把阮籍发配到边疆去，不要让他污染了华夏的良好风俗。”司马昭因为喜爱阮籍的才华，常常袒护他，不肯责备他的过错。何曾，是何夔的儿子。

阮咸平时就喜欢他姑母的婢女，姑母认为这不合礼仪，就把婢女遣送走了。这时候阮咸正在陪客人说话，听到此事，匆忙借了客人的马，前去追赶，终于被他追到，把那个婢女搂在马上，两人同骑回来。

刘伶最喜欢喝酒，常常坐着鹿车，带上一大壶酒，还派人背着铁铲子跟随，并且对随从的人说：“我死在何处，就把我埋在何处。”当时的士大夫都赞叹他的贤能，争相学习他的做法，并且说这才是不被事物所拘束的豁达。

钟会正受司马昭宠信的时候，闻说嵇康很有名气，就去拜访他，嵇康正好两腿叉开坐在那里毫不在意地打铁，也不起身接待钟会。钟会将要回去时，嵇康问他说："你听到什么而来，又见到什么而去？"钟会回答说："听到我所听到的就来了，见到我所见到的就去了。"由此钟会对嵇康怀恨在心。

山涛任吏部郎的时候，想举荐嵇康来接替自己的职务；嵇康回信给山涛，说自己不愿担任世俗的事务，并且言语间批评轻蔑商汤、周武王。司马昭听后，非常恼怒嵇康。嵇康和东平的吕安关系非常好，吕安的哥哥吕巽污蔑吕安不孝顺，嵇康帮吕安做证，说并不是吕巽说的那样。钟会就在司马昭面前说嵇康的坏话："嵇康曾经想要协助毌丘俭造反，而且吕安、嵇康虽然在社会上非常有声望，但是他们的言语却十分放荡，有伤风俗，扰乱教化，不如早些把他们杀掉。"于是司马昭杀掉了吕安和嵇康。嵇康曾经去拜访过隐士汲郡人孙登，孙登说："先生虽然才能多但见识少，恐怕不能在世上好好地生存！"

司马昭对姜维经常出兵进犯十分忧虑，官骑路遗请求做刺客潜入蜀地，刺杀姜维。从事中郎荀勖对司马昭说："贤明的人担任天下的主宰，应该依靠正义去打击叛贼，如果用刺客去杀掉对方首领，这不是统治天下的好办法。"司马昭认为这建议很对。荀勖，是荀爽的曾孙。

司马昭想要大举征讨蜀汉，朝臣大都认为不可，唯有司隶校尉钟会赞同此事，并且劝司马昭速速发兵。司马昭告谕众人说："自打平定寿春以来，朝廷已经休养六年没有动兵了，朝廷一直训练军队，修理盔甲，准备去攻打吴蜀两个敌国。如今吴国土地广大，又多河流湿地，攻打起来比较困难，不如先占领巴蜀，等三年后，由上游顺流而下，水陆两路并进，古代灭虢国、取虞国采用的就是这种战术。估算一下蜀汉的兵士，不过九万人而已，守卫成都和各边境也要四万多人，剩下可以和我们抵抗的最多不过五万人罢了。现在姜维被牵制在沓中，没办法对东边支援，我们出军直向骆谷，从他们防守空虚的地方去攻击汉中，像刘禅这样昏庸无能的人，如果边城被攻破，朝内的士兵和宫人一定会大乱，他们的灭亡是可以预见的。”于是派了钟会做镇西将军，都督关中。征西将军邓艾觉得蜀汉没有开始动兵，还无法看出对方的弱点，这样不可轻易动兵，所以多次提出异议。司马昭派遣主簿师纂任邓艾的司马，把以上状况分析给邓艾听，邓艾才遵命出兵。

姜维上奏章给蜀汉后主刘禅说：“听说钟会在关中整备军队，想要攻打我们，我们应该同时派遣左右车骑将军张翼和廖化，统率各军分别守卫阳安关口和阴平的桥头，以防敌人突袭。”黄皓听信巫术神鬼之说，认为敌人一定不会自己找上门来，告诉蜀汉后主刘禅只管安然享乐不用担心此事。蜀汉的大臣也没有人知道魏国将要出兵的消息。

四年（癸未，公元263年）

春季，正月，（魏国主）再次诏命司马昭恢复以前的爵位；司马昭再一次坚决推辞不受。

吴国交趾太守孙谞贪婪暴虐，当地百姓都觉得这是一大忧患；恰好此时吴主派遣察战邓荀来到交趾，邓荀到达后，擅自调集三十只孔雀要送到建业去，百姓因担心路途太远，不愿去送，因此谋划反叛。夏季，五月，郡吏吕兴等人杀死孙谞和邓荀，派使者到建业请求给他派来太守及士兵，九真、日南二郡也都起来响应。

魏元帝曹奂诏令各路兵马大举征讨蜀汉，派出征西将军邓艾统领三万多人自狄道进兵甘松、沓中，以牵制姜维的军队；雍州刺史诸葛绪率领三万多人自祁山进兵武街桥头，以阻断姜维返回成都的道路。钟会率领十万大军从斜谷、骆谷、子午谷分别进兵汉中。任用廷尉卫瓘代表魏元帝曹奂持符节监督邓艾、钟会的军事行动，并镇守西军司。卫瓘是卫觊的儿子。

钟会去拜访幽州刺史王雄的孙子王戎，问：“你有好的计谋可以告诉我吗？”王戎说：“道家有句话说：‘做一件事不要自认为很有能力。’这不是说成功困难，而是说坚持困难。”有的人以这件事问参相国军事、平原人刘寔说：“钟会、邓艾能成功灭掉蜀汉吗？”刘寔说：“他们一定会灭亡蜀汉，但是两个人都回不来了。”这个人进一步问那是为什么，刘寔笑了笑，不再回答。

秋季，八月，大军由洛阳出发，大肆犒赏全军将士，列队誓师。将军邓敦说不能讨伐蜀汉，司马昭立刻就把他斩首示众了。

蜀汉听说魏兵将要来进攻，就派廖化带兵到沓中支援姜维，张翼、董厥等人到阳安关口做各营垒的援助。并大赦天下，改年号为炎兴。朝廷下令各营寨都不准出战，退守汉城和乐城，这两城城中各有兵力五千人。张翼、董厥向北进兵来到阴平，听说诸葛绪将要率兵前往建威，就留在原地驻扎了将近一个月等他。钟会带领各部队平安到达汉中。九月，钟会派前将军李辅统率一万多人在乐城包围王含，派护军荀恺在汉城包围蒋斌。钟会自己带军直扑阳安口，派人到诸葛亮的墓地祭祀。

起初，蜀汉的武兴督蒋舒在任时，能力平庸，没有什么可让人称道的，于是汉主就派人替代了他，任用助将军傅佥守卫关口，蒋舒因此对傅佥怀恨在心。钟会任命护军胡烈做先锋，攻打关口。蒋舒狡诈地对傅佥说："现在敌兵到了，如果不去进攻而只是闭城防守，这不是好主意。"傅佥说："我接到朝廷的命令，一定要守住城池，只要不丢失城池这就是大功劳了；现在我如果违背朝廷命令，出城作战，万一损失兵力，又没有守住城池，做出负国的行为，到时就算是以死谢罪也没用啊！"蒋舒说："您认为保全此城是功劳，我认为出战打败敌人是功劳，那我们就各行其志吧！"于是率领他自己的属下出城作战。傅佥以为他要去交战，没有严加防守。没想到蒋舒却率他的部下去迎接胡烈，向魏兵投降，胡烈乘虚攻入城中，傅佥亲自战斗，最后战死。傅佥，是傅肜的儿子。钟会听说关口已被攻下，就领兵长驱直入，缴获了大量库藏的粮食。

邓艾派天水太守王颀径直进攻姜维的军营，陇西太守牵弘也趋兵做前锋，金城太守杨欣进军甘松。姜维听闻钟会的军队已经攻入汉中，急忙率兵回成都救援，杨欣等率军尾随追到强川口，两军大战，姜维败走。又听说诸葛绪已屯兵在桥头堵住道路，于是就从孔函谷进入北道，打算从诸葛绪军队的后边逃出；诸葛绪得知姜维的企图后，就向后退了三十里。姜维进入北道三十多里后，听到诸葛绪退军的消息，又急忙返回，想从桥头通过，等到诸葛绪发觉姜维的意图急忙进兵堵截时，姜维已经走了一天多了。姜维于是退至阴平，募集一些士众，想要奔赴关城；还没到达，就听说城已被攻破，于是就退往白水，在途中遇到廖化、张翼、董厥等人的军队，几个部队合兵守住剑阁，以抵御钟会。

安国元侯高柔去世。

冬季，十月，汉人向吴国告急求援。甲申日（十月无此日），吴主派出大将军丁奉督率大军向寿春进兵；命将军留平在南郡会见施绩，商讨进兵之策；并派将军丁封、孙异往沔中去救援蜀汉。

魏元帝曹奂下诏书因征讨蜀汉的各将领捷报频传，再命大将军司马昭加官晋爵，所赐官爵和之前的诏书相同，司马昭这次终于接受诏命。

司马昭命任城人魏舒为相国参军。起初，魏舒小的时候，做事反应很迟钝，不受乡里亲朋重视，他的堂叔吏部郎魏衡，在当时享有盛望，但并不知道这个侄子很有才能，于是派他去看守水碓，并时常感叹地说："魏舒如果有能力管理几百个户长，我就心满意足了！"魏舒听到这话，并不介意，不做一些偏激的事来博取名声。只有太原王乂对魏舒说："先生一定能做到三公宰相的高位。"常常接济他的窘境，魏舒也毫不推辞地接受。魏舒四十多岁的时候，郡里推举他为上计掾，察孝廉。宗族乡党的人都认为魏舒没有好的学业，劝魏舒不要去就位，这样可以得到清高的名声。魏舒说："如果去甄试，没有考中，那是我才能不够，怎么可以虚窃清高的名声，希冀更高的荣誉呢？"于是刻苦自学，每百日研读一部经书，因此对策能力得以增强，官职也不断上升，接连升到后将军钟毓的长史。钟毓每次和参军及官佐举行射箭比赛，魏舒常常只是在一旁帮忙计算每个人的成绩而已；后来如果遇到参加的人数不足，就请魏舒来凑人数，等到魏舒参加射箭的时候，他气定神闲，从容不迫，箭无虚发。在座的人都大为吃惊，没有一个人能比得上他。钟毓感叹并饱含歉意地说："我没有让你充分发挥才能，就像这次射箭一样，其实何止这一件事情啊！"等到魏舒做了相国参军，朝堂上和相府里的大小琐事，没有一样处理得不妥当的；至于一些应该废兴的大事，许多人没有能力决断，但是魏舒却能不慌不忙地筹划出来，并且取得的成绩都会超出大家的想象，因此，司马昭非常器重他。

癸卯日（十一日），魏元帝曹奂册立皇后卞氏，卞氏是昭烈将军卞秉的孙女。

邓艾率兵行进到阴平，挑选精锐部队，准备和诸葛绪一起从江油直接进兵成都。诸葛绪认为自己的任务是奉命引诱姜维，而向西进军不是原先下达的诏命，于是率军开向白水，与钟会会合。钟会想要独揽军权，向朝廷秘报说诸葛绪因害怕敌人而不敢进军，于是朝廷派人把诸葛绪装进牢车押回，这样一来所有大军便都由钟会指挥了。

姜维摆开阵势，防守住险要之地，钟会多次进攻也没有攻下。运输粮草的道路又险又远，钟会的军队因为缺乏食粮，想要率军退回。邓艾上书说："现在敌人已经吃了大败仗，损失惨重，我军应趁机立刻进攻。如果从阴平经过汉德阳亭直取涪县，那儿距离剑阁以西仅有一百里，距离成都也不过三百多里，在这里出奇兵冲击敌人的要害之地，出其不意，发起猛烈进攻，剑阁的守军必定很快就会抵挡不住退回涪县，那时钟会就算驾着双排马车通过剑阁也没人阻挡了。剑阁的守兵退不回去，如此一来接应涪县的兵就少了。"于是邓艾自阴平荒野无人区行走了七百多里，一路逢山开路，遇水搭桥，经过高山深谷，路途非常艰险，又加上粮草运输困难，粮食匮乏，濒临危险的绝境。邓艾用毡毯裹着自己，从山上翻转而下，其他将士都攀缘着树木石头，沿着山崖绝壁，鱼贯而进。邓艾的军队刚刚到达江油，蜀汉的守将马邈就投降了。诸葛瞻督率各军抵御邓艾，到达涪县后，停下驻扎没有再进军。尚书郎黄崇，是黄权的儿子，一直劝诸葛瞻要抓紧时间进军以据守险要之地，不要让魏军有机会攻进平地，但是诸葛瞻犹豫不决，不愿采纳这建议。黄崇再三劝说，甚至声泪俱下，但是诸葛瞻就是不听。邓艾于是长驱直入，击溃了诸葛瞻的前锋，诸葛瞻退守到绵竹。邓艾用书信引诱诸葛瞻说："如果你来投降，我一定会上表推荐你为琅邪王。"诸葛瞻非常愤怒，把邓艾派来的使者杀了，并摆开阵势以等待邓艾。邓艾派遣他的儿子惠唐亭侯邓忠攻击蜀军的右翼，派司马师纂等人攻击蜀军的左翼。邓忠、师纂的进攻没起作用，都撤兵回来说："蜀汉的军队太强，没办法硬攻呀！"邓艾愤怒地说："现在是生死存亡的分际，是胜是负就在此一举，你们怎么能说攻不下来呢！"邓艾怒叱邓忠、师纂等人，还说要是攻不破就要杀了他们。邓忠、师纂没有办法，只好率兵回来再战，最后大破蜀军，杀了诸葛瞻、黄崇等人。诸葛瞻的儿子诸葛尚叹息地说："我们父子蒙受朝廷大恩，却没有早点杀死黄皓，最后致使国家灭亡，百姓遭难，我活着还有什么用呢！"于是策马冲向敌人，大战而死。

蜀汉人没有想到魏兵会骤然到来，守城的士卒还没来得及调度；随即听说邓艾的军队已经开进到了平地，百姓们都恐慌混乱起来，大家争相去深山大谷里躲避，即使朝廷下令也没法禁止。蜀汉后主刘禅召集群臣商讨办法，有人认为蜀吴两国是邦交之国，不如先投奔吴国，有的认为南方的七个郡，形势险要易于防守，应该向南撤退。光禄大夫谯周认为："古往今来，没有天子是寄居在其他国家的，如果躲到吴国去，也是要当吴国的臣民。而且治国之道如果没有什么大的差异，那么大国就容易并吞小国，这是很明显的事。由此可知，魏国能并吞吴国，但是吴国却不能吞并魏国就显而易见了。同样都是去称臣，向小国称臣，反而不如向大国称臣，两次受辱，就不如一次受辱！如果想要往南逃跑，应该早做准备，才有可能成功；现在敌人已经很接近，祸败马上就到了，一群奸诈的人没有谁能保证他们一直忠诚，恐怕出发南行的第一天，就会发生叛乱，怎么可能安全地到达南方呢？"有的人说："现在邓艾的军队已经离我国首都不远，恐怕他不会接受我们的投降，这怎么办呢？”谯周说：“现在东吴还没被魏攻下，这样的形势下我们投降，他不能不接受，要接受就要优待我们。如果我们的皇帝投降魏国，魏国却不分封土地的话，我谯周一定会亲自到京都洛阳，引用古时大义，向魏元帝曹奂抗争。”众人都赞同谯周的意见。但是汉后主刘禅仍然想往南方撤退，心中还在犹豫不决。谯周再上奏章说：“南方是边远的少数民族聚居地，平时不向朝廷缴纳税收，也不出人力帮助政府，而且还多次发生叛乱。自从丞相诸葛亮用兵多次打败他们，到了穷途末路，没办法才臣服我们。现在如果向南去，对外要抵抗敌人，对内要供奉上下官员的俸禄，费用大增，没有其他地区可以收取，必定要征收这些少数民族，那他们必定会叛乱的！”汉后主刘禅听了，认为分析得很对，就派侍中张绍等人，捧着玺绶向邓艾祈求投降。北地王刘谌听说汉后主刘禅投降的消息恼怒地说：“如果到了穷途末路，祸败将要到来，就应当父子君臣背城一战，一起为国家付出生命，死后也好去见先帝，为什么非要投降呢！”汉后主刘禅不理睬他儿子的话。当天刘谌在昭烈帝刘备的陵墓前痛哭流涕，哭罢，先杀死自己的妻子儿女，而后自杀。

张绍等人在雒县见到邓艾，邓艾听到蜀汉要降服的消息，心中大喜，于是回信给汉后主刘禅接纳了他的投降并对他褒奖一番。汉后主刘禅派太仆蒋显命令姜维，让他向钟会投降。又派尚书郎李虎把士民簿册交给邓艾，共计有二十八万户，九十四万人，士卒十万二千人，官吏四万人。邓艾到达成都城北，汉后主刘禅率太子和王公大臣六十多人，各自绑起手来，抬着棺木来到邓艾的军营。邓艾手持魏王的符节，把汉后主刘禅的捆绑解下，又把棺木焚烧掉，请进军营相见；警告自己的将士，不准随意掠夺蜀汉投降的人，要安抚他们，接着又恢复各行各业的秩序；模仿东汉初年邓禹的旧事，依照规定任命汉后主刘禅做骠骑将军，蜀汉太子为奉车督尉、各个王侯都封为驸马都尉，汉后主的群臣都随官职的高低授予王官，或在邓艾手下做官；任命师纂为益州刺史，陇西太守牵弘等人管理蜀中各郡。邓艾听说黄皓为人奸诈狡猾，想要把他关起来然后杀掉，但是邓艾的属下却早已收到黄皓的贿赂，所以黄皓才终免一死。

姜维等只是听到诸葛瞻吃了败仗，但是还不知道汉后主刘禅的去向，于是率军向东进入巴中。钟会进军到涪县，派遣胡烈等人追击姜维。姜维到达郪县后，收到汉后主刘禅让他投降的命令，于是命令士卒都放下武器，送符节给胡烈乞求投降，自己从东边和廖化、张翼、董厥等同向钟会投降。蜀汉的将士都感到很愤怒，气得挥刀砍石。这时各郡县郡守都接到汉后主刘禅的命令罢兵投降。钟会对姜维等人很厚待，暂且交还了他们的印绶符节。

吴国人听说蜀汉已经灭亡，于是下令让丁奉停止进兵。吴国中书丞吴郡的华覈亲自来到宫门上奏章说："臣听说成都已经失守，蜀国的臣属开始迁徙，国家颠覆，他们失去了可以依附的土地，丢掉了可以为之做贡献的国家。臣虽然只是一个无足轻重的草芥之人，但是听到此事心中颇不安宁，陛下您是圣明的君主，恩泽遍布各地，突然听到蜀汉灭亡的事，一定会感到非常悲哀。臣承受不了这忧伤的感情，谨以此奏章，恭敬地上表讲给您听！"

魏国要讨伐蜀汉的时候，有吴国人告诉襄阳的张悌说："自从司马昭父兄掌管魏国大政以来，国家屡次发生大乱，先后有王凌、毌丘俭、诸葛诞等举兵叛乱，百姓心中多有不平，现在又劳民伤财地发动远征，他会败于没时间休整，怎会取胜？"张悌说："事实并不是大家说的那样。曹操虽然功盖天下，但是老百姓是怕他的威严，却并不感念他的恩德。后来曹丕、曹叡继承国家，刑罚繁多，兵役劳役繁重，不是西边出兵，就是东边征战，老百姓几乎没有一年是安稳的。司马懿父子屡次有大功，废除了百姓的烦琐苛政，给人民带来很大的恩惠，他们的政策为众民着想，不断解决百姓的疾苦，民心归附他们已经很久了。所以就算淮南发生了三次叛变，朝堂上却没有一点混乱。曹髦那次发动宫变，最后以死告终，其他地方也没有受到牵连而不安。能任贤使能，使他们各尽自己的能力，国家的根基早就稳固了。现在蜀汉阉宦专政，国家政令不利于长远发展，将军们玩弄兵权，不断出兵作战，使百姓苦不堪言，将士疲惫不堪，国家期望向外扩张，对内却不加强防卫。魏蜀两国实力强弱悬殊，魏国人以智谋取胜，乘蜀之危出兵讨伐，怎么会不打胜仗呢？唉！司马氏掌权以后，我国的情况就很令人担忧了。”起初吴国人都笑话张悌说的话，但是等到魏国取胜后，大家心中才信服。

吴国人认为武陵五溪夷和蜀国接界，蜀国灭亡后，害怕五溪夷人发动叛乱，于是派越骑校尉钟离牧任武陵太守。魏国已派遣汉葭县长郭纯试任武陵太守，郭纯率领涪陵郡的人民进入武陵郡的迁陵县界，屯兵驻扎在赤沙，引诱南方少数民族进攻酉阳，武陵郡的人因此震惊恐惧。钟离牧问朝吏说：“西蜀已经灭亡，现在边境也遭到侵犯，我们应该采取怎样的防守措施呢？”众人回答：“这两个县山高险峻，各少数民族的兵力又都据守在险要地段，千万不能用军队去惊扰他们。如果去扰乱，诸夷将联合起来抵抗。应该让他们逐渐安定下来，然后派遣对他们有恩信的官吏去教化慰问他们。”钟离牧说：“不是这样的。境外的人向内入侵，欺骗引诱当地人民，应当趁根底不深的时候消灭他们，这就是救火贵在快速啊！”于是命令军队赶快准备作战事宜，以便随时发动进攻。抚夷将军高尚对钟离牧说：“以前太常潘濬率兵五万，才决定讨伐五溪夷。当时他与蜀汉关系和睦，诸夷接受教化。现在既然没有以前那样的支援，而且郭纯已经占据了武陵，而先生只想用三千多兵力，深入敌境，这看不出有胜算啊。”钟离牧说：“不一样的事，为什么要遵循旧例呢！”随即率领所属部队，昼夜兼程，沿山间险路行走将近两千里，杀掉为非作歹的人和有二心的领袖一百多人，以及他们的党羽一千余人。郭纯等人四散逃走，终于平定了五溪地区。

十二月，庚戌日（十九日），魏元帝曹奂任命司徒郑冲做太保。

壬子日（二十一日），魏元帝曹奂把益州改为梁州。

癸丑日（二十二日），魏元帝曹奂特赦益州的士民，并下令在五年内免除一半租税。

乙卯日（二十四日），魏元帝曹奂任命邓艾为太尉，增加食邑两万户；任命钟会为司徒，增加食邑万户。

皇太后郭氏去世。

邓艾在成都，颇为自命不凡，他对蜀地的士大夫们说："你们多亏遇到我邓艾，才能有今天啊，如果遇到像吴汉那样的人，不是被流放到其他地方，就是被杀死了。"邓艾写书信告诉晋公司马昭说："用兵有先声夺人之势，而后继续施加实力的情形，现在乘平定蜀国的威势仍在，趁机去攻打吴国，吴国人一定惶恐，这是一举攻灭吴国的大好时机。话虽这么说，但是经过一场大战争之后，将士们都很疲劳，不可以立即用兵，应该稍缓一缓再攻打吴国。我想留下陇右两万兵力，蜀兵两万兵力，平时让他们煮盐炼钢，制作军民生活用品。并且让他们制造舟船，准备顺流而下攻击吴国。然后派使者到吴国，说明情势的利害，吴国必定会归顺我们，这样不用征战，就可以把吴国平定了。现在我们可以厚待刘禅，以招引孙休投诚，可以先封刘禅为扶风王，赏赐给他一些钱财，并派人服侍他。扶风郡内有一座董卓坞，可以当作他的宫舍，然后封他的儿子做公侯，享受扶风郡内一县的俸禄，以显示他归顺得到厚待。再开放广陵、城阳以优待吴人，那么吴人将敬畏我们的威严，感激我们的恩德，就会闻势而顺从了！"司马昭派监军卫瓘告诉邓艾说："你无论做什么事都应先向朝廷报告，不可擅作主张。"邓艾严厉地说："我奉皇命征伐，一向遵照指示计划，现在元凶已经服顺，至于按照前人的做法，对降者授拜官职，以安抚刚刚归附之人，我认为这是合乎时宜的。现在蜀地已经全部归顺，国土几乎南至南海，东接吴、会，我认为应该早些安定下来。如果等待皇帝的命令，往返路途遥远，会延误很长时间。《春秋·公羊传》有这样的话：'大夫出征到边疆，只要能安定百姓，有利国家，就可以全权执行。'现在吴国还没攻下，他们的领土和蜀相连，如果照常规去做，那样会失去先机。《兵法》上说：'做将军的责任，不可以不明察秋毫，进不为求名声，退也不是避罪，只有以人格为保证。’我邓艾虽然不能像古人那样守节，但也不会让国家蒙受损失！”

钟会怀有异心，姜维已经看出来了，于是想设计让他打乱计划，就和钟会说：“听说将军自淮南以来，行事从没有差错，晋公的德行能够发扬，这都是将军的功劳。现在又平定了蜀地，威严震惊世界，民众都颂扬您的功高，主上也害怕你的谋略，在这样的情势下，您要如何自处呢？为什么不效仿陶朱公泛舟绝迹，来保全自己的生命呢！”钟会说：“你考虑得太远了，我不能实行。而且就目前的情形看来，结果未必是你说的那样。”姜维说：“其他方面以你的智谋来说一定能考虑到，就不必我多说了。”由于姜维这次推心置腹的建议，两人情感变得非常密切，二人出则同车，入则同起同坐。因为邓艾像前人那样专权处理蜀人投降事宜，于是钟会向卫瓘密告说邓艾有反叛的迹象。钟会善于模仿别人的字迹，在剑阁强行要走邓艾使者送来的章表和给晋公的信，私自改写里面的语句，把词句写得都很傲慢，其间又有很多自夸的话；同时又撕毁晋公司马昭的回信，亲手伪造书信使邓艾遭受怀疑。

元皇帝下

咸熙元年（甲申，公元264年）

五月，改年号为咸熙。春季，正月，壬辰日（正月无此日），魏元帝曹奂下诏书，用牢车把邓艾带回。晋公司马昭担心邓艾不从命，于是特别命令钟会进兵成都，又派贾充率兵驻扎在斜谷。司马昭亲自率大军随从魏元帝曹奂到达长安，因为诸王公都留在邺郡，就任命山涛为行军司马，镇守邺郡。

起初，钟会因为有才能被重用，司马昭的夫人王氏对司马昭说：“钟会这个人见利忘义，好兴事端，如果太重用他，一定会叛乱，千万不能让他担当重任！”等到钟会将要率兵讨伐蜀汉时，西曹臣属邵悌对晋公司马昭说：“现在派遣钟会率十万大军伐蜀，我认为钟会单身一人没有家属可以作为人质，还是让其他人去统率大军好些！”晋公司马昭笑着说：“难道我不知道这件事吗？蜀军多次进犯，军队倦怠，百姓也疲惫了，我现在派兵攻伐蜀汉，要取得成功易如反掌！然而众人都说不可伐蜀。这是因为人心犹豫不决，内心恐惧，智勇衰竭，如果那些将领智勇都衰竭了，却还强行让他们率兵作战，这等于是送他们去受擒。只有钟会和我的意见相同，现在派钟会去攻打蜀汉，蜀汉一定会灭亡。等灭掉蜀汉后，就算先生担忧的事会发生，难道会担心没办法处理吗？蜀汉灭亡后，当地的遗民都感到非常震惊，不愿意和钟会共同图谋国事。中原派去的将士，都渴望回归故乡，也不肯和他共同谋事，钟会如果作乱，那就是自取灭亡。先生不用担心此事，但要谨慎一些，不能让别人知道！”等到晋公司马昭打算回长安时，邵悌再一次对晋公说：“钟会所统率的军队，是邓艾的五六倍之多，只要命令钟会去进攻邓艾就可以了，您没必要亲率大兵前往。”晋公司马昭说：“先生忘记你以前向我建议的事情了吗？你说我不必前行是吗？虽然是这样，但是我们所说的话不能宣扬出去呀！我要以信义待人，但是别人也不应当辜负我，我哪里能做让人疑心的事呢？这几天护军贾充问我：‘您很怀疑钟会吗？’我回答他：‘现在派遣将军去做护军，难道我可以怀疑将军吗？’贾充也不能不同意我的话。等我到达长安，自会了断此事。”

钟会派卫瓘先去成都拘捕邓艾，钟会认为卫瓘的兵力弱，可以先假借邓艾的手杀死卫瓘，再借此怪罪邓艾。卫瓘看出钟会想要陷害自己，但没法拒绝，于是利用夜色赶到成都，檄召邓艾所统率部队的将领，告诉他们说：“我奉诏来捉拿邓艾，其他人一概不追究。各位要协助朝廷派来的人，等成功捉拿邓艾后都可以加官晋爵；如果有退却的人，那就等着被诛灭三族吧！”等到雄鸡啼叫天快亮时，那些将领都来归附卫瓘，只有邓艾营帐内的人还不知情。天一亮，就有人打开军营的门，卫瓘乘使者车，直接来到邓艾所住的营帐；这时邓艾还高卧未起，于是把邓艾父子绑起来，把邓艾关进槛车内。那些将领想要劫持邓艾换取功劳，就拿起兵器奔赴卫瓘的营帐；卫瓘轻装出迎，假造了一张书表，上面申明邓艾并没反心，将要请皇帝处理，众将信以为真，这才停止劫持邓艾。

丙子日（十五日），钟会到达成都，立即把邓艾押送到京师。钟会所怕的只有邓艾，等邓艾父子被擒后，钟会就独揽统帅大权，威声震慑四方，于是决定要谋反。钟会想让姜维率兵五万，从斜谷出兵为前锋，自己亲率大军跟随在姜维后边。等到长安后，钟会就命令骑兵从陆路前进，步兵从水路顺流而下，从渭水入黄河，预计只需五天就能到达孟津，然后和骑兵相会于洛阳，这样不久之后就可以平定天下了。然而没想到钟会收到晋公司马昭的信说："我担心邓艾会不接受征召，就派遣护军贾充率领步骑一万人，直接进入斜谷，屯兵驻扎在乐城，我将亲率十万大军屯驻在长安，相见的日子指日可待了。"钟会看完这封信后，大吃一惊，立即把自己的亲信召集到跟前说："要攻打邓艾，晋公明知我一个人就能办到，但是现在他统率大兵而来，必定知道我的谋划了，我们应该改变计划趁早动手。事情如果成功，那么就可以一统天下；如果事情不成功，也可以退居蜀汉，做另外一个刘备！"丁丑日（十六日），钟会把护军、郡守、牙门骑督以上以及蜀汉时旧有的官员，都召集起来，在蜀汉朝廷上为郭太后表示哀悼，并假造太后遗诏，派钟会起兵废掉司马昭，把遗诏颁发给在场的所有官员，让大家讨论完后，书写任命书，又派自己的亲信带领各军；把请来的群吏，关在益州各官署的房间里，城门宫门都紧闭起来，派兵严密把守。卫瓘诈称自己病重，要到外边去休养。钟会很信任他，对他也无所忌惮。

姜维想让钟会杀掉从北方来的将领，自己再借机杀掉钟会，然后把魏国士兵都活埋掉，重立汉主，他秘密写信给刘禅说："希望皇帝再忍受几天亡国的羞辱吧！臣想要使国家复兴起来，一定能使蜀汉像日月一样绽放光芒。"钟会既想接受姜维的建议，把北来的将领杀光，但心里又犹豫不决，一时无从决定。

钟会的帐下督丘建，原是胡烈的部下，钟会很喜欢并信任他。丘建很怜惜胡烈也被关在营里，于是向钟会建议，那些被关起来的人，可以每人派一个亲兵为他们来回送一日三餐，各牙门将也依例各派一人。胡烈胡编一番话对自己的亲信士兵和儿子说："丘建带来秘密的消息，钟会打算把关在里面的人都杀死埋掉，他已经命人挖了一个大坑，准备了几千根白木棒，想把外面的士兵都召集进来，给每人准备一顶白（形状像弁，缺四角），任命他们为散将，依次击杀诸将，然后扔在那个大坑里。"各牙门将的亲兵之间都有这样的传言，一夜之间，辗转相告，军营里到处都传遍了。己卯日（十八日），中午，胡渊率领父亲胡烈的军队擂鼓而出，之后各将领也都不约而同地擂鼓呐喊而出，这时没有任何人阻拦，于是这些人就都争先冲出城去。此时，钟会正给姜维发放兵器，有人报告说外边有大声喧哗的声音，像是着了火一样。不一会儿，又有人报告说外边的士兵向他们的城奔来。钟会大吃一惊，马上对姜维说："这么多士兵到来，一定是犯上作乱，我们该怎么办？"姜维说："应当攻击他们！"钟会派人把关起来的那些牙门将、郡守全部杀死，被关在屋内的人用桌椅把门顶起来，外边兵士无法破门而入。不久，城外的人利用云梯登上城墙，有人把城内的房子点燃，人们像蚂蚁一样涌进城里，箭如雨下，那些牙门将和郡守都沿着墙逃出来，与外边的士兵会合。姜维率领与钟会亲近的左右之人出战，亲手杀死五六人，大家蜂拥而上把姜维杀死，然后又把钟会杀掉。钟会手下的将士伤亡几百人，蜀汉太子刘璿以及姜维的妻子儿女也都被乱军杀死，军队之间互相砍杀，死伤遍地，一片狼藉。卫瓘把各将领加以整顿，动乱过了几天才安定下来。

邓艾军营的将士，把关押邓艾的牢车追回。卫瓘认为自己与钟会合谋陷害邓艾，恐怕以后形势对己不利，于是派护军田续等带领兵士去伏击邓艾，双方在绵竹西面相遇，田续等人杀了邓艾父子。以前邓艾进入江油时，田续不听命前进，邓艾想杀掉田续，但后来又放了他。卫瓘派遣田续时，就告诉他："你可以为江油那次的羞辱报仇了！"镇西长史杜预对大家说："伯玉先生恐怕躲不过灾祸了！身为有名之士，声望已高，但是既不具备充满美德的言语，又不能用正道统御下属，将来怎么担当这重任呢？”卫瓘听到这话，没等马车来到，就赶紧去向杜预赔罪。杜预，是杜恕的儿子。邓艾在洛阳的其他儿子都被诛杀，他的妻子和孙子被迁往西城。

钟会的哥哥钟毓曾私下告诉司马昭说：“钟会心怀诡诈，很难忠诚，不能给他重任。”钟会造反时，钟毓已经逝世了，晋公司马昭怀念钟繇的功劳与钟毓的贤能，于是特赦钟毓的儿子钟峻、钟辿，官爵依旧。钟会的功曹向雄为钟会收敛遗体，晋公司马昭责备他说：“以前王经被杀时，你跑到刑场痛哭，我没有责怪你。现在钟会叛国，你又来替他收葬，我如果再容忍你，哪里还有王法？”向雄说：“以前先王掩埋遗骨腐尸，那是对朽骨的仁心，难道当时还会算算他们的功过才做吗？现在皇帝已经把他诛杀，在法律上说也已结束，我认为在义理上可以为他收葬，这对教化没有害处。上级订立法规，下级弘扬教化，以这样的事例去教化人，不也可以吗？何必让我贪生怕死地活在这世上呢？明公对那一堆枯骨仇恨，把它丢在荒野，这难道是仁人贤士的气度吗？”晋公司马昭听完这话很高兴，就请向雄宴饮，然后放他走了。

二月，丙辰日（二十六日），魏帝的车驾回到洛阳。

庚申日（二十日），明元皇后下葬。

起初，刘禅派巴东太守襄阳人罗宪率兵两千多人驻守永安，后来听说成都沦陷，军民混乱不堪，罗宪立即杀死一个说成都乱了的人，百姓这才安定下来。等接到刘禅手谕，罗宪就率兵到都亭观察了三天。吴国听到蜀汉兵败，于是发兵西上，借口救援蜀汉，实际上是想偷袭罗宪。罗宪说：“我们失败了，吴国与我们本是唇齿之邦，现在不来援救，反而违背盟约，坐收渔翁之利，实在是不仁义。现在蜀汉已经灭亡，吴国怎么可能会久存呢？我会向吴国投降吗？”于是坚守城池，准备作战工具，告诫全军将士，鼓励大家遵守节义，将士们群情激昂。吴国人听说钟会、邓艾失败，很多城池不安定没有领袖，于是就有了兼并蜀汉之心，但是巴东守卫牢固，兵士无法通过，于是派抚军步协率兵向西攻击。罗宪兵力薄弱，无法抵抗，就派参军杨宗从北突围，向安东将军陈骞请求救援，并把文武印绶、人质送给晋公司马昭。步协进攻永安，罗宪与吴军大战，吴军败北。吴主很是愤怒，又派镇军陆抗等人率大军三万多人去围攻罗宪。

三月，丁丑日（十七日），任命司空王祥为太尉，征北将军何曾为司徒，左仆射荀顗为司空。

己卯日（十九日），加封晋公爵位为王，增加封地十郡（加上以前的十郡，一共有二十郡）。王祥、何曾、荀顗一起去拜见晋王，荀顗对王祥说："相王的身份尊贵，何曾与一朝之臣都尊敬他，今天拜见他，自然要一起下跪，不能有疑问啊！"王祥说："相国虽然尊贵，但也不过是魏国的宰相而已，我们也位列魏国的三公啊；王、公只不过相差一阶而已，哪有天子的三公随便跪拜别人呢？这样做有损魏朝的声望，也愧对晋王的仁德，君子敬爱人要合乎礼仪，我不能做不合礼的事！"等进入晋王府，荀顗就跪拜，只有王祥单独作了长揖但不跪拜。晋王对王祥说："直到今天才知道先生对我的尊重啊！"

刘禅全家向东迁到洛阳，当时吵吵嚷嚷，时间又很仓促，刘禅的大臣没有随行，只有秘书令郤正和殿中督汝南人张通舍弃妻子儿女独自跟随刘禅，刘禅靠着郤正的引导，一路都很顺利，沿途没有什么匮乏，于是他慨然叹息，后悔太晚明白郤正的忠诚了。

起初蜀汉建宁太守霍弋都督南中，听到魏兵到了，想要赶紧到成都防守，但是刘禅认为成都的防卫做得很好，没有听霍弋的建议。等到成都沦陷，霍弋身穿素服登高眺望成都三天。各位将领建议霍弋，应该赶紧投降。霍弋说："现在道路阻隔，没办法知道主上的安危，投不投降，这是件大事，我不能随意下决定呀！如果魏国对待主上很好，那我们再全境投降也不晚啊！万一主上受到魏国的侮辱或者遇到危难，我打算以死抵抗，到时还谈什么早晚呢！"后来听闻刘禅东迁后还很安然，这才率六郡的将士、郡守上表说："臣听说人之所以生存在世间，是因为有三方面（父、母、君）的因素，而侍奉他们的道理，却是一样的。三者遭难，一定要牺牲生命。现在臣的国家灭亡，主上投降，我如果再舍弃生命也没有理由了，因此愿意投诚，不敢再有二心。”晋王司马昭知道此事，很称赞霍弋的忠诚，任命他为南中都尉，仍在原来的地方任职。

丁亥日（二十七日），魏国封刘禅为安乐公，他的子孙和群臣被封侯的有五十多人。晋王司马昭和刘禅吃饭喝酒，让他观看蜀地的舞乐，其他人看到都很伤心，可是刘禅却谈笑如常。之后晋王和贾充说：“刘禅对蜀汉无情，竟然到了如此的地步；看来就算是诸葛亮在世，也不能辅佐他太久，何况就凭姜维的才能呢！”又有一天，晋王问刘禅：“是不是很想念蜀国呢？”刘禅说：“我在这里很快乐，不想念蜀地了。”郤正听说这些事，就对刘禅说：“以后晋王再问主上这些话，应该边掉眼泪边说：‘我祖先的坟墓，远在岷、蜀，那是我心里常常想念的地方，没有一日不思念蜀地啊！’然后再闭上眼睛，做出思念的样子。”后来晋王又问刘禅，刘禅就按照郤正教给他的这番话说，晋王说：“这些话怎么像郤正说的呢！”刘禅很惊恐地看着晋王说：“您说得对，这就是郤正说的！”旁边的人听到都大笑起来。

夏季，四月，新附督王稚由海上进攻吴国句章，掠夺该地长吏以及男女二百余人后返回。

五月，庚申日（初一），晋王司马昭上奏请求恢复公、侯、伯、子、男五等爵位，封骑督以上官职六百余人。

甲戌日（十五日），改年号为咸熙。

癸未日（二十四日），追加任命舞阳文宣侯司马懿为晋宣王，忠武侯司马师为景王。

罗宪以两千人驻守在永安，苦苦坚持了六个月，救兵依然未到，城中之人大半患病。有人建议罗宪弃城逃走，罗宪说：“我是一城之主，是百姓信赖的人；危险来了我没办法给他们安定，紧急的时候，我却抛弃他们独自逃走，这不是君子所为，我至死也要守护此城！”陈骞把这些报告给晋王，晋王司马昭派荆州刺史胡烈率步骑两万多人攻打吴国的西陵，以解救罗宪的危机。秋季，七月，吴国军队撤退。晋王司马昭让罗宪仍然驻守在永安，升为陵江将军，封万年亭侯。

晋王司马昭奏请使司空荀顗制定礼仪，中护军贾充修改法律，尚书仆射裴秀整理官制，太保郑冲总理上列事项并裁定一切。

吴国从交州中分出一部分设置广州。

吴主孙休病重，不能开口说话，就用手书召集丞相濮阳兴入朝，命令儿子孙𩅦出去拜见他。孙休拉着濮阳兴的手臂，把孙𩅦托付给他。癸未日（二十四日），吴主孙休去世，谥号为景帝。群臣尊称朱皇后为皇太后。

吴国人认为蜀汉刚刚亡国，交趾又发生叛乱，国内人心惶惶，想要推举一位年纪大的君王来主持朝政。左典军万彧曾做过乌程令，和乌程侯孙皓关系很好，建议道："孙皓的才识善于明断，能和长沙桓王孙策相比，他又是笃信好学之人，遵纪守法。"他多次对丞相濮阳兴、左将军张布说这些话。濮阳兴、张布就对朱太后说，打算册立孙皓为皇帝。朱太后说："我只是一个守寡的妇道人家，哪里会明白国家的忧患呢？如果对吴国没有危害，祖宗的宗庙可以赖以保存，那就可以了。"于是就迎回孙皓，立为吴主，改年号为元兴，大赦天下。

八月，庚寅日（初三），命令中抚军司马炎协助处理相国事务。

起初，钟会征讨蜀汉时，辛宪英对她夫家堂侄羊祜说："钟会做事恣意妄为，这不是长久处于臣下地位的做法，我怕他有别的想法啊！"钟会请她的儿子郎中羊琇做参军，辛宪英担忧地说："以前我是为国家忧虑，现在我要为自己家忧虑了。"羊琇坚决向晋王请求辞去参军，晋王没有答应。辛宪英对她的儿子羊琇说："你可以去做参军，但是要小心谨慎，军队之中，可以成事的大概只有仁慈和宽恕吧！"羊琇最后终于保全生命而回。魏元帝曹奂下诏书说，因为羊琇曾经建议要防范钟会造反，所以赐爵关内侯。

九月，戊午日（初一），任命司马炎做抚军大将军。

辛未日（十四日），魏元帝曹奂下诏书任命吕兴为安南将军，都督交州各郡军事，任用南中监军霍弋遥领交州刺史，可以利用便利条件选用官吏。霍弋上表请求派遣建宁人爨谷做交趾太守，让他率牙门董元、毛炅、孟幹、孟通、爨能、李松、王素等人带领军队帮助吕兴，这些人还未到达，吕兴就被他的功曹李统杀了。

吴主孙皓把朱太后贬为景皇后，并追谥自己的父亲孙和为文皇帝，尊称自己的母亲何氏为太后。

冬季，十月，丁亥日（初一），魏元帝曹奂下诏书任用被寿春俘虏的吴国相国参军事徐绍为散骑常侍，水曹掾孙彧为给事黄门侍郎，派他们以使者的身份到吴国去。他们的亲属既可以留在魏国，也可以带回吴国，是否回来，都随自己决定，以此来扩大魏国讲求信义的影响。晋王司马昭因此写信给吴主孙皓，告诉他投降或抵抗会给吴国带来不同的福祸。

起初，晋王娶王肃的女儿为妻，生下司马炎和司马攸，把司马攸过继给景王司马师为后。司马攸恭顺友爱，多才多艺，亲和清静，名声超过他哥哥司马炎，晋王很宠爱他，常说："以后的天下呀，是景王的天下了！我身居相位，等我去世以后，国家大事就要交给司马攸了。"司马炎站立起来，头发长得可以垂地，双手垂放下来，可以超过膝盖，他曾经从容地问裴秀："人的相貌有贵贱之说，这可靠吗？"并把自己的奇特相貌展示给他看，裴秀看出他相貌不凡，于是归附于司马炎。羊琇和司马炎交情很好，常为司马炎谋划事情，观察时政的减损或补益之处，这些事都让司马炎牢记，以备应对晋王的询问。晋王想要立司马攸做世子，山涛说："废掉长子，册立少子，这样做违背礼仪，对国家来说是不祥的征兆。"贾充说："中抚军司马炎有君子的品行，不能被替换。"何曾、裴秀也建议说："中抚军聪慧英武，有卓越的才能，许多人看好他，事实上他确实也是一表人才，绝对不像是做臣子的相貌啊！"晋王听了这些话才下定决心，在丙午日（二十日），册立司马炎为世子。

吴主孙皓封太子孙𩅦和他三个弟弟都做了王，并册立妃子滕氏为皇后。

起初，吴主孙皓即位时，颁布了许多优抚诏书，下令要爱护士民百姓，命人打开粮仓，赈济贫苦之人，把宫里的一部分宫女遣散出去，婚配给那些没有成亲的人，饲养在皇家苑囿的珍禽奇兽，也都放归山林，以减少无益的损耗。当时吴国人都称吴主孙皓是一位贤明的君主。等他志得意满后，就变得粗暴骄傲，犯了很多忌讳，又贪图酒色，让全国上下都大失所望，濮阳兴、张布私下里也感觉很后悔。有小人在吴主孙皓面前说他们两人的坏话，十一月朔日（初一），濮阳兴、张布进宫朝见时，吴主趁机命人把他们抓起来，然后把他们迁徙到广州，但是又下令在半路上把他们杀掉，还诛灭了他们的三族。吴主孙皓任命皇后的父亲滕牧为卫将军，协管尚书事务。滕牧，是滕胤的同族人。

这一年，取消了屯田的官吏。

资治通鉴卷第七十九　晋纪一

起乙酉(公元265年),止壬辰(公元272年),共八年。

【题解】本卷记录了晋武帝泰始元年至泰始八年共八年间曹魏、孙吴和西晋等国大事:司马昭死,司马炎篡取魏国政权,成为晋国皇帝;司马炎扫除弊政,使百姓获得生机;司马炎分封司马氏众多亲属为王,为内乱打下伏笔;广汉太守王濬平定益州之乱并成为益州刺史,为伐吴大造舰船;羊祜镇守襄阳,广行善政;陆抗既破杀步阐,讨平西陵,又大破杨肇、羊祜之兵;吴将陶璜平定交趾,使之重归于吴;晋朝立司马衷为太子,贾充嫁女于司马衷;吴主孙皓奢侈无度,不听劝阻;鲜卑头领秃发树机能势力强大,北方少数民族逐渐对晋朝形成威胁。

世祖武皇帝上之上

泰始元年(乙酉,公元265年)

十二月,司马炎受禅改年号为泰始。春季,三月,吴国君主孙皓派光禄大夫纪陟、五官中郎将洪璆以及徐绍、孙彧等人一同前来答谢晋国的和亲请求。徐绍等人到了濡须,有人进言说徐绍言语间曾赞美中原,吴国君主孙皓一怒之下,派人把他追回来,然后杀了他。

夏季,四月,吴国改年号为甘露。

五月,魏元帝曹奂以特别优厚的礼仪加封晋文王,并进封王妃为皇后,册立世子为太子。

癸未日(三十日),魏元帝曹奂下旨大赦天下。

秋季,七月,吴国君主孙皓逼死了景皇后,并把景帝的四个儿子流放到吴国;不久,又把年纪较大的两个杀死了。

八月，辛卯日（初九），晋文王司马昭去世，太子司马炎继承了相国、晋王之位。

九月，乙未日（九月无此日），魏元帝曹奂颁旨大赦天下。

戊子日（九月无戊子日），魏元帝曹奂派魏国司徒何曾到晋国做丞相；癸亥日（十二日），委派骠骑将军司马望做司徒。

乙亥日（二十四日），在崇阳陵埋葬晋文王。

冬季，吴国西陵督步阐上书，建议吴国君主孙皓把都城迁移到武昌，吴国君主孙皓听从了这个建议，下令让御史大夫丁固、右将军诸葛靓守卫建业。步阐，是步骘的儿子。

十二月，壬戌日（十三日），魏元帝曹奂将帝位禅让给晋王司马炎；甲子日（十五日），魏元帝迁出京城，到金墉城居住。太傅司马孚向魏元帝拜别，他拉着魏元帝的手，流着眼泪叹息，情不自禁地说："臣就算到死也仍然是一心效忠大魏的臣子。"丙寅日（十七日），晋王司马炎登上皇位，颁旨大赦天下，改年号为泰始。丁卯日（十八日），尊奉魏元帝为陈留王，让他居住在邺宫。仿效魏国初期的制度给陈留王优厚的待遇。把魏氏诸王的爵位都降为侯爵。追封晋宣王司马懿为宣皇帝，晋景王司马师为景皇帝，晋文王司马昭为文皇帝；尊奉王太后为皇太后。分封晋国皇帝的皇叔祖司马孚为安平王，分封叔父司马干为平原王，司马亮为扶风王，司马伷为东莞王，司马骏为汝阴王，司马肜为梁王，司马伦为琅邪王，再分封弟弟司马攸为齐王，司马鉴为乐安王，司马机为燕王；又把子侄辈的司徒司马望等十七人分封为王。委派石苞任大司马的职位，郑冲做太傅，王祥做太保，何曾做太尉，贾充做车骑将军，王沈做骠骑将军；其他文武百官，加官晋爵，各有不同。乙亥日（二十六日），委派安平王司马孚做太宰，同时都督中外各州一切军务。没过多久，又派车骑将军陈骞做大将军，又在同一时间设置司徒义阳王司马望、司空荀顗等八公。晋武帝司马炎要改变魏国时期王室势孤的弊端，所以大肆分封皇族，授予他们职务。晋武帝司马炎又诏告诸王可以自己选择封国中的官吏，只有卫将军齐王司马攸不敢擅作决定，请求皇帝给他委派官员。

晋武帝司马炎下旨废除囚禁魏国皇族的命令，同时废除部下将领和州郡长官出来做官必须要留下亲属作为人质的规定。

晋武帝司马炎认为晋国沿袭了魏国奢侈浪费的风俗，所以决心要用仁义节俭的品德改正这种不良风气。太常丞许奇，是许允的儿子。晋武帝司马炎打算在太庙里举行祭祀，朝中大臣议论纷纷，认为许奇的父亲是因为受到刑罚去世的，不能让他出现在皇帝身边，建议派他去地方做官。晋武帝司马炎却讲述许允生前的名声，并赞许许奇的才能，升任他为祠部郎。执事官员上书说用来拴牲牛用的青丝绳断了，晋武帝司马炎下诏，用青麻绳代替。

起初，朝堂上设置谏官时，任命散骑常侍傅玄、皇甫陶担任。傅玄，是傅干的儿子。傅玄认为，魏朝末年学士风气败坏，于是呈上奏折说："臣听说先王治理天下，在朝堂上能振兴教化，在民间能流行清明的言论。近代魏武帝喜爱研究法术，因而天下就随之崇尚刑名的学术；魏文帝仰慕能力广博的人才，因而天下就开始轻视那些固守节操的人士。自此以后，国家纲常无法稳定，朝廷上全是一些放浪的狂士，天下不再有清正的言论。现在陛下隆兴帝业，承袭皇帝的位置，应该弘扬尧、舜的教化，但是还没有选举清远有礼的巨子，以用来敦厚朝野的风化气节；没有斥退那些虚张声势粗俗鄙陋的人，以惩治社会的不良风气，所以臣下还要斗胆进言。"皇帝赞同并采纳了他的意见，下令让傅玄拟写诏书以便实行，但是也没能改变当时的风气。

起初，汉征西将军司马钧生豫章太守司马量，司马量生颍川太守司马儁，司马儁生京兆尹司马防，司马防生晋宣帝司马懿。

泰始二年（丙戌，公元266年）

春季，正月，丁亥日（初八），晋国开始利用魏国皇室宗庙的礼仪祭祀征西府君以下，连同景帝司马师一共七座宗庙。

尊奉景帝夫人羊氏为景皇后，让她居住在弘训宫。

丙午日（二十七日），册立弘农县杨氏为皇后。皇后是魏通事郎杨文宗的女儿。

群臣一起上书说："五帝，就是天帝，由于王气每个时期都有不同，所以有五种名号。从现在开始，明堂用来祭地、南郊用来祭天，明堂和南郊都应除去五帝神位。"晋武帝司马炎听从了这个建议。晋武帝司马炎是王肃的外孙，所以祭祀天地的礼仪，执事的官员大多听从王肃的安排来处理。

二月，晋武帝司马炎下令解除囚禁汉室皇族的诏令。

三月，吴国派大鸿胪张俨、五官中郎将丁忠来吊唁晋文王。

吴国散骑常侍庐江王蕃，气度不凡，不会看人脸色顺从其意行事，因此让吴主很不高兴。散骑常侍万彧、中书丞陈声不断向皇帝进谗言，诋毁王蕃。丁忠出使回来，吴国君主为此大宴群臣，王蕃喝得酩酊大醉，趴在桌上起不来。吴国君主怀疑他是假装醉酒，命人用轿子将王蕃抬出去。后来，又召他回来。王蕃这时严整举止仪态，一举一动和平常一样。吴国君主勃然大怒，命令左右侍卫，把王蕃推出殿下斩首，再让人带着王蕃的首级出城去登来山，命令亲信把头颅抛下去，作出虎狼争相跳跃抢食的样子，头颅被摔得碎裂了。

丁忠劝吴国君主孙皓说："北方守备不严密，我们可以袭击取得弋阳。"吴国君主孙皓询问群臣的看法，镇西大将军陆凯说："北方刚刚并吞巴、蜀之地，现在他们派遣使者来向我们求和，并不是要寻求我们的援助，只是为了寻找时机恢复兵力。敌人势力正强，我们如果想取得胜利不容易。"吴国君主虽然没有出兵，但是也和晋国断绝了关系。陆凯是陆逊同族兄弟的孩子。

夏季，五月，壬子日（五月无此日），博陵元公王沈去世。

六月，丙午晦日（六月无此日），出现日食。

晋文帝的葬礼，臣民们因事制宜，三日后就脱了丧服。葬礼结束，晋武帝司马炎也脱去丧服，但是仍然佩戴素冠，吃素食，悲伤得如同守丧的人。秋季，八月，晋武帝司马炎要去参拜崇阳陵，群臣上书，秋季暑气还没消去，怕皇帝心情悲痛损伤身体。晋武帝司马炎说：

“朕如果瞻仰陵墓，身体自然会好。”又颁布诏书说：“汉文帝不让天下臣民服完丧期，这是帝王体恤百姓。现在要拜见陵墓，不服孝服，不会心安！仔细想想，要穿上衰绖的丧服去，群臣衣着可依照旧日。”尚书令裴秀上书说：“陛下已经脱去丧服，现在又要穿上，这是不合理的。如果国君穿丧服，而臣子不穿，群臣也会不安。”于是晋武帝司马炎下诏说：“我担心的不过是心中不能时时惦念着先人罢了，又何必在乎衣服呢！各位诚恳的心意，又怎能随意违背呢！”这样关于穿不穿丧服的争议就停止了。

中军将军羊祜告诉傅玄说：“三年的丧期，即使是地位尊贵的人也要服完，这是符合礼仪的。现今主上十分孝顺，虽然不穿孝服，实际还在服丧。如果借此恢复古代圣王的礼法，不是很好吗？”傅玄说：“丧礼缩短时日，有几百年的历史了，要恢复古礼，实在不易。”羊祜说：“没法让所有人都依礼行事，就算让君主服完丧期，不也很好吗？”傅玄说：“君主不去除丧服，天下臣民却去除了，这样做只有父子的礼法，却没有君臣礼法了。”于是争议就没有了。

戊辰日（二十二日），群臣上书请求君主换穿常服，恢复常食，晋武帝司马炎颁布诏书说：“每当感念地下先人，却没有服完苴绖的丧服之礼，心中常常悲痛。何况还食用精制稻米、身穿锦绣的华服呢？这正好可以激起心中忧伤，但并不能完全释怀。朕本来生在儒者之家，礼仪传承，由来已久，怎会料到忽然便改变了怀念父亲的孝心！我已经听了你们很多的建议了，如果你们看看孔子回答宰我的话，就知道我的意思了，不要再多说了。”最终以粗食素冠坚持了三年。

◆臣司马光说：三年的丧礼，从天子到平民百姓，这是清楚记载在先代圣王礼经上的，是千秋万世不能改变的礼制。汉文帝只知道说出自己的意愿，却不努力学习礼制，改革古制，因此毁坏礼仪，破坏了父子恩情，损伤了君臣义理；后代君王没法表达深沉的哀思，且臣子们又谄媚附和，不能据理改正。直到晋武帝司马炎用人的天性改正、继续实行古礼，可以说是非常贤能的君主了。而裴秀、傅玄这些人，是目光短浅、碌碌

无为的臣子，只会习惯于常规，遵循以前的习俗，不能发扬君王的美德，可惜啊！◆

吴国改年号为宝鼎。

吴国君主孙皓委派陆凯做左丞相，万彧做右丞相。吴国君主厌恶别人看着自己，臣下们觐见的时候，都不敢抬头。陆凯说："君臣之间没有不相识的道理，万一发生不好的事，大臣们就不知道要救谁了。"吴国君主孙皓就允许陆凯抬头看他，但是其他人仍然不敢抬头。

吴国君主居住在武昌，扬州人民供给所需要逆流而行，非常艰苦，君主又奢侈浪费，没有节度，国库匮乏。陆凯上奏说："现今国家没有战争，应当大力发展休养民力、丰富财力的政事，现在皇帝却不顾百姓奢侈享受。就算没有天灾，人力也会伤亡殆尽；无所作为，只会坐吃山空，臣私下为此感到十分忧虑。汉朝衰微后，三国鼎立，现在曹、刘失去王业，归于晋国所有，这些都是证明。臣下愚昧，只是为陛下珍惜国家罢了。武昌地高贫瘠，不是做都城的首选。童谣说：'宁饮建业水，不食武昌鱼；宁还建业死，不止武昌居。'（宁愿饮用建业的江水，也不愿贪吃武昌的鲜鱼；宁愿回到建业而苦死，也不愿贪住武昌的房子。）从这些足以了解人心和天意了。现在国库积蓄未丰，人民有流离的怨念，国家有动乱的预兆，但是官吏却只会横征暴敛，不知体恤百姓。大帝的时期，后宫宫女和纺织侍女人数，不到一百；景帝以后，竟达到千计，这是最耗费财力的。皇帝亲近的臣子，大多不是贤士，互相勾结，残害忠良，陷害贤士，这都是政治腐败、危害百姓的事。臣希望陛下能够免除各省的劳役，废除苛刻扰民的政令，精简宫女放出宫去，公平选拔朝廷百官，那么一定会天道归顺、民心归附，国家将长久安定了。"吴国君主孙皓虽然心中不快，但因陆凯以往的声望，也没有责怪他。

九月，晋武帝司马炎颁布诏令："从即日起，只要是诏书有所期望，或已经上奏获得许可，却对政事不利的，都不准隐瞒不报。"

戊戌日（二十三日），官员上书："大晋承袭魏国帝位，应该沿用以前历法、服饰的颜色，就像虞舜遵循唐尧的旧例。”晋武帝司马炎听从了这个建议。

冬季，十月，丙午朔日（初一），出现日食。

永安县有山贼施但出没，乘百姓劳苦不堪，聚众几千人劫持了吴主庶弟永安侯孙谦，发动作乱，向北行进到达建业时已有一万多人，还有三十里时不再前进，要选择吉日进城。乱军派遣使者，以孙谦的名义招降丁固、诸葛靓。丁固、诸葛靓斩杀了使者，率军在牛屯迎战。施但的军队没有盔甲，立时被打败，四处逃窜，只剩下孙谦因为坐在车中而被活捉。丁固不敢杀他，把情况报告吴国君主孙皓，吴国君主就把他母子和弟弟孙俊都杀了。起初，有个会望气的人说：荆州有王气出现，一定会攻下扬州。于是吴国君主孙皓把都城迁到武昌，等到施但造反，吴国君主孙皓自认为预言应验，就派几百人高喊着冲进建业，杀死施但的妻子儿女，说：“天子派荆州的军队来打败扬州贼。”

十一月，晋武帝司马炎第一次将祭祀天神、地祇的典礼合并，在南北郊外举行。

晋武帝司马炎罢免了山阳国督军的官职，废除禁制令。

十二月，吴国君主将都城迁回建业。下令让皇后的父亲卫将军、录尚书事滕牧留下来驻守武昌。朝中官员因为滕牧是皇亲贵戚，所以都推举他出来直言规劝，滕皇后因此渐渐失去宠幸，又让滕牧居住苍梧郡，虽然没有削去爵位，但实际也是贬谪。滕牧在前往苍梧途中，忧愤而死。何太后喜欢滕后，太史又说中宫皇后不能随便更改，吴国君主相信巫师的话，所以皇后才没有被废除，只是在升平宫奉养，不能见君主。很多嫔妃佩挂皇后玺印绶带，滕后只是接受朝贺罢了。吴国君主孙皓派遣黄门郎到各州郡中选取将士官吏家的女孩，其中俸禄为二千石大臣的女儿，年年唱名，年纪十五六时选拔一次，只有选不中的才能出嫁。后宫女子数以千计，却仍然在不停地选取。

三年（丁亥，公元267年）

春季，正月，丁卯日（正月无此日），晋武帝司马炎册立皇子司马衷为太子。诏书说："最近每当设立太子时，会有赦免令。如今局势太平，应当让百姓明白好恶的标准，杜绝他们侥幸的心理。曲改法令，让小人受惠，朕是不愿意的。"于是没有赦免天下。

司隶校尉上党人李憙弹劾前立进县令刘友、前尚书山涛、中山王司马睦、尚书仆射武陔私自占用公家稻田，建议免除山涛、司马睦等人官职，武陔已经去世，建议废除他的谥号。晋武帝司马炎颁布诏书说："刘友剥削百姓，迷惑朝中官员，一定要严查，不放过奸邪小人。山涛等人没有再犯过错，不用再查问。李憙心志高洁，一心为公，在官任职，正直不讳，可以说是朝中主持正理的人。光武帝曾经说：'皇亲贵戚就收敛些，避开鲍永、鲍恢二人。'是告诫官员，各自小心，宽恕地对待，是不常有的。"司马睦，是宣帝弟弟的儿子。

◆臣司马光说：政治最根本的，是在赏罚，赏罚不分，政治怎么会有成就！晋武帝司马炎赦免山涛又褒扬李憙，在刑罚奖赏两方面做得都有不当。如果李憙所说是对的，那么山涛就不能赦免；如果说得不对，那么李憙就不能够嘉奖。褒扬臣下让他进言，进了言，又不听信，结果在下属中结下怨恨，上位的人玩弄权势，怎么可以这样做呢！况且四个臣子犯罪相同，刘友被诛杀，山涛等人却没有定罪，不刑罚权贵，却惩罚地位低下的官员，这是公平的政治吗？开始建立国家就不订立政治的根本，要想把帝业传给后代，不是很困难的吗？◆

晋武帝司马炎任命李憙做太子太傅，征召犍为人李密为太子洗马。李密以祖母年老为由，坚决推辞，被允许了。李密与人来往，经常公然议论他人的成败是非，并且恳切地责备别人，他常常说："我独自生活，回顾自身，没有同伴，但是心中之所以没有畏惧，是因为我和别人不分彼此。"

吴国大赦天下，派右丞相万彧驻守巴丘。

夏季，六月，吴国君主孙皓建造昭明宫，俸禄二千石以下的官员，都要亲自进入山区监督伐木的事。大力开辟苑囿，建造土山、高楼，极尽才艺工巧，土木劳作的耗费以亿万计算。陆凯进谏不要浪费，吴国君主孙皓不理。中书丞华覈上奏说："汉文帝时，中原相安无事，只有贾谊认为当时的时局就像睡在燃烧着的柴堆上一样。当今敌人占据中原的土地，拥有一多半的民众，谋划吞噬我们的国家，不满足仅取得蜀汉的淮南、济北。与贾谊那时相比，哪一个比较紧急呢？现在国库空虚，在籍册上的百姓都失去谋生的常业，然而北方敌人却在囤积粮食，休养生息，一心要向东征伐。再加上交趾沦陷，五岭之南各地动荡不安，我们腹背受敌，首尾亦多灾难，正是国家困难的时候。如果放弃紧要事务，全力修建宫殿，一旦遭遇兵变，就要舍弃营造之事而响应烽火告急，驱使因劳役而怨声载道的百姓，让他们奔赴利刃相接的战场，为国家战斗，这就是强大的敌人所乘机加以利用的机会。"当时吴国奢侈之风盛行，华覈又上奏说："现在正事繁多，却劳役繁杂；人民困苦，却奢侈浪费；工匠制造无用器具，妇女打扮华丽浮艳，相互攀比，没有羞耻。军士家庭，也逐渐败落，家内没有一点存储，出门却穿着华丽的衣服；对上没有尊卑等级的差别，在下却损耗财力奢侈浪费，想要让国家富裕，怎么可能呢？"吴国君主孙皓没有听从这些建议。

秋季，七月，王祥在睢陵公的爵位上被罢职。

九月，甲申日（十四日），晋武帝司马炎下旨增加官吏薪俸。

晋武帝司马炎委派何曾做太保，义阳王司马望做太尉，荀顗做司徒。

晋武帝司马炎下令禁止占星、望气、谶纬这些学术。

吴国君主孙皓委派孟仁暂时代理丞相职位，恭奉天子的车驾去东方明陵迎接君主父亲文帝的神主，路上天子使者来往不断，问候生活起居方面的事。巫者说：看见文帝，衣着气色和平时一样。吴国君主孙皓悲喜交加，在东门外跪拜迎接文帝神主，进入太庙以后，按照七日三祭，准备了歌舞优伶，日夜欢唱。

这一年，遣送鲜卑族的拓跋沙漠汗回国。

四年（戊子，公元268年）

春季，正月，丙戌日（十八日），贾充等奉上修订的律令。晋武帝司马炎亲临讲授，下令让尚书郎裴楷拿着书朗读。裴楷，是裴秀的堂弟。侍中卢珽、中书侍郎范阳人张华建议抄写新的律令中有关死罪的条目，然后悬挂在驿站中，警告百姓。晋武帝司马炎听从了这个建议。

晋武帝司马炎又下令让河南尹杜预拟写官员升降考核的规定，杜预上书："古代官员的升降，是上位者在心中揣度评量，不会拘泥于法规。后世没有远见，却只求细密条文；怀疑心中揣度的度量，却只相信耳目所见；怀疑耳目所见，却又相信书籍规章。书籍规章越是明细，做官的越是虚伪。魏氏考核的规定是根据汉代京房的遗意写成，条文可以说是非常细密，但有的条目却过于苛刻繁密、违背了治政本体，因此历代没有通行。还不如发扬唐尧时期的制度，只讲究大体，舍掉小节，去掉繁密的条目，只取用其中的简明项，这样百姓更容易遵从！要想深刻说明事物的常理，彰明实质，全在于人本身。舍弃人而听信法度，就会因为言辞、条令损伤事理。不如选举有能力的官员，负责考查所统辖范畴内的官吏，每年为他们评定等级，写明长短处。连续六年，总负责人再总结这些考核，如果六年都被评为优等的就破格提升，六年都被评为差等的就罢免官职，优多差少，就保持原职，差多优少，就贬官。考核时会有不公平的，每个人都有自己的标准，总负责人应该公平地考虑轻重，稍微降等就行了，不能枉曲法条，苛求所有的都合乎条例。或者徇私评定优劣，不合公论的事，应该交给监司部门进行弹劾。要是公然包容官员的过失，就败坏了清议，纵使有考核的法规，也没有用。"这些建议没被同意。

丁亥日（十九日），晋武帝司马炎亲自在洛水北面的藉田耕种。

戊子日（二十日），晋武帝司马炎颁布诏书大赦天下。

二月，吴国君主孙皓任命左御史大夫丁固做司徒，右御史大夫孟仁做司空。

三月，戊子日（二十一日），皇太后王氏去世。晋武帝司马炎按照古礼举行丧礼。

夏季，四月，戊戌日（初二），睢陵元公王祥去世，前来吊唁的宾客没有缺乏德行的人。他的族孙王戎感叹道：“太保在正始年间，不是善于言辞的人，但偶尔与他交谈，言语间尽显义理情致、真知灼见，莫不是因为他的品性遮挡了言语方面的才能？”

己亥日（初三），安葬文明皇后。官吏上书：“安神的祭礼之后，可以脱去衰绖的丧服。”晋武帝司马炎下令说：“太后一生爱护我，我却不能用几年的哀思报答，上天也不忍啊。”官吏坚决请求，晋武帝司马炎下诏说：“我只担心不能表达深深的哀思，不用担心我的身体。前人的礼法，原则和文采各有不同，何必用近代的礼法制度加以限制，让天下通行的丧礼有所缺失呢！”臣子们仍然不停请求，晋武帝司马炎这才答应下来。但是仍然佩戴素冠，吃粗粮满三年，像守晋文帝的丧礼一样。

秋季，七月，星群向西落下，像下雨一样。

己卯日（十四日），晋武帝司马炎参拜崇阳陵。

九月，青、徐、兖、豫四州发生洪水。

大司马石苞一直镇守淮南，威望恩德很高。淮北监军王琛很讨厌他，秘密上书，说石苞和吴国人暗地勾结。正巧吴国人打算进犯，石苞修筑军营，阻拦河水，加固阵地，晋武帝司马炎心中起了疑惑。羊祜大力向皇帝进言说：“石苞一定不会这样的。”晋武帝司马炎不相信，颁布诏书，以石苞不考虑敌情，修建军营，阻拦河水，使百姓劳累被惊扰为由，免去他的职务。派义阳王司马望带领军队召回他。石苞举荐河内人孙铄当掾吏。孙铄从前和汝阴王司马骏交情好，司马骏当时驻守许昌，孙铄去晋见他。司马骏知道朝廷已派部队捉拿石苞，私下对他说：“小心被牵连进去！”孙铄出城以后，前往寿春，劝石苞离开部队，步行走出都亭，等着降罪，石苞听从了他的话。晋武帝司马炎听说后放下心来，石苞前往京城参见，以乐陵公的身份被遣回了住所。

吴国君主孙皓从东关发兵，冬季，十月，下令让将领施绩进入江夏，万彧进攻襄阳。让义阳王司马望率领两万中军步兵、骑兵，驻守在龙陂，形成两边呼应的形势。这时，荆州刺史胡烈抵抗施绩并战胜敌军，司马望便率兵回朝。

吴国交州刺史刘俊、大都督脩则、将军顾容前后三次进攻交趾，都因交趾太守杨稷的抵抗而失败。郁林、九真两地都归附杨稷。杨稷命令将军毛炅、董元进攻合浦，双方在古城交战，大败吴国军队，刘俊、脩则被杀，剩下的士兵逃回合浦。杨稷上书举荐毛炅做郁林太守，董元做九真太守。

十一月，吴国丁奉、诸葛靓从芍陂出兵，进攻合肥，安东将军汝阴王司马骏打败敌军。

晋武帝司马炎任命义阳王司马望做大司马，荀顗做太尉，石苞做司徒。

五年（己丑，公元269年）

春季，正月，吴国君主孙皓册立皇子孙瑾为皇太子。

二月，晋国从雍、凉、梁三州分出几个县，新设成秦州。晋武帝司马炎任命胡烈做刺史。在此之前，邓艾收纳了鲜卑几万投降士兵，安置在雍、凉二州，和平民百姓混居在一起，朝廷担心时间一长，会成隐患，因为胡烈在西部一直很有声望，所以晋武帝司马炎让他去镇守安抚。

青、徐、兖三州发生洪水。

晋武帝司马炎有消灭吴国的意愿。壬寅日（二月无此日），晋武帝司马炎派尚书左仆射羊祜都督荆州一切军务，驻守襄阳；命令征东大将军卫瓘都督青州一切军务，驻守临菑；又任命镇东大将军东莞王司马伷都督徐州一切军务，驻守下邳。

羊祜安抚附近州县，深得江汉地区人心，他与吴国人开诚布公地讲，投降的如果要想离开，都听从他们的心愿。羊祜削减防戍巡逻的士兵，让他们出力开垦了八百多顷的田地。他刚到那里的时候，军中储存的粮草不足以维持百日，到了后期，竟然得到十年的存储。羊祜在军中时，经常解开衣带，只穿轻暖的皮裘，不穿盔甲，将军府的侍卫，只有十几人。

济阴太守巴西人文立上书说："前蜀汉流放到中原的名臣子孙，应该考察才能，择优录用，来宽慰巴、蜀之地的民心，让吴国人感到有希望。"晋武帝司马炎认同他的话。己未日（二月无此日），晋武帝司马炎颁布诏书说："诸葛亮为蜀汉尽心竭力，他的儿子诸葛瞻为国捐躯，他的孙子诸葛京，应该考察能力，给予官职。"又下令说："蜀汉将领傅佥父子，舍身为主。天下善德都是一样的，哪里能根据彼此不同而认为有差别呢？傅佥的儿子傅著、傅募被罚入奚官，要赦免他们，恢复他们平民的身份。"

晋武帝司马炎任命文立做散骑常侍。蜀汉前尚书犍为人程琼，不论道德还是学问，都有很高的声望，与文立交好。晋武帝司马炎听说他的声名，就询问文立。文立回答说："臣下非常了解他，只是他已经快八十岁了，天性谦逊，没有了年轻时的志向，所以我没把他的情况告诉您。"程琼听后说："广休没有徇私，这也就是我为什么要和他交好的原因。"

秋季，九月，有彗星出现在紫微宫。

冬季，十月，吴国大赦天下，改年号为建衡。

晋封皇子司马景度为城阳王。

起初，汝南人何定曾经做过吴大帝的给使，到吴国君主即位，自己说是先帝时期的人，请求继续做内侍。吴国君主任命他作楼下都尉，主管采买酒米的事，但是他作威作福。吴国君主相信他，托付他办理很多事情，左丞相陆凯当面指责何定说："你看看那些做事对国君不忠、败坏国家政治的人，哪里有寿终正寝的呢？你为什么专门做那些奸诈的事，污浊天子耳目呢？你应该尽力改正、励志向上。要不然的话，一定会有不测的灾祸。"何定心里恨极了。陆凯为国家尽心竭力，内心忠诚，上书都直陈事实，不加修饰。他病重时，吴国君主派中书令董朝问他有没有要说的，陆凯说："何定不可相信，要让他做外朝的事务。奚熙是个小官，他兴建浦里塘的主张，也不能听。姚信、楼玄、贺邵、张悌、郭逴、薛莹、滕修和我堂弟陆喜、陆抗，这些人有的德行高尚、忠心勤勉；有的天资卓越、才华丰茂，都是辅佐国家的贤才。希望陛下多多费心，和他们商量政事，使他们能够发挥能力尽忠报国，补足国家微小的缺漏。"贺邵，是贺齐的孙子；薛莹是薛综的儿子；楼玄是沛县人；滕修是南阳人。陆凯没过多久就去世了，吴国君主心里一直懊恼他的恳切正直，并且经常听信何定的谗言，时间久了，竟然把陆凯的家族迁徙到建安去了。

吴国君主孙皓委派监军虞汜、威南将军薛珝、苍梧太守丹阳人陶璜从荆州发兵，监军李勖、督军徐存从建安海路发兵，然后两军在合浦会师，全力攻打交趾。

十二月，官吏上书说：东宫太子对二傅的礼仪有差别。皇帝说："敬爱老师，是用来瞻仰道术、重视教化，何必谈及臣不臣的道理呢！应该让太子行拜礼。"

六年（庚寅，公元270年）

春季，正月，吴国丁奉进兵涡口，扬州刺史牵弘击败敌兵。

吴国万彧从巴丘返回建业。

夏季，四月，吴国左大司马施绩去世。派遣镇军大将军陆抗都督信陵、西陵、夷道、乐乡、公安一切军务，官衙在乐乡。

陆抗因为吴国君主孙皓政事多有缺失，上书说："臣下听说，如果德行一样，那人口多的国家会战胜人口少的国家；国力相当时，安定的国家会战胜混乱的国家，这就是秦国吞并六国、西楚臣服于汉的原因了。现在敌人屯聚的地方，并不是函谷关、鸿沟以西的地方，况且我们国家在外没有盟国的帮助，内部又比不上西楚的强盛，政事颓废，百姓不安。群臣所依仗的，不过是长江天险、高山峻岭而已，这些仅是保卫国家的细节，不是有智慧的人应该重视的事，我每当想到此，都难以入睡，食不下咽。侍奉主上的道理，即使触犯天颜也要进言，恭敬讲述十七条时政让主上听闻。”吴国君主没有采用他的意见。

李勖因为建安一带的军事不顺利，就杀了先锋将领冯斐，带兵回朝。起初，何定曾替儿子向李勖的女儿求婚，李勖不愿意，于是诬告李勖冤杀冯斐，擅自撤兵回朝，便杀了李勖、徐存及他们的家眷，焚烧李勖的遗体。何定又命令将领进贡御犬，一只犬的价值贵到几十匹细绢，一条犬的项圈价值一万钱，要用这些犬捕捉野兔，供御厨烹饪。吴国人认为是何定的罪过，但是吴国君主却认为他忠诚勤勉，赐给他列侯的爵位。陆抗上书说：“小人不知道治国方法，所理解的只是一些浅显的东西，即使竭尽全力，也不能担当重任。况且他们一向奸私，并且喜好经常改变！”吴国君主不理。

六月，戊午日（初四），胡烈在万斛堆征伐鲜卑人秃发树机能，兵败被杀。都督雍州、凉州一切军务的扶风王司马亮命令将军刘旂前去救援，刘旂犹豫不决不愿出兵。司马亮因此连坐被贬为平西将军，刘旂也将要被斩首。司马亮上奏：“是我的命令出了差错，请求免除刘旂的死罪。”晋武帝司马炎下诏说：“假如不是刘旂的罪过，那就应该是你的过错了。”于是司马亮被免职。

晋武帝司马炎任命尚书乐陵人石鉴暂时代理安西将军，都督秦州一切军务，征伐秃发树机能。秃发树机能兵力强盛，石鉴下令秦州刺史杜预出兵进攻。杜预认为敌方借着胜利的势头，兵强马壮，可是我方士气低下，粮草匮乏，应该尽力储备粮草，到春季再出兵进讨。石鉴上书说杜预延迟军需，用牢车把他押送给廷尉，以官爵赎罪。后来石鉴征讨秃发树机能，最终也没有胜利。

秋季，七月，乙巳日（二十二日），城阳王司马景度去世。

丁未日（二十四日），晋武帝司马炎派汝阴郡王司马骏做镇西大将军，都督雍、凉等州的一切军务，驻守关中。

冬季，十一月，册立皇子司马柬为汝南王。

吴国君主的堂弟前将军孙秀是夏口督将，吴国君主厌恶他，民间都说孙秀有阴谋，当时正好吴国君主命令何定率领五千军队在夏口狩猎，孙秀十分害怕，当夜带领妻子儿女以及数百亲兵来归顺晋朝。十二月，晋武帝司马炎任命孙秀做骠骑将军、开府仪同三司，封为会稽公。

这一年，吴国大赦天下。

起初，魏国人让南匈奴五个部落居住在并州的郡县，与中原地区人民生活在一起，南匈奴人自称先祖是汉朝的外孙，所以改姓为刘。

七年（辛卯，公元271年）

春季，正月，匈奴右贤王刘猛叛乱，逃到塞外。

豫州刺史石鉴在攻打吴国军队时，因虚报斩杀敌人首级数目而获罪，晋武帝司马炎下令说："石鉴身居要位，我一直信任他，他却和部下一同作假，这样做怎么合适呢？现在把他遣送回乡，再也不任用他了。"

吴国人刁玄假作谶文说："黄色的旗帜、紫色的伞盖，出现在东南方，最后能拥有天下的，是荆、扬地方的人。"吴国君主信了这话。这月的晦日（月末），从华里大肆出兵，车上载着太后、皇后和后宫几千人，从牛渚向西进发。东观令华覈等人拼死进谏，吴国君主孙皓也不听。途中遇到大雪，路途不通，兵士们身穿盔甲、手拿武器，一百人共同拉着一部车子，天气寒冷，几乎要把人冻死了，他们都说："如果遇到敌人，我们就倒戈相向。"吴国君主听了这话才返回。晋武帝司马炎遣派义阳王司马望带领中军两万人、骑兵三千人驻守在寿春，防备吴国军队。直到听闻吴军退回，这才罢兵。

三月，丙戌日（初七），钜鹿元公裴秀去世。

夏季，四月，吴国交州刺史陶璜攻打九真，杀掉太守董元；杨稷任命他的将领王素替代董元。

北地胡人进犯金城，凉州刺史牵弘前去讨伐。众胡族内部发生反叛，众多胡人和秃发树机能联手，共同在青山将牵弘团团围住，牵弘兵败而死。

起初，大司马陈骞向晋武帝司马炎进谏道："胡烈、牵弘皆是有勇无谋，过于自信之辈，不是安定边疆的人选，他们将会给国家带来羞耻。"当时牵弘做扬州刺史，经常不听陈骞的命令，晋武帝司马炎认为陈骞和牵弘不和，所以陈骞故意诋毁牵弘。于是晋武帝司马炎征宣牵弘，来朝后，不久又任命他做了凉州刺史。陈骞暗自感叹，认为一定会遭到失败。二人果然失和于羌戎，兵败身死，连年的出兵讨伐，仅能维持表面安定罢了，晋武帝司马炎这才后悔没听陈骞的话。

五月，晋武帝司马炎立皇子司马宪为城阳王。

辛丑日（二十三日），义阳成王司马望去世。

侍中、尚书令、车骑将军贾充，自晋文帝时就被宠信，担任要职，晋武帝司马炎起初能坐上太子之位，贾充从中出了大力，所以他更得晋武帝宠信。贾充为人擅长谄媚，和太尉、行太子太傅荀顗、侍中、中书监荀勖、越骑校尉安平人冯紞，互相结成党羽，朝野人士都厌恶他们。晋武帝司马炎问侍中裴楷，当今朝政有什么得失？裴楷回答说："陛下承担天命，四海承接风化，可是德政仍然不能和尧、舜相媲美，只因朝中还有贾充那一类人而已。您应该任命天下贤士，一同发扬政道，不应向人表授私人的恩典。"侍中乐安人任恺、河南尹颍川人庾纯都与贾充不和，贾充想要除去任恺近侍的职位，于是向晋武帝建言任恺具备忠贞的德性，应该任职于东宫。晋武帝司马炎就任命任恺做了太子的少傅，仍然保留侍中的职位。正赶上秃发树机能进犯秦州、雍州，晋武帝司马炎为此事发愁，任恺说："应该找一位有声望、有谋略、有计划的大臣去安抚百姓。"晋武帝司马炎说："谁可以呢？"任恺趁机推荐贾充，庾纯也连声赞叹。秋季，七月，癸酉日（二十六日），晋武帝司马炎任命贾充都督秦、凉二州所有军务，而且保留侍中、车骑将军的职务。贾充为此十分担忧。

吴国大都督薛珝和陶璜等人，率十万大兵共同讨伐交趾，城中粮尽援绝，被吴国攻陷，俘虏了杨稷、毛炅等人。陶璜喜欢毛炅的勇健，想要救他，毛炅却要谋杀陶璜，陶璜便杀了毛炅。脩则的儿子脩允，活活剖开毛炅的肚子，割下肝脏，说："还要做贼吗？"毛炅继续骂着说："恨不得杀了你们孙皓，你的父亲连猪狗都不如！"王素想逃回南中，被吴国人抓住，九真、日南都投降了吴国。吴国大赦天下，任命陶璜做交州牧守。陶璜打败并降服了夷獠，州境都平定了。

八月，丙申日（十九日），城阳王司马宪去世。

从益州、南中分出四郡，设置宁州。

九月，吴国司空孟仁去世。

冬，十月，丁丑朔日（初一），出现日食。

十一月，刘猛进攻并州，被并州刺史刘钦打败。

贾充想要前往镇所，朝廷诸公在夕阳亭为他送别。贾充私下和荀勖商议计划，荀勖说："公侯作为宰相，却被一人牵制，不是很难看吗？但是此次之行，推托实在很难，只有和太子结亲，就可以不用推辞而自然地留下来。"贾充说："那么可以托给谁呢？"荀勖说："勖请自荐前去商议。"因而对冯紞说："贾公要出远门，我们也失去势力了。太子婚姻还没定，为什么不劝皇帝迎娶贾公的女儿呢！"冯紞也赞同这个主意。起初，晋武帝司马炎将要娶卫瓘的女儿为太子妃，贾充的妻子郭槐贿赂杨皇后身边的亲信，请求皇后游说晋武帝司马炎娶贾充的女儿。晋武帝司马炎说："卫公的女儿有五种可取之处，贾公的女儿有五种不可取之处：卫氏天生贤惠，子孙众多，美丽而且皮肤白皙；贾氏天生善妒，子孙很少，丑陋矮小而且皮肤黝黑。"杨皇后坚持为贾氏不停地请求武帝，荀顗、荀勖、冯紞都称赞贾充女儿非常美丽，并且才德兼备，晋武帝司马炎听从了他们的意见。留下贾充，恢复原职。

十二月，晋武帝司马炎任命光禄大夫郑袤做司空，郑袤坚决推辞不受。

这年，安乐思公刘禅去世。

吴国任命武昌都督广陵人范慎做太尉。右将军司马丁奉去世。

吴国明年改年号为凤凰。

八年（壬辰，公元272年）

春季，正月，监军何桢讨伐刘猛，多次击败刘军，暗中用利益诱惑刘猛左部帅李恪，李恪杀掉刘猛投降。

二月，辛卯日（十七日），晋皇太子纳了贾妃。贾妃十五岁，年长太子两岁，她生性嫉妒，擅长玩诡计，为人奸诈，太子既喜欢又害怕她。

壬辰日（十八日），安平献王司马孚去世，享年九十三岁。司马孚天性忠诚谨慎，宣帝执政时，司马孚经常谦虚低调处事。后来遇上废立君主的事情，他都未曾参加谋划。景帝、文帝因为司马孚地位尊贵，也不敢逼迫于他。等到晋武帝司马炎即位，更加礼貌地对待他。元旦朝会，晋武帝司马炎允许司马孚乘着车舆上殿，晋武帝司马炎在阼阶迎接拜见他。等司马孚坐下后，晋武帝司马炎亲自拿着酒杯呈上为司马孚祝寿，就像普通人家的礼节一样。每次晋武帝司马炎跪拜，司马孚也都跪下来阻拦。尽管司马孚深受尊重，他却不认为这是什么值得荣耀的事，时常面露忧色。临终之时，遗命说："魏国忠贞人士河内人司马孚，字叔达，比伊尹不如，比周公不如，比管夷吾不如，比柳下惠不如，但是立身处世，始终如一。应当给我穿上平时的衣服，埋葬在素漆的棺木之中。"晋武帝司马炎下令赏赐东园梓棺，各种葬礼行事，都按照汉东平献王葬礼的旧例。他的家属按照司马孚意愿，凡是所赏赐的器物，一概不用。

晋武帝司马炎和右将军皇甫陶讨论政事，皇甫陶和皇帝在言语上发生了争执，散骑常侍郑徽上书请求对他责罚。晋武帝司马炎说："忠正的言辞，唯恐听不到，郑徽越过职守，随意上奏，哪里合朕的心意！"于是罢免了郑徽的官职。

夏季，汶山白马胡抢夺各个部落，益州刺史皇甫晏想要前往讨伐。典学从事蜀郡人何旅等人建言说："胡人相互厮杀，原本就是他们的天性，不会变成大害。目前盛夏出兵，雨水将要来临，必然会发生灾疫，应当等到秋、冬之时再作谋划。"皇甫晏没有采纳他的建议。胡人名叫康木子的烧香人说出兵必遭败绩；皇甫晏觉得他是在扰乱军心，杀掉了他。军队到达观阪，牙门张弘等人认为汶山道路艰险难行，并且害怕胡人众多，因此趁夜造反，杀掉皇甫晏，军中慌乱不安，兵曹从事犍为人杨仓指挥军队极力作战而死。张弘于是诬陷皇甫晏，说“皇甫晏要带领我们一同反叛”，因此把他杀死了，将他的首级送到京师。皇甫晏的主簿蜀郡人何攀正居守母亲的丧事，听到此事，前往洛阳，证明皇甫晏并无叛乱。张弘等人指示军队抢劫掳掠。广汉主簿李毅向太守弘农人王濬进言说：“皇甫侯从书生出仕，为什么会叛乱呢！并且广汉和成都紧密相连，这是统辖于梁州的缘故，是朝廷想要控制梁州的要害，正是要防范今日这样的灾变。现今益州有乱，就是本郡的忧患。张弘这一小小乱党，百姓也不会帮他。应当马上前去讨伐，不可坐失良机。”王濬想要先行请示，李毅说：“杀害长官的贼人，罪恶非常重大，大可不必遵守常规，又何须请示呢！”王濬于是命令军队征讨张弘。晋武帝司马炎诏令王濬担任益州刺史。王濬攻打张弘，将他杀死，夷戮三族。晋武帝司马炎封王濬为关内侯。

起初，王濬担任羊祜的参军，羊祜十分了解他。羊祜的侄儿羊暨说：“王濬为人，志向很大，却奢侈无度，不能担当地方大员，应当有所克制。”羊祜说：“王濬有大的才能，做大将可弥补他的欲望，肯定可以任用。”又转官为车骑从事中郎。王濬在益州，明显建立了尊严和信用，蛮夷大多归顺于他。不久升为大司农。当时皇帝与羊祜私下计议要攻打吴国，羊祜认为讨伐吴国，应借助上流的形势，秘密呈上书章，留下王濬，再任命为益州刺史，命他整治水军。不久加官龙骧将军，监督益、梁二州所有军务。

晋武帝司马炎下令让王濬停止屯田军，多多修筑舟舰。别驾何攀认为：“屯田军队不过五六百人，铸造舟舰不会立刻办成，后者尚未成功，前者已经损坏。应当召集各郡县军队，集合一万余人来修筑，岁末就可建成。”王濬想要先行奏报上去，何攀说：“朝廷突然听到要召集一万军队，肯定不会接受，不如先行专权任命，假如朝廷拒绝了，功夫已成，形势是停不下来的。”王濬接受了，命何攀主理铸造舟舰兵器之事。于是铸造巨舰，长一百二十步，载两千多人，拿木材作城，修筑瞭望台，四下开门，马匹能够在上面来回奔跑。

当时修筑船舰的碎木屑，布满江面，沿江顺流直下。吴国建平太守吴郡人吾彦获得碎木屑，对吴国君主说："晋国必然有进攻吴国的计划，应当增加建平的军队防守要塞。"吴国君主没有接受他的建言。吾彦于是铸造铁链，横断江面水路。

尽管王濬接到天子敕命，召集军队，却无虎符。广汉太守敦煌人张斆收集王濬所做之事，一条条奏上。晋武帝司马炎命张斆回朝，责怪他说："为何不秘密启奏，就收捕了他的从事呢？"张斆说："蜀、汉距离非常遥远，刘备曾经占据此地。仅仅是收捕了他的从事，臣下还认为是轻的。"晋武帝司马炎觉得很好。

壬辰日（不知何月壬辰日），晋朝大赦天下。

秋季，七月，晋武帝司马炎任命贾充担任司空，仍然保有侍中、尚书令、领兵权。贾充与侍中任恺都是深受皇帝宠信的大臣，贾充想要独占名望和权势，因而忌恨任恺，于是朝中官员各自都有所归从，纷纷结为朋党。晋武帝司马炎知晓此事，召见贾充、任恺，在式乾殿宴饮，对他们说："朝廷应当结为一体，大臣间要和睦共处。"贾充、任恺各自拜谢。事后，贾充、任恺认为皇帝已经知晓，却并不责怪，更加无所顾忌，在外面装着相互尊重，内心里的怨恨却是愈加剧烈。贾充于是推荐任恺担任吏部尚书，任恺进侍皇帝的机会变少。贾充因而与荀勖、冯紞趁此时机，一起诋毁任恺，任恺因而获罪，被废在家。

八月，吴国君主孙皓征召昭武将军、西陵督步阐。步阐世代在西陵居住，突然被任命，自以为职务上有了过错，并且惧怕谗言。九月，步阐献上城池投降晋国，让侄儿步玑、步璿前往洛阳充当人质。晋朝下令让步阐都督西陵所有军务、卫将军、开府仪同三司、侍中、兼领交州牧，封为宜都公。

冬季，十月，辛未朔日（初一），出现日食。

敦煌太守尹璩去世。凉州刺史杨欣上书，奏请敦煌县令梁澄兼领太守职务。功曹宋质马上罢免梁澄，上书奏请议郎令狐丰为太守。杨欣派出军队进攻宋质，被宋质击败。

吴国陆抗听说步阐反叛的消息，连忙命令将军左奕、吾彦等人前去讨伐。晋武帝司马炎命令荆州刺史杨肇到西陵迎接步阐，车骑将军羊祜带领步兵向江陵发兵，巴东监军徐胤统领水军攻打建平，来援助步阐。陆抗下令西陵各军修建坚固的城围，从赤溪到达故市，在内可包围步阐，在外可抵抗晋军。陆抗日夜催迫，就像敌人已经到临似的，众人非常辛苦。众将领进言说："如今应当趁着三军的锐气，尽快攻打步阐，要比晋国救兵先到一步，肯定能够攻下，何必只是修筑城围来损耗官民的力量呢！"陆抗说："此城围不仅地势稳固，粮食又很充裕，而且所有用来防御的工具，全部是我昔日所谋划的，今天要反攻的话，不可能马上取胜。北方军队来了我们却没有防备，腹背受敌，又如何能防御呢？"将领们都想攻击步阐，陆抗也想使群众心服，任由他们进攻一次，果然出师不利。防备的城围刚刚落成，羊祜五万军队已经来到江陵。将领们都认为陆抗不宜向西进军，陆抗说："江陵城池稳固，士兵和粮食都很充裕，无须担心。假如敌人获取江陵，也肯定防守不了，我们失掉的地方小。假如晋国占据西陵，那么南山各夷族就都会骚动不安，灾患将不可估量啊！"于是，亲率军众前往西陵。

起初，陆抗认为江陵以北，道路平坦开阔，命令江陵督张咸修筑大水坝阻断江水，淹没平地来阻止寇匪的反叛。羊祜想要借着截断的江水，靠船输送粮食，扬言要将水坝打破，来使步阐的军队通行。陆抗听到了，命令张咸赶紧打破水坝。将领们都感到困惑，几次进谏，陆抗都没有接受。羊祜到达当阳，听说水坝已经损坏，只好改用车辆运送粮食，费了很大的劲。

十一月，杨肇到达西陵。陆抗下令让公安督孙遵沿着南岸抵挡羊祜，水军督留虑抵挡徐胤，陆抗亲率大军，依着城围与杨肇对抗。将军朱乔的营都督俞赞投靠杨肇。陆抗说："俞赞是军中的老军官，了解我的虚实。我时常担心夷人军队一向不精良，假如敌人袭击城围，肯定先攻打此地。”当夜将夷人军队调开，都换上精良的部队来守卫。第二天，杨肇果然攻打先前夷人守卫之地，陆抗一声令下，箭、石如雨一般落下，杨肇的兵士死伤不断。十二月，杨肇计穷力竭，乘夜逃跑。陆抗想追杀，却又担心步阐储备战力，窥伺时机，自己的兵力又不足以分开对付两头，于是就只将战鼓敲响，戒令全军，作出想要追杀的样子。杨肇的军队十分害怕，全都丢盔弃甲，转身逃走。陆抗下令让装备轻捷的军队在后追击，大败杨肇的军队，羊祜等人都领兵而返。陆抗于是攻下西陵，杀了步阐与数十个同谋的将官，都夷戮三族，请求对余下数万人赦免。陆抗返回东边的乐乡，脸上没有丝毫的骄傲、自负之气，就像往常一样的谦虚。吴国君主孙皓把陆抗升为都护。晋朝羊祜连坐获罪，降为平南将军；杨肇被免去官职，成为平民。

吴国君主收复西陵后，自认为得到上天的佑助，志气大增，猖狂命令术士尚广卜筮，卜求取得天下的吉凶，尚广回答说：“吉。庚子年，青色伞盖应该进入洛阳。”吴国君主孙皓十分高兴，不修治德政，专门研究侵吞天下的计划。

贾充与朝廷官员一起宴饮，河南尹庾纯喝醉了，同贾充争论。贾充说：“你的父亲年纪已经老迈，不回去供养，你真可以说是无法无天了。”庾纯说：“你的先祖高贵乡公此刻在何处？”贾充恼羞成怒，递上奏章，要求辞掉官职。庾纯也呈上书章，自己弹劾自己的罪状。晋武帝司马炎下诏罢免庾纯官职，仍旧判下五府，评论他是否于礼相合。石苞认为庾纯为了官职的荣耀，将父亲忘掉，应当除去他的名籍；齐王司马攸等人认为庾纯从未有悖逆礼法之处。晋武帝司马炎听从司马攸的建议，又任命庾纯为国子祭酒。

去年吴国君主孙皓去华里游玩，右丞相万彧与右大司马丁奉、左将军留平密谋说：“如果皇上到了华里无法安全回还，国家大事重要，我们就不得不自行返回来主持国事了。”吴国君主孙皓也听说了这个计谋，认为万彧等人是国家老臣，因此忍住没讲。这一年，吴国君主借着酒宴，让万彧喝下毒酒，送酒的人暗地里将毒药的分量减轻。又让留平饮用，留平察觉，喝别的药解了毒性，得以不死。万彧自杀而死，留平心中愤恨，一个多月后也死了。吴国君主将万彧子弟都放逐到庐陵。

起初，万彧请求挑选忠诚清正的人来补充近侍之职，吴国君主就命令大司农楼玄担任宫下镇，主持殿中事情。楼玄修身率众，奉持法令行事，应对进退，恳切正直，慢慢地吴国君主心中不悦。

中书令领太子太傅贺邵呈上奏章进谏说："至近年以来，朝中班秩，纷繁杂乱；真伪事理，混淆不清；忠善人士，遭受排挤颠仆；信实大臣，遭受损伤残害。所以严正贤士，变易了正直的行为。但是庸碌的臣子，不停地苟安谄媚，擅于逢迎，各趋时尚。人人秉持悖逆常理的批评，士子发出悖逆正道的言论，最终使得清流变得混浊，忠臣闭口不言。陛下居处在九重天外，隐息于百里深宫，一言出口，天下风靡，一声令下，四海响应。亲自接待的，都是宠信、谄媚的臣子，每日听说的，都是顺心、合心的言语；您将会认为这些人是真正的贤臣，而且认为天下已经太平。臣下听闻振兴国家的君主，喜欢听人告知自己的过失；荒废朝政的君主，喜欢听人夸赞自己的美德。喜欢听人告知自己过失的君主，他的过失会一天天地消亡，并且祥瑞也会降临；喜欢听人夸赞自己美德的君主，他的美德会一天天地损伤，并且灾祸也会降临。陛下严刑峻法来禁止正直的言辞，罢免善士来阻塞进谏的臣子，酒宴之时，会遭遇突然降临的灾难，连生死都无法保全。仕宦的人觉得隐退是件庆幸的事，在职的人把外放当作福气。这些实在不是力求光大先祖事业，隆盛先圣教化的做法。何定原本是奴仆小人，没有什么德行，可是陛下却喜欢他的谄媚，使得他假借天颜作威作福。小人求得进身，肯定要进献奸邪小利。何定时不时胡乱地兴起劳役，发动江边戍卫的士兵来驱赶麋鹿，老弱之人饥寒交迫，大大小小的人齐声哀叹。古书上说：'国家的振兴，对待人民就像对待自己的孩子；国家的衰亡，便将人民看成城外的野草。'如今法令变得愈加苛刻，赋税征收得愈加繁重。宦官、近侍，在外地驻守，只知道大兴工事，而且地方长官害怕承担罪罚，劳累人民，力求成效。所以人力负担不了，家家离散，悲叹之声，损害了国家和气。当今国中的储蓄还不到一年，家中的储蓄不到一月，然而后宫坐享其成的就有一万多人。又加上北方敌人的窥视，窥伺国家的兴衰，长江的险阻，是无法长久凭恃的，假如我们坚守不了，一只小船就可以渡过。希望陛下使国家的根本强盛起来，抛下私情，顺从正道，那么也就能振兴像成、康一样的政治，兴隆圣祖的国祚了。”吴国君主恨透了他。

于是左右近臣一起污蔑楼玄、贺邵，说是他二人相遇，停下车来，相互之间窃窃私语，然后大笑，诽谤政事。他二人都被责问，楼玄送交广州，贺邵官复原职。没过多久，又将楼玄迁移到交趾，居然杀掉了他。又过了些时日，何定的奸恶被发觉，也被杀了。

羊祜从江陵返回，专心修治信实，来安抚吴国人。每次交战，限定了时日才战，不作偷袭的计划。将帅想要进献诡计的，就请他喝下烈酒，使他无法进言。羊祜出兵，途经吴国边境，割下稻谷作为粮食，都要计算侵占的数量，偿还他的主人丝绢。每次集合众人在江、沔打猎，往往只限于晋国境内。假如禽兽先被吴国人打伤，却被晋国军队抓获，都送还给吴国人。于是吴国边境的民众都心悦诚服。羊祜与陆抗在边境抵抗，使者也常常能够相互通行。陆抗给羊祜送去酒水，羊祜毫不怀疑就喝下去；陆抗患了病，向羊祜求药，羊祜就将调好的药送过去，陆抗马上就喝下。许多人给陆抗进言，陆抗说：“怎么会有毒害人的羊叔子呢！”陆抗对守边的将士说：“如果他专门行善，而我专门作恶，那么无须交战对方就自然而然地过来投降了。今日各自保有分界罢了，无须追逐小利。”吴国君主听说两边边境和平交往，责问陆抗，陆抗说：“一邑一乡都不能失掉信义，更何况是泱泱大国呢！臣下不这样行事的话，正是彰显了他的美德，对羊祜是不会造成任何伤害的。”

吴国君主采用将领们的计划，屡次侵占晋国的边境，陆抗呈上奏章说："先前夏朝罪证昭彰，因而商汤发兵讨伐；商纣惨无人道，因而周武王授予斧钺。假如不是正当其时，即便是大圣人，也应当培养声威来自卫，不能轻举妄动。现下不在农事上下功夫，使国库充实，审劾官职，任命贤才，修明升降准则，谨慎刑赏法规，用德行训示官员，用仁爱安抚百姓，却接受将领们舍命求名，穷兵黩武，军事耗费，成千上万，兵士疲乏，敌人尚未衰退，我们却已大大折损了。现下要争夺帝王的财产，却贪取千百的利益，这是臣子求得私益的便利，并非治国的好策略。先前齐国与鲁国连战三次，鲁国人虽然获胜两次，没过多久却亡国了，这是什么缘故呢？是因为国力大小的不同而已。何况今天军队所得的，并不能补偿那些所失的！"吴国君主没有接受他的建议。

羊祜从不巴结攀附朝中的权贵，因此荀勖、冯紞一班人都很讨厌他。羊祜堂外甥王衍曾经到羊祜处讲述事情，言语非常清楚而且还很有条理，羊祜却不以为然，王衍就生气地离开了。羊祜转过头对宾客说："王夷甫正要以高名居处大位，然而伤风败俗，肯定是这个人。"等到讨伐江陵之时，羊祜依照军法将要斩杀王戎。王衍，是王戎的堂弟，因此这二人都很痛恨他，他们在言语上大多诋毁羊祜。当时的人都传言说："一旦二王主持国政，羊公就没有什么德行可言了。"

资治通鉴卷第八十　晋纪二

起癸巳（公元273年），止己亥（公元279年），共七年。

【题解】本卷记录了晋武帝泰始九年至咸宁五年共七年间西晋与孙吴等国的大事：拓跋力微中了卫瓘的反间计而杀掉太子，晋国衰败；晋将马隆破杀树机能，平定凉州一带的鲜卑之患；南匈奴刘渊作为左部帅与谋士王弥友善；司马炎大肆选宫嫔，荒淫无度；贾充等欺骗司马炎，排挤司马攸，护持司马衷为太子；羊祜请求伐吴，病后面陈伐吴大计；司马炎派二十万大兵数路并出伐吴；吴主孙皓荒悖无道，任意杀良臣，信谣言，醉生梦死的想一统天下。

世祖武皇帝上之下

泰始九年（癸巳，公元273年）

春季，正月，辛酉日（二十二日），密陵元侯郑袤去世。

二月，癸巳日（二十五日），乐陵武公石苞去世。

三月，晋武帝司马炎立皇子司马祗为东海王。

吴国任命陆抗担任大司马、荆州牧。

夏季，四月，戊辰朔日（初一），出现日食。

起初，邓艾之死，国人都认为他是冤枉的，朝廷却无人为他辩解。等到晋武帝司马炎即位，议郎敦煌人段灼上奏说："邓艾忠心耿耿，却承受叛逆的罪名，平定巴、蜀，却受到三族的夷戮。邓艾生性刚正而又急躁，夸耀自己的功业，骄矜自己的善德，没有与朋友和睦共处，所以无人肯出来为他辩解。臣私下认为：邓艾原本就是农村中照养牛只的农夫，后来得到君王宠信，位极人臣，已经功成名就，七十岁的老人，又有什么可奢求的呢！正因为刘禅才刚刚投降不久，边远郡县尚未归顺，因此假托君令，承受制命，作为安定国家的权宜之计。钟会有叛逆的心思，害怕邓艾的声威，因为这两件事相似，所以造成乱事。邓艾接到诏书，就将强兵遣散，自愿承受束缚，不敢再有其他想法，他知晓假以时日真的可以觐见先帝，肯定不会有死罪的道理。钟会被杀之后，邓艾的部属将吏们，愚蠢地聚集起来，自行决定一起追赶邓艾，将囚车砸坏，将邓艾的拘禁解除。邓艾身处窘困的境地，进不能进退也不能退。他从未与心腹之人作出预谋，所以毫无幸免地遭受杀害，这不是非常悲哀的事吗？陛下振兴王业，心胸宽广，假如可以允许邓艾埋葬祖墓，送还田宅，将平定蜀汉的功业封给他的后人，使得邓艾盖棺之后，议定谥号，那么他就是死也没什么遗憾了。天下营求名声的人士，想要建功立业的臣子，必然会赴汤蹈火，愿意以死为陛下效命了。”晋武帝司马炎认为他的进言很好，可是没法采纳。正巧晋武帝问给事中樊建关于诸葛亮治理蜀汉的事情，说：“唯独我找不到像诸葛亮那样的贤人做我的臣子吗？”樊建叩头说：“陛下知晓邓艾的冤屈却不去纠正，即使得到了诸葛亮，会不会像汉文帝时冯唐说的那样，得到了也不能任用呢？”晋武帝司马炎笑着说：“你的话启发了我。”于是任命邓艾的孙子邓朗担任郎中。

吴国有许多谈论吉祥预兆的人，吴国君主问侍中韦昭这是什么缘故，韦昭说：“这不过是他们家人橱箱中储藏书籍记载的事情而已！”韦昭兼领左国史，吴国君主要替父亲作本纪，韦昭说：“文皇从未登上过皇帝之位，应当是列传，不应该作本纪。”因此吴国君主心中很不高兴，逐渐迁怒责怪韦昭。韦昭心中担忧，陈述自己年纪老迈，请求辞去侍中、左国史二官职，吴国君主没有接受。韦昭当时正有病，须用医药看护，辞职的心思，坚持得更急。吴国君主与群臣喝酒，不问能不能喝，一律限定为七升。轮到韦昭，独自以茶代酒，之后他更被强迫喝酒。饮酒之后，吴国君主经常命令侍臣戏弄公卿，揭发他人隐私短处来取乐。假如大臣这时有了缺失，就常被拘禁起来，甚至遭受杀戮。韦昭认为这样行事会使得大臣们在外相互伤害，在内增加怨恨，使得群臣无法和睦相处，不是好事，因此只是回答经书义理的疑难而已。吴国君主认为他不接受诏令，不尽忠心，把前前后后的怨愤都积累起来，于是就将韦昭收禁，交付刑狱。韦昭在狱中进言，呈献所著的书籍，希望能因此请求免除一死。然而吴国君主责怪他的书籍污秽老旧，愈加要责罚，最终杀掉了韦昭，将他的家族放逐到零陵。

五月，任命何曾兼领司徒。

六月，乙未日（二十九日），东海王司马祗去世。

秋季，七月，丁酉朔日（初一），出现日食。

晋武帝司马炎下令挑选公卿以下的女儿，以备六宫的选任，要是有藏匿的人家，就用大不敬的法条论罪。采选未结束时，暂时禁止天下的婚嫁事宜。晋武帝司马炎命令杨皇后前去挑选，杨皇后只是挑选一些洁白高大却并不漂亮的女子。晋武帝司马炎喜爱卞氏的女儿，想要将她留下来，杨皇后说："卞氏三代都是皇后的家族，不能委屈她处在低贱位置上。"晋武帝司马炎生气了，于是自己挑选，中选的人用大红纱巾系住手臂，公卿的女儿作为三夫人、九嫔；二千石、将、校的女儿递补良人以下的位置。

九月，吴国君主加封所有子弟，共计十一个王侯，每一王侯供给三千士兵。大赦天下。

这一年，晋朝郑冲以寿光公的爵位被免职。

吴国君主心爱的姬妃让人到市集上抢夺人民的财物。司市中郎将陈声向来深受吴国君主宠幸，就将抢犯正法。姬妃将此事告诉了吴国君主，吴国君主大怒，借其他事情为由，锯断、焚烧陈声的头颅，将他的身躯丢弃到四望山下。

十年（甲午，公元274年）

春季，正月，乙未日（初二），出现日食。

闰月，癸酉日（十一日），寿光成公郑冲去世。

丁亥日（二十五日），晋武帝司马炎下诏说："近代以来，多有由宠幸的姬妃登上皇后之位的事，扰乱了尊卑秩序。从今日起，不能让姬妾充当正室。”

晋朝从幽州分出郡县，设立平州。

三月，癸亥日（初二），出现日食。

晋武帝司马炎又下诏求取良家与小将吏的女儿五千人入宫，以备采选，母女在宫中号哭的声音，在宫外都可以听见。

夏季，四月，己未日（二十八日），晋朝临淮康公荀顗去世。

吴国左夫人王氏去世。吴国君主因思念而伤心，好几个月不出宫门半步，葬礼非常盛大。当时何氏出于太后的缘故，整个宗族骄纵横行。吴国君主舅舅的儿子何都，外貌长得很像吴国君主，民间有传言说：“吴国君主已经死了，继位的是何都。”会稽也流传谣言说：“章安侯孙奋应该当上天子。”孙奋的母亲仲姬的坟墓在豫章，豫章太守张俊替她清扫坟墓。临海太守奚熙给会稽太守郭诞写了封信，讥评国政。郭诞只是将奚熙的信上告，而没有上告谣言。吴国君主大怒，将郭诞逮捕入狱，郭诞害怕了，功曹邵畴说：“有邵畴在，明府不必担心。”于是前往官吏处自己述说：“畴在本郡为官，在郡朝各官中，地位最高。因为大众纷杂的言语，原本就不是事实，又憎恶言辞的丑陋，不忍心让天子听到，想要将污垢隐藏下来，不必呈现在今日的文墨上，以使议论平静下来，谣言停止下来事情自然就平息了。所以郭诞屈从我自以为是的道理，默默无言地接受了。造成这样的过失，实在是因为邵畴的关系，臣下不敢躲避刑诛，所以向有司请罪。”于是邵畴自杀了。吴国君主这才将郭诞的死罪撤销，把他送到建安铸造船只。任命他的舅舅三郡督何植去逮捕奚熙。奚熙发兵坚守，结果遭到部下杀害，并将他的首级送到建业。吴国君主又将张俊施以车裂，奚熙与张俊全部诛杀三族；同时杀掉了章安侯孙奋与他的五个儿子。

秋季，七月，丙寅日（初六），晋皇后杨氏驾崩。起初，晋武帝司马炎因为太子不够聪明睿智，担心他不能成为嗣君，曾暗地里询问皇后，皇后说：“设立子嗣看的是长幼，不是看贤愚的，怎么能够改变呢！”镇东大将军胡奋的女儿是贵嫔，深受晋武帝司马炎的宠爱，皇后病重，唯恐晋武帝司马炎将贵嫔立为皇后，令太子不安，就枕在晋武帝司马炎膝上哭着说："叔父司马骏的女儿司马芷有美德而且又有姿色，希望陛下能将她选备六宫。"晋武帝司马炎流着眼泪答应了她。

晋朝任命前太常山涛担任吏部尚书。山涛主持选举已经十多年，一旦有一个官职空缺，他就挑选才干、资历都能够担任的，拟定几个人选启奏上去，了解晋武帝对某人有倾向性的意见时，然后才明确地把这名人选进奏上去。晋武帝所任命的，不一定是被举用卷首的人，众人不了解，认为山涛不分轻重，随意选拔，向晋武帝进言。晋武帝司马炎愈加偏爱他。山涛选举人物，各作品题之后方才进奏，当时人把这称为"山公启事"。

山涛向晋武帝司马炎举荐嵇绍，请求让他担任秘书郎。晋武帝司马炎发出诏书任命他。嵇绍因为父亲嵇康遭遇刑戮，闭门隐居，想要推托。山涛对他说："替你想过很久了，天地四时，尚且有生死荣枯的消息，更何况是人呢！"嵇绍这才接受命令，晋武帝司马炎任命他为秘书丞。

起初，对于东关的败绩，晋文帝问属下官员说："近日的战事，谁应当为失败承担罪责？"安东司马王仪，是王修的儿子。王仪回答说："责任在元帅。"晋文帝生气地说："司马是想要将罪过推给我吗？"将他推出斩首。王仪的儿子王裒痛心于自己的父亲死于非命，隐居教授弟子，三次任命、七次拔举，都不去上任。他从未向西坐过，在父亲墓边修了一个草庐，每日早晚趴在柏树上悲痛号哭，眼泪滴在树上，树也因此枯死了。读《诗经》读到"哀哀父母，生我劬劳"（多伤心啊！父母生育我是多么辛苦啊）时，无不一边流泪一边再三朗读，他的弟子们因此不敢讲习《诗经·蓼莪》篇了。王裒家中贫困，计算人口而后耕种田地，度量身材而后养蚕织衣。有人赠送财物给他，不肯接受；帮助他，不肯答应。门生暗地里替他收割麦子，王裒就扔掉，一直到死都没有出去做官。

◆臣司马光说：从前舜杀害鲧，然而禹却侍奉舜，不敢把公事废掉。嵇康、王仪，都是由于不应得的罪而死的，两人的儿子都不在晋朝担任官职，是可以的。嵇绍如果没有荡阴事件的忠心表现，就几乎无法免去君子的讥评了。◆

吴国大司马陆抗患病，呈上奏章说："西陵、建平，是国家的边篱，又处在上流，两面边境受敌，假如敌人乘舟顺流而下，就好像星奔电驰一般，并不是可以借着其他部队的救援就能够挽救危难的，这就是国家生死存亡的机运，并非只是侵占边界的小灾祸。臣的父亲陆逊，先前在西面边界上说：'西陵是国家的门户，尽管说是防守容易，但也容易失守。假如失守的话，非但会失掉一个郡县，连整个荆州都不再是吴国所有了。假如有了军事上的烦扰，应当倾尽全国的力量来争抢。'臣下之前请求在西陵驻守三万精兵，然而主事的官员遵照常规，不肯调兵前来。自打步阐叛变以后，我方兵力愈加损耗了。如今臣下治理千里土地，在外要抵抗强敌，在内要安抚各个蛮族，然而现在上上下下的部队，仅有几万人，长期的疲乏，很难防备灾变。臣私下认为各王年幼，无须给他们配备兵马，使重要事情受到妨碍；再有黄门宦官创设占募制度，兵民都躲避军役，避免列入名帖。请求能特别下令调查，全部整理出来，来弥补常常遭受敌人袭击的战场不足，让臣下的部队，可以有八万足额，再简省诸多杂务，同心协力防御，差不多就无须忧虑了。假如不这样做，就非常叫人担心了！臣下身死之后，请求能够注意西边的安全。"陆抗死了之后，吴国君主任命他的儿子陆晏、陆景、陆玄、陆机、陆云分别带领陆抗的士兵。陆机、陆云都擅长写文章，在当时享有盛名。

起初，周鲂的儿子周处，体力大过常人，又不修小节，乡里百姓都认为他是个祸患。周处曾经问父老们说："如今四时和顺、年岁丰足，然而人民却并不快乐，这是什么缘故呢？"父老们感叹说："三种祸害尚未除掉，哪里会有快乐呢？"周处说："什么祸害呢？"父老们说："南山的白额老虎，长桥下的蛟龙，与你一共成为三种祸害。"周处说："假如只有这些祸害，我能除去！"于是周处进入南山搜寻老虎，将老虎杀死；跳入水中，将蛟龙杀死，又跟着陆机、陆云求学，笃定志向读书，砥砺自己的德行，一年还不到，州、府就交相征召他。

八月，戊申日（十九日），晋朝在峻阳陵埋葬了元皇后。晋武帝司马炎与群臣脱掉丧服，穿上吉服。博士陈逵上谏，认为："如今所施行的，是汉朝帝王的权宜制度，太子不参与国政，自然应当穿完孝服。"尚书杜预认为："古时候天子、诸侯父母的丧礼，在开始时都是同样穿上齐衰、斩衰的丧服，葬礼过后就脱去孝服，默默无言的居处，靠服心丧来服完丧制。因而周公不称殷高宗服丧三年，却只说是居丧，这是服心丧的明文；晋叔向不讥讽周景王脱去丧服，却讥讽他的宴饮作乐，早已明白丧礼之后就可以将孝服除去，却悖逆了居丧的礼节。君子对于行礼来说，只求在内心的尊敬而已。行礼并非贡献玉帛之意，丧礼又哪里是穿上衰麻就完事了呢！太子出朝，要抚慰三军，在朝要监督国政，不能算是没有参与国政，应当在卒哭之后脱去丧服，然后用默默不语的方式行完三年丧礼。"晋武帝司马炎接受了这个建议。

◆臣司马光说：规矩主要是用于画方圆，然而一般的工匠没有规矩就无法制作方圆；孝服主要意在表达哀戚的孝心与思念，然而普通人不穿上孝服就无法勉励自己表达哀戚的孝心与追思。《诗经·素冠》的诗篇，正是为此而作。杜预巧妙地掩饰《经》《传》义理，来附和人情，言辞巧黠是巧黠了，臣下认为不如陈逵言辞的朴实和厚重。◆

九月，癸亥日（初四），晋武帝司马炎任命大将军陈骞担任太尉。

杜预认为孟津渡口危险，请求在富平津修建跨河桥梁。议事的人觉得："殷、周在此地建都，历代圣贤都不修筑桥梁，肯定有不能建桥的缘故。"杜预坚持请求修筑。等桥建成，晋武帝司马炎带领百官亲临酒会，手举酒杯对杜预说："假如没有先生，这桥是无法建起来的。"杜预回答说："假如没有陛下的圣明，臣下的技巧也施展不出来。"

这一年，邵陵厉公曹芳去世。起初，曹芳被废，迁移到金墉城，太宰中郎陈留人范粲身穿百姓的衣服为他送别，悲哀的声音连左右送行的人也被感动了。之后又称病不出仕为官，假装疯狂，不再言语，平时就在乘坐的车中居住，脚不再踩着土地。子孙们有婚姻、仕宦的大事，就秘密与他商量，合心意的，就脸色不变；不合心意的，便无法安心就寝，妻子和儿子因而知晓他的心思。儿子范乔等三人，一同将学业丢掉，断绝人间事务，在家里侍奉身患疾病的父亲，足迹不出乡里。等到晋武帝司马炎即位，下诏给范粲以二千石的俸禄养病，又赏赐了一百匹帛，范乔以父亲病重为由，推辞不敢接受。范粲不言不语，一共三十六年，八十四岁时，在寝卧的车中死去。

吴国接连三年发生大瘟疫。

咸宁元年（乙未，公元275年）

春季，正月，戊午朔日（初一），晋国大赦天下，改年号为咸宁。

吴国挖地，发现一只银尺，上面刻有文字。吴国君主下令大赦天下，改年号为天册。

吴国中书令贺邵中风，无法说话，离职好几个月了。吴国君主怀疑他装病，将他逮捕关押在藏酒的地窖中，拷打了一千多下，贺邵终究没有说一句话，于是把他的头颅锯断并用火焚烧，又将他的家属放逐到临海。还将楼玄的子孙杀死。

夏季，六月，鲜卑拓拔力微又派他的儿子沙漠汗入朝进献贡品，沙漠汗即将返回时，幽州刺史卫瓘上书请求阻止他，卫瓘又暗地里拿金银贿赂鲜卑各部落的首领，来挑拨离间他们。

秋季，七月，甲申晦日（三十日），出现日食。

冬季，十二月，丁亥日（初五），晋朝追尊晋宣帝司马懿庙号为高祖，晋景帝司马师为世宗，晋文帝司马昭为太祖。

晋国流行大瘟疫，洛阳死亡的人数以万计。

咸宁二年（丙申，公元276年）

春季，令狐丰去世，弟弟令狐宏继任敦煌太守，杨欣前去讨伐并将他斩杀。

晋武帝司马炎病得十分严重，等到病好了，群臣上朝祝福。晋武帝司马炎下诏说："每次想到因为感染瘟疫而死去的人，就为他们感到凄凉悲怆。怎么能够因为我一人的病好了，就将人民的艰苦抛在脑后呢？"凡是贡上礼品的，一概拒绝。

起初，齐王司马攸深受晋文帝宠爱，只要一见到司马攸，晋文帝就用手拍打着床，喊着他的小名说："这是桃符的座位。"司马攸几次都差点就当上太子。晋文帝临终时，向晋武帝司马炎讲述汉朝淮南王和魏国陈思王的故事，而且流下眼泪，握着司马攸的手将他托付给晋武帝司马炎。太后临终时，也流着泪对晋武帝司马炎说："桃符性子急，你当哥哥的又不慈爱，假如我一病不起，担心你容不下他，因而叮嘱你，千万不要把我的话忘记。"等到晋武帝司马炎病情严重，朝野人士都中意司马攸，司马攸的妃子是贾充的长女。河南尹夏侯和对贾充说："你的两个女婿，在亲疏关系上都是一样的，立人应当立德。"贾充没有回答。司马攸向来讨厌荀勖同左卫将军冯紞的谄媚害人，荀勖于是让冯紞劝说晋武帝司马炎说："陛下前日的病如果没好，公卿百姓都对齐王司马攸归心，太子尽管想要谦让，又哪里避免得了呢！应当将他遣送回藩国，以使国家民情安定下来。"晋武帝司马炎不动声色地采纳了他的建议，于是将夏侯和迁为光禄勋，将贾充兵权移除，然而地位待遇都没有减少。

吴国施但造反时，有人在吴国君主面前诬陷京下督孙楷说："孙楷不按时去征讨，怀揣二心。"吴国君主多次责怪他，征调他作宫下镇、骠骑将军。孙楷疑忌恐惧，夏季，六月，他带领妻子儿女投奔了晋朝，被任命为车骑将军，封为丹阳侯。

秋季，七月，吴国有人向吴国君主进言说："自打汉末以来，临平湖就淤塞了，老人们说：'此湖一旦阻塞，天下就会大乱；此湖一旦通畅，天下就会太平。'最近忽然毫无缘由地再度通畅，这是天下将归于太平、青色伞盖进入洛阳的吉兆。"吴国君主拿这件事询问奉禁都尉历阳人陈训，陈训回答说："臣下只会望气，不能通晓湖的开塞道理。"退朝后对朋友说："青色的伞盖进到洛阳，将会发生口含璧玉投降之事，并非吉兆。"

有人献上一颗小石头，上面刻有"皇帝"字样，并称是在湖边发现的。吴国君主因此大赦天下，改年号为天玺。

湘东太守张咏不出算缗钱，吴国君主就在郡所把他杀了，将他的首级轮流传递到各个郡县。会稽太守车浚清廉无私，政绩卓著，正碰上郡内遭遇大旱饥荒，上书请求救济，吴国君主认为要收回个人的恩惠，任命使者枭首示众。尚书熊睦略有进谏，吴国君主就拿刀环撞杀他，使其体无完肤。

八月，己亥日（二十一日），晋朝派遣何曾担任太傅，陈骞担任大司马，贾充担任太尉，齐王司马攸担任司空。

吴国历阳山上有交错并列的七个孔，孔中呈现黄赤色，世俗把这个称作石印，说："如果石印封盖打开了，天下就能太平。"历阳官员上言说石印已经打开，吴国君主要求使者把牛、羊、猪三牲拿来祭祀。使者修建了长梯，登上石洞，用朱砂写在石上说："楚九州渚，吴九州都，扬州士，作天子，四世治，太平始。"（楚国的九州成了沙洲，吴国的九州建了城池，扬州之人，要作天子，四代的修治，天下从此太平。）回来禀报，吴国君主特别高兴，封山神为王，大赦天下，改年号为天纪。

冬季，十月，任命汝阴王司马骏担任征西大将军，羊祜担任征南大将军，都建立府第、设立任命权责，仪同三司。

羊祜上奏书，请求兴兵讨伐吴国，说："先帝将西面的巴、蜀平定了，同南面的吴、会和平共处，天下差不多已经到了休息的时机；然而吴国却先背叛了誓言，使得边境战事不断兴起。尽管机运是上天的恩赐，然而功业一定要靠人力方可造就，如果没有一次规模宏大的消灭举措，那么战争就不会有停止的一天。平定蜀汉之时，天下人民都说应该将吴国一块儿灭掉。直到今天，已经过去十三年了。谋事的人虽然很多，却只有君主一人在做决定。凡是因为地势险峻得以保全的，是势均力敌的关系。假如国势轻重不一样，兵力强弱有差别，尽管有险峻地势，也是无法保全的。蜀汉的国家，并非不险峻，都说是一人拿着兵器，千人都难以与之抵抗。等到进兵之时，丝毫没有受到屏障的限制，借着胜利之势，席卷全国，一直到达成都，汉中各个城池都像是飞鸟回巢。不敢出兵，他们并非没有作战的想法，实在是因为力量无法与我们相抗衡。等到刘禅投降之后，各个军营都四下逃散。如今江、淮的险峻还赶不上剑阁，孙皓的残暴超过了刘禅，吴国人的贫困也远远胜过巴、蜀，并且大晋的兵力也比之前更加强盛，不在此时平定天下，却只晓得依靠军队固守，使天下百姓遭遇征戍的困苦，如果士兵历经了由盛转衰的时期，就无法长久保持了。今天假如带领梁、益的军队，水陆并举同时东下，荆、楚的军众到达江陵，平南将军、豫州刺史的兵马直指夏口，徐州、扬州、青州、兖州的军队共同会合于秣陵。凭僻处一隅的吴国，面对天下的军众，形势分散，所守之处都情势紧急。巴、汉的奇兵，趁他们没来得及准备攻击，但凡有一个地方出现败绩，那么吴国上下都会震动难安，即使那些明智之人，也制订不出什么挽救吴国的计划了。吴国依靠长江建国，东西几千里，有广大的地区面对敌人，是不会有安宁的时刻的。孙皓任意纵情，对待臣下，多有猜忌，在朝廷里，将领们不受信赖；在城野处，士兵遭遇困穷，没有保全国家的大计，安定的心思。平常之时，尚且怀有去留的心思，我们兵临城下之际，肯定会有响应之人。吴国人最终不会齐心协力卫国、以死效命，这是可以知晓的了。吴国的特点是行动急切不能持久，弓弩戟盾等武器都比不上中原；他们所擅长的只有水战。一旦进入吴国的国境，那么他们就再也无法保有长江了，一定要返回城池中去，舍长取短，他们就不是我们的对手了。我国军队孤军深入，人人有效死的志气。吴国人都要眷顾家小，人人都有离散之心，像这样，我军要不了多久，取胜是必然的。”晋武帝司马炎大为赞同。当时朝中诸臣正为秦、凉二州的胡乱而忧虑。羊祜又上书说：“吴国平定之后，胡人自然也就平定了，只不过应当从速完成这个春秋大业罢了。”议事之人的意见都不一样，贾充、荀勖、冯紞尤其觉得不可伐吴。羊祜感叹说：“天下不如意之事，十有八九。上天给予的不去求取，岂不是令亲身经历此事之人以后深感时过不候吗！”唯有度支尚书杜预、中书令张华同皇帝心思相合，赞成他的策略。

丁卯日（二十一日），晋国立杨氏为皇后，大赦天下。皇后，是元皇后的堂妹，美丽并且有妇德。晋武帝司马炎刚娶皇后之时，皇后的叔父杨珧呈上奏章说：“古往今来，一家如果出了两个皇后，还未有过能保全他们宗族的，请求在宗庙中收藏这篇奏章，日后发生臣下所讲之事，可以借着这份奏章免去祸事。”晋武帝司马炎答应了。

十二月，晋武帝司马炎任命皇后的父亲镇军将军杨骏担任车骑将军，封为临晋侯。尚书褚䂮、郭奕都上书说杨骏心胸狭隘，不可以让他肩负国家重任。晋武帝司马炎并没有听从。杨骏骄傲自满，胡奋对杨骏说：“你要依靠女儿的势力，变得更加强横吗？遍观前代与天子家通婚的，从未有谁能逃脱灭门惨祸，只不过是事情的早晚而已。”杨骏说：“你的女儿不是也在天子家中吗？”胡奋说：“我的女儿只是给你的女儿作婢女罢了，又如何会损益于我呢！”

三年（丁酉，公元277年）

春季，正月，丙子朔日（初一），出现日食。

晋武帝司马炎立皇子司马裕为始平王。庚寅日（十六日），司马裕去世。

三月，平虏护军文鸯都督凉、秦、雍州各军，讨伐树机能，击败敌军，各胡族二十万人投降晋国。

夏季，五月，吴国将军邵顗、夏祥带领七千多军众投降晋国。

秋季，七月，中山王司马睦犯了招募逃亡罪犯的罪过，被贬为丹水县侯。

有彗星在紫微宫出现。

卫将军杨珧等人建议，认为：“古时封建诸侯，是要来保卫王室；如今各王公都在京师，那就失掉了保卫城土的意义。又有异姓将军居守边境，应当任命君王的亲属去担任。”晋武帝司马炎于是命令各王，以城邑户数的多少为标准，分作三等，大国设置三军五千人，次国二军三千人，小国一军一千一百人；作为都督的各王，各自迁到相近的侯国去。八月，癸亥日（二十一日），将扶风王司马亮改封为汝南王，出任镇南大将军，监督豫州的所有军务；琅邪王司马伦为赵王，监督邺城的防守事务；渤海王司马辅为太原王，监督并州的所有军务；由于东莞王司马伷在徐州，改封他为琅邪王；汝阴王司马骏在关中，改封他为扶风王；又将太原王司马颙改封为河间王；将汝南王司马柬改封为南阳王。司马辅，是司马孚的儿子；司马颙，是司马孚的孙子。其中不在官职的，都遣到了侯国。各王留恋京师，他们离去之时都落下泪来。又册封皇子司马玮为始平王，司马允为濮阳王，司马该为新都王，司马遐为清河王。

凡是异姓立有大功的臣子，都封作了郡公、郡侯。将贾充封为鲁郡公。追封王沈为博陵郡公。改封钜平侯羊祜为南城郡侯，羊祜坚决推辞不受。羊祜每次拜受官爵，都往往谦让，他的至诚之心向来非常明著，因此对他在分封列爵时辞爵的请求也破例应允。羊祜侍奉过两代君主，主要管理枢要职务，只要是国策谋划、政事损益，全部都将草稿烧掉，世人都不知晓其中的内容；他所举荐的上达之人都不晓得出自何人。常常说：“在公朝上拜受官爵，却在私人门下叩谢恩德，是我不敢做的。”

兖、豫、徐、青、荆、益、梁七州大水灾。

冬季，十二月，吴国夏口督孙慎攻入江夏、汝南，劫取一千多家离去。晋武帝司马炎下诏派出侍臣追问羊祜不去追赶的原因，并且想要迁徙荆州。羊祜说：“江夏与襄阳之间距离八百里，等到知晓贼人的消息，贼人已经离开多日了。用步兵又如何追赶得上？通过劳动军队来求得免除君主的责罚，不是臣下的心愿。先前魏武帝设立都督，大致上都与州治相近，是由于军队形势应集中而不可分散的缘故，战场上彼此进退，只需小心谨慎地坚守而已。假如经常迁移州郡，敌人时不时出没，也就无从知晓州郡应当据守何处了。”

这一年，大司马陈骞从扬州来朝见，以高平公罢官。

吴国君主因为会稽人张俶常进献谄言，谮毁别人，非常受宠信，多次升官，成为司直中郎将，封为侯爵。他的父亲是山阴县县卒，知晓张俶不是善良之辈，呈上奏章说：“假如任命张俶作为司直，有朝一日犯下罪过，请求让我不要连坐获罪。”吴国君主答应了。张俶上书设置弹曲二十人，专门纠举不法之人，于是官吏与人民各自以个人的喜恶来相互密告，监狱爆满，举国上下，一片沸腾。张俶大营私利，骄奢淫逸，暴虐不法，奸事被举报揭发，父子都遭到车裂。

卫瓘送拓跋沙漠汗回国。自从沙漠汗来当人质，在拓跋力微可汗身旁的儿子们多被宠爱。等到沙漠汗回国，各个部落首领一同诽谤沙漠汗，力微可汗将他杀掉。不久力微可汗病重，乌桓王库贤亲近君王，独揽大权，接受了卫瓘的贿赂，想使各部落骚乱不安，于是在庭前磨利战斧，对各位大人说：“可汗憎恨你们进谗言将太子害死，有意收押你们的长子并将他们全部杀掉。”各首领心中畏惧，都逃跑了。力微可汗因此忧惧而死，当时年纪一百零四岁。他的儿子拓跋悉禄继位，国家由此衰弱了。

起初，幽、并二州都与鲜卑的土地相连，东边有务桓，西边有力微，经常成为边境的祸患。卫瓘秘密用计离间挑拨他们，务桓投降，力微身死。朝廷嘉奖卫瓘的功劳，封他的弟弟为亭侯。

四年（戊戌，公元278年）

春季，正月，庚午朔日（初一），出现日食。

司马督东平人马隆上书说：“凉州刺史杨欣与羌戎不和，一定会遭遇败绩。”夏季，六月，杨欣同树机能的党羽若罗拔能等人在武威作战，战败身死。

弘训皇后羊氏驾崩。

羊祜因为生病，请求返回朝中，到了之后，晋武帝司马炎让他乘坐车辇进殿，不必跪拜，赐坐。羊祜当面讲述攻打吴国的计划，晋武帝司马炎觉得很好。因为羊祜生病，不便经常进宫，晋武帝司马炎另外派张华前去询问计划，羊祜说："孙皓的暴虐，已一发不可收拾，到今天可以不必作战就能取胜了。假如孙皓不幸死了，吴国人另外树立了好的君主，即使是拥有百万军队，也无法占有长江一带，必将成为我们日后的心腹大患。"张华十分赞同羊祜的话。羊祜说："完成我的心志之人，就是你了。"晋武帝司马炎想让羊祜躺在病床上指挥各个将领，羊祜说："攻打吴国不必臣下前去，然而平定之后，就要劳烦圣上思虑了。功名之事，臣下不敢据有；要是战事结束，要任官授职，愿您能小心地挑选任用人才。"

秋季，七月，己丑日（十二日），晋朝在峻平陵埋葬了景献皇后。

司、冀、兖、豫、荆、扬诸州发生水灾，农作物受到螟虫的损害。晋武帝司马炎下诏询问主事的官员："该怎么来帮助百姓？"度支尚书杜预呈上奏章，认为："当下的水灾，东南地区特别厉害，应当命令兖、豫等各州保留汉代旧有的河堤，把它修缮好了用以河水的储蓄，其他的都将河堤打破，让水流干，使饥民全能得到鱼类螺蚌的富饶水产以此维持生计，这是眼前所能得益的每日供给。等洪水退却，淤积的农田，每亩只收几钟的田税，这又将是下一年所能提供的利益，典牧有四万五千多头种牛，一向不供给耕种和驾车，更甚者有的牛到老鼻都不曾穿绳，可以把它们分给人民，使民众得以赶上春季耕种，谷物收获之后，再行求租问税，这又是几年以后所能提供的利益。"晋武帝司马炎采纳了他的建议，人民都依赖杜预的建议得到了利益。杜预任尚书七年，斟酌修正的各种政务不计其数，当时人把他称作"杜武库"，这是说他无所不有的意思。

九月，晋武帝司马炎任命何曾担任太宰；辛巳日（十五日），任命侍中、尚书令李胤为司徒。

吴国君主讨厌胜过自己之人，侍中、中书令张尚，是张纮的孙子，为人口才捷利，谈论锋发，常常出人意料，日积月累吴国君主慢慢对他有了积怨。后来问："我喝酒可以和谁相比？"张尚说："陛下有一百觚的酒量。"吴国君主说："张尚了解孔子没有担任君王，故而拿我跟他比。"（因古谚有"尧饮千钟，孔子百觚"之说，故吴国君主认为张尚拿他跟孔子相比。）因而生气，将张尚收禁。公卿以下一百多人，前往宫中叩头，恳请将张尚的罪刑减免，张尚这才得以免去一死，被送往建安铸造船只，没过多久，吴主就把他杀了。

冬季，十月，晋武帝司马炎任命征北大将军卫瓘为尚书令。当时，朝野人士都知晓太子昏昧愚蠢，无法作为嗣君，卫瓘每次想向晋武帝司马炎上奏都没敢说出口。在陵云台侍宴时，卫瓘假装喝醉，在晋武帝司马炎座前跪下来说："臣下有事想要启奏。"晋武帝司马炎说："你想说什么呢？"卫瓘欲言又止一共三次，趁势用手摸着床说："这个座位实在是可惜啊！"晋武帝司马炎明白了他的意思，也顺着他说道："你当真大醉了吗？"卫瓘到此不再多说什么。晋武帝司马炎召集东宫所有官属，为他们摆下宴会，却密封了尚书感到疑难的事，下令让太子作出决断。贾妃听到这个消息非常恐惧，请求外人代为回答，引论了许多古书上的义理。给使张泓说："太子不好学，陛下素来知悉，然而回答诏书却引述许多古书义理，一定会责问作稿之人，反而更增加了太子的过错与不足，倒不如直接按照题意作答。"贾妃大喜，对张泓说："你就替我作好答案，我与你同享荣华富贵。"张泓马上拟写了草稿，让太子自己抄写下来，晋武帝司马炎看了非常高兴，先拿给卫瓘看，卫瓘大为不安，众人才获悉卫瓘曾经进言过。贾充秘密让人对贾妃说："卫瓘老奴，差点将你的家事毁坏掉。"

吴国人在皖城大治田地，想要策划入侵。都督扬州所有军务的王浑，派遣扬州刺史应绰将城攻克，斩首五千级，将积存的一百八十多万斛粮食烧毁，践踏了四千多顷稻田，毁坏船只六百多艘。

十一月，辛巳日（十六日），太医司马程据进献雉鸡头的羽裘，晋武帝司马炎在殿前把它烧毁。甲申日（十九日），晋武帝司马炎告诫朝廷内外有敢再呈献奇技异服者，将受罪责。

羊祜病重，举荐杜预替代自己。辛卯日（二十六日），晋武帝司马炎任命杜预为镇南大将军，都督荆州所有军务。羊祜去世，晋武帝司马炎哭得非常伤心。那日天气寒冷，晋武帝司马炎须发上沾的泪水都结成了冰粒。羊祜遗嘱不可将南城侯的印章放进棺柩之中。晋武帝司马炎说："羊祜经年坚辞，即使身死还在谦让，如今听从他，恢复原有封号，以彰显他高超的美德。"南州人民听说羊祜死了，市集也罢散了，街头巷尾哭声连绵不绝。吴国戍守边疆的将士也为他哭泣。羊祜喜欢游岘山，襄阳人在他游玩之地建立庙宇、竖立石碑，一年四季都去祭拜他。望着石碑的人，无不流下泪来，因而就把此碑称作"堕泪碑"。

杜预到达镇所，选择精锐部队，攻击吴国西陵督张政，大破敌军。张政是吴国有名的将领，因为事先没有防备，招致惨败，感到耻辱，没有将实情上报给吴国君主。杜预想要挑拨离间他们，于是上表将缴获的战利品送还。吴国君主果然命令张政回朝，派遣武昌监留宪替代他。

十二月，丁未日（十三日），朗陵公何曾去世。何曾奉养自己，非常厚重，超过君主。司隶校尉东莱人刘毅多次上奏，弹劾何曾过于奢靡，晋武帝司马炎因他是国家重臣，没有过问。等到身死，博士新兴人秦秀上谏说："何曾奢靡无度，名满九州，宰相大臣是人民的表率，假如在活着的时候竭力放纵情欲，在他死后又不加以贬斥，王公贵人又有什么可害怕的呢？我恭谨地按照《谥法》所说：'名跟实有了差距称作缪，依恃悖乱放纵行为称作丑。'他的谥号应当叫缪丑公。"晋武帝司马炎没有采纳秦秀的建议，下诏命令谥号为孝。

前司隶校尉傅玄去世。傅玄性情严厉急切，常常上奏揭发罪行的文状，有时正好是在傍晚，他便拿着弹劾的奏章，穿得整整齐齐，振作着不去入睡，坐着一直等到天亮。因此贵族子弟都十分害怕他，尚书台阁德政风扬。傅玄同尚书左丞博陵人崔洪友善，崔洪也是耿直清正之人，喜欢当面指责别人的过错，过后也就不再作任何訾议之话，因而人们很尊重他。

鲜卑人秃发树机能长期是边境的祸患，仆射李憙请求兴兵讨伐他们，朝中大臣都认为出兵是国家大事，敌虏不值得担忧。

五年（己亥，公元279年）

春季，正月，树机能攻下凉州，晋武帝司马炎万分后悔，上朝时感叹着说："谁能替我征讨这个敌虏？"司马督马隆上前说："陛下如果能信赖臣下，臣下就能荡平敌虏。"晋武帝司马炎说："一定能将贼人平定的话，又怎会不信赖呢？只不过采取什么策略呢？"马隆说："臣下希望招募三千名勇士，不问他们出自何处，带领他们向西，无须担心敌虏无法平定。"晋武帝司马炎答应了。乙丑日（初一），任命马隆担任讨虏护军、武威太守。公卿都说："如今军队已经够多了，不应当胡乱设立悬赏招募制度，马隆小将胡乱进言，不值得信赖。"晋武帝司马炎没有听从。马隆招募勇士，取录能拉开四钧弓、九石弩之人，树立标帜，进行选试，从早上到中午，招募到三千五百人。马隆说："够了。"又请求到武库亲自挑选兵器，兵库令与马隆发生争执，御史中丞上奏，弹劾马隆。马隆说："臣下即将在战场上厮杀，武库令竟然供给魏国时期腐朽的兵器，这并非陛下要委派我的用心。"晋武帝司马炎下令听任马隆任意取用武库的兵器，仍然供给他三年的军需，将他派遣出去。

起初，南单于呼厨泉让哥哥于扶罗的儿子刘豹担任左贤王，后来魏武帝把匈奴分为五个部落，任命刘豹担任左部帅。刘豹的儿子刘渊，幼年时就异常俊俏秀美，拜上党人崔游为老师，广泛涉猎经史典籍。刘渊曾经对同门上党人朱纪、雁门人范隆说："我时常把随何、陆贾没有武功，绛侯、灌婴没有文才当作可耻的事，随何、陆贾遇到高帝却无法建立封侯的事业，绛侯、灌婴遇到文帝却无法振兴学校的教化，难道不很可惜吗？"于是同时学习武艺。等到年长，长臂善射，体力过人，形貌伟岸。在洛阳充当人质时，王浑与儿子王济都对他十分器重，多次向晋武帝司马炎举荐，晋武帝司马炎召见他，跟他交谈，对他十分喜欢。王济说："刘渊有文武英才，陛下将东南政事交付于他，平定吴国就不足忧虑了。”孔恂、杨珧说：“刘渊不是汉族人，日后必定会起异心的。刘渊的才能器量的确很少有人能够媲美，然而不能重用他。”等到凉州败落，晋武帝司马炎问李憙谁能担任将领，回答说：“陛下真能发动匈奴五部落的军队，假如给刘渊一个将军的名号，让他带领匈奴人向西进发，将树机能斩首示众的事就指日可待了。”孔恂说：“刘渊果真能将树机能斩杀，那么凉州的忧患只会更大而已。”晋武帝司马炎于是没有任用刘渊。

东莱人王弥家世代担任二千石官职。王弥有学术勇谋，擅长骑马射箭，青州人称他为“飞豹”。处士陈留人董养看见了，对他说：“你好幸灾乐祸，假如天下发生战乱，你是不会作国家的士大夫的。”刘渊同王弥友善，对王弥说：“王浑、李憙因为跟我是同乡，彼此之间相互了解，每每举荐我，都恰好变成我的祸患。”因而感叹流泪。齐王司马攸听说了，向晋武帝司马炎进言说：“陛下如果不将刘渊除掉，臣下恐怕并州无法长久安定了。”王浑说：“大晋正要凭信义来安抚异族，又怎能因为无形的怀疑而将别人的侍子杀死呢？如此一来德行和度量又是多么的狭小啊！”晋武帝司马炎说：“王浑说得对。”正赶上刘豹去世，晋武帝司马炎任命刘渊代替刘豹，作了左部帅。

夏季，四月，晋朝大赦天下。

晋朝废止部曲督以下出任必须羁留亲属充当人质的规定。

吴国桂林太守修允去世，他的部下应当分属于各个将领。督将郭马、何典、王族等人几代都在这支军队中，不愿意分离，正碰上吴国君主核查广州户口，郭马等人借着民心不稳，聚合军众攻杀广州督虞授，郭马自称都督交、广二州所有军务，派何典进攻苍梧，派王族进攻始兴。秋季，八月，吴国任命军师张悌为丞相，牛渚都督何植为司徒，执金吾滕修为司空。尚未任命，便将滕修改为广州牧，带领一万人从东道讨伐郭马。郭马将南海太守刘略杀死，并驱逐广州刺史徐旗。吴国君主又任命徐陵督陶浚带领七千人，从西路与交州牧陶璜共同攻击郭马。

吴国有鬼目菜，在工匠黄耉家中生长；有买菜，在工匠吴平家中生长。东观令参照图书，给鬼目菜起名叫芝草，给买菜起名叫平虑草。吴国君主任命黄耉担任侍芝郎，吴平担任平虑郎，都授予银质印、青色绶带。

吴国君主每次宴饮群臣，都让他们喝得酩酊大醉。又把黄门郎十人设为司过，散会之后，各自进奏他们的过失，有的是逆视君主，有的是言辞出错，没有不举报揭发的，重大的过失马上加以刑杀，小的过失就作为罪过记录下来，有的是剥下脸皮，有的是挖下眼睛。因而君臣上下，离心离德，臣子不肯尽力。

益州刺史王濬呈上奏章说："孙皓乖谬淫乱、异常凶残，应当尽快讨伐。一旦孙皓身死，另外树立了贤明的君主，那就还会成为强劲的敌手。我造船已经七年，每日都有船因腐烂而毁坏；臣下今年七十岁，将不久于人世。这三件事一旦错过，就不易图谋了。实在是希望陛下不要坐失良机。"晋武帝司马炎于是决定讨伐吴国。正碰上安东将军王浑上书说孙皓即将北上，戒严了边界上的守军，朝廷于是改变决定，第二年用兵。王濬的参军何攀出使洛阳，呈上奏章称："孙皓必定不敢出兵，应当借着戒严的掩护，突然袭击，这样就轻而易举取胜了。"

杜预上书说："自打闰月以来，贼兵只不过是戒令严厉，下游并无军队溯江而上。按照情势和道理推究，贼人的计划已经窘困，兵力无法保全两头，肯定只想保有夏口以东，以求苟延残喘，没有理由再派更多军队西上，而使国都空虚。然而陛下误听别人的话，便要将大计抛弃，放纵敌人，造成祸患，真是可惜！假如举兵会招来败绩，不举兵是可以的。今日事情的筹划，一定要牢不可破。假如成功了，就开创了天下太平的基业，不成功不过是耗费时间而已，有何吝惜而不一试呢！假如要等到明年，天时人事就不能和往常一样了，臣下认为恐怕那时就更加困难了。目前有了万全的决策，没有失败的后顾之忧，臣下心中实在是很明白了，不敢以模糊不清的见解，招致今后的事端，还请陛下明察。"晋武帝司马炎整整一个月没有答复，杜预又上书说："羊祜不先同朝臣多方计议，却只是秘密地与陛下一块设定这个计划，因而更加使得朝臣产生诸多不同意见。凡是行事，必定计较利害。这次行动，利有十之八九，害占一二，也止于没有功绩而已。一定要让朝臣道出敌人破败的形迹，也是做不到的；只不过因为计划不是自己想出，功业与自身无关，各自又对之前言辞的过失感到羞耻，所以一定坚持不改。近来朝中事情，无论大小，各种意见层出不穷，尽管人人想法各异，也是由于凭恃恩宠，不计后果，因而轻易地表达出苟同或反对的意见。自打秋季以来，讨伐贼人的形迹相当明显，如今要是中途废止，孙皓或者会由于害怕而动了心思，将都城迁到武昌，更加坚固地修治江南各处城池，远迁他们的居民，城池无法攻下，野外又无从掠获，那么下一年的计划可能更不能实现了。"晋武帝司马炎正和张华下围棋，杜预的奏折刚好送到，张华推开棋枰垂下手说："陛下英武神明，兵强国富，吴国君主却荒淫无道，杀害贤能之臣，如今讨伐他，可以轻而易举地平定全国，希望您不要再迟疑了。"晋武帝司马炎于是就应允了。并派张华担任度支尚书，计算测量水路运送粮食。贾充、荀勖、冯紞持很大异议，皇帝大怒，贾充脱下官帽请罪。仆射山涛退朝后告诉他人说："如果不是圣人的话，国外平定了，必然会产生国内的祸患，现在放弃征伐吴国，放着吴国作为外部的威胁，不也合算吗！"

冬季，十一月，晋国大举讨伐吴国，晋武帝司马炎派出镇军将军琅邪王司马伷自涂中发兵，安东将军王浑自江西发兵，建威将军王戎自武昌发兵，平南将军胡奋自夏口发兵，镇南大将军杜预自江陵发兵，龙骧将军王濬、巴东监军鲁国人唐彬二人自巴、蜀顺流而下，东西总共二十多万人。晋武帝司马炎又任命贾充为使持节、假黄钺、大都督，并任命冠军将军杨济前去帮助他。贾充力陈讨伐吴国的弊端，并述说自己已经年老体衰，不能担当元帅一职，晋武帝司马炎下诏说："你如果不去，我就亲自领兵出征。"贾充迫不得已，这才接受符节黄钺，统领中军驻扎于南部的襄阳，作为各军节度。

马隆向西渡过温水，树机能等人凭借数万士兵，占据险要之地抵抗。马隆认为山路狭隘，于是就造制扁厢车，又建造木屋，安放在车上，辗转作战，向前行进了一千多里地，杀伤很多敌兵。从马隆西行，就一直音信全无，朝廷很是担忧，有人传言说他已战死。后来马隆的使者于夜里到了，晋武帝司马炎拍手称快，第二天早朝，召集群臣，对他们说道："如果起初听从各位的话，就不会有凉州了。"于是晋武帝司马炎下诏马隆秉持符节，任命他为宣威将军。马隆到达武威，鲜卑大人猝跋韩且万能统率一万多户前来投降。十二月，马隆和树机能作战，马隆杀了树机能，凉州从此平定。

晋武帝司马炎下诏询问群臣有关政事的利弊，司徒左长史傅咸上书，认为："公私财货不充足，是因为设置官吏太多。先前有四个都督，而如今并合监军竟然多达十个；先前夏禹分列九州，现在刺史人数几乎比之前多一倍；户口与汉朝比较起来，只有十分之一，然而设立的郡县数目却更多；白白设立军府，一设立就以百计，对捍卫国家并没有好处；五等诸侯，平白无故设立属官；各种官吏的俸禄，都是来自人民，这就是导致困乏的原因。当今紧急之事，在于将官职并合、把劳役停下，上下一心从事农耕。"傅咸，是傅玄的儿子。当时又商讨将州、郡、县中一半的官吏减省来从事农业，中书监荀勖认为："简省官吏比不上简省官职，简省官职比不上简省政事，简省政事比不上心地清静。从前萧何、曹参辅佐汉朝，实行清静的政治，人民因此得享安宁齐一，这就是心地清静了。抑制无稽的言谈，简省多余的文书，消除烦琐的事务，宽免微小的过错，有人爱好打破常规来谋求私利，一定要对这种行为加以诛罚，这就是简省政事了。将九卿归并于尚书台、兰台交付于三公府，这就是简省官职了。假如只是设立大条例，将天下所有的官吏都减免一半，只怕文武官员，郡国职事，难易有差别，就无法一律不变地施行。而一旦有了空缺，都需要再官复原职，或者激励政事，就使得官职会愈加的繁多，也是不能不重视的。"

资治通鉴卷第八十一　晋纪三

起庚子（公元280年），止戊申（公元288年），共九年。

【题解】 本卷记录了晋武帝太康元年至太康九年共九年间西晋与孙吴等国大事：晋国数路出师伐吴，孙晧投降；王浑坐失良机反而争功，与王濬怨隙不解；杜预通达事理，助王濬成就诸项政绩；晋武帝沉迷酒色、放松战备，极度奢侈；晋武帝宠信奸佞不纳忠臣之谏，排挤、迫害母弟，使其致死；少数民族头领刘渊等悄然兴起，对西晋形成威胁之势。

世祖武皇帝中

太康元年（庚子，公元280年）

是年四月改年号为太康。春季，正月，吴国实行大赦。

杜预向江陵进发，王浑自横江发兵，进攻吴国城镇、军营，所向披靡，战无不胜。二月，戊午日（初一），王濬、唐彬击败丹阳监盛纪。吴国人在长江沙渚要塞，用铁链连接起来，阻拦江面；又制造了一丈多长的铁锥，悄悄放置在长江中，来挡住舟舰。王濬制造几十只大竹筏，宽一百多步，绑上草人，身着盔甲，手持兵器，下令让善水的士兵乘着竹筏先行，遇到铁锥，铁锥就依附在竹筏上漂走；又做成大火炬，长十多丈，大概十圈，淋上麻油，搁置在船的前面，遇到铁链，就将火炬点燃来烧灼铁链，过了一会儿，铁链就烧断了，于是行船便毫无妨碍。庚申日（初三），王濬攻克西陵，将吴国都督留宪等人杀死，壬戌日（初五），攻克荆门、夷道二城，又将夷道监陆晏杀死。杜预差遣牙门周旨等人，带领八百奇兵，趁天黑渡过长江，袭击乐乡，立起很多旗帜，在巴山点起火来。吴国都督孙歆异常恐惧，给江陵督伍延写信说："自北方来的各路兵马，居然飞渡长江。"周旨等人在乐乡城外设下埋伏，孙歆派出军队出城抗击王浚，失败回城。周旨等伏兵跟着孙歆军队进入城中，孙歆没有发觉，一直跟到军帐下，将孙歆俘虏。乙丑日（初八），王浚进攻并杀了吴国水军都督陆景。杜预进军江陵，甲戌日（十七日），攻克江陵，杀死伍延。于是自沅、湘以南，直到交、广，各个州郡都纷纷投降，并将印绶交出。杜预拿着符节，假托王命来安抚他们。一共杀了吴国都督、监军十四人，牙门、郡守一百二十多人。胡奋拿下江安。

乙亥日（十八日），晋武帝司马炎诏令："王浚、唐彬已经平复巴丘，与胡奋、王戎共同平定夏口、武昌，顺江而下，一直进攻，直到秣陵。杜预应该戍守零、桂，安抚衡阳。大军经过之后，荆州以南，按常理传布檄令就可以平定。杜预等人各自分兵，增加王浚、唐彬的力量，太尉贾充将士兵移到项县屯驻。"

王戎派出参军襄阳人罗尚、南阳人刘乔，带领军队和王浚联手进攻武昌，吴国江夏太守刘朗、都督武昌诸军的虞昺都投降了。虞昺，是虞翻的儿子。

杜预和众军开会，有人说："有百年历史的敌人，是无法将其一举攻克的，此时正是春季水潦降下之时，很难长期驻扎军队，应等冬季再大举用兵。"杜预说："先前乐毅凭借济西一战，将强大的齐国吞并，现在军威已经振兴，好比剖开的竹子，剖开几节之后，其他的就可迎刃而解，不必再麻烦。"于是命令各个将帅做出战略部署，一直到达建业。

吴国君主听到王浑南下，命令丞相张悌率领丹阳太守沈莹、护军孙震、副军师诸葛靓，领兵三万，渡过长江作战。到达牛渚后，沈莹说："晋国在蜀国训练水军已经很长时间了，在我们上流的部队，向来没有防备 ，大将都死了，幼小的王侯承继大任，恐怕抵抗不了。晋国水军肯定会来到这个地方。我们应该储备更多的人力物力，等待他们来临，和他们打上一战，假使能够侥幸获胜，长江西面的障碍自然能够清除。现今渡过长江和晋国大军作战，假如不幸失败，那么国家大事也就完了。”张悌说：“吴国即将灭亡，人人皆知，而非今天才知悉的。我只怕蜀兵到了这里，人人忧心忡忡，不能再整顿军队了。趁着现在渡过长江，还能与他们对决。假如不幸失败，就是一起为国捐躯，不会再有遗恨。如果能够完胜，北方敌人逃跑，军队声势更加浩大，便可乘胜南下追击，在中途迎击敌人，则胜利在握。假如按你的计划，军队恐怕都逃跑了，坐等敌人到来，君臣一起投降，就无人会为国难牺牲自己了，这不是件很耻辱的事吗？”

三月，张悌等人横渡长江，在杨荷包围了王浑部将城阳都尉张乔。张乔只带领了七千人，关闭栅门请求投降。诸葛靓要杀他们，张悌说：“前面有强劲的敌人，不应当因小失大；而且将投降之人杀死是不吉利的。”诸葛靓说：“这些人因为救援的部队未到，力量太小不足以抵抗我们，因此假装投降来阻碍我们前进，并非真正臣服。假如丢弃他们前进，肯定会成为日后的祸患。”张悌不听他的话，安抚了他们，然后带领军队前进。张悌与扬州刺史汝南人周浚摆好阵势，僵持着，沈莹带领五千丹阳精锐士兵、手拿大刀盾牌，连续三次冲击晋兵阵地，无法使之动摇。沈莹于是退兵，军士秩序瞬间混乱。将军薛胜、蒋班，借由他们的混乱，趁机进攻，吴兵阵地顺次崩溃，将帅也无法阻止，张乔从后面攻击，在版桥击败吴国军队。诸葛靓率领几百人逃走，派人前去迎接张悌，张悌不愿离开，诸葛靓亲自上前拉着他说：“死生存亡自有天命，并非你一个人所能支持得了的，为什么要自寻死路呢？”张悌流着泪说：“仲思！今天是我死亡的日子！而且我在孩童时，就被你家丞相赏识，时常害怕无法死得其所，辜负了贤人的了解与眷顾，今日亲身为国捐躯，又有什么好说的呢！”诸葛靓再三拉扯，都不动，于是流着眼泪放他离开，走了一百多步，转过头一看，张悌已经被晋兵杀死了，同时斩下孙震、沈莹等七千八百人的首级，吴国人大为震动。

起初，晋武帝司马炎诏命王浚攻克建平之后，要受杜预的节度，来到建业，要受王浑的节度。杜预来到江陵，对诸位将领说：“假如王浚能到达建平，就顺流而下，长驱直入，声威已经显著了，不应当再让他受到我的节制；假如无法攻克，就再无机会节度了。”王浚来到西陵，杜预给他写信说：“足下已经将他们西面的屏障摧毁，应当径直攻取建业，讨伐历代遗漏的敌人，为吴国人解脱困苦，而后整治部队，返回京师，也是人间少有的大事！”王浚大为高兴，上表献上杜预的书信。张悌失败身亡之后，扬州别驾何恽对周浚说：“张悌统率吴国全部精锐兵力，在此地被消灭，吴国朝野上下无不震惊。王龙骧已将武昌攻下，乘胜东下，所到之地战无不胜，吴国瓦解的形势已显露无遗。我认为应当尽快带领士兵渡过长江，直指建业，大军突然降临，能够把他们的胆量和气魄夺去，如此一来便可不战而擒敌了。”周浚觉得这个计划很好，要派人通知王浑。何恽说：“王浑不明事机，却只想着小心翼翼，以求免除罪过，肯定不会听从我们的。”周浚坚持派人通知王浑，王浑果然说：“受到的诏令只不过是要我们在长江北岸屯驻，来抗击吴国军队，而不是让我们草率前去出击，你们州的军队尽管很英武，又哪里能把江东独自平定呢！如今悖逆命令，即使取胜了，也不值得称赞；假如无法取胜，造成的罪过可就大了。而且诏书命令龙骧将军接受我的节度，你只要将舟船备好，一起渡江就行了。”何恽说：“龙骧将军战胜了万里之敌，凭着已经成就的功业来接受节度，还是从未听过的。而且明公作为上将，看见可以进军就进军，哪里能够一一等候诏令呢！如今趁着此时渡江，有完全必胜的把握，有什么值得怀疑、顾虑而停滞不前呢！这正是鄙州上上下下因而失望不满的原因了。”王浑不听。

王浚自武昌顺流直向建业。吴国君主派遣游击将军张象统率一万水军抵抗，张象的军队远远看见旗帜就投降了。王浚的兵甲布满长江，旌旗照亮了天空，阵势非常浩大，吴国人极为恐慌。

吴国君主嬖幸的臣子岑昬，由于奸险谄媚、善进谗言，因此做到了九卿的官职，他喜欢兴起劳作，百姓深以为苦。等到晋兵即将来临之时，殿中数百名亲近之人，叩头向吴国君主请求道："北军一日日逼近，然而军队都无心作战，陛下将会怎么做？"吴国君主说："什么缘故？"回答说："正是怪罪岑昏而已。"吴国君主只说："如果是这样，那么要这奴才向百姓谢罪。"众人因而说："是！"于是一并把岑昏收监。等到吴国君主后悔，不断派人赶去阻止时，但是岑昏已经被杀了。

陶浚即将讨伐郭马，来到武昌，听闻晋军大举向吴国进军，就带军返回东边。来到建业，吴国君主接见他，询问关于水军的消息，陶浚回答说："西蜀的船只都很小，如今要是能得到两万军队，乘着大船作战，便自然可以将他们击败。"于是将民众聚合起来，并授予符节斧钺，第二天即将出发。但当天晚上，民众全都四散逃走了。

当时王浑、王浚与琅邪王司马伷都接近国境，吴国司徒何植、建威将军孙晏，全都献出印信符节，投降到王浑军前。吴国君主采纳了光禄勋薛莹、中书令胡冲等人的计策，分别派出使者给王浑、王浚、司马伷送去信件，请求投降。又给群臣送去书信，极力自我责备，而且说："如今大晋将天下治平，正是俊秀人才展露气节之时，不能由于改换朝代，而折损了心志。"使者先将印玺送予琅邪王司马伷。壬寅日（十五日），王浚舟师经过三山，王浑派遣使者送信，要王浚暂时到那边商讨事务，王浚将风帆张起，径直前往建业，回报说："风太大，船只无法停下来。"这一天，王浚的八万兵士，百里浮船，喧闹着进到石头城，吴国君主孙皓反绑双手，用车载着棺木，前去军门投降。王浚将他的捆缚解除，还把棺木烧掉，请他进来相见。将吴国地图和户籍收取，还收服四州、四十三郡、五十二万三千户、二十三万士兵。

晋朝廷听闻吴国已经平定，群臣都庆贺祝福，晋武帝司马炎手握酒杯，流着眼泪说："这都是羊太傅的功劳。"骠骑将军孙秀没去祝贺，向南流着泪水说："之前讨逆将军年方二十就以一个校尉的官职建立事业，如今后主将整个江南抛下，宗庙陵墓，自此变成废墟。茫茫青天，他究竟是个什么样的人啊！"

吴国尚未攻克之时，大臣都觉得草率进兵是不可行的，唯有张华坚持，认为一定能够获胜。贾充呈上表章，称："吴国无法全部平定，正值夏季，江、淮地区低下潮湿，肯定会兴起瘟疫，应当召令各军回国，以后再作计议。即使腰斩了张华，也不足以向天下谢罪。"晋武帝司马炎说："这是我的意思，张华只不过跟我的心思相同而已。"荀勖又上奏，认为应当听从贾充的进奏。晋武帝司马炎没有依从。杜预听闻贾充上奏请求退兵，急忙上奏，力争进军，使者走到轘辕山，吴国已经投降。贾充又惭愧又害怕，前去朝中请罪，晋武帝司马炎安慰他，没有再问罪于他。

夏季，四月，甲申日（二十八日），晋武帝司马炎下诏赐孙皓爵位为归命侯。

乙酉日（二十九日），大赦天下，改年号为太康。晋朝聚会饮酒，欢畅五天。派遣使者分别前往荆、扬二州，安抚民众，吴国牧、守以下的官吏都不更换；将苛刻的政令废除，一切按照简易的法规。吴人非常高兴。

滕修兴兵讨伐郭马，无法取胜，听闻晋国进攻吴国，统率军队奔赴救难，兵至巴丘，听闻吴国已经灭亡，便穿上白色丧服，号啕大哭，然后返回，与广州刺史闾丰、苍梧太守王毅，各自献上印绶，请求归降。孙皓派遣陶璜的儿子陶融，拿着亲笔书信告谕陶璜，陶璜流了数天的眼泪，也将印信送上归降，晋武帝司马炎全部都使他们官复原职。

在王濬东下之时，吴国各城的守备都望风而降。唯有建平太守吾彦固守着城池，无法攻下，听到吴国已经亡了，才投降，晋武帝司马炎派遣吾彦担任金城太守。

起初，朝廷尊崇孙秀、孙楷，想要以此招徕吴国人；等到吴国灭亡了，孙秀降官为伏波将军，孙楷为度辽将军。

琅邪王司马伷下令让使者护送孙皓与他的宗族到洛阳。五月，丁亥朔日（初一），孙皓来到，同他的太子孙瑾等人用泥涂在头上，反绑双手，叩头在地，来到东阳门。晋武帝司马炎下诏派出谒者将他的束缚解除，还赐给他衣服、车乘、三十顷田地，每年供给金钱粮谷、布帛丝绢，非常厚待他。晋武帝司马炎任命孙瑾为中郎，各个儿子之前做王的，全部担任了郎中。吴国从前享有名望之人，按照他们的才干，依据顺序拔擢。孙氏渡过长江的将吏，免除十年的赋税劳役，也免除了百姓二十年的赋役。

庚寅日（初四），晋武帝司马炎亲临正殿，大会文武百官与四方使者，国子学生也都参加会见。接见归命侯孙皓和吴国投降之人。孙皓登殿叩头，晋武帝司马炎对孙皓说："朕设下这个位置已经等你很久了。"孙皓说："臣下在南方也设下了同样的座位等候着陛下。"贾充对孙皓说："我听闻你在南方，挖人眼睛，剥人脸皮，这是哪一等级的刑罚？"孙皓说："臣对那些有弑害国君及奸邪不忠的人，就会实施这样的刑罚。"贾充默然无语，非常羞愧，然而孙皓却面无愧色。

晋武帝司马炎态度从容地向散骑常侍薛莹询问孙皓亡国的原因，薛莹回答说："孙皓亲近小人，滥施刑罚，大臣将领，人人无法自保，这就是亡国的原因了。"过后，又询问吾彦，回答说："吴国君主英明，宰相贤能。"晋武帝司马炎笑着说："如果是这样，又怎么会落到亡国的下场呢？"吾彦说："上天禄位，永久终了，天命也另有归属，因此被陛下擒获了而已。"晋武帝司马炎觉得回答得很好。

王濬攻进建业的第二天，王浑才渡过长江，由于王濬不等自己来到，先行接受了孙皓的投降，心中尤为羞愧和愤怒，就想攻打王濬。何攀劝王濬将孙皓送给王浑，因而事情才得以解决。何恽因为王浑同王濬争夺功劳，给周浚写信说："《书经》看重能够谦让，《易经》推崇谦退，更能光大。之前把张悌击败，吴国人失掉了阵势，龙骧将军借着这个时机，一举将他们国家攻陷。评论前前后后的因果，我们的军队行动实在太缓慢了，机会既然已经丧失，就来不及争取事功，到今天才来争夺功劳，他既然咽不下这怨气，将会使和顺的风气受到损坏，也会引发因自夸而相互争抢的鄙陋做法，这实在是我内心无法赞成的。”周浚得信，就进谏阻止王浑，王浑没有接受，上表说王濬悖逆诏令，不肯接受节度，诬告他所犯罪行的情况。王浑的儿子王济娶了常山公主，亲戚党羽十分强大。官员上表奏章，请求用罪犯的囚车把王濬召回，晋武帝司马炎没有应允，只不过降下诏书责备王濬不服从王浑的命令、利令智昏，因此悖逆王命。王濬上奏自行陈述理由说："上次接受诏令，命令臣下径直前往秣陵，又命令接受太尉贾充的节度。臣下用十五天来到三山，看到王浑的军队正在北岸，他派人送信邀约臣下。臣下水军正乘着急风，直抵敌城，并无理由调转船头去拜访王浑。臣下于中午来到秣陵，傍晚才接到王浑所颁发下的应受节度的命令，想要命令臣下明天十六日带领军队回头将石头城包围起来，又向臣索要蜀兵与镇南各军作战军人的名册。臣下认为，孙皓已经前来归降，并无理由将石头城包围起来；又要军人名册，这是不可能在仓促之间造得成的，以上这些并非当下紧急的事物，不可奉行，臣下并非敢将圣明的制命故意忽视掉。孙皓众叛亲离，匹夫独在，就好比贪生的鼠雀一样，只求自己一条性命而已。但是江北各军，不知敌人的虚实，无法早一天前去擒拿，自己造成小的失误。臣下来到便捉到了，愈加使得他们怨恨，而且还说：自己花了一百天看守敌人，临到最后却被别人擒获了。臣下暗自觉得侍奉国君的态度，是要对国家有利，无论是生是死都要从事。假如因为顾虑到个人的嫌疑来逃避罪责，这是臣子们为一己私利不去为国尽忠的行为，实在不是圣明君主与国家的福祉。”王浑又抄录周浚的信说："王濬军队得到了吴国的宝物。”又说："王濬牙门将李高放火烧毁了孙皓的伪宫殿。”王濬又上表说："臣下孤自独立，与强大的宗族结下怨恨。如果是冒犯了君主，尚且还有挽救罪过的机会；而一旦悖逆了权贵大臣，就难以预料要遭受什么祸事了。伪中郎将孔摅说：二月，武昌陷落，水军即将到达，孙皓巡行石头城回来以后，左右亲近的人都手持兵器跳跃、大叫着说：'肯定要为陛下决一死战。'孙皓心中大喜，觉得他们肯定能够这样做，便将所有的金银财宝拿出来赏赐给他们，小人行为恶劣，拿到财物便逃跑了。孙皓畏惧，才计划投降。孙皓安排投降的使者刚刚离去，他左右亲近之人就抢劫财物，掠夺妻妾，放火焚烧宫殿。孙皓四处逃窜，只怕不能免遭一死。臣下到那里之后，派参军主事之人将大火熄灭。周浚先进到孙皓的宫殿，王浑又先行登上孙皓的舟船，臣下进去和见到的，都在他们的后面。孙皓的宫中，居然连坐的席子都没有，假如有什么遗留的宝物，那么是周浚与王浑先到先得了。周浚等人说臣下聚集蜀郡之人，没有立刻把孙皓送上，有想要反叛的迹象。又惊恐吴国人骚乱，说是臣下要将他们全部杀戮，将他们的妻子逮捕，是希望他们作乱，得以满足个人的私怨。谋反叛逆的大罪，尚且能够被他们强加于身，其他诽谤的恶言，因此也便是理所应当的了。今年平定吴国，实属最值得举国上下庆贺的大事；对于臣下本身，却受到不少罪咎。”王濬来到京城，官员上奏：“王濬悖逆诏令，是大不敬的罪，请求将他交付廷尉判处刑罚。”晋武帝司马炎下诏不同意。于是他们又上奏，说王濬在赦免令颁布下来之后，将一百三十五艘敌船悉数烧毁，应该立即下令将他交付廷尉予以囚禁推问。晋武帝司马炎下诏不必推问。

王浑、王濬不断争夺功劳，晋武帝司马炎下令让守廷尉广陵人刘颂比较他们的功绩，把王浑判为上功，王濬判为中功。晋武帝司马炎用刘颂决断不公的罪名，将他降职为京兆太守。

庚辰日（五月无此日），将贾充的食邑增加为八千户；派王濬担任辅国大将军，封为襄阳县侯；杜预担任当阳县侯；王戎担任安丰县侯；将琅邪王司马伷的两个儿子封为亭侯；增加京陵侯王浑食邑八千户，进封爵位为公；将尚书关内侯张华进封为广武县侯，将他的食邑增加为一万户；因为荀勖专心主理诏命的功绩，所以把他的一个儿子封为亭侯；其余各将领与公卿以下的官吏，都按照等别各有赏赐。晋武帝司马炎以平定吴国的功绩，用简策祭告羊祜庙，封他的夫人夏侯氏为万岁乡君，食邑五千户。

王濬自觉功劳很大，却受到王浑父子及他们党羽的压制，每次当他入朝觐见时，都陈述自己攻城掠地的功劳和遭受冤屈的情形，有时因为无法忍受心中愤懑的情绪，脱口而出不逊的言辞，晋武帝司马炎总是宽容、原谅他。益州护军范通对王濬说：“阁下的功业确实值得赞美，但遗憾的是居有美好功业的态度却无法尽善尽美。阁下带军返朝之时，就应隐居在自己家里，口中不谈有关平定吴国的事情，假如有人问到，就说：‘这是圣明君主的德行，是诸位将领的力量，老夫我哪出过什么力呢！’这就是蔺相如之所以将廉颇制服的原因，王浑听了能不感到羞愧吗？”王濬说：“我开始那样做，是吸取了邓艾的教训，担心会有祸事降临，所以无法不进言；等到后来，心中无法忘怀，就是我的褊狭了。”当时，人们都认为王濬功劳很大、报偿很小，都为他感到不满；博士秦秀等人一起上奏，替王濬争辩冤屈，晋武帝司马炎将王濬升为镇军大将军。王浑曾经拜访王濬，王濬设立严密的守卫，然后才会见他。

杜预返回襄阳，觉得尽管现在天下太平，然而将战事训练抛在脑后的话，肯定会遭遇危险，于是勤勤恳恳地讲求武事，申令要严加防卫。又导引滍水、淯水的河水，灌满一万多顷田地，开通扬口到零、桂的漕运，无论公私两方面全都仰仗他的营建。杜预本身不骑马，射箭也不穿甲胄，然而用兵获胜，是各个将领都无法企及的。杜预在镇守时，给洛中显要屡次赠送礼品，有人探问其中的缘故，杜预说：“我只不过害怕遭遇祸患罢了，而不是想要求得什么好处。”

王浑迁升为征东大将军，又镇守寿阳。

诸葛靓避而不出。晋武帝司马炎同诸葛靓有旧交，诸葛靓的姐姐是琅邪王妃，晋武帝司马炎获悉诸葛靓躲在他姐姐家里，因而前去见他。诸葛靓逃进厕所，晋武帝司马炎又逼他出来见面，对他说：“没想到今天又能得见。”诸葛靓流着眼泪说：“臣下无法漆身毁容，又见到圣上，真是惭愧啊！”晋武帝司马炎下诏要他担任侍中。诸葛靓坚决推辞，不愿为官，归隐乡里，终身不面向朝廷而坐。

六月，晋武帝司马炎恢复丹水侯司马睦王爵的地位，封为高阳王。

秋季，八月，己未日（初五），晋武帝司马炎封皇弟司马延祚为乐平王，没过多久乐平王去世。

九月，庚寅日（初六），贾充等人因为天下统一，几次请求封禅，晋武帝司马炎没有应允。

冬季，十月，前将军青州刺史淮南人胡威去世。胡威担任尚书之时，曾进谏当时政治宽松，晋武帝司马炎说："尚书郎以下，我是不会宽松的。"胡威说："臣下所陈述的，哪里是在丞、郎、令史呢！臣下说的是如臣下等人之类的官职，如此方能整饬教化、修明法令！"

这一年，以司隶所统辖的郡县设立司州，天下共计十九个州，一百七十三个郡国，二百四十五万九千八百四十户。

晋武帝司马炎下诏说："从前自汉末开始，天下四分五裂，刺史对内要亲自治理民事，在外要统率兵马。如今天下统一，应当收敛军事，刺史分职，全都以汉朝的制度行事。把所有州郡的部队废去，大郡设置武吏一百人，小郡设置五十人。"交州牧陶璜上言说："交、广东西几千里，尚未归顺的有六万多户，至于那些服从官府的，只有五千多家。二州唇齿相依，唯有军队才能镇守得了。还有宁州各夷族，与交、广上流相连，水陆都能交通，州兵不应当减少，来暴露国防的单薄空虚。"仆射山涛也进言说："不应当将州郡的武备废除。"晋武帝司马炎没有听从他们的建言。等到永宁以后，盗贼群起，州郡因为没有防备，所以无法制伏，于是天下大乱，和山涛进言如出一辙。可是以后刺史又兼管军、民的政事，州镇的权力更大了。

汉、魏以来，羌、胡、鲜卑投降之人，大多在塞内各个郡县居住。后因数次恼怒，将长官杀死，逐渐变成民间祸患。侍御史西河人郭钦呈上奏章说："戎狄民情强横，从古到今就是祸患。魏国初年，人民稀少，西北各个郡县，都是戎人在居住，向内到京兆、魏郡、弘农，也常常都有他们的行迹。如今服从朝廷，假如百年之后有了兵乱的惊扰，胡人骑兵从平阳、上党出发，不到三天就可抵达孟津，北地、西河、太原、冯翊、安定、上郡就全部被胡人占据了。应当借平定吴国的声威，谋臣武将的谋略，逐渐将那些在内地郡县杂居的胡人，迁移到边疆去，严禁四夷出入，修明先代圣王治理荒服的法制，这是千秋万代的良策。”晋武帝司马炎没有采纳他的建议。

二年（辛丑，公元281年）

春季，三月，晋武帝司马炎下诏挑选孙皓宫女五千人入宫。晋武帝司马炎把吴国平定之后，经常从事游乐宴饮之事，懈怠政事，宫里人数将近一万人。晋武帝司马炎经常坐着羊车，任由羊只拖拉，来到哪里，就住在哪里，摆设宴乐。宫女争相插上竹叶，洒盐水在地上，来吸引晋武帝司马炎的羊车。同时皇后的父亲杨骏跟弟弟杨珧、杨济开始掌握朝廷大权，内外往来，请求谒见，权势的盛大，朝中没有人能够与之匹敌，当时人称三杨，大多数老臣被疏远了。山涛数次劝谏，晋武帝司马炎尽管知道，但就是改不了。

起初，鲜卑人莫护跋从塞外迁入，在辽西棘城的北面居住，号称慕容部。莫护跋生下慕容木延，慕容木延生下慕容涉归，迁居到辽东的北边，世世代代附属于中国，数次随军出征，颇有功绩，朝廷任命他为大单于。冬季，十月，慕容涉归首次侵犯昌黎。

十一月，壬寅日（二十五日），高平武公陈骞去世。

这一年，扬州刺史周浚前去镇守秣陵，吴国那些还未归降的民众，屡屡作乱，都被周浚平定了。周浚对元老旧臣给予礼遇，同时寻访豪杰贤士，恩威并施，吴国人心悦诚服。

三年（壬寅，公元282年）

春季，正月，丁丑朔日（初一），晋武帝司马炎亲自到南郊祭拜上天。典礼完毕之后，感慨地询问司隶校尉刘毅说：“朕能与汉朝的哪一位皇帝相比？”回答说：“桓帝、灵帝。”晋武帝司马炎说：“为何会变成今天这个样子呢？”回答说：“桓帝、灵帝出卖官职的钱是收进公库的，陛下出卖官职的钱是由私人所得，从这个方面来比的话，只怕您还比之不及呢！”晋武帝司马炎大笑，说：“桓帝、灵帝时，无法听见这种言辞，如今朕有正直的臣子，固然是要胜过他们了。”

刘毅担任司隶，纠举弹劾豪门贵族，毫无顾忌。皇太子鼓吹奏乐，进入东掖门，刘毅上奏弹劾他。中护军、散骑常侍羊琇与晋武帝司马炎有老交情，羊琇掌理禁兵，十多年参与国家机要大事，仗着自己深受宠信，骄横而又奢侈，屡屡违犯律法。刘毅上奏弹劾羊琇应该判处死罪，晋武帝司马炎派出齐王司马攸私下恳请刘毅宽免羊琇，刘毅答应了。都官从事广平人程卫骑马径直进入护军军营，把羊琇的部属收押起来，查问隐情，先将羊琇的犯罪暴行向上奏报，然后才告诉了刘毅。晋武帝司马炎迫不得已，把羊琇的官职免去。不久之后，又下令让他以平民身份担任职务。

羊琇，是景献皇后的堂弟；后将军王恺，是文明皇后的弟弟；散骑常侍石崇，是石苞的儿子。这三个人都家财万贯，争着比较奢靡：王恺使用米浆洗锅，石崇使用蜡烛替代柴火；王恺使用紫丝布建造行道帐幕四十里长，石崇使用锦缎建造行道帐幕五十里长；石崇使用山椒粉刷房屋，王恺使用赤石脂粉刷房屋。晋武帝司马炎时常帮助王恺，曾经赏赐给他一棵珊瑚树，有两尺多高。王恺将它拿来给石崇看，石崇就用铁如意把它打得粉碎。王恺勃然大怒，认为他是嫉妒自己的宝物，石崇说：“一点都不稀罕，马上就还给你！”于是命令左右仆从把家中所有的珊瑚树取来，高三四尺的有六七株，像王恺一样大的也有很多。王恺心中恍惚，仿佛失去了什么似的。

车骑司马傅咸上书说：“先代圣王治理天下，对享受肉食、穿着丝帛，都有一定的制度。臣下暗自觉得奢侈浪费，比天灾还要厉害。古时候人口众多、土地狭小，却还能有储蓄，是因为节约。如今地广人稀，却还要为财物不足而担忧，这是因为奢侈。要想使人民节俭，就应惩治那些奢侈之人，如果奢侈之人不惩治，反而相互以为高尚，就不会有终了之时了。”

尚书张华，凭借文学、才识的声名被当时的人所尊重，论事之人都觉得张华应当担任到三公的位置。中书监荀勖、侍中冯紞因为兴兵讨伐吴国的谋划，对他深恶痛绝。正碰上晋武帝司马炎询问张华说：“可以把国家后事托付给谁呢？”张华回答说：“德行修明、王室至亲，无人能及齐王。”因而忤逆了晋武帝司马炎的心思。荀勖借此进献谗言诽谤张华。

甲午日（十八日），晋武帝司马炎派遣张华都督幽州所有军务。张华来到镇所，安抚夷、夏人民，声望愈加震动，晋武帝司马炎又要征召他。冯紞陪侍皇帝，闲聊谈及钟会，冯紞说：“钟会之所以造反，实在是因为太祖的关系。”晋武帝司马炎脸色一变，说：“你说的这是什么话！”冯紞将帽子脱下，谢罪说：“臣下听闻，擅长驾车之人，肯定懂得六条缰绳适当地松紧，所以孔子觉得仲由的能力超出普通人，因而减损他；冉求为人较为退缩，因而激励他。汉高祖尊崇五个王侯，因而使得他们遭到灭门的惨祸；光武帝将诸位将领贬退，因而使他们得以安乐终生。并非君主有仁、暴的不同，臣下有愚、智的差别，是因为升、降、予、取造成这样的。钟会的才智是有限的，然而太祖的夸奖却是无穷的，让他握有的权势十分重大，委托给他的军队也非常众多，使得钟会自以为计策永远不失算，没有什么可以奖赏他的功劳，最终造成他的叛逆罢了。假如之前太祖取录他小的才干，运用大礼来节制他，运用权威来压制他，运用法则来规范他，那么他的叛乱之心也就无从产生了。”晋武帝司马炎说：“对。”冯紞叩头说：“陛下既然赞同臣下的言辞，就应当想到坚冰是逐渐凝成的，不能让像钟会一样的人还能有呈现颠覆的机会。”晋武帝司马炎说：“当今哪里还有像钟会一样的人呢？”冯紞因而将左右侍臣屏退，然后说：“为陛下谋划国政的臣子，大功显耀于天下，拥兵据守一方，总领军马的臣子，这些全部都是陛下要圣明裁夺的。”晋武帝司马炎默然无语，因而没有征召张华。

三月，安北将军严询在昌黎击败慕容涉归，斩首、俘虏的人数以万计。

鲁公贾充年老衰病，晋武帝司马炎派出皇太子前去探望他的生活起居。贾充忧心自己的谥号、传记，侄儿贾模说：“时间久了是非自然而然会被看出来，这是掩盖不了的。”夏季，四月，庚午日（二十五日），贾充去世，世子贾黎民早死，并无子嗣，妻子郭槐想要把贾充的外孙韩谧当作世孙，郎中令韩咸、中尉曹轸进谏说：“礼仪上并无异姓可以充当后嗣的记载，此刻要这样做的话，会使得先祖受到后世的讥讽，而且在地下也会感到羞愧。”郭槐没有听从他的建议。韩咸等人上书，请求另外再立嗣子，奏事被阻止，没有往上通报。郭槐于是上表陈述，说这是贾充临终的嘱咐。晋武帝司马炎应允了，仍然下诏：“假如并非有像太宰一般的功业，初次受封、没有后嗣，都不可援引此例。”等到太常讨论谥号，博士秦秀说：“贾充悖逆礼仪，沉溺一己私情，扰乱大伦。之前鄫国国君把外孙莒公的儿子立为后嗣，《春秋》记载：‘莒国人将鄫国灭掉了。’断绝了祖先的祭祀，开创了朝廷的乱事。依照《谥法》：‘昏乱国家法度为荒。’请立谥号为荒公。”晋武帝司马炎没有接受，更改谥号为武。

闰月，丙子日（初一），广陆成侯李胤去世。

齐王司马攸的道德、声望渐兴，荀勖、冯紞、杨珧都很憎恶他。冯紞向晋武帝司马炎进言说：“陛下下达诏令，让诸侯前往郡国，应当先从亲近之人开始。而最亲近的莫若齐王，眼下让他独自留在京师，可以吗？”荀勖说：“内外百官都归向齐王，等到陛下万岁之后，太子就无法立位了。陛下试着下诏让齐王前往郡国，朝廷上下肯定都觉得不可这样做，那么臣下的话也就应验了。”晋武帝司马炎同意了。

冬季，十二月，甲申日（十三日），晋武帝司马炎下诏说：“古时候九命以后可以作伯，或者入朝辅佐朝政，或者外出掌理方岳，法度是一样的。侍中、司空、齐王司马攸，辅佐天命，树立功勋，为王室辛劳，应当委任他做大司马、都督青州所有军务，侍中照常，仍旧崇厚典礼，主事的官员依照旧有法制行事。”任命汝南王司马亮担任太尉、录尚书事，兼任太子太傅，光禄大夫山涛担任司徒，尚书令卫瓘担任司空。

征东大将军王浑上书，认为："司马攸是君主的至亲兄弟，身怀美德，足以与周公相媲美，应当让他辅佐皇朝，参与政事。如今却派遣司马攸出居郡国，给他都督这一空虚的名号，却不让他发挥主理军事、治理异国的实际效能，有损兄弟之间的深情厚谊，这只怕不是陛下遵循先帝、文明太后对待司马攸的初衷了。假如出于是同姓的缘故，太过宠信，就会发生吴、楚叛乱的事例，那么汉朝的吕氏、霍氏、王氏又都是些什么人呢！纵观古今，只要是政事轻重所在，无不形成祸患，那么就只有依从正道，而且寻求忠良的臣子罢了。假如用个人的智慧与计谋去揣测外物，即使是亲信之人也要遭到怀疑，要说到疏远之人，又哪里能够得到保全呢！臣下暗自觉得太子太保正有缺额，应当让司马攸留下来担任这个职位，与汝南王司马亮、杨珧一同处理朝廷政务。三个人同样的地位，足以相互秉持正道，非但可使朝中大权不会偏重任何一个人，又不至于让君主失掉至爱亲人、仁德覆物的德义，这是全部计策中最为尽善尽美的了。"于是扶风王司马骏、光禄大夫李憙、中护军羊琇、侍中王济、甄德都恳切进谏，晋武帝司马炎都没有听从。王济要他的妻子常山公主与甄德的妻子长广公主一起进到皇宫，叩头哭泣，请求晋武帝司马炎将司马攸留下来。晋武帝司马炎生气了，对侍中王戎说："至亲兄弟，如今派遣齐王出朝为官，本是朕家里的事情，可是甄德、王济却接连派妇人来哭丧吗？"于是下令让王济出朝担任国子祭酒、甄德担任大鸿胪。羊琇与北军中候成粲计划一见到杨珧就将他亲手杀死。杨珧获悉此事，推说生病，不再出门，告知官员把羊琇的行为上报，把他降职为太仆，羊琇怨恨愤怒，病发身亡。李憙也由于年老退位，在家中死去。李憙在朝廷任职时，他的亲属朋友同他共分衣食，从未有过私赠官职的行为，人们因而赞扬他。

这一年，散骑常侍薛莹去世。有人对吴郡人陆喜说："薛莹在吴国的贤士中应该排得上第一了吧？"陆喜说："薛莹在四、五中间，怎么能位列首位呢？因为孙皓的无道，吴国的贤士，自身沉默不语，隐居不出的，是为第一贤士；回避高位，屈居低位，靠谋得俸禄来代替种田的，是为第二贤士；德行刚正，体念国政，主持正道，无所畏惧的，是为第三贤士；思虑当时政事的损益，经常贡献小的好处的，是为第四贤士；温和恭敬，谨慎修身，不愿进献谗言的，是为第五贤士；在这以下，就不值得再去算数了。因此他们的上士大多都被埋没。从而远离悔恨，中士有声名地位，却接近祸患。观察薛莹一生的事迹，又怎么能排得上第一呢！"

四年（癸卯，公元283年）

春季，正月，甲申日（正月无此日），任命尚书右仆射魏舒担任左仆射，下邳王司马晃担任右仆射。司马晃，是司马孚的儿子。

戊午日（十八日），新沓康伯山涛去世。

晋武帝司马炎下令让太常商讨尊崇赐予齐王的礼物。博士庾旉、太叔广、刘暾、缪蔚、郭颐、秦秀、傅珍上表说："之前周朝挑选那些德性修明的臣子来辅佐王室，周公、康叔、聃季，都选入王室，担任到三公，显示出辅政大臣职责的重大，守卫国土地位的轻微。汉朝诸位侯王，地位都在丞相、三公之上，他们进入朝廷，辅佐朝政，就有兼任的官职；他们出朝，前往封国，也就不再假托三公的虚名来充当君王特别尊宠的象征。现在假如齐王是贤德的，那么就不应当以同母弟弟的至亲，高居鲁、卫的常职；如果不贤能呢，就不应当大为开拓封国、立表封在东海。古代礼制，三公没有专职，只不过闲居谈论正道，从未听说要用一方的重任来约束他。唯有周宣王为了解救危急于旦夕之间，下令召穆公去兴兵讨伐淮夷，因此记述此事的诗篇说：'徐方不回，王令"旋归。"'（'徐方归顺了，君王说："凯旋返回王朝。"'）宰相是无法长久在外的。现今天下已经平定，天地四方已成一家，要时常延请三公，一起商讨太平的基业，却又把他派遣出朝，与王城距离有两千里，悖逆旧时的法制了。"庾旉，是庾纯的儿子；刘暾，是刘毅的儿子。庾旉完成草稿之后，请庾纯先行观看，庾纯也没有禁止。

此事经由太常郑默、博士祭酒曹志时，曹志感伤地叹息道："怎么能有这般的才干、这般的亲近关系，却不用他建立根本，辅佐教化，而将之远远地遣往海角呢？晋室的隆盛，大概危险了！”于是呈上奏章议论说：“古代左右辅佐王室的，同姓的有周公，异姓的有太公，他们全都是亲身在朝廷居住，五代之后才返葬封国。等到周室衰微，五霸接着兴起，又哪里能同周、召的大治相提并论呢？自打羲皇以后，哪里能有一姓之人独自拥有天下呢！应该秉持至公之心，与天下人民利害与共，方可长久地享有国祚。因此秦、魏想要独揽大权，却只保有一世的天下；周、汉能将财利分散，因此无论远近亲疏贤臣都能为他们所用，这是先前事情的明白验证。曹志以为应该听从博士等人的议论。”晋武帝司马炎看过，勃然大怒，说：“这个曹志尚且不能懂得我的心思，更何况天下呢！”而且觉得博士不回应自己所问到的问题，却专门答些自己所没问的问题，胡乱编造些相异的议论。判下有司，命令将郑默官职免除。于是尚书朱整、褚䂮上奏：“曹志等骗取官职，远离职守，迷惑朝廷，推崇恶言，加以修饰，假借依托，不知避讳，恳请将曹志等人收押，交付廷尉依法处置。”晋武帝司马炎下诏把曹志的官职免去，以公爵爵位返回府第。其他人交付廷尉，依法处置。

庾纯到廷尉去自首：“庾旉给我看奏议的草稿，愚蠢粗浅地听从了他的主张。”晋武帝司马炎下诏把庾纯的刑罚免除。廷尉刘颂上奏，庾旉等人犯下的是大不敬的罪，应该判处死罪。尚书上奏，请求听从廷尉的判决，执行刑罚。尚书夏侯骏说：“职官设立八座，正是为此时所设立的。”于是独自为纠正这种判决而尽力辩驳。左仆射下邳王晃也赞同夏侯骏的意见。奏折在宫里留了七天，于是晋武帝司马炎下诏说：“庾旉是奏议的罪魁祸首，应该予以斩首；然而庾旉的家人自首，可以同太叔广等七人一起宽免死罪，一同除名。”

二月，晋武帝司马炎下诏把济南郡增益给齐国。己丑日（十九日），晋武帝司马炎下诏让齐王司马攸的儿子长乐亭侯司马寔做北海王，下令规定司马攸使用物品及行使权力的规格。

三月，辛丑朔日（初一是庚子日，辛丑日是初二），出现日食。

齐献王司马攸心中怨恨生病，请求为先后守陵。晋武帝司马炎没有答应，派御医前去探诊，各位御医迎合晋武帝司马炎的旨意，都说司马攸没病。河南尹向雄进谏说："尽管陛下的子弟很多，然而拥有品德和声望的却很少，齐王在京师居住，有很多益处，不能不考虑。"晋武帝司马炎没有采纳，向雄愤恨地死去了。司马攸的病变得愈加严重，晋武帝司马炎却依旧催他上路。司马攸勉强进宫辞别，由于一向保持容貌仪态的缘故，此时他尽管病得很厉害，却还是勉强整饰自己，一举一动都和平时一样，晋武帝司马炎更加怀疑他根本没有病。结果辞别出宫没几天，司马攸就吐血身亡。晋武帝司马炎亲自前去致哀，司马攸的儿子司马冏又哭又闹，声称自己父亲的病其实是被御医诬害的。晋武帝司马炎下诏立即杀了御医，让司马冏作为继承人。

起初，晋武帝司马炎对司马攸的爱惜保护之情很是深厚，但是，由于荀勖、冯紞等人对司马攸的诬陷，晋武帝想要为以后帝位的事早作打算，所以才命他出京。等到司马攸去世后，晋武帝司马炎十分伤心。冯紞在一旁伺候，说道："齐王的声名远远超过了他的实际才能，天下人都归向他，现在齐王自身殒命，应该算是国家的福祥，陛下为什么如此伤心难过呢！"晋武帝司马炎听完才停止流泪，不再伤心了。晋武帝司马炎诏令司马攸的丧礼按照安平献王的旧例来办。

司马攸生前的一举一动都非常合乎礼节，极少有越礼的事情发生，即便是晋武帝司马炎，也非常敬畏他。每次他们两个在一起，总是要斟酌好言辞再讲出来。

夏季，五月，己亥日（初一），琅邪武王司马伷去世。

冬季，十一月，晋武帝司马炎任命尚书左仆射魏舒为司徒。

河南及荆、扬等六州发生大水灾。

归命侯孙皓去世。

这一年，鲜卑慕容涉归去世。他的弟弟慕容删篡位，打算要杀死涉归的儿子慕容廆，慕容廆及时逃走，藏在辽东人徐郁家中。

五年（甲辰，公元284年）

春季，正月，己亥日（初四），有两条大青龙出现在武器库的井中。晋武帝司马炎看到后，非常高兴。百官想表示祝贺，尚书左仆射刘毅上表说道："以前有条龙落在夏朝宫中，最后却成为周朝的祸患。《易经》称：'龙德潜隐，不能用世，是由于阳气地位在下的关系。'我查阅古时典章，还没有关于恭贺龙的礼节。"晋武帝司马炎最终采纳了他的意见。

起初，陈群因为吏部不能确实考核天下才士，所以下令郡国自己设置中正，州中再设置大中正，全都是选取本地人士担任朝廷的官职，让那些品德、才能盛美的人来担任。选拔人才的次序定为九个等级，凡是言行修明的，就升级；而那些道德缺损的，就降级。吏部根据这些材料来补足百官的缺额。这个制度施行的时间越来越长，中正的官员有时并不是合适人选，于是弊端营私，一天天增加。刘毅呈上奏章说："像现在这样建立中正制度，评定九品等级，高低全凭自己心意，荣辱控制在个人手中。这样秉持了君主的威福，转移了天朝的权势。于公而言，不用负考核不公的责任；于私而言，没有攻讦阴私的顾忌。大家各尽心思，四处营求，廉洁谦让的风气熄灭了，争斗的风俗反而形成了，臣下暗地里为圣朝感到羞耻！中正制度的建立，对于政治大道的损害有八项：品级的高低，根据权势强弱，公理的正确与否，全凭德业兴衰，一个人的名声，十天中有不一样的变化。在上品中，没有平民子弟；在下品中，没有权势贵族，这是一害；设置州都（中正）的缘由，本来是为求得清流的议论，让大家所归顺信服的，来平服不一样的意见，齐大家的言论。现在反而加重了他们的职任，忽略了他们的才品，以致混杂无理的言论横行州里，互相猜疑互相怨恨的嫌隙积滞在大臣间，这是二害；原本开始建立法度体制为九品，是因为才能品德有高低、品类辈分有先后的关系。现在却使得好坏倒置，先后错乱，这是三害；陛下奖励良善，惩处罪恶，没有不按照法度裁决的，只设置中正制度，委托给他们全国的重任，却对赏罚不加管控，又禁止他人不能诉讼，使得他们任意行事，毫无顾忌，每个含有冤屈的人，抱怨自己心怀耿直，不能向上诉讼，这是四害；一国的有才之士，多到要用千计，有的转移到他国，有的为得到衣食，游说他方，当面尚且还不能知道，更何况是要他们尽才力呢！况且中正不论知不知道，都要品状，赞举是采纳台府的建议，毁诋是采取流言的说法。听取自己，就有不知他人的弊端；听信别人，就有彼此的差别，这是五害；凡是求取人才，都是要来治理人民的。那些担当官职，绩效明显的人，有的列在下等的品级中，那些拥有官职，没有绩效的人，却能获得高等的品秩，这样就是压抑了实际功绩，反过来崇尚虚名，增加了华而不实的风气，使得废除了对官员政绩的考核，这是六害；大凡官府中有不一样的政事，人有不一样的能力。(《晋书·刘毅列传》："凡官不同事，人不同能。"和《通鉴》不一样，这里是依据《晋书》。)现在不能按照才能合适与否的状况用人，却只是按照九品的等级，按品级取纳人才，有的不是自身所擅长的。如果按他人的具体情况求取人才，就会被本身品级所限制，最后只能成为空谈而已，因而所处的品级、自身的状况相互妨害，这是七害；没有达到九品的人，不能展现他们的过失，达到九品的人不能明列他们的品德。各自按照爱憎取纳人才，来培养私党，天下的人民怎么能不懈怠于培养德行，却敏捷地追求人事呢！这是八害。从这些道理来看，职官名称叫中正，实在是奸邪官府；政事名称叫九品，却已经有八种损害。自古至今政治的错失，没有比这个更大的了！臣下短见，认为应该废止中正制度，废除九品等级，摒弃魏氏的败坏法规，再另外创建一套美好的制度。"太尉、汝南王司马亮、司空卫瓘也呈上奏表说："魏氏自从承继乱亡以后，人士颠沛流离，无法具体考查，所以才建立九品的制度，暂且粗率地作为一时选用人才的根据罢了。现在天下同一制度，伟大的教化才开始，臣下等认为应该去除低劣的法规，全都用土断的办法，从公卿往下，按所住乡里为主，再不要有远离本地的外乡人，全部去除中正九品的制度，使得举拔贤才，各自都由乡里评定，那么崇尚浮华的风气就会息止，也就能各自求得施展才华的机会了。”始平王文学江夏人李重呈上奏章，认为：“九品制度废除以后，应该先开始流动迁移，听由人民自相合并，就是实行土断的好方法了。”晋武帝司马炎虽然觉得他们的建议很好，却终究没有实行改革。

冬季，十二月，庚午日（初十），大赦天下。

闰月，当阳成侯杜预去世。

这年，塞外匈奴胡太阿厚率领部落二万九千三百人来投降。晋武帝司马炎让他们居住在塞内西河。

废止宁州，并入益州，设置南夷校尉来防卫该州的安全。

六年（乙巳，公元285年）

春季，正月，尚书左仆射刘毅告老退休，不久去世。

戊辰日（初九），晋武帝司马炎让王浑担任尚书左仆射、王浑的儿子王济担当侍中。王浑手下的主管处理事情不恰当，王济按照法令惩治他。王济的堂兄王佑，向来和王济关系不好，因而诬陷王济不能容忍他的父亲，晋武帝司马炎因此疏远王济，后来王济因事触犯刑法，被免除职位。王济性情豪放豁达，晋武帝司马炎和侍中和峤说：“我若是责骂王济，然后再封他官职，好不好？”和峤说：“王济英俊豪爽，恐怕不肯屈服。”晋武帝司马炎下诏面见王济，严厉责怪他，之后又说：“你心里是不是有点儿知道愧疚了？”王济说：“《尺布》《斗粟》这些歌谣所说的，我常常替陛下感到羞愧。别人能让亲近的人远离，臣下却不能让亲近的人更亲近，所以愧对陛下了。”晋武帝司马炎不再说话。和峤，正是和洽的孙子。

青、梁、幽、冀等州出现旱灾。

秋季，八月，丙戌朔日（初一），出现日食。

冬季，十二月，庚子日（十七日），襄阳武侯王浚去世。

这一年，慕容删被部下害死，部下又拥立涉归的儿子慕容廆继位。涉归和宇文部一直有怨隙，慕容廆请求征讨他，朝廷不同意。慕容廆一气之下战到辽西，杀人劫货，造成很大损害。晋武帝司马炎派幽州部队，征讨慕容廆，在肥如开战，慕容廆军众大败。从此，慕容廆每年侵犯边境，又攻打东面的扶馀，扶馀王依虑自尽，后辈们走避保卫沃沮。慕容廆夷平他们的都城，威胁强迫一万多人回国。

七年（丙午，公元286年）

春季，正月，甲寅朔日（初一），出现日食。魏舒称自己有病，坚持请求卸任，以剧阳子爵位罢官。魏舒做事，一定是先做然后才说，卸任的时候，无人知道。卫瓘给魏舒的信中说道："天天和您一起讨论这件事，每次都无法达成，可以说是'看着是在前面，忽然又在后面'了。"

夏季，慕容廆进犯辽东，扶馀王依虑的儿子依罗借机请命带领现有人员回归故国，向东夷校尉何龛请求援助，何龛派出督护贾沈领军送他归国。慕容廆派将领孙丁率骑兵路中埋伏，贾沈全力作战，杀死孙丁，因此又恢复了扶馀国。

秋季，匈奴胡都大博及萎莎胡各自率领部下十多万人前去雍州投降。

九月，戊寅日（二十九日），扶风武王司马骏去世。

冬季，十一月，壬子日（初四），派遣陇西王司马泰都督关中所有军务。司马泰，是宣帝弟弟司马馗的儿子。

这一年，鲜卑拓跋悉鹿去世，弟弟拓跋绰继位。

八年（丁未，公元287年）

春季，正月，戊申朔日（初一），出现日食。

太庙殿堂陷落，九月，改建太庙，有六万人参加营建。

这一年，匈奴都督大豆得一育鞠等又率领部落一万一千五百人来投降晋。

九年（戊申，公元288年）

春季，正月，壬申朔日（初一），出现日食。

夏季，六月，庚子朔日（初一），出现日食。

三十三个郡国大旱。

秋季，八月，壬子日（十四日），流星坠落得如同下雨一样。

地震。

资治通鉴卷第八十二　晋纪四

起己酉（公元289年），止戊午（公元298年），共十年。

【题解】本卷记录了晋武帝太康十年至晋惠帝元康八年共十年间的全国大事：淮南相刘颂上书晋建国来的弊政，司马炎不听；晋武帝司马炎死，皇后父亲杨骏与其女独揽朝政大权，杨骏对傅咸等的忠言劝告置之不理；贾皇后勾结楚王司马玮等将杨太后迫害致死并将杨氏家族诛灭；汝南王司马亮与太保卫瓘执掌朝政，被诬以罪名，满门诛灭；张华与贾氏执掌朝政，国家暂获数年安定；北部沿边地区鲜卑势力逐渐强大；秦、雍地区的氐族首领齐万年起兵反晋，周处兵败身死；略阳一带的氐族首领逐渐形成割据；略阳一带的氐族首领李特等逐渐形成气候；晋朝一群达官显贵倡导老、庄学说，崇尚清谈，社会风气日趋颓败。

世祖武皇帝下

太康十年（己酉，公元289年）

夏季，四月，太庙建成；乙巳日（十一日），举行祫祭；大赦天下。

慕容廆派使者请求投降。五月，晋武帝司马炎下诏任命慕容廆为鲜卑都督。慕容廆进见何龛，按照士大夫的礼节，服装整齐地到了军门。何龛整肃军队接见他，慕容廆于是改穿军服进去。有人问他原因，慕容廆说：“主人不对客人以礼相待，客人又何必行什么礼节呢！”何龛听到之后，非常羞愧，十分敬重他。当时鲜卑宇文氏、段氏正强盛，屡屡进犯慕容廆，劫掠财物，慕容廆卑下言词、多送财物来侍奉他们。段国单于阶将女儿嫁给慕容廆，生了皝、仁、昭。慕容廆因为辽东位于偏远之地，所以搬迁到徒河的青山居住。

冬季，十月，恢复明堂和南郊祭天时的五帝座位。

十一月，丙辰日（十一月无此日），尚书令济北成侯荀勖去世。荀勖才思敏捷，擅长对君主察言观色，所以能巩固皇帝对他的宠幸。长时间位居中书省，专门管理机要。等到升迁为尚书，非常失意，有人祝贺他，荀勖说：“我的凤皇池被夺去了，诸位先生又何必祝贺呢！”

晋武帝司马炎极力追逐声色享乐，并由此得病。杨骏仇恨汝南王司马亮，将他排挤出京城。甲申日（二十三日），晋武帝司马炎派遣司马亮担任侍中、大司马、假黄钺、大都督、督理豫州所有军务，坐镇许昌；迁徙南阳王司马柬为秦王，都督关中所有军务；始平王司马玮为楚王，都督荆州所有军务；濮阳王司马允为淮南王，都督扬、江二州所有军务；一起持节前往郡国。立皇子司马乂为长沙王，司马颖为成都王，司马晏为吴王，司马炽为豫章王，司马演为代王；皇孙司马遹为广陵王。又将淮南王的儿子司马迪封为汉王，将楚王的儿子司马仪封为毗陵王。迁扶风王司马畅为顺阳王，司马畅的弟弟司马歆为新野公。司马畅，是司马骏的儿子。琅邪王司马觐的弟弟司马澹为东武公，司马繇为东安公。司马觐，是司马伷的儿子。

起初，晋武帝司马炎将才人谢玖赏赐给太子，生皇孙司马遹。宫中曾经在夜里失火，晋武帝司马炎登上高楼观看，司马遹时年五岁，拉着晋武帝司马炎的衣襟走到黑暗之处，说：“黑夜仓促中，应当防范突然的灾祸，不能让亮光照见君主。”晋武帝司马炎由此感到非常诧异，他曾对群臣赞扬司马遹很像宣帝，因此天下都归附仰望他。晋武帝司马炎了解太子没有才干，然而依仗司马遹的聪明，因此并无废立太子之心。他还采用王佑的计策，派遣与太子同母的弟弟司马柬、司马玮、司马允分别驻守重要之地。又害怕杨氏的胁迫，再派王佑担任北军中候，主领禁兵。晋武帝司马炎为皇孙司马遹挑选高超的辅佐人才，由于散骑常侍刘寔清雅素洁，便任命他担任广陵王傅。

刘寔看到当时的风气是喜好趋附，缺少谦让之心，曾经撰写《崇让论》，建议初次被任命官职、呈上谢表的人，一定是能够推让贤能的人，方才可以通达上去。一官有了缺额，就挑选被人推让最多的人，加以任用。认为："人情争夺，就要把自己所不及的人毁害，谦让就能争相推崇那些超过自己的人。因此时俗争夺就很难对优劣作出区分，时俗谦让就会使贤智显现出来。此时，如果能够退身修治自己，那么推让他的人就会多起来，尽管想要固守贫贱，也不可能了。如果奔走趋附却想要别人推让，这就好比退着走却想要求得前进一样。"

淮南相刘颂上奏说："陛下因为法令宽松，已经累积很长时间了，不可能突然就使用切直法条来治理臣下，这实在是因时制宜的做法。然而谈及矫正世俗、挽救弊病，自然应该逐渐肃清，好比行船，尽管无法横渡急流，却应该在水流渐平之后，逐渐趋向目的地，然后方可渡过。

自泰始以来，将近三十年，大凡各种事业，没有以前兴盛。以陛下的圣明，尚且无法把衰世的弊病扭转过来，以达成建国之初的繁盛昌隆，流传后世，不能没有忧虑吧！假如日后帝业或有不安稳，这个值得担忧的责任依旧是在陛下身上。

臣下听闻：替国家计谋，不如分封亲属、贤臣做诸侯。然而应该细细思量事态情势，要使诸侯依照义理行事，他们的力量足以维护京邑；若是包藏祸心，那么他们的势力无法单独有所作为。想要规限此事非常不易，陛下应与通达古今的贤士一起多加谋划。周朝诸侯，有罪的话，只不过放逐责罚本身，然而郡国却没消除；汉代诸侯，有罪或没有子嗣的话，封国随着消亡。如今应当将汉代的弊政纠正过来，遵循周朝的旧制，以便达成建国之初的繁盛兴隆，而且朝廷也就安定了。

天下之大，诸事极多，君主极少，就好比天上的太阳，因此圣王的教化，自己秉持要点，政务交给臣下，并非远离劳作却偏爱舒逸，实在是以国家体制适宜如此。在开始处事之时，要区分有无才干，是很难以观察出来的；而借着事情的成败，要区分功、罪，是非常容易知悉的。如今陛下对于开始，往往特别精明，对于考查事情的成果，却往往忽略掉了，这就是功业无法尽善尽美的缘故了。君主要是真能居心平易，秉持要点，在成败之后考查功、罪，那么臣下就不能避开刑赏了。

古时六卿分守职责，冢宰作为首长；秦、汉之后，九卿处理政事，丞相总理所有政事。现今尚书决策政事，诸位公卿奉守成业，比起古时制度，职责太过重大。可以将众事交给各个卿寺，让他们能专断行事；尚书统领大纲，就好似丞相的行为，年终考核功过，校核簿籍，把握论定而已，这样就行了。如今一举一动都是承受上位的成业，而一旦上位有了过失，不能又责怪臣下，年终事功无法树立，不知道要归罪谁了。

微小的过失、错误的行为，人情上是一定有的，却尽可能地依照律法纠举，那么朝野之中就无一人可以站立了。近代以来，担任监司的人，大多弃大纲于不顾，却一定要将细微的过失纠举出来，是因为畏惧强豪，避而不举，却又忧心旷废职事，就小心地布下密网，罗致小罪，使得弹劾的奏章前后衔接，表面上好似忠于职守，内在实际上却是屈法营私。因此圣明的君主不称赞那些琐细的案件，必定要责罚那些凶险狡猾的奏章，那么危害朝政的奸邪，自然也就擒伏了。建立事业的功劳，在于营建教化、制定律法，使得遗留的风范能够把人心维系，遗留的事业能够将幼弱的遗嗣挽救。后世靠着这些，即便是混同愚昧，仍然能清正廉明；尽管呆傻愚笨，也如同明白睿智，这样才值得推崇重视。

要说到修饰官署衙门，大凡各种劳役建筑，常常有太过的伤害，无须担忧振兴不了，这些在将来无须等待陛下，也自然能取得成功。如今忙着做不急不重要的事情有损伤政功之本，我私下认为甚是不妥。”晋武帝司马炎一概不予采纳。

晋武帝司马炎下诏派遣刘渊担任匈奴北部都尉。刘渊轻视财货，偏爱施舍，倾心与人相交，五部的豪杰及幽、冀二州有名的学者，大多前去依附于他。

奚轲男女十万人前来归降。

孝惠皇帝上之上

永熙元年（庚戌，公元290年）

春季，正月，辛酉朔日（初一），改年号为太熙。

己巳日（初九），派遣王浑担任司徒。

司空、侍中、尚书令卫瓘的儿子卫宣，娶了繁昌公主。卫宣爱好喝酒，经常犯下过错，杨骏厌恶卫瓘，想把他驱逐出去，于是与黄门宦官计划共同诽谤卫宣，劝说晋武帝召回公主。卫瓘羞惭畏惧，告老退位。晋武帝司马炎下诏把卫瓘进位为太保，以公爵身份返回府第。

剧阳康子魏舒去世。

三月，甲子日（初五），晋武帝司马炎任命右光禄大夫石鉴担任司空。

晋武帝司马炎身患重病，没有遗命。功勋老臣很多都已辞世，侍中、车骑将军杨骏独自在宫中照料疾病。大臣都不能接近左右，杨骏因此往往凭自己意愿来改换亲近侍臣，树立心腹之人。当晋武帝司马炎的疾病有了一些好转，看见刚启用的新人，态度严肃地对杨骏说："怎么可以如此行事！"那时汝南王司马亮尚未出发，于是下令让中书写下诏书，派司马亮同杨骏一起辅佐朝政，又想挑选朝中几个享有声望的贤士来协助他们。杨骏从中书借来诏书观看，等借到之后偷偷藏了起来，中书监华廙心中害怕，亲自前去向他索要，杨骏一直没有还给他，正赶上晋武帝司马炎又神志不清，皇后进奏，让杨骏辅政，晋武帝司马炎点头应允。夏季，四月，辛丑日（十二日），皇后召见华廙与中书令何劭，口中宣布晋武帝司马炎的意旨，作为诏书，任命杨骏担任太尉、太子太傅、都督中外所有军务、侍中、录尚书事。诏书写成之后，皇后当着华廙、何劭的面，呈给晋武帝司马炎，晋武帝看了看，没有说话。华廙，是华歆的孙子；何劭，是何曾的儿子。于是催着汝南王司马亮出发去往镇所。不久晋武帝司马炎的病稍稍好了一些，问："汝南王来了没有？”左右侍臣都说没有来，晋武帝司马炎于是病情加重。己酉日（二十日），晋武帝司马炎在含章殿驾崩。晋武帝司马炎宽宏大量，通晓事理，喜好谋划，包容正直的言辞，从未在人前有不庄重的仪表。

太子登上皇帝位，大赦天下，改年号为永熙，尊崇皇后为皇太后，立太子妃贾氏为皇后。

杨骏进入皇宫，在太极殿居住。梓宫即将出殡，六宫嫔妃出宫送别，然而杨骏却不下宫殿，用一百名虎贲军来护卫自己。

晋惠帝司马衷下诏让石鉴与中护军张劭监督修筑陵墓。

汝南王司马亮害怕杨骏，不敢亲自前去哭丧，在大司马门外哭泣。迁出城外扎营居住，上表请求等国葬结束后再走。有人告发司马亮想要兴兵征讨杨骏，杨骏惊恐万分，告知太后，命令晋惠帝司马衷写下手诏给石鉴、张劭，命令他们带领修筑陵墓的军队前去征讨司马亮。张劭，是杨骏的外甥，马上统率自己的下属，督促石鉴从速出兵。石鉴不以为然，坚持不出兵。司马亮向廷尉何勖询问计策，何勖说：“如今朝野人士的心都归附于公侯，公侯不出兵征讨别人，却害怕别人兴兵来讨伐吗？”司马亮不敢发兵，夜里，赶赴许昌，才得以逃脱。杨骏的弟弟杨济与外甥河南尹李斌都劝说杨骏去挽留司马亮，杨骏没有听从。杨济对尚书左丞傅咸说：“家兄要是征召大司马，退隐避开他，差不多家门就可保全了。”傅咸说：“宗室同外戚，互相依仗，方能安好。只要把大司马征召回朝，一起推举至公之人来辅佐朝政，就无须回避了。”杨济又要侍中石崇晋见杨骏，给他进言，杨骏没有听从。

五月，辛未日（十三日），在峻阳陵安葬了晋武帝司马炎。

杨骏自知向来都没有好的名声和威望，要想参照魏明帝即位的旧例，普遍进封爵位，来获取众人的欢心。左军将军傅祗给杨骏写信说：“从未有过帝王刚刚驾崩，臣下就讨论功绩的事。”杨骏没有听从。傅祗，是傅嘏的儿子。丙子日（十八日），晋惠帝司马衷下诏给中外群臣，都增加爵位一等；参加丧事的臣子，增加二等；二千石以上都封为关中侯，免除一年租调赋税。散骑常侍石崇、散骑侍郎何攀一起上奏，认为："皇帝被正式立为太子有二十多年，如今继承大业，就遍地颁发奖赏、晋升爵位，却比泰始革命之初和各将平定吴国的功勋都有过之而无不及，轻重十分不相称。并且大晋传世无穷，现今创下的制度，应该垂留后世，假如有爵位就进封的话，历经几代之后，就无人不是公侯了。"他们的意见没有被采纳。

晋惠帝司马衷下诏任命太尉杨骏担任太傅、大都督、假黄钺、录朝政，百官总摄自己职事来服从他的治理。傅咸对杨骏说："居丧三年的孝制没有实行，已经很长时间了，当今皇上谦虚，将朝政交托给公侯，可是天下却并不认为这是对的，恐怕公侯很难肩负起来。周公如此伟大的圣人，尚且会招致闲言碎语，更何况圣主的年龄又不是像成王那样幼小呢！我私下觉得，陵墓修治完成之后，公侯就该细细思索进退适宜的做法了。假如可以证明您的忠心，又何须再多说什么呢！"杨骏没有听从。傅咸不停地进谏，杨骏逐渐忍受不了，想把傅咸派出京担任郡守。李斌说："把正人君子驱逐出去，将会丧失众人的期望。"杨骏这才停下来。杨济在写给傅咸的信中说："俗话说：'生了个呆痴儿子，了结了官僚之事。'官事是很难了结的。会让你忧虑破头，因此详细地告知你。"傅咸回信说："卫公说过：'酒和色杀人，比做事正直更为厉害。'因为酒、色死去，人们不会后悔，而担心由于正直招致祸事，这是因为心中不能正直，想要苟且偷生地明哲保身而已。古往今来，因为正直招致祸事的原因，应该是由于矫枉过正，或者是不忠心厚重，想要用激昂的声音服人，因此会招致愤恨恼怒。怎么会有忠心守信却反遭人仇恨埋怨的呢！"

杨骏因为贾后奸险凶悍，又多权谋，非常忌惮，因此派他的外甥段广担任散骑常侍，管理机密政事；张劭担任中护军，主管禁兵。凡是诏令，皇帝看过以后，入宫呈给太后，然后才颁行出去。

杨骏处理政治，苛刻又琐碎，专权又刚愎自用，朝廷内外，大多都厌恶他。冯翊太守孙楚对杨骏说："您凭着外戚的关系，身居伊尹、霍光的职位，应该用至公、诚信、谦顺的态度去办理事务。现如今皇族势力强大，可是公侯您却不同他们一起参与朝廷政务，在内怀有猜疑之心，在外树立亲密的私党，大祸不久就要临头了。"杨骏不听他的建言。孙楚，是孙资的孙子。

弘训少府蒯钦是杨骏姑母的儿子，他曾多次以正直的言论冒犯杨骏，别人都很替他担忧，蒯钦说："尽管杨文长昏庸暗弱，但他仍然知晓别人无罪是不能滥杀的，他不过是疏远我。我被疏远了，就能避去祸患，否则的话，我和他就一起被诛灭了。"

杨骏征召匈奴东部人王彰担任司马一职，王彰逃避不肯接受。他的朋友新兴人张宣子感到很奇怪，就问他，王彰说："古往今来，一姓中两个皇后，没有不失败的。况且杨太傅亲近小人，远离君子，专横跋扈，他不久就会遭遇失败了。我跨海出关地躲避，尚且还怕会招来灾祸，又怎会接受他的征召呢？而且武帝没有思虑到国之大计，嗣子既然不能承受大任，承受遗命的又不是合适的人选，天下的大变动，是完全可以坐等看到的。"

秋季，八月，壬午日（二十六日），立广陵王司马遹为皇太子。任命中书监何劭担任太子太师，卫尉裴楷担任少师，吏部尚书王戎担任太傅，前太常张华担任少傅，卫将军杨济担任太保，尚书和峤担任少保。任命太子的母亲谢氏担任淑媛。贾后往往将谢氏安置在别室之中，不能任由她同太子相见。起初，和峤曾从容不迫地向晋武帝司马炎进言说："皇太子有古人淳朴的作风，可是衰世人情，大多虚伪，只怕主理不了陛下的家事。"晋武帝司马炎沉默不语。后来和荀勖等人一起侍奉武帝，武帝说："最近太子入朝，略有长进，你们可以一块前去看看，大略知晓世事了。"几人回来之后，荀勖等人一同赞扬太子有高明的见识、雅正的气度，真如圣明诏令一般。和峤说："太子资质还是和以前一样。"武帝不高兴地站了起来。等到皇帝即位，和峤随从太子司马遹入朝觐见，贾后要晋惠帝司马衷问他说："你先前说我主理不了家事，今日你怎么看呢？”和峤说：“臣下先前侍奉先帝，曾经发过这种言辞；言辞的无效，是国家的福气和祥瑞。”

冬季，十月，辛酉日（初六），任命石鉴担任太尉、陇西王司马泰做司空。

派遣刘渊担任建威将军、匈奴五部大都督。

元康元年（辛亥，公元291年）

春季，正月，乙酉朔日（初一），改年号为永平。

起初贾后做太子妃时，曾因忌妒，亲手将好几人杀害，又用戈戟抛掷怀有身孕的妾妃，孩子也随着刀刃落地。晋武帝非常生气，修治金墉城，将要废置她。荀勖、冯紞、杨珧和充华赵粲共同为她说情，说：“贾妃年纪尚轻，忌妒是妇人常有的事，长大之后自然会好的。”杨后说：“贾公闾对于国家立有大功，贾妃是他亲生女儿，又正是心中忌妒之时，怎么能够将她先人的德业很快地忘记了呢！”贾妃因而没有被废置。

皇后多次严厉劝诫太子妃，太子妃不知皇后是为了帮助自己，反倒认为皇后在晋武帝面前构陷自己，更加怨恨于她。等到晋惠帝司马衷即位，贾后不肯用儿媳的身份来侍奉太后，又想干预朝政，却被太傅杨骏所压制。殿中中郎渤海人孟观、李肇，都是杨骏所不礼遇的人，暗中构陷杨骏，说他将会对国家造成危害。黄门董猛，向来是东宫给事，职为寺人监。贾后秘密命令董猛和孟观、李肇设计将杨骏诛杀，把太后废掉。又命令李肇通知汝南王司马亮，要他征讨杨骏，司马亮没有应允。李肇告诉都督荆州所有军务的楚王司马玮，司马玮很高兴地答应下来，于是请求入京朝见。杨骏向来害怕司马玮的勇敢精敏，想要召见他可又不敢，由于他请求朝见，就答应下来。二月，癸酉日（二十日），司马玮和都督扬州所有军务的淮南王司马允赴京朝见。

三月，辛卯日（初八），孟观、李肇启奏晋惠帝司马衷，在夜里写下诏书，诬陷杨骏谋反，朝廷内外戒严，晋惠帝司马衷派遣使者奉持诏令，将杨骏废去，并以侯爵的身份返回府第。下令让东安公司马繇带领四百名殿中军讨伐杨骏，楚王司马玮驻军司马门，派遣淮南相刘颂担任三公尚书，在殿中驻军，承担护卫的职责。段广跪着向晋惠帝司马衷进言说："杨骏孤独，膝下又无子嗣，哪里有反叛的道理！恳请陛下三思！"晋惠帝司马衷没有答话。

当时杨骏住在曹爽以前的府第，在武库南方，听说朝中有变故，召集官员们商量。太傅主簿朱振劝杨骏说："当下朝廷发生变乱，这个举动的目的是能够知晓的，一定是那些阉宦替贾后设计的阴谋，对公侯做出不利的举动，应当焚烧云龙门来要挟他们，索求制造事变的人，首先把万春门打开，导引东宫和外营军队，拥护皇太子进到宫中，逮捕奸人，殿内在恐惧之下，必然会将奸人杀了送过来。否则的话，灾祸便无法躲过。"杨骏向来胆怯懦弱，不能做出决定，于是说："云龙门，是魏明帝建造的，花费很多功夫跟金钱，为何要把它烧掉呢！"侍中傅祗告知杨骏，请求和尚书武茂进宫查看事变的形势，因而对官员们说："宫中不能空着没人。"于是作揖走下台阶。众人都走开了，唯独武茂还坐着。傅祗回头说："先生难道并非天子的臣子吗？如今宫里宫外隔绝不通，无从知晓天子在哪里，怎么能安心坐在这里？"武茂才惊慌地站起来。杨骏同党左军将军刘豫在门外布好军队，碰到右军将军裴頠，问太傅在哪里，裴頠骗他说："刚才在西掖门碰到他，乘着素车，带着两个人从西边出去了。"刘豫说："我要到什么地方去呢？"裴頠说："应当到廷尉那儿去。"刘豫听从了裴頠的话，于是抛下军队离开了。不久晋惠帝司马衷下诏，让裴頠代替刘豫，兼任左军将军，在万春门驻军。裴頠，是裴秀的儿子。皇太后写好帛书，射到城外，说："拯救太傅的人有赏。"贾后因而公开宣言：太后一块反叛。不久之后，殿中军队出宫，将杨骏府第烧毁，又下令让弓箭手在楼上面对杨骏府第发射，杨骏军队都出不来。杨骏逃到马厩，被杀掉。孟观等人于是收押了杨骏的弟弟杨珧、杨济，张劭、李斌、段广、刘豫、武茂与散骑常侍杨邈、中书令蒋俊、东夷校尉文鸯，都夷灭三族，数千人因此死了。

杨珧临刑时，对东安公司马繇说："表章存在石函中，可以问张华。"众人都说应当参照钟毓事例，为他伸冤。司马繇没有接受，并且贾氏党徒催着尽快行刑，杨珧不停地叫嚷，行刑的人用刀将他的头颅打破。司马繇，是诸葛诞的外孙，原本就忌恨文鸯，认为是杨骏的党羽杀死了他。当天夜里，由司马繇判定所有的刑罚和奖赏，朝廷内外都受到震慑。王戎对司马繇说："大事以后，应该远离权势。"司马繇没有听从他的建言。

壬辰日（初九），大赦天下，改年号为元康。

贾后假借晋惠帝司马衷诏命，下令让后军将军荀悝把太后送到永宁宫，特地保全太后母亲高都君庞氏的性命，听任她前去跟太后同居。接着又告知公卿与官员们，要他们呈上奏章说："皇太后暗中进行奸邪的阴谋，计划要危害国家，飞箭传书，招募将士，一同作恶，自绝天命。鲁侯与文姜断绝关系，是《春秋》所称赞的事。奉守祖宗的遗训，用至公的心理对待天下的人民，纵然陛下心怀无尽的孝思，臣下还是不敢奉守诏命。"晋惠帝司马衷下达诏令说："这是大事，再细细计议。"官员们又呈上奏章说道："应把太后贬为峻阳庶人。"中书监张华建议说："太后并无得罪先帝之处，如今同亲近的人结为党羽，在圣世中做出于母仪不合之事，应当参照汉朝将赵太后贬为孝成后的故事，把皇太后的封号废去，恢复她武皇后的称号，让她在别的宫里居住，以将恩德保全始终。"左仆射荀恺同太子少师下邳王司马晃等人建议说："皇太后计划危害国家，不再配享先帝，应当贬掉尊号，废置后居住在金墉城。"于是官员们就呈上奏章听从司马晃等人的建议，将太后贬为平民。晋惠帝司马衷下诏认为可以。又有部门呈上奏章说："杨骏作乱，应当诛杀家属，却诏命宽宥他的妻子庞氏性命，来安慰太后的心。如今太后被废去贬为平民，请求将庞氏交付廷尉执行刑法。"晋惠帝司马衷下诏没有应允，官员们坚决请求，这才应允下来。庞氏临刑时，太后将她抱住不停地哭喊，把头发剪断，并且不停地磕头，前去贾后处呈上表章，自称妾妃，恳请把母亲的性命保全，然而没有人理会她。

董养在太学游历，登上殿堂，叹息着说："朝廷修筑这座殿堂，将要做什么呢？每次看见国家赦免的文书，连谋反的大罪都予以赦免，至于杀掉祖父母、父母不被赦免的原因，是由于国法不能宽容。为何公卿们处理事务，议论道理，文饰礼法，居然达到如此地步呢？天人间的正理毁灭之后，大乱就会产生了。"

官员们将杨骏部属收押，要加以诛杀。侍中傅祗启奏说："先前鲁芝担任曹爽的司马，闯出关门，帮助曹爽，宣帝派遣他担任青州刺史。杨骏的僚属，不能全部施加罪刑。"下达诏命把他们赦免了。

壬寅日（十九日），晋惠帝司马衷征召汝南王司马亮担任太宰，同太保卫瓘一起录尚书事，辅佐朝廷政务。派遣秦王司马柬担任大将军，东平王司马楙担任抚军大将军，楚王司马玮担任卫将军，兼任北军中候，下邳王司马晃担任尚书令，东安公司马繇担任尚书左仆射，进封爵位为王。司马楙，是司马望的儿子。封董猛担任武安侯，三个哥哥都是亭侯。

司马亮想要获取众人的欢心，评论诛杀杨骏的功绩，有一千零八十一位都督将军被封侯。御史中丞傅咸在给司马亮的信中说："现今封爵奖赏的风气非常兴盛，震天动地，这是古往今来从未有过的事。没有功劳却得到嘉奖，那么人人都希望国家发生祸乱，由此祸患的产生就无穷无尽了。凡是产生此种情形的，都是因为东安公。人人觉得殿下来了之后，就会把这种风气端正，用正道来端正这种风气，大众怎么会生气呢？大众之所以会生气，是在于不公平而已；然而如今论功行赏，比之以前愈加厉害，百姓无人不失望。"司马亮很能专擅权势，傅咸又进谏说："杨骏有震动君主的声威，委派亲戚，担当重任，这就是天下骚乱不宁的原因了。如今身居国家重任，应当把这种过失纠正过来，静静地养神，有大得失之时，就亲自维持，假如不是大事，谦抑地派遣他人。每次经过尊显大臣门下，伞盖车马，充斥于街道，这是威势盛大的缘故，都应当停止。另外，夏侯长容并无功绩，却很快升为少府，议论世事的人以为夏侯长容是公侯的姻亲，因此才会做到这种官职。流言传布四方，这并不是好事啊。”司马亮全都没有听从。

贾后族兄车骑司马模，从舅右卫将军郭彰，妹妹的儿子贾谧，与楚王司马玮、东安王司马繇一起参与朝政。贾后的残暴乖戾，一日较一日厉害，司马繇计划将皇后废去，贾后害怕他。司马繇的哥哥东武公司马澹，向来憎恨司马繇，屡次在太宰司马亮跟前诽谤他说：“繇专断刑赏，想要专擅朝廷政务。”庚戌日（二十七日），晋惠帝司马衷下诏将司马繇的官职免去；又因违犯了言辞悖理的罪，废除封爵，迁移到带方。

从这时开始，贾谧、郭彰的权势更为盛大，门庭充满了宾客。尽管贾谧骄横奢靡，然而喜爱文学，喜欢接待士大夫，郭彰、石崇、陆机、陆机的弟弟陆云、和郁以及荥阳人潘岳、清河人崔基、渤海人欧阳建、兰陵人缪徵、京兆人杜斌、挚虞、琅邪人诸葛诠、弘农人王粹、襄城人杜育、南阳人邹捷、齐国人左思、沛国人刘瑰、周恢、安平人牵秀、颍川人陈眕、高阳人许猛、彭城人刘讷、中山人刘舆、刘舆的弟弟刘琨，都依附贾谧，号称二十四友。和郁，是和峤的弟弟。石崇跟潘岳特别谄媚地侍奉贾谧，每次等候贾谧与广城君郭槐出门，都下车站在道路的左边，望着车尘礼拜。

太宰司马亮、太保卫瓘由于楚王司马玮刚愎自用、爱好杀人，很讨厌他，想要把他的兵权夺走，派遣临海侯裴楷替代司马玮担任北军中候，司马玮生气了，裴楷听说后，不敢接受官职。司马亮又同卫瓘商议，派司马玮和各王前往封国，司马玮愈加地恼怒和愤恨。司马玮的长史公孙宏、舍人岐盛，都是司马玮宠信的人，劝司马玮自己亲近贾后。贾后把司马玮留下，让他兼任太子太傅。岐盛向来同杨骏关系好，卫瓘厌恶他反复无常，将要把他收押。岐盛于是跟公孙宏商量，因为积弩将军李肇假借司马玮的命令，在贾后跟前诽谤司马亮、卫瓘，说是他们要计划废立君王。贾后向来对卫瓘心怀怨恨，并且忧心二公执政自己不能专权放肆，夏季，六月，贾后让晋惠帝司马衷亲手写下诏书，赐给司马玮说："太宰、太保想要做出伊、霍的事情，王侯应当宣布诏命，下令让淮南、长沙、成都王在各个宫门驻军，把司马亮同卫瓘的官职免掉。"晚上，派遣黄门宦官把诏书交给司马玮，司马玮想要再上奏，黄门宦官说："事情恐怕会泄漏，这就非密诏的初衷了。"司马玮想借机来泄私愤，于是带领本部军队，又假托诏命，召集三十六军，对他们说："二公私下意图不轨，我今承受诏书，都督中外各军，正在轮值守卫的各军，要严加防范；在外营的军队，就一起出兵前往行府，帮助讨伐叛逆。"又假称诏命："司马亮、卫瓘的下属，一概不问，都罢官遣送出去；假如不服从诏命，便按照军法行事。"派遣公孙宏、李肇率军将司马亮的府第包围，侍中清河王司马遐将卫瓘收押。

司马亮帐下督李龙对他说："朝廷外发生变乱，请求派兵抗击他们。"司马亮没有应允。没过多久，兵士登上围墙，大声喊叫，司马亮惊慌地说："我并无二心，是什么原因导致今天这个局面！诏书能够让我看一看吗？"公孙宏没有应允，催促着军队攻进去。长史刘准对司马亮说："从这个情形来看，一定是阴谋，府中有很多才德贤士，仍然可以奋力作战。"司马亮没有听从。最终被李肇拘捕，叹息着说："我的忠心，能够破开胸膛来给天下人看。"与世子司马矩一起身亡。

卫瓘左右亲信也怀疑司马遐假借诏命，请求抗击他们，等到自己上表的奏章得到回复之后，再接受刑杀也不晚。卫瓘没有听从。起初，卫瓘担任司空，帐下督荣晦有罪，斥责后把他调遣出去。到了此时，荣晦跟随司马遐将卫瓘收押，马上杀死卫瓘和他的子孙一共九人，司马遐阻止不了。

岐盛劝司马玮说："应当乘着目前的军势，将贾谧、郭槐诛杀，来扶正王室，安定天下。"司马玮犹豫不定。正好天亮，太子少傅张华派遣董猛劝贾后说："楚王诛杀二公以后，那天下的权威都归向他了，君主自身怎么能平安呢？应当以司马玮擅自诛杀的罪过杀死他。"贾后也想趁机将司马玮除掉，深以为是。此刻朝廷内外纷乱不宁，人人恐惧，不知如何是好。张华禀告晋惠帝司马衷，派遣殿中将军王宫拿着标有义兽驺虞的旗帜出宫指挥众人说："楚王假托诏命，千万不要听从他！"众人都丢掉兵器四散逃离。司马玮旁边不再有一个人，窘迫着急不知该怎么办，于是被捉拿，押到廷尉。乙丑日（十三日），被诛杀。司马玮将怀中青纸诏书拿了出来，流着泪呈给监刑的尚书刘颂看，说："我有幸是先帝子女，却遭受到这样的冤屈。"公孙宏、岐盛一起被夷灭三族。

司马玮起兵时，陇西王司马泰严整军队，准备帮助司马玮，祭酒丁绥进谏说："公侯作为宰相，不可轻举妄动。而且夜间仓促叛乱，应当派人详细核查切实的情形。"司马泰这才停了下来。

卫瓘的女儿给大臣写信说："先父名位谥号不能昭示天下，经常奇怪全国百姓的静默不言，《春秋》记载的过失，谁该承担罪咎呢？"于是太保主簿刘繇等人拿着黄幡，把登闻鼓敲响，上言说："起初，假借诏命的人到了，卫公马上把印绶奉上，独自一人服从诏命。按照诏命上的文字，只是把卫公的官职免除，然而前给使荣晦，马上将卫公父子与孙辈收押，即刻加以杀害。请求尽力核查事实的真假，施以公平的刑罚。"于是晋惠帝司马衷下诏将荣晦一族全部诛杀。追还司马亮的爵位，谥号为文成；封卫瓘为兰陵郡公，谥号为成。

于是贾后专断朝廷政务，委派亲党，担当重要职责，任命贾模担任散骑常侍，加侍中。贾谧同皇后商议，认为张华是异姓大臣，并无威逼君主的嫌疑，并且为人温文尔雅，很有谋略，是众望所归的人物，想要把朝廷政务委托给他。由于尚有疑问，求问裴頠，裴頠也赞同。于是任命张华担任侍中、中书监，裴頠担任侍中，又任命安南将军裴楷担任中书令，加侍中，同右仆射王戎一起管理机要政务。张华为朝廷尽忠，弥补阙失，尽管贾后凶恶奸险，仍然知晓尊重张华；贾模同张华、裴頠齐心协力，辅佐朝廷政务，因此这几年里，虽然君主昏聩，然而朝野平安无事，这是张华等人的功劳。

秋季，七月，分出荆、扬十郡，设立江州。

八月，辛未日（二十日），晋惠帝司马衷立陇西王司马泰的世子司马越为东海王。

九月，甲午日（十四日），秦献王司马柬去世。

辛丑日（二十一日），晋惠帝司马衷征召征西大将军梁王司马肜为卫将军，录尚书事。

二年（壬子，公元292年）

春季，二月，己酉日（初一），前杨太后在金墉城去世。当时，太后还有十多名侍御，贾后全数夺走了，太后八日不进食而死。贾后唯恐太后的灵魂会在先帝跟前诉说冤屈，于是把太后翻过身来埋葬，又施用各种禳除鬼魂的符箓、药物等。

秋季，八月，壬子日（初七），大赦天下。

三年（癸丑，公元293年）

夏季，六月，弘农下冰雹，有三尺深。

鲜卑宇文莫槐被部下杀掉，弟弟普拨即位。

拓跋绰去世，弟弟的儿子拓跋弗即位。

四年（甲寅，公元294年）

春季，正月，丁酉日（初一），安昌元公石鉴去世。

夏季，五月，匈奴郝散背叛，攻取上党，杀掉长吏。秋季，八月，郝散率部众投降，冯翊都尉杀死了他。

这一年，大饥荒。

司隶校尉傅咸去世。傅咸个性刚正简直，风度品格俊逸严整，起初担任司隶校尉时，上言："贿赂的流行，应当严加阻绝。"当时朝廷政务宽松，权贵们为所欲为，傅咸呈上奏章，将河南尹澹等人的官职免去，京师一片清静。

慕容廆迁居到大棘城。

拓跋弗去世，叔父禄官即位。

五年（乙卯，公元295年）

夏季，六月，东海下冰雹，足足有五寸深。

荆、扬、兖、豫、青、徐六州大水灾。

冬季，十月，武库失火，烧毁了历代宝物和二百万人的兵器。十二月，丙戌日（初一），重新修建武库，大力调集兵器。

拓跋禄官将他的国家分为三个部分：一部分居住上谷的北面、濡源的西面，由自己统治；一部分居住在代郡参合陂的北面，下令让哥哥沙漠汗的儿子拓跋猗㐌统治；一部分居住在定襄的盛乐故城，下令让拓跋猗㐌的弟弟拓跋猗卢统治。拓跋猗卢很擅长用兵，攻打西面的匈奴、乌桓各部落，全部攻破。代人卫操与侄子卫雄连带同郡的箕澹，前去依附拓跋氏，劝猗㐌、猗卢招收晋人。猗㐌心中高兴，把国家大事托付他们，晋人来依附的逐渐多起来。

六年（丙辰，公元296年）

春季，正月，大赦天下。

下邳献王司马晃去世。任命中书监张华担任司空，太尉陇西王司马泰兼摄尚书令，改封高密王。

夏季，郝散的弟弟郝度元同冯翊、北地马兰羌、卢水胡一起背叛，杀掉北地太守张损，打败冯翊太守欧阳建。

征西大将军赵王司马伦信任的嬖臣琅邪人孙秀，跟雍州刺史济南人解系为军事争论，又争相上表进奏，欧阳建也上表述说司马伦的罪恶。朝廷认为司马伦扰乱关右地区，征调司马伦担任车骑将军，派遣梁王司马肜担任征西大将军，都督雍、凉二州所有军务。解系和他的弟弟御史中丞解结，都上表请求把孙秀杀掉，向氐、羌人谢罪。张华因此告诉梁王司马肜，恳请诛杀孙秀，司马肜答应了。孙秀的朋友辛冉替他游说司马肜说："氐、羌自己反叛，并非孙秀的罪过。"孙秀因而得免一死。司马伦到了洛阳，采用孙秀的计谋，极力结交贾谧、郭槐，贾后十分宠爱和相信他，司马伦因此请求录尚书事，又请求担任尚书令。张华、裴頠固执地认为不能这样做，司马伦、孙秀因而对他们心生怨恨。

秋季，八月，解系被郝度元击败，秦、雍的氐、羌全部反叛，立氐帅齐万年为皇帝，包围泾阳。御史中丞周处，弹劾大臣，不避讳权势贵戚，梁王司马肜曾经悖逆法令，周处弹劾他。冬季，十一月，晋惠帝司马衷下诏派遣周处担任建威将军，同振威将军卢播一起隶属安西将军夏侯骏，来讨伐齐万年。中书令陈准向朝廷进言说："夏侯骏与梁王都是贵戚，不是将帅的人才，进不求名声，退不畏刑罚。周处是吴人，忠心正直，勇敢果断，只有仇人，而无后援。应下令让积弩将军孟观派精兵一万，担任周处的前锋，必然能把敌人消灭；不然，梁王就会下令让周处担任前锋，以不救援的方式来陷害他，他就一定会失败了。"朝廷没有听从。齐万年听说周处来了，说："周府君曾担任新平太守，有文武才干，假如让他独断专横地前来，不能抵挡；要是接受别人的统领，这次就要被抓获了。"

关中饥荒，发生瘟疫。

起初，略阳郡清水县氐人杨驹，原本在仇池居住。仇池有一百顷土地，旁边有二十多里的平地，四面非常高险陡峭，有羊肠小道盘旋三十六转上山。到了他的孙子杨千万的时候，依附于魏国，封为百顷王。杨千万的孙子杨飞龙逐渐强盛起来，迁到略阳居住。飞龙把外甥令狐茂搜当作儿子，茂搜躲避齐万年的变乱，十二月，从略阳带领四千部落返回仇池，以求保护自己，自称是辅国将军、右贤王。关中人士躲避变乱的人，大多前去投靠他，茂搜迎接安抚，对他们加以收留；想要离开的人，则赠给他们财物，护送他们出去。

这一年，派遣扬烈将军巴西人赵廞担任益州刺史，派出梁、益的军队、粮食，协助雍州讨伐氐、羌。

七年（丁巳，公元297年）

春季，正月，齐万年在梁山驻军，拥有七万军众。梁王司马肜、夏侯骏下令让周处统率五千军队去攻打他们。周处说："军队没有后援，必然会遭败绩，不只会身死，也会给国家招致耻辱。"司马肜、夏侯骏没有听从，强令他出兵。癸丑日（初四），周处与卢播、解系在六陌进攻齐万年。周处的军士还没有进食，司马肜就催促他从速出兵，从早上战到晚上，斩杀、俘虏了许多敌人，弓断箭尽，援军不来，左右之人都劝周处退兵，周处用手按着剑说："是我尽节报效牺牲之时了。"最终奋力作战而死。朝廷虽然因此事怪罪司马肜，也不能施加责罚。

秋季，七月，雍、秦二州大旱，发生瘟疫，米一斛一万钱。

丁丑日（七月无此日），京陵元公王浑去世。九月，任命尚书右仆射王戎担任司徒，太子太师何劭担任尚书左仆射。

王戎担任到三公，随着时俗上下变易，而未加以匡正，将政事托付给僚属，轻身出游。天性又贪财吝啬，田园遍及天下，经常自己拿着牙制筹码，日夜计算，总好似不够似的。家中有棵好李树，李子卖出去害怕别人得到树种，往往把李子核钻取出来。凡是要拔擢奖赏，专门给些虚名的奖赏。阮咸的儿子阮瞻，曾晋见王戎，王戎问他说："圣人重视名教，老、庄阐明自然，他们意旨的相同与不同之处是什么？"阮瞻说："将无同！"（毕竟是相同的！）王戎叹息了很久，于是征召他。当时人称作"三字掾"（三个字换来的掾官）。

此时，王衍担任尚书令，南阳人乐广担任河南尹，都擅长清谈，居心思考的都是俗事之外的事情，他们在当时，声名非常大，朝野人士，争着模仿他们。王衍同他的弟弟王澄，爱好给人物评判高下，整个世间人都把他当作标准。王衍精神意态清明秀丽，小时，山涛见到他，叹息了很久，说："什么样的老妇人，能生出这样的儿子！然而误尽天下苍生的，未必不是此人了！"乐广天性欲望很少，不跟人起争执。每每同人谈论以简约的言词分析事理，无不使人心服，对于他所不知晓的事，静默不语。只要是评论人物，都要先称赞别人擅长之处，如此一来别人的短处，不用讲也就显而易见了。王澄同阮咸、阮咸的侄子阮修、泰山人胡毋辅之、陈国人谢鲲、城阳人王尼、新蔡人毕卓，都觉得放任是通达的事，甚至于狂饮、裸体，也不觉得有什么不对之处。胡毋辅之曾经喝酒喝得半醉，他的儿子谦之看到了，高声呼叫他父亲的字号说："彦国！年纪大了，不可以这样做了！"辅之欢喜大笑，叫他进去一起喝酒。毕卓曾经担任吏部郎，舍郎酿酒将熟，毕卓因为酒醉，晚上到藏酒之地偷酒喝，被看管酒的人捆住了，到第二天天亮一看，就是毕吏部。乐广听说以后，笑着说："在名教内自然有快乐的天地，为什么非要这样做呢！"

起初，何晏等人推崇老、庄的学术，建立的理论以为："天地万物，都把'无'当作根本，'无'的意义就是开达物理，成就世务，无论在何处，没有不存在的。天地阴阳凭恃着来化生万物，贤能的人凭借着来完成美德。因此'无'的作用，不必有爵位自然便能尊贵。"王衍一班人都喜爱和重视它。所以朝廷士大夫都将虚浮怪诞当作是美好的事，把自己的职业荒废了。裴頠写作《崇有论》来阐述他们不好之处说："利欲的心理能够减少，然而无法断绝；事务的作为能够节省，却不可完全没有。由于那些要文饰高谈才器的人，多方列出有形的牵累，对虚无的美好大加陈述。形器的牵累是有事例证明的，虚无的义理就难以查证了！巧辩的文章能够取悦大众，似是而非的言辞足以将人心迷惑。群众的听闻眩惑了，沉醉在他们的成就之中。即便也有不同心理的人，言辞无法表达，屈服在社会习俗之中，因而认为虚无之道不能掩盖。一人唱，百人和，听信之后就无法再回头了。于是轻视综理现世的事务，卑贱功业利益的作用，那些高贵浮华不实之事，鄙视经世实用的贤士。人情一同营求，名利也接踵而来，于是能文的人将他的文辞扩大，口讷的人称赞他的意旨。立言之时，假借虚无之道，认为是玄妙；担任官职之时，不亲自执行职务，认为是雅远；奉身守行，忽略廉洁的节操，认为是旷达；因此砥砺德行的风气，逐渐衰颓。放荡的人借着这个缘故，有的违背吉凶的礼仪，不重视外在的仪容举止，轻慢长幼次序，把贵贱的等级混淆，更厉害的，甚至于裸体无君子之度，没有什么不敢做，士子的德行就有颓败。

"万物都有形体，尽管是从'无'产生，可是产生之后，'有'就已经区分出来了，那么'无'是'有'所遗弃的了。因此养育已经化成为'有'了，不是'无'的作用所能成全的；治理已经拥有的民众，不是无为所能治理的。心不是事，但制造事物一定是由于心的支配，然而不可认为心是没有的；匠人不是器具，但制造器具必须等待匠人的工作，然而不可认为匠人是没有的。因此想要捕捉深渊的游鱼，不是安息不动所能捕捉的；将高墙上的飞鸟打落，并非清静无为所能够猎取的。由这些道理来看，助益'有'的人，都能拥有，虚无对于已经拥有的群生，又有什么好处呢？"然而习俗既已形成，裴頠的言论也就阻止不了了。

拓跋猗㐌穿越沙漠向北巡行，又向西攻掠各国，历经五年，有三十多国投降依附于他。

八年（戊午，公元298年）

春季，三月，壬戌日（十九日），大赦天下。

秋季，九月，荆、豫、徐、扬、冀五州大水灾。

起初，张鲁在汉中，賨人李氏从巴西郡宕渠县前去投靠他。魏武帝攻取汉中，李氏带领五百多家依附于他，被授予将军职，迁到略阳北面，号称为巴氐。他的孙子李特、李庠、李流，都有才干和武功，擅长骑马射箭，个性任侠，州里人大多依附于他们。

等到齐万年反叛时，关中连年遭遇饥荒，略阳、天水六郡的民众，迁徙流离，到汉川谋求粮食的有几万家，路上随处可见生病穷困之人，李特兄弟时常照顾保护、救助赈济这些人，因而获得民众的爱戴。流亡的人民到达汉中，上书请求在巴、蜀寄居谋生，朝廷商讨后没有应允，派遣侍御史李苾秉持符节前去慰劳，并且监视他们，不让他们进入剑阁。李苾到了汉中，收受了流民的贿赂，上表说："流民十多万人，并非汉中一郡所能救济得了的，蜀郡有仓库储粮，人民又丰足富裕，应当下令让他们到那里谋食。"朝廷采纳了他的建议。因而流民分散居住在梁州、益州，无法禁止。李特到了剑阁，叹息着说："刘禅有这样的地方，竟然反绑双手，向人投降，难道不是平庸之人吗？"听见的人都感到非常吃惊。

张华、陈准因为赵王、梁王相继在关中，都气派华丽，尊贵骄横，军队困乏，没有战功；于是推荐沉着刚毅、有文武之才的孟观，下令让他讨伐齐万年。孟观亲自面对箭石，大战十数次，每战都能将敌兵击败。

资治通鉴卷第八十三　晋纪五

起己未（公元299年），止庚申（公元300年），共二年。

【题解】本卷记录了惠帝元康九年至永康元年共两年间的全国大事：孟观平定关中氐族之乱，太子洗马江统建议将少数民族迁出境外，朝廷未接纳；贾后暴虐淫乱，裴頠图谋将其废黜，张华不从；赵俊等劝太子与张华合谋废贾后，二人不从；贾后唆使惠帝软禁太子；司马伦独揽朝政大权，图谋篡位，为做样子而引用了李重等人；司马允起兵讨伐司马伦，被灭，受牵连而死者达到数千人；益州刺史赵廞勾结李特等图谋割据巴蜀，控制了成都一带。

孝惠皇帝上之下

元康九年（己未，公元299年）

春季，正月，孟观在中亭大破氐人军众，将齐万年捕获。

太子洗马陈留人江统认为戎、狄扰乱中华，应当早日断绝祸源，于是写作《徙戎论》来告诫朝廷说："夷、蛮、戎、狄，地方在九州以外的要服、荒服地带，夏禹平定九州，因而西戎就安定了。他们天性贪婪，凶悍强暴，而无仁心。西夷之中，戎、狄最为厉害，衰弱就害怕降服，强盛就侵略叛逆。正当他们强盛之时，汉高祖在白登受困，孝文帝在霸上驻军。等到他们衰弱了，以元、成的衰微，单于却入朝觐见。这是过去事情的经验。因此有道的国君管理夷、狄，唯有防备齐全地等待他们，经常训练着防御他们，纵使他们拿着贽礼、叩头入贡，边境城池的防守也并不松懈；他们横暴进犯，军队也不远征，期望让国内获得安定，四境不受侵犯罢了。

"等到周朝丧失了统治权，诸侯可以专擅征讨，守备边疆非常不严密，各国利害不一样，无法一心，戎、狄趁此时机，能够侵犯中国，有的引诱安抚，变成自己的力量，自此之后，四面夷人交替侵犯，同中国民众混居一起。等到秦始皇一统天下，军事力量远及四方，排斥胡人，驱逐百越，在此时，中国就没有四夷的忧患了。

“汉朝建武年中，马援兼任陇西太守，讨伐反叛的羌人，将残余羌人迁徙到关中，在冯翊、河东荒凉之地居住。几年过后，他们人口繁衍生息，已经仗着自己的强盛，痛恨汉人侵犯他们了。永初元年，羌族群起造反，败没了将领守官，毁灭了城池，邓骘战败逃跑，侵犯到河内，十年之内夷、夏国国力一同疲败，任尚、马贤，只能压制他们而已。自此之后，残余势力没能灭尽，一旦有时机，就又入侵背叛，中世的敌人，就属这个最大。魏国兴起初期，同蜀国相互隔绝，边疆的戎人，有时向魏，有时向蜀。武帝将武都氐迁到秦州，想要削弱敌人，使国家强盛起来，抵抗蜀国敌国，这仅仅是一时变通的计谋，而非永久的利益。如今所遭遇的，已经蒙受到他们所导致的危害了。

“关中土壤肥沃，物产丰饶，是帝王居住之地，从未听过戎、狄适于生活在这块土地上。不是我们的同族，他们一定会生出异心。如果趁着他们衰弱之时，迁徙到畿内千里之地，士子百姓看不起他们，欺负他们的衰弱，使得他们怨毒愤恨，深入骨髓。到了蕃育强大起来了，就会凭空生出叛逆之心。以贪求强悍的天性，心怀愤怒，等待时机，趁着军事便利之时，就会做出反叛之事。况且在疆界的里边居住，没有要塞障碍的阻隔，攻取没有防备的百姓，收取散布在野外的财粮，因而会造成蔓延的战祸，仓促难料的灾害，这是必然的情势，已经得到验证了。如今所要做的，应当趁着军力正盛、军事尚未停下之时，将冯翊、北地、新平、安定界内各个羌族，迁徙到先零、罕幵、析支等地居住；将扶风、始平、京兆的氐人迁出，返回陇右，在阴平、武都一带居住。给他们提供路途上所需的粮食，使他们各自能够到达，回到自己的种族，回到他们先前的土地，下令让属国都尉、抚夷护军就近安置聚集他们。戎、晋不混杂，使他们各得其所，即便再有扰乱华夏的心思，战争的警报，却因远离华夏，有山河隔开，即便进犯，造成的危害也不大了。

“诘难的人说：‘氐寇刚刚平定，关中还在闹饥荒和瘟疫，人民生活艰难，都渴望平静安宁，却想要差遣疲惫的人民，把心中猜疑的敌人迁徙走，只怕势力衰竭，事业不能达成，之前的灾害还没顾得上平定，后来的变乱又突然产生。’回答说：‘你觉得今天的羌族是依然拥有残余的财货，他们后悔作恶，恢复向善之心，感念我们的恩德，因而向我们归顺呢？或者是穷兵黩武，前途暗淡，才智武力都遭受艰难，害怕我们军队的追杀，因而才弄到今天这种地步呢？’说：‘是因为没有更多的力量，穷兵黩武，前途暗淡的原因。’‘那么我们就可以控制他们，而且也可以自由命令他们进退了。’喜欢自己事业之人，不会变易自己所从事的事业；安适于自己居室之人，不会有迁移到别地的心思。正当他们猜疑畏惧，急迫心凉之时，可以使用武力制服他们，无论差遣他们到哪里他们都不会违抗命令。等到他们死亡流散，远离故土，没有聚集，和关中人民家家户户成为仇敌之时，就可以让他们迁徙到远方，使其心中不再怀念故土。圣贤谋划事情，要在事情尚未发生之前，提前计划；在变乱尚未产生之前，提前治理。大道不显露，却能将天下平定；德业不显耀，却能成就一番事业。次一等之人能转变祸患，成为福祥；凭借失败，铸就功业；遇到困难，定能通达；遭遇否塞，能得亨通。如今你所遭遇到失败的结果，却不另寻一个好的开端；吝惜更换车迹的苦辛，却还要走覆车的车迹，这是为什么呢？而且关中有一百多万人口，大概计算，戎、狄占了一半，居住和迁徙，都必须要口粮。假如在粮食匮乏，无法持续供应之时，一定要倾尽关中的谷粮来保全他们的性命，他们肯定不愿意在山壑之中困死，也不造成侵掠的伤害。现在我们迁徙他们，所到之处，都供给粮食，使他们依附自己的民族，相互照顾。秦地的人民，得到了一半他们的谷粮，这就是把粮食接济远行之人，把仓储留给居住之人；宽解关中的紧迫局势，铲除盗贼的根源；避免不测的损失，建立长久的利益。假如畏惧短暂兴起的小小辛苦，却遗亡永久安逸的伟大政策；吝惜一日一月的辛劳，却留下长久的祸患，就不是所谓的建功立业、垂留统绪，为子孙后代作打算了。

"并州的胡人，原本是匈奴惨无人道的贼寇，建安年中，右贤王去卑受命，引诱呼厨泉作为人质，听命于呼厨泉的部落散居六郡中。成熙之时，由于一个部落太强大，因此分为三帅，泰始初年，又增加为四帅。于是刘猛在境内造反，勾结塞外的夷虏。最近郝散的变乱，是在榖远爆发的。现今五部的百姓，增加到了好几万户，人口的数量，超过了西戎；他们生性勇敢体格强壮，骑马射箭甚是敏捷，又胜于氐、羌。假如有不可预料的战事忧虑，那么并州地区应该得担忧了。

"正始年中，毌丘俭征讨句骊，把残余的部落迁移到荥阳。迁移之时，只有一百多户，子孙繁衍，现在要以千数了。再等几代之后，一定会发展到繁盛的地步。如今百姓失去土地，尚且有逃亡背叛的，狗肥马壮，就会反咬人，更何况是夷、狄，他们会不发生叛乱吗？只是顾虑到他们力量薄弱，势力赶不上罢了。

"统治国家之人，他所担心的不是人少与否而在于国家是否安定，凭着四海的广大，百姓的富裕，哪里有必要将夷虏计算在内以后才算充足呢！这些人都可以告诫他们，将他们遣送出去，回到他们原本的地区，安慰他们羁旅异乡、思念家乡的心情，解除我们华夏小小的顾虑，'爱护我们中国，使得四方安定。'功德能够永久垂留，这个计策是最长远的了！"朝廷不肯采纳。

散骑常侍贾谧侍讲东宫，以傲慢的态度对待太子，成都王司马颖见了，责备他。贾谧大怒，告诉了贾后，贾后将司马颖派出京去担任平北将军，守卫邺郡。征召梁王司马肜担任大将军、录尚书事；任命河间王司马颙担任镇西将军，守卫关中。起初，晋武帝创立石函的规定，不是最亲近之人，则不能戍守关中。司马颙轻财货、爱贤士，朝廷认为他贤能，因此任用他。

夏季，六月，高密文献王司马泰辞世。

贾后荒淫暴虐日益严重，私通太医令程据等人；又用木箱竹筐装载在路上遇到的年轻人入宫，因为害怕他们将此事泄露出去，往往将他们杀掉。贾模恐怕自己会受祸事牵连，十分忧愁。裴頠和贾模与张华商议，要废掉皇后，另立谢淑妃为后。贾模、张华都说："君主自己都还没有废置的心思，仅仅是我们一意孤行，假如皇上心中认为不对的话，那该怎么办？而且各王正当强大之时，朋党各不相同，恐怕一旦事情不成，招来祸患，假若我们死了，国家也就陷入危险之中了，这对江山社稷并无益处。"裴頠说："确实如你们所说。宫中显露出昏暗暴虐，乱事是会马上发生的。"张华说："你们二人都是皇后的亲戚，如果进言的话，或许会被采纳，应当多次向她讲述祸福的警告，希望不会做出太过违背常理之事，那么天下就不至于变乱，我们这些人也就可以得享终年了。"裴頠日夜劝说他的姨母广城君，要她提醒贾后，多多亲近太子。贾模也多次在皇后面前谈论祸福之事；皇后不仅不采纳，反而认为贾模是在诽谤自己，因此远离他。贾模不得志，在忧愁怨愤中去世了。

秋季，八月，朝廷任命裴頠担任尚书仆射。裴頠尽管是贾后的亲戚，然而高雅的名望非常大，天下人唯恐他不能手握大权身居高位。不久，晋惠帝司马衷下诏令裴頠独自担任门下事，裴頠上表坚决推辞，认为："贾模刚刚身死，又让臣下取代他，不仅提高了外戚的声望，而且呈现出了偏私的举动，这样做会牵累朝廷的圣明。"晋惠帝司马衷没有采纳。有人对裴頠说："先生如若可以进言，就应竭力向皇后细说；进言要是皇后不听从，就应当远离。假如这两样都没有实效，尽管有十个旌表，也很难躲避灾祸了。"裴頠感叹了很长时间，居然不能听从。

晋惠帝司马衷的为人，愚笨呆痴，曾经有一天在华林园听到蛤蟆叫，便对左右说："这个鸣叫的，是为官府，还是为私人呢？"当时正值天下饥荒，百姓饿死，晋惠帝司马衷听后，说："为什么不吃肉粥呢？"因为大权掌握在臣下的手上，发布政令的衙门很多，互相荐举，好像市场上的相互交易。贾谧、郭槐肆意放纵，公开使用财货进行贿赂。南阳人鲁褒作《钱神论》来讽刺他们，说："钱的外形，有乾、坤的形象，爱它就好像爱兄长一样，字号叫孔方。毫无品德，却地位高贵；虽无权势，却炙手可热；若推开金门，进入王宫，可使危险转为平安，可使死亡转而复生，可使高贵转为卑贱，可使能生转而能死。因此愤怒争夺，没有钱便不能获胜；隐沦而未被擢用之士，没有钱便无法提拔；结仇怨恨，没有钱便不能化解；美好名声，没有钱便不能传播。洛中的诸侯，当权的人士，爱我就如家兄一般，没有停止之时；握着我的手，心怀着我从开始到结束。但凡现今之人，只晓得钱财而已。"

还有，朝中大臣专门拿严苛细察相互推崇，一旦有了疑难问题，臣下们各自拿出自己的见解，刑法不一，以致产生了繁多的讼案。裴頠呈上表章说："先王制定刑罚奖赏，相互配称，使轻重一致，因而臣下裁决事理，可以取得统一，官吏们安心从事。之前元康四年刮大风，因为庙堂屋顶有几片瓦掉落下来，就罢免了太常荀寓的官职。事情轻，责罚却重，这违背了一般法典。元康五年二月又刮大风，兰台的主事恐怕会发生之前受惩罚之事，在屋顶各个角落，找到稍微歪斜的十五处地方，于是将太常囚禁，再兴讼案。今年八月，陵墓上一棵荆树，树围七寸二分，被砍掉，司徒、太常在道路上奔波，他们尽管知道这件事情很小，然而如果查验弹劾起来，结果就难以预测了。骚扰奔波，都各自争先恐后地躲避罪责，到了今天，太常禁止令依然没有被解除。刑书的条文是有限制的，违背的原因却无人知晓，因此临时议定处分的制度，实在是无法都遵照一般法典。要说到这些讼案，都是处置过当的，恐怕奸私官员会借此机会，做出轻重不同的判决。"过后，曲解法令的讨论，仍然没有停止，三公尚书刘颂又上奏说："打近代以来，颁布法治的衙门多，法令不一，官吏不知该执行哪一种，臣下不知该如何规避，奸私作伪的官员却因此能够徇私枉法，身居上位的不易管束下属，事情即使相同，议刑却不一样，因而处理刑狱讼案不公平。君主、臣子的职分，各自管理方法不同。如果一定想要奉行法令，就必须下令让主事之人固守条文；法理如果有无法通畅之时，就必须下令让大臣解释疑难；要使事情能够因时制宜，就必须君主权宜裁决。主事之人固守条文，比如张释之执行有人冒犯天子行道的公平；大臣解释疑难，比如公孙弘判决郭解的刑案；君主权宜裁决，比如汉高祖杀戮丁公的行为。天下万事，假如不是这一类事情的话，不能由私人随便议论，全部都得依照法令办事。之后臣下才会信赖法律，人们听了才不会感到疑惑，不容官吏行私，便可以称得上处理政刑了。”于是朝廷下诏：“郎、令史再遇到超出法条、需要驳议的案件，要按照实情奏闻。”但是也不能革除随意议处的弊端。

刘颂升任吏部尚书，设立九班制度，目的是使百官居守职位，求得升迁，考核官员有无才能，修明赏罚。而贾谧、郭槐当权，那些为官之人都想很快升官，设立之事居然不能执行。

裴頠向张华荐举平阳人韦忠，张华召见他，韦忠称自己病重推辞不去。有人探问缘故，韦忠说：“张茂先华而不实，裴逸民贪得无厌，抛却礼法，却依附于贼后，这哪里是大丈夫应有的作为呢！ 逸民每次有心委付我政事，但我常怕他沉溺深渊不可自拔，甚至会牵连到我，难道我还能撩起衣服而侍奉他吗？”

关内侯敦煌人索靖，知道天下即将大乱，指着洛阳宫门的铜骆驼叹息道：“将会在荆棘荒草中见到你了！”

冬季，十一月，甲子朔日（初一），出现日食。

起初，广城君郭槐，因为贾后没有诞下子嗣，经常劝说贾后要对太子爱护有加。贾谧骄横，多次对太子无礼，广城君经常狠狠责怪他。广城君想让韩寿的女儿当上太子妃，太子也想同韩氏结成姻亲以巩固自己的地位，韩寿的妻子贾午和贾后都不同意，竟然为太子聘定了王衍的小女儿。太子听闻王衍的长女生得美丽，然而贾后却已替贾谧聘定了，心中不平，时常把此事挂在口上。等到广城君病了，临死之时，握着贾后的手，要她尽心竭力厚待太子，言辞十分恳切，又说：“赵粲、贾午一定会搅乱你家中事，我死以后，莫要再听他们两人所说的话了，你要将我的话牢牢记在心里！”贾后不仅不听，而且变本加厉地和赵粲、贾午谋害太子。

太子年幼之时就享有很好的名望，等到年长时，却不好求学，只是和左右的侍臣游戏。贾后又下令让黄门宦官这一类人去引诱他，专门做那些奢侈暴虐之事，因此声望逐渐减退，傲慢的态度也日益明显。时常荒废了朝中陪侍，放纵游乐，在宫中摆设市集，命令人切肉卖酒，用手提着度量斤两，轻重没有偏差。他的母亲原本是屠夫家中的女儿，因而太子喜欢这种事。东宫每月的月俸是五十万钱，太子经常预取两个月的月俸，然而这还不够他用。又下令让西园出卖葵菜、篮子、鸡、面等物品，来敛取财利。太子又喜欢阴阳家的小把戏，有许多的禁忌。洗马江统上书，条陈五件事："一是尽管有些小病，还是应当勉力带病至朝中陪侍皇上；二是应当多多接见太保太傅，询问治国良策；三是图画房屋的事，应该减少一些，后园中雕刻的各种工事，全部停止；四是西园卖葵菜、篮子之类的事，毁坏国家体制，有损良好的声誉；五是重整墙壁、修正屋瓦，不必拘束于小的禁忌。"太子一概不听。中舍人杜锡，害怕太子不能稳固地位，每每进尽忠言，劝说太子培养德行，保持良好的名声，言辞恳切。太子非常讨厌他，在杜锡常坐的毛毡之中安置尖针，刺得他流血。杜锡，是杜预的儿子。

太子天性刚强，知晓贾谧仗着贾后的骄纵尊贵，不能容忍他。贾谧担任侍中时，到了东宫，太子有时对他不理睬，自己到后庭玩乐。詹事裴权进谏说："贾谧是贾后亲近之人，一旦结怨，事情就危险了。"太子不肯听从。贾谧在贾后面前诬陷太子说："太子积存了许多私人财物，来交结小人，是为了贾氏。假如天子死了，他登上皇帝之位，按照杨氏的老例，诛杀臣下等人，将贾后废除贬到金墉城，是易如反掌的事。不如及早策划，另立一个仁慈孝顺之人，这样就可以保得自己平安。"贾后采纳了他的话，于是宣扬太子的缺点和短处，使远近之人都知道；又假装有了身孕，塞进些藁草，又准备些生产器物，取妹夫韩寿的儿子慰祖，养育他，想要用他来代替太子之位。

于是朝野都知道了贾后有谋害太子的心思。中护军赵俊恳请太子废了贾后，太子不听。左卫率东平人刘卞，拿贾后的主意问张华，张华说："从未听过。"刘卞说："我原本是须昌的小官吏，蒙受公侯的恩泽提拔，直至今天。士子因为感谢知己，因此才敢全部说出，可是公侯还对我抱有怀疑吗？"张华说："一旦有这种事，你准备怎么办？"刘卞说："东宫门下人才如林，四个卫率握有精兵一万；公侯负有阿衡的责任，假如获得公侯的命令，皇太子凭借上朝入宫录尚书事，将贾后废置到金墉城，只要两个黄门宦官的力量罢了。"张华说："现在天子还在位，太子，是人子的地位，何况我还没有肩负起阿衡的职责，突然一同做出此等事情，这是目无君父的表现，并且明告天下不孝之举。何况满朝都是权贵的皇亲国戚，权威不能一致，一定能够成功吗？"贾后经常派遣亲信，穿着普通衣衫，在外偷听、察探，听到一些刘卞的言论，于是迁调刘卞担任雍州刺史。当刘卞知道自己的言语已经泄露出去，便喝下毒药死了。

十二月，太子长子司马虨患病，太子替司马虨请求晋惠帝司马衷授予王爵，晋惠帝司马衷不答应。司马虨病重，太子为他祈福。贾后听说了，于是骗太子说晋惠帝司马衷患病，召请太子入宫朝见。太子到了之后，贾后不接见，却将他安置在另外一个宫室中，派遣宫女陈舞假借皇帝之命，赐给太子三升酒，命他完全喝下。太子推辞，三升喝不完，然而陈舞胁迫他说："你难道想不孝吗？天子赐酒给你，你却不喝，难道是酒中有污秽之物吗？"太子逼不得已，勉强喝完三升，于是大醉。之后贾后便命黄门侍郎潘岳写好书稿，命令小婢女承福，拿着纸、笔和草稿，趁着太子喝酒醉，假借晋惠帝司马衷诏命，命令他抄写，文中说："陛下应当自行了断，如若不自行了断，我就入宫了断他；皇后也应当赶快自行了断，如果不自行了断，我就亲手了断她。并且和谢妃一同约定日期，两边发动，不能再迟疑了，以免招来后患。歃血为盟在日、月、星三辰之下，皇天应允要扫除患害，立道文为王，蒋氏为皇后。如若愿望达成，会以三牲祭祀北君。"太子酒醉脑子不清醒，没有知觉，便照着誊写。其中有一半的字没有写成，由皇后补写完成，呈献给晋惠帝司马衷。

壬戌日（三十日），晋惠帝司马衷驾临式乾殿，召公卿进宫，命令黄门令董猛将太子所写的书信和青纸诏书拿给他们看，说："司马遹的信竟然写成这个样子，此刻赐死他。"传给所有的大臣和宗室诸王看，他们之中无人敢发话，张华说："赐死太子是国家的大祸事，从古至今，常常因为废除嫡嗣，而招来丧亡祸乱。并且国家拥有天下的时间尚短，请陛下详细考虑！"裴頠以为应当先查明传递书信之人，又恳请将太子的亲笔书信比对，否则的话，恐怕有欺诈之事。于是贾后拿出十多张太子的启事，众人做了比较，无人敢说不是。贾后命令董猛假借长广公主的言辞禀告晋惠帝司马衷说："事情应当赶快作决定，大臣们各持己见，其中有不听从诏令的，应当依军法行事。"商讨到太阳下山，也没有做出决定。贾后看见张华等人心思坚定，害怕事情有变，于是她就上表请求免除太子的死罪，将他降为平民，晋惠帝司马衷下诏答应了。于是派遣尚书和郁等人，秉持符节，前往东宫，将太子废掉，降为平民。太子改穿平民的衣服出宫，拜受诏书，走出承华门，乘坐粗制牛车，东武公司马澹全副武装送太子和太子妃王氏、三个孩子虨、臧、尚，在金墉城一同幽禁了他们。王衍自己上表，恳请休了太子妃，晋惠帝司马衷答应了。太子妃痛哭着回去。杀了太子母亲谢淑媛和虨的母亲保林蒋俊。

永康元年（庚申，公元300年）

春季，正月，癸亥朔日（初一），晋惠帝司马衷大赦天下，改年号为永康。

西戎校尉、司马阎缵，抬着棺木前往宫门上书，认为："汉朝戾太子发兵抗拒武帝的命令，议论政事之人仍然认为应当受鞭笞的罪罢了。如今正在遹受刑之时，不能失了正道，他的罪过比起戾太子还是轻些。应慎重地为他挑选老师，先加以严格的教诲，假如他不改变的话，放弃他也不晚。"书奏上，晋惠帝司马衷不理会。阎缵，是阎圃的孙子。

贾后命令黄门宦官自首，谎说是他想要和太子一起谋逆。晋惠帝司马衷下诏把黄门宦官自首的言辞公布给公卿们看，派出东武公司马澹率领一千名士兵看守太子，并将他幽禁在许昌宫，命令持书御史刘振秉持符节看守他，晋惠帝司马衷诏令宫中官员不准为太子送行。洗马江统、潘滔、舍人王敦、杜蕤、鲁瑶等人违犯禁令送太子到伊水，哭泣着拜别。司隶校尉满奋收押了江统等人，把他们投到监狱中。囚禁于河南监狱之人，乐广将他们一概释放，遣送出去；囚禁于洛阳县监狱之人，还未获得释放。都官从事孙琰劝贾谧说："太子之所以被废，并被迁徙出去，是因为他作恶罢了；此时宫中官员冒着重罪，拜别太子，却对他们施加重刑，一旦天下得知这个消息，反而更彰显了太子的德行，倒不如放了他们。"贾谧这才通知洛阳令曹摅，释放他们。乐广也没有对太子处刑。王敦，是王览的孙子；曹摅，是曹肇的孙子。太子到了许昌宫，给王妃送信，说自己是被冤枉的，王妃的父亲王衍不敢奏闻。

丙子日（十四日），皇孙司马虨死去。

三月，尉氏县降下血雨，妖星在南方出现，白天看见太白星，中台的两颗星分离。张华幼子张韪劝张华退位，张华没有听从，说："天道隐微深远，不如静默等待。"

太子被废之后，众人心中愤懑难消。右卫督司马雅、常从督许超，都曾经担任过东宫给事，他们与殿中中郎士猗等人，计划废除贾后，恢复太子地位。因为张华、裴頠为保全职位安于常态，所以与他们一同权宜举事；当时右军将军赵王司马伦握有兵权，天性贪财，可以凭借他来成事。于是劝孙秀说："皇后凶狠悍渎，与正道不合，还协同贾谧等人一起诬害废掉太子，如今国中没有嫡嗣，社稷面临危机，大臣即将发起大的行动，然而公侯官名是中宫奉事，与贾谧、郭槐亲近，太子被废一事，他们都事先知悉，一旦发动大事，祸事必然会牵连到你身上，为什么不事先早做筹划呢？"孙秀答应了，便向司马伦进言，司马伦接受了这个建议，于是告诉通事令史张林和省事张衡等人，要他们充当内应。

事情即将发动，孙秀向司马伦进言说："太子聪明刚强，假如返回东宫，必定不会受人控制。明公向来同贾后结为党羽，路人皆知。现在他们尽管在太子面前树立大功，太子以为公侯只是迫于人们的期望，才反过来协助太子，只是求得免除罪过罢了。尽管忍住了之前的愤怒，一定不会对明公感恩戴德，假如一有过失的话，仍免不了遭受诛杀。不如拖延一下时间，贾后一定会伤害太子，之后我们再举事将贾后废掉，为太子报仇。如此一来不仅免除了灾祸，更可以得偿志愿！"司马伦认为很对。

孙秀因而派人实行反间计，说是殿中人想要将皇后废掉，拥立太子。贾后经常派遣宫里的婢女穿上常人的衣衫到民间探听，贾后听到这些流言后十分害怕。司马伦、孙秀因而劝贾谧等人早日将太子除掉，从而断了众人的念想。癸未日（二十二日），贾后命令太医令程据配置毒药，假托皇上诏命，派出黄门孙虑赴许昌毒害太子。太子自从被废掉之后，因为害怕被毒害，经常让人在自己眼前烹煮食物。孙虑将此事告诉刘振，刘振于是把太子迁到小房之中，并将他的饮食断绝，宫人仍旧偷偷地从墙上递食物给他。孙虑威逼太子将毒药吃下，太子不肯，孙虑用药杵击杀了太子。官员恳请用庶人的礼仪埋葬他，贾后上表，恳请用广陵王的礼仪埋葬太子。

夏季，四月，辛卯朔日（初一），发生日食。

赵王司马伦、孙秀即将讨伐贾后，告诉右卫佽飞督闾和，闾和同意了，他们约定在癸巳日（初三）夜晚三更一点行事，以鼓声作为信号。癸巳日（初三），孙秀派遣司马雅对张华说："赵王要和公侯一起匡扶国家社稷，替天行道铲除祸害，派我来告知您。"张华拒绝了他。司马雅生气地说："刀将架在脖子上了，还讲出这样的话！"头也不回地走了出去。

到了约定时刻，司马伦假托皇上诏命，命令三部司马说："皇后和贾谧等人谋害我们的太子，而今派出车骑将军进入宫中，把皇后废去，你们都要服从命令，事成之后，就赏赐你们关中侯的爵位，假如有不听从的，诛杀三族。”众人都听从他。又假托晋惠帝司马衷诏命打开大门，趁晚上进入，在御道的南面陈列军队，并派遣翊军校尉齐王司马冏带领一百人推开阁门进去，华林令骆休充当内应，迎接皇帝驾临东堂，用晋惠帝司马衷诏书召令贾谧到殿前，即将杀他。贾谧逃到西面钟楼下，叫喊着说：“皇后救我！”随即就地被斩杀。贾后看到齐王冏，惊讶地说：“你为什么来此？”司马冏说：“有皇帝诏命让我逮捕皇后。”贾后说：“诏书应该从我手中出去，你这是什么诏书？”贾后到了上阁，远远向晋惠帝司马衷叫着说：“陛下有妻子，却被别人废掉了，就等于自己也即将被废了。”此时，参加了谋划的也有梁王司马彤，贾后问司马冏说：“谋反的是谁？”司马冏说：“梁王、赵王。”贾后说：“捆狗应该捆住脖子，反倒捆住尾巴，怎么能不是这个样子！”于是将贾后废掉降为平民，幽禁在建始殿。又将赵粲、贾午等人收押，交付暴室，考问事情的究竟。又诏令尚书将贾氏亲近的党羽逮捕，召令中书监、侍中、黄门侍郎八座，全部夜晚进殿。尚书怀疑诏书是假，尚书郎师景便上书皇上，不加封口，奏请晋惠帝司马衷的亲手诏书，司马伦等杀了他宣示天下。

司马伦和孙秀计划谋夺皇位，想要先把朝中有名望的大臣除去，并且报复之前曾结怨的人，就在殿前将张华、裴頠、解系、解结等人收押。张华对张林说：“你想要残害忠臣吗？”张林伪称诏命问他：“你身为宰相，太子被废，不能为他守节而死，是为什么？”张华说：“式乾殿议事，臣下进谏的事都在，你可以再去考查。”张林说：“进谏却没被采纳，为什么不辞职？”张华无言以对，于是都被杀掉，并夷灭三族。解结的女儿嫁给裴氏，第二天要出嫁，但祸事来临，裴氏想认下她，解救她，解结的女儿说：“家庭已经成了这个样子，我为什么还要活在世上呢！”也被判处死罪。朝廷因此谈论改革旧制，不令女子跟随父母家犯罪而被判死刑。甲午日（初四），司马伦坐在端门，派遣尚书和郁秉持符节送贾庶人到金墉城，杀了刘振、董猛、孙虑、程据等人。司徒王戎和朝廷内外官员，张、裴的亲友党羽而被牵连免职的有许多人。阎缵抚着张华尸身痛哭道："我早就劝你退位你却不肯，今日果然逃脱不了祸患，这大概是天命吧！"

于是赵王司马伦伪称诏命，大赦天下，自己担任使持节、都督中外一切军务、相国、侍中，都按照宣、文辅助魏国的旧例，设置一万府兵。任命他的世子散骑常侍司马荂兼领冗从仆射；儿子司马馥担任前将军，封为济阳王；司马虔担任黄门郎，封为汝阴王；司马诩担任散骑侍郎，封为霸城侯。孙秀等人都封在大郡中，兼握兵权；文武官员有几千人封侯，百官总摄自己职事，听司马伦的调遣。司马伦向来平庸且愚蠢，又受着孙秀的控制。孙秀担任中书令，权威震动整个朝野，天下人都遵从孙秀一个人，不向司马伦上奏任何事。

晋惠帝司马衷追回已逝太子司马遹的地位、封号，命令尚书和郁带领东宫官员，到许昌迎接太子的棺木。还追封司马遹的儿子司马虨做南阳王；封司马虨的弟弟臧做临淮王、尚为襄阳王。

官员们纷纷向晋惠帝司马衷上书："尚书令王衍徒占大臣职位，太子被诬陷后，王衍一心只在苟且偷生，臣恳请皇上判处他终身无法升官。"晋惠帝司马衷听从了大臣的建言。

相国司马伦想要收买人心，选拔海内外德高望重之人，并派前平阳太守李重、荥阳太守荀组分别担任左、右长史，东平人王堪、沛国人刘谟担任左、右司马，尚书郎阳平人束皙担任记室，淮南王文学荀崧、殿中郎陆机担任参军。荀组，是荀勖的儿子；荀崧，则是荀彧的玄孙。李重心知司马伦有反叛的心思，于是他推说有病，不去上任，司马伦不时地强迫他，最终使李重忧愁恼怒，身患重病，只好让人搀扶着接受任职，没多久李重就死了。

丁酉日（初七），晋惠帝司马衷下达命令派遣梁王司马肜担任太宰，左光禄大夫何劭担任司徒，右光禄大夫刘寔担任司空。

太子司马遹被废除后，晋惠帝司马衷想立淮南王司马允为皇太弟，议事的人认为这样不符合典制。正好赵王司马伦废除皇后，于是晋惠帝司马衷派司马允担任骠骑将军、开府仪同三司，兼任中护军。

己亥日（初九），相国司马伦假传晋惠帝司马衷诏令，派遣尚书刘弘，拿着金屑酒赐给贾后，贾后最终死在金墉城内。

五月，己巳日（初九），晋惠帝司马衷下令立临海王司马臧为皇太孙，同时接回嫔妃王氏，以自己母亲的地位赡养王氏；太子宫殿就转变成了太孙府邸，相国司马伦兼任太孙太傅。

己卯日（十九日），晋惠帝司马衷追加逝去太子谥号为愍怀；六月，壬寅日（十三日），将太子葬在显平陵。

清河康王司马遐去世。

中护军淮南王司马允性格沉着稳定，值宿警卫将士都很敬重他。司马允知晓相国司马伦和孙秀有叛乱的意愿，就暗中训练敢死之士，要讨伐他们。司马伦、孙秀很害怕司马允。秋季，八月，孙秀加司马允的官职为太尉，在外表示很尊崇他，实际想夺去他的军权。司马允称病拒绝。孙秀就派遣御史刘机强迫司马允，逮捕他的下属，还诬陷司马允，说他拒绝诏命，大逆不道。司马允看完诏书，发现竟然是孙秀的字迹，一怒之下，收禁了御史，想要杀掉刘机，刘机逃跑，所以司马允就杀掉了孙秀的令史。司马允愤怒地对手下说："司马伦想要我们的国家灭亡！"于是司马允统率淮南国军队和中护军帐下士兵共七百人，径直冲出，他大声对部下说："司马伦造反，我要讨伐他，有谁愿意跟从我就露出左臂。"归附司马允的人很多。司马允就要奔向宫中时，尚书左丞王舆关闭宫门，司马允进不去，于是包围了丞相府。司马允带领的军队都是精兵强将，司马伦和他交战时，总是失败，死了一千多人。太子左率陈徽召集东宫军队，在宫中大声吵闹，想要接应司马允。司马允在承华门前召集军队，让士兵发箭射向司马伦，箭如雨下，主书司马眭秘用自己的身体挡住司马伦，背部中箭而死。司马伦的下属都隐藏在树后，每棵树都中了几百支箭，从辰时直到未时才结束。中书令陈准，是陈徽的哥哥，他想接应司马允，便向晋惠帝司马衷进谏说："我军应发出白虎幡结束战斗。"于是晋惠帝司马衷命令督护伏胤统率四百人，拿着旗帜，从宫中出兵，侍中汝阴王司马虔在门下省，暗地和伏胤约好："假如我富贵了，就和你一起分享。"伏胤于是怀着假版出宫，欺骗司马允说有晋惠帝司马衷的诏命帮助淮南王。司马允没有警惕，就打开军阵接纳他，他下车接受诏书时，伏胤趁机杀掉了他，又杀了司马允的儿子秦王司马郁、汉王司马迪，凡跟随司马允犯法被杀的有几千人。又曲改法令大赦洛阳。

起初，孙秀当过小官，他奉事黄门侍郎潘岳，潘岳经常打他。卫尉石崇的外甥欧阳建，向来和相国司马伦有仇。石崇有爱妾，名叫绿珠，孙秀想求取绿珠，石崇不给。等到淮南王司马允失败，孙秀就说石崇、潘岳、欧阳建和司马允是同伙，制造乱事，于是朝廷收捕了他们。石崇叹气道："这些奴才贪图我的财物啊！"收捕石崇的人说："既然你知晓财物会带来灾乱，为什么不早些散掉呢！"石崇答不上来。起初，潘岳的母亲总是责怪潘岳说："你应该满足，可你却不停地掠夺别人的财物！"等到潘岳被捕时，他向母亲忏悔说："我辜负了您的期望。"最后他和石崇、欧阳建都被诛杀全族，石崇的家产被没收。相国司马伦收捕司马允同母弟弟吴王司马晏，想要杀掉他。光禄大夫傅祗为司马晏辩护，大家也都劝阻，司马伦这才贬谪司马晏担任宾徒县王。

齐王司马冏因功升为游击将军，但心里还不满足，时常有埋怨的脸色。孙秀发现这个情况，心里害怕司马冏，就派司马冏离京担任平东将军，据守许昌。

晋惠帝司马衷派光禄大夫陈准担任太尉，录尚书事。但没多久，陈准就去世了。

孙秀建言晋惠帝司马衷封相国司马伦九锡之命，众人不敢不同意。吏部尚书刘颂说："先前汉朝封赏魏国，魏国赏赐晋国，那都是一时的作用，现在并不可行。周勃、霍光，他们功劳甚大，都没被加封九锡之命。"张林怨恨刘颂将他看作是张华的同伙，想要杀掉他。孙秀说："我杀了张华、裴頠，这已经辜负了百姓对我的期望，无法再杀刘颂了。”张林这才作罢。孙秀派刘颂担任光禄大夫。晋惠帝司马衷下诏，加赐司马伦的九锡之命；又封授他的儿子司马荂为抚军将军，司马虔为中军将军，司马诩为侍中。还升孙秀为侍中、辅国将军、相国司马，照例统领右率。张林等人同时拥有显赫的地位。司马伦的士兵有两万人，和宿卫人数一样，加上隐瞒的军士，数目实际上有三万多人。

九月，朝廷将司徒改为丞相，并派梁王司马肜担任，司马肜坚决推辞，不接受诏命。

司马伦和他的几个儿子，都顽固不堪，缺乏见识；孙秀诡计多端，贪婪淫乱，同他一起共事的，都是曲直不分的人，只知晓争权夺利，见识鄙薄，心中各有自己的算盘，彼此憎恶忌妒。孙秀的儿子孙会，是射声校尉，他外貌矮小丑陋，和奴仆没什么两样，孙秀却要他娶皇帝的女儿河东公主为妻。

冬季，十一月，甲子日（初七），晋惠帝司马衷立皇后羊氏，并大赦天下。羊氏，是尚书郎泰山人羊玄之的女儿。她的外祖父平南将军乐安人孙旂，和孙秀关系很好，所以孙秀立羊氏为皇后。并任命羊玄之担任光禄大夫、特进、散骑常侍，将他加封为兴晋侯。

朝廷派益州刺史赵廞做大长秋；派成都内史中山人耿滕担任益州刺史。赵廞是贾后的亲戚。他听到征召后，心里非常害怕，加上他因为晋室衰微，暗地里有占据蜀郡的意思。所以他打开粮仓，救济流民，以此来收买民心。由于李特兄弟英勇有才能，他的部属都是巴西人，和赵廞一个地方，赵廞就优待李特兄弟，将他们作为自己的党徒。李特依仗赵廞的权势，专门聚集流民，作为强盗，蜀郡人都将他们看作祸患。耿滕多次暗中向晋惠帝司马衷上表：“流民仗势欺人，蜀人软弱，主人倒无法制伏客人，长此以来必定会发生灾乱，皇帝应该命令他们返回原地居住，假如继续留在险恶的地方，我担心秦、雍两地的灾祸又转移到梁、益了。”赵廞听后，非常厌恶耿滕。

蜀地接到晋惠帝司马衷的诏书后，派遣文臣武将一千多人，去迎接耿滕。这时，成都的中心是少城，益州则是太城，赵廞仍旧在太城，并没有离开。耿滕想要来到州中治所，功曹陈恂向他进谏说："现在州、郡结怨一天比一天深，假如你来到城中，必定有大祸降临，不如暂且留在少城，观望形势，先让各县联合村保，以防范秦州氐族人；陈西夷将要上任，我们应该先等等他。否则就退守犍为，西渡到江原，以预防突发的祸患。"耿滕没有听从陈恂的话。当天，耿滕带领部队来到益州，赵廞派遣军队迎战，两军在西门交战，耿滕战败而死，郡中官员都逃跑了，唯有陈恂双手反绑，前去赵廞的地方，恳请发还耿滕的尸体。赵廞敬佩他的气节，就同意了。

赵廞又派军队与西夷校尉陈总交战。陈总到了江阳后，听到赵廞有反叛之心，主簿蜀郡人赵模说："如今州、郡不和，必定会发生灾乱，你应该赶快前去。西夷府是蜀郡军事重地，我们讨伐叛贼，谁敢轻举妄动！"陈总走走停停，刚到南安县鱼涪津，就遇到赵廞的军队，赵模告诉陈总："你应该分发财货，召集将士，来抵御交战，假如能击败州中军队，就能得到益州；即使失败，顺流退兵，也不会有损失。"陈总说："赵廞怨恨耿滕，才杀掉了他；他和我没有恩怨，为什么要这样对我？"赵模说："如今州中起事，他必定会杀你来树立军威，即便你不交战，也没有好处。"赵模潸然泪下，陈总还没有听从，部队所以自行溃散。陈总逃到草丛中，赵模换上陈总的衣服交战，赵廞军士杀了赵模，发现不是陈总，就到处寻找，找到陈总后，便杀了他。

赵廞自称大都督、大将军、益州牧，设立僚属官署，更改郡守和县令。朝廷命官被召见的，没有人敢不去。李庠带领妹婿李含、天水人任回、上官昌、扶风人李攀、始平人费他、氐人苻成、隗伯等四千骑兵，投靠赵廞。赵廞让李庠担任威寇将军，封为阳泉亭侯，亲信的事都托付给李庠，命令他招集六郡勇士，招到一万多人后，以此来隔绝北方通道。

资治通鉴卷第八十四　晋纪六

起辛酉（公元301年），止壬戌（公元302年），共二年。

【**题解**】本卷记录了晋惠帝永宁元年至太安元年共两年间的全国大事：赵王司马伦逼晋惠帝让位，组建朝廷、大封党羽，排挤齐王司马冏等人；司马冏等起兵讨伐并大破司马伦军，朝内发动政变，逼司马伦退位，迎司马衷复辟；司马冏把持朝政大权，对上无礼对下傲慢，司马颖则深得民心；东莱王司马蕤与王舆谋废司马冏，反被杀；司马颙联合长沙王司马乂等起兵讨伐司马冏，大胜并将司马冏杀掉；司马乂虽掌朝权，却听命于远在邺城的司马颖；凉州刺史张轨图谋自立；益州刺史赵廞叛乱，被李特率流民破杀；李特借流民被迫北迁不满之机发兵起事；东北地区的鲜卑族慕容廆部越来越强大。

孝惠皇帝中之上

永宁元年（辛酉，公元301年）

四月初，改年号为永宁。春季，正月，晋惠帝司马衷派散骑常侍安定人张轨担任凉州刺史。张轨由于此时正是多事之秋，便有占领河西的意思，于是向朝廷恳请到凉州任职。当时凉州边境盗贼猖獗，鲜卑成了祸患；张轨上任后，派宋配、汜瑗为谋士，将逆贼全部消灭，很快在西土名声大振。

相国司马伦和孙秀派遣牙门赵奉，假意传递宣帝神灵的旨意说：“司马伦应该早日来到西宫。”散骑常侍义阳王司马威，是司马望的孙子，总是花言巧语地谄媚司马伦，司马伦派司马威兼任侍中，命令司马威强行夺走晋惠帝司马衷的印章，写出传位诏书；命令尚书令满奋手拿权杖、捧着玺绶，让司马伦继位。左卫将军王舆、前军将军司马雅等，带领士兵来到宫殿，向三部司马宣告威势与封赏，没有谁敢违抗命令。张林等人，率军防守各个城门。乙丑日（初九），司马伦准备好天子车驾，来到宫中，登上皇帝宝座。并大赦天下，将年号改为建始。晋惠帝司马衷被迫从华林西门出宫，居住在金墉城中，司马伦让张衡带领军队防备他。

丙寅日（初十），司马伦尊崇晋惠帝司马衷为太上皇，将金墉城改为永昌宫；废弃皇太孙为濮阳王。立自己的儿子司马荂为皇太子，分别封儿子司马馥为京兆王、司马虔为广平王、司马诩为霸城王，让他们都担任侍中，掌管军权。又派梁王司马肜担任宰衡，何劭担任太宰，孙秀担任侍中、中书监、骠骑将军、仪同三司，义阳王司马威担任中书令，张林担任卫将军，其他党徒，都担任了卿、将，越级提拔的人，多得无法详细记录；下至奴仆、士兵，也加官晋爵。每次大臣朝见皇帝时，满屋都是用貂尾蝉羽制作的帽子。当时人流传的话说："狗尾续貂。"（貂尾不够了，只好用狗尾补充。）这一年，天下所选拔的贤士、秀才、孝廉等各名目的候选官员都没有经过考试就被照准了；郡国以上的官员和太学生，年龄在十六岁以上的，都安排官职；赦免令下达之时，在任的郡守、县令，都封为侯爵；郡中的纲纪，都是孝廉出身，县中的纲纪，都能担任廉吏。府库的储备都不够供给赏赐的开支。前来封侯的人多到印章都供应不上，有时干脆将白板直接给他们。

起初，孙旂的儿子孙弼、侄子孙髦、孙辅、孙琰都依靠孙秀，和他同流合污，很快就获得显赫的地位。等到司马伦称帝之后，这四个人都成了将军，被封为郡侯，司马伦派孙旂担任车骑将军、开府。孙旂认为孙弼等人假如接受官职，就不符合礼度，必定会给家族带来灾祸，于是派遣幼子责怪他们，孙弼等人并不顺从，孙旂无法阻止他们，唯有掩面流泪了。

癸酉日（十七日），司马伦杀了濮阳哀王司马臧。

孙秀独揽朝廷大权，他总是更改司马伦的命令，要么就夺走不发布，自己写在青纸上作为诏书使用，总是朝令夕改。官员的任免，和流水一样。张林一直和孙秀不和，而且怪自己无法建立府署，秘密给太子司马荂送信说："孙秀专制独裁，难以服众，让小人做了功臣，扰乱朝廷，应该将他们全部杀掉。"司马荂将张林的话传递给司马伦，司马伦又交给孙秀看。孙秀让司马伦收捕张林，杀掉他，并诛灭三族。孙秀由于齐王司马冏、成都王司马颖、河间王司马颙，三人都拥有强大的军队，独当一面，重权在握，心中厌恶他们，所以他让自己的亲信，作为三王的僚属，提升司马冏的官职为镇东大将军、司马颖为征北大将军，都开府仪同三司，以此来尊宠、拉拢他们三人。

李庠的英勇赢得众人的信服。赵廞渐渐开始猜忌他，但并没有说出来。长史蜀郡人杜淑、张粲劝赵廞说："您不过刚刚起兵，却立马让李庠在外手握重兵，他不和我们同道，必定怀有二心，您这是给予别人叛变的机会，我们应该早些作防备。"正好李庠劝赵廞称帝，杜淑、张粲趁机告诉赵廞，以大逆不道的罪名，将李庠招来，杀掉了他和他的子侄共十多人。当时李特、李流都在外统率军队，赵廞派人安抚他们说："李庠讲了些不应该讲的话，本来就应该是死罪，然而他的罪过不会牵扯到你们兄弟身上。"于是赵廞又派李特、李流担任督将。李特、李流怨恨赵廞，统率军队返回绵竹去了。

赵廞的牙门将涪陵人许弇恳请赵廞允许他担任巴东监军，杜淑、张粲坚决反对此事，许弇一怒之下，在赵廞宫殿内亲自杀掉了杜淑、张粲。杜淑、张粲的左右亲信又杀掉了许弇。这三个人都是赵廞的心腹臣子，他们死后赵廞因而就势单力薄了。

赵廞派长史犍为人费远、蜀郡太守李苾、督护常俊，三人统率一万多人，隔绝北方道路，将军队驻扎在绵竹县的石亭。李特暗地招揽士兵七千多人，在晚上偷袭费远等人的军队，放火烧营，死亡的十有八九，最终军队占领了成都。费远、李苾和军祭酒张微，三人晚上冲出关门逃走，文武官员全都溃散。赵廞和妻子独自乘坐小船逃走，到广都时，他们被随从的部下杀掉。李特来到成都，放纵军队烧杀抢劫，并派遣使者到洛阳，陈述赵廞的罪行。

起初，梁州刺史罗尚，听说赵廞造反，便上书："赵廞没有出色的才能，蜀地百姓反抗他，他的败亡是不言而喻的。"朝廷任命罗尚担任平西将军、益州刺史，统率牙门将王敦、蜀郡太守徐俭、广汉太守辛冉共七千多人，来到蜀地。李特等人听到罗尚要来，非常害怕，于是派他的弟弟李骧在中途迎接罗尚，并向他呈献宝物。罗尚心里高兴，就派李骧担任骑督。李特、李流又用牛肉、美酒在绵竹慰劳罗尚，王敦、辛冉劝罗尚说："李特这些人，专门做些抢劫的事，你应趁机杀掉他们，否则，后患无穷。"罗尚没有听从他们的劝说。辛冉和李特有旧交情，他对李特说："故人相遇，吉凶祸福难以预料。"李特心中极为怀疑害怕辛冉。

这一年三月，罗尚到了成都。汶山羌人叛变，罗尚派遣王敦讨伐他们，王敦被羌人杀了。

齐王司马冏准备讨伐赵王司马伦，还没有发动，离狐人王盛、颍川人处穆，就在浊泽召集民众，随从他的百姓，每天数以万计。司马伦派他的将领管袭担任齐王军司，讨伐王盛、处穆，杀掉了他们。司马冏因此逮捕管袭，并杀掉了他。司马冏和豫州刺史何勖、龙骧将军董艾等人出兵。并派遣使者告诉成都王司马颖、河间王司马颙、常山王司马乂和南中郎将新野公司马歆，传达军令给征、镇、州、郡、县、国，说："叛逆的臣子孙秀，迷乱赵王，我们应该联合起来讨伐他们。谁敢不听命，就诛灭三族！"

使者到了邺都，成都王司马颖召见邺令卢志，两人商议此事。卢志说："司马伦夺权篡位，天人共怒，您应该召集有识之士，来符合百姓的期望；依仗天理讨伐他们，百姓必定不用召唤，就会前来，振臂高呼，勇往直前，没有什么困难是不能克服的了。"司马颖采纳他的建言，派卢志担任咨议参军，仍然担任左长史。卢志，是卢毓的孙子。司马颖派兖州刺史王彦、冀州刺史李毅、督护赵骧、石超等人担任前锋，远近百姓都拥护司马颖；到了朝歌，有二十多万民众归附司马颖。石超，是石苞的孙子。

常山王司马乂在他的范围内，和太原内史刘暾各自带领军队，作为司马颖的后援力量。

新野公司马歆得到司马冏的檄令，不知怎么办才好。宠臣王绥对他说："赵王亲近而又强大，齐王疏远而又弱小，您应该归从赵王。"参军孙洵大声对众人说："司马伦凶恶叛逆，天下人人应诛之，分什么远、近、强、弱呢？"司马歆这才拥护司马冏。

前安西参军夏侯爽在始平，聚集了数千民众来响应司马冏，并派遣使者邀请河间王司马颙。司马颙用长史李含的计策，派振武将军河间人张方讨伐夏侯爽，捕获夏侯爽和他的党徒，并腰斩了他。司马冏的檄令到时，司马颙拘捕了司马冏的使者，送给司马伦，派张方带领军队援助司马伦。张方到华阴时，司马颙听说司马冏、司马颖兵力强大，又让张方回来，服从二王。

司马冏的檄令到扬州，州中百姓都想支持司马冏。刺史郗隆，是郗虑的玄孙。由于侄儿郗鉴和各个儿子都在洛阳，他犹豫不决，召集所有谋士来讨论商议。主簿淮南人赵诱、虞潭都说："赵王篡权夺位，这是海内百姓无法容忍的；如今士兵到处起义，赵王必定会失败。与其我们替您策划，不如您自己率兵径直开往许昌，这是上计；派遣将领，统率军队会合司马冏，此为中计；派遣小支军队，依据形势帮助成功的一方，这是下计。"郗隆退后，秘密和别驾顾彦商议，顾彦说："赵诱等人的策略，才是上上计。"治中留宝、主簿张褒、西曹留承听到了，便恳请进见，说："不知您现在要怎么行事？"郗隆说："我同样的承蒙二帝恩惠，不会偏袒帮助哪一方，只不过想要守住州郡而已。"留承说："天下，是世祖的天下；太上皇承位很长时间了，现在皇上取得天下，并不公平，齐王顺应时势起事，成败在预料之中。您假如不早些派兵响应他，犹豫不决，将会带来灾乱，这个州郡哪里还守得住呢？"郗隆仍不答应。虞潭，是虞翻的孙子。郗隆拖延军令，六天了还不批示，将士们非常气愤。参军王邃镇守石头城，将士都争相归附他，郗隆派从事到牛渚禁止王邃，但没能阻止得了。将士们于是都遵从王邃，攻击郗隆，郗隆父子和顾彦都被杀死，将士们将他们的首级献给了司马冏。

安南将军、负责沔北所有军务的孟观，认为紫薇帝星并无异象没有异样，司马伦必定会成功，就依然替司马伦坚守。

司马伦、孙秀听到三王起兵，心中十分害怕，于是假传司马冏的表章说："不明身份的贼人突然来围攻，臣下无能，无法保护自己，希望中军来援助我们，让我们归国就死。"并将表章公布在朝廷内外；派遣上军将军孙辅、折冲将军李严，带领七千军队，从延寿关出兵；征虏将军张泓、左军将军蔡璜、前军将军闾和，统率九千军队，从崿阪关出兵；镇军将军司马雅、扬威将军莫原，统率八千军队，从成皋关出兵，抵御司马冏的军队。派遣孙秀的儿子孙会，督领将军士猗、许超，带领三万宿卫军来抵抗司马颖。朝廷让东平王司马楙担任卫将军，都督各军；并派京兆王馥、广平王司马虔统率八千军队作为后援。司马伦、孙秀日夜祈祷、厌胜（用诅咒的邪术制服人）以求得平安；他们还让巫人挑选打仗的吉时；并派人到嵩山，穿着羽衣，装作是仙人王乔，写出文章，陈述司马伦国运昌盛，想要以此来欺骗百姓。

闰月，丙戌朔日（初一），天空发生日食。从正月一直到这个月，五颗星星交叉穿过天空，纵横交错，失去以往的状态。

张泓等人往前进攻，占据阳翟，同齐王司马冏交战，多次击败司马冏。司马冏驻扎在颍阴。夏季，四月，张泓趁机进攻，司马冏带兵迎战。双方按兵不动，但孙辅、徐建军队晚上发生混乱，两人径直返回洛阳自首说："司马冏兵力强盛，我军无法阻挡，张泓已经死了！"赵王司马伦十分恐惧，对孙辅所说的秘而不宣，但让他的儿子司马虔和许超回来。正好张泓击败司马冏的捷报到了，司马伦这才又让他俩返回。张泓等人带领各军，渡过颍水，进攻司马冏的军营，同时出兵攻击孙髦、司马谭等，击败他们，张泓等人才撤兵回营。然而孙秀却骗人说已经攻克司马冏的大营，还俘虏了司马冏，让众人都向他表示祝贺。

成都王司马颖的前锋到了黄桥，被孙会、士猗、许超击败，死伤共一万多人，这让全军震动。司马颖想退守朝歌，卢志、王彦对他说："如今我们交战不利，敌人刚刚得志，有看不起我们的意思。我们假如畏惧他们，士气必将低落，就无法再交战了，况且胜负乃兵家常事，我们应该挑选精兵强将，昼夜进军，兼程前进，出奇制胜，这才是用兵的上策。"司马颖同意了这个建议。司马伦犒劳黄桥一战的有功之人，士猗、许超和孙会都受到奖赏。于是他们互不合作，军中政令不一，而且大家依仗胜利，看不起司马颖，并未设防。司马颖带领全军进攻他们，溴水一战大败孙会，孙会抛弃军队，往南逃跑。司马颖顺势长驱直入，渡过黄河。

司马冏等人起兵时，文武百官都想诛杀司马伦、孙秀，孙秀害怕，不敢走出中书省大门；当听说河北战事不利，他们担心得不知怎么办才好。孙会、许超、士猗和孙秀商讨，有人想召集残余的部队出战；有人想要烧毁宫殿，杀掉反对自己的人，要挟司马伦，去南方会合孙旂、孟观；有人想坐船逃往东方大海。大家无法得出统一决定。辛酉日（初七），左卫将军王舆和尚书广陵公司马漼，带领七百多士兵，从南掖门来到宫中，三部司马在宫中做内应，到中书省将孙秀、许超、士猗三人都杀了，还杀掉孙奇、孙弼和前将军谢惔等人。司马漼，是司马伷的儿子。王舆驻扎在云龙门，邀请八座都来到殿中，让司马伦写下诏书说："我因受孙秀迷惑，所以才招怒三王；现在孙秀已被处死。我会迎接太上皇恢复帝位，自己辞官还乡、耕田养老。"他向众人传达诏书，并让驺虞幡命令将士解散军队。黄门宦官带着司马伦从华林东门出宫，与太子司马荂一起返回汶阳里府第。王舆派遣几千武装士兵到金墉城迎接惠帝。百姓都向惠帝高呼万岁。惠帝从端门进宫，登上大殿，臣子们磕头谢罪。晋惠帝司马衷下令将司马伦、司马荂等人送到金墉城。广平王司马虔从河北回来时，到了九曲，听到宫中发生政变，丢弃军队，带着几十人返回乡里去了。

癸亥日（初九），晋惠帝司马衷大赦天下，将年号改为永宁，诏赐臣民聚饮五天。晋惠帝司马衷又分别派遣使者犒劳三王。梁王司马肜等人上书："赵王司马伦父子众叛亲离，应该将他们处以死刑。"丁卯日（十三日），晋惠帝司马衷派尚书袁尚秉持符节，下令让司马伦自尽，还捕杀了他的儿子司马荂、司马馥、司马虔、司马诩。只要是司马伦选任的官员，都罢黜官职，只在台、省、府、卫还留了些许人。这一天，成都王司马颖到了；己巳日（十五日），河间王司马颙也到了。司马颖让赵骧、石超协助齐王司马冏去阳翟讨伐张泓等人，张泓等人也投降了。自从战事爆发，六十多天来，将近十万人战死。朝廷在东市杀掉了张衡、闾和、孙髦，蔡璜自杀。五月，义阳王司马威被杀。襄阳太守宗岱接到司马冏的檄文后，杀掉了孙旂；永饶冶令空桐机将孟观杀掉。他们的首级都被传送到洛阳，并诛灭三族。

晋惠帝司马衷立襄阳王司马尚为皇太孙。

六月，乙卯日（初二），齐王司马冏统率军队来到洛阳，在通章署整肃军队，武装战士达到几十万人，这样的威势震撼整个京师。

戊辰日（十五日），晋惠帝司马衷大赦天下。

晋惠帝司马衷恢复宾徒王司马晏的吴王封号。

甲戌日（二十一日），晋惠帝司马衷让齐王司马冏担任大司马，封他九锡之命，并准备好国君威仪的事物和史官典籍，按照宣、景、文、武辅佐魏国的旧例。成都王司马颖担任大将军，管理所有军务，假黄钺，录尚书事，也加赐九锡之命，来到朝中不用跪拜，可以佩剑穿鞋上殿；河间王司马颙担任侍中、太尉，被加赐三锡的礼节；常山王司马乂担任抚军大将军、兼任左军；皇上封广陵公司马漼的爵位为王，兼任尚书、加官侍中；并加封新野公司马歆的爵位为王，管理荆州所有军务，加官镇南大将军。在齐、成都、河间三府，各地设立辅佐的官员四十人，武官整装待发，文官只不过徒有虚名而已，有识见的人都知晓战争还不会停下。己卯日（二十六日），晋惠帝司马衷派梁王司马肜担任太宰，兼任司徒。

光禄大夫刘蕃的女儿是司马伦的儿子司马荂的妻子，所以刘蕃和自己的两个儿子散骑侍郎刘舆、冠军将军刘琨，都是赵王司马伦所委任的。大司马司马冏由于刘琨父子有能力，很得人望，特别宽免他，并让刘舆担任中书郎，刘琨担任尚书左丞。又派前司徒王戎担任尚书令；刘暾担任御史中丞，让王衍担任河南尹。

新野王司马歆将要去往属地时，和司马冏一起拜谒山陵，并劝司马冏："成都王是您最亲近的人，你们一起建立大功，如今你们应该一起处理政事；否则，就应该夺去他的兵权。"常山王司马乂和成都王司马颖一起拜谒山陵，司马乂对司马颖说："天下，是先帝创建的伟业，王侯应该守护它。"听到这些话的人，都很害怕。卢志对司马颖说："齐王军队号称百万，和张泓等人不相上下，胜负不分。您假如渡过黄河，就没人能与您的功劳相比。现在齐王想和您一同辅佐朝政。我听说一山不容二虎，您应该利用太妃的病，恳请返回省亲，将重任托给齐王，这样来赢得四海的信服，这才是最好的计策。"司马颖听从了。晋惠帝司马衷接见司马颖，并慰劳他。司马颖拜谢说："这都是司马冏的功劳，和我并没有关系。"所以他上书称颂司马冏的功德，说应该将朝廷政务托付给他。还说自己母亲患病，想要返回藩国。得到批准后他立即出宫，不再返回军营，直接拜谒太庙，从东阳城门出京，最终返回邺郡。他派信使和司马冏道别，司马冏非常吃惊，骑马出城，送别司马颖，一直追到七里涧，才追到。司马颖停住车驾和他道别，潸然泪下，说是由于母亲患病，自己十分担心，忠孝无法两全。于是百姓都对司马颖表示赞誉。

司马冏派新兴人刘殷担任军咨祭酒，洛阳令曹摅担任记室督，尚书郎江统、阳平太守河内人荀晞参议军事，吴国人张翰担任东曹掾，孙惠担任户曹掾，前廷尉正顾荣和顺阳人王豹担任主簿。孙惠是孙贲的曾孙；顾荣是顾雍的孙子。刘殷小时候孤苦伶仃又很贫困，照顾曾祖母，以孝道出名，有人赠送他谷米布帛，刘殷接受了却不道谢，只不过说："等到我日后富贵了，就会报答你的。"他长大后，博通经史子集，性格风流倜傥，志向远大，节俭却不吝啬，清高却不孤傲，在远处看他，相貌严肃不容别人亵渎。司马冏让何勖担任中领军，董艾负责枢机政务，还封他的有功将佐葛旟、路秀、卫毅、刘真、韩泰担任县公，将他们看作亲信，人称“五公”。

成都王司马颖到邺都后，派遣使者仍旧重复以前的命令。司马颖接受了大将军一职，却推辞了九锡之命的特权。他还上表论述起义的功臣，让晋惠帝司马衷封他们为公侯。还说：“大司马以前在阳翟，和贼人对峙了很长时间，所以百姓穷困，我恳请将黄河以北官府仓库的米运十五万斛来救济阳翟的饥民。”司马颖还让部下打造八千多具棺木，按照成都官员等级，缝制衣服，以来收敛祭奠黄桥战死的战士，表扬他们的家族，比往常战死将士的待遇提升了两个等级。他还令温县地区埋葬赵王司马伦的士兵共一万四千多人。实际这都是卢志的计策。司马颖相貌英俊，但为人昏庸，不爱读书，不过他性情淳朴，将政事委托给卢志，所以才能拥有美好的声望。晋惠帝司马衷下令让使者告诉司马颖进京辅佐政事，并要他接受九锡之命。司马颖宠幸的臣子孟玖不愿返回洛阳，又由于程太妃留恋邺都，所以司马颖一直推让不接受诏令。

起初，大司马司马冏怀疑中书郎陆机替赵王司马伦撰写禅让帝位的诏书，于是将陆机收押，想杀掉他；大将军司马颖为陆机辩护，陆机才免除一死。司马颖又上表任命陆机为平原内史，让他的弟弟陆云担任清河内史。陆机的朋友顾荣和广陵人戴渊，以中原多事为理由，都劝陆机返回吴国；陆机由于承受司马颖的救命之恩，而且认为司马颖拥有当时百姓的期望，自己可以帮助司马颖建功立业，就留下来没有离开。

秋季，七月，朝廷恢复常山王司马乂为长沙王的封号，并将他升迁为开府、骠骑将军。

东莱王司马蕤，性格残忍，喜爱喝酒，经常羞辱大司马司马冏，又无法从司马冏的手里恳请开府，所以十分记恨司马冏。他暗地上书，告司马冏专断，想和左卫将军王舆一起策划罢免司马冏。事情败露，八月，晋惠帝司马衷下令罢免司马蕤，将他贬为平民，杀掉了王舆的三族，还将司马蕤迁到上庸，上庸内史陈钟接受司马冏的命令后，暗中杀掉了他。

晋惠帝司马衷大赦天下。

东武公司马澹犯了不孝的罪，被贬到辽东。九月，朝廷让他的弟弟东安王司马繇恢复爵位，任命为尚书左仆射。司马繇推举东平王司马楙为平东将军，负责徐州所有军务，据守下邳。

起初，朝廷的诏令到了秦州、雍州，召回流亡到蜀郡的百姓，还派御史冯该、张昌监督执行，李特的哥哥李辅，从略阳赶到蜀郡，对李特说中原正值多事之秋，不应该再返回。李特认为很对，便屡次派天水人阎式前去罗尚处，恳请罗尚暂时停下迁徙，等到了秋季，李特又贿赂罗尚和冯该；罗尚、冯该同意了。朝廷评议讨伐赵廞的功劳，让李特担任宣威将军，弟弟李流担任奋武将军，将他俩都封为侯爵。玺书到了益州时，列出六郡和李特一起讨伐赵廞的流民名单，要将他们加以封爵奖励。广汉太守辛冉想将消灭赵廞的功劳据为己有，便对朝廷的命令置之不理，不将实际功劳上报给朝廷，大家都怨恨辛冉。

罗尚派人监察遣送流民一事，限时七月上路。当时流民分散在梁、益二州，以出卖苦力为生。当大家听到强行将他们遣送返回时都很担忧，不知怎么办；加上洪水泛滥，当年粮食还没有收成，无法得到远行的盘缠。李特又派阎式请求罗尚停下遣送，等到冬季再说；辛冉和犍为太守李苾认为无法这样行事。罗尚选拔别驾杜弢担任秀才，阎式向杜弢陈述强行遣送的弊端，杜弢也想宽免流民一年，罗尚听信辛冉、李苾的计谋，不答应阎式。杜弢因此送回秀才板，出城回家。辛冉性格贪婪残暴，想要杀害流民的首领，夺取他们的财物，所以他和李苾一起对罗尚说："流民以前仗着赵廞的叛变，抢夺了很多财货，我们应该趁着迁移之时，设置关卡，来夺取他们的财货。"罗尚写信给梓潼太守张演，在各个要塞上设立关卡，搜刮财宝。

李特多次替流民乞求延缓迁徙，流民都很感激、依赖他，很多人带着部属拥护李特。李特就在绵竹建造大营来安置流民，并写信给辛冉，恳请他们的宽恕。辛冉十分恼怒，派人在大路上分别贴出告示，悬赏缉拿李特，答应给予重赏。李特见到后，将告示全都取了回来，和弟弟李骧修改悬赏的文句说："谁能送来六郡首长李、任、阎、赵、上官和氐、叟侯王的任何一个人的首级，就奖励他一百匹布帛。"所以流民非常恐惧，归附李特的人就更多，一个月的时间就超过了两万人。李流也召集了几千民众。

李特又派遣阎式请求罗尚，再一次缓和期限，阎式见到要塞上的军垒是要准备抢劫流民，叹气道："民心正是危险之时，如今却加快了迁徙的速度，灾乱将要发生了啊。"当他知晓辛冉、李苾心思已决，就告别罗尚，返回绵竹。罗尚对阎式说："你暂且将我的意思告诉流民，现在允许他们宽免些日子。"阎式说："您被奸佞的说法迷惑了，恐怕没有宽免的意思吧。百姓是柔弱而不能轻视的，假如现在不按常理逼迫他们，众怒难犯，一旦百姓反抗后患无穷，恐怕会造成不小的灾乱。"罗尚说："的确。我不骗你，你可以走了！"阎式到了绵竹，对李特说："罗尚即使这样说，然而还无法相信他。为什么呢？罗尚无法树立刑罚威信，辛冉等人拥兵自重，万一造成灾乱，这不是罗尚能控制得了的，我们应该多加防备。"李特同意阎式的话。冬季，十月，李特分为两个营，李特据守北营，李流驻守东营，整肃军队，厉兵秣马，严密警备来等待罗尚他们。

辛冉、李苾共同商议说："罗尚贪财，而且优柔寡断，渐渐使得流民能够实施奸计。李特兄弟雄才大略，我们这些人就要被他们俘虏了！我们应该作出决断，不必再问罗尚！"所以他俩派遣广汉都尉曾元、牙门张显、刘并等人，秘密带领三万步兵、骑兵，袭击李特的军营。罗尚听到后，也派遣督护田佐帮助曾元。曾元等人到了，李特按兵不动，等到曾元一半的人数进来了，便发动埋伏的人马攻击他们，曾元一方死了很多人。李特杀掉田佐、曾元、张显，将他们的首级传送给罗尚、辛冉看。罗尚对将士们说："这些贼人离开的诡计已经完成了，然而广汉不听信我的话，所以壮大了贼人势力，现在我们应该怎么办？”

所以六郡的流民一同推选李特兼任镇北大将军，承受国君诏命，封官进爵；并派他的弟弟李流兼摄镇东大将军，号称东督护，一起据守统领各军；还派哥哥李辅担任骠骑将军，弟弟李骧担任骁骑将军，发兵广汉，攻打辛冉。罗尚派遣李苾、费远带领军队援助辛冉。李苾害怕李特，不敢出兵。辛冉出兵交战，多次战败，他冲出包围，逃往德阳去了。李特来到广汉固守，让李超担任太守，发兵成都，攻打罗尚。罗尚以书信告诉阎式，阎式给他回信说：“辛冉投机取巧，曾元卑鄙小人，李叔平也不是担任将帅的人才。我之前向你和杜景文谈论过留居、迁移的恰当作法。大家都思念故乡，谁不愿返回呢！只不过以往命令刚到之时，流民为了粮食、受雇于人。一个家庭，四分五裂，又正好到秋季大水，我们恳请等待到冬季收成之时再迁徙，最终你们也不同意。你管制得太过分了，以至于穷困的小鹿也要反抗猛虎。流民不肯坐以待毙，所以才起来反抗。假如您听从我的话，延迟时日，治装上路，在九月就能全部集中，十月出发，使得流民到达家乡，哪里会有这种事情发生呢？”

李特让哥哥李辅、弟弟李骧、自己的儿子李始、李荡、李雄和李含、李含的儿子李国、李离、任回、李攀、李攀的弟弟李恭、上官晶、任臧、杨褒、上官惇等人担任将帅，阎式、李远等人担任僚属。罗尚向来贪财凶暴，于是成了百姓的祸患。李特和蜀郡百姓约法三章，广施恩德、减去劳役，救济灾荒，招贤纳士，消除障碍，军事行政严肃清平，蜀郡百姓非常高兴。罗尚总是被李特击败，于是他建筑绵长的围墙，作为屏障，沿着郫水扎营筑寨，连亘七百里，和李特相互对峙，又向梁州和南夷校尉恳请支援。

十二月，颍昌康公何劭去世。

晋惠帝司马衷封大司马司马冏的儿子司马冰为乐安王、司马英为济阳王、司马超为淮南王。

太安元年（壬戌，公元302年）

十二月初，晋惠帝司马衷改年号为太安。春季，三月，皇太孙司马尚去世。

夏季，五月，己酉日（五月无此日）梁孝王司马肜去世。

晋惠帝司马衷让右光禄大夫刘寔担任太傅，没多长时间，他由于年老多病辞职。

河间王司马颙派督护衙博进攻李特，并将军队驻扎在梓潼；朝廷又派张微担任广汉太守，在德阳驻军；罗尚派督护张龟驻扎在繁城。李特让他的儿子镇军将军李荡等人袭击衙博；自己带军进攻张龟，并击败他们。李荡在阳沔击败衙博的军队，梓潼太守张演弃城逃跑，巴西丞毛植带着全郡投降。李荡进军葭萌，攻击衙博，衙博逃跑，他的部队全部投降。河间王司马颙另外让许雄担任梁州刺史。李特自封大将军、益州牧，负责梁州、益州所有军务。

大司马司马冏想一直独揽朝廷大权，由于皇帝的子孙都死了，按照次序大将军司马颖有继位的趋势。清河王司马覃，是司马遐的儿子，才八岁，所以司马冏上书，恳请立司马覃为太子。癸卯日（二十五日），晋惠帝司马衷立司马覃为皇太子，让司马冏担任太子太师，东海王司马越担任司空，同时担任中书监。

秋季，八月，李特进攻张微，张微反而攻克李特，并进攻李特的军营。李荡率军救援，山中道路险要狭窄，李荡努力交战前进，才击败张微的军队。李特想返回涪陵，李荡和司马王幸对他进言说："张微的军队已被击败，他们的才智、英勇都损失了，我们应该趁机捕获他们。"李特又进攻张微，并杀掉他，活捉张微的儿子张存，又将张微的尸体还给张存。

李特让他的将领蹇硕驻守德阳。李骧驻扎在毗桥，罗尚派遣军队攻击他，但经常被李骧击败。李骧随后进攻成都，烧毁城门。李流驻扎在成都的北面。罗尚派遣精兵一万人进攻李骧，李骧和李流联合进攻，大败罗尚的军队，罗尚军生还的人唯有十分之一二。许雄多次派遣军队攻打李特，但总是失败，李特的势力更加强大。

建宁的豪门士族李叡、毛诜，赶走太守许俊，朱提的豪门大族李猛，赶走太守雍约，以此来响应李特，他们各有数万军众。南夷校尉李毅攻打他们，杀掉毛诜；李猛捧着文书投降，然而他口是心非，李毅便设计把他骗来并杀掉了他。冬季，十一月，丙戌日（十一日），朝廷重新设立宁州，让李毅担任刺史。

齐武闵王司马冏得势之后，骄纵浪费又独揽大权，大兴土木，建造府第，破坏公私房屋数以百计，规模和西宫一样，朝中内外都对司马冏感到失望。侍中嵇绍呈上奏章说："居安思危，这是《易经》的真诚警诫。我希望陛下不要忘了金墉城一地，大司马不要忘了颍上，大将军不要忘了黄桥一战，那么灾乱就不会发生了。"他又写信给司马冏，认为："唐尧、虞舜住的是茅草屋，夏禹住的是低矮的宫殿。如今您大肆兴建住宅，以及替三王建造宫殿，这哪里是今天紧迫的事情呢！"司马冏谦虚地向嵇绍道谢，但并未听从他的建言。

司马冏沉迷于宴乐，不进宫朝见皇帝；他安坐家中，接受百官的拜见，用符命命令三台；选举人才不公平，任人唯亲。殿中御史桓豹进奏政事，没有经过司马冏的大司马府，就被马上加以拷问。南阳隐士郑方上书，向司马冏进谏说："现在您生活安逸，不担心危亡，宴会过度，此乃第一个错误；宗室亲人骨肉，应该没有任何怀蒂，如今并不是这样，此乃第二个错误；蛮夷不清除，您就以为功德已经圆满，不放在心上，此乃第三个错误；战乱之后，百姓贫困，却没听说有救济行为，此乃第四个错误；您和士兵结盟约好，战事结束后，奖赏不失去时机，到现在仍没有论功行赏，此乃第五个错误。"司马冏向他道谢说："假如不是你，我就听不到自己的错误了。"

孙惠向司马冏上书说："天下有五种困难的事，四种无法去做的事，您都具备了：冒着被杀的危险，第一件难事；聚集天下豪杰，第二件难事；和将士同甘共苦，第三件难事；以弱胜强，第四件难事；振兴君王业绩，第五件难事。四不可：不可长久地享受大名，丰功伟绩无法长时间拥有，朝廷大权无法长时间把控，伟大的威望无法长时间占据。您处理难事却不认为困难，居于不可以的地位却认为可以，这是我私下无法安心的。您应该想到‘功成身退’的道理，您应该推举亲近的大臣，将重任托付给长沙、成都二王，拱手相让，返回自己的藩国，那么吴太伯、曹子臧就不会在历史上独占美名了。如今您竟然忘了位高权重而应该担心，贪求权力而蒙受怀疑，即便是在高台上遨游，在深宫中逍遥，我认为危亡的忧虑，超过在颍川、阳翟之时了。”司马冏没有听取孙惠的建言，孙惠称病离开了。司马冏对曹摅说：“有人劝我放弃大权、返回藩国，你觉得怎么样？”曹摅说：“凡事要防止过于繁盛，您假如真能居有高位而担忧危亡，就应该整理衣装离开，这才是上策中的上策。”司马冏还是没有听从。

张翰、顾荣都担心自己会牵连到灾祸，张翰由于秋风吹起，便想到了菰菜、莼菜羹、鲈鱼细丝肉，叹气道：“人生难得的是顺从自己的心思而已，富贵有什么用呢！”于是他马上离开了。顾荣本来经常醉酒，不管府中政事，长史葛旟由于他不理政事，向司马冏奏报，贬谪顾荣担任中书侍郎。颍川处士庾衮，听到司马冏常年不朝见大臣，叹气道：“晋室衰落，灾乱将要降临了！”于是带着妻儿逃到林虑山中去了。

王豹写信给司马冏说：“我想到元康以来，在位的宰相，没有人善始善终的，这是形势所趋，并不是他们干了坏事。如今您消除了祸乱，安定了国家，却又循规蹈矩，假如想要长久保持现状，这不是很难吗！现在河间王在关右扎牢根基，成都王在之前的魏国坚守，新野王在江、汉大封功臣，三位王侯正以刚劲的盛年，大权在握，占据重地，然而您现在却处于功劳过大已经无法再封赏，权威足使皇帝感到震恐的境地，一个人据守京城，独揽朝政大权，进一步就是‘亢龙有悔’（居处极为尊贵的地位，就要担心因满溢而失败），退一步就是‘据于蒺藜’（居处在凶险艰困的地位），您希望这样求得安稳，是看不到吉祥的。”所以司马冏恳请晋惠帝司马衷派所有的王侯前去藩国，按照周公、召公的典制，让成都王担任北州伯，管理邺都；司马冏自己担任南州伯，治理宛城；以黄河作为界线，各自统领王侯，共同辅助晋惠帝司马衷。对王豹的信，司马冏态度温和地给了答复。长沙王司马伷见到王豹的信后，对司马冏说："这小子离间我们，你为什么不在铜驰下打死他！"司马冏因此上奏斥责王豹内进谗言，挑拨离间，无缘无故猜疑，不仁不义，并鞭杀了他。王豹快死时，说："请将我的头悬挂在大司马门上，以便来观看军队攻打齐王。"

司马冏由于河间王司马颙原本依从赵王司马伦，就经常怨恨他。梁州刺史安定人皇甫商，和司马颙的长史李含关系不好。李含被征召担任翊军校尉，经常参与商议司马冏的军事，夏侯奭的哥哥也在司马冏的府中。李含感到受威胁，他又和司马冏的右司马赵骧有仇，所以单枪匹马奔向司马颙，还骗人说曾接受密诏，让司马颙杀了司马冏，趁机劝司马颙说："成都王和你是亲近的人，树有大功，但他推辞不接受，返回藩国，得到百姓对他的信任。司马冏是远亲，但他独揽大权，朝廷不敢管他。现在传令让长沙王讨伐齐王，齐王肯定会杀掉长沙王，我们就能将这作为齐王的罪过，来讨伐他，必定能捕获他。我们抛弃齐王，拥护成都王，消除迫害，而立近亲，以此安定社稷，这是大功。"司马颙同意了。此时，武帝族弟范阳王司马虓，负责豫州所有事务。司马颙上表列述司马冏的罪行，还说："我统率十万军队，想和成都王司马颖、新野王司马歆、范阳王司马虓在洛阳会合，请长沙王司马乂罢免司马冏，让他返回府第，让司马颖代替司马冏，辅佐政事。"司马颙因此出兵，让李含担任都督，带领张方等人急奔洛阳；又派遣使者邀请司马颖，司马颖想要响应他，卢志向他进谏，司马颖没有听从。

十二月，丁卯日（二十二日），司马颙的表章到时，司马冏十分害怕，召集百官一起商讨，说："我率先提倡义兵，尽臣子的节操，上天可以证实我的真诚。如今二王听信谗言，让我们为难，我们应该怎么办？"尚书令王戎说："公侯功业实在伟大；然而奖励无法惠及辛苦的人，所以有人怀有二心。如今二王兵力强盛，难以阻挡。假如以王爵的身份退居府第，将政权交出，托付别人，也许能求得平安。”司马冏的从事中郎葛旟恼怒地说：“三台进谏，却不考虑君王大事。犒劳有功的人受到延迟，责任不在齐王王府。流言叛乱，应该共同讨伐，为什么一接受假诏，就要让公侯退回府第！汉、魏之后，王侯归返府第，哪个能保全妻儿的呢！提这个建言的人应该杀掉！”百官震惊失色，王戎假装药性发作，掉到厕所里，才得以免除一死。

李含驻扎阴盘，张方带领两万军队驻扎新安，并传令给长沙王司马乂，让他讨伐司马冏。司马冏派董艾袭击司马乂，司马乂带领手下一百多人跑进宫中，关闭各门，尊奉天子，攻打大司马府。董艾在皇宫西面排列军队，纵火烧了千秋神武门。司马冏让人拿着驺虞幡唱着说：“长沙王假传诏命。”司马乂又说：“大司马准备造反。”这天晚上，城内大战，箭如雨下，火光照亮了天空。晋惠帝司马衷驾临上东门，箭交错落在皇帝驾前，死亡的臣子，重重叠叠。连着交战三天，司马冏军队大败，大司马长史赵渊杀掉了何勖，并捉住司马冏投降。司马冏到了殿前，晋惠帝司马衷心中难过，想救他一命。司马乂大声让左右赶快牵出司马冏，在阊阖门外杀了他，将头颅传遍六军，凡是同党都诛灭三族，死了两千多人。还将司马冏的儿子司马超、司马冰、司马英幽禁在金墉城，废除司马冏的弟弟北海王司马寔。大赦天下，将年号改为太安。李含等人听到司马冏已死，便带军返回长安。

长沙王司马乂即使在朝廷，事无巨细，都要到邺都和大将军司马颖商议。司马颖让孙惠担任参军，陆云担任右司马。

这一年，陈留王去世，追加为魏元皇帝。

鲜卑宇文单于莫圭部落强大，让他弟弟屈云攻打慕容廆，而慕容廆则去攻击他的别帅素怒延，击败了他。素怒延感到羞辱，又出动十万军队，在棘城包围慕容廆。慕容廆的军队都很害怕，慕容廆说：“素怒延人数虽多，但没有纪律，他已在我的算计之中了，你们只要努力交战，不用担忧。”出兵攻击，大败敌军，追赶逃兵一百里，俘虏砍头的人数以万计。辽东人孟晖，之前被宇文部击败了，带领几千家部下归附慕容廆，慕容廆派他担任建威将军。慕容廆由于臣子慕舆句勤勉谨慎，清廉稳重，让他管理府库；慕舆句心里计算，默默记住，不用查看簿记，从未遗漏。由于慕舆句聪明敏捷，缜密详细，让他主管诉讼，他复查审讯处理得清廉公正。

资治通鉴卷第八十五　晋纪七

起癸亥（公元303年），止甲子（公元304年），共二年。

【题解】本卷记录了晋惠帝太安二年、永兴元年间的全国大事：司马乂杀掉司马颙的同党李含等人，司马颙与司马颖分派人马讨伐司马乂；司马乂挟晋惠帝大破陆机、张方；司马颖率兵进逼洛阳；司马越操纵晋惠帝杀掉司马乂并向司马颖、司马颙求和；司马颖自立为皇太弟，居邺城遥控京师；司马越挟惠帝讨伐司马颖，大败，惠帝落入司马颖手中；司马颖兵败，挟惠帝入洛阳；张方占据洛阳操纵朝政，司马越与司马颙掌握了最高权力；张昌发动民变，奉刘尼为天子，攻杀了司马歆；张昌的党羽石冰被讨平；氐族头领李特围攻成都，被罗尚杀掉，李雄夺取成都，建立国家；匈奴拥立刘渊为大单于，建国称王，气势大振。

孝惠皇帝中之下

太安二年（癸亥，公元303年）

春季，正月，李特暗地渡江进攻罗尚，水上部队都溃散逃跑了。蜀郡太守徐俭献上少城投降，李特进城驻守，只将马匹用来补贴军用，其他都不加侵掠；宽恕境内百姓，将年号改为建初。罗尚退守太城，让使者向李特议和。蜀郡百姓聚集一起，修筑土堡以自保的各蜀民聚居点都向李特表示感激，李特派使者前去安抚；由于军中粮少，所以分散六郡的流民到各坞堡中寻食。李流向李特进谏说：“各坞堡刚刚归降，人心不稳，应该让豪门大族的子弟担任人质，集中一些兵力自己防守，以此来预防想不到的事。”李流又给李特的司马上官惇去信说：“接受投降就像接受敌人，无法掉以轻心。”前将军李雄也这样说。李特恼怒地说："大事已定，只要安定百姓，为什么又要对他们加以怀疑，使他们叛变呢？"

朝廷派荆州刺史宗岱、建平太守孙阜，带领三万水军来援助罗尚。宗岱让孙阜担任前锋，进攻德阳；李特派李荡和蜀郡太守李璜，前去德阳，和太守任臧一起抵抗。宗岱、孙阜军队的阵势异常强大，各坞堡都有叛变的意愿。益州兵曹从事蜀郡人任叡，向罗尚进谏说："李特分散部队，前去谋食，他骄傲放松，没有设防，这是上天要使他们灭亡。我们可以暗中约定各个坞堡，说好日期，同时出动里应外合，必定可以击败他们！"罗尚让任叡晚上縋绳出城，到各坞堡宣布命令，约好在二月十日一起攻击李特。任叡趁机到李特处假意投降，李特询问城中情况，任叡说："存储的粮食快要吃完了，只剩下财物布匹而已。"任叡恳请出城探望家人，李特同意了，于是回来报告罗尚。二月，罗尚派遣军队偷袭李特军营，各坞堡都响应，李特军队大败，罗尚斩杀李特和李辅、李远，烧毁了尸体，将他们的首级传到洛阳，流民十分恐惧。李流、李荡、李雄聚集残余军众，回来退守赤祖。李流自封大将军、大都督、益州牧，保据东营，李荡、李雄驻守北营。孙阜攻克德阳，抓获蹇硕，任臧退兵，驻扎在涪陵。

三月，罗尚让督护何冲、常深进攻李流，涪陵百姓药绅也起兵攻击李流。李流和李骧抵挡药绅，何冲趁机攻打北营，氐人苻成、隗伯在营中叛变响应。李荡的母亲罗氏，身着盔甲交战，隗伯亲手刺伤她的眼睛，罗氏的气势更加强壮；正好李流等人击败常深、药绅，带领军队回来，与何冲交战，大获全胜。苻成、隗伯带领党徒突围出城，投靠罗尚。李流等人乘胜进军，到达成都，罗尚关闭城门固守。李荡骑马奔驰，追赶逃兵，中箭身亡。

朝廷派侍中燕国人刘沈用符节统一指挥罗尚、许雄等人的军队，进攻李流。到长安时，河间王司马颙挽留刘沈担任军师，派遣席薳代替刘沈。

李流由于李特、李荡相继死去，宗岱、孙阜就要到达，非常害怕。李含劝李流投降，李流听从。李骧、李雄接连不断进谏，都不被采纳。夏季，五月，李流让他的儿子李世和李含的儿子李胡，到孙阜军中作人质；李胡的哥哥李离，担任梓潼太守，听到后，从郡城跑回来，想要进谏，但已经来不及了。退回来，和李雄准备袭击孙阜的军队，李雄说："现在的计策，应该是这样的；然而两位老人不同意，我们应该怎么办？"李离说："必须强迫他们！"李雄非常高兴，所以一起劝流民说："我们这些人之前已经伤害了蜀郡的百姓，如今万一束手就擒，就会成了任人宰割的鱼肉，唯有同心协力攻击孙阜，来求取富贵了！"大家都听从他。李雄和李离率军袭击孙阜军队，大获全胜。正好宗岱死在垫江，荆州军队只好退兵。李流非常惭愧，由于李雄拥有奇才，将军事全部托付给他。

新野庄王司马歆，处理政事严厉紧迫，失去蛮夷的信任。义阳蛮族人张昌召集几千党徒，想要叛乱。荆州用壬午诏书派遣勇猛战士前去益州，讨伐李流，人称"壬午兵"。百姓害怕远征，都不想去。诏书催促得很紧急，凡经过地界停留五天的，两千石的官吏免除官职。于是郡县长官都亲自出来驱赶；迁移没多远，百姓就又聚集在一起，成了盗贼。当时江夏粮食大丰收，百姓前去谋生的有好几千人。张昌趁机欺瞒百姓，将姓名改为李辰，在安陆郡石岩山召集百姓，各地流民和躲避赋役的人，大多都跟从他。太守弓钦派兵讨伐他，战败而归。张昌于是攻打郡城，弓钦的军队失败，和部将朱伺奔向武昌。司马歆派骑督靳满讨伐他们，靳满又失败逃跑。

张昌于是占领江夏，制造流言说："应该有圣人出现，作为百姓的君主。"张昌捉到山都县县吏丘沈，将他的姓名改为刘尼，骗人说他是汉朝的后代，推崇他为天子，说："这是圣人。"张昌自己担任相国，假造凤凰、玉玺祥瑞的事，将年号改为神凤。祭奠天地的典制、服装的颜色，都按照汉朝旧例。凡是没有听从召集的人，诛杀全族，百姓不敢不顺从。又散布谣言："江、淮以南，都叛变了，官军大起，是会被全部诛杀的。"众人互相煽动，人心惶恐，江、沔各地起兵来响应张昌的，一月之间达到三万人，他们都戴着红色的帽子，用马尾作胡须。并下令派监军华宏讨伐他们，但在障山战败。

司马歆上书："妖贼像羊犬群聚，人数众多，他们头戴红色帽子、满面胡须，手持刀剑，操拿大戟，锐气无法阻挡。恳请朝廷禁省敕令各军，分三道援助。"朝廷让屯骑校尉刘乔担任豫州刺史；宁朔将军沛国人刘弘担任荆州刺史；又下令让河间王司马颙，派雍州刺史刘沈，带领州兵一万人和征西府五千人，从蓝田关出兵，去讨伐张昌。司马颙并不接受诏书命令。刘沈自行带领州兵，到了蓝田，司马颙又强行夺去他的军权。所以刘乔驻扎在汝南，刘弘和前将军赵骧、平南将军羊伊将军队驻扎在宛城。张昌派遣他的将领黄林，带领两万人，前去豫州，刘乔击退了他们。

起初，司马歆和齐王司马冏关系很好，司马冏败亡后，司马歆恐惧了，和大将军司马颖暗中结交。等到张昌作乱，司马歆上表恳请讨伐他们。当时长沙王司马乂已经和司马颖有了仇恨，怀疑是司马歆和司马颖合谋，没有听从司马歆派出军队请求，致使张昌部队日益强大。从事中郎孙洵对司马歆说："您担任封疆大吏，蒙受边疆重托，呈上表章就行动，有什么不行的呢？却使奸贼盗匪弥漫猖狂，灾祸难以估量，这哪里是保卫王室、稳定华夏的意义呢！"司马歆想要出兵，王绥说："张昌等区区贼人，我们足以制服了，您何必违抗圣命，亲自冒着箭石的危险呢！"张昌到了樊城，司马歆这才出兵反抗，部队溃散，被张昌杀了。朝廷派刘弘代替司马歆担任镇南将军，负责荆州所有事务。六月，刘弘让南蛮长史陶侃担任大都护，参军蒯恒担任义军督护，牙门将皮初担任都战帅，发兵驻守襄阳。张昌联合军队围攻宛城，击败赵骧的军队，杀掉羊伊。刘弘撤退后，驻扎在梁县。张昌进攻襄阳，但迟迟无法攻下。

李雄进攻汶山太守陈图，杀了他，并且攻下郫城。

秋季，七月，李流移兵驻扎郫城。蜀郡百姓都固守要地，联合坞堡，以求自保，有的到南面的宁州，有的到东边的荆州，城内空虚，野外没有烟火，李流抢劫不到粮食，士兵们都饥肠辘辘。唯有涪陵一千多户人家，依靠青城山处士范长生；平西参军涪陵人徐舆游说罗尚，恳请罗尚让自己担任汶山太守，邀请范长生，同他一起讨伐李流。罗尚不答应，徐舆一怒之下，出城向李流投降，李流让他担任安西将军。徐舆劝范长生出钱，供给李流军粮，长生同意了，李流的军队又振作起来。

起初，李含由于长沙王司马乂势单力薄，认为他必定会被齐王司马冏杀掉，想借司马冏的罪行来讨伐他，接着废除晋惠帝司马衷，拥护大将军司马颖，让河间王司马颙担任宰相，自己可以掌权。没过多久，司马冏被司马乂杀了，司马颖、司马颙依然据守藩国，并不像预料的那样。司马颖依仗功劳，恃宠而骄，各种制度都荒废了，比司马冏统治的时期还要严重；他还嫌司马乂尚在朝中，无法满足自己的欲望，想要除去司马乂。当时皇甫商又担任了司马乂的参军，皇甫商的哥哥皇甫重任秦州刺史。李含劝说司马颙："皇甫商受到司马乂的信任，皇甫重终是不会接受别人任用的，您应该早日除掉他，您可以上书升迁皇甫重担任朝内职务，趁他经过长安时捉住他。"皇甫重知晓后，用不封口的檄文呈给尚书，出动陇上军队来讨伐李含。司马乂认为军队需要稍加休息，让使者下达命令要皇甫重停止出兵，征召李含担任河南尹。李含接受了征召，然而皇甫重并不接受任命，司马颙派遣金城太守游楷、陇西太守韩稚等人，集合四郡军队攻打他。司马颙暗中命令李含和侍中冯荪、中书令卞粹谋杀司马乂。皇甫商将这件事告诉了司马乂，司马乂收捕了李含、冯荪、卞粹，并杀掉他们三人。骠骑从事琅邪人诸葛玫、前司徒长史武邑人牵秀，都逃到邺都。

张昌的同伙石冰侵犯扬州，击败刺史陈徽，各郡全部陷落；又攻下江州，别将陈贞等攻打武陵、零陵、豫章、武昌、长沙，各地均陷落。临淮人封云起兵侵犯徐州，呼应石冰。荆、江、扬、豫、徐五州地区，大多被张昌占领。张昌设立的州牧、郡守，都是残忍的盗贼小人，专门干些抢劫财物的事情。

刘弘让陶侃等人到竟陵进攻张昌，刘乔让他的将领李杨等人到江夏。陶侃等人多次和张昌交战，大败敌兵，前后斩下的首级共有几万颗，张昌逃到下俊山中，他的部众都投降了。

起初，陶侃小时候，父亲死了，家里很穷，他担任郡中的督邮时，长沙太守万嗣经过庐江，见到他，觉得他是杰出的人才，让他的儿子和陶侃交朋友，然后才离开。陶侃后来被选拔为孝廉，到了洛阳，豫章国郎中令杨晫向顾荣推荐他，陶侃由此远近闻名。陶侃击败张昌后，刘弘对陶侃说："我之前担任羊公参军时，认为这是我之后应该拥有的位置；如今见到你，觉得你必定会继承我的地位了。"

刘弘退兵后，将军队驻扎在梁县，征南将军范阳王司马虓派前长水校尉张奕统领荆州。刘弘到了，然而张奕不允许刘弘替代自己，于是他就出兵反抗刘弘；刘弘讨伐并杀掉了张奕。当时荆州官府的官员有很多空缺，刘弘恳请朝廷选举人才补足，朝廷下诏同意了。刘弘奖赏有功的人，选举有节操的人，按照才能选拔官吏，大家都敬佩他的处事公正允当。刘弘上书让皮初担任襄阳太守，朝廷认为皮初虽然有功劳，但威望不高，于是就让刘弘的女婿、前东平太守夏侯陟任襄阳太守。刘弘颁布命令说："管理一国的人，应该为全国尽力，假如必须是亲戚才能任用的话，那么荆州有十个郡，到哪里能找到十个女婿来处理政事呢！"于是他向朝廷上书说："夏侯陟是我的亲戚，以前按照规定亲戚无法相互监督；皮初的功劳，应该获得回报。"朝廷下令同意刘弘的安排。刘弘于是奖励督查农桑事业，宽大刑罚，减轻赋税，公私丰足，百姓非常高兴。

河间王司马颙听说李含等人死了，马上起兵进攻长沙王司马乂。大将军司马颖上书，恳请讨伐张昌，晋惠帝司马衷同意了。司马颖听说张昌已被平定，想和司马颙一起讨伐司马乂。卢志进谏说："您之前据有大功，却抛弃大权、推辞尊贵，当时声望非常美好；如今要在郊关门外整肃军队，穿上官服进宫朝见，这是霸王的功业。"参军魏郡人邵续说："一个人拥有兄弟，如同左右手。您假如想面对天下的敌人却先去掉其中一只手，这样能行吗？”司马颖没有听从他们的意见。八月，司马颙、司马颖一起上书：“司马乂评论功劳不当，与右仆射羊玄之、左将军皇甫商独断朝廷大权，陷害忠良，我们恳请诛杀羊玄之、皇甫商，将司马乂送回国。”晋惠帝司马衷下令说：“司马颙竟敢兴起大军，攻击京都，我应该亲自统率六军，来讨伐这些奸邪叛逆的人。让司马乂担任太尉，负责内外所有军务来抵抗他们。”

司马颙让张方担任都督，带领七万精兵，从函谷往东，赶往洛阳。司马颖带领军队驻扎在朝歌；让平原内史陆机担任前将军、前锋都督，督率北中郎将王粹、冠军将军牵秀、中护军石超等部队二十多万人，南向洛阳。陆机以寄身客卿的地位侍奉司马颖，突然地位超过各将领，王粹等人心里都不服气。白沙督孙惠和陆机交情很好，劝陆机将都督让给王粹，陆机说：“他们就会说我犹豫不决，这正好加快了灾乱。”于是仍旧出发。司马颖的军队从朝歌排到河桥，鼓声传播到几百里之外。

乙丑日（二十四日），晋惠帝司马衷到十三里桥。太尉司马乂让皇甫商带领一万多人到宜阳抵抗张方。己巳日（二十八日），晋惠帝司马衷的军队返回宣武场。庚午日（二十九日），驻扎在石楼。九月，丁丑日（初六），晋惠帝司马衷驻军在河桥。壬子日（九月无此日），张方袭击皇甫商，并战胜他们。甲申日（十三日），晋惠帝司马衷驻扎在芒山。丁亥日（十六日），晋惠帝司马衷到达偃师；辛卯日（二十日），晋惠帝司马衷住在豆田。大将军司马颖率兵驻扎在黄河南岸，隔着清水扎营筑寨。癸巳日（二十二日），羊玄之在担忧中去世，晋惠帝司马衷的军队返回城东。丙申日（二十五日），晋惠帝司马衷到达缑氏，进攻牵秀，并击败了他。晋惠帝司马衷大赦天下。张方来到京城，大肆抢劫，死者数以万计。

李流病重，对各位将领说：“骁骑将军仁德明理，本来足以担当大任；但是前军将军英勇雄武，这估计是上天所赐，你们可以一起为前军将军效力。”李流去世后，大家推荐李雄担任大都督、大将军、益州牧，镇所在郫城。李雄命令武都人朴泰欺骗罗尚，让他偷袭郫城，说自己可做内应。罗尚让隗伯带领军队攻打郫城，朴泰约好点火作为呼应，李骧在中途埋伏军队，朴泰将长梯架出城外。隗伯士兵见到火光，争先登上长梯上城，李骧出动军队攻击，大获全胜。并追赶逃兵，晚上到了城下，假装高呼万岁，说："我们已经占领郫城了！"来到少城后，罗尚才发觉上当，只好退守太城。隗伯受伤很重，被李雄活捉，赦免而没有被杀。李骧攻打犍为，切断罗尚的运输路线。并捕杀太守龚恢。

石超率兵进攻缑氏。冬季，十月，壬寅日（初二），晋惠帝司马衷返回宫中。丁未日（初七），在东阳门外战胜牵秀。大将军司马颖派将军马咸援助陆机。戊申日（初八），太尉司马乂拥护晋惠帝司马衷和陆机在建春门交战。司马乂的司马王瑚，命令几千骑兵在马上绑着长戟，来冲撞马咸的军阵，马咸军阵被冲乱，王瑚捕获并杀掉了马咸。陆机军队大败，逃向七里涧，死亡的人堆积如山，涧水都被堵塞得无法流动了。石超杀掉了他的大将贾崇等十六人后逃跑。

起初，宦官孟玖受到大将军司马颖的宠信，孟玖想让他的父亲担任邯郸令，左长史卢志等人都不敢反对，右司马陆云坚决不同意，说："这一县的长官，有晋升公府掾的资格，哪有让黄门宦官的父亲任职的道理呢！"孟玖非常恨陆云。孟玖的弟弟孟超，是带领万人的小督，尚未交战就放纵军队，大肆抢劫，陆机收押了闹事的人。孟超带领强悍骑兵一百多人，径直冲进陆机帐前，夺走犯人，并回头对陆机说："奴才！看你还能担任都督吗！"陆机的司马吴郡人孙拯，劝陆机杀掉他，陆机不同意。孟超对大家公开说："陆机想要造反。"还写信给孟玖，说陆机操持两头，以致战事无法速战速决。等到交战，孟超不接受陆机的命令，轻率地带兵孤军深入，战败而死。孟玖怀疑是陆机杀了他，在司马颖面前陷害陆机说："陆机在长沙有异心。"牵秀向来谄媚地为孟玖效力，将军王阐、郝昌、帐下督阳平人公师藩，都是孟玖引荐来的，他们一起证实。司马颖十分恼怒，让牵秀带领军队捕拿陆机。参军事王彰进言说："今天的事情，强弱不同，平常人都知晓必定会取得成功，何况是陆机这么通晓事理的人呢！只不过陆机是吴郡人，殿下过于宠信他，北方旧有的将领都憎恨他而已。"司马颖没有听从。陆机听说牵秀到了，自动脱下军装，头戴白色帽子，和牵秀见面，还写了封信与司马颖告别，事后他叹气说："华亭的鹤唳声，我还能够再听得到吗？"牵秀最终杀了他。司马颖又收押陆机的弟弟清河内史陆云、平东祭酒陆耽和孙拯，将他们都投入监狱。

记室江统、陈留人蔡克、颍川人枣嵩等人呈上奏章，认为："陆机计谋不深，遭到失败，杀掉他是说得过去；但说到反叛的事，大家都知晓他是不会的。您应该先检查陆机造反的罪行，假如有了证据，再杀掉陆云等人也不晚。"江统等人不停地恳求，司马颖犹豫了三天。蔡克进来，跪到司马颖面前，叩得头破血流，说："陆云是孟玖怨恨的人，这是所有人都知晓的。假如他被杀的话，我替您痛惜！"跟随蔡克进来的门客有几十人，都流着眼泪，坚决恳请，司马颖心中难过，有宽恕陆云的意思。孟玖扶着司马颖来到内室，催着要他杀陆云、陆耽，诛杀陆机三族。狱吏拷打孙拯几百下，打得两脚踝露出了踝骨，他还一直说陆机是无辜的。狱吏知晓孙拯的正气刚烈，便对孙拯说："二陆的冤情，大家都知晓，你怎能不爱护自己的身体呢？"孙拯仰头叹道："陆机兄弟，是人世中的奇才，我承蒙他们的知遇之恩，如今既然无法拯救他们的性命，难道还忍心陷害他们吗！"孟玖知晓孙拯不会屈从，就让狱吏假造孙拯的供词。司马颖杀掉陆机后，心中时常悔恨，等到看了孙拯的供词，十分高兴，便对孟玖等人说："假如没有你们的忠诚，我无法详细追究这件奸逆的事！"所以将孙拯三族都杀掉。孙拯的门人费慈、宰意两个人，去监狱陈明孙拯的冤情，孙拯开导并让他们离开，说："我坚持正义，不辜负二陆，死是我的本意，何必牵连到你们呢！"他们说："你既然不辜负二陆，我们又哪里会辜负你呢！"他们还是坚持陈述孙拯的冤情，孟玖将他们也杀掉了。

太尉司马乂支持晋惠帝司马衷攻打张方，张方军队在远处见到了晋惠帝司马衷的车驾，都退走了，张方因而大败，共死了五千多人。张方退守在十三里桥，士兵害怕，想在晚上逃跑，张方说："胜败乃兵家常事，善于带兵的人，能转败为胜。现在我们向前进，建造堡垒，出奇制胜，这才是上策。"所以他们晚上偷偷地逼近洛城七里的地方，建造好几层的堡垒，从外面取来仓库谷物，来补足军中粮食。司马乂取胜后，认为不值得害怕张方的军队。当他听说张方的壁垒已经建成，十一月，便带军攻打，无法获胜。朝中认为司马乂、司马颖是兄弟，可以通过讲和排解纠纷，所以派中书令王衍等人前去游说司马颖，让他和司马乂分割陕地，各自管理，司马颖不同意。司马乂因此送信给司马颖，向他陈说利害关系，想要和他和解。司马颖回答说："您若斩下皇甫商等人的首级，我就带军返回邺都。"司马乂不同意。

司马颖带兵进攻京城，张方打破千金堨的堤堰，水渠的用水都干枯了。朝廷发动王公大臣的奴仆，用手舂米，供给军队食用；一品以下不跟从交战的官吏，十三岁以上的男子都要服役；还发动下人帮助军队。公私穷困紧迫，粮食一石涨到一万钱。皇帝诏命所能到达的地方，仅京城一座城池而已。骠骑主簿范阳人祖逖向司马乂进谏说："刘沈忠贞正义、英勇刚毅，雍州军力足以牵制河间，我们可以上报皇帝，下诏书给刘沈，让他出兵进攻司马颙。司马颙走投无路，必定会召回张方援助自己，这才是上计。"司马乂同意了。刘沈接到命令，很快到各地发布檄文，各地大多起兵呼应。刘沈召集七郡的部队，共计一万多人，奔向长安。

司马乂又命令皇甫商暗地出战，手持晋惠帝司马衷的亲手诏书，让游楷等人停下军事行动，派皇甫重发兵讨伐司马颙。皇甫商秘密到达新平，遇见了他的外甥，外甥向来讨厌皇甫商，便告诉司马颙，司马颙捉住并杀掉了皇甫商。

十二月，议郎周玘、前南平内史长沙王司马矩，在江东起义，讨伐石冰，选举前吴兴太守吴郡人顾秘负责扬州九郡所有军务，传令到各州郡，杀掉石冰所部署的将士官员。前侍御史贺循在会稽出兵，庐江内史广陵人华谭和丹阳人葛洪、甘卓都起兵来拥护顾秘。周玘，是周处的儿子；贺循，则是贺邵的儿子；甘卓，是甘宁的曾孙。

石冰派他的将领羌毒，带领几万士兵抵抗周玘，周玘攻击并杀掉了他。石冰从临淮急奔寿春。征东将军刘准听说石冰到了，恐惧得不知怎么办才好。广陵度支庐江人陈敏在寿春带领部众，对刘准说："这些人原本就不喜欢征战远方，被逼迫才成了盗贼，全是乌合之众，兵力一触即溃，陈敏恳请带领运输兵替公侯战胜他们。"刘准于是增加陈敏的将士，让他攻击石冰。

闰月，李雄紧急进攻罗尚。罗尚军中没有粮食，留下牙门张罗守城，夜里，他从牛鞞水往东逃走，张罗开门投降。李雄来到成都，士兵非常饥饿，就率部众到郪县寻找粮食，挖掘野芋吃。许雄被判定犯了讨伐贼人举步不前的罪过，被召回京接受处罚。

安北将军、都督幽州所有军务的王浚，由于天下混乱，想和夷狄结盟，互相支援，于是将一个女儿嫁给鲜卑人段务勿尘，另外一个女儿嫁给素怒延。他还上书将辽西郡封给务勿尘，让他担任辽西公。王浚，是王沈的儿子。

毛诜死后，李浚逃到五苓夷的首领于陵丞的属地，于陵丞前去李毅处，替李浚恳请保全性命，李毅同意了。李浚一到，李毅就杀了他。于陵丞一怒之下，带领各夷族叛变，进攻李毅。

尚书令乐广的女儿是成都王的王妃，有人因为此事向太尉司马乂进谗。太尉问乐广，乐广脸色安详，慢慢地说："我难道会由于一个女儿的原因而不顾五个儿子的性命吗？"但司马乂还是对他存有疑心。

永兴元年（甲子，公元304年）

春季，正月，丙午日（初八），乐广由于担忧去世。

长沙厉王司马乂多次和大将军司马颖交战，战胜他们，前后杀掉、俘虏六七万人。战事紧张而司马乂从来没有降低事奉君主的礼节。城中粮食渐渐缺乏，士兵并没有背叛的意愿。张方认为洛阳攻不下，要返回长安。这时，东海王司马越担心战事没有希望，癸亥日（二十五日），暗地和殿中各将趁晚上逮捕司马乂，将他送到别省。甲子日（二十六日），司马越上奏晋惠帝司马衷，下令罢黜了司马乂的官职，将他废置在金墉城。晋惠帝司马衷大赦天下，改年号为永兴。城门打开之后，殿中士兵见到外面军队兵力并不强大，都后悔了，又想抢救司马乂出来反抗司马颖。司马越恐惧，想杀掉司马乂来断绝大家的期望。黄门侍郎潘滔说："不能这样，之后自然会有稳定人心的人出现。"就派人暗中告诉张方。丙寅日（二十八日），张方到金墉城捉到司马乂，到军营后，将他烧死，张方的军士也为司马乂流泪。

公卿们都到邺都自陈错误。大将军司马颖来到京城，又返回治所邺都。朝廷下令派司马颖担任丞相；给东海王司马越进加至守尚书令的职务。司马颖让奋武将军石超等人，带领五万士兵，据守十二城门，司马颖将朝廷中有宿怨的官员都杀掉，替换所有的宿卫军。上书派卢志担任中书监，留在邺都，参办丞相府中政事。

河间王司马颙驻扎在郑县，作为东军的后援。当他听到刘沈起兵，回来驻守渭城，派督护虞夔到好畤迎战。虞夔失败，司马颙感到恐惧，退兵来到长安，紧急召回张方。张方抢劫洛中官私奴婢一万多人后往西去了。军中缺乏粮食，只好杀人掺杂在牛马肉中一起食用。

刘沈渡过渭水后，建立阵地，和司马颙交战，司马颙总是战败。刘沈让安定太守衙博、功曹皇甫澹带领五千精兵进攻长安，来到城内，奋力交战，到了司马颙的帐前。刘沈军队来得慢，冯翊太守张辅见到他们没有后援，带领军队中途攻击他们，杀掉衙博和皇甫澹，刘沈因而战败，他集合残余部队撤退。张方派他的将领敦伟在晚上攻击他们，刘沈的军队惊慌溃散，刘沈和部下向南逃跑，敦伟追上并俘虏了刘沈。刘沈对司马颙说："朋友的恩惠轻，君臣的道义重，我无法违背天子的诏令，衡量势力的强弱来苟且偷生。我揭竿而起时，就已经预料自己必定会死，即使遭受菹醢的极刑，也会甘甜得如同荸荠一样。”司马颙恼怒，就鞭打他，最后腰斩了他。新平太守江夏人张光屡次为刘沈出谋划策，司马颙捕获并质问他，张光说：“刘沈不采纳我鄙陋的计策，才使得大王能有今天的胜利。”司马颙看他气势雄壮，就和他一起饮酒作宴，上书派他担任右卫司马。

罗尚逃到江阳后，派使者上书陈情。晋惠帝司马衷下令要罗尚暂时统领巴东、巴郡、涪陵来供给军赋。罗尚派别驾李兴前去镇南将军刘弘处寻求粮食，刘弘的纲纪由于运输路途险阻遥远，而且荆州自己粮食也不多，就想将零陵的五千斛米给罗尚。刘弘说：“天下都是一家人，互相没有不同，我今天送给他们粮食，那样就没有西面的担忧了。”所以供给他们三万斛米，罗尚依靠这些粮食才活下来。李兴希望留下担任刘弘的参军，刘弘夺走了他的手版，派他返回。他又派治中何松带领军队，驻扎在巴东，作为罗尚的后援。这时，荆州的流民有十多万户，流落他乡，十分贫困，大多成了盗贼，刘弘尽力提供他们耕地和粮种，选拔流民中有贤德的人，按照年龄资历录用，流民这才安定下来。

三月，乙酉日（三月无此日），丞相司马颖上书废除皇后羊氏，将她幽禁到金墉城内；并罢免了皇太子司马覃为清河王。

陈敏和石冰交战几十个回合，石冰的部队比陈敏多十倍，陈敏攻击他，每次都获胜，所以和周玘联合起来，去建康攻打石冰。三月，石冰往北逃跑，归附封云，封云的司马张统杀掉石冰和封云后投降，扬、徐二州平定下来。周玘、贺循都解散部队，返回家中，不谈功劳奖赏的事。朝廷让陈敏担任广陵相。

河间王司马颙上书恳请让丞相司马颖当皇太弟。戊申日（十一日），晋惠帝司马衷下诏让司马颖当皇太弟，处理内外所有事务，仍旧任职丞相。朝廷大赦天下。天子专用的衣服车驾都迁到邺都，制度都和魏武帝的旧例一样。晋惠帝司马衷派司马颙担任太宰、大都督、雍州牧；前太傅刘实担任太尉。刘实由于年纪大了，坚决推辞，不接受官职。

皇太弟司马颖的奢侈浪费，超越典制，一天比一天严重，还让宠幸的小人当官，失去了大家对他的期望。司空东海王司马越，和右卫将军陈眕及长沙旧将上官巳等人，准备讨伐他。秋季，七月，丙申朔日（初一），陈眕整肃军队，来到云龙门，下达命令召集三公、百官和殿中各将，全国警备，讨伐司马颖。石超逃到邺都。戊戌日（初三），朝廷大赦天下，恢复皇后羊氏和太子司马覃的地位。己亥日（初四），司马越拥护晋惠帝司马衷北征，司马越担任大都督。征召前侍中嵇绍到晋惠帝身边任职。侍中秦准对嵇绍说："你现在前去，生死难测，你有好马吗？"嵇绍面色严肃地说："我追随保护皇帝车驾，就要不顾生死，要好马干什么？"

司马越发布檄令，召集天下军队，前去应召的队伍云集，等到了安阳，人数有十多万，邺都地区十分吃惊。司马颖召集官员，询问计策，东安王司马繇说："晋惠帝司马衷亲自讨伐，您应该脱去盔甲，穿上白色的衣服出城迎接，恳请皇帝的处罚。"司马颖不同意，他派石超带领五万军队抵御作战。折冲将军乔智明劝司马颖迎接天子车驾，司马颖生气地说："都说你通晓事理，前来投奔为我效力。现在我被小人逼迫，你为什么想让我坐以待毙，接受惩罚呢？"

陈眕的两个弟弟陈匡、陈规从邺都赶到晋惠帝身边，说邺都地区失去民心，所以不怎么设防。己未日（二十四日），石超军队秘密到达，晋惠帝的军队在荡阴战败，晋惠帝司马衷伤了面颊，身中三箭，百官侍卫都逃跑了。嵇绍身着朝服，下马登上车驾，用身体保护晋惠帝司马衷，军士到车辕中拉出嵇绍，要杀掉他，晋惠帝司马衷说："他是忠臣，不要杀他！"士兵们回答说："我们是奉皇太弟的命令，只是不侵犯陛下一人而已！"最终杀掉嵇绍，鲜血溅上晋惠帝司马衷的衣服。晋惠帝司马衷跌倒在草丛中，丢了六颗玉玺。石超迎接晋惠帝司马衷驾临他的军营，晋惠帝司马衷很是饥饿，石超向他进献清水，手下人捧着秋桃进献。司马颖让卢志迎接晋惠帝司马衷。庚申日（二十五日），晋惠帝司马衷来到邺都。大赦天下，将年号改为建武。左右侍臣想要洗净晋惠帝司马衷的衣服，晋惠帝说：“这是嵇绍的血，不要将它洗掉！”

陈眕、上官巳等人奉迎太子司马覃守护洛阳。司空司马越逃到下邳，徐州都督东平王司马楙不接纳，司马越径直返回东海。太弟司马颖由于司马越兄弟在宗室中声望很高，下令征召他，司马越不接受命令。前奋威将军孙惠上书，劝司马越邀请藩邦，共同帮助王室。司马越让他担任记室参军，与他一起商议计策。北军中候苟晞投奔范阳王司马虓，司马虓承受上命，让他暂时担任兖州刺史。

起初，三王起兵进攻赵王司马伦，王浚拥有军队，观望形势，阻止所管辖的士民不让他们接受三王的征召。太弟司马颖想讨伐他，却没有能力。王浚心中也想讨伐司马颖。司马颖派右司马和演担任幽州刺史，暗地让他杀掉王浚。和演和乌桓单于审登谋划，要和王浚一起到蓟城南面的清泉游玩，趁机杀掉他。正好天降大雨，沾湿了兵器，徒劳而返。审登认为王浚得到老天的帮助，所以将和演的计策告知王浚。王浚和审登暗中整肃军队，联合并州刺史东嬴公司马腾一起围攻和演，杀掉了他，王浚自己接管了幽州将士。司马腾，是司马越的弟弟。太弟司马颖假传诏命，征召王浚，王浚和鲜卑段务勿尘、乌桓羯朱和东嬴公司马腾一起出兵讨伐司马颖。司马颖派北中郎将王斌和石超攻击他们。

太弟司马颖怨恨东安王司马繇之前的议论，八月，戊辰日（初三），收押并杀掉了司马繇。由于司马繇的哥哥琅邪恭王司马觐已经去世，他的儿子司马睿继位。司马睿沉着聪慧，有气度，担任左将军，和东海参军王导关系很好。王导，是王敦的堂弟；他见识高远，度量清雅，由于朝廷事务多，经常劝司马睿去郡国。等司马繇死后，司马睿在邺都跟随晋惠帝司马衷，害怕牵连到祸事，想要逃返。司马颖先下令关闭渡口，不让贵族出去。司马睿到了河阳，被渡口官员阻止。跟随的宋典从后面出来，用马鞭指着司马睿，笑着说：“舍长！官府阻止贵人出去，你也被阻止了吗？”官员才放他过去。到洛阳，迎接太妃夏侯氏一起返回郡国。

相从事中郎王澄揭发孟玖害人利己的事，劝太弟司马颖杀掉他，司马颖同意了。

上官巳在洛阳，凶残不仁，恣意妄为。河南尹周馥，是周浚的堂弟，与司隶满奋等人谋划杀掉上官巳，事情泄漏，满奋等人被杀，周馥逃跑，得以免除一死。司空司马越讨伐太弟司马颖，太宰司马颙派右将军、冯翊太守张方带领两万士兵去援助，听说晋惠帝司马衷已经到了邺都，就让张方驻守洛阳。上官巳和别将苗愿抵御张方，惨败而回。太子司马覃趁夜袭击上官巳、苗愿，上官巳、苗愿逃跑。张方来到洛阳。司马覃在广阳门迎接张方，而且下跪，张方下车扶着他，阻止他下拜。再一次罢免了司马覃和羊后。

起初，太弟司马颖上书，让匈奴左贤王刘渊做冠军将军，负责五部军事，让他在邺都带领军队。刘渊的儿子刘聪，英勇过人，经史子集广泛涉猎，善于写文章，能拉开三百斤的强弓；二十岁时游历京师，名士们都和他交往。司马颖让刘聪担任积弩将军。

刘渊的从祖右贤王刘宣对他的族人说："自从汉朝灭亡，我们单于徒有虚名，没有寸土；和其他的侯王一样降落到编户的地位。如今我们百姓尽管衰落，依然不少于两万人，为什么畏首畏尾，接受驱使，一下子就过了一百年呢！左贤王英明雄武，世上难得，上天要是不想振兴匈奴，就不会平白无故地诞生这种人物。如今司马氏亲生骨肉，互相残杀，天下动荡不安，振兴呼韩邪的事业，正是这个时候！"所以一起商讨，推选刘渊担任大单于，让他的党徒呼延攸前去邺都告知刘渊。

刘渊告诉司马颖，恳请回乡，参与葬礼，司马颖不同意。刘渊让呼延攸先返回，告诉刘宣等人，要他们召集五部和各部胡人，言明帮助司马颖，实际想要叛变。等到王浚、东嬴公司马腾起兵，刘渊劝司马颖说："如今幽、并二镇行为蛮横，拥有十多万群众，我担心不是卫军和附近各郡将士所能抵抗得了的，我请替殿下返回游说五部，来援救国难。”司马颖说：“五部的部众，真的可以发动吗？即使能够发动，鲜卑、乌桓也不易阻挡。我想陪护晋惠帝司马衷的车驾返回洛阳，来避开他们的锐气，慢慢地发布檄令到天下各地，以顺逆不同的情势来制服他们，你觉得怎么样？”刘渊说：“殿下是武皇帝的儿子，又为国家建立了大功，威望恩德，显赫四方，在四海中，有谁不愿意为殿下效力呢！有什么难以发动的呢！王浚这个小子，东嬴公是皇室的远亲，哪能和殿下一比长短呢！殿下刚从邺宫出发，就在人前表明自己的软弱，洛阳是不可能到得了；即便到了洛阳，殿下手里也不再有权威了。我希望殿下安抚勉励部下，安静地驻守邺都，我请替殿下以二部摧毁东嬴公，三部杀掉王浚，这两个小子的头颅，就能马上悬挂出来了。”司马颖很高兴，就让刘渊担任北单于、参丞相军事。

刘渊到左国城，刘宣等人向他献上大单于的名号，二十天的时间，就拥有五万部众，建都在离石，让刘聪作为鹿蠡王。派左於陆王刘宏带领五千精兵，会合司马颖的将领王粹抵抗东嬴公司马腾。王粹已被司马腾击败，刘宏没来得及救援，无功而返。

王浚、司马腾联合军队攻击王斌，大获全胜。王浚让主簿祁弘担任前锋，在平棘击败石超，乘胜追击。等铁骑到了邺都，邺都城里非常震惊，百官逃跑，士兵溃散。卢志劝司马颖迎接晋惠帝司马衷返回洛阳。当时还有一万五千名武装士兵，卢志晚上安排好，到了早上，就要出发，然而程太妃留恋邺都，不想离开，司马颖犹豫不决。没多久，部众溃散，司马颖带领帐下几十个骑兵，和卢志迎接皇帝，驾着牛车，向南逃到洛阳。匆忙之中，大小官员都没有携带财物，中黄门被袋中带了三千私钱，晋惠帝司马衷下诏向他借贷，在路途中购买饭食，晚上就盖着中黄门的布被，用瓦盆装食物。到了温县，想要拜祭陵墓，晋惠帝司马衷鞋子掉了，穿上随从的鞋子，流泪下拜。等到渡过黄河，张方从洛阳派他的儿子张罴，带领三千骑兵，用他所乘坐的车子迎接晋惠帝司马衷。到了芒山下，张方亲自带领一万多骑兵，前去迎接晋惠帝司马衷。张方要行拜见礼，晋惠帝司马衷亲自下车阻止他。晋惠帝司马衷返回宫中，逃散的人渐渐回来一些，百官大致齐备。辛巳日（十六日），晋惠帝司马衷大赦天下。

王浚来到邺都后，士兵恣意抢劫，死了很多人。他下令让乌桓羯朱追赶太弟司马颖，追到朝歌，没有追上。王浚返回蓟城，由于鲜卑有很多人掠夺妇女，他传令："有谁胆敢隐藏妇女的，斩首示众！"结果因此被沉入易水而死去的妇女，达到八千人。

东嬴公司马腾向拓跋猗㐌求兵攻击刘渊，拓跋猗㐌和弟弟猗卢联合出兵，在西河攻击并战胜刘渊，又和司马腾在汾东结盟，然后返回。

刘渊听到太弟司马颖离开了邺都，叹气说："他不听我的话，反倒自己溃败逃跑，真是奴才！然而我和他已经事先约好，无法不救他。"他要发动军队，攻击鲜卑、乌桓时，刘宣等人进谏说："晋人用下人的态度逼迫我们，如今他们亲生骨肉互相残杀，这是上天抛弃他们，而且是要我们恢复呼韩邪的功业。鲜卑、乌桓和我们同一伙，可以作为后援，为什么要攻击他们呢！"刘渊说："的确！大丈夫应该成为汉高、魏武一样的人物，呼韩邪有什么值得效仿的呢！"刘宣等人叩头说："你的志向我们永远也赶不上！"

荆州兵捕获并杀掉了张昌，他的同党都被诛灭了三族。

李雄由于范长生名望高、有德行，受到蜀郡人士的重视，想要迎接他当君主，自己作为他的臣下，范长生不同意。各个将领坚决恳请李雄登上皇位，冬季，十月，李雄登上成都王王位，大赦天下，将年号改为建兴。并废除晋室法令，约定七章法令。让他的叔父李骧担任太傅，哥哥李始担任太保，李离担任太尉，李云担任司徒，李璜担任司空，李国担任大宰，阎式担任尚书令，杨褒担任仆射。又尊奉母亲罗氏为王太后，追封父亲李特为成都景王。李雄由于李国、李离有谋略，只要是政事必定问了他们后才实行，然而李国、李离事奉李雄更加谨慎小心。

刘渊将都城迁到左国城，胡、晋归从他的人更多了。刘渊对臣子们说："之前汉朝长时间拥有天下，这是向百姓施加恩惠。我是汉朝的外甥，约好和他们结为兄弟。兄长死了，弟弟继承，也是可以的！"所以建立国号为汉。刘宣等人恳请献上尊号，刘渊说："如今天下未定，暂且可以按照高祖的例子，自称汉王。"所以登上汉王王位，大赦天下，将年号改为元熙。追封安乐公刘禅为孝怀皇帝，制造汉朝三祖、五宗的牌位，来祭奠他们。让他的妻子呼延氏当王后。并派右贤王刘宣担任丞相，崔游担任御史大夫，左于陆王刘宏担任太尉，范隆担任大鸿胪，朱纪担任太常，上常人崔懿之、后部人陈元达都担任黄门郎，族子刘曜担任建武将军。崔游坚决推辞，不去就任。

陈元达年轻时，志向远大、有节操，刘渊曾招揽他，陈元达不同意。等到刘渊当了汉王，有人对陈元达说："你估计害怕了吧！"陈元达笑着说："我很久之前就了解他这个人，他也知晓我的心思。不过我估计不会超过三两天，驿书必定会到了。"这天傍晚，刘渊果然征召陈元达。陈元达为刘渊效力，经常进谏忠言，退朝后就毁灭底稿，即使是子弟也不知晓详情。

刘曜生下来眉毛就是白色的，眼睛有赤色光芒，小时候聪敏机智，有胆量，父亲死得早，刘渊收养了他。长大后相貌魁梧，性情宽厚，高风亮节，超然脱俗，喜爱读书，善于写作，一寸厚的铁板，他能一箭射穿。他常将自己和乐毅、萧何、曹参相比，当时没有人默认他的才能；唯有刘聪重视他，说："您是汉世祖、魏武帝一类的人物，这几位先生怎能与您相比呢！"

晋惠帝司马衷返回洛阳后，张方掌控军权，专断朝政，太弟司马颖无法参与政事。豫州都督范阳王司马虓、徐州都督东平王司马楙等人上书："司马颖无法担当大权，应将他降低封邑一等，只保留他的功劳。将关右的责任托付给太宰，自州郡以下，选贤任能，给予官职，都让他来办理；朝廷中的大事，增减废兴，都要和他商议。张方为国事尽力，但他不知变通，未马上返回西方，应该送他回郡，加给张方的官职，请都依旧。司徒王戎、司空司马越，他们都是忠心为事、小心谨慎的人，应该处理重要政事，将朝政委托给他们。王浚有安邦定国的功绩，应该尤其推崇，安抚幽、朔，使它们永远成为北边的屏障。臣下等人，必会尽心竭力，保护城池，守卫王室，那么陛下就可垂衣拱手，四海自然安稳了。”

张方在洛阳时间已经很长，士兵几乎把财物抢掠一空，众人心情喧扰不定，没有留下来的心思。商议之后大家想要拥护皇帝，将都城迁到长安。又担心晋惠帝司马衷和大臣们不会顺从，想等到晋惠帝司马衷出来时，要挟他。所以恳请晋惠帝司马衷祭奠太庙，晋惠帝不同意。十一月，乙未日（初一），张方带领军队，来到殿中，用他所坐的车子迎接晋惠帝司马衷，晋惠帝跑到后园竹林中躲避。士兵将晋惠帝司马衷拉出来，强行要他上车，晋惠帝司马衷流着泪听从他们。张方在马上叩头说：“如今盗贼四起，宿卫军士势单力薄，我希望陛下驾临臣下的军营，我们会尽心来预防不测的事。”当时臣子们都逃开了，唯有中书监卢志在一旁侍候，说：“陛下今天的事情，只好都听从右将军的了。”晋惠帝司马衷于是驾临张方的军营，让张方准备车驾，载着宫人、宝物。军人趁机奸污后宫嫔妃，抢着分赃府库财物，割掉流苏、武帐，作为鞍鞯，魏、晋以来的储蓄，全被抢劫一空，没有留存。张方想要烧毁宗庙、宫室，来断绝大家返回的心理，卢志说：“董卓无道，烧毁洛阳，怨恨毒骂的声音持续到百年之后，你为什么要继承他的做法呢！”张方这才停了下来。

晋惠帝司马衷在张方军中停留三天，张方要挟晋惠帝司马衷和太弟司马颖、豫章王司马炽等人，奔去长安，王戎逃往郏县。太宰司马颙带领官员、步兵、骑兵三万人，到霸上迎接晋惠帝司马衷，司马颙前去跪拜，晋惠帝司马衷下车阻止他。晋惠帝来到长安，将征西府作为皇宫。唯有尚书仆射荀藩、司隶刘暾、河南尹周馥在洛阳为留台，遵奉皇命，暂代政事，人称东、西台。荀藩，是荀勖的儿子。丙午日（十二日），留台大赦天下，改年号为永安。辛丑日（初七），晋惠帝司马衷恢复皇后羊氏的地位。

罗尚移兵驻扎在巴郡，让军队到蜀郡一带抢劫，俘虏了李骧的妻子昝氏和儿子李寿。

十二月，丁亥日（二十四日），晋惠帝司马衷下诏任命太弟司马颖为成都王，返回府第；另立豫章王司马炽为皇太弟。晋惠帝司马衷的兄弟共二十五人，当时活着的唯有司马颖、司马炽和吴王司马晏。司马晏才能低下，资质平常；司马炽谦逊平淡，喜爱学问，所以太宰司马颙立他为皇太弟。晋惠帝司马衷下达命令让司空司马越担任太傅，和司马颙共同辅佐王室，王戎参与处理朝廷政事。又让光禄大夫王衍担任尚书左仆射。高密王司马略担任镇南将军，兼任司隶校尉，权代驻守洛阳。东中郎将司马模担任宁北将军，负责冀州所有军务，固守邺都。百官各自返回原来的职位。下达命令州郡免除苛刻政令，爱惜百姓，专门从事根本的政道，社稷清平稳定之后，才能返回东京。晋惠帝司马衷大赦天下，将年号改为永兴。司马略、司马模都是司马越的弟弟。王浚离开邺都之后，司马越让司马模去驻守。司马颙由于各方背叛离散，灾祸没有停下之时，所以颁下这道诏书，稳定天下，期望能够获得稍稍的安定。司马越推辞，不接受太傅的任职。晋惠帝司马衷又下令让太宰司马颙负责内外所有军务。张方担任中领军、录尚书事，兼任京兆太守。

东嬴公司马腾让将军聂玄进攻汉王刘渊，双方在大陵交战，聂玄军队大败。

刘渊让刘曜进攻太原，夺取泫氏、屯留、长子、中都各地。又派冠军将军乔晞进犯西河，攻下介休。介休县令贾浑不投降，乔晞杀了他；还要娶他的妻子宗氏，宗氏哭着责骂乔晞，乔晞将她也杀掉了。刘渊听到后，十分恼怒，说："假如上天有眼，乔晞还能指望有后代吗？"于是下令召他回来，降低官阶四等；收敛贾浑的尸体，并埋葬了他。

资治通鉴卷第八十六　晋纪八

起乙丑（公元305年），止戊辰（公元308年），共四年。

【题解】本卷记录了晋惠帝永兴二年至晋怀帝永嘉二年共四年间的史事：晋东海王司马越提倡伐张方，迎惠帝，被推为盟主；司马颙挟惠帝让司马越等离朝就国，司马越等不从；刘乔与司马颖大破司马越后，司马颖进据洛阳；司马颙杀张方，司马越部将攻入长安，带惠帝回洛阳；司马颖被范阳王司马虓捕杀；司马越毒杀惠帝司马衷，改立太弟司马炽为帝；司马越以怀帝之名调司马颙进京并在途中将其杀死；怀帝即位后勤于朝政，司马越自请出镇许昌；陈敏割据江东，被部下破杀，琅邪王司马睿逐渐构建新政权的班底；匈奴刘渊派兵攻魏、赵，攻青、徐等四州，入许昌、围洛阳；刘渊迁都蒲子，即皇帝位，国号“汉”。司马颖余部汲桑及羯人石勒等破杀东燕王司马腾后，投奔刘渊；成都王李雄即皇帝位，国号“大成”。

孝惠皇帝下

永兴二年（乙丑，公元305年）

夏季，四月，张方罢免羊后。

游楷等人进攻皇甫重，打了好几年，都无法取胜；皇甫重让他的养子皇甫昌到外面求援。皇甫昌前去拜见司空司马越，司马越由于太宰司马颙刚和山东讲和，不愿出兵。皇甫昌于是和以前殿中人杨篇，假传司马越的命令，到金墉城迎接羊后，来到宫中，以皇后的命令，出兵讨伐张方，迎接晋惠帝司马衷的大驾。事情发生得紧急，众官开始都听从他；没多久知晓是假的，一起杀掉了皇甫昌。司马颙恳请派遣御史，宣布诏命，告知皇甫重，让他投降。皇甫重不接受诏命。在这之前，城内不知晓长沙厉王和皇甫商已经死了。皇甫重抓获御史的驺人（驾车官员）问他说：“我的弟弟统率军队来，快到了没有？”驺人说：“他已经被河间王杀害了。”皇甫重面色惨白，立即杀掉驺人。于是城中人都知晓没有外援，一同杀了皇甫重，向司马颙投降。司马颙让冯翊太守张辅担任秦州刺史。

六月，甲子日（初四），安丰元侯王戎在郏县去世。

张辅到秦州后，杀掉了天水太守封尚，想以此来树立威望；又召见陇西太守韩稚，韩稚的儿子韩朴统率军队，攻击张辅，张辅战败而死。凉州司马杨胤向张轨进谏说：“韩稚自作主张杀掉了刺史，您掌权一方，仗持斧钺，应当讨伐韩稚。”张轨同意了，让遣中督护汜瑗带领两万军队，讨伐韩稚。韩稚前去张轨处投降。没多久，鲜卑若罗拔能侵犯凉州，张轨让司马宋配攻打他，并杀掉若罗拔能，共俘虏十多万人，顿时声名威震四方。

汉王刘渊进攻东嬴公司马腾，司马腾又向拓跋猗㐌求军队，卫操劝猗㐌帮助他。猗㐌带领几千名轻装骑兵援助司马腾，并杀掉汉国将领綦毋豚。下令猗㐌兼任大单于，卫操加封右将军。甲申日（二十四日），猗㐌去世，儿子普根继位。

东海中尉刘洽由于张方劫走了晋惠帝司马衷的车驾，劝司空司马越出兵讨伐他。秋季，七月，司马越发布檄令到山东征、镇、州、郡各地，说：“我要统领正义军队，尊奉天子，返回旧都。”东平王司马楙听到后，心中害怕。长史王修劝司马楙说：“东海拥有皇族中很高的威望，如今他们兴起义兵，您应将整个徐州交给他，这样就能避免灾难，还拥有克己谦让的品德。”司马楙同意了。司马越于是以司空兼任徐州都督，司马楙自己担任兖州刺史。并下诏马上派使者刘虔授予官职。这时，司马越兄弟同时担任地方大员的责任，所以范阳王司马虓和王浚一同推举司马越为盟主，司马越就选任刺史以下的官职，朝中官员大多前去归从司马越。

成都王司马颖被罢免后，河北大多数人同情他。司马颖之前的将领公师藩等人自封将军，在赵、魏两地出兵，部队达到几万人。起初，上党武乡羯人石勒，心中有胆量、身上有力气，善于骑马射箭。并州闹饥荒，建威将军阎粹劝东嬴公司马腾，捉住山东各族胡人，卖掉来补充军中粮食兵械。石勒也被抢走，卖给茌平人师欢当奴隶，师欢觉得他相貌奇特，于是将他放了。师欢家邻近马牧，石勒于是和牧帅汲桑结交壮士，成了盗贼。等到公师藩起兵时，汲桑和石勒带领几百骑兵前去归附他。汲桑才教石勒以石为姓，以勒为名。公师藩攻下郡县，杀掉了两千石、长吏，转战前去，攻打邺都。平昌公司马模非常恐惧。范阳王司马虓派他的将领苟晞援救邺都，和广平太守谯国人丁绍，一起攻击公师藩，将他们都击退了。

八月，辛丑日（八月无此日），皇帝大赦天下。

司空司马越让琅邪王司马睿担任平东将军，负责徐州所有军务，并留下来镇守下邳。司马睿恳请王导担任司马，还将军事委托给他，司马越带领三万武装士兵，往西驻扎在萧县；范阳王司马虓从许昌来，驻扎在荥阳。司马越承受皇命，令豫州刺史刘乔担任冀州刺史，让范阳王司马虓兼任豫州刺史。刘乔由于司马虓未奉天子的命令，派兵反抗他。司马虓让刘琨担任司马，司马越派刘蕃担任淮北护军，刘舆担任颍川太守。刘乔上奏尚书省，表述刘舆兄弟的罪行，所以他带领军队，进攻许昌，派长子刘祐带领军队，到萧县的灵壁抵御司马越，司马越的军队无法前进。东平王司马楙在兖州，不停地征求财物，郡县忍受不了他的命令。范阳王司马虓派苟晞返回兖州，将司马楙迁往青州担任都督。司马楙不接受命令，背叛山东诸侯，与刘乔联合起来反抗。

太宰司马颙听到山东起兵时非常害怕。由于公师藩是为成都王司马颖而起兵，壬午日（二十三日），上书让司马颖担任镇军大将军、处理河北所有军务，给他一千名士兵；让卢志担任魏郡太守，跟随司马颖镇守邺都，想要以此来安抚他们。并派建武将军吕朗驻扎在洛阳。

司马颙颁布命令，派遣东海王司马越等人，各自前去封国，司马越等人没有听从命令。正好得到刘乔呈上的奏事，冬季，十月，丙子日（十八日），朝廷下达命令说："刘舆威胁范阳王司马虓，构成叛逆之罪，下令镇南大将军刘弘、平南将军彭城王司马释、征东大将军刘准，各自统领自己的部队与刘乔联合；让张方担任大都督，带领十万精兵，与吕朗在许昌会合，讨伐刘舆兄弟。"司马释，他是宣帝侄儿穆王司马权的孙子。丁丑日（十九日），司马颙让成都王司马颖领导将军楼褒等人，前车骑将军石超领导北中郎将王阐等人，镇守河桥，作为刘乔的后援；刘乔进封为镇东将军，发给符节。

刘弘给刘乔和司空司马越写信，想使他们解除怨恨，解散军队，一同帮助王室，双方都没有听从。刘弘又上书说："这些天战事纷乱，怀疑成了祸端，层出不穷，疑心猜忌在众王之间出现，灾难祸害，牵扯到后代身上。今天他是忠臣，明天就成了逆贼，变来变去，相互成了战事的罪首，自有记载以来，宗族骨肉的灾祸，没有像今天这样惨烈，臣私下感到难过！如今边疆一带，没有事先的准备；中原地区，却有耕织的匮乏。国家大臣，不顾及国家命运，只知晓争夺各自势力，彼此相互争斗。一旦四方蛮夷趁国家空虚，制造变动，就像两只猛虎相争，自己死在卞庄的面前了。我认为，应该马上颁布圣明的诏书，命令司马越等人，双方消除猜忌，各守本分；从今往后，假如有谁未接到诏书，就擅自出动兵马，天下人人得而诛之。"当时太宰司马颙正要抗拒关东，依仗刘乔的援助，并没有听从他的进谏。

刘乔乘着空虚，偷袭并占领了许昌。刘琨带领军队救援许昌，已经来不及，所以他和哥哥刘舆、范阳王司马虓一起奔向河北。刘琨的父母被刘乔捉住。刘弘由于张方的凶残，知晓司马颙必定会失败，所以派遣参军刘盘担任都护，带领各军接受司空司马越的命令。

当时天下大乱，刘弘一个人统治江、汉两地，威望显赫南方。他准备取得成功时，就说是"某人的功劳"；假如事情失败，就说是"自己的罪过"。每每要兴起军队、征调财赋，他就亲自写信给郡守、佐相，一再叮嘱，情真意切，所以大家都感激高兴，争相为他效力，他们都说："能得到刘公的一封信，胜过做十个郡部的从事官员。"前广汉太守辛冉用以前战国合纵连横的故事游说刘弘，刘弘一怒之下，将他杀了。

有彗星出现在北斗位置的天空。

平昌公司马模让将军宋胄奔赴河桥。

十一月，立节将军周权，假称接到命令，自称平西将军，重新立了羊后。洛阳令何乔攻击周权，将他杀掉，又废除了羊后。太宰司马颙假传圣命，以羊后总被奸佞的人拥立，派尚书田淑让留守台署赐皇后自杀。诏书不时降临，司隶校尉刘暾等人上奏，坚持认为："羊庶人家破人亡，他们被放在荒废的宫中，严密戒备，没有机会和奸邪小人制造祸乱；百姓即使不分好坏，但大家都知晓她是冤枉的。现在杀掉了一个贫苦的人，却让众人感到凄惨悲怆，这对国家稳定有什么好处呢？"司马颙非常恼怒，让吕朗收押刘暾，刘暾逃到青州，归附高密王司马略。不过羊后也由此免除一死。

十二月，吕朗等人往东行，驻扎在荥阳；成都王司马颖出兵，镇守洛阳。

刘琨劝冀州刺史太原人温羡，让他让位给范阳王司马虓。司马虓统领冀州，派刘琨前去幽州王浚处恳请援军。王浚派精锐的骑兵援助他，在河上攻击王阐，并杀掉了他。刘琨于是和司马虓带领军队，渡过黄河，在荥阳杀掉石超。刘乔从考城撤兵。司马琥派刘琨和督护田徽往东，到廪丘进攻东平王司马楙，司马楙逃跑，返回封国。刘琨、田徽带领军队向东出发，与司马越交战，在谯县攻击刘祐，刘祐战败而死，刘乔的军队随即溃败，刘乔逃到平氏县。司空司马越带兵驻扎在阳武，王浚派他的将领祁弘带领鲜卑、乌桓的精兵强将，以此作为司马越的前锋。

起初，陈敏击败石冰后，自认为勇气、才略无人能敌，于是便有占领江东的心思。他的父亲恼怒地说："让我们家族灭亡的，必定是这个儿子！"最终他由于担忧去世。陈敏由于父丧离职。司空司马越选拔陈敏担任右将军、前锋都督。司马越被刘祐击败，陈敏恳请返回江东，召集军队，于是占领历阳叛变。吴王的常侍甘卓，抛弃官职，返回江东，到了历阳，陈敏让儿子陈景娶了甘卓的女儿，要甘卓假传皇太弟的命令，任命陈敏担任扬州刺史。陈敏让弟弟陈恢和别将钱端等人向南夺取江州，弟弟陈斌向东攻取各郡，扬州刺史刘机、丹阳太守王旷，都弃城逃跑。

陈敏于是占领了江东，让顾荣担任右将军，贺循担任丹阳内史，周玘担任安丰太守，只要是江东的豪杰、名士，都对他们以礼相待，担任将军、郡守的，共有四十多人；凡是年老多病的，就加给他们俸禄。贺循假装得了疯病，才可以免受官职，又让顾荣兼任丹杨内史。周玘也称病，不去郡所。陈敏怀疑各位名士终是不愿被自己任用，想要将他们全部杀掉。顾荣劝陈敏说："中原遭受灾乱，蛮夷同室相斗，以此来观察如今的情形，假如无法再振兴的话，国内将没有剩余的百姓了。江南即便经过石冰的战乱，人力物力还能保存，我总是担心，没有像孙、刘一样的君主出来保护江南。如今将军您英明神勇，世上难得，功劳显耀四方，拥有几万武装兵力，船舰巍峨稳重如山，假如能信任君子，让他们各自能够尽展才能，放弃猜忌的嫌怨，阻止小人的口实，那样北方各州，可以颁布檄令，使它平定下来；否则，终是无法成事。"陈敏下令僚属推举自己担任都督江东所有军务、大司马、楚公，加封九锡之命，列位尚书，自称接到宫中诏书，从长江来到沔、汉，迎接晋惠帝司马衷的车驾。

太宰司马颙让张光担任顺阳太守，带领步兵、骑兵五千前去荆州进攻陈敏。刘弘派江夏太守陶侃、武陵太守苗光，驻扎在夏口，并让南平太守汝南人应詹统率水军，以此作为后援。

陶侃和陈敏是同一地方的人，又是同年被选举为官员。随郡内史扈怀向刘弘进谏，说："陶侃占有大郡，统领强兵，假如他有叛乱的心思，那么荆州就没有东门了。"刘弘说："陶侃的忠诚和才干，我早就知晓了，他必定不会这样行事的。"陶侃听到后，派遣自己的儿子陶洪和侄儿陶臻，前到刘弘的地方，来表现自己的坚决，刘弘提拔他俩担任参军，并奉送财物，遣送他们返回。说："你们的叔叔征战远行，祖母年事已高，你们应该返回赡养她。匹夫的往来，尚且无法背信弃义，何况是大丈夫的交往呢？"

陈敏让陈恢担任荆州刺史，进犯武昌，刘弘让陶侃担任前锋督护，来抵御他们。陶侃将运输船作为战舰，有的人认为不应这样，陶侃说："用官船打击官贼，为什么不行？"陶侃和陈恢作战，总是取胜；他又和皮初、张光、苗光一起在长岐战胜了钱端。

南阳太守卫展劝刘弘说："张光是太宰的心腹，您既然和东海亲近，就应该杀掉张光，来表明自己的意愿。"刘弘说："宰辅的过失，哪里算得是张光的罪过呢！危害别人，以此求得自己的平安，这是君子不会做出的事。"所以他上书，陈述张光的特殊功劳，恳请对他提升拔擢。

这一年，离石闹饥荒，汉王刘渊将军队迁徙到黎亭，打开仓库获取粮食；并留下太尉刘宏镇卫离石，下达命令让大司农卜豫运送粮食给他们。

光熙元年（丙寅，公元306年）

六月，晋惠帝司马衷返回洛阳，年初改年号为光熙。春季，正月，戊子朔日（初一），天空发生日食。

起初，皇太弟的中庶子兰陵人缪播，赢得司空司马越的宠爱。缪播的堂弟右卫率缪胤，是太宰司马颙过去妃子的弟弟。司马越出兵，派缪播、缪胤前去长安，说服司马颙，让他迎接晋惠帝司马衷返回洛阳，约定和司马颙以陕为界线，作为侯伯。司马颙向来深信缪播兄弟，就想顺从他俩的计策。张方自认为罪孽深重，担心被杀，就对司马颙说："如今我们占据优越的地势，国家富足，军力强盛，假如尊奉晋惠帝司马衷来号令天下，谁敢不从？为什么要无故地受别人控制呢？"司马颙便打消了与司马越联合的念头。等到刘乔战败，司马颙心里害怕，想停下行动，和山东讲和，又怕张方不同意，所以犹豫不定。

张方向来和长安富人郅辅关系很好，便让他担任帐下督。司马颙的参军河间人毕垣，曾被张方羞辱过，劝司马颙说："张方长时间驻扎霸上，他听说山东兵力强盛，就犹豫不前，我们在灾乱没有发生时，就应该防止他。他的亲信郅辅都知晓他的计策。"缪播、缪胤又劝司马颙说："您应该马上杀掉张方来赔罪，这样山东就可以不用兴师动众，自然能被平定了。"司马颙派人召见郅辅，毕垣等着郅辅，对他说："张方想要造反，大家都说你知晓。王爷假如问到你，你用什么话回答他？"郅辅惶恐地说："我实在没有听说张方造反，现在要怎么行事？"毕垣说："王爷一旦问到你，你就说是的，否则，你必定无法避免灾祸。"郅辅一进来，司马颙就问他说："你知晓张方要造反吗？"郅辅说："我知晓。"司马颙说："我派你去捉他，行吗？"他说："可以。"司马颙于是让郅辅送信给张方，趁机杀掉他。由于郅辅亲近张方，带着刀进去，守门的人也不怀疑他。张方在灯下打开信时，郅辅砍下他的头。返回报告，司马颙让郅辅担任安定太守。并将张方的首级送给司马越来讲和，司马越却不接受。

宋胄袭击河桥，楼褒往西逃跑。平昌公司马模派遣前锋督护冯嵩和宋胄会合，进攻洛阳。成都王司马颖向西逃往长安，到了华阴，他听说司马颙已经和山东议和，就停下来，不敢向前。吕朗驻扎在荥阳。刘琨将张方的头颅给他看，于是吕朗投降。司空司马越让祁弘、宋胄、司马纂带领鲜卑人，往西迎接晋惠帝司马衷的车驾，让周馥担任司隶校尉、掌持符节，驻扎渑池。

三月，惤县县令刘柏根反叛，部队数以万计，他自封惤公。王弥带领家中奴仆跟从他，刘柏根让王弥担任长史，王弥的堂弟王桑担任东中郎将。刘柏根进犯临淄，青州都督高密王司马略让刘暾带领军队反抗他。刘暾交战失败，逃到洛阳，司马略逃跑，退守聊城。王浚派将领进攻刘柏根，并杀掉了他。王弥逃到长广山，成了盗贼。

宁州数年发生饥荒瘟疫，死亡的人数以万计。五苓夷兵力强盛，州郡军队经常战败。官员和百姓很多人迁徙到交州，五苓夷于是围攻州城。李毅患病，救援的道路已断绝，于是给朝廷呈上奏章，说："我无法阻止敌人侵略，唯有坐以待毙。假如皇帝不同情我的话，恳请您派来大使，趁着我还活着，对我加以重罚；假如我已经死了，就请对我戮尸作为惩处。"朝廷不回复他。几年后，他的儿子李钊从洛阳去探望他，还没有到，李毅就去世了。李毅的女儿李秀，英明豁达，有她父亲的风度，手下推荐李秀暂代宁州事务。李秀奖赏战士，固守城池。城中的粮食吃完了，就烧田鼠、拔野草吃。他们趁夷人放松，就出兵袭击，击败他们。

范长生前去成都，成都王李雄在城门口迎接他，拿着手版，让他担任丞相，尊奉他为范贤。

夏季，四月，己巳日（十三日），司空司马越带领军队驻扎在温县。起初，太宰司马颙认为张方死了，东边战事就能消除。不久，东边的军队听说张方死了，竞相来到关中，司马颙后悔，就杀了郅辅，让弘农太守彭随、北地太守刁默率领军队到湖县抵御祁弘等人。五月，壬辰日（初七），祁弘等人进攻彭随、刁默，大获全胜，于是向西来到关中，并在霸水战胜司马颙的将领马瞻、郭伟，司马颙单枪匹马逃往太白山。祁弘等人来到长安，手下的鲜卑人恣意抢劫，杀掉两万多人，众官员逃跑到山中，捡拾橡树果实吃。己亥日（十四日），祁弘等人迎接晋惠帝司马衷，乘坐牛车，返回东方。让太弟太保梁柳担任镇西将军，固守关中。六月，丙辰朔日（初一），晋惠帝司马衷到了洛阳，恢复羊后的地位。辛未日（十六日），大赦天下，改年号为光熙。

马瞻等人来到长安，杀掉梁柳，和始平太守梁迈一起到南山迎接太宰司马颙。弘农太守裴廙、秦国内史贾龛、安定太守贾疋等人，出兵进攻司马颙，并杀掉马瞻、梁迈。贾疋，是贾诩的曾孙。司空司马越派遣督护麋晃统率军队，进攻司马颙，等到了郑县，司马颙派遣平北将军牵秀驻扎在冯翊。司马颙的长史杨腾，假传司马颙命令，要牵秀解散军队，杨腾于是将牵秀杀掉，关中都归服司马越，司马颙只能退守城池而已。

成都王李雄登上皇位后，宣布大赦，改年号为晏平，国号定为大成。并追封父亲李特为景皇帝，庙号为始祖；追尊王太后为皇太后。让范长生担任天地太师；给他的部队特权，不用参加征役，不用交纳赋税。各将领恃宠而骄，争夺班次地位，尚书令阎式呈上奏章，恳请考查汉、晋的旧例，建立百官制度。李雄听从他的建言。

秋季，七月，乙酉朔日（初一），天空发生日食。

八月，朝廷让司空司马越担任太傅，录尚书事；范阳王司马虓担任司空，驻守邺都；平昌公司马模担任镇东大将军，守卫许昌；王浚担任骠骑大将军，负责东夷、河北所有军务，兼任幽州刺史。司马越让吏部郎颍川人庾敳担任军咨祭酒，前太弟中庶子胡毋辅之担任从事中郎，黄门侍郎河南人郭象担任主簿，鸿胪丞阮修担任行参军，谢鲲担任掾。胡毋辅之向司马越推举乐安人光逸，司马越也征召他。庾敳等人都推崇玄虚的学问，不关注当世的事务，喜欢酗酒，放荡不羁；庾敳收敛财物，不知满足；郭象行动鄙陋，喜欢招揽权力。由于他们在当时都有很大的声望，所以司马越才征召他们。

祁弘来到关中后，成都王司马颖从武关逃到新野。正好新城元公刘弘去世，司马郭劢叛乱，想迎接司马颖作为君主。郭舒迎接刘弘的儿子刘璠，来讨伐郭劢，并杀掉了他。让南中郎将刘陶收捕司马颖。司马颖往北渡过黄河，逃到朝歌，召集以前的将士几百人，要投靠公师藩，顿丘太守冯嵩捕获了他，将他送到邺都。范阳王司马虓不忍心杀他，就将他囚禁起来。公师藩从白马向南渡过黄河，兖州刺史苟晞讨伐并杀掉了公师藩。

朝廷加封东嬴公司马腾的爵位为东燕王，平昌公司马模为南阳王。

冬季，十月，范阳王司马虓去世。长史刘舆由于司马颖向来是邺都人所依附的，所以秘不发丧，让人假扮朝廷使者，传递诏命，夜里赐令司马颖自杀，同时杀掉他的两个儿子。司马颖的部属都已事先逃跑，唯有卢志跟随在司马颖身边，到死都不怠慢，他收敛司马颖的尸体，加以埋葬。太傅司马越征召卢志担任军咨祭酒。

司马越打算征召刘舆，有人说："刘舆像油污一样，谁接近他就会被玷污。"等到刘舆到了，司马越疏远他。刘舆暗中观看天下的兵册和仓库、牛马、器械、水陆地势，暗中记了下来。当时军事和国政事情多，每次开会，从长史潘滔以下，都不知晓怎么对付，刘舆随着事机，分辨区划，司马越真诚地接待他，马上让他担任左长史，军事、政事都托付给他。刘舆劝司马越派他的弟弟刘琨固守并州，来作为北方重镇；司马越上书，派遣刘琨担任并州刺史，让东燕王司马腾担任车骑将军，处理邺城所有军务，据守邺城。

十一月，己巳日（十七日），夜间，晋惠帝司马衷吃饼中毒，庚午日（十八日），晋惠帝司马衷在显阳殿驾崩。羊后自认为：她和太弟司马炽，是叔嫂的关系，担心自己无法当上太后，想要立清河王司马覃。侍中华混进谏说："太弟在东宫的时间很长，百姓对他信任有加，现在怎么能改变呢！"马上用不封口的奏书召请太傅司马越，请太弟进宫。皇后已经征召司马覃，到了尚书阁，疑心发生变化，假称有病就返回了。癸酉日（二十一日），太弟司马炽登上皇位，并大赦天下，尊奉皇后为惠皇后，居住在弘训宫；追封母亲王才人为皇太后；让妃子梁氏当上皇后。

晋怀帝开始遵奉以前的制度，在东堂听政，每次到了宴会的时候，他就和官员们商议各种政事，查阅经籍。黄门侍郎傅宣感慨着说："今天我又能见到武帝的时代了。"

十二月，壬午朔日（初一），天空发生日食。

太傅司马越下令征召河间王司马颙担任司徒。司马颙刚接受征召，南阳王司马模就让他的将领梁臣，邀请他到新安车上，勒杀了他，并杀了他的三个儿子。

辛丑日（二十日），怀帝派中书监温羡担任左光禄大夫，同时担任司徒；尚书左仆射王衍担任司空这个职务。

己酉日（二十八日），将惠帝葬在太阳陵。

刘琨到了上党，东燕王司马腾马上从井陉向东而去。当时并州发生饥荒，多次被胡人匪寇抢劫，郡县无法保护自己。州将田甄、田甄的弟弟田兰、任祉、祁济、李恽、薄盛等人，和官吏、百姓一万多人，都追随司马腾到冀州寻找粮食，被称为“乞活”，剩余的人家不到两万户；寇匪到处横行霸道，道路断绝无法通行。刘琨到上党招募士兵，召到了五百人，在各地战斗，向前继续推进。到了晋阳，官府和宅邸全都烧毁，城市、乡野一片荒凉萧条，刘琨安定抚恤、召集百姓，流民渐渐集聚靠拢了。

孝怀皇帝上

永嘉元年（丁卯，公元307年）

春季，正月，癸丑日（初二），晋怀帝司马炽大赦天下，改年号为永嘉。

吏部郎周穆，是太傅司马越姑母的儿子，和他的妹夫御史中丞诸葛玫劝说司马越：“皇上当太弟之时，是张方的意思。清河王本来是太子，公侯应立他为太子。”司马越不答应。接连不断地这样进言，司马越在盛怒之下，杀掉了他们。

二月，王弥入侵青、徐二州，自己号称征东大将军，攻杀两千石的官员，太傅司马越派公车令东莱人鞠羡担任本郡太守，攻打王弥，王弥攻击并杀了他。

陈敏处理政务刑令毫无章法，无法受到才俊人士的拥护；子弟凶恶残暴，所到之地都成了灾患。顾荣、周玘等人心中忧虑。庐江内史华谭送给顾荣等人的信说：“陈敏强占了吴、会，两地生命就像早上的露水一样危险。每位先生，有的由于功劳被分封在有名的郡县，有的地位处在近臣行列，现在却又羞辱自己，列于奸人的朝中，降低节操，附和叛逆的奸人，难道不感到羞愧吗？吴武烈父子都是由于拥有英明杰出的才能，继承了伟大的事业。现在以陈敏的凶恶狡猾，七个弟弟的顽劣卑下，想要追随桓王的高卓事迹，继承大皇的绝世轨范，认真思量一下各地英贤，必定是不会同意的。皇帝圣驾从东边回来，朝廷中充满了优秀人才，将要调动六军，清理、建设伟业，各位贤士有何面目再来面对中州的人士呢！”顾荣等人一向有图害陈敏的心理，等得到了书信，十分惭愧，秘密派遣使者，报告征东大将军刘准，要他调遣军队，到达长江，自己作为内应，剪下头发，作为信物。刘准派扬州刺史刘机等人，从历阳出兵，前去讨伐陈敏。

陈敏派他的弟弟广武将军陈昶，调遣几万士兵，驻扎在乌江，历阳太守陈宏，驻扎在牛渚。陈敏的弟弟陈处，知晓顾荣等人有背弃反叛的心理，劝陈敏杀掉他们，陈敏没有听从。

陈昶的司马钱广，和周玘是同一郡人，周玘私下要钱广杀了陈昶，公开宣布州中已经杀了陈敏，有敢随便乱动的，诛杀三族。钱广在朱雀桥南治理军队。陈敏派甘卓征讨钱广，将所有的精锐部队都交托给他。顾荣忧虑陈敏怀疑自己的能力，所以前去陈敏那里。陈敏说：“你应该出去四处镇守，怎么能来接近我呢？”顾荣于是出去，和周玘共同劝甘卓说：“假如江东的事业可以取得成功，就应该一同完成。然而你观察这种情势，会不会有成功的道理？陈敏终究是个平庸无常的人才，政治法度命令，反复无常，安国计策，无法自己做出决定，他的亲人子弟，各自都已过分骄慢，他的失败是注定的了。然而我们这些人，安然地平白接受了他的官职俸禄，当事情失败的时候，假如让江西各地军队，用木匣密封了我们的头颅，送到洛阳，上面写着‘叛贼顾荣、甘卓的头’，这是遗臭万年的耻辱啊！”甘卓于是谎称患病，接回女儿，砍断桥梁，收船停靠于南岸，和周玘、顾荣及前松滋侯相丹杨人纪瞻一起攻打陈敏。

陈敏亲自统率一万多人，攻打讨伐甘卓，军人隔着河水对陈敏的军队说：“本来要努力报答效忠陈公的原因，就是由于顾丹杨、周安丰两个人的关系，现在情形不一样了，你们这到底是为了什么呢！”陈敏的军队犹豫不决无法做出决定，顾荣用白羽扇向他们指去，部队都溃散了。陈敏一个人骑着马，向北逃走，最后在江乘被追到并捕获，叹息说："众位害了我，我才会到今日这般田地！"对弟弟陈处说："我辜负了你，你没有辜负我！"陈敏在建业被杀，被诛灭三族。与此同时在会稽等郡，陈敏各个弟弟也被杀了。

当时平东将军周馥，代替刘准驻扎镇守寿春。三月，己未朔日（三月初一是辛亥日，己未日是初九），周馥将陈敏的头送到了到京师，诏令征召顾荣担任侍中、纪瞻担任尚书郎。太傅司马越征召周玘担任参军、陆玩担任掾。陆玩，是陆机的堂弟。顾荣等人到达了徐州，听到北方局势更加混乱，犹豫不敢进去，司马越给徐州刺史裴盾的信说："假如顾荣等人犹豫的话，用军中的处理方式遣送他们来！"顾荣等人心中感到恐惧，逃返而回。裴盾，是裴楷的侄儿，司马越妃子的哥哥。

西阳夷人侵入江夏，太守杨珉请督将商讨谋议。各将争着献出自己的策略，唯有骑督朱伺不讲话。杨珉说："朱将军你为什么不说话呢？"朱伺说："各人用话语攻击贼人，而我只不过用兵力而已。"杨珉又问："将军前后进攻贼人，为什么频繁取得胜利呢？"朱伺说："双方对敌，只不过是比谁更坚忍；他们无法坚忍，而我能够坚忍，所以才会一直战胜而已。"杨珉认为他这种方式很好。

晋怀帝司马炽诏命再次恢复杨太后的尊号。丁卯日（十七日），重新安葬，谥号为武悼。

庚午日（二十日），立清河王司马覃的弟弟豫章王司马诠为皇太子。辛未日（二十一日），大赦天下。

晋怀帝司马炽观览朝政，留心朝中大事。太傅司马越心中非常不快，坚决恳请外出居住于藩国。庚辰日（三十日），司马越离开京城，镇守许昌。

晋怀帝司马炽派高密王司马略担任征南大将军，统管监督荆州所有军事要务，镇守襄阳；南阳王司马模担任征西大将军，统管监督秦、雍、梁、益所有军务，镇守长安；东燕王司马腾为新蔡王，统管监督司、冀二州所有军政要务，仍然驻扎镇守邺都。

公师藩死后，汲桑逃跑到了牧苑中，又召集以前的军队，抢劫郡县，号称自己为大将军，声言要为成都王报仇。派石勒担任前锋，所到之处，都交战获胜，又任石勒为讨虏将军，接着攻打邺都。当时邺都城中仓库财货已空，而新蔡武哀王司马腾资产财源十分丰足。司马腾本性吝啬，从不施加恩惠救济部下，到了事情紧急时，就赐给将士每人几升米，一丈多布帛，所以没有人听从他的差遣。夏季，五月，汲桑大败魏郡太守冯嵩，长驱直入地攻入了邺都，司马腾轻装骑马逃了出去，被汲桑的将领李丰杀了。汲桑起出成都王司马颖的棺木，装在自己的车中，每次有事，禀报之后才进行。接着烧了邺都宫室，大火烧了十天都没熄灭；杀掉一万多官吏百姓，任意抢掠后才离开。从延津渡河，向南攻击兖州，太傅司马越感到非常害怕，派苟晞和将军王赞攻打他。

秦州流民邓定、訇氏等人，驻扎在成固，侵犯汉中，梁州刺史张殷，派遣巴西太守张燕攻打他们。邓定等人饥饿窘困，假装向张燕投降，而且贿赂他，张燕于是减缓了军队行动，邓定秘密派遣訇氏向大成恳请救援支持，大成君主李雄调遣太尉李离、司徒李云、司空李璜，统率两万士兵，救援邓定，和张燕一起交战，大败张燕，张殷和汉中太守杜孟治弃城逃走。过了十多天，李离等人统率军队返回，将所有的汉中百姓迁徙到蜀郡。汉中人句方、白落，统率官民回来驻守保卫南郑。

石勒和苟晞等人，在平原、阳平间交战数月无法决出胜负，大小战役，有三十多次，双方互有胜负。秋季，七月，己酉朔日（初一），太傅司马越军队驻扎在官渡，作为苟晞的后援。

己未日（十一日），朝廷派琅邪王司马睿担任安东将军，统管监督扬州、江南所有军事要务，持符节，镇守建业。

八月，己卯朔日（初一），苟晞到东武阳攻打汲桑，大胜。汲桑退兵守卫清渊。

从荆州、江州分出八郡，建立湘州。

九月，戊申日（初一），琅邪王司马睿到达建业。司马睿以安东司马王导作为主要谋士，用自己的真诚实意待他，亲近信任他，每件事都和他商讨。司马睿的声望，向来不被人重视，吴郡人不接近相信他，住的时间久了，没有一个士大夫肯来拜访，王导很忧愁。碰巧司马睿出外观看禊祭，王导要司马睿乘坐没有遮盖的轿子，准备骑兵侍卫，王导和各名人都骑马跟随着，纪瞻、顾荣等人见了，十分惊异，一起在道旁礼拜。王导趁机劝司马睿说："顾荣、贺循，是这地方上有威望的人，应该接待他们来招纳人心，两位来了之后，就没有人不来了。"司马睿于是派王导亲自拜访贺循、顾荣，二人都接受命令来了。司马睿派贺循担任吴国内史，顾荣担任军司，再加散骑常侍，凡是遇到军政事务，都和他商讨。又委任纪瞻作为军咨祭酒，卞壶担任从事中郎，周玘担任仓曹属，琅邪人刘超担任舍人，张闿和鲁国人孔衍担任参军。卞壶，是卞粹的儿子；张闿，是张昭的曾孙。王导劝司马睿："谦逊温和地来对待贤士，通过节俭来补足财用，用清静无为来处理政事，安抚以前的部旧和新结交的人。"所以江东人心都依附于他。司马睿刚来时，常沉迷于饮酒而荒废军政事务，王导向他提出意见。司马睿命人倒满酒，拿着酒杯，将酒倒在地上，从此之后不再喝酒。

苟晞追赶攻打汲桑，攻克了八个军营，死了一万多人。汲桑和石勒召集收拾残余部队，将要逃到汉国之时，冀州刺史谯国人丁绍，到赤桥等着攻打他们，将他们击败。汲桑逃到茌平马牧，石勒逃到乐平。太傅司马越返回许昌，苟晞加封官职为抚军将军，统管监督青、兖所有军务，丁绍担任宁北将军，监察管理冀州所有军务，都赐予符节。

苟晞多次击败强敌，威名十分响亮，擅长治理纷繁复杂的军政要事，执法严格。他的姨母来投靠他，苟晞赡养得非常好。姨母的儿子向他恳请担任将领，苟晞不答应，说："我不会以王法宽赦别人，你将来可不要后悔呀！"坚决恳请，苟晞于是派他担任督护。后来犯了法，苟晞秉持符节依法杀了他，姨母磕头求救，苟晞没有听从她的请求。事后，穿上素服吊哭他的表弟说："杀你的，是那个担任兖州刺史的人，吊哭弟弟的，是你的哥哥苟道将呀！"

胡人部大张訇督、冯莫突等人，掌管几千部众，在上党建立军营，石勒前去归附他们，借机劝张訇督等人说："刘单于统率军队攻打晋国，部队大部分拒绝不依从，自己揣测，最终能够独立吗？"说："不能。"石勒说："那怎么不早作安排呢！现在部落都已接受单于的奖励招募频繁地聚会商讨，想要背叛部大，归附于单于了。"张訇督等人认为这是对的。冬季，十月，张訇督等人追随石勒单人匹马，归向汉国，汉王刘渊署任张訇督为亲汉王，冯莫突担任都督部大，派石勒担任辅汉将军、平晋王，来统领他们。

乌桓人张伏利度掌管两千兵将部队，在乐平建立军营，刘渊每次招请他，都无法招来。石勒假装自己在刘渊面前犯了罪，逃向张伏利度，张伏利度心中非常高兴，和他结成兄弟，命令石勒统率各胡族到处抢杀劫掠，一直战无不胜，各胡族都害怕敬服他。石勒知晓众人心里都已依附自己，因此趁这个机会，捉住张伏利度，对各胡族说："现在要发动大事，我和张伏利度，谁可以担任领袖呢？"各胡族都推举选择石勒。石勒于是放了张伏利度，统率他的部众归附于汉国。刘渊进加石勒的官职，督理山东征讨所有军务，将张伏利度的军队部众分配给他。

十一月，戊申朔日（十一月初一是丁未日，戊申日是初二），出现日食。

甲寅日（初八），派尚书右仆射和郁担任征北将军，镇守驻扎在邺都。

乙亥日（二十九日），派王衍担任司徒。王衍劝太傅司马越说："朝廷混乱而且十分危险，要依赖的是各州刺史，应该选择文武都具备的人来担当重任。"于是派弟弟王澄担任荆州都督，族弟王敦担任青州刺史，告诉他们说："荆州有江、汉的牢固地形，青州有背倚海洋的险要地势，你们二人在外，我在朝中任职，足以成为狡兔三窟了。"王澄到了镇所，派遣郭舒担任别驾，将府中政事交托给他，王澄日夜尽情喝酒，不理政事，尽管盗匪兵祸不断危急，也不加重视。郭舒时常诚恳地进谏，认为他应该爱护百姓、培养军队，保护州境的安全，王澄没有听从他的进谏。

十二月，戊寅日（初二），乞活军中的田甄、田兰、薄盛等人发动兵变，为新蔡王司马腾报仇雪恨，在乐陵杀掉了汲桑，将成都王司马颖的棺木丢到旧井中，司马颖的旧臣将同党尸体收起埋葬了。

甲午日（十八日），朝廷派前太傅刘实担任太尉，刘实由于年老，坚决推辞，没被批准。庚子日（二十四日），派光禄大夫高光担任尚书令这个官职。

前任北军中候吕雍、度支校尉陈颜等人，策划立清河王司马覃为太子，事情泄漏，太傅司马越谎托诏命，将司马覃囚禁关押到金墉城。

起初，太傅司马越和苟晞关系很亲近，摆宴邀请苟晞并和他一起登上正堂，结拜为兄弟。司马潘滔劝司马越说："兖州是地势紧要地区，魏武凭靠这个地方，创造基业。苟晞有很大的志向，不是心志专一的臣子，让他长久居处这个地方，就会成了你的心腹大患。假如让他迁到青州，多分封给他名号，苟晞肯定会非常高兴。公侯自己担任兖州牧，治理中原各州郡，保护守卫本朝，这就是所谓在没有变乱以前就已经加以预防了。"司马越认为这是对的。癸卯日（二十七日），司马越自己担任丞相，同时也担任兖州牧，统管监督兖、豫、司、冀、幽、并六州所有军政要务。派苟晞担任征东大将军，开府仪同三司，加侍中、授予符节、统管监督青州所有军政要务，同时担任青州刺史，封东平郡公。司马越、苟晞因此有了猜忌隔阂。

苟晞到了青州，凭借严厉苛刻的刑罚，建立声名威望，每天进行杀戮，州中人给他起了个绰号为"屠伯"。顿丘太守魏植被流民逼迫，有五六万部众，凶残恶狠地抢劫兖州，苟晞出兵驻扎无盐，来攻打他们，派弟弟苟纯兼管青州，苟纯的刑罚杀戮比苟晞更加厉害。苟晞讨伐魏植，击败了他们。

起初，阳平人刘灵，年轻时贫穷地位卑贱；力气大到能降服奔跑的牛，跑步赶得上奔跑中的马，当时人尽管感到诧异，但无法推选他。刘灵拍着胸膛叹息说：“上天啊！什么时候才能天下大乱呢？”等到公师藩率兵起义，刘灵自称将军，侵犯赵、魏。正当王弥被苟纯击败时，刘灵也被王赞击败，于是一同派遣使者向汉国投降。汉王任命王弥担任镇东大将军、青、徐二州牧，统管监督缘海所有军政要务，封东莱公；派刘灵担任平北将军。

李钊到达宁州，州中人尊奉李钊主持州政。治中毛孟前去京城，恳请朝廷派遣刺史，多次上奏，不被理会。毛孟说：“君亲已经死了，亲属奔逃，剩下的人被禁闭在贫穷窘困的城池中，我奔波万里，告诉这令人伤心的消息，一腔精诚，无法感动别人，活着不如死去！”企图自杀。朝廷可怜他，派魏兴太守王逊担任宁州刺史，并诏命交州出兵拯救李钊。交州刺史吾彦，派遣他的儿子吾咨统率军队去拯救李钊。

慕容廆自称鲜卑大单于。

拓跋禄官去世，弟弟猗卢总领三部，和慕容廆来往，关系甚好。

二年（戊辰，公元308年）

春季，正月，丙午朔日（初一），正值日食。

丁未日（初二），大赦天下。

汉王刘渊调遣抚军将军刘聪等十个将领，向南驻扎镇守太行，辅汉将军石勒等十个将领向东，到达赵、魏。

二月，辛卯日（十六日），太傅司马越杀了清河王司马覃。

庚子日（二十五日），石勒攻打侵犯常山，王浚击败他们。

凉州刺史张轨中风，无法讲话，要他的儿子张茂代理掌管州中政事。陇西内史晋昌人张越，是凉州大户人家，想要驱逐张轨后取代他，与他的哥哥酒泉太守张镇和西平太守曹祛，策划调遣使者到长安，告诉南阳王司马模，说张轨患病已经残废，恳请派秦州刺史贾龛接替他。贾龛将要接受官职，他的哥哥批评贾龛说：“张凉州是当代名士，威望在西州非常响亮，你有什么德行来接替他？”贾龛因而没去。张镇、曹祛呈上奏章，另外恳请刺史，并没有上报，终于传达檄命，罢免了张轨，派军司杜耽暂时掌管州政，要杜耽向上进言，派张越担任刺史。

张轨下达教令，自己想要退位，隐居于宜阳。长史王融、参军孟畅踩坏了檄令，推门进来说：“晋室事情多，明公安定抚恤西夏。张镇兄弟胆敢任意叛逆不遵守法纪，应该声讨他们的罪过，杀掉他们。”于是出门，宣布全城守卫戒严。碰巧张轨的长子张实从京城回来，于是派张实担任中督护，统率军队攻打张镇。调遣张镇的外甥太府主簿令狐亚，先去劝降张镇，向他说明利害关系，张镇流泪说：“是别人耽误了我啊！”于是前去张实处自首。张实向南攻打曹祛，将他打走了。

朝廷得到张镇、曹祛的进言，派侍中袁瑜担任凉州刺史。治中杨澹急奔长安，割下耳朵，装在盘中呈给皇上，诉说张轨被诬陷的情况。南阳王司马模进言，恳请中止任命袁瑜，武威太守张琠也上表挽留张轨不让他走。朝廷下诏依照司马模的上表，下令诛杀曹祛。张轨命令张实统率三万步兵、骑兵，攻打曹祛，杀掉了他。张越逃往邺都，凉州才安稳平定下来。

三月，太傅司马越从许昌迁往鄄城驻扎镇守。

王弥收集逃散军队士兵，兵力又大大振兴起来。分别派遣将领进攻、抢劫青、徐、兖、豫四州，所过之处，攻下郡县，把郡守、县令大多杀掉，聚集了几万部众。苟晞和他连续不停战斗，无法取胜。夏季，四月，丁亥日（十三日），王弥攻入许昌。

太傅司马越派司马王斌统率五千武装士兵，来到京师保护防卫，张轨也派督护北宫纯统率军队保卫京城。五月，王弥从轘辕关进来，在伊水北面击败官军，京师感到非常震惊，皇宫城门白天都关着。壬戌日（十九日），王弥到了洛阳，驻军津阳门。下诏派王衍都督征讨所有军政要务。北宫纯召集一百多名勇士，冲入阵中，王弥军队大败。乙丑日（二十二日），王弥烧了建春门向东逃去，王衍派左卫将军王秉追赶他们，在七里涧进行战斗，击败王弥。

王弥逃走，渡过黄河，和王桑从轵关到了平阳。汉王刘渊派遣侍中并兼任御史大夫在郊外迎接，说："我要亲自前去将军的住所，打扫干净坐的席位，清洗干净酒杯，恭敬地等待将军。"王弥到后，任命他为司隶校尉，加侍中、特进；派王桑担任散骑侍郎。

北宫纯等人在河东与汉国刘聪打仗，击败了他们。

朝廷诏命封张轨为西平郡公，张轨推辞不愿接受。当时州郡中的使者，没有到京城来的，唯有张轨派遣使者进献贡品，一年四季从不间断。

秋季，七月，甲辰日（初二），汉王刘渊入侵平阳，太守宋抽弃城逃跑，河东太守路述战死沙场；刘渊将都城迁到蒲子。上郡鲜卑人陆逐延、氐族酋长单徵一起投降汉国。

八月，丁亥日（十五日），太傅司马越从鄄城迁到濮阳驻军；没过多久，又将军队驻扎到了荥阳。

九月，汉国王弥、石勒进攻邺都，和郁弃城逃走。朝廷诏命豫州刺史裴宪将军队驻扎在白马，抵御对抗王弥，车骑将军王堪驻军东燕，对抗石勒，平北将军曹武将军队驻扎在大阳，防备蒲子。裴宪，是裴楷的儿子。

冬季，十月，甲戌日（初三），汉王刘渊登基称帝，大赦天下，改年号为永凤。十一月，派他的儿子刘和担任大将军，刘聪担任车骑大将军，族子刘曜担任龙骧大将军。

壬寅日（初一），并州刺史刘琨派遣上党太守刘惇，统率鲜卑人进攻壶关，汉国镇东将军綦毋达交战不敌，逃了回来。

丙午日（初五），汉国都督里外所有军政要务、兼任丞相、右贤王刘宣去世。

石勒、刘灵统率三万军众，进犯魏郡、汲郡、顿丘，五十多个村垒的百姓望风归附，石勒将他们都交给了垒主将军、都尉印绶，选择五万强壮的士兵，作为军士，老弱百姓，照常安定居住。己酉日（初八），石勒在三台抓住了魏郡太守王粹并将他杀掉。

十二月，辛未朔日（初一），大赦天下。

乙亥日（初五），汉国君主刘渊派大将军刘和担任大司马，封为梁王；尚书令欢乐担任大司徒，封为陈留王；皇后的父亲御史大夫呼延翼担任大司空，封为雁门郡公；皇室依照他们的亲近关系，全部封为郡县王。不同姓大臣按照功劳，全部封为郡县公侯。

大成尚书令杨褒去世。杨褒喜欢直言进谏，大成国君主李雄刚刚取得蜀郡时，财力不够，各将领有凭借进献金银获得官职的，杨褒进谏说："皇上您设置了官员爵位，应该网罗天下英雄豪杰人物，怎么可以用官位卖得金钱呢！"李雄向他道歉。李雄曾经喝醉酒，推着中书令杖责太官令，杨褒进谏说："天子威严仪表堂堂，诸侯美好端庄，天子怎么能酗酒呢！"李雄惭愧地停止了酗酒。

大成平寇将军李凤统率军队驻扎在晋寿，时常攻打入侵汉中，汉中的百姓向东逃到荆沔。诏命派张光担任梁州刺史。荆州盗匪不能制止，诏命起用刘璠担任顺阳内史，江、汉地区都一起归附他。

资治通鉴卷第八十七　晋纪九

起己巳（公元309年），止辛未（公元311年），共三年。

【题解】本卷记录了晋怀帝永嘉三年到永嘉五年的历史：司马越入掌朝权后众叛亲离，后因争权夺利失败而忧愤致死；汉将石勒追击司马越的丧车剖棺焚尸，破杀十余万晋兵，杀掉王衍等大批王公贵臣，擒杀晋朝军阀苟晞；汉主刘渊病死，刘聪杀太子夺帝位；刘聪派人攻打晋朝的河北、河南，又派人进攻洛阳，俘获晋怀帝；晋将阎鼎等迎秦王司马邺到长安；汉将王弥被石勒击杀；司马睿在江南网罗英才，并向江北扩张势力；周顗等投奔司马睿；拓跋猗卢部落、鲜卑慕容廆等势力逐渐壮大。

孝怀皇帝中

永嘉三年（己巳，公元309年）

春季，正月，辛丑朔日（初一），火星经过紫微星座。汉国太史令宣于修之向汉国君主刘渊进献说："不用等三年，必定能攻下洛阳。蒲子地区道路坎坷崎岖不平，很难一直定居于此。平阳天气正适合居住，请将都城迁到那儿去。"刘渊听从他的建言。大赦全国，改年号为河瑞。

三月，戊申日（初九），高密孝王司马略去世。派尚书左仆射山简担任征南将军、统管监督荆、湘、交、广四州所有军政要务，镇守襄阳。山简，是山涛的儿子，喜欢喝酒，不关心政事。上表："顺阳内史刘璠很得人心，恐怕百姓会强迫刘璠作为帝王。"朝廷诏命征召刘璠担任越骑校尉。南方各州因此混乱，当地父老没有不追悼思念刘弘的。

丁巳日（十八日），太傅司马越从荥阳来到京城。中书监王敦对所亲近的人说："太傅独揽权势威严，选用人才仍上表恳请，尚书依然凭借旧的制度来裁断，今天前来，必定会有杀人的事。"

晋怀帝司马炽在当太弟时，和中庶子缪播亲近友好。等到登上皇帝位，派缪播担任中书监，缪胤担任太仆卿，把他们当作心腹；晋怀帝司马炽的舅舅散骑常侍王延、尚书何绥、太史令高堂冲，一起参与国家机密军政要事。司马越怀疑朝廷大臣背叛自己，刘舆、潘滔劝司马越杀缪播等人。司马越于是诬告缪播等人想要作乱。乙丑日（二十六日），派平东将军王秉，统率三千武装士兵，来到宫中，在晋怀帝司马炽身边拘捕缪播等十多人，交给廷尉，把他们杀掉了。晋怀帝司马炽只能流泪、叹息而已。

何绥，是何曾的孙子。起初，何曾在宴会中陪同伺候武帝，离开朝中，对儿子们说："皇上开创伟大的基业，我每次在宴会中晋见，从来没有听到过他讲治理国家的远大计策，只不过说些他生平的平常事，不是遗留给他子孙计谋国事的做法。国力的强盛只能到他自己这朝而已，后来的皇帝大概就要危险了！你们这一辈还可以避免。"指着各个孙儿说："这一辈人必定会遭受灾难的。"等到何绥死了，哥哥何嵩吊哭他说："我们祖父大概差不多是圣人了吧！"何曾他自己的每天饮食要花费一万钱，仍然说没有下筷子想吃的东西。儿子何劭，每天食物要两万钱。何绥和弟弟何机、何羡，奢侈更加厉害；给人的书信，言语词句简慢，态度骄慢蛮横。河内人王尼见到何绥的信后，对别人说："伯蔚居身于乱世，却如此的傲慢蛮横，这样能避免灾祸吗？"那人说："伯蔚听到你的话，必定会来危害你。"王尼说："等到伯蔚听到我的话，恐怕他自己已经死了！"到了永嘉末年，何氏没有人活着了。

◆臣司马光说：何曾议论武帝的偷安懈怠懒惰，以眼前的小事取舍，不作远大考虑；知晓天下将乱，他的子孙必定会遭受扰乱，是多么明白事理！然而他本身僭礼奢侈，使得子孙沿袭了他的作风，最终由于骄傲奢侈，全族灭亡，他的明白事理又体现在哪里呢？而且身为宰相，知晓君

主的过失，却不告诉君主，却私下在家中和亲人谈论，也不是忠臣了。◆

太傅司马越派王敦担任扬州刺史。

刘实每年不断向皇上恳请告老还乡，朝廷不批准。尚书左丞刘坦进言："古代的养老，以不负责政事来礼待他，以不担当官职来重视他，私下里以为应该听从刘实所坚持的事。"丁卯日（二十八日），晋怀帝司马炽诏命刘实以侯爵返回自己的府邸。派王衍担任太尉。

太傅司马越不再担任兖州牧，兼任司徒这个官职。司马越认为近来发动政事改革，都是由于殿中台省，于是上奏进言：有侯爵爵位的宿卫，都免除了官职。当时殿中的武官都封了侯爵，所以差不多全都搬出了宫殿，流着眼泪离开。另外派遣右卫将军何伦、左卫将军王秉，统率几百名东海国军士在晚上守卫。

左积弩将军朱诞投降汉国，详细完整地讲述了洛阳的孤独薄弱，劝汉王刘渊攻打洛阳。刘渊派朱诞担任前锋都督，派灭晋大将军刘景担任大都督，带领军队攻克了黎阳；又在延津击败了王堪，将男女三万多人淹死在黄河中。刘渊听后，愤怒地说："刘景还有什么面目再来见我！难道天理道义还能容得下他吗？我想要除去的，只是司马氏家族而已，小民有什么罪过！"罢免刘景，降职为平虏将军。

夏季，大旱，江、汉、河、洛都干枯了，步行都可以通过。

汉国安东大将军石勒进犯钜鹿、常山，士兵达到十多万人，集合了衣冠人物，另外成立了君子营。派赵郡人张宾担任主要参谋人员，刁膺担任他的得力助手，夔安、孔苌、支雄、桃豹、逯明等作为武士，并州各胡羯大都追随他。

起初，张宾喜爱读书，心胸开阔豁达，有远大的志向，经常将自己比作张子房。等到石勒进攻山东，张宾对身边亲近的人说："我看遍各将军，没有人能和胡将军比的，可以和他一起完成伟大的事业！"于是就手提宝剑，前去军门，大声叫喊，恳请晋见，石勒也没有感到他有什么与众不同的地方。张宾多次将计策进献石勒，事后都应验了他的进言，石勒因而感到他不同寻常，任命他担任军功曹，一举一动都向他请教。

汉主刘渊任命王弥担任侍中、都督青、徐、兖、豫、荆、扬六州所有军务、征东大将军、青州牧，和楚王刘聪一起攻打壶关，让石勒担任前锋都督。刘琨派护军黄肃和韩述去救援，刘聪在西涧击败了韩述，石勒在封田击败了黄肃，把他们都杀了。

太傅司马越派淮南内史王旷、将军施融、曹超带领军队去对抗刘聪等人。王旷渡过黄河，想长驱直入时，施融说："他们乘着时机，据险出兵，尽管我们拥有几万军众，但依然是孤军单独受敌，应该暂时隔着河水，作为巩固自己的屏障，分析形势，然后再作打算。"王旷气愤地说："你是要破坏众人士气吗！"施融退出去说："他们善于用兵，王旷不清楚事情的情况，我们今天必死无疑！"王旷等人在太行遇到刘聪，在长平地区交战，王旷的军队打了大败仗，施融和曹超都战死了。

刘聪于是攻下了屯留、长子，共计砍下一万九千多人头。上党太守庞淳奉献壶关向汉国投降。刘琨让都尉张倚兼任上党太守，据守在襄垣。

起初，匈奴刘猛战死，右贤王去卑的儿子诰升爰代替他带领军众；诰升爰去世后，儿子虎即位，住在新兴，号称铁弗氏，和白部鲜卑一起归附汉国。刘琨自己领兵攻打虎，刘聪派兵偷袭晋阳，没能获胜。

五月，汉王刘渊册封儿子刘裕为齐王，刘隆为鲁王。

秋季，八月，汉主刘渊下令让楚王刘聪等人攻打洛阳；晋怀帝司马炽下诏命平北将军曹武等人去抵抗，都被刘聪击败。刘聪长驱直入，到达宜阳，自己依仗多次打了胜仗，松懈而不设防。九月，弘农太守垣延假装向他投降，晚上偷袭刘聪军营，刘聪大败而归。

王浚派祁弘和鲜卑段务勿尘在飞龙山出兵攻打石勒，石勒大败，退兵驻守黎阳。

冬季，十月，汉王刘渊又派楚王刘聪、王弥、始安王刘曜和汝阴王刘景，带领五万精锐骑兵，进攻洛阳，大司空雁门人刚穆公呼延翼带领步兵，作为后方支援。丙辰日（二十一日），刘聪等人到达宜阳。朝廷由于汉国军队刚刚打了败仗，没料到他们这么快又来了，非常恐惧。辛酉日（二十六日），刘聪在西明门驻兵。北宫纯等人统率一千多名勇士，晚上出兵攻打汉国军营，杀了他们的征虏将军呼延颢。壬戌日（二十七日），刘聪往南在洛水驻军。乙丑日（三十日），呼延翼被他的部下杀掉，他的军队从大阳逃散返回。刘渊命令刘聪等人撤军回来。刘聪等人上书，说晋国的军队羸弱，不能由于呼延翼、呼延颢已死的原因回军，坚决要求留下来攻打洛阳，刘渊同意。太傅司马越坚持守卫城池。戊寅日（十月无此日），刘聪亲自到嵩山去祈祷，留下平晋将军安阳哀王刘厉和冠军将军呼延朗代为督领留下的军队；太傅参军孙询劝说司马越趁敌人空虚，出城攻打呼延朗，杀了他；刘厉投水自杀。王弥对刘聪说："现在军队已经失败，洛阳的守备依然很坚固，运输车还在陕地，粮食支持不了几天，殿下不如先和龙骧将军返回平阳，带着粮食，发动士兵，然后再作日后的行动；下官也去收买粮食，召集士卒，在兖、豫待命，不也可以吗？"刘聪由于自己要求留下来，不敢返回。宣于修之对刘渊说："到了辛未年，才能拿下洛阳。现在晋国气势还很强大，大军不回来，必定会失败。"刘渊于是命令刘聪等人回师。

天水人訇琦等杀了大成太尉李离和尚书令阎式，而且奉献梓潼向罗尚投降；大成君主李雄派太傅李骧、司徒李云、司空李璜去攻打他，没成功，李云和李璜都战死了。

起初，谯周有一个儿子住在巴西，大成巴西太守马脱杀了他。他的儿子谯登前去刘弘处，恳请派兵来为父亲报仇。刘弘上书，任命谯登为梓潼内史，命他自己招募巴、蜀地区的流民，召集到两千人；往西发兵，到了巴郡，在罗尚处恳请增加军队，没能成功。谯登发兵攻打宕渠，杀了马脱，并吃了他的肝。正遇上梓潼投降，谯登发兵占据涪城；李雄亲自带兵攻打，被谯登击败了。

十一月，甲申日（二十日），汉国楚王刘聪和始安王刘曜返回平阳。王弥往南，出兵轘辕。在颍川、襄城、汝南、南阳、河南的几万户流民，一向都受当地居民的欺侮，于是一起烧毁了城墙，杀了两千石的官员和长吏，来呼应王弥。

石勒进犯信都，杀了冀州刺史王斌。王浚自己兼管冀州。诏命车骑将军王堪、北中郎将裴宪，带领军队去讨伐石勒，石勒带领军队回来抵抗他们；魏郡太守刘矩奉献郡县向石勒投降。石勒到了黎阳，裴宪丢弃军队，逃往淮南，王堪退兵，据守在仓垣。

十二月，汉主刘渊任命陈留王刘欢乐为太傅，楚王刘聪为大司徒，江都王刘延年为大司空。派都护大将军曲阳王刘贤和征北大将军刘灵、安北将军赵固、平北将军王桑，往东驻兵内黄。王弥上书派左长史曹嶷代替安东将军，往东巡视青州，并且去迎接他的家属，刘渊应允了。

起初，东夷校尉渤海人李臻，与王浚约定一同辅佐晋室，王浚心中有叛乱的想法，李臻非常怨恨他。和演死后，别驾昌黎人王诞逃跑，归附李臻，劝李臻起兵讨伐王浚。李臻派他的儿子李成统率军队攻打王浚。辽东太守庞本，一向与李臻有仇怨，乘着空虚去攻打李臻，派人到无虑杀了李成。王诞逃跑，归附慕容廆。晋怀帝司马炽诏命派渤海人封释取代李臻担任了东夷校尉，庞本又打算杀他；封释的儿子封悛劝说封释设伏兵邀请庞本，抓捕并杀了他，而且诛杀了他全家。

四年（庚午，公元310年）

春季，正月，乙丑朔日（初一），汉王刘渊大赦天下。

汉王刘渊册立单徵的女儿为皇后，梁王刘和为皇太子，宣布大赦；册封儿子刘乂（《通鉴》前作“羲”，后作“乂”，皆非。此从《晋书》）为北海王；任命长乐王刘洋为大司马。

汉国镇东大将军石勒渡过黄河，攻下白马，王弥派三万军众与他会合，共同进犯徐、豫、兖州。二月，石勒偷袭鄄城，杀了兖州刺史袁孚，又攻下仓垣，杀了王堪。又往北渡过黄河，攻打冀州各郡，追随他的百姓有九万多人。

大成太尉李国镇守巴西，他的属下文石杀掉李国，奉献巴西去向罗尚投降。

太傅司马越征召建威将军吴兴人钱璯和扬州刺史王敦。钱璯图谋杀掉王敦，要想反叛。王敦逃到建业，告诉琅邪王司马叡。钱璯终于反叛，出兵攻打阳羡，司马叡派将军郭逸等人去讨伐他；周玘纠集乡里中人，和郭逸等人一起讨伐钱璯，杀了他。周玘三次平定江南，司马叡任命他为吴兴太守，在他的家乡设置义兴郡，以此来嘉奖他。

曹嶷从大梁带领军队向东发兵，所向披靡，攻下东平，进兵攻打琅邪。

夏季，四月，王浚的将领祁弘，在广宗击败汉国冀州刺史刘灵，并杀了他。

大成君主李雄告诉他的将领张宝说："你若能得到梓潼，我就将李离的官位奖赏给你。"张宝于是先假装杀了人，逃到梓潼，訇琦等人相信了他，并托付给他心腹大事。刚好遇上罗尚派使者到梓潼，訇琦等人出城送别使者；张宝跟随在后关闭了城门，訇琦等人逃到巴西。李雄于是让张宝担任太尉。

幽、并、司、冀、秦、雍六州遭到大蝗灾，草木、牛马的毛都被吃光了。

秋季，七月，汉国楚王刘聪、始安王刘曜、石勒，和安北大将军赵国，在怀县围攻河内太守裴整，朝廷下诏命征虏将军宋抽去救援怀县。石勒和平北大将军王桑迎战宋抽，杀了他；河内人抓住裴整投降。汉主刘渊任命裴整担任尚书左丞。河内督将郭默招收残余部队，自己担任堡坞的坞主，刘琨任命郭默为河内太守。

罗尚在巴郡去世，朝廷诏命让长沙太守下邳人皮素替代死去的罗尚。

庚午日（初九），汉主刘渊患病；辛未日（初十），任命陈留王刘欢乐为太宰，长乐王刘洋为太傅，任命江都王刘延年为太保，楚王刘聪为大司马、大单于，一起录尚书事。在平阳西边设置单于台。任命齐王刘裕为大司徒，鲁王刘隆为尚书令，北海王刘乂为抚军大将军，兼任司隶校尉，始安王刘曜为征讨大都督，兼任单于左辅，廷尉乔智明为冠军大将军，兼任单于右辅，光禄大夫刘殷为左仆射，王育为右仆射，任觊为吏部尚书，朱纪为中书监，并让护军马景兼任左卫将军，让永安王刘安国兼任右卫将军，让安昌王刘盛、安邑王刘钦、西阳王刘璿一起兼任武卫将军，分别主领禁卫军。起初，刘盛年轻时，不喜欢读书，只读《孝经》和《论语》，说："读了这些书，能够实际运用，就足够了，何必非要读得多，却无法实际运用呢！"李熹见到他，叹息着说："远望好像可以轻视的样子，到了他跟前，严肃得好像庄严的君主一样，可以说是君子了。"刘渊由于他忠厚诚实，所以临死前将重要政事都托付给他。丁丑日（十六日），刘渊下诏令太宰刘欢乐等人来到宫中，接受遗诏，辅佐政务。己卯日（十八日），刘渊去世。太子刘和登基。

刘和天性猜疑妒忌，缺少恩情。宗正呼延攸为呼延翼的儿子；刘渊由于他没有才华、德行，终生不调升他的官职，侍中刘乘，向来厌恶楚王刘聪，卫尉西昌王刘锐为没有参与接受顾命而感到羞耻，于是一同策划，劝刘和道："先帝没有考虑轻重的情形，命令三王在朝内统领强大的军队，大司马有十万军队，驻扎在近郊，陛下就成了寄生的人了，应该早做打算。"刘和是呼延攸的外甥，所以对他深信不疑。辛巳（二十日）晚，汉主刘和召见安昌王刘盛和安邑王刘钦等人，通告他们。刘盛说："先帝棺木还停殡在堂，四王没有叛逆的节操，一旦相互残杀，天下会如何评论陛下呢！而且大业才刚起步，陛下不要相信小人说的谗言，因此怀疑自己兄弟的感情；兄弟假如都不可以相信，别人又有谁能信任呢！"呼延攸和刘锐气愤地说："今天的议事，没有第二个道理，领军说的是什么话！"于是命令左右杀了他。刘盛死后，刘钦害怕地说："陛下下达命令好了。"壬午日（二十一日），刘锐带领马景，到单于台攻打楚王刘聪，呼延攸带领永安王刘安国，到司徒府攻打齐王刘裕，刘乘带领安邑王刘钦，攻打鲁王刘隆，让尚书田密和武卫将军刘璿攻击北海王刘乂。田密与刘璿保护刘乂，闯出关门，归附刘聪，刘聪命人给自己穿上盔甲，去等待他们。刘锐知晓刘聪有了防范，快速回来，与呼延攸、刘乘一起攻打刘隆、刘裕；呼延攸、刘乘怀疑刘安国和刘钦有叛乱的想法，杀掉了他们。当天，杀掉刘裕，癸未日（二十二日），杀掉刘隆。甲申日（二十三日），刘聪攻下西明门；刘锐等人逃入南宫，前锋跟着逃了进来。乙酉日（二十四日），刘聪在光极殿西室杀了刘和，抓捕刘锐、呼延攸和刘乘，而且在交通要道上，斩下他们的头颅，悬挂示众。

群臣恳请刘聪登上皇帝的位子；刘聪由于考虑北海王刘乂是单后的儿子，而让位给他。刘乂流着眼泪，坚决恳请刘聪即位，刘聪考虑很久才同意，说道："乂与各公侯正是因为祸难还很强大，看重我年长几岁罢了。这是国家的大事，我如何敢推辞呢！等刘乂年龄大了，我就将国家的大业归还给他。"于是登上了皇帝位。大赦天下，改年号为光兴。尊奉单氏为皇太后，尊奉自己的母亲张氏为帝太后。册封刘乂为皇太弟，而且兼任大单于、大司徒。册封他的妻子呼延氏为皇后。呼延氏，是刘渊皇后的堂妹。封他的儿子刘粲为河内王，刘易为河间王，刘翼为彭城王，刘悝为高平王；仍旧让刘粲担任抚军大将军、都督中外所有军务。任命石勒为并州刺史，封为汲郡公。

略阳临渭氐的酋长蒲洪，强壮威猛，而且富有权变计策，各氐族都畏惧他、服从他。汉王刘聪派使者任命蒲洪为平远将军，蒲洪不接受，自称护氐校尉、秦州刺史、略阳公。

九月，辛未日（十一日），刘聪将汉主刘渊葬在永光陵，谥号为光文皇帝，庙号为高祖。

雍州的流民大多分布在南阳，晋怀帝司马炽颁下诏书，遣送流民返回乡里。流民由于关中地区荒芜，都不想返回；征南将军山简、南中郎将杜蕤各自派军队，去遣送他们，而且限定日期，勒令他们出发。京兆人王如暗中集结壮士，晚上偷袭两军军营，攻克二军。于是冯翊人严嶷、京兆人侯脱各自聚集民众，攻打城镇，杀掉县令长官来响应，没多久，聚众达四五万人，王如自称为大将军，兼任司、雍二州牧，向汉国称臣，列为藩属。

冬季，十月，汉国河内王刘粲、始安王刘曜和王弥带领四万军众，侵犯洛阳，石勒带领两万骑兵，与刘粲在大阳会合，在渑地大败监军裴邈，长驱直入来到洛川。刘粲从轩辕出兵，在梁、陈、汝、颍地区劫掠。石勒从成皋关出兵。壬寅日（十三日），在仓垣围攻陈留太守王赞，被王赞击败，退兵驻守文石津。

刘琨自己带领军队，讨伐刘虎和白部，派使者低声下气、带着厚礼，去游说鲜卑拓拔猗卢，恳请派兵支援。猗卢让他的弟弟拓拔弗之子郁律，带领两万骑兵去救援他，于是击败刘虎和白部，屠杀全营。刘琨和猗卢结为兄弟，上书派猗卢担任大单于，将代郡封与他，为代公。当时代郡隶属幽州，王浚不同意，出兵攻打猗卢，猗卢反击，击败了他们。王浚于是和刘琨结下仇怨。

猗卢因为得到的城邑距离国土太远，百姓无法相互往来，于是带领部落一万多家，从云中来到雁门，向刘琨要石陉关北方的土地，刘琨无法阻止，而且想要依靠他，作为自己的后援，于是将楼烦、马邑、阴馆、繁畤、崞等五县百姓迁到石陉关以南，将这些土地给了猗卢，猗卢因此更加强大。

刘琨派使者向太傅司马越进言，恳请出兵一同讨伐刘聪、石勒；司马越忌恨荀晞和豫州刺史冯嵩，恐怕成为后患，不同意。刘琨于是辞谢猗卢的军队，遣返回国。

刘虎招收残剩军众，往西渡过黄河，驻扎在朔方肆卢川。汉主刘聪看刘虎是王族中人，就封他为楼烦公。

壬子日（二十三日），晋国任命刘琨为平北大将军，王浚为司空，鲜卑段务勿尘进封为大单于。

京师的饥馑困顿一天天加剧，太傅司马越派使者用紧急文书征召天下军队，要他们到京师救援。晋怀帝司马炽对使者说："代我告诉各征、镇，今天尚能救助，晚了就来不及了！"最终还是没有来救援的。征南将军山简派督护王万，带领军队进京援助，在涅阳驻军，被王如击败。王如于是在沔、汉地区大肆劫掠，发兵逼近襄阳，山简绕城坚守。荆州刺史王澄亲自带领军队，想要援助京师，到了沶口，听到山简被击败，军众逃了回来。朝廷议论多半想要迁都，来躲避灾患，王衍认为不可，卖掉牛只和车辆，来安定人心。山简被严嶷逼迫，从襄阳迁到夏口驻兵。

石勒带领军队，渡过黄河打算开往南阳，王如、侯脱、严嶷等人得知后，派一万军众，在襄城驻兵，来抵抗石勒。石勒攻打他们，俘获了他们所有军众，发兵驻扎在宛城北面。这时，侯脱据守宛城，王如据守穰县。王如向来与侯脱不和，派使者重重地贿赂石勒，结为兄弟，游说石勒，要他进攻宛城。石勒攻打侯脱，大胜；严嶷带领军队救援宛城，来不及救援便投降了。石勒杀掉侯脱，囚禁严嶷，送到平阳，兼并了他们所有的军众。于是向南进攻襄阳，攻下长江西面三十多所军营。回师，前去襄城；王如派弟弟王璃偷袭石勒；石勒迎头攻击，消灭了他，又驻军长江西面。

太傅司马越杀掉王延等人后，大大失去了众人的信任；又由于胡敌更加强大，自己心中无法平静，于是穿上军服，上朝觐见，恳请讨伐石勒，而且据守兖、豫。晋怀帝司马炽说："现在胡敌逼近京城郊外，人人都没有坚定志向，朝廷社稷，依仗公侯，怎么能远出京师，孤立了根本呢！"答说："臣下出京，假如侥幸能击败敌人，那么国家的威望可以复兴，比起坐等困顿要好多了。"十一月，甲戌日（十五日），司马越带领四万武装士兵，前去许昌；留下妃子裴氏、世子司马毗和龙骧将军李恽、右卫将军何伦守护京师，保卫皇宫。让潘滔担任河南尹，统领留事。司马越上书，要行台跟着自己，派太尉王衍担任军司，朝中贤士，素有名望的，全部作为辅佐官吏；有名气的将领、强壮的部队，都归入到他府中。于是宫中、省台不再有守卫，饥荒日益严重，殿内死尸纵横交错；盗贼公然横行，官署营房，都挖了壕沟，自己坚守。司马越往东，驻军项城，让冯嵩担任左司马，自己兼任豫州牧。

竟陵王司马楙恳请晋怀帝司马炽，出兵袭击何伦，没能战胜；晋怀帝司马炽将罪行归于司马楙，司马楙逃跑，得以幸免。

扬州都督周馥认为洛阳孤立危险，上奏恳请将都城迁到寿春。太傅司马越由于周馥不事先告诉自己，而直接上书，非常愤怒，召见周馥和淮南太守裴硕。周馥不愿去，命令裴硕先带领军队前进。裴硕欺骗说是接受了司马越的秘密旨意，偷袭周馥，被周馥击败，退兵据守东城。

朝廷诏命张轨进封镇西将军、都督陇右所有军务。光禄大夫傅祗、太常挚虞给张轨去信，告诉他京城饥荒匮乏。张轨让参军杜勋进献五百匹马、三万匹毯布。

大成太傅李骧去涪城攻击谯登。罗尚的儿子罗宇和各僚属向来厌恶谯登，不给他提供粮食。益州刺史皮素发怒，想要惩治他的罪责；十二月，皮素到巴郡，罗宇令人晚上杀掉皮素，建平都尉暴重杀掉罗宇，巴郡大乱。李骧知晓谯登粮食用光，后援断绝，攻打涪城更是紧迫。官员百姓都抓熏山老鼠食用，饿死的人非常多，却没有一个人背叛。李骧的儿子李寿，起先在谯登处，谯登送他返回。三府中的官员都恳请让巴东监军南阳人韩松担任益州刺史，管理巴东。

起初，晋怀帝司马炽由于王弥、石勒逼近京畿，下诏让苟晞督率州郡军队讨伐他。正赶上曹嶷攻克琅邪，取得北面齐地，兵力非常强大；苟纯关闭城门坚守。苟晞返回支援青州，和曹嶷连连交战，击败了他。

这一年，宁州刺史王逊到任，上书让李钊担任朱提太守。当时宁州外有大成国的逼迫，里有夷人的进犯，城中成了废墟。王逊穿着粗布衣服，吃着糠菜，召集离散民众，慰劳招徕，从不厌倦，几年时间，州中又再次安定下来。他诛杀了十几家不遵守法令的豪门望族；由于五苓夷以前是作乱的祸首，被讨伐消灭，州中内外为之震慑佩服。

汉主刘聪自知超越等次即位，忌惮他的嫡兄刘恭；趁刘恭睡着，打穿墙壁，刺杀了他。

汉国太后单氏去世；汉主刘聪尊奉母亲张氏为皇太后。单氏年轻貌美，刘聪和她素有奸情。太弟刘乂经常对此进行劝说，单氏羞惭而死。刘乂所受的宠幸，因此逐渐衰减，然而由于单氏的原因，还没有被废黜。呼延后向刘聪进言说："父亲死后，儿子即位，是古往今来的道理；陛下继承了高祖的基业，太弟会如何呢！陛下死后，刘粲兄弟必定没有后代了。"刘聪说："是的，我要慢慢考虑。"呼延氏说："事情慢了，就会产生变化。太弟见到刘粲兄弟慢慢长大，必定有不安分的心思，万一有小人在中间挑拨离间，祸事发生，未必不是在今天了。"刘聪认为是对的。刘乂的舅舅光禄大夫单冲哭着对刘乂说："疏远的人不离间亲近的人。主上对河内王有怀疑了，殿下为何不回避呢！"刘乂说："河瑞末年，主上自己想到嫡庶的区别，将大位让给我，我又由于主上年龄大，所以拥戴他。天下，是高祖的天下，哥哥去世后，弟弟继承，有何不可呢！刘粲兄弟长大后，比照今天做法。而且子弟之间，亲疏差别了多少呢！主上怎么会有这种心思呢！"

永嘉五年（辛未，公元311年）

春季，正月，壬申日（十四日），苟晞被曹嶷击败，丢弃城池，逃往高平。

石勒打算保守江、汉，参军都尉张宾认为不可。正赶上军中饥饿、疾病流行，死了大半人，于是渡过沔江，侵犯江夏，癸酉日（十五日），攻了下来。

乙亥日（十七日），大成太傅李骧攻打涪城，抓获谯登；太保李始攻打巴西，杀掉文石。于是大成君主李雄大赦天下，改年号为玉衡。谯登到了成都，李雄打算宽恕他，谯登言词语气不屈服，李雄便杀了他。

巴蜀流民分散在荆、湘地区，经常被当地百姓侵害，痛苦无比；

蜀人李骧（此另一李骧，非大成太傅之李骧）纠集群众，占据乐乡造反。南平太守应詹和醴陵令杜弢一起击败了他们。王澄令成都内史王机讨伐李骧，李骧恳请投降，王澄假装同意，然后偷偷杀掉了他，将他的妻子作为奖赏，在江中淹死了八千多人，流民更加怨恨气愤。

蜀人杜畴等人又造反，湘州参军冯素与蜀人汝班有仇恨，对刺史荀眺进言道："巴、蜀流民都打算造反。"荀眺信了，打算诛杀所有流民。流民大为恐慌，四五万家同时造反了。由于杜弢在州里间有重大声望，被一起推为主事的人；杜弢自称梁、益二州牧、兼任湘州刺史。

裴硕向琅邪王司马睿恳请救援，司马睿命扬威将军甘卓等人，往寿春攻打周馥；周馥军队溃败，逃往项城，豫州都督、新蔡王司马确抓获了他，周馥忧愤而死。司马确，为司马腾之子。

扬州刺史刘陶去世。琅邪王司马睿又任命安东军咨祭酒王敦为扬州刺史，不久，进封都督征讨所有军务。

庚辰日（二十二日），平原王司马干去世。

二月，石勒攻击新蔡，在南顿杀掉新蔡庄王司马确。出兵攻打许昌，杀掉平东将军王康。

氐族苻成、隗文又叛乱，从宜都前去巴东，建平都尉暴重攻打他们，暴重顺势杀掉韩松，自己兼任三府政事。

东海孝献王司马越和苟晞互有怨恨，河南尹潘滔和尚书刘望等人又接着进谗言。苟晞大怒，上书恳请杀了潘滔等人，公开称："司马元超担任宰相不公平，使得天下大乱，苟道将怎么能被不义的人使唤呢！"于是发布檄令到各州郡，陈述自己的功劳和司马越的罪行。晋怀帝司马炽也厌恶司马越大权独揽，经常违背诏命；所留下的将士何伦等人，劫掠公卿大臣，逼迫羞辱公主；晋怀帝司马炽秘密赐给苟晞亲笔诏书，下令讨伐司马越。苟晞经常和皇帝有文书来往，司马越怀疑，派巡逻骑兵在成皋地区等待，果然抓获了苟晞的使者和诏书。于是颁布命令，宣布苟晞罪行，让从事中郎杨瑁担任兖州刺史，命他和徐州刺史裴盾一起讨伐苟晞。苟晞派骑兵抓捕潘滔，潘滔晚上逃跑，得以免除一死；捕获尚书刘曾和侍中程延，杀了他们。司马越忧愤成疾，将后事托付给王衍；三月，丙子日（十九日），在项城去世，秘不发丧。众人共同推举王衍为元帅，王衍不敢担任；让给襄阳王司马范，司马范也不敢接受。司马范，为司马玮的儿子。于是王衍等人一同奉持司马越的棺木，回东海安葬。何伦、李恽等人知晓司马越去世，奉迎裴妃和世子司马毗，从洛阳往东逃走，城中士子和百姓争相追随他们。晋怀帝司马炽追贬司马越为县王；让苟晞担任大将军、大都督，都督青、徐、兖、豫、荆、扬六州所有军务。

益州将士和官员一同杀掉暴重，上表请巴郡太守张罗暂代三府事务。张罗和隗文等人交战，战死，隗文等人劫持官吏和百姓，驱赶他们向西去投降大成国。三府文武官员共同上书，请平西司马蜀郡人王异暂代三府事务，兼任巴郡太守。

起初，梁州刺史张光在魏兴集合各郡郡守，一同商议进取的事。张燕主张说："汉中荒废破败，又靠近强大贼人，克复之事，应该等待英雄的出现。"张光由于张燕接受邓定的贿赂，使汉中失陷，现在又使军众沮丧，大声呵斥，推出杀掉了他。整治军队，领兵交战，过了好多年，才到达汉中，安抚饥饿病残，百姓心悦诚服。

夏季，四月，石勒带领轻装骑兵，追击太傅司马越的治丧队伍，到苦县宁平城追上，击败晋国军队，命令骑兵包围晋军，射杀他们的将士十多万人，互相踩踏，尸体堆积如山，没有一个能幸免的。抓获太尉王衍、襄阳王司马范、任城王司马济、武陵庄王司马澹、西河王司马喜、梁怀王司马禧、齐王司马超、吏部尚书刘望、廷尉诸葛铨、豫州刺史刘乔、太傅长史庾凯等人，坐在帐幕前，询问他们晋国的往事。王衍详尽陈述败乱的缘由，说制定计策的不是自己；而且说自己在年少时没有为官的意思，不问世事；并劝石勒自称尊号，希望自己得以免除一死。石勒说："你少壮之时在朝为官，名望传遍天下，本身任有重大职位，怎么能说是没有为官的想法呢？破坏天下的不是你，是谁呢？”命令左右扶着他出去。众人害怕死亡，大多自己陈述。唯有襄阳王司马范神色庄重，回头呵斥说：“今日的事情，何必要多说！”石勒对孔苌说：“我行走天下很久了，从来没有见过这一种人，可以保全他们的性命吗？”孔苌说：“他们都是晋国的王公，最后还是不会被我们任用。”石勒说：“即便这样，切不可加以刀刃。”夜晚，命人推倒墙壁，害死了他们。司马济，是宣帝的侄儿景王司马陵之子。司马禧，为司马澹的儿子。石勒令人剖开司马越的棺木，焚烧了他的尸体，说：“祸乱天下的人，是他，我替天下人报仇，所以焚毁他的尸骨，来慰藉天地四方。”

何伦等人到了洧仓，遇见石勒，战败，东海世子毘和皇室四十八王，都死在石勒手里，何伦逃到下邳，李恽逃到广宗。裴妃被人劫持卖掉，很久之后，才渡过长江。起初琅邪王司马睿镇守建业，是裴妃的意思，所以司马睿感激她，重重地慰问照顾她，将自己的儿子司马冲过继为司马越的后嗣。

汉国赵固、王桑攻击裴盾，杀掉了他。

杜弢攻打长沙。五月，荀眺丢弃城池，逃往广州，杜弢追上捕获了他。于是杜弢往南攻下零、桂，往东抢劫武昌，杀了众多两千石的官员、长吏。

朝廷任命太子太傅傅祗为司徒，尚书令荀藩为司空，王浚加封为大司马、侍中、大都督，都督幽、冀所有军务，任命南阳王模为太尉、大都督，张轨为车骑大将军，琅邪王司马睿为镇东大将军，兼理都督扬、江、湘、交、广五州所有军务。

起初，太傅司马越由于南阳王司马模无法抚慰关中地区，上书征召他担任司空。将军淳于定劝司马模不要同意征召，司马模听从了；上书派世子司马保担任平西中郎将，镇守上邦，秦州刺史裴苞回绝。司马模命令帐下都尉陈安攻打裴苞，裴苞逃到安定，太守贾疋收容了他。

荀晞上书，恳请将都城迁往仓垣，命从事中郎刘会，带领几十艘船、宿卫五百人、米谷一千斛，迎接晋怀帝司马炽。晋怀帝司马炽打算听从，公卿们犹豫不决，左右贪恋财货，最终无法成行。之后，洛阳饥馑困顿，百姓互相残食，百官逃亡出去的十有八九。晋怀帝司马炽召集公卿商议，快要走了，但随从侍卫却不齐备。晋怀帝司马炽搓着双手叹息道："为什么居然没有车驾！"于是命傅祗出城，前去河阴整理船只，几十个朝中官员跟着，晋怀帝司马炽步行，走过西掖门，到了铜驼街，被盗匪抢劫，无法前进，只好回宫。度支校尉东郡人魏浚，带领几百家流民，据守河阴的硖石，当时抢劫到谷麦粮食，进献上来，晋怀帝司马炽让他担任扬威将军、平阳太守，度支职位照旧。

汉主刘聪命令前军大将军呼延晏，带领两万七千军队，进攻洛阳，到了河南，晋国军队前后十二次都失败，死了三万多人。始安王刘曜、王弥、石勒，都带领军队去会合，还没有到，呼延晏将辎重留在张方以前的军营；癸未日（二十七日），呼延晏先到洛阳；甲申日（二十八日），进攻平昌门；丙戌日（三十日），攻下平昌门，于是焚烧东阳门和各官署。六月，丁亥朔日（初一），呼延晏由于外部支援没有到，掳掠、抢劫后离开。晋怀帝司马炽在洛水准备了船只，打算往东逃走，呼延晏全部烧掉。庚寅日（初四），荀藩和弟弟光禄大夫荀组逃到轘辕。辛卯日（初五），王弥到了宣阳门；壬辰日（初六），始安王刘曜到了西明门；丁酉日（十一日），王弥、呼延晏攻下宣阳门，侵入南宫，登上太极前殿，纵容军队大肆抢劫，收取所有的宫人、珍宝。晋怀帝司马炽走出华林园门，想逃往长安，汉国军队追上来，抓获他，幽禁在端门。刘曜从西明门进宫，驻军在武库。戊戌日（十二日），刘曜杀掉太子司马诠、吴孝王司马晏、竟陵王司马楙、右仆射曹馥、尚书闾丘冲、河南尹刘默等人，官民共死了三万多人。而且挖掘各座陵墓，把宫庙、官府都烧光了。刘曜娶了惠帝的羊皇后，将皇帝和六方玺印送往平阳。石勒带领军队出兵轘辕，驻军许昌。光禄大夫刘蕃和尚书卢志逃到并州。

丁未日（二十一日），汉主刘聪大赦天下，改年号为嘉平。让晋怀帝司马炽担任特进光禄大夫，封为平阿公，让侍中庾珉、王俊担任光禄大夫。庾珉，为庾敳的哥哥。

起初，始安王刘曜由于王弥不等自己到来，先进入洛阳，对他产生怨恨。王弥劝说刘曜："洛阳在天下的中部，山河四面闭塞，城池、宫室不必等着营建，应该奏请主上，从平阳迁都到这里来。"刘曜由于天下没有平定，洛阳四面受敌，无法防守，不采纳王弥的计策，放火焚烧了洛阳。王弥骂道："屠各子，哪里有坐上帝王的心思！"于是和刘曜有了仇恨；带领军队往东行，驻军项关。前司隶校尉刘暾劝导王弥道："现在九州动荡不稳，各路英雄都争着逐鹿中原，将军为汉国的建立立了巨大功劳，又和始安王有误会，该要怎么行事才能容身！不如往东行进，据守本乡州郡，慢慢观察天下形势，上能统一四海，下不失为鼎立的事业，是上等的计策。"王弥以为是正确的。

司徒傅祗在河阴设置行台，司空荀藩在阳城设置，河南尹华荟在成皋设置，汝阴太守平阳人李矩帮他们建房屋，输送谷米。华荟，为华歆的曾孙。

荀藩和弟弟荀组、族弟中护军荀崧，华荟和弟弟中领军华恒，在密县设置行台，发布檄令给天下四方，推选琅邪王司马睿为盟主。荀藩奉承制命，任命荀崧为襄城太守，李矩为荥阳太守，前冠军将军河南人褚翜为梁国内史。扬威将军魏浚驻军在洛北的石梁坞，刘琨承奉制命，让魏浚兼摄河南尹。魏浚前去荀藩处商讨军事，荀藩邀请李矩一起参加会议，李矩夜晚赴会。李矩的部下都说："魏浚无法相信，不应该夜晚前去。"李矩说："忠臣同心协力，有哪里要怀疑的呢！"终于前去，相互欢乐地结交后离开。魏浚的族子魏该，集结群众，占守一泉坞，荀藩让他担任武威将军。

豫章王司马端，为太子司马诠的弟弟，往东逃到仓垣，荀晞带领官员们迎接他为皇太子，建立行台。司马端承奉制命，让苟晞兼任太子太傅、都督中外各军、录尚书事，从仓垣行进，驻军在蒙城。

抚军将军秦王司马邺，为吴孝王的儿子，荀藩的外甥，年龄十二岁，往南逃到密县，荀藩等人迎接他，向南前去许昌。前豫州刺史天水人阎鼎，在密县集结几千名西州流民，打算返回家乡。荀藩由于阎鼎有才干，而且拥有军队，便让阎鼎担任豫州刺史，让中书令李絙、司徒左长史彭城人刘畴、镇军长史周顗、司马李述等人，担任他的幕僚。周顗为周浚的儿子。

当时天下混乱，唯有江东稍微安定，中原躲避灾祸的官员和百姓，大多往南渡过长江。镇东司马王导劝说琅邪王司马睿，招收其中的贤人才俊，和他们共同治事。司马睿采纳了，征召掾属的官员一百多人，时人称为“百六掾”。任命前颍川太守渤海人刁协为军咨祭酒，前东海太守王承、广陵相卞壶为从事中郎，江宁令诸葛恢、历阳参军陈国人陈为行参军，前太傅掾庾亮为西曹掾。王承为王浑的侄儿；诸葛恢为诸葛靓的儿子；庾亮，为庾兖弟弟的儿子。

江州刺史华轶，为华歆的曾孙；自己认为接受朝廷的任命，却要受到琅邪王司马睿的领导，多半不听他的命令。郡县许多人劝谏他，华轶说：“我想见到诏书而已。”等到司马睿承受荀藩的檄令，承奉制命，设立官员，更换长官，华轶和豫州刺史裴宪都不服从命令。司马睿派扬州刺史王敦、历阳内史甘卓和扬烈将军庐江人周访，集合军队，攻打华轶。华轶军队战败，逃往安成，周访追上前去，杀掉了他和他的五个儿子。裴宪逃往幽州。司马睿任命甘卓为湘州刺史，周访为寻阳太守；任命扬武将军陶侃为武昌太守。

秋季，七月，王浚设祭坛祭告上天，册立皇太子，宣告天下，自称接受宫中诏书，承受制命，封官拜爵，设立百官，置列征、镇官职，任命荀藩为太尉，琅邪王司马睿为大将军；王浚自己兼任尚书令，任命裴宪和他的女婿枣嵩为尚书，任命田徽为兖州刺史，李恽为青州刺史。

南阳王司马模命令牙门赵染镇守蒲坂，赵染想要担任冯翊太守，没能得到，一气之下，带领军众投降汉国，汉主刘聪让赵染担任平西将军。八月，刘聪派赵染和安西将军刘雅，带领两万骑兵，去长安攻击司马模；河内王刘粲、始安王刘曜带领大军作为后援。赵染在潼关击败司马模的军队，长驱直入，到达下邽。凉州将领北宫纯从长安带领他的军队投降汉国。汉国军包围长安，司马模令淳于定出兵交战，战败。司马模仓库空虚，士兵逃散，所以投降汉国。赵染将司马模献给河内王刘粲；九月，刘粲杀掉司马模。关西饥荒，白骨遍地，活着的官吏和百姓，百中没有一、二。刘聪任命始安王刘曜为车骑大将军、雍州牧，改封为中山王，据守长安。任命王弥为大将军，封齐公。

苟晞骄横奢侈，苛责残暴，前辽西太守阎亨，为阎缵的儿子，经常劝谏苟晞，苟晞杀掉了他。从事中郎明预患病，自己坐轿子来进谏。苟晞气愤地说："我杀掉了阎亨，不关他人的事，你却带病坐轿子来骂我！"明预道："明公以礼节对待预，预也要尽到礼节；现在明公对预发怒，比起远近民众对明公的愤恨又怎么样呢！夏桀作为天子，尚还由于骄横残暴亡国，何况为人臣子的呢！希望明公暂时放下这股怒气，想一下预的言辞。"苟晞没有听从。于是民心离散，对他愈加怨恨，加上瘟疫、饥荒，情况愈发严重。石勒到阳夏攻打王赞，抓获他；于是攻击蒙城，抓获苟晞和豫章王司马端，锁住苟晞的脖子，让他担任左司马。汉主刘聪让石勒担任幽州牧。

王弥和石勒表面亲近，但内心相互猜忌，刘暾劝王弥，让他征召曹嶷的军队，来取代石勒。王弥写好书信，令刘暾征召曹嶷，并邀请石勒，一同前去青州。刘暾走到东阿，石勒的巡逻骑兵抓获他，石勒偷偷杀掉刘暾，然而王弥不知晓。正好王弥的将领徐邈、高梁突然带领所属部队离开，王弥的军队逐渐衰微。王弥听到石勒抓获苟晞，心中讨厌他，写了书信恭贺石勒说："公侯抓苟晞，并任用他，怎样的神妙！假若晞担任公侯左手，弥担任公侯右手，平定天下就不在话下了。"石勒对张宾说："王公位置重要却言辞卑微，是必定要算计我了。"张宾因此劝石勒趁着王弥实力略微衰落，诱捕他。当时石勒正和迁移求食的陈午在蓬关互相攻打；王弥也和刘瑞相互对抗，非常紧急。王弥请石勒救援，石勒没有同意。张宾说："公侯经常担心无法得到王公的有利机会，现在上天将王公给了我们。陈午小子，不值得忧心；王公是人中豪杰，应该早日除去。”石勒于是统率军队攻打刘瑞，杀掉了他，王弥大为欢喜，认为石勒实在亲近自己，不再怀疑。冬季，十月，石勒邀请王弥到己吾参加宴会，王弥打算前去，长史张嵩劝谏，没有听从。酒喝得半醉，石勒亲手杀掉了王弥，而且占有他的部队。石勒上书汉主刘聪，说王弥叛乱；刘聪大怒，派使者责备石勒专门伤害公侯辅助，有蔑视君主的心理。但仍然进加石勒为镇东大将军、都督并、幽二州所有军务，兼任并州刺史，来安抚他。苟晞、王赞偷偷策划背叛石勒，石勒杀掉了他们和苟晞的弟弟苟纯。

石勒带领军队掠夺豫州各郡，到了江边回来，驻军葛陂。

起初，石勒被人抢走卖掉之时，与母亲王氏失散。刘琨找到了，一同将他的侄子石虎送给石勒，在送给石勒的信中说：“将军用兵，犹如神明，所到之处，没有对手。但之所以会走遍天下，却没有安身的地方；百战百胜，却没一点功业，完全是因为报效于正统的君主，就成了正义之军；归附叛逆，就成了贼寇的原因。成败的命运，就像呼吸，吹着就寒冷，呵着就温暖。现在任命为侍中、车骑大将军，兼任护匈奴中郎将、襄城郡公，将军必定接受！”石勒回信道：“事功有不同的道路，不是迂腐书生能够明白的；你应该为本朝尽到忠心，我是夷人，难以报效。”赠给刘琨名马、珍宝，优厚对待他的使者，拒绝了刘琨的好意并和他断绝来往。

当时石虎年龄十七，性格残忍，没有节制，成了军中祸患；石勒对母亲说：“这个孩子，凶狠残暴，狡诈无赖，假如军人杀掉他，可惜了声名，不如自己杀掉他。”母亲说：“力量强大的牛，小时候，大都会破坏车辆，你略微忍耐一下！”等到年长，擅长弯弓骑马，勇敢为当时第一。石勒让石虎担任征虏将军，每次屠灭城池，很少有剩余的活人。然而统领军队，严格却不烦琐，没有敢冒犯的，指示他攻击讨伐，所到的地方都勇往直前，石勒因而宠爱、相信他。石勒攻打荥阳太守李矩，李矩击败了他。

起初，南阳王司马模让从事中郎索綝担任冯翊太守。索綝，为索靖的儿子。司马模死后，索綝与安夷护军金城人麴允、频阳令梁肃，都逃往安定。当时安定太守贾疋和各氐、羌族，都将儿子送去汉国，作为人质，索綝等人在阴密相遇，保护着返回临泾，和贾疋谋划复兴晋室，贾疋采纳。于是一同推贾疋担任平西将军，带领五万军众，前去长安。雍州刺史麴特和新平太守竺恢，都不投降汉国，得知贾疋起兵，和扶风太守梁综，带领十万军队与他会合。梁综，为梁肃的哥哥。汉国河内王刘粲在新丰，让他的将领刘雅、赵染攻击新平，没能攻下，索綝支援新平，大小一百战，刘雅等人战败退兵。中山王刘曜和贾疋等人在黄丘交战，刘曜军队大败。贾疋于是偷袭汉国梁州刺史彭荡仲，杀掉了他。麴特等人在新丰大败刘粲，刘粲返回平阳。于是贾疋等人军心大振，关西的胡人、晋人都一同响应。

阎鼎打算奉迎秦王司马邺到关中，占据长安，号令天下；河阴令傅畅，为傅祗的儿子，也写信劝他，阎鼎于是出发。荀藩、刘畴、周顗、李述等人，都是山东人，不想往西行，在半道逃跑，阎鼎派兵追赶，没有追上，杀掉了李絙等人。阎鼎和司马邺从宛城前去武关，在上洛碰到盗贼，士兵战败溃散，招收剩余军众，到达蓝田，派人告诉贾疋，让贾疋派兵去迎接他们。十二月，来到雍城，下令让梁综带领军队保卫他们。

周顗投奔琅邪王司马睿，司马睿让周顗担任军咨祭酒。前骑都尉谯国人桓彝也躲避战事，渡过长江，见到司马睿的薄弱，对周顗说："我们由于中州事情多，到这里来求保全性命，却这样的微弱，该如何渡过灾难呢！"之后，见到王导，一同谈论世事，出来后，对周顗说："刚才见到管夷吾了，不必再忧虑了。"

各名士一起登临新亭游乐宴会，周顗坐在宴席中间叹息道："风景没有大差别，只是举目望去，却有长江与黄河的区别！"大家相对流泪。王导脸色一变，说："正应该一同为王室努力，光复神州，为何要像楚囚一样，相对流泪呢！"众人都止住眼泪，给他道歉。

陈頵给王导留信说："中原会沦陷的原因，正是由于求取人才失当啊，先重空名，然后才看事实，争着追逐浮名，互相推荐，言论尊尚的先被显耀，言论低微的延后录用，所以相互波及影响，才会造成国家的衰弱。再加上庄、老的习气蛊惑朝廷，培植声望的人，看作德性宏达优雅，治理政事的人，看作庸俗之人；不关心国家事务，礼制沦丧破坏。要想制定远大计策，应先从近的开始。现在应改变做法，修明赏罚，如同汉光武提拔密县人甘茂、汉宣帝任用桐县人朱邑一样，然后才能振兴大业，国家的复兴才有希望。"王导没有听从。

刘琨善于招徕，却不善于安抚驾驭，一天之中，尽管归附他的有好几千人，然而离开他的，也相继不断。刘琨派儿子刘遵向代公猗卢恳请支援，又派族人高阳内史刘希到中山集合军队；幽州所统治的代郡、上谷、广宁的百姓，大都归附他，群众达到三万人。王浚气极，让燕相胡矩督率各军，和辽西公段疾陆眷共同攻打刘希，杀了他，驱逐、劫掠三郡的士女，之后离开。段疾陆眷，为段务勿尘的儿子。猗卢派他的儿子六修，带领军队帮刘琨防守新兴。

刘琨牙门将邢延将碧石贡献给刘琨，刘琨给了六修；六修又向邢延要碧石，没要到，就抓走邢延的妻子儿女，邢延一气之下带领所统领的军队攻打六修，六修逃跑，邢延于是奉献新兴归附汉国，请求派兵攻打并州。

李臻去世时，辽东附塞鲜卑人素喜连和木丸津，借着帮李臻报仇的名义，攻下各县城，杀戮、抢夺百姓，经常击败郡中军队，连年不断地为寇。东夷校尉封释没本事讨伐，想与素喜连讲和，素喜连和木丸津不同意。百姓失业，许多人归附慕容廆，慕容廆供给粮谷，遣送返回，想留下的，就安抚慰问他们。

慕容廆最小的儿子鹰扬将军慕容翰，向慕容廆进言说："古往今来，有成就的君主，没有不遵从天子来顺从百姓的期望，成就宏达的事业。现在连、津向外以攻击宠本为名义，心中实在希望发生灾祸，促成战乱。封使君已经杀掉了宠本，恳请讲和，但依然不停地侵犯作乱。中原离散混乱，州郡军众无法振作，辽东地区荒芜破败，没人可以拯救他们，单于不如指责他们的过错，来讨伐他们。上能光复辽东，下能吞并二部所有的群众，在本朝中能彰显忠义品德，私利却归向我国，这是称霸事业的基础。”慕容廆笑道：“小孩子居然能想到这些道理！”于是带领军众，往东攻打素喜连、木丸津，让慕容翰担任前锋，击败并杀了他们，吞并了二部所有的群众，得到抢劫来的百姓三千多家，连同以前归附慕容廆的，都交给郡县，辽东依靠这些，才能再度保全。

封释得了重病，将他的孙子封奕托付给慕容廆。封释去世后，慕容廆请来封奕，与他谈话，很喜欢他，说：“奇士！”封他为小都督。封释的儿子冀州主簿封悛、幽州参军封抽，前去奔丧，慕容廆接待他们，说：“这一家人，生就的千斤大牛。”由于道路不通，无法回葬故乡，都留在慕容廆处担任官职，慕容廆任命封抽为长史，封悛为参军。

王浚让妻舅崔毖担任东夷校尉。崔毖，为崔琰的曾孙。

资治通鉴卷第八十八　晋纪十

起壬申（公元312年），止癸酉（公元313年），共两年。

【题解】本卷记录了晋怀帝永嘉六年至晋愍帝建兴元年间的历史：被俘的晋怀帝被汉主刘聪所杀，晋愍帝司马邺在长安即位，长安一片凄凉；晋王朝中荀藩、刘琨、司马睿三方争权；晋愍帝命各路兵马讨伐刘聪，司马睿拒不出兵，刘琨等未战而退；司马睿政权从始建就腐朽堕落，不思改革；并州刺史刘琨骄奢淫逸，宠信小人，汉将刘粲等攻下晋阳，杀死刘琨父母；刘琨引鲜卑拓跋猗卢部落大破汉将刘曜，夺回晋阳；拓跋猗卢发展势力，建立南、北二都与新平城；汉将石勒败后退回襄国，阴谋自立；石勒大破鲜卑段氏，又假意臣服王浚；羌人首领姚戈仲受夷夏拥护，自称雍州刺史；东北边境的慕容廆发展壮大，为众望所归。

孝怀皇帝下

永嘉六年（壬申，公元312年）

春季，正月，汉国呼延后去世，谥号为武元。

汉国镇北将军靳冲、平北将军卜珝侵犯并州；辛未日（十九日），包围晋阳。

甲戌日（二十二日），汉主刘聪册封司空王育、尚书令任顗的女儿为左、右昭仪，中军大将军王彰、中书监范隆、左仆射马景的女儿为夫人，右仆射朱纪的女儿为贵妃，均赐予金印紫绶。刘聪想要娶太保刘殷的女儿，太弟刘乂坚决劝谏制止。刘聪问太宰刘延年、太傅刘景，他们二人都说："太保自己说为刘康公的后代，和陛下源流不同，娶她有什么妨碍！"刘聪大喜，册封刘殷两个女儿刘英、刘娥作为左右贵嫔，地位超过昭仪；又娶刘殷孙女四人，都封为贵人，地位次于贵妃。于是六刘的宠幸，轰动后宫，刘聪很少再出宫，政事都由中黄门上奏，然后决定。

前新野王司马歆和牙门将胡亢，在竟陵集结群众，自称楚公，进犯荆州，任命司马歆的南蛮司马新野人杜曾为竟陵太守，杜曾的勇敢，三军第一，能穿着盔甲在水中游泳。

二月，壬子朔日（初一），出现日食。

石勒在葛陂建军营，向农民征税打造船只，打算攻打建业，琅邪王司马睿在寿春大量召集江南群众，让镇东长史纪瞻担任扬威将军，都督各军来讨伐石勒。

赶上大雨，下了三个月还没停。石勒军中发生饥荒、瘟疫，死的人超过大半，听到晋军快到了，召集左右商议。右长史刁膺恳请先向司马睿表明心思，希望能扫平河朔，以自求赎罪，等他们军队退兵后，再慢慢打算，石勒忧伤地长叹。中坚将军夔安恳请迁到高地，躲避洪水，石勒说：“将军多么胆小啊！”孔苌等三十多位将领，恳请各自带领军众，夜晚分路攻打寿春，砍下吴国将领的首级，占领他们的城池，吃他们的粮食，要在今年攻下丹阳，平定江南。石勒笑道：“是勇将的计谋！”每人赏给戴甲战马一匹。回头对张宾说：“你觉得如何？”张宾说：“将军攻下京师，囚禁天子，杀了王公大臣，霸占妃子、公主作为妻子，揪下将军的头发，也不能数得清将军的罪行，为什么又要像臣下一样侍奉他们呢！去年杀了王弥之后，就不该来这里；现在上苍在几百里中降下了霖雨，明确告诉将军不应该留在这里。邺城有三座坚固的城池，西面与平阳相接，四面有高山、大河的屏障，应该迁往北方，占守这个地方，来经营河北，河北稳定之后，天下没有人可以在将军之上了。晋国据守寿春，只是害怕将军前去攻打罢了；他们得知我们离开，庆幸自己能够保全，哪里有闲暇在我们后面追赶，对我们造成不利呢！将军应该先派辎重从北道出发，将军带领大军前去寿春；辎重走远之后，大军慢慢回来，还忧虑什么没有地方进退呢！”石勒卷起衣袖，鼓动胡髯，道：“张君的计谋是对的！”责怪刁膺说：“你既然来辅佐我，应该一同完成大业，为何突然劝我投降呢！出这种计谋，应该斩首！然而一向知晓你胆小，特地赦免你而已。”于是罢免刁膺，作为将军；提升张宾为右长史，号称“右侯”。

石勒带领军队从葛陂出发，派石虎带领两千骑兵，前去寿春；碰到晋国运输船，石虎带领士兵强取，被纪瞻击败。纪瞻追赶逃兵一百里，向前追到了石勒的军队，石勒结成军阵等待他；纪瞻不敢攻打，退回寿春。

汉主刘聪封晋怀帝司马炽为会稽郡公，赐加仪同三司。刘聪空闲时对晋怀帝司马炽说：“你之前做豫章王之时，我同王武子拜访你，武子在你面前夸赞我，你说：得知他的名字很久了，赠给我桑柘弓、银砚台，你还记得吗？”晋怀帝司马炽说：“臣下怎敢忘记呢！只不过在那时恨不得早点认识皇上龙颜！”刘聪说：“你们家里亲生骨肉为何会这样互相残杀呢？”晋怀帝司马炽说：“大汉将要顺应天道、接受天命，所以自己替陛下清除；这可能是天意，而不是人事了！而且臣下家里假如能够坚守武皇帝的基业，九族团结和睦，陛下怎么会得到天下呢！”刘聪欢喜了，将小刘贵人赐予晋怀帝司马炽作为妻子，说：“这是有名公侯的孙女，你要好好待她！”

代公猗卢派军队支援晋阳，三月，乙未日（十四日），汉国军队战败逃跑。卜珝的士兵先逃开，靳冲擅自抓捕卜珝，杀了他；刘聪大怒，派使者拿着符节杀了靳冲。

刘聪娶了舅舅的儿子辅汉将军张实的两个女儿——徽光和丽光，都封为贵人，这是太后张氏的旨意。

凉州主簿马鲂劝说张轨：“应该命将领出师，保护帝室。”张轨采纳，快速发布檄令到关中，一同尊奉辅佐秦王，并说：“现在派前锋督护宋配，带领两万步兵、骑兵，一直前去长安；西中郎将张实，带领三万中军，武威太守张琠，带领两万胡人骑兵，络绎不绝地持续出发。”

夏季，四月，丙寅日（十六日），征南将军山简去世。

汉主刘聪封他的儿子刘敷为渤海王，刘骥为济南王，刘鸾为燕王，刘鸿为楚王，刘劢为齐王，刘权为秦王，刘操为魏王，刘持为赵王。

刘聪由于鱼、蟹无法供给，杀掉了左都水使者襄陵王刘摅；温明和徽光两座宫殿没能建造成功，杀掉了将作大匠望都公靳陵。他到汾水观看打鱼，天黑还不回来。中军大将军王彰劝谏说："近日观看陛下的行为，臣下实在非常痛苦。现在愚民归附汉国的心思，还不真诚，想念晋国的心理，依然强盛，刘琨近在咫尺，刺客四处横行；帝王草率出宫，只需一人就能把您刺杀。期望陛下改变往日作风，修治将来的德业，那么亿万百姓就非常幸运了！"刘聪大怒，下令杀掉他；王夫人叩首哀求，才改为囚禁。太后张氏由于刘聪刑罚出错，三天没有吃饭。太弟刘乂和单于刘粲，抬着棺木恳切劝谏，刘聪气愤地说："我哪是桀、纣呢！可你们这些人却来大声哭丧！"太宰刘延年、太保刘殷等公卿、列侯一百多人，都摘下帽子，哭着说："陛下功业伟大、德行深厚，当代独有，没人可比，以前的唐、虞，就是现在的陛下。但最近由于小小的无法供应，马上杀了王公；正直的言辞违反了旨意，立马囚禁大将。这是臣等私下无法明白的，所以一同感到忧虑，因此忘记吃饭睡觉。"刘聪感慨道："我昨日大醉，不是我的本心，假如没有你们的话，我就听不到过失了。"每人赏赐布帛一百匹，令侍中秉持符节去赦免王彰并说："先帝依靠你，好比左右手，你在两代中功勋伟大，我如何会忘记呢！这段过错，希望你能全忘掉。你能尽心忧心国事，是我所期盼的。现在进封你骠骑将军、定襄郡公。之后有不对的地方，希望你能经常匡正我。"

王弥死后，汉国安北将军赵固与平北将军王桑害怕被石勒吞并，打算率军回平阳，军中缺少粮食，士兵互相残食，于是向西渡过硋硗津。刘琨让侄儿刘演担任魏郡太守，据守邺城，赵固、王桑怕刘演攻击他，让长史临深到刘琨处作为人质。刘琨任命赵固为雍州刺史，王桑为豫州刺史。

贾疋等人包围长安数月，汉国中山王刘曜连战皆败，劫掠驱赶八万多士女，奔往平阳。秦王司马邺从雍州来到长安。五月，汉主刘聪将刘曜贬为龙骧大将军，兼摄大司马。刘聪命令河内王刘粲到三渚攻击傅祗，右将军刘参到怀县攻击郭默。恰巧傅祗患病去世，城池陷落，刘粲将傅祗的子孙和他的百姓两万多人，迁入平阳。

六月，汉主刘聪想册立贵嫔刘英为皇后；张太后想册立贵人张徽光，刘聪没办法，同意。刘英不久去世。

汉国大昌文献公刘殷去世。刘殷担任丞相，不敢冒犯君主、违背旨意，然而借事情进行规劝，补益非常多。汉主刘聪每次和群臣商议政事，刘殷不说是非，群臣出宫后，刘殷单独留下来，为刘聪流畅地陈述条理，商讨事情，刘聪未有不采纳的。刘殷经常劝诫子孙说："侍奉君主，应该委婉劝谏。常人尚不可以当面指责过错，更何况是至高无上的君主呢！委婉劝谏的好处同冒犯君主没有不同，然而不指责君主的过失，所以成了优点而已。"他官至侍中、太保、录尚书，特赐剑履上殿，入朝时不必趋步，可以乘坐车辆出入宫殿。但刘殷在公卿大臣之间，经常温和恭顺，带着谦卑的神色，所以能在骄横残暴的国家中，保持他的富贵，不丢美好的名声，以老寿去世。

汉主刘聪任命河间王刘易为车骑将军，彭城王刘翼为卫将军，共同统领禁卫军；高平王刘悝为征南将军，据守离石；济南王刘骥为征西将军，建造西平城居住；魏王刘操为征东将军，据守蒲子。

赵固、王桑从怀县向汉国恳请奉迎他们；汉主刘聪派镇远将军梁伏疵带领军队前去迎接。迎接的军队还没到，长史临深和将军牟穆带领一万军众反叛，归降刘演。赵固追随梁伏疵向西去，王桑带领他的军众往东逃到青州，赵固赶到曲梁，杀了他；王桑的将领张凤，带领残余军众归降刘演。刘聪让赵固担任荆州刺史，兼任河南太守，据守洛阳。

石勒从葛陂往北行，所到之地，全是军营坚固，原野没有一物，抢劫掠夺，一无所获，军士饥饿，士兵互相残食。到东燕后，听说汲郡人向冰集结几千群众，在枋头建军营，石勒打算渡过黄河，害怕向冰攻打他。张宾说："听说向冰的船只都在水道中，没有拖上岸，可以派轻装士兵，从小路偷袭，获得船只，来渡大军，大军渡过之后，向冰必定可以擒获。"秋季，七月，石勒命支雄、孔苌从文石津捆扎竹筏，偷偷渡过，带走他们的船只。石勒带领军队，从棘津渡过黄河，攻打向冰，大胜，得到他们所有的财货储粮，军势再次振兴，因此长驱直入到达邺城。刘演据守三台，力求稳固；临深、牟穆等人，又带领他的军队，向石勒投降。

各将领想攻打三台，张宾说："刘演尽管微小，依然有几千军众，三台险要坚固，假如攻打不容易立即攻下；若丢弃他们离开，他们便会自行崩溃。当今王彭祖、刘越石，为公侯的大敌，应该先攻下他们，刘演是不值得害怕的。且天下饥饿荒乱，明公尽管手握大军，游行不定，羁旅他乡，人们没有必定的心志，不是要保有万无一失、制服四方的办法。不如选方便之地，固守下来，多加储集粮食，往西供给平阳，来谋划幽州、并州，这是霸王的事业。邯郸、襄国，是地势优越的地方，请选一处建立都城。"石勒说："右侯的计谋是对的！"于是发兵，占守襄国。

张宾又对石勒说："现在我们驻扎的地方，是彭祖、越石所大为忌惮的，恐怕城池还没巩固，粮食储积还不够多，两处的敌人就会到来，应该尽快收割野外的稻谷，并派使者到平阳，详细说明镇守这里的意图。"石勒同意，分别令各将领攻打冀州，郡县、军营大都投降，运输谷米给襄国；并上书汉主刘聪，刘聪让石勒担任都督冀、幽、并、营四州所有军务、冀州牧，封为上党公。

刘琨发布檄令到各州郡，定于十月在平阳会合，攻打汉国。刘琨一向奢侈豪放，喜好音乐女色。河南人徐润因懂得音律，受到刘琨的宠幸，刘琨让他担任晋阳令。徐润傲慢放恣，干预政事；军护令狐盛多次进言劝刘琨杀掉他，刘琨不愿听从。徐润偷偷向刘琨诋毁令狐盛，刘琨抓捕令狐盛，杀掉他。刘琨的母亲说：“你不统领豪杰，来完成远大谋略，却专门除去强过自己的人，灾难必定会连累到我身上。”

令狐盛之子令狐泥投奔汉国，详细说出虚实情况，汉主刘聪很是高兴，让河内王刘粲、中山王刘曜，带领军队侵犯并州，让令狐泥担任向导。刘琨听到后，往东出兵，在常山和中山招募军队，让他的将领郝诜和张乔，带领军队抵抗刘粲，并派使者向代公猗卢恳请援助。郝诜与张乔一同兵败身死。刘粲和刘曜趁着空虚偷袭晋阳，太原太守高乔和并州别驾郝聿，献出晋阳，投降汉国。八月，庚戌日（初一），刘琨回来援助晋阳，没来得及，只好带领几十个骑兵，逃往常山。辛亥日（初二），刘粲和刘曜来到晋阳。壬子日（初三），令狐泥杀掉刘琨的父母。

刘粲、刘曜将尚书卢志、侍中许遐、太子右卫率崔玮送去平阳。刘聪又让刘曜担任车骑大将军，让前将军刘丰担任并州刺史，据守晋阳。九月，刘聪让卢志担任太弟太师，崔玮担任太傅，许遐担任太保，高乔、令狐泥都担任武卫将军。

己卯日（初一），汉国卫尉梁芬投靠长安。

辛巳日（初三），贾疋等人尊奉秦王司马邺为皇太子，在长安设立行台，登上祭坛祭告上天，建立宗庙、社稷，实行大赦。任命阎鼎为太子参事，统摄百官；贾疋进封征西大将军，让秦州刺史、南阳王司马保担任大司马。令司空荀藩督率、摄理远近政务，光禄大夫荀组兼任司隶校尉、豫州刺史，与荀藩一起保卫开封。

秦州刺史裴苞占守险要抵抗凉州军队，被张实、宋配等人击败，逃往柔凶坞。

冬季，十月，汉主刘聪立他的儿子刘恒为代王，刘逞为吴王，刘朗为颍川王，刘皋为零陵王，刘旭为丹阳王，刘京为蜀王，刘坦为九江王，刘晃为临川王；任命王育为太保，王彰为太尉，任顗为司徒，马景为司空，朱纪为尚书令，范隆为左仆射，呼延晏为右仆射。

代公猗卢让儿子六修和侄儿普根、将军卫雄、范班、箕澹，带领几万军队担任前锋，攻打晋阳，猗卢亲自带领二十万军队随后赶到，刘琨招收几千散失士兵，为他担任向导。六修和汉国中山王刘曜在汾水东边交战，刘曜大败，摔下马来，身上七处受伤。讨虏将军傅虎将马让给刘曜，刘曜不要，说："你应该自己骑上逃跑，我伤得很重，必定会死在这里。"傅虎哭着说："虎蒙受大王欣赏，提拔到这个位置，经常想要报效您，现在是时候了。况且汉室才有了基础，天下可以没傅虎，但不可没大王！"于是扶着刘曜上马，驱赶过了汾水，自己返回交战，阵亡。刘曜来到晋阳，夜晚，与大将军刘粲、镇北大将军刘丰劫掠晋阳百姓，越过蒙山返回。十一月，猗卢追了上去，在蓝谷对战，汉国大败，抓获刘丰，砍下邢延等三千多颗首级，尸体布满方圆几百里。猗卢趁机在寿阳山狩猎，陈列皮肉，山都染成了红色。刘琨亲自从营门步行来拜谢猗卢，坚决要求发兵，猗卢说："我没能早些来，使你的父母被杀，实在羞愧。现在你已经收复州郡土地，我从远方来，士兵和马都劳累了，暂且等之后再说，刘聪是没法消灭的。"赠给刘琨马、牛、羊各一千多只，车一百辆返回。让他的将领箕澹、段繁等人据守晋阳。

刘琨迁到阳曲，招集逃亡离散人员。卢谌担任刘粲的参军，逃回归附刘琨。汉国人杀了他的父亲卢志和弟弟卢谧、卢诜；追赠傅虎为幽州刺史。

十二月，汉主刘聪册立皇后张氏，让她的父亲张实担任左光禄大夫。

彭仲荡的儿子天护，带领各胡族攻打贾疋，天护假装不能战胜，逃跑，贾疋追上去，夜晚掉入山涧，天护抓住后杀掉了他。汉国让天护担任凉州刺史。众人举始平太守麴允兼任雍州刺史。阎鼎和京兆太守梁综抢夺政权，阎鼎杀掉了梁综。麴允和抚夷护军索綝、冯翊太守梁肃，共同出兵攻打阎鼎，阎鼎逃往雍县，被氐人窦首杀掉。

广平人游纶和张豺拥有几万军众，占守苑乡，接受王浚的官署；

石勒让夔安、支雄等七个将领攻击他，打破了他的外部军营。王浚派督护王昌，带领各军和辽西公段疾陆眷、段疾陆眷的弟弟段匹磾、段文鸯、堂弟段末柸和五万军众，去襄国攻击石勒。

段疾陆眷驻扎渚阳，石勒让各将领出兵交战，都被段疾陆眷击败。段疾陆眷大量制造攻城器具，想要攻打城池，石勒军众非常恐慌；石勒召集左右谋划说："现在城池不坚固，粮食储备不多，他们人多，我们人少，外部没有救援，我想用全部军队同他们决战，如何？"各将领都说："不如坚固守备，来疲惫敌人，等他们退兵，然后攻打他们。"张宾、孔苌说："鲜卑种族中，段氏最为勇猛强悍，而且末柸更为厉害，精锐的士兵都在末柸处。现在听说段疾陆眷约定日期攻击北城，他们的大军从远方来，连着战了几天，认为我们孤立弱小，不敢出城迎战，心里必定会松懈，暂时不应出兵，向他们表示胆怯；打开北边城墙，建二十多道突击的暗门。等他们到来，陈列的防备还没稳定时，出乎他们意料，直接冲到末柸帐下，他必定震惊恐慌，没时间作筹划，定能击败他。末柸败了，那么其他的，不必攻打也会溃败。"石勒听从，偷偷建造突击的暗门。之后，段疾陆眷攻击北门，石勒登上城楼查看，见到他们的士兵有的放下兵器睡着了，所以命令孔苌督率精锐士兵，从突击的暗门出兵攻打他们，城上的人大声呼喊来为他们助威，孔苌攻入末坯营帐，没能战胜，退兵；末柸追上去，进了他们的军营大门，被石勒的军队抓获，段疾陆眷等人的军队都败退了。孔苌趁着胜利，出兵追击，尸横三十多里，获得战马五千匹。段疾陆眷招收残余军队，返回渚阳驻扎。

石勒以末柸为人质，派使者向段疾陆眷求和，段疾陆眷同意。段文鸯劝谏说："现在由于末柸一人的原因放走了快死的敌人，能不被王彭祖怨恨而招来后患吗？"段疾陆眷没有听从，又拿战马、金银贿赂石勒，而且将末柸的三弟作为人质，恳请送还末柸。各将领都劝石勒杀了末柸，石勒道："辽西的鲜卑国，是强盛的国家，与我们一直没有仇恨，只不过受到王浚的指使而已。现在杀一个人，却同一个国家结下仇恨，不是好计谋。送末柸返回，他们必定非常感激我的恩德，不再被王浚所用了。”于是以丰厚的金钱、布帛回报他，派石虎和段疾陆眷在渚阳结拜为兄弟。段疾陆眷带领军队返回，王昌无法单独留下，也带领军队返回蓟县。石勒召见末坯，同他宴饮，立誓结为父子，送还辽西，末柸在归途中，每天向南跪拜三次。从此段氏一心一意归附石勒，王浚的势力于是衰弱了。

游纶与张豺向石勒要求投降。石勒攻下信都，杀掉冀州刺史王象。王浚又让邵举兼摄冀州刺史，保护信都。

这一年发生大瘟疫。

王澄年轻时，与哥哥王衍名声都是天下第一，刘琨对王澄道：“你外表尽管闲散明朗，但内心实则易动而傲慢，用这种态度处世，不会有好下场的。”等在荆州时，王澄喜爱成都内史王机，以可作为仅次于自己的地位，命他在内综理心腹政务，在外作为耳目。王澄多次被杜弢击败，名望、实力都受到损害，依然高傲自得，没有一点忧虑的心思，只是与王机日夜尽情饮酒下棋，因而上下不同心；南平太守应詹经常劝谏，没有听从。

王澄亲自带兵攻打杜弢，驻军作塘。前山简参军王冲控制军队，迎接应詹担任刺史；应詹认为王冲是无赖，背叛他，返回南平。王冲便自称刺史。王澄害怕，让他的将领杜蕤守卫江陵，将治所迁到孱陵；没多久，又奔向沓中。别驾郭舒劝谏说：“使君治理州政，尽管没有特殊功绩，但仍是一州人心所寄托的，现在往西招收华容的军队，足以抓获这个小丑了；为何要自己丢弃城池，慌忙逃出去呢？”王澄没有听从，打算带领郭舒向东行。郭舒说：“舒做了万里纪纲，无法匡扶天下，使君逃亡，真的不忍心渡过长江。”所以留下来驻守沌口。琅邪王司马睿听到后，让王澄担任军咨祭酒，派军咨祭酒周顗替代他，王澄于是前去接受征召。

周顗刚到州中，建平的流民傅密等人叛乱，奉迎杜弢，杜弢的别将王真偷袭沔阳，周顗进退无法，非常狼狈。征讨都督王敦派武昌太守陶侃、寻阳太守周访、历阳内史甘卓，一同攻打杜弢，王敦发兵驻守豫章，作为各军的后援。

王澄前去拜访王敦，自认为名声向来比王敦高，仍旧以往年的语意轻慢王敦。王敦一怒之下，诬陷他和杜弢通信，让将士用手扼杀了他。王机得知王澄死了，害怕遭到连累，由于他的父亲王毅和哥哥王矩，都曾担任过广州刺史，前去王敦处恳请去广州，王敦不同意。正好广州的将领温卲等人反叛刺史郭讷，奉迎王机担任刺史，王机于是带领奴仆、客卿、门生一千多人，来到广州。郭讷派军队抵抗他，将士们都是王机父亲、哥哥的旧部下，没有开战，就投降奉迎他。郭讷才让位，将州政交给他。

王如军中饥馑困乏，军队讨伐他，他的党羽大都投降了；王如没办法，才向王敦投降。

镇东军司顾荣和前太子洗马卫玠都去世了。卫玠，是卫瓘的孙子，气度仪态美好，擅长清谈，经常认为：别人有做不到的，可以在情理上宽容；遭人意外冒犯，可以用道理排遣。所以终身都没表露出喜怒的神色。

江阳太守张启杀害益州刺史王异，取代他的职位。张启，为张翼的孙子；没多久，就病死了。三府文武官员一同上书，请让涪陵太守向沈兼摄西夷校尉，守卫南方的涪陵。

南安赤亭羌姚弋仲向东迁往榆眉，戎族人、华夏族人扶老携幼，追随他的有几万人，羌姚弋仲自称为护羌校尉、雍州刺史、扶风公。

孝愍皇帝上

建兴元年（癸酉，公元313年）

春季，正月，丁丑朔日（初一），汉主刘聪在光极殿大宴群臣，让晋怀帝司马炽穿上青衣劝酒；庾珉、王俊等人，止不住悲伤愤怒，因此放声大哭；刘聪讨厌他们。有人告发庾珉等人想要献出平阳响应刘琨的事，二月，丁未日（初一），刘聪杀掉庾珉、王俊等前晋国大臣十多人，晋怀帝司马炽被杀害。刘聪宣布大赦，重新让会稽刘夫人做贵人。

◆荀崧说：晋怀帝司马炽天性资质清高，年轻时就表现出高深智谋，假如在太平时代，完全能够成为遵守成法的贤明君主。但却承继在惠帝纷乱的时代之后，东海王独揽大权，所以没有幽王、厉王的过错，却遭到流亡的祸事。◆

乙亥日（二十九日），汉国太后张氏去世，谥号光献。张后忍不住悲痛，丁丑日（二月无此日），也去世，谥号为武孝。

己卯日（二月无此日），汉国定襄忠穆公王彰去世。

三月，汉主刘聪册立贵嫔刘娥为皇后，为她建造䳒仪殿。廷尉陈元达真切劝谏，认为："上天创造了百姓，因而设立了国君，让他抚养百姓，并不是要穷困亿万百姓的性命以满足一人的私欲。晋氏德行有了过失，大汉继承他们的国家，苍生引领期盼，希望能休养生息。所以光文皇帝穿着粗布衣服，床上不铺双层被褥，后妃不穿锦绣丝绸的衣服，拉车的马匹不吃粟米，是爱戴百姓的原因。陛下登上皇位以来，已经建了四十多所宫殿楼阁，加上经常兴起军事，不停运送粮食，饥饿、瘟疫、伤亡连接不断，却还想要营建造作，哪是为人父母的表现呢？现在晋国残余的百姓，西面占守关中，南面拥有江表；李雄尽取巴、蜀地区；王浚、刘琨在左近窥视；石勒、曹嶷的进贡与禀告渐渐减少；陛下放下这些不加考虑，却为皇后建造宫殿，哪是眼前紧急的事情呢！以前太宗（汉文帝）生活在政治清平的时代，粮食、布帛储备众多，仍爱惜一百金的花费，停下露台的建造。陛下承继战乱时代，所拥有的土地，不会超出太宗的两个州郡，守卫防备的对象，不仅仅匈奴、南越而已。然而宫殿的奢华，竟然到了这等地步，这是臣下之所以不得不冒死进言的原因了！"刘聪非常愤怒，说："我是天子，建造一座宫殿，为何要问你这个鼠辈呢！你竟敢胡言乱语、扰乱大家的情绪！不杀掉你这个鼠辈，我的宫殿就不会建成！"令左右："拖出去，同他的妻子一起在东市斩首示众，使得鼠辈们共葬一穴！"那时刘聪在逍遥园李中堂，陈元达先锁住了腰身，进去后就用链条把自己锁在堂下的树上，叫道："臣下所说的话，是国家大计，然而陛下却要杀了臣下！朱云说过：'臣下能与龙逄、比干同游，心满意足了！'"左右拖他，无法拖动。

大司徒任顗、光禄大夫朱纪、范隆、骠骑大将军河间王刘易等人，把头磕出了血，说："元达是先帝知遇的人才，受命初期，就延请安排在门下，尽忠竭虑，知无不言。臣下等人，窃得禄位，苟且偷生，每当见到他，没有不羞愧的。现在所说的言辞，尽管狂放正直，希望陛下包容。因极力进谏，却杀了卿士，对后世子孙该如何交代呢！"刘聪默然无语。

刘后听到后，秘密命令左右停下行刑，亲手写了奏疏，进言："现在宫室已经齐全，不用麻烦另外建造了。四海没有统一，应该珍惜民力。廷尉的话，是国家的福祉，陛下应该加以封爵奖赏，却要杀了他，四海百姓认为陛下是什么样的人呢！劝谏的忠臣固然是不顾他的身家，然而拒绝纳谏的君主，也是没有顾及他的性命。陛下为妾建造宫殿，却杀了进谏的臣子，使忠良闭口不言，是由于妾的关系；远近仇恨愤怒，是由于妾的关系；公私困顿破坏，是由于妾的关系；国家颠覆危亡，是由于妾的关系；天下的罪行都集中在妾的身上，妾如何当得起呢？妾见到古往今来，国家的灭亡，未始不是由于妇人的关系，心中经常痛恨，没料今天亲身做了出来，使得后人看妾，就如妾看古人；妾实在没有颜面再奉侍盥漱巾栉的事了，希望在这堂中赐妾自杀，来防止陛下的过错。"刘聪看后，脸色都变了。

任顗等人不停叩头流泪。刘聪慢慢地说："近年来，我略微得了些中风的毛病，喜怒超过限度，无法自己控制；元达，是忠臣。我没有查看清楚，各位公侯居然能叩破了头，表明这事，真的尽到了辅佐君主的大义。我心中感到羞愧，哪里敢忘记呢！"命令任顗等人，戴上帽子、穿上鞋子就坐，请陈元达上来，将刘氏的奏章给他看，说："外面的辅佐有公侯，里面的辅佐有皇后，我还有什么忧虑的呢！"赏赐任顗等人米谷、布帛各有等别，把逍遥园改称为纳贤园，李中堂改称为愧贤堂。刘聪对陈元达说："你应该害怕我，现在反倒是我害怕你了！"

西夷校尉向沈去世，众人推汶山太守兰维为西夷校尉。兰维带领官民向北出发，打算前去巴东；大成的将领李恭、费黑迎面攻打，抓获兰维。

夏季，四月，丙午日（初一），晋怀帝司马炽去世的消息传到长安，皇太子进行哀悼，进加冠冕；壬申日（二十七日），即皇帝位，大赦天下，改年号为建兴。任命卫将军梁芬为司徒，雍州刺史麹允为尚书左仆射、录尚书事，京兆太守索綝为尚书右仆射，兼任吏部、京兆尹。这时，长安城中，户数不满一百，蒿草、荆棘丛生，公私拥有车马四辆，百官没有礼服、印绶，唯有桑木手板与官署名号而已。没多久，任命索綝为卫将军，兼任太尉，军政大事全部托付给他。

汉国中山王刘曜、司隶校尉乔智明，侵犯长安，平西将军赵染带领军队赶往前方，朝廷命麹允驻扎黄白城来对抗他们。

石勒让石虎攻打邺城，邺城溃败，刘演逃往廪丘，三台流民都向石勒投降；石勒任命桃豹为魏郡太守，以抚慰他们。一段时间后，让石虎取代桃豹，镇守邺城。

起初，刘琨让陈留太守焦求担任兖州刺史，荀藩又让李述担任兖州刺史。李述打算攻打焦求，刘琨召回焦求。等邺城失守，刘琨又让刘演担任兖州刺史，据守廪丘。前中书侍郎郗鉴，年轻时以清高名节著称，带领高平人一千多家，躲避祸事，据守峄山。琅邪王司马睿让郗鉴担任兖州刺史，据守邹山。三人每人驻守一郡，兖州的官吏百姓不知听谁的好。

琅邪王司马睿任命前庐江内史华谭为军咨祭酒。华谭以前在寿春归附周馥。司马睿对华谭说："周祖宣为何造反？"华谭说："周馥尽管死了，天下还有耿直言辞的人士。周馥见到盗贼越来越多，打算迁都来排解国难；执政的人不高兴，出兵讨伐他；周馥死了不到三个月，洛阳沦陷；假如说他造反，不是陷害他吗！”司马睿说：“周馥身为将军，手握强大兵权，天子召见不上朝，国家危难不扶持，也是天下的罪人了。”华谭说：“是的，国家危难不扶持，应该与天下人一起接受指责的，不仅仅周馥了。”

司马睿的僚属大多躲避战事，自求安稳；录事参军陈頵向司马睿进谏说：“洛中太平时，朝中官员将小心恭敬，看作俗气；将傲慢放肆，看作优雅。习气相互感染，以致国家灭亡。现在幕僚都继承了西台的缺点，培植声望，自认为高尚，这是前车已经颠覆，后车又快要跟着来了。请从今日开始，面临差使却托辞有病的人，都罢免官职。”司马睿没有听从。三王诛杀赵王司马伦时，制定《己亥格》来奖赏功臣，从此依例使用。陈頵上言：“以前赵王篡位叛乱，惠皇丢了帝位，三王起兵讨伐，所以厚加奖赏来感念响应举义的人心；现在功劳无论大小，都照《己亥格》来判断，竟然到了金印紫绶佩戴在士兵身上，符节策命交到奴仆的门下；这不是重视国名节器、端正纲纪的手段，请把这一切都停下！”陈頵出身寒微，多次说出正直的言论，府衙中人大多讨厌他，让陈頵出去担任谯郡太守。

吴兴太守周玘，宗族旺盛，琅邪王司马睿对他猜疑、忌惮。司马睿身边当权的人，大都是中州逃亡的官员和失去官职的人士，他们指挥吴地人，吴地人很是不满。周玘自认为职务有了缺失，又被刁难轻视，更加羞愧，于是偷偷和他的党羽谋划杀掉主持政务的人，以南方人士取代他们。事情败露，周玘愤恨而死，临死时，对他的儿子周勰说：“害死我的是那些伧子，你若能为我报仇，才是我的儿子。”

石勒到上白攻击李恽，杀掉了他。王浚又让薄盛担任青州刺史。

王浚命枣嵩监督各军，驻军易水，召来段疾陆眷，打算和他一起攻打石勒，段疾陆眷不来。王浚大怒，用重金贿赂拓跋猗卢，并檄令慕容廆，一同讨伐段疾陆眷。猗卢遣右贤王六修带领军队会合，被段疾陆眷击败。慕容廆让慕容翰攻打段氏，攻下徒河、新城，到了阳乐，得知六修战败回来，慕容翰因此留下来据守徒河，在青山驻扎军营。

起初，中原躲避兵乱的百姓，大都向北方依附王浚，王浚无法安抚，又无法设立政令，人们往往又离开了他。段氏兄弟一心崇尚勇武，不能用礼仪对待士大夫。唯有慕容廆政事清明，敬爱人才，所以人们大都归附他。慕容廆选拔才俊人士，按照才能授予官职，让河东人裴嶷、北平人阳耽、庐江人黄泓、代郡人鲁昌，作为主持计策的人；广平人游邃、北海人逄羡、北平人西方虔、西河人宋奭和封抽、裴开，作为辅助大臣；平原人宋该、安定人皇甫岌、皇甫岌的弟弟皇甫真、兰陵人缪恺、昌黎人刘斌和封奕、封裕，主理机要政事。封裕，为封抽的儿子。

裴嶷清高端正，有才能、谋略，为昌黎太守；哥哥裴武为玄菟太守。裴武去世，裴嶷和裴武的儿子裴开，奉着棺木回乡，路过慕容廆的地方，慕容廆礼遇、尊重他们，离开时，赠予大量资财送别。到了辽西，道路不畅，裴嶷想回头依附慕容廆，裴开说："家乡在南方，为什么往北走呢？况且同样是流落他乡寄居，段氏强大，慕容氏微小，为何离开这里去依附他呢？"裴嶷说："中原遭受祸乱，现在前去归附，是一起来到虎口；而且路途遥远，如何能够到达？假如等到太平通达，又不是短时间能盼望得到的。现在想要寻找安身的地方怎么能不慎重选择呢！你看段氏几兄弟，哪里有远大的计谋，而且能好好对待国士吗？慕容公修养仁义德行，有霸王的理想，加上国家富足，百姓安定，现在前去依附他，上能建立功名，下能保护宗族，你为何怀疑呢！"裴开才听从了。到了之后，慕容廆大为高兴。阳耽清高耿直、沉着机敏，为辽西太守。慕容翰在阳乐大败段氏并抓获他，慕容廆待之以礼并任用他。游邃、逄羡、宋奭，都曾担任过昌黎太守，和黄泓一起到蓟县避难，后来依附慕容廆。王浚经常用亲笔信召请游邃的哥哥游畅，游畅打算前去，游邃说："彭祖不整饬政令刑法，华、戎背叛离散，依我推测，必定无法长久，哥哥暂且拖延等待一下！"游畅道："彭祖残暴，而且多疑，最近流民从北方来，令当地官员杀害他们。

现在亲笔信心思殷切，我若不去，必会连累到你；而且在乱世中，宗族应该分开，希望能留下后代。”游邃于是同意，游畅最后和王浚一起身死。宋该和平原人杜群、刘翔，先归附王浚，又归附段氏，都认为不能够托身，带领各流居他乡的人依附慕容廆。东夷校尉崔毖请让皇甫岌担任长史，言辞卑微地劝说，最终没能使他们前来；慕容廆征召他，皇甫岌和弟弟皇甫真立马一同到达。辽东人张统，占守乐浪、带方二郡，与高句丽王乙弗利互相攻打，连续多年无法和解。乐浪人王遵劝张统带领他的百姓一千多户，依附慕容廆，慕容廆就设立乐浪郡，任命张统为太守，王遵为参军事。

王如的余党涪陵人李运、巴西人王建等人，从襄阳带领三千多户，来到汉中，梁州刺史张光派参军晋邈，带领军队抵抗他们。晋邈收了李运、王建的贿赂，劝张光接纳他们的投降；张光同意了，让他们居住在成固。之后，晋邈见到李运、王建和他的党徒珍宝非常多，想全部得到，又劝张光说：“李运、王建的党徒，不治理农事，专门修治兵器，他们的心思很难预测，不如趁他们不注意时，全部杀光，否则，定会作乱。”张光又听从了。五月，晋邈带领军队攻打李运、王建，杀掉了他们。王建的女婿杨虎，招收残剩军众，攻打张光，驻扎在厄水；张光让他的儿子孟苌讨伐他们，没能攻下。

壬辰日（十八日），朝廷让琅琊王司马睿担任左丞相、大都督，督治陕东所有军务；南阳王司马保担任右丞相、大都督，督治陕西所有军务。诏书说：“现在应该清除敌人元凶，迎晋怀帝司马炽的棺木回来；命令幽、并二州带领三十万士兵，一路去平阳；右丞相应该带领三十万秦、凉、梁、雍的军队，一路去长安；左丞相带领所指挥的二十万军队，一路去洛阳，同时约定在期限内会合，完成大业。”

汉国中山王刘曜驻扎在蒲坂。

石勒命令孔苌攻打定陵，杀掉田徽。薄盛带领部队投降石勒，山东郡县，接连被石勒攻取。汉主刘聪让石勒担任侍中、征东大将军。乌桓也背弃王浚，偷偷依附石勒。

六月，刘琨与代公猗卢在陉北会合，打算攻打汉国。秋季，七月，刘琨出兵，据守蓝谷，猗卢让拓跋普根驻军北屈。刘琨派监军韩据，从西河往南行，打算攻打西平。汉主刘聪让大将军刘粲等人抵抗刘琨，骠骑将军刘易等人抵抗普根，荡晋将军兰阳等人辅助守卫西平。刘琨等人听到后，带领军队回来。刘聪命令各军依然驻扎在原地，作为攻取的打算。

晋愍帝司马邺派殿中都尉刘蜀，诏命左丞相司马睿，按照约定日期进军，与皇帝在中原会合。八月，癸亥日（二十日），刘蜀到达建康，司马睿以刚平定江东，没有空闲北伐为由推辞了。司马睿任命镇东长史刁协为丞相左长史，从事中郎彭城人刘隗为司直，邵陵内史广陵人戴邈为军咨祭酒，参军丹阳人张闿为从事中郎，尚书郎颍川人钟雅为记室参军，谯国人桓宣为舍人，豫章人熊远为主簿，会稽人孔愉为掾官。刘隗平时学习文史，擅长窥视司马睿的心思，所以司马睿非常喜欢他。

熊远上奏，认为："振兴军务以来，处理政事，不用法令，争相提出新的意见；遇事临时设立制度，朝令夕改，以至于主事的人不敢相信法令，每逢有事，就上告咨询，不合政治的体制。愚臣认为：凡是对决策提出异议的，都应该引用律令、经传，无法直接以事情情况议论，没有既定的标准作依据，从而损坏了旧日典制。若是政务取舍，根据事宜，权衡道理，制定事物，这是人君所能施行的，不是臣子所应当独自专用的。"司马睿由于当时正是多事之时，没有听从。

起初，范阳人祖逖，年轻时有大志，与刘琨一起担任司州主簿，同住一个寝室，半夜听到鸡鸣，将刘琨踢醒说："这不是令人讨厌的声音！"于是起身舞剑。渡过长江后，左丞相司马睿让他担任军咨祭酒。祖逖住在京口，纠集骁勇健儿，向司马睿进言说："晋室的混乱，不是因为君主无道而使臣子怨恨背弃，是由于皇族夺取政权，自己相互残杀，最终使得戎、狄之人趁机祸害殃及中土。现在晋朝的遗民受到残伤，人人都想要奋起，大王真能令将领出兵，让像我一样的人统领他们，来振兴中原，各地的英杰，必定会有闻风响应的！”司马睿向来没有北伐的心思，听了祖逖的话，让祖逖担任奋威将军、豫州刺史，仅供给一千人的薪饷，布三千匹，不提供铠甲、兵器，让他自己招募。祖逖带领他的部下一百多家，渡过长江，到河中央，打着船桨立誓说：“祖逖无法扫清中原而再渡江的话，就像大江一样有去无回！”于是在淮阴驻扎，设立冶炼厂，打造兵器，招到两千多人，然后发兵。

胡亢天生猜疑妒忌，杀掉了多个手下勇猛的将领。杜曾感到恐惧，暗自勾结王冲的军队，让他攻打胡亢。胡亢派出所有精锐军队反抗，城中空虚，杜曾趁机杀了胡亢，并吞并了他的军队。

周顗驻军浔水城，被杜弢包围；陶侃令明威将军朱伺去解救他，杜弢退兵，守卫泠口。陶侃说：“杜弢必定去向武昌。”就从捷径返回郡中等待杜弢，杜弢果真来攻打。陶侃令朱伺迎面进攻，大胜，杜弢逃返长沙。周顗从浔水出发，去豫章投靠王敦，王敦收留他。陶侃派参军王贡，向王敦呈上捷报，王敦说：“若是没有陶侯，就要失去荆州了！”因此上书，让陶侃担任荆州刺史，驻扎沔江。左丞相司马睿征召周顗，又让他担任军咨祭酒。

起初，氐王杨茂搜的儿子杨难敌，让养子到梁州去做生意，偷偷卖掉一个良家子弟，被张光打死。杨难敌愤恨地说：“使君刚到来，在大荒乱之后，兵士、百姓的性命依仗我们氐人过活，氐人有了微小的罪过，难道不能宽恕吗？”等到张光和杨虎相互攻打，各自向杨茂搜求援，茂搜让难敌救助张光。难敌向张光索要财货，张光不给。杨虎重重贿赂杨难敌，并说：“流民的珍贵财物，都在张光处，现在攻击我，不如攻击张光。”杨难敌非常高兴。张光和杨虎交战，命张孟苌打前阵，杨难敌作后援。杨难敌和杨虎两面夹击张孟苌，大胜，张孟苌和他的弟弟张援都战死了。张光亲自守卫城池。九月，张光因气愤激动而得病，幕僚劝张光退兵，守卫魏兴。张光提着剑说：“我担负国家的重大责任，无法讨伐敌人，现在死了，就像登升神仙境界，为何退兵！”话刚说完就死了。州中人推他的小儿子张迈兼任州中政事，又和氐人交战死去，众人推始平太守胡子序接管梁州。

荀藩在开封去世。

汉国中山王刘曜和赵染，到黄白城攻击麴允，麴允每次都被击败；朝廷诏命让索綝担任征东大将军，带领军队援助麴允。

王贡从王敦处回来，到了竟陵，假称陶侃的命令，让杜曾担任前锋大都督，攻打王冲，杀掉了他，吞并他们所有的军队。陶侃召见杜曾，杜曾没到。王贡害怕由于假借命令，会招来罪祸，所以与杜曾反过来攻打陶侃。冬季，十月，陶侃军队大败，唯有自己得以脱逃。王敦上书，陶侃用没有功名的身份兼任职务。陶侃又带领周访等人发兵攻击杜弢，大胜，王敦于是上书，恢复陶侃职位。

汉国赵染告诉中山王刘曜说："麴允带领大军在外，长安空虚，可以偷袭。"刘曜命赵染带领精锐骑兵五千人，攻击长安，庚寅日（十月无此日）夜晚，进到外城；晋愍帝司马邺逃到射雁楼。赵染焚烧了龙尾和各军营，杀掉一千多人；辛卯日（十月无此日）早晨，赵染退兵驻守在逍遥园。壬辰日（十月无此日），将军麴鉴从阿城带领五千军队解救长安。癸巳日（十月无此日），赵染带军返回，麴鉴赶了上去，与刘曜在零武交战，麴鉴军队大败。

杨虎、杨难敌紧急攻打梁州，胡子序弃城逃走，杨难敌自称刺史。

汉国中山王刘曜依仗胜利，不加防备。十一月，麴允带领军队偷袭，汉国军队大败，麴允杀了他们的冠军将军乔智明。刘曜带军返回平阳。

王浚根据他父亲的字处道，自认为应了"当涂高"的预言，打算自称尊号。前渤海太守刘亮、北海太守王抟、司空掾高柔诚恳劝谏，王浚将他们都杀了。燕国人霍原，志向清高，多次推辞征召。王浚向他咨询尊号的事情，霍原不答。王浚诬害霍原和各盗贼私通，杀了他，并悬首示众。因而百姓震惊怨恨。然而王浚的骄矜强横，日益厉害，所重用的，都是苛责小人，枣嵩、朱硕，贪财残暴更加厉害。北州有民谣说："府中赫赫，朱丘伯；十囊、五囊，入枣郎。"（"官府中声势显赫，是朱丘伯；十个袋囊、五个袋囊，都没入了枣郎袋囊。"）当地徭役征调非常频繁，人们无法忍受，大都背叛，来到鲜卑地区。从事韩咸监护柳城县，大力称赞慕容廆能够容纳百姓，想来讽劝王浚，王浚大怒，杀掉了他。

王浚在开始时，只不过依仗鲜卑、乌桓的武力，作为自己强大的力量，过后都背弃了他们。加上连年的蝗灾、旱灾，兵力更加衰弱。石勒打算偷袭他，不知晓虚实，打算派使者去窥探，幕僚们恳请沿用羊祜、陆抗的旧例，给王浚送信；石勒问张宾，张宾说："王浚名义上是晋国的臣子，实际想要废黜晋国，自己即位，只不过害怕四海英雄不服从他而已；他想得到将军，如同项羽想要得到韩信。将军的威望，威震天下，现在卑微言辞，厚重礼物，委屈自己来侍奉他，尚还害怕他不相信，更何况是做出羊祜、陆抗相对为敌的事呢！图谋别人，却使得别人察觉内情，很难实现愿望了。"石勒说："对的！"十二月，石勒派舍人王子春、董肇，带着许多[illegible]奉着奏疏，向王浚说："石勒原本是小小的胡族，在饥馑荒乱的年代，流离失所，困顿危难，逃命到冀州，私下聚结、互相救护，来保全性命；如今晋国国祚没落，中原没有君主；殿下是州郡乡里中有远大声望、四海所推崇的人，当皇帝的人，不是公侯，会是谁呢！石勒之所以要用生命出兵讨伐暴乱，正是想帮殿下清除这些强寇匪贼罢了。希望殿下顺应天意和百姓的盼望，早日登上皇位，石勒尊奉拥护殿下，就像尊奉天地父母，殿下明察石勒卑微的心思，也要看作和儿子一样。"又写信给枣嵩，重重地贿赂他。

王浚由于段疾陆眷刚刚背叛了自己，百姓大都背弃自己离开了，听说石勒想要依附自己，非常高兴，对王子春说："石公是当代英杰，占有赵、魏的地方，却打算向我称臣，可以信任他吗？"王子春说："石将军能力强大，实在如您所说。然而由于殿下是中州有远大名望的人，威望风行夷、夏地区，古往今来，胡人担任辅助名臣，是有的，但没有坐上帝王的人。石将军不是厌恶帝王不去行事，而让给殿下，只不过由于帝王自有天命，不是计谋、武力可以得到的，尽管勉强得到，必定不会受到上天、百姓的亲附。项羽尽管强势，最终被汉朝所有。石将军与殿下相比，就像月亮和太阳，所以仔细考虑以前的史事才依附殿下，这就是石将军的远大见识，会大大超过别人的原因了，殿下又有什么奇怪呢？”王浚甚为欢喜，封王子春和董肇为列侯，派使者报告这个聘任，将大量的币帛赠送给他们。

游纶的哥哥游统为王浚的司马，据守范阳，让使者私下亲近石勒，石勒杀了使者，送给王浚。王浚尽管没有责备游统的罪过，却更加信任石勒是忠诚的，不再猜疑。

这一年，左丞相司马睿让世子司马绍据守广陵，让丞相掾蔡谟担任参军。蔡谟，为蔡克的儿子。

汉国中山王刘曜在石梁攻打河南尹魏浚，兖州刺史刘演与河内太守郭默派军队解救他们，刘曜分出军队，在河北交战，击败他们；魏浚晚上逃跑，被抓获杀掉。

代公猗卢将盛乐城作为北都，平城旧城的治所作为南都；又在灅水北边建造新的平城，派右贤王六修据守，统率南部。

资治通鉴卷第八十九　晋纪十一

起甲戌（公元314年），止丙子（公元316年），共三年。

【题解】 本卷记录了晋愍帝建兴二年至建兴四年间的历史：石勒骗得王浚信任后，突袭幽州，杀掉王浚；刘坤被石勒部将打败，逃到蓟城依附段匹磾；杜弢被陶侃打败后投降司马睿，后被陶侃讨平；陶侃改任广州后，消灭叛乱，稳定了秩序；晋愍帝司马邺向刘曜投降；拓跋猗卢因宠爱少子，被长子六修所杀，六修及普根都死后，国人立猗卢之子郁律为君；汉主刘聪荒淫无道，杀戮大臣；李雄势力不断扩大，鲜卑慕容氏不断发展，为各地人士所归附。

孝愍皇帝下

建兴二年（甲戌，公元314年）

春季，正月，辛未日（正月无此日），有同太阳一样的东西陨落到地上；又有三个太阳相互连接，打西方出来，然后往东行。

丁丑日（初六），大赦天下。

有流星从牵牛星流出，侵入紫微星座，光芒照亮了大地，坠落在平阳北面，化成肉块，长为三十步，宽为二十七步。汉主刘聪厌恶这些事，询问公卿。陈元达认为其宠幸的女子太多是亡国的预兆。刘聪说："这是阴阳之道，跟人事有何关系！"刘聪的皇后刘氏，贤能明事理，刘聪所做出的不符合正道的事情，刘氏经常劝谏他。己丑日（十八日），刘氏去世，谥号为武宣。此后，宠幸的妃子争着进升，后宫失去了秩序。

刘聪设立丞相等七个公爵，又设立辅汉等十六个大将军，各配备两千兵士，让各个儿子担任；又设立左、右司隶，各拥有二十多万户，每万户，设立一个内史；单于左、右辅，各分管六夷十万部落，一万部落设立一个都尉；左、右选曹尚书，共同主管选举。从司隶以下六个职位，地位都仅次于仆射。任命他的儿子刘粲为丞相，兼任大将军、录尚书事，封为晋王。江都王刘延年为录尚书六条事，汝阴王刘景为太师，王育为太傅，任顗为太保，马景为大司徒，朱纪为大司空，中山王刘曜为大司马。

壬辰日（二十一日），王子春等人和王浚的使者到达襄国，石勒把他健硕的士兵、精良的盔甲都藏匿起来，给他们看的是衰弱的军队、空空的府库。面向北边，参见使者，然后接受书信。王浚赠给石勒一将麈尾，石勒假装不敢拿着，挂在墙上，早晚参拜，说："我无法看见王公，看见他所赏赐的，就像看见王公一样。"又让董肇捧着奏章进奏王浚，约定在三月中旬亲自前去幽州，奉上尊号；也送信给枣嵩，想出任并州牧、广平公。

石勒向王子春问王浚的政务，王子春说："去年幽州发生大水灾，人们没有米吃，王浚积攒了一百万的粮食，不愿救济灾荒，刑法政令，苛刻残酷，徭役繁重，在内忠臣贤人离心，在外夷狄叛乱。每人都知晓他快要灭亡了，王浚却态度自然得很，丝毫没有恐惧的心理，刚刚又正在营造台榭和高楼，设立百官，自己认为汉高、魏武无法同他相比。"石勒拍着桌子大笑道："王彭祖真的可以抓到了。"王浚的使者返回蓟城，都说石勒羸弱，忠诚没有二心。王浚非常高兴，更加骄横懈怠，不设防备。

杨虎劫持汉中的官民，投靠大成国。梁州人张咸等人出兵驱赶杨难敌；杨难敌离开，张咸献出土地，归向大成国。所以汉嘉、涪陵、汉中的地区，都被大成国所拥有。大成君主李雄，任命李凤为梁州刺史，任回为宁州刺史，李恭为荆州刺史。

李雄态度谦卑，爱护贤能，按照才能给予官职，让太傅李骧在内休养百姓，李凤等人在外招抚群众，刑法和政令宽容简明，监狱中没有停滞的囚犯。复兴学校，设立史官；他们的赋税，成年男子每年稻谷三斛，成年女人减半，患病的又减半；户税唯有几丈绢、几两绵。事务少、劳役少，百姓大都富有殷实，最近依附的，都免除赋税。这时，天下大乱，唯有蜀地没事，每年稻谷均获丰收，以至于大门不关，路不拾遗。汉国嘉夷人王冲归、朱提人审炤、建宁人爨量都归向他们。巴郡曾告急，说是有晋国的军队，李雄说："我经常忧虑琅邪王势力微小，最终会被石勒消灭，以此深感忧虑，没想到依然能派出军队，使人感到高兴！"然而李雄朝中没有礼仪品级，官位、爵位泛滥，官吏没有俸禄，从百姓中获得给养。军中没有队列，号令无法严厉，这是他们的缺点。

二月，壬寅日（初二），晋朝任命张轨为太尉、凉州牧，封西平郡公；王浚为大司马、都督幽、冀二州所有军务；荀组为司空，兼任尚书左仆射、司隶校尉，摄留台政事。朝廷由于张轨年老多病，让他的儿子张实担任副刺史。

石勒戒严，打算偷袭王浚，然而犹豫不定，没有出发。张宾道："要偷袭别人，应当出其不意。现在军中整日严守却不出发，难道是害怕刘琨与鲜卑、乌桓变成我们的后患吗？"石勒说："是的。该怎么行事呢？"张宾说："他们三方面的智谋都没有能超过将军的人，将军尽管远离，他们必定不敢有所行动，况且他们未必认为将军孤军深入千里，就能够攻下幽州。轻装军队往返不过二十天，即使他们有这种心理，等到他们策划好要出兵，我们已经返回了。况且刘琨、王浚，名义上尽管同是晋国臣子，实则是仇敌。假如送信给刘琨，送上人质，恳请议和，刘琨必定喜欢我们的归附，而且对王浚的灭亡感到高兴，最终不会救援王浚，来攻打我们。用兵最贵神速，不要错失时机。"石勒说："我所不敢决定的事，右侯已经决定了，我又有哪里要犹豫的呢！"

于是点着火把，连夜行军，到达柏人，杀掉主簿游纶，这是因为他哥哥游统在范阳，害怕会泄露军情的原因。又派出使者拿着信笺、遣送人质到刘琨跟前，自己叙述罪恶，恳请讨伐王浚来自求报答。刘琨很高兴，发布檄令到各州郡，称：“自己与猗卢正要商议讨伐石勒，石勒没有地方躲藏了，恳请攻下幽州来补偿罪过。现在便要让六修往南偷袭平阳，除去窃居高位、妄称尊号的叛贼，招降知晓快死、渴望活命的羯人，顺应天意，满足百姓的期望，敬奉皇室，这些就是往年累积诚意，神灵保佑所达成的结果！”

三月，石勒的军队到达易水，王浚的督护孙纬，慌忙派人告诉王浚，打算指挥军队抵抗，游统阻止下来。王浚的左右都说：“胡人贪心，而且不守信用，必定有诡计，请攻打他们。”王浚气愤地说：“石公来，正是想要拥护我而已！敢说要攻打的斩首！”人们不敢再说。王浚设宴等待他们。壬申日（初二），石勒早上到了蓟城，大声叫看门人开门，还怀疑有埋伏的士兵，先赶几千头牛羊，声称是呈上的礼仪，实则打算阻塞各条街巷。王浚这才恐惧了，坐立难安。石勒入城后，纵容军队，大肆抢劫，王浚身边亲信恳请抵抗，王浚依然不同意。石勒登上他的厅堂，王浚才逃出宽大的殿堂，石勒的士兵抓住他。石勒叫来王浚的妻子，与她一起坐着，抓住王浚，站到面前，王浚骂道：“胡奴竟敢戏弄你的公公，为何这么的凶恶背逆呢？”石勒说：“公侯的地位，超过宰相，手里掌握强盛的军队，坐视本朝的败亡，从来不施以救援，却想自己推崇自己，作为天子，不是凶狠背叛吗！又将职务委托给奸邪贪财的人，虐待百姓，残害忠臣良士，毒害整个燕州地区，这是谁的过错呢！”令他的将领王洛生，带领五百骑兵，将王浚送去襄国。王浚自己投水，兵士们将他从水中捆绑出来，在襄国刑场上杀掉了他。

石勒杀了王浚属下一万多精良士兵。王浚的左右争先恐后前去军门恳请宽恕，赠送贿赂，来往不断。唯有前尚书裴宪和从事中郎荀绰不去，石勒召见并责怪他们说：“王浚凶狠残暴，我讨伐而诛杀他，人们都来庆贺、谢罪，唯独两位与他同流合污，该怎么逃避杀戮呢？”二人回答道：“我们世代在晋朝为官，接受晋朝的荣耀、俸禄，王浚尽管凶狠残暴，依然是晋国的臣子，所以我们追随他，不敢怀有异心。明公假如不修养恩德仁义，一心采用暴力刑罚，那么我们死了，也是自己的命，又为何逃避呢？请受死刑！”不跪拜就出去了。石勒召他们回来表示道歉，用客礼招待他们。荀绰，为荀勖的孙子。石勒责怪朱硕、枣嵩等人，由于收受贿赂，混乱政令，变成幽州的忧患；责怪游统对所侍奉的人不忠心，把他们都杀了。没收王浚将佐、亲戚家中巨额家产，唯有裴宪和荀绰，只有一百多部书，食盐和食米各十多斛而已。石勒说：“我获得幽州，并不高兴，高兴的是得到两位先生。”任命裴宪为从事中郎，荀绰为参军。分别派遣流民，各自返回家乡。石勒在蓟城滞留了两天，烧毁王浚的宫殿，让前尚书燕国人刘翰兼摄幽州刺史，据守蓟城，设立郡守宰臣，之后返回。孙纬半道攻击他，石勒只有自身得以逃脱。

石勒到达襄国，派使者奉着王浚的头颅，向汉国进献战果。汉国任命石勒为大都督、督理陕东所有军务、骠骑大将军、东单于，增设封邑十二个郡；石勒坚决辞谢，仅受两个郡而已。

刘琨向拓跋猗卢恳请出兵攻打汉国，正遇到猗卢所统领的各类胡族一万多户打算呼应石勒，猗卢把他们全部杀了，没能赶上与刘琨的约定。刘琨明白石勒没有投降的诚意，大为恐慌，呈上奏章说：“东北八个州，石勒灭掉了七个，先朝所授予并尚存的唯有臣下。石勒占守襄国，与臣下只隔一座山，（石勒如要攻击臣下，）早晨出发，夜晚就到了，城中躁动恐惧，尽管有忠心义愤的心理，也力不从心啊！”

刘翰不想归附石勒，于是归附段匹磾，段匹磾便占据了蓟城。王浚的从事中郎阳裕是阳耽哥哥的儿子，逃往令支，投靠段疾陆眷。会稽人朱左车、鲁国人孔纂、泰山人胡母翼，从蓟城逃到昌黎，归附慕容廆。当时，中原流民依附慕容廆的，有好几万户，慕容廆将冀州人住的地方设为冀阳郡，豫州人的地方设为成周郡，青州人的地方设为营丘郡，并州人的地方设为唐国郡。

起初，王浚任命邵续为乐陵太守，驻守厌次。王浚失败，邵续依附石勒，石勒任命邵续的儿子邵乂担任督护。王浚所管辖的渤海太守东莱人刘胤，丢弃郡县，依附邵续，对邵续说：“凡是想要建立大功，必定要依仗大义。先生是晋国忠诚的臣子，为什么要归附贼人，来辱没自己呢？”正好段匹磾写信邀请邵续，一起归附左丞相司马睿，邵续听从。他手下的人都说：“现在背叛石勒，归附段匹磾，那邵乂怎么办？”邵续哭着道：“我怎么能为顾全儿子而成了叛逆的臣子呢！”为此他还杀掉几个意见不同的人。石勒听到后，杀了邵乂。邵续让刘胤出使江东，司马睿任命刘胤为参军，任命邵续为平原太守。石勒出兵围攻邵续；段匹磾命令他的弟弟段文鸯前去救援，石勒带兵离开。

襄国大饥荒，两升米谷价值一斤银子，一斤肉价值一两银子。

杜弢的将领王真到林障偷袭陶侃，陶侃逃去溠中。周访支援陶侃，攻打杜弢的军队，击败他们。

夏季，五月，西平武穆公张轨病危，遗命：“文武将佐，一定要使百姓安定，上要报效国家，下要安抚家庭。”己丑日（二十日），张轨去世。长史张玺等人上书，让世子张实代替父亲的职位。

汉国中山王刘曜、赵染进犯长安。六月，刘曜驻扎在渭汭，赵染驻扎在新丰，索綝带领军队出城抵抗。赵染有轻视索綝的意思，长史鲁徽道：“晋国的君臣，知晓自己强弱，无法对敌，便会冒死对待我们，不能轻敌。”赵染道：“以司马模的兵强马壮，我攻下他们就像拉倒朽木一般。索綝这小人物，哪里能脏了我的马蹄、刀刃呢！”早晨，带领几百骑兵迎战，说：“要在抓获索綝之后吃饭。”索綝与他在城西交战，赵染军队战败回来，后悔说道：“我不相信鲁徽的话，所以到了这样的地步，有什么脸面见到他呢！”先下令杀掉鲁徽。鲁徽道：“将军愚蠢刚愎，所以遭到失败，居然又忌恨以前的事，伤害强过自己的人，杀害忠诚贤良，以满足个人的愤怒。还有天地在，将军难道能有善终吗？”朝廷下诏进封索綝为骠骑大将军、尚书左仆射、录尚书事，依照旧例行事。

刘曜、赵染又与将军殷凯带领几万军队前去长安，麹允在冯翊迎战，麹允大败，收兵；夜晚，偷袭殷凯的军营，殷凯战败身亡。刘曜于是返回怀县攻打河内太守郭默，排列三层军阵攻打。郭默粮食吃光了，送出妻儿作为人质，想向刘曜购买粮食，粮食买好后，又坚守城池。刘曜一怒之下将郭默的妻儿淹死在黄河中，而且攻击他。郭默打算到新郑投靠李矩，李矩让他的外甥郭诵迎接他，由于军队少，不敢前行。正好刘琨派参军张肇带领五百多名鲜卑骑兵，前去长安，道路隔绝不畅，返回，路过李矩军营，李矩劝说张肇，要他攻打汉国军队；汉国军队远远看见鲜卑人，没有交战就逃跑了。郭默于是带领军众归向李矩。汉主刘聪召令刘曜回来，驻扎在蒲坂。

秋季，赵染攻打北地，麹允反抗他，赵染中弩箭而死。

石勒开始下令要州郡查明户口，每户交布帛二匹，谷米二斛。

冬季，十月，朝廷任命张实都督凉州所有军务、凉州刺史、西平公。

十一月，汉主刘聪任命晋王刘粲为相国、大单于，总领百官。刘粲年轻时就有高超才能，担任宰相后，骄横奢侈，专权放荡，疏远贤人，接近奸佞，残酷苛刻，刚愎拒谏，全国人开始厌恶他。

周勰由于父亲的遗命，利用吴国百姓的仇恨，打算作乱。他派吴兴功曹徐馥，假借叔父从事中郎周札的命令，聚合群众，讨伐王导和刁协，江南英杰一同归附他，孙皓的族人孙弼也在广德起兵呼应他。

三年（己亥，公元315年）

春季，正月，徐馥杀掉吴兴太守袁琇，得到几千军众，打算尊奉周札为君主。周札听到后，很是恐慌，将情况告诉义兴太守孔侃。周勰得知周札的心思不同，不敢贸然举事。徐馥的党羽害怕杀掉了他；孙弼也被杀掉了。周札的儿子周续也聚合众人，呼应周馥。左丞相司马睿商讨派军队讨伐他们，王导说："现在若派的军队少，无法平定寇贼，派的军队多，就会使根本空虚。周续的族弟黄门侍郎周莛，忠诚勇敢，有计谋，请派周莛单独前去，足能杀掉周续了。"司马睿同意了。周莛星夜赶路，到达郡外，打算进去，在门口碰到周续，对周续说："要和你一起前去拜访孔府君，有事情商讨。"周续不愿进去，周莛强拖着他一块前去。坐好后，周莛对孔侃说："府君为何安排贼人坐在位子上？”周续衣服中经常放了刀子，立马用刀逼近周莚，周莚大声叫郡传教吴曾，在搏斗中杀了他。周莚于是想要杀掉周勰，周札不同意，将罪过都推给堂兄周邵，杀了他。周莚不回家向母亲请安，直接离开，母亲急急忙忙追上去。司马睿任命周札为吴兴太守，周莚为太子右卫率。由于周氏是吴郡的豪门望族，所以并不深究，和以前一样地安抚周勰。

朝廷诏命平东将军宋哲驻军在华阴。

大成君主李雄册立皇后任氏。

二月，丙子日（十二日），任命琅邪王司马睿为丞相、大都督、督理中外所有军务，任命南阳王保为相国、荀组为太尉，兼任豫州牧，刘琨为司空、都督并、冀、幽三州所有军务。刘琨谢绝了司空的职务，没有接受。

南阳王司马模失败之后，都尉陈安前去秦州依附世子司马保，司马保下令让陈安带领一千多人讨伐叛乱的羌人，非常宠信陈安，待他很厚重。司马保的将领张春嫉恨他，诋毁陈安，诬陷他有叛乱的想法，恳请杀掉他，司马保不同意。张春就埋伏下刺客刺杀陈安，陈安受伤，骑马跑回陇城，命使者前去司马保处，不停进献地方特产。

朝廷下诏晋升拓跋猗卢为代王，设置官属，以代郡、常山郡作为食邑。猗卢向刘琨恳请要并州从事雁门人莫含，刘琨令他过去。莫含不愿去，刘琨道：“以并州的孤单微弱，我没有能力却得以在胡、羯中间的地区保护自己周全的原因，这全是代王的力量。我费尽心力、财物，以长子作为人质来侍奉他的原因，是期望他能帮助朝廷洗雪大耻。你打算当个忠臣，为什么顾惜一同共事的微小诚心，却忘记为国牺牲的远大志节呢！前去侍奉代王，成了他的心腹，才是全州所能依靠的。”莫含于是前往。猗卢非常看重他，经常同他商议大计。

猗卢用法严酷，假如是犯法的国人，有的全部落遭受杀戮，老幼互相搀扶着前去，有人问：“到哪里去？”回答说：“前去受死。”没有一个人敢逃跑的。

王敦下达命令让陶侃、甘卓等人去讨伐杜弢，前后几十次交战，杜弢的将士大多战死，就向丞相司马睿请求投降，司马睿不同意。杜弢送信给南平太守应詹，自己陈述：之前曾经和应詹一同讨伐乐乡，本来是同喜同忧的，后来在湘州，害怕死亡，谋求生路，所以互相团结起来。假如能以往日的交情，代为表明是非曲直，使得可以向盟府表达诚意，跻身在正义人士之中，或者往北扫平中原，或者往西攻打李雄，来抵赎以前的过失，即便是死了，也如同活着一样。应詹写好奏章，呈上他的书信，说："杜弢为益州的秀才，一直都有清高的声望，由于被同乡人逼迫不得已走上歪路。现在非常后悔所做恶行，趋向善良的品德，应下令让使者去安抚接纳他，以此来养息江、湘的人们。"司马睿便下令让前南海太守王运前去接受杜弢的投降，并赦免他叛逆的罪过。任命杜弢担任巴东监军。杜弢接受任命之后，各将领依然不停地攻击，杜弢止不住愤怒，于是杀了王运，又造反了。杜弢下令让他的将领杜弘和张彦杀了临川内史谢摛，攻下豫章。三月，周访攻打张彦，把他杀掉，杜弘逃到临贺。

汉国大赦天下，改年号为建元。

汉国东宫延明殿下了血雨，太弟刘乂非常讨厌这事，就去询问太傅崔玮、太保许遐。崔玮与许遐劝刘乂道："主上在之前将殿下立为太弟的原因，是打算以此安抚众人。他扶植晋王的想法已经很久了，王公之下，没有不奉迎意旨、亲附他的；现在又任命晋王为相国，仪仗旌旗，声势威严，显然超过东宫，朝廷的大事，没有不经过他的，各王侯都设立士兵，作为他的辅助，殿下的大势已经失去了。殿下不仅仅是无法立位，而且早晚会有难以预料的危险，不如早一点作谋划。现在四卫率的精锐士兵，不低于五千人，相国轻浮而且不庄重，只需动用一个刺客而已。大将军没有哪一天不出营门的，他的军营可以通过偷袭得到。其他各王年龄幼小，容易取得。假如殿下有这个心思，两万精锐军队就可以马上得到，击鼓行军到了云龙门，值班的士兵，哪个敢不反过来迎接殿下呢！大司马就更不必忧虑他有不同想法了。"

刘乂不愿意。东宫舍人荀裕偷偷告发崔玮、许遐劝刘乂造反，汉主刘聪抓捕崔玮、许遐，关在诏狱，假借别的事情，杀了他们。下达命令让冠威将军卜抽，带领军队看守东宫，禁止刘乂参与朝会。刘乂忧虑恐惧，不知该怎么做才好，呈上奏章，乞求贬为平民，而且要求废除各个儿子的封号，激励赞美晋王，恳请将他作为继承人；卜抽压了下来，没有通报。

汉国青州刺史曹嶷，取得齐、鲁地区所有的郡县，自己据守临菑，拥有十多万军众，到达黄河，设立守卫。石勒上书说："曹嶷有独自占守东方的意思，恳请去讨伐他。"汉主刘聪害怕石勒消灭曹嶷，不能再加以控制，没有同意。

刘聪娶中护军靳准的两个女儿月光和月华，册立月光为上皇后，刘贵妃为左皇后，月华为右皇后。左司隶陈元达大力劝谏，认为："同时册立三个皇后，不符合礼制。"刘聪非常不高兴，任命陈元达为右光禄大夫，表面表示优礼尊崇他，实际上是要夺去他的实权。所以太尉范隆等人都要求将职位让给陈元达，刘聪才又任命陈元达为御史大夫、仪同三司。月光有淫秽的丑行，陈元达上奏弹劾，刘聪没有办法，废黜了月光，月光羞愧自杀，刘聪于是非常怨恨陈元达。

夏季，四月，大赦天下。

六月，盗匪偷偷挖掘汉朝霸、杜两座陵墓和薄太后的陵墓，得到很多金银财帛；朝廷以用度不足为由诏命没收余下的财物，来充实内府。

辛巳日（十九日），大赦天下。

汉国大司马刘曜攻击上党，八月，癸亥日（初二），在襄垣大败刘琨的军队。刘曜打算出兵攻打阳曲，汉主刘聪派使者对他说："长安尚未平定，应该先平定长安。"刘曜才返回驻军在蒲坂。

陶侃和杜弢相互攻击，杜弢下令让王贡出兵迎战，陶侃远远地对他说："杜弢是益州一个小小的官吏，偷偷挪用府库的钱财，父亲死了也不治丧。你本来是个良家子弟，为什么要追随他呢？天下哪里会有能活到白头的盗贼呢？”王贡起初时，脚横在马上，听到陶侃的话，端正容貌，将脚放了下来。陶侃看出能说得动他，又派出使者告谕他，剪下头发，作为信物，于是王贡向陶侃投降。杜弢的军队溃败，只得逃跑，在路上死掉了。陶侃与南平太守应詹，进军攻打长沙，湘州全部平定。丞相司马睿承奉制命，赦免了他的部下，王敦进封为镇东大将军，加官为都督江、扬、荆、湘、交、广六州所有军务、江州刺史。王敦开始自己选择刺史以下官员，日益骄横。

起初，王如投降，王敦的堂弟王稜喜欢王如的果敢善战，恳请王敦将他配置在自己的属下。王敦道：“这种人奸险凶悍，难以对待，你性子暴躁，不会容纳得下，他会成了祸害的。”王稜坚决要求，才给了他。王稜将他安置在左右，非常优待他。王如经常与王敦各个将领角力、射箭，产生争斗，王稜杖责他，王如时常深感羞耻。待到王敦暗中存有叛乱的心思，王稜经常劝谏。王敦气愤他与自己有不同的看法，偷偷派人刺激王如，要他杀了王稜。王如趁着参加宴会，恳请舞剑，以作为欢乐的事，王稜同意了。王如舞剑，逐渐向前，王稜讨厌地大声阻止他，王如一直前去，杀掉了王稜。王敦得知后，假装惊讶，也抓捕了王如，杀掉了他。

起初，朝廷得知张光死了，任命侍中第五猗为安南将军，监督荆、梁、益、宁四州所有事务、荆州刺史，从武关出发。杜曾到襄阳迎接第五猗，并为哥哥的儿子娶了第五猗的女儿，于是集合一万军队，与第五猗分别占守汉、沔。

陶侃已经击败杜弢，趁着刚刚胜利，进军攻打杜曾，有轻慢杜曾的心思。司马鲁恬劝谏说：“但凡交战，先要打量他们的将领，现在使君的将领，没有能够比得过杜曾的，无法轻易逼近他。”陶侃没有听从，出兵石城，攻打杜曾。杜曾的军队大都是骑兵，偷偷打开门，偷袭陶侃的阵地，从阵地后面出现，回头攻打陶侃，陶侃的军队死了好几百人。杜曾打算前去顺阳，下马拜了拜陶侃，告别离开。

当时荀崧都督荆州、江北所有军务，驻军在宛城，杜曾带领军队围攻他。荀崧军队较少，粮食吃完了，准备向旧部襄城太守石览恳请支援。荀崧的小女儿荀灌，十三岁，带领几十个勇士，夜晚翻过城墙，突围出去，一边交战，一边前进，最终到达石览的地方；又伪造荀崧的信，向南中郎将周访恳请支援。周访让他的儿子周抚，带领三千军队，与石览共同解救荀崧，杜曾这才逃离而去。

杜曾又写信给荀崧，恳请讨伐丹水的贼人，以自求报效，荀崧同意了。陶侃送给荀崧的信中说："杜曾凶狠狡猾，所谓：'鸱枭是会吃掉母亲的动物。'这个人假如不死，州中是无法安定的，足下必定要记住我的话。"荀崧由于宛城中军队少，依仗杜曾作为外来的支援，没有听从。杜曾又带领两千多流亡的人，围攻襄阳，几天后，没能攻下，返回。

王敦宠信的臣子吴兴人钱凤，忌恨陶侃的功劳，经常诋毁他。陶侃打算返回江陵，前去王敦处亲自陈述。朱伺和安定人皇甫方劝谏说："公侯去了，必定回不来。"陶侃没听从。到了之后，王敦扣留陶侃，不送他返回，贬官为广州刺史，任命他的堂弟丞相军咨祭酒王廙为荆州刺史。荆州将吏郑攀、马俊等人前去晋见王敦，呈上书信表示挽留陶侃，王敦愤怒，不同意。郑攀等人由于陶侃刚刚消灭大敌，却被罢免职位，众人非常愤怒，又由于王廙嫉妒乖戾，非常难侍奉，于是带领他们的三千部属，驻军在涢口，往西迎接杜曾。王廙受到郑攀等人的偷袭，逃到江安。杜曾和郑攀等人奉迎北面的第五猗，以此抵抗王廙。王廙带领各军讨伐杜曾，又被杜曾击败。王敦认为郑攀承受了陶侃的旨意，穿好盔甲、拿着枪矛，打算杀了陶侃，出去又再回来，来回好几次；陶侃端正脸色，说："使君英明果敢，能够裁制天下，为何这样无法决断呢！"于是起身上厕所。咨议参军梅陶和长史陈颁向王敦进言说："周访和陶侃是姻亲，就像左右手，切断了别人的左手，右手怎么可能会不来接应呢！"王敦心思明了，于是设下丰富的菜肴为他饯行。陶侃连夜出发，王敦让他的儿子王瞻担任参军。

起初，交州刺史顾秘去世，州中人推选顾秘的儿子顾寿兼任州中政事。帐下督梁硕出兵攻打顾寿，杀掉了他。梁硕于是独揽交州大权。王机自认为强占了广州，恐怕王敦讨伐他，另外要求交州。正巧杜弘向王机投降，王敦打算借王机来讨伐梁硕，所以将招降杜弘作为王机的功劳，转为交州刺史。王机到了郁林之后，梁硕迎接前刺史脩则的儿子脩湛代理州中政事，来反抗他。王机无法前行，于是又与杜弘和广州将领温邵、交州秀才刘沈商议，再返回广州守卫。陶侃到达始兴，州中人都说应该观察形势，不可轻易前进；陶侃没有听从，一直到了广州，各个郡县都已经迎接王机了。杜弘派使者假装投降，陶侃知晓是他的诡计，发兵攻打杜弘，击败他，并在小桂抓获刘沈。让督护许高讨伐王机，将他打跑。王机在路上患病死了，许高挖出他的尸体，砍下头颅。各将领都恳请趁着胜利攻击温邵。陶侃笑着道："我的威名已经非常显耀了，为什么要派遣军队？只需一封书信，自然就会平定。"于是送信告诫他。温邵恐惧逃走，在始兴被抓获。杜弘向王敦投降，广州于是平定。

陶侃在广州无事可做，经常早晨搬运一百块砖到书房外，傍晚时搬运到书房内。有人问他原因，回答道："我正在为中原尽力，这样的过分闲适，恐怕无法担当大任，所以自己劳动而已。"

王敦让杜弘担任将领，非常宠信他。

九月，汉主刘聪任命大鸿胪赏赐弓、箭给石勒，敕命石勒担任陕东伯，可以专权征伐，而且能够任命刺史、将军、郡守、县宰，还可以封列侯，每年年底，集合名单上奏。

汉国大司马刘曜侵犯北地，晋愍帝司马邺下诏让麴允担任大都督、骠骑将军来抵抗他们。冬季，十月，派索綝担任尚书仆射、都督宫城所有军务。刘曜出兵攻打冯翊，太守梁肃逃到万年。刘曜改变方向，攻打上郡。麴允前去黄白城，驻扎灵武，由于军力薄弱，不敢前行。

晋愍帝司马邺多次向丞相司马保征调军队，司马保的将佐都说："毒蛇咬中手，壮士就要砍断手腕。现在胡人寇匪士气正盛，应当暂时隔断陇地道路来查看他们的变化。”从事中郎裴诜说：“现在蛇已经咬中了头，头能够割断吗？”司马保才让镇军将军胡崧代理前锋都督，等着各军会合了就出发。麴允打算奉迎晋愍帝司马邺，前去投靠司马保，索綝说：“司马保得到天子，必定会以此来满足他个人的心愿。”才停下。这样从长安往西，不再有给朝廷贡献的，百官饥饿困顿，唯有采集野生稻子来保全自身。

凉州军士张冰，得到一块玉玺，上写着“皇帝行玺”，进献给张实，幕僚都来恭贺，张实说：“这个不是为人臣子可以留下的。”派人将玉玺送到长安。

四年（丙子，公元316年）

春季，正月，司徒梁芬建言追封吴王司马晏，右仆射索綝等人援引魏明帝的诏书，认为不可以；因此只赠给太保，谥号为孝。

汉国中常侍王沈、宣怀、中宫仆射郭猗等人，都受宠信而当权用事。汉主刘聪在后宫游玩宴饮，有时三天都不醒，有时一百天都不出门；从去年冬季不临朝听政，所有政事都托付相国刘粲，唯有杀人和任命官员，才让王沈等人入宫禀告。王沈等人大部分都不禀告，却按照自己的意见来决定，所以往日的功臣，有的就不授予官职，然而奸佞小人，有的几天时间就担任到两千石的职位。连年兴起战事，将士没有金银财帛的奖赏；但后宫的家族，连奴仆都有赏赐，一赏就达几千万。王沈等人的车马、衣物、房子，胜过各王侯，子弟中表亲当郡守、县令的就有三十多人，都贪财残暴，是百姓的祸害。靳准全家都谗媚地侍奉他。

郭猗和靳准都与太弟刘乂有私人仇恨，郭猗对相国刘粲说：“殿下是光文帝的嫡孙，君上的嫡子，四海没有不欢喜依附的，为何要将天下让给太弟呢！而且臣下听说，太弟与大将军打算趁着三月上巳日宴会之时作乱，事情若成功，同意让君主作为太上皇，大将军为皇太子，又允诺卫将军为大单于，三位大侯都处在不被怀疑的位置，同时握有大军，以这种条件发动事变，不会不成功的。只不过两位公侯贪

图一时利益，不顾及父亲、哥哥，事情成功之后，君主怎会有保全的道理！殿下兄弟，自然不必多说。东宫、相国、单于，应该是刘乂的儿子刘武陵兄弟的，怎么愿意给予别人呢！现在灾祸的日子非常紧迫，应该早点作出计策。臣下多次向君主进言，君主友爱厚重，认为臣下是个宦官，最终无法相信，期望殿下不要泄露，偷偷上表，表明情况。殿下要是不信任臣下，可以召见大将军从事中郎王皮与卫将军刘惇，以恩意赦免他们，同意他们归顺，然后问他们，必定能知晓了。”刘粲同意。郭猗悄悄对王皮与刘惇说：“两位王侯叛逆的事情，君主与相国都详细地知晓了，你们是一块的吗？”二人惊恐地说：“没有。”郭猗说：“这个事情已经定了处理方法，我只是怜惜你们的亲戚与朋友一起被灭族而已！”因此叹息哭泣。两人大为惊恐，叩头哀求。郭猗说：“我帮你们谋划，你们能采纳吗？相国问你们，你们只需说：‘有的。’假如责怪你们不早点告诉，你们就说：‘臣下实在负有死罪，然而想到君主宽大慈爱，殿下敦实和睦，假如说了不被相信，就会被认为是诬告、诋毁，遭到无法预料的诛杀，所以不敢说。’”王皮、刘惇同意了。刘粲召来他们询问，两人不是一个时间来，但话语就像一人说的，刘粲信以为真。

靳准又劝刘粲说：“殿下应该自己居有东宫的地位，来兼任相国，以使天下早点有所依靠。现在道上的传言，都说大将军与卫将军打算尊奉太弟，促成变乱，约定日期在春末三月；假如太弟得到了天下，殿下没有安身的地方了。”刘粲说：“该怎么办？”靳准说：“有人告发太弟要叛乱，君主必定不相信。应该宽松东宫的禁令，使宾客得以来往，太弟平常喜爱接待士子，必定不会怀疑这样行事。轻薄小人，不会没有奉迎太弟的心思，帮他谋划的。之后下官向殿下透露他的罪过，殿下抓捕与太弟交往的宾客，责问他们，供状有了之后，君主没有不相信的理由。”刘粲所以下达命令让卜抽带领军队离开东宫。

少府陈休、左卫将军卜崇，为人清高正直，向来讨厌王沈等人，即便在公众场合，也从来不同他们交谈，王沈等人非常痛恨他们。侍中卜干对陈休、卜崇说："王沈等人的力量，足能挽回天地，你们这些人，自己思考，与窦武、陈蕃比起来，哪一个比较亲近、贤明？"陈休、卜崇说："我们这些人，年龄超过五十，职位也非常高了，只差一死而已！因为忠义而死，就是死得其所了；怎么可以低头来侍奉小小宦官呢？算了吧！卜公别再说了！"

二月，汉主刘聪出宫，驾临上秋阁，下令抓捕陈休、卜崇与特进綦毋达、太中大夫公彧、尚书王琰、田歆、大司农朱谐，一起杀掉，这些都是为宦官所怀恨的人。卜干哭着劝谏说："陛下正要侧席来求取贤人，在一天之中却杀掉了卿大夫七人，都是国家的忠臣，恐怕这不可以吧！假如陈休等人有罪，陛下不将他们送给有关官吏，说明他们的罪状，天下怎么会知晓呢？诏命还在臣下这儿，没敢宣布出来，希望陛下细细考虑！"因此叩头到流血。王沈责怪卜干说："卜侍中想要抵抗诏命吗！"刘聪甩袖生气地进去了，罢免卜干的官职，贬为平民。

太宰河间王刘易、大将军渤海王刘敷、御史大夫陈元达、金紫光禄大夫西河人王延等都前去宫中，上书劝谏说："王沈等人随意玩弄诏旨，欺瞒天地，在内献媚陛下，在外阿谀相国，权势的重大，能够和君主相比，树立大量奸邪党羽，毒害遍布天下。知晓陈休等人为忠臣，为国家尽心竭力，畏惧揭发他们奸恶的罪行，所以巧妙地设下陷阱；陛下无法明察，立马执行死刑，悲痛传达全天下，贤愚都忧愤恐惧。现在残剩下的晋国没有消灭，巴、蜀地区没有投降，石勒打算占据赵、魏，曹嶷打算在整个齐国称王，陛下的心腹与四肢，哪个地方没有忧患呢！居然又让王沈等人辅助祸乱，诛害巫咸，杀了扁鹊，臣下恐怕最终会造成膏肓的疾病，之后即便想救治，也来不及了。恳请罢免王沈等人官职，交给主事的人去治他们的罪。"刘聪将奏章给王沈等人看，笑着道："这些人被陈元达诱惑，居然都成了痴呆的人！"王沈等人叩头哭泣说："臣下等人是小人，过分地承受陛下的赏识和提拔，得以在内宫洒扫；然而王公大臣与朝中官员忌恨臣下等人如同仇敌一样，又非常怨恨陛下；只愿将臣下等人杀掉吧，那么朝廷自然就和睦了。”刘聪说：“这些人狂妄的言辞经常是这样的，你何须记恨呢！”刘聪向相国刘粲询问王沈等人，刘粲大力称赞王沈等人忠心清高，刘聪高兴了，封王沈等人为列侯。

太宰刘易又到宫中，呈上奏疏，大力劝谏，刘聪大怒，亲手撕毁了他的奏疏。三月，刘易忧愤怨恨地去世。刘易向来忠诚正直，陈元达借助他作为援助，得以极力进谏；等到他死了，陈元达哭得非常伤心，道：“‘人之云亡，邦国殄悴。（贤人都已经死去了，国家就要穷困了。）’我既然无法再进谏，为何要苟且偷生呢！”回家就自杀了。

起初，代王猗卢喜爱他年龄最小的儿子比延，想让他成为继承人，让长子六修出外居住在新平城，而且废黜他母亲。六修有匹骏马，每天能够走五百里，猗卢强夺回来，将马赏给比延。六修来朝见，猗卢让他拜见比延，六修不同意。猗卢于是让比延坐在自己的步辇上，命人引导和扈从，出去游玩；六修远远看见了，当成了猗卢，在路边叩见，到了跟前，才知晓是比延，六修羞恨、愤怒地离开了。猗卢召见他，不去，大怒，带领军众讨伐他，被六修击败。猗卢换了平常人的衣服逃到民间，有个贫贱女人认得他，最终被六修杀掉。拓跋普根先前是守卫边境的，得知有难，前来救援，攻打六修，杀了他。

拓跋普根即位，国中混乱，新人、旧人相互猜疑，不断互相杀戮。左将军卫雄、信义将军箕澹，一直辅助猗卢，是众人所依附的，打算归向刘琨，于是对众人说：“听说旧人妒忌新人的交战强悍，打算将他们全部杀了，该怎么办？”晋人和乌桓人都惊恐害怕，说：“生死都追随二位将军。”所以与刘琨作为人质的儿子刘遵，带领晋国人和乌桓人三万家，马、牛、羊十万头，归附刘琨。刘琨非常高兴，亲自到平城抚慰、接待他们，刘琨的军队由此再次振兴起来。

夏季，四月，拓跋普根去世。他的儿子刚出生不久，普根的母亲惟氏册立他为王。

张实下令：“我所治理的官民，有人能列出我的过失的，赏赐布帛、羊、米！”贼曹佐高昌人隗瑾说：“现在明公治理政事，事情不论大小，都自己来决定，有时发起战事、发布命令，幕僚官府却不知晓；万一有了差错，就没有人来分担责任。僚属们害怕威望，只能接受成命罢了。这样行事的话，即使奖赏千金，最终不敢进言。私下认为应该略微减损个人的聪明，凡是各种政务，都托付属下治理，使得人人都能尽到心思，然后具体实行，那么美好的进谏自然就来临了，为何要奖赏呢？”张实很高兴，采纳他的主张。进封隗瑾三等官职。

张实让将军王该带领五千步兵、骑兵，来到长安救援，而且送去各郡土产和账簿。下诏让张实都督陕西所有军务，任命张实的弟弟张茂为秦州刺史。

石勒让石虎到廪丘攻击刘演，幽州刺史段匹磾让他的弟弟段文鸯援助他；石虎攻下廪丘，刘演逃往段文鸯军中，石虎抓获刘演的弟弟刘启返回。

宁州刺史王逊，严苛凶狠，喜爱杀人。五月，平夷太守雷炤、平乐太守董霸，带领三千多户叛乱，投降大成国。

六月，丁巳朔日（初一），出现日食。

秋季，七月，汉国大司马刘曜围攻北地太守麹昌，大都督麹允带领三万步兵、骑兵去救援。刘曜围绕城池纵火，浓烟四起，遮盖天空，派出间谍，骗麹允说：“郡城已经失陷，去也来不及了。”军众恐惧，逃跑，刘曜追赶到磻石谷，击败麹允，麹允逃到灵武，刘曜于是攻下了北地。

麹允天生仁慈厚重，没有威力和决断力，喜爱用爵位取悦别人。新平太守竺恢、始平太守杨像、扶风太守竺爽、安定太守焦嵩，都兼任征、镇将军，杖节，加官为侍中、常侍；村庄、城堡的主帅，小的也给予银印、青绶、将军的名号；然而恩惠无法遍及部下，所以各将领傲慢放纵，士兵却愤恨背离。关中危难混乱，麹允向焦嵩告急，焦嵩向来轻慢麹允，说：“等到麹允危难了，再去救他。”

刘曜出兵，到达泾水北面，渭河北方各个城池都沦陷了。刘曜抓获建威将军鲁充、散骑常侍梁纬、少府皇甫阳。刘曜一直听说鲁充贤能，下令活捉，见到之后，赐给他酒，说："我得到你，天下就容易安定了！"鲁充说："自身作为晋国将领，国家灭亡，不敢恳请活命；假如承蒙公侯的恩惠，赶紧赐死，才是幸福的事。"刘曜说："真是义士！"赐给他剑，让他自杀。梁纬的妻子辛氏，长得美丽，刘曜召见，打算娶她，辛氏大哭，道："妾的丈夫已经死了，按照义理，无法单独活着，而且一个女人却侍奉两个丈夫，明公又如何会信任她呢！"刘曜说："是贞烈的女子。"也听从她自杀了，都按照礼节埋葬他们。

汉主刘聪立已故张后的侍婢樊氏为上皇后。三位皇后之外，佩戴皇后玉玺绶带的，还有七个人。宠爱的臣子专权，刑罚混乱。大将军刘敷多次哭着恳切劝谏，刘聪气愤地说："你想要你的父亲早点死吗？为什么早晚来哭活人呢？"刘敷忧郁愤怒，患病去世。

河东平阳发生大蝗灾，百姓流亡饿死的人，十分之五六。石勒让他的将领石越，带领两万人，驻军在并州，招收流民，归附他们的百姓有二十万家。刘聪派出使者责怪石勒，石勒不服从命令，偷偷与曹嶷结交。

八月，汉国大司马刘曜逼近长安城。

九月，汉主刘聪在光极殿大宴群臣，召见太弟刘乂；刘乂面容憔悴，头发苍白，哭泣着表示谢意，刘聪也哭得很伤心，所以尽情喝酒，非常欢乐，待他如同以前一样。

焦嵩、竺恢、宋哲都带领军队救援长安，散骑常侍华辑监理京兆、冯翊、弘农、上洛四郡的军队，驻军在霸上，都害怕汉国军队的强盛，不敢出兵。相国司马保让胡崧带领军队进京救援，到灵台攻打汉国大司马刘曜，击败他们。胡崧唯恐国家威望再次振兴，那么麹允、索綝的势力就会强大，于是带领城西各郡军队，驻扎在渭水北面，不再前行，不久返回槐里。

刘曜攻下了长安的外城，麹允、索綝退兵据守小城，以自求坚守。内支外援断绝，城中饥荒得厉害，一斗米就值二两黄金，百姓相互残食，死了一大半的人，逃跑的无法阻止，唯有凉州义兵一千人，至死也坚守不动。太仓有几十个麦饼，麴允弄成粉屑，熬成稀粥，让晋愍帝司马邺食用，不久也吃完了。冬季，十一月，晋愍帝司马邺哭着对麴允说："现在这样的困顿，外面没有支援，应该忍着耻辱，出城投降，以救活百姓。"因此叹息道："耽误我大事的人，是麴允、索綝两位公侯！"派出侍中宗敞，向刘曜送达降书。索綝偷偷留下宗敞，让他的儿子劝刘曜说："现在城中粮食，足以支持一年，不会轻易攻得下的，假如答应索綝担任仪同、万户郡公的话，愿意献出城池投降。"刘曜杀掉了使者，送回尸首，说："帝王之师，要按照义理行事；我带领军队十五年，从来没有用阴谋诡计击败过别人，必定要到兵力穷尽、情势困顿，然后才攻打下来。现在索綝这样讲，是天下一种恶劣行径，通常要遭到杀戮的命运。假如军队、粮食没有真正到穷尽的地步，便可以勉强坚持防守；假如到了粮食用完、兵力衰弱的时候，也应该早日明白天命。"

甲午日（初十），宗敞到了刘曜的军营；乙未日（十一日），晋愍帝司马邺坐着羊车、袒露身体、口衔璧玉、抬着棺木，从东门出城投降。臣子们大叫哭泣，拉着车子，抓住晋愍帝司马邺的手，晋愍帝也止不住地悲伤。御史中丞冯翊人吉朗叹息道："我的才智无法谋划政事，勇力也无法为国而死，怎么忍心君臣追随着面向北面去侍奉敌人呢！"于是自杀。刘曜焚烧棺木，接受璧玉，下达命令让宗敞奉送晋愍帝司马邺返回皇宫。丁酉日（十三日），将晋愍帝司马邺与公卿以下官员移到他的军营；辛丑日（十七日），送去平阳。壬寅日（十八日），汉主刘聪来到光极殿，晋愍帝司马邺在前面叩头。麴允趴在地上，悲愤地哭泣，扶他，不愿起身，刘聪一怒之下，将他囚禁起来，麴允自杀。刘聪任命晋愍帝司马邺为光禄大夫，册封为怀安侯。任命大司马刘曜为假黄钺、大都督、督理陕西所有军务、太宰，封为秦王。大赦天下，改年号为麟嘉。由于麴允忠烈，追封车骑将军，谥号节愍侯。由于索綝不忠心，在东市把他杀了。尚书梁允、侍中梁浚等人和各个郡守，都被刘曜所杀，华辑逃奔到南山。

◆干宝评论说：之前高祖宣皇帝司马懿，由于有雄奇才干、宽宏大度，顺应时事起兵。天生沉稳不露，非常有城府，而且可以宽大地包容别人；运用权术统治万物，而且能识别并善于提拔人才。于是百姓推崇他的才能，伟大的制度才开始创立起来。世宗接受基业，太祖承继帝业，都废除了意图叛乱的人，融合了前代的功业。等到世祖，终于取得天子地位，仁慈地厚待底下的臣民，节省而使国家仓储富足，和顺却不懈怠，宽容却能决断，拥有唐、虞以前的地区，发布正朔到天下。这个时候，有"天下无穷人"的谚语，尽管和平政治没有普及天下，也足以使百姓有了节度，生活安稳欢乐了。

武帝司马炎去世后，陵墓的泥土还没有干，战乱就相继兴起了。宗族子弟没有可以帮助维护城池的人，国家宰臣没有使百姓敬仰的尊贵品质，早晨是伊尹、周公，夜晚就成了夏桀、盗跖；国家大政经常被作乱的人转移，禁卫军队往外逃散到四方，州郡方面大员没有如磐石一般的镇卫，关塞城门没有结草的坚固。戎人、羯人登上皇帝位，两位皇上丢失了尊贵的地位，是何原因呢？设立大臣，大权丢失，托付的事情并非有才能的人，而是没能力的庸人，礼义廉耻四个方面无法伸张，不符合义理的政令太多的原因。

基础广阔，就不容易倾覆；根本深厚了，就不容易被拔掉；有了条理节制，周边不会混乱；可以团结坚固，就不会变异。之前拥有天下的人，之所以可以长久的原因，都是运用这个方法。周朝从后稷起爱戴百姓，经历十六位君主，周武王才成了天下君王，他们聚集的基业、树立的根本，是这么的坚固！如今晋国的兴起，创立的基础、设立的根本，自然与前代有所不同；加上朝廷中没有品德正直的人，乡里缺少了不二过的老年人，风俗秽乱乖张，推崇或羞耻的事情，都有失公德。学者们推崇庄、老的言论而废除《六经》的学术；辩论的人将虚无缥缈的理论，看作才辩，而轻视法令名节；修身的人将放荡、混乱的品德，看作畅达，而使节义信实的意义变得狭隘；进身官场的人将苟且得到的官位，看作尊贵，而鄙视保持正道的人；担任官职的人将不知是非的行为，看成清高，而嘲笑勤敏恭敬的人。所以刘颂多次谈论治国大道，傅咸经常纠正邪恶，都被他们看作俗吏；其中仰仗虚无、相信自然的人，都名扬四海。要是像文王每天忙碌没空闲吃饭，仲山甫日夜不放松的人，都一起来嘲笑贬化他，看作尘土一样了！所以非议和赞扬被善恶的实效所混淆，情欲和邪念都奔波在财货欲望的道路上，主持选拔的官员为自己选择官员，担任官职的为自己谋取财利，世族勋贵的子弟，可以越级升官，不会受到年龄等级的限制。风尘仆仆，都是奔波夺取名利的人士，千百各级官员，没有谦让贤士的举止。子真创作了《崇让论》，只不过无人能醒悟，子雅创制了九班的制度，却不被采纳。他们的妇女不懂得女红的事，一举一动，由着情感去行事，有的忤逆公婆，有的杀害妾妃，她的父亲、兄长不责怪她，天下人士不非议她；礼法和刑政，在这个时候，大大被破坏，"国家快要灭亡了，根本必定先颠覆"。大概就是这个意思了。

所以，观看阮籍的行为，可以得知礼教崩溃的原因；察看庾纯、贾充的抢夺，就察觉宰辅邪僻的事很多；考查平定吴国的功德，就明白将帅的不谦虚；想想郭钦的计策，就明白戎、狄的仇恨；观看傅玄、刘毅的话语，就知晓百官的邪恶；翻阅傅咸的奏疏、《钱神》的论调，就知晓宠幸、贿赂的公开明显。百姓风俗、国家情形，居然已经到了这种地步，即使让一个中等才干、遵守成法的君主来打理朝廷政事，恐怕仍招来祸乱，更何况我们的惠帝是以放纵的品德来治理呢！怀帝在祸乱之后，登上皇位，被有势力的臣子拘束；愍帝在奔亡迁移之后登临皇位，空空保有皇帝的虚名。天下大势已经丧失，不是非常有才能的英雄人物，不会再得到天下了！◆

石勒到坫城攻打乐平太守韩据，韩据向刘琨恳请支援；刘琨刚得到拓跋猗卢的军众，打算趁着他们雄锐的士气来攻打石勒。箕澹、卫雄劝谏道："这些人尽管为晋人，长时间沦陷在异国，不曾熟悉明公的恩惠信义，怕是非常难任用他们。不如暂且向内收取鲜卑留下的谷子，向外取得胡贼的牛羊，关上城门，据险保守，从事农业，休养军队，等到他们心悦诚服，感化恩惠，随后重用他们，那么功业不可能不成功。”刘琨不采纳，派出所有的军队，令箕澹带领两万步兵、骑兵，作为前锋，刘琨驻扎广牧，作为支援。

石勒得知箕澹到了，打算迎面攻击。有人说：“箕澹士兵坚锐、战马强悍，他的锋芒无法抵挡，不如暂时带领军队回避一下，深挖战壕、加高壁垒，来挫败他们的锐气，必定可以获得胜利。”石勒说：“箕澹的军队尽管很多，但从远道来，疲劳不堪，号令无法统一，哪里有精锐、彪悍的样子！现在敌人快要到了，怎么能丢弃阵地离开！大军一旦开动，怎么可以轻易地中途回来！假如箕澹在我们退兵之时逼迫我们，我们自己逃跑都来不及，哪里还能挖深战壕、增高壁垒呢？这是自取灭亡的做法！”石勒马上杀掉劝谏的人，让孔苌担任前锋都督，命令三军：“后出兵的人，斩！”石勒占守险要地势，在山上布置疑兵，前面设置两面埋伏，派轻快的骑兵和箕澹交战，假装没有战胜，逃跑。箕澹纵容军队追赶，来到埋伏之地，石勒前后两面夹击箕澹的军队，击败他们，得到铠甲、战马数以万计。箕澹与卫雄带领一千多骑兵，逃往代郡，韩据丢弃城池逃走，并州地区为之震惊恐惧。

十二月，乙卯朔日（初一），发生日食。

司空长史李弘，献出并州，向石勒投降。刘琨进退无法，不知该怎么办才好。段匹磾送来书信，邀请他，己未日（初五），刘琨带领军队，从飞狐逃到蓟城，段匹磾见到刘琨，非常爱戴、敬重，与他结为儿女亲家，拜为兄弟。石勒将阳曲、乐平的部分百姓迁到襄国，设立官吏，然后返回。

孔苌到代郡攻打箕澹，杀了他。

孔苌攻击盗匪首领马严与冯䐗，很久无法战胜。司、冀、并、兖几万家流民，居住在辽西，经常互相招引，百姓无法安居乐业。石勒向濮阳侯张宾寻求计谋，张宾说：“马严、冯䐗本来不是公侯的大敌人，流民都有思恋乡土的心思，现在召回军队，整肃回师，选用贤良官吏来安抚他们，那么幽、冀的盗贼，不久就能清平了，辽西的流民便会互相带领而来了。”石勒便召回孔苌等人，让武遂令李回担任易北督护，兼高阳太守。马严的士兵一直敬佩李回的威名恩惠，大多背叛马严，归附他，马严恐惧，逃了出去，投水死了。冯䐗带领他的部队投降。李回迁易京居住，跟随他的流民不绝于路。石勒心里非常高兴，让李回为弋阳子，给张宾增加一千户食邑，进封为前将军；张宾坚决拒绝，不接受。

丞相司马睿得知长安失守，带兵露宿野外，亲自穿上盔甲，发布檄令到四方，约定日期北征。由于粮食运输耽误了时日，丙寅日，杀掉督运令史淳于伯。执刑的人将刀插上柱子，鲜血往上倒流，流到柱子末尾两丈多高，之后流下来，见到的人都认为是冤枉的。丞相司直刘隗上言："淳于伯的罪过不至于被判死刑，恳请罢免从事中郎周莚等人的官职。"于是右将军王导等人，呈上奏疏，引过自责，恳请废除职位。司马睿说："政令与刑法失当，都是我不通事理促成的！"一律不加责问。

刘隗天生刚强耿直，当时有名的人士大都受到弹劾，司马睿一律加以宽免，于是大家都将仇恨集中在他身上。南中郎将王含，为王敦的哥哥，由于宗族强大、地位显赫，骄横自满，一次要求派任幕僚和守卫长官，达到二十多人，大都不称职；刘隗上书，弹劾王含，文字周密艰涩，事情尽管被压了下来，然而王氏非常仇恨他。

丞相司马睿任命邵续为冀州刺史。邵续的女婿广平人刘遐，在河、济地区集结群众，司马睿任命刘遐为平原内史。

拓跋普根的儿子又去世了，国人拥立他的叔父郁律为首领。

资治通鉴卷第九十　晋纪十二

起丁丑（公元317年），止戊寅（公元318年），共二年。

【题解】本卷记录了晋元帝建武元年到太兴元年两年间东晋及各国大事，主要记录了晋愍帝司马邺投降汉国被刘聪杀害后，晋元帝司马睿立即在建康登基称帝，成为东晋首位皇帝。东晋王朝从建立开始，就完全投靠世族豪门，西晋许多腐败的制度、风俗被继承下来，为覆灭埋下祸根。汉国丞相刘粲为谋取皇位诬陷皇太弟刘乂，刘聪去世刘粲继位，他听信靳准谗言，大肆诛杀朝廷大臣倒行逆施；靳准又发动叛乱杀死刘粲，自立为汉大王，向东晋称臣；随后靳准在汉相国刘曜与汉将石勒的夹击下，被部下杀死，刘曜获得刘渊、刘聪的乘舆旧物，被拥立为汉主，迁都长安。鲜卑人慕容廆在辽东以尊崇东晋皇室为名讨伐诸逆，乘机壮大自己；而其兄慕容吐谷浑则在今甘肃、青海的河西地区发展壮大。多年在并州与刘聪、石勒进行艰苦斗争的刘琨最后被段匹磾杀害等等。

中宗元皇帝上

建武元年（丁丑，公元317年）

春季，正月，汉国军队向东入侵弘农郡，弘农郡太守宋哲逃到江东。

黄门郎史淑和侍御史王冲，从长安逃跑到凉州，告诉张实说晋愍帝司马邺出城投降的前一天，命令史淑这些人带着诏命，赏赐张实，命令张实做大都督、凉州牧、侍中、司空这些官职，按照制命行事，还说："朕已经下诏命琅邪王司马睿及时摄行天子职位，先生要帮助琅邪王，共同度过多灾多难的时代。"史淑这些人到了姑臧，张实大哭了三天三夜，推辞这些官职，不愿意接受。

起初，张实的叔父张肃是西海太守，听到长安处于生死存亡之际，要求做先锋官，去援助京城长安。张实因为他年纪已经很大了，不答应他的请求。等到听闻长安失守，张肃就悲伤愤怒地离开了人世。

张实委派太府司马韩璞、抚戎将军张阆这些人，带领着一万步兵和骑兵，到东面攻击汉国，命令讨虏将军陈安、安故太守贾骞和陇西太守吴绍，各自带领郡中的兵马，来做先锋。又给相国司马保送信说："王室发生了灾难，我从没有忘记要捐躯报效。先前委托贾骞观察公侯的行动，半路上接到命令，要求贾骞调回军队。没过多久，听说贼寇进逼长安，胡崧按兵不动，麹允带着五百两黄金，向胡崧请求发兵救援，于是决定派遣贾骞一干人，越过沃于岭进兵救援。当时刚好听说朝廷被颠覆了，未能实现为国尽忠的愿望，我深深地陷入悲痛之情中，即使身死也有无尽的罪责。现在又派遣韩璞等人前来，一心一意地听从公侯的命令。"韩璞等人始终难以前进，就回头撤兵了。

到达南安，各个羌族部落阻断了撤兵路线，双方相互对峙了一百多天，粮食吃完了，弓箭用没了。韩璞杀了牵车的牛只，来让士兵们食用，他哭泣着对士兵说："你们想念你们的父母吗？"士兵们回答说："想。"韩璞问道："想念你们的妻子吗？"士兵们回答说："想。"韩璞接着问道："你们想要活着回去吗？"士兵们说："想。"韩璞又问道："那你们听从我的命令吗？"士兵们回答说："听从。"于是大声呐喊着进军，开始搏杀。正好遇上张阆率领金城的军队赶到这里，前后夹击羌人，大败敌人，斩下了数以千计的首级。

在这件事情以前，长安就曾经流行这样的歌谣："秦川中，血没腕，唯有凉州倚柱观。"（秦州地区，血流到了手腕，只有凉州人倚着柱子观看。）汉国军队攻陷关中的时候，氐、羌抢劫陇右，雍州和秦州的人民，死去的有十之八九，只有凉州没有受到威胁，安然无恙。

二月，汉主刘聪派遣自己的堂弟刘畅，带领三万步兵和骑兵攻击荥阳，太守李矩把军队驻扎在韩王以前的军营里，与荥阳的距离有七里，刘畅委派使者招安李矩。当时刘畅的士兵忽然到达，李矩来不及准备，就派遣使者向刘畅诈降。刘畅就没有了防备，大摆宴席犒赏军队，他的将帅都喝得酩酊大醉。李矩准备晚上去偷袭他们，士卒心里都十分害怕，李矩于是派他的大将郭诵，去子产祠中诵文祈祷，让巫人大声说："子产神有命令，会适时派遣神兵来帮助你们。"众人都十分踊跃想要前进。李矩选择了一千名勇敢的士兵，让郭诵为大将统领，偷袭刘畅的军营，斩获几千首级，仅仅刘畅一个人逃脱了。

辛巳日（二十八日），宋哲来到建康城，自称接到晋愍帝司马邺的诏命，命令丞相琅邪王司马睿总理朝事。三月，琅邪王司马睿身着素色服饰，出居别室，哀痛了三天三夜。于是西阳王司马羕和一些僚属，一起请上皇帝的尊号，琅邪王司马睿没有答应。西阳王司马羕等人多次坚决地请求，琅邪王司马睿感慨地流着眼泪说："本王是个罪人。各位贤士不停地逼迫我，是要让我回到琅邪吗？"他呼叫自己的奴仆，让他们准备马车，要回到自己的封地。西阳王司马羕等人于是请求他按照魏、晋旧有的例子，称晋王；琅邪王司马睿答应了。辛卯日（初九），司马睿登上晋王的王位，大赦天下，改皇帝年号为建武；百官才各自就位，建立宗庙，重修社稷。

官员请求立太子，晋王喜欢他的次子宣城公司马裒，想要立他为王太子，对王导说："立王子应该以品德为主要标准。"王导说："世子司马绍和宣城公司马裒，都十分清明俊秀，但是世子年纪稍长。"晋王听从了王导的建议。丙辰日（三月无此日），司马睿立世子司马绍做王太子；册封司马裒做琅邪王，奉祀为恭王司马觐的后嗣；仍然让司马裒为都督，统领青、徐、兖三州一切军务，镇守广陵地区。派遣西阳王司马羕做太保，册封谯刚王司马逊的儿子司马承做谯王。司马逊是晋宣帝司马懿的侄子。又任命征南大将军王敦做大将军、江州牧，任命扬州刺史王导为骠骑将军，都督中外所有的军务，兼领中书监和录尚书事，任命丞相左长史刁协做尚书左仆射，右长史周顗为吏部尚书，军咨祭酒贺循为中书令，右司马戴渊和王邃为尚书，司直刘隗为御史中丞，行参军刘超为中书舍人，参军事孔愉长兼任中书郎；其他的参军都被册封为奉车都尉，掾属任命为驸马都尉，行参军舍人任命为骑都尉。王敦推辞州牧的职位，王导因为推荐王敦统治六州，推辞中外都督军事的职位，贺循因为年纪大且身体不好，要辞去中书令，都获得了晋王司马睿的允许，让贺循做太常。此时，承继西晋的丧乱以后，江东政权体制刚开始创立，刁协一直在朝廷中担任官职，十分熟悉旧日政权体制，贺循是当时的儒学宗师，精通熟悉礼学，凡是有争议且难以取决的地方，都让他们来定夺。

刘琨和段匹磾一起歃血为盟，约定要共同拥护晋室。辛丑日（十九日），刘琨发布檄令，告诉汉族和其他少数民族的人民，委派兼左长史、右司马温峤，段匹磾委派左长史荣邵，捧着奏表和同盟的誓文一起到建康，劝说晋王登上皇位。温峤，是温羡弟弟的儿子。温峤的姨妈是刘琨的妻子。刘琨向温峤说："晋国国势虽然衰微了，但是天命还没有改变，我将在河朔建功立业，让你在江南传扬美誉。去吧，要勉励自己努力！"

晋王司马睿派遣鲜卑大都督慕容廆做都督，掌管辽左杂夷、流民一切军务，并封他为龙骧将军、大单于、昌黎公，慕容廆推辞不愿接受；征虏将军鲁昌对慕容廆说："现在两京沦陷了，天子流亡在外边，琅邪王司马睿在江东接受制命，是能够让四海归心的人物。您虽然雄霸一方土地，但是还有一些部族仍然依仗军队不肯降服，这是因为你的官位不是君王亲自任命的原因啊。我觉得应当向琅邪派遣使者，劝琅琊王司马睿继承天子的尊位，然后尊奉诏命，来讨伐有罪的，还有谁会不听从您的命令呢！"辽东的隐士高诩说："霸主的功业，如果不符合道理忠义，就不能成功。现在晋室虽然衰败，人民仍然亲附他们，应该委派使者去江东，表示对王室的尊崇，然后以大义为依仗，来征讨各个部族，这样就不用忧虑没有理由了。"慕容廆听从了建议，派遣长史王济，坐船从海上前往建康，劝晋王司马睿登上皇位。

汉国相国刘粲让他的党徒王平，向太弟刘乂说："刚刚收到宫中的诏命，说是京城将会发生叛乱，你们应当在衣服内穿上甲衣，以防备非常时刻的变乱。”太弟刘乂相信了他的话，让宫中臣属都在衣服内穿上甲衣来防备。刘粲赶紧派人对靳准、王沈说了这件事。靳准向汉主刘聪禀告说：“太弟将要叛乱，他的部属在衣服中已经穿上甲衣了！”刘聪十分吃惊地说：“这事是真的吗？”王沈这些人都说：“我们这些人早就听说了，经常对您说，但是您不相信我们。”刘聪让刘粲带领士兵包围东宫。刘粲让靳准、王沈逮捕氐、羌的酋长十几个人，十分严厉地拷问他们，把他们的头都悬挂在高格上，烧红铁制的刑具，烧灼他们的眼睛，酋长们便诬陷和刘乂计划谋反。刘聪对王沈这些人说：“我现在才知你们的忠心！你们应该把知道的事情都说给我听，不要记恨以前的谏言没有被采纳！”于是诛杀东宫的部属，与刘乂向来亲近的人，以及靳准、王沈等一向憎恶怨恨几十个大臣，坑杀了士兵一万五千多人。夏季，四月，罢黜刘乂皇太弟的身份，让他去做北海王，刘粲不久又命令靳准暗杀了他。刘乂外貌清秀神态明爽，为人宽厚仁慈，有雅量，所以士子心里都十分敬仰他。刘聪听到刘乂死了这个消息，十分悲痛地说：“我们兄弟只余两人，却不能相容，怎么才能让天下人知道我的心啊？”氐人、羌人背叛的很多，刘聪派遣靳准代理车骑大将军的官职，前往讨伐，这些叛逆得以平定。

五月，壬午日（初一），有日食发生。

六月，丙寅日（十五日），温峤这些人到了建康，王导、周顗、庾亮等人都十分喜爱温峤的才华，争相与他交好。此时，太尉、豫州牧荀组、冀州刺史邵续、青州刺史曹嶷、宁州刺史王逊、东夷校尉崔毖这些人，都献上表章劝晋王司马睿登上皇帝之位，晋王司马睿不答应。

起初，流民张平和樊雅在谯城各自聚拢几千群众，自封为坞主。晋王司马睿做丞相的时候，派行参军谯国人桓宣去劝说张平、樊雅，张平、樊雅都请求归降。等到豫州刺史祖逖出兵驻扎在芦洲，派遣参军殷乂去张平、樊雅的地方。殷乂看不起张平，看到他们居住的房屋，说：“这房屋可以做马房。”看到大锅子，说：“可以熔炼制作铁器。”张平说：“这是帝王的锅子，天下太平了才能使用，怎么能够轻易地就毁坏呢？”殷义说：“你不能保有你的头颅，难道还能爱护锅子吗？”张平十分恼怒，在座位上就斩杀了殷义，带领军队固守这里。祖逖攻打他，一年多了也没有成功，于是便买通他的手下谢浮，让他杀死张平；祖逖进军，占据并守卫着太丘。樊雅还守在谯城，与祖逖抗衡。祖逖进攻他，难以攻下，向南中郎将王含要求支援。桓宣那时候是王含的参军，王含派桓宣带着五百士兵来支援祖逖。祖逖对桓宣说：“你的信义已经让他们知道了，现在再代我去说服樊雅。”桓宣就一个人骑着马带着两个随从，前去对樊雅说：“豫州刺史祖逖正想要荡平刘聪、石勒，希望你作为后援；上次殷义的举动太过无礼，并不是豫州刺史祖逖的意思。”樊雅立马到祖逖处请求归顺。祖逖到了谯城以后，石勒派遣石虎来攻打谯城并包围了他们，王含又让桓宣去援助豫州刺史祖逖，石虎就解除了围困离开了。祖逖上书，委派桓宣当谯国内史。

己巳日（十八日），晋王司马睿发布檄令昭告天下说：“石虎竟敢带领着一群乌合之众，渡过黄河荼毒生灵，现在派遣琅邪王司马裒等九军，三万精兵，分水陆四路，直接到贼人危害的地方，接受祖逖的调度。”没过多久又命琅琊王司马裒返回建康。

秋季，七月，发生严重的旱灾；司、冀、并、青、雍州还有十分严重的蝗虫灾害。黄河、汾水发生水患，淹没了一千多户人家。

汉主刘聪将晋王刘粲立为皇太子，兼相国、大单于的职位和称号，像往常一样总理朝廷政事。大赦天下。

段匹磾推举刘琨做大都督，用檄文让他的哥哥辽西公段疾陆眷和叔父段涉复辰、弟弟段末柸等人在固安聚会，一起去征讨石勒。段末柸劝段疾陆眷、段涉复辰说：“以父辈兄长的地位来听从侄子兄弟的命令，是一件羞耻的事情；就算侥幸立下功劳，也是段匹殚单独拥有了，我们又能得到什么呢？”于是各自带着军队回去了。刘琨、段匹磾难以独自守卫，也退兵回到蓟城。

任命荀组为司徒。

八月，汉国赵固在临颍偷袭卫将军华荟，并且杀了他。

起初，赵固和长史周振有仇怨，周振偷偷地在汉主刘聪面前诽谤赵固。李矩攻破刘畅的时候，在军帐中收到了刘聪的诏书，命令刘畅击败李矩以后，回来在经过洛阳的时候，逮捕赵固，并且杀了他，让周振取代赵固。李矩将诏书送到赵固那里让他看，赵固杀了周振父子，带着骑兵一千人向东晋投降；李矩还让赵固守卫洛阳。

郑攀等人商定一起抵御王廙，众人却不能团结一致，便分散退到横桑口，想加入杜曾的部队。王敦命令武昌太守赵诱、襄阳太守朱轨攻击他们，郑攀等人心里十分害怕，请求归降。杜曾也请求前往襄阳攻击第五猗来赎自己的罪过。

王廙准备到荆州去，留下长史刘浚来守卫扬口军营。竟陵内史朱伺对王廙说："杜曾是奸猾之徒，对外界公开表示降服，想要勾引官军向西而去，然后日夜兼程突然袭击扬口军营而已。需要加强军队部署，不可以立即向西而去。"王廙天生性格严厉，自以为是，觉得朱伺年纪老了还十分软弱，便带领士兵向西进发。杜曾真的回头来袭击扬口军营；王廙这时才让朱伺回来，刚到军营，就让杜曾的军队包围了。刘浚自己保卫着北门，让朱伺保护南门。马俊跟着杜曾前来攻击军营，马俊的妻子和儿女本来在扬口军营中，有人想要剥下她们的脸皮给马俊看。朱伺说："杀了他的家人，也不能解除现在的困境，只不过增加他的怒气而已。"这件事才罢了。杜曾攻破北门，朱伺被人打伤，退到船上，打穿船底跳进水中，沉在水中潜浮了五十步，才得以逃脱。杜曾让人劝朱伺说："马俊十分感激您保护他妻儿的大恩，现在我把你全家内外一百多口人全部托付给了马俊，马俊已经尽心照顾了，您可以来了。"朱伺回答说："我已经六十多岁了，不能再和你做叛贼，就算死了我也要回到南方，妻子儿女就交给你处置了。"于是前往甑山投奔王廙，受伤生病死了。

戊寅日（八月无此日），赵诱、朱轨和陵江将军黄峻与杜曾在女观湖大战一场，赵诱等人都因为战败而死。杜曾乘着胜利之势，一直打到沔口，威势和名望震动江、沔地区。

晋王司马睿派遣豫章太守周访进攻杜曾。周访拥有八千士卒，发兵抵达沌阳。杜曾的军队锐气十足，周访命令将军李恒督令左侧的军阵，将军许朝督令右侧的军阵，周访自己带领中路的军队。杜曾率先攻击左边和右边的军阵，周访在军阵后面发射箭矢来安定士兵的心理，命令他的士兵说："如果一处军阵被破，击鼓三声；两处军阵被破，击鼓六声。"赵诱的儿子赵胤，带领父亲剩下的士卒，处于左方军阵，作战拼尽全力，即使战败，还会合在一起，骑马奔驰到周访那里禀告这件事。周访十分生气，叱令他再次进兵，赵胤大声哭泣着回去作战。从早上奋战到申时，两处军阵都被破了。周访挑选了八百名精锐的士兵，亲自倒酒给他们喝，命令他们不得擅自行动，听到鼓声才可以攻击。杜曾的军队距离周访军还有三十步的时候，周访亲自击鼓，将士都十分踊跃，前进杀敌，杜曾因此惨败，损失了一千多人。周访想要连夜追赶，各将领希望等到明天，周访说："杜曾是骁勇善战的大将，刚才我们以逸待劳，因此我们能够打败他们；现在乘他们衰败之时追击，就能够歼灭他们。"于是击鼓进军，就平定了汉、沔地区。杜曾逃跑保守武当。王廙这才得以到达荆州。周访因为功绩升迁成了梁州刺史，军队驻扎在襄阳。

冬季，十月，丁未日（二十九日），琅邪王司马裒去世。

十一月，己酉朔日（初一），发生了日食。

丁卯日（十九日），派刘琨做侍中、太尉。

征南军司戴邈呈上奏折对晋元帝说："自从皇室发生了丧乱，学校教育就荒芜废弛了；有议政的人说太平时代应该崇尚礼仪和文化，遭逢混乱的世道应该崇尚武功和军事，这些话听起来是对的，但是事实却不是这样。儒家学说深奥精邃，不可能仓促之间就成功。等到天下太平的时候，再来修行学习，就会被废弃很久。并且，富贵的士族子弟，大多没有斩杀敌将、拔取军旗的才能，却从军征伐戍守，比不上趁他们壮盛的时候，让他们讲习儒家的道义，不然就太可惜了。世道已经衰微很长时间了，礼仪和风俗也一天天败坏，就像点火消融油膏一样，难以察觉。现在帝王的基业刚刚创立，万事万物都开始振兴，我认为应该崇尚儒家道义，用来劝勉引导世间的风气。”晋王司马睿听从了他的建议，开始建立太学。

汉主刘聪出城狩猎，让投降的晋愍帝司马邺充当车骑将军，穿上军服拿着戈戟，在前面来为他做向导。看到这种情景的人指着晋愍帝司马邺说：“这是过去长安的皇帝。”众人都聚集在一起观看，西晋以前的大臣有人哭泣到失声的地步。太子刘粲对刘聪进言说：“以前周武王岂会乐意杀死纣王呢？正是害怕坏人再聚集在一起，共同作恶造成祸害的缘故。现在兴兵聚众的人，都是借着降帝司马邺的名义，不如早日除掉他！”刘聪说：“我当年杀死庾珉那些人，但是人民的心理还是这个样子。我不忍心再杀了，还是暂且观望一段时间。”十二月，刘聪在光极殿大宴群臣，让晋愍帝司马邺给众人斟酒、清洗酒杯，之后小便的时候，又让他拿着便桶盖。晋国的旧臣都留下了眼泪，有的还哭出了声音。尚书郎陇西人辛宾站了起来，抱着晋愍帝司马邺大声痛哭，刘聪令人把他拖出去斩了。

赵固和河内太守郭默进攻汉国河东，抵达绛县，右司隶所属的人民去投奔他的有三万多人。骑兵将军刘勋追杀他们，杀了一万多人，赵固、郭默带着军队返回了。太子刘粲率领将军刘雅生等十万步兵和骑兵，屯兵在小平津，赵固对众人扬言说：“我们应该活捉了刘粲，然后用他来赎回晋愍帝司马邺。”刘粲向汉主刘聪上书说：“晋愍帝司马邺如果死了，人民没有什么指望，就不会被李矩、赵固利用，不需要攻打就会自然而然地被消灭了。”戊戌日（二十日），晋愍帝司马邺在平阳被杀害。刘粲命令刘雅生进攻洛阳，赵固逃跑到了阳城山。

这年，晋王司马睿下令考察农业，领两千石俸禄的大官和领六百石俸禄的县官用缴纳的谷米多少来作为功劳大小的考核依据，各地的军队各自耕作，将耕作的收成作为粮草。

氐族的大王杨茂搜逝世，他的大儿子杨难敌继承王位，和小儿子杨坚头分别统领部下；杨难敌自号为左贤王，把军队驻扎在下辨；杨坚头自号为右贤王，把军队驻扎在河池。

河南王吐谷浑死了。吐谷浑是慕容廆的异母兄长，他们的父亲涉归曾经划分了一千七百户给他。等到慕容廆继承王位的时候，两个部落的马匹相互争斗，慕容廆派遣使臣斥责吐谷浑说："先父划分了不同的部落，使我们有所区别，你为什么不离开得远一点儿，现在让马匹有了打斗受伤的事。"吐谷浑十分生气地说："马是六畜的一种，相互争斗是它们的本性，怎么能够将畜生的事情迁怒到人身上来呢？你想要远远分开，十分简单，只是以后想要再见面就困难了，我现在就离开你到万里以外。"于是带领他的部众向西方迁移而去。慕容廆对这件事感到后悔了，委派他的长史乙那娄冯追上吐谷浑为这样的言语道歉。吐谷浑说："先王以前提到卜筮的话说：'我的两个儿子都会强盛，尊贵的地位会流传后代。'我，是婢妾所生的孩子，按理说不能和正妻的儿子相提并论。现在因为马群的事情分别了，大概是上天的意思吧！"于是没有回去，向西而去，居住在了阴山的山脚下。当时正是永嘉祸乱的时候，吐谷浑趁着这个机会越过陇山向西扩张，占据了洮水的西边地区，一直到白兰，土地方圆几千里。鲜卑人把哥哥称作阿干，慕容廆思念他的哥哥，为他创作了《阿干之歌》。吐谷浑有六十个儿子，长子吐延继承了他的王位。吐延身材高大，勇武有力，羌人、胡人都很害怕他。

太兴元年（戊寅，公元318年）

春季，正月，辽西公段疾陆眷死掉了，他的儿子还很年幼，辽西公段疾陆眷的叔父涉复辰就自立为大王。段匹磾从蓟城出发前去奔丧；段末柸公开扬言说："段匹磾这次前来，是想要篡夺大王的位置。"段匹磾抵达右北平，涉复辰派出军队阻拦他。段末柸乘虚而入袭击段涉复辰，并击杀了他，整合了他的子弟和党羽，自称单于。接着迎战段匹磾，打败了他；段匹磾逃回了蓟城。

三月，癸丑日（初七），晋愍帝司马邺被害的消息传到了建康，晋王司马睿穿上斩缞的丧服，搬到了倚庐中居住，百官希望晋王司马睿接受皇帝的尊号，晋王司马睿不愿意接受。纪瞻说："晋王朝的政权中断，到现在已经二年了，陛下应当接受皇帝的大业；环顾宗室之中，您又能将王位让给谁呢？如果您登上皇位，那么神明、人民就有了凭仗和依靠；如果违背天时，不顺人事，大势一去，就不可以挽回了。现在两座京都都被烧成灰烬，宗庙没有祭祀的主人，刘聪在西北自立王号，可是陛下却正在东南清高地推辞皇帝之位，这样就像急于救火，却又在那里作揖谦让。"晋王司马睿仍然不同意，要求殿中将军韩绩将摆好的皇帝宝座拆下。纪瞻呵斥韩绩说："皇帝的座位对应着天上的星辰，敢移动皇帝宝座的人，斩！"晋王司马睿也不禁为之脸色一变。

奉朝请周嵩呈上奏折说："古代的君王，顾全了道义，然后才取得皇位；成就了谦让美德，然后得到皇位，所以享有世代长久的太平，就像日月的光耀恩泽万年。现在晋愍帝司马邺的棺木尚未送回，以前的京城没有收复，胸中有节义的豪杰心中泣血，士族妇女惶惶不可终日。应该广开言路，接受合理美好的意见，训练士兵，整理准备军械，先雪国家社稷倾覆的巨大耻辱，这样就符合四海人民的心愿，那么皇位又将会给谁呢？"因此周嵩违背了晋王司马睿的旨意，被贬离开了京城当新安太守，又因为心怀怨恨而获罪。周嵩，是周顗的弟弟。

丙辰日（初十），晋王司马睿登上了皇帝的尊位，百官都陪侍分列在两侧。晋元帝司马睿让王导登上御床一起坐，王导十分坚决地拒绝了，说："如果太阳下来，和万物地位相同，天下苍生怎么能得到日光的照临呢？"皇帝便不再坚持。大赦天下，把年号改为太兴，文武官员都官升两级。晋元帝司马睿打算赏赐那些投送名刺、劝进帝位的官吏官升一级，投送名刺的百姓都提拔为官吏，这些人一共有二十多万。散骑常侍熊远说："陛下顺从上天，继承皇帝的尊位，全国人民全部都归顺依附，怎么能只是亲近的人情义重、疏远的人情义轻呢？不如按照汉朝的方法，赐给天下的人爵位，这样可以让普通人都感受到皇上的恩德，并且还能减少检查核实的麻烦，堵住弄虚取巧的源头。”晋元帝司马睿不听他的建议。

庚午日（二十四日），将王太子司马绍立为皇太子。太子司马绍仁义孝顺，喜欢文学辞藻，擅长武功技艺，喜爱贤能的人才，对士子十分礼遇，从谏如流，和庾亮、温峤等人，在平民时就是很好的朋友。庾亮为人端庄严肃，擅长讨论老子和庄子的学说，晋元帝司马睿十分看重他，聘定庾亮的妹妹做太子妃。晋元帝司马睿委派贺循兼职太子太傅，周顗任少傅，庾亮以中书郎的身份来侍讲东宫。晋元帝司马睿喜欢刑名家的学术，把《韩非》这本书赏赐给太子。庾亮向太子进谏说：“申不害、韩非的方法严厉苛刻而缺少恩德，有伤圣人的教化，难以保留圣人之心。”太子采纳了他的建议。

晋元帝司马睿又委派使者封慕容廆为龙骧将军、大单于、昌黎公，慕容廆推辞爵位不愿接受。慕容廆派游邃任龙骧长史，刘翔做主簿，命令游邃创制官方的礼仪和法度。裴嶷向慕容廆进言说：“晋室衰败了，孤独地居住江表，威望和恩德都难以到达远方，中原的祸害与动乱，除了您没人能够拯救。现在这些部族虽然各自拥有军队，但是都是顽劣愚钝的人聚集在一起，应该通过一步步地兼并来取得，并把这些作为征讨西方的凭仗。”慕容廆说：“先生谈的远大事业，不是我现在所能达到的。但是您是朝廷中有名的贤能之士，不因为我地处偏僻见识浅薄不来教导我，是上天把您赐给我来保佑国家的。”于是慕容廆派裴嶷做长史，把军国大事都交付给他来谋划；那些弱小的部落，渐渐地用武力将他们兼并了。

李矩命令郭默、郭诵援助赵固，军队驻扎在洛汭。郭诵暗地里派遣他的将领耿稚等人，夜晚渡过黄河，偷袭汉国的军营，汉国贝丘王刘翼光侦查到了这个消息，把这个消息告诉太子刘粲，请刘粲早做准备。刘粲说：“他们听说赵固惨败的消息，连自己保护自己的时间都没有了，怎么敢来这里呢？不要因为这惊动将士！”没过多久，耿稚等人偷偷地抵达了汉国军营，分为十道展开进攻，刘粲的军队在惊慌中溃败逃散，伤亡的士兵超过一半，刘粲逃到阳乡坚守在这里。耿稚等人占领了他的营寨，获得的军事器械、军用物资，难以计算其数量。等到天亮时候，刘粲看到耿稚等人士兵不多，就和刘雅生收拢残余的士兵进攻他们，汉主刘聪派太尉范隆带领骑兵来协助刘粲，和耿稚等人相互对峙，苦苦争战了二十多天，也没有攻下来。李矩发兵援助耿稚，汉国军队以黄河作为屏障进行防守，李矩的军队没有办法渡过黄河。耿稚等人杀掉他们所缴获的牛马，烧毁了军中的物资，向虎牢这个地方突围。晋元帝司马睿下令让李矩统领河南三郡所有的军务。

汉国螽斯则百堂发生了火灾，烧死了汉主刘聪的儿子会稽王刘康等二十一个人。

汉主刘聪册封他的儿子济南王刘骥做大将军，统领中外所有的军务、录尚书，又任命齐王刘劢做大司徒。

焦嵩、陈安举事起兵向上邽进逼，相国司马保派遣使者向张寔报告这个紧急的情况，张寔派遣金城太守窦涛亲自带领两万步兵和骑兵前往抵御。军队抵达新阳，听说晋愍帝司马邺遇难的消息，司马保密谋自称皇帝的尊号。破羌都尉张诜向张寔建议道："南阳王司马保是晋朝皇室血脉疏远的亲属，把社稷倾覆的巨大耻辱抛在脑后，却着急想要自称皇帝尊号，一定不会成功。晋元帝司马睿是晋朝皇室血脉亲近的亲属，并且十分有名望和品德，应当带领天下人来共同尊奉他。"张寔采纳了他的建议，派遣牙门蔡忠捧着劝进的表章前往建康；等到蔡忠到达建康的时候，晋元帝司马睿已经即位。张寔不用江南新的年号，仍然使用晋愍帝司马邺的年号建兴。

夏季，四月，丁丑朔日（初一），出现日食。

王敦被册封为江州牧，王导为骠骑大将军、开府仪同三司。

王导派遣八部从事，巡查扬州郡国，回来以后，同时让他们来晋见。各位从事各自禀告两千石的官长所施政治的得失，只有顾和默默地一声不吭。王导问他，顾和说："您辅佐晋元帝司马睿，宁愿让渔网十分宽松漏掉了能够吞下小舟的大鱼，为什么还要搜集道听途说的言论，斤斤计较地管理政治呢？"王导听后叹息着赞扬他。顾和，是顾荣的子侄辈同族。

成汉丞相范长生死了；大成君主李雄委派范长生的儿子侍中范贲接任丞相的职位。范长生见多识广，多才多艺，死的时候年纪将近一百岁，蜀地的人民十分尊敬他，对待他就像神明一般。

汉国中常侍王沈的养女容貌十分漂亮，汉主刘聪册封她做左皇后。尚书令王鉴、中书监崔懿之、中书令曹恂劝谏汉主刘聪说："微臣听说君王册封皇后，德行要和乾坤相匹配，活着的时候要承奉宗庙的祭祀，死后要配祀后土神。因此一定要选择世世代代有名望的宗族之女，温柔顺从有良好的品德的淑女，才能够匹配四海人民的祈望，符合神灵的心意。东汉孝成帝刘骜册封赵飞燕做皇后，致使后代灭绝，社稷倾覆成为废墟，这是前人的教训，值得后人借鉴。本朝从麟嘉到现在，皇后的职位，就没有依靠品德选拔；即使是王沈的妹妹或者女儿，也不过是受刑后的小丑，不可以玷污皇后的位置，更不用说是他们家的养女了！六宫的嫔妃，全部都是公侯的子孙，怎么能够突然让婢女来作为主人呢？微臣恐怕这不是国家的福气。"刘聪十分恼怒，命令中常侍宣怀对太子刘粲说："王鉴这些小人，说话的言辞十分狂妄无礼，这分明是轻侮我，怠慢我，没有君臣上下应有的礼仪，要马上考查实情定罪！"于是收押了王鉴等人，都送到刑场斩首了。金紫光禄大夫王延急忙进宫进谏制止这件事，看门的人却不给他通报。

王鉴等人即将受刑的时候，王沈用手杖敲打他们说："愚笨平庸的奴才，你还能够继续为恶吗？老夫的事与你有何相干？"王鉴怒目相对斥责他说："小子！倾覆大汉国社稷的，正是你这样的鼠辈和靳准那样的人罢了！我马上要到先帝面前控告你们的罪行，拘你们到地下来治罪！"靳准对王鉴说："我是接受皇帝刘聪的命令逮捕你，有什么不对？你怎么能够说我会导致汉国的灭亡呢？"王鉴说："你杀了皇太弟刘乂，致使皇帝刘聪蒙受不友爱的恶劣名声。国家养了你们这样的人，怎么能够不覆灭？”崔懿之对靳准说：“你的心就像枭鸟、破獍（兽名）一样，必定是国家的祸害；你既然能够残忍地吃别人，别人也会来吃你。”

汉主刘聪又册封宣怀的养女做中皇后。

司徒荀组在许昌，为石勒所逼，带领他手下的几百名士兵渡过长江。晋元帝司马睿命令荀组和太保西阳王司马羕一起担任尚书职务。

段匹磾为段疾陆眷奔丧之时，刘琨让他正妻生的大儿子刘群陪同保护。段匹磾被打败后，刘群被段末柸抓了起来。段末柸对待他十分优厚，并答允派刘琨做幽州刺史，想要和刘琨共同偷袭段匹磾，悄悄地派遣使者，带着刘群的书信，请刘琨来做内应，使者被段匹磾的巡逻骑兵抓住了。当时刘琨的军队另外驻扎在征北小城，还不知道这件事，来见段匹磾。段匹磾给刘琨看刘群写给他的书信，说：“我的心里没有一点怀疑您的意思，所以把这件事告诉了您。”刘琨说：“我和您结为同盟，就是希望能够洗雪国家倾覆的耻辱，即使刘群的信偷偷地送到了我的手里，最终也不会因为一个儿子的缘由辜负您，忘记您的恩义啊。”段匹磾向来很尊敬刘琨，刚开始没有杀害刘琨的意思，准备任由他返回驻军的地方。他的弟弟段叔军对段匹磾说：“我们是胡夷而已，之所以能够让晋人降服，是因为他们畏惧我们人多势众罢了。现在我们的部众兄弟没有在一起，正是他们图谋我们的大好时机；如果有人推举刘琨为主，号召士兵造反，我们全部的族人都完了。”段匹磾于是就扣押了刘琨。刘琨的庶长子刘遵害怕因此被杀，就和刘琨的左长史杨桥等人将城门紧闭来守卫，段匹磾强行进攻把它攻了下来。代郡太守辟闾嵩、后将军韩据，又暗中商量准备偷袭段匹磾，事情走漏了风声，段匹磾抓住辟闾嵩、韩据和他们的党羽，并将他们全部杀死了。五月，癸丑日（初八），段匹磾假传圣旨称得到皇帝的命令，逮捕刘琨，并把他勒死了，同时杀了他的四个子侄。刘琨的从事中郎卢谌、崔悦等人，带领残留下来的军队，逃到辽西地区，归附了段末柸，尊奉刘群为主；其余将领大部分都投奔石勒。崔悦是崔林的曾孙。朝廷因为段匹磾的势力还十分强大，希望他能够平定河朔地区，于是没有给刘琨举行葬礼。温峤上表说：“刘琨为皇室竭尽自己的忠心，家园破碎自己也死了，应该赞扬抚恤。”卢谌、崔悦通过段末柸的使者，也上表为刘琨鸣冤。几年之后，才追封刘琨为太尉、侍中，谥号为愍。当时的夷、晋人民因为刘琨的死，都不再归附段匹磾。

段末柸派遣他的兄弟进攻段匹磾，段匹磾带领他的几千人马，准备去投靠邵续；石勒的将领石越在盐山袭击他，大胜，段匹磾又回来，据守蓟城。段末柸自己封自己为幽州刺史。

起初，温峤奉刘琨之命前往建康呈上奏章，他的母亲崔氏坚持阻拦他，温峤扯断袖子离去了。到了建康以后，多次请求能够回去复命，朝廷没有答应，恰逢刘琨死了，晋元帝就册封他为散骑侍郎。温峤听说母亲去世，由于被战乱阻挡，难以回去奔丧和料理丧事，坚持推辞，不愿意接受官职，苦苦请求返回北方家园。晋元帝司马睿下令说：“凡是遵循礼仪的人，应该使自己的行为符合道理。现在凶猛残暴的叛贼尚未消灭，各个军队迎接先皇晋愍帝司马邺的棺木还无法前进，温峤你怎么能够只顾一己之私难而不听王命呢？”温峤没有办法，只好接受了官职。

起初，曹嶷占领青州以后，便背叛汉国，投降东晋。又因为建康距离青州十分遥远，军队和援助难以接应，就又和石勒联合了起来，石勒授予曹嶷东州大将军、青州牧的官职，封他为琅邪公。

六月，甲申日（初九），派遣刁协任尚书令，荀崧任左仆射。刁协性格十分刚烈，对事情的意见和别人经常相违背，他和侍中刘隗都很被晋元帝司马睿恩宠信任；刁协想要纠正时弊，总是尊崇君主、抑制臣下势力，排挤豪门强族，因此被王氏一族怨恨，各种苛刻严酷、劳民伤财的政事，都说是刘隗、刁协他们的主意。刁协又喜欢酗酒，行为放荡不羁，攻击、诽谤公卿贵族，看到他的人都因为畏惧而不敢正视他。

戊戌日（二十三日），册封皇子司马晞为武陵王。

刘虎从朔方入侵拓跋郁律的西部。秋季，七月，拓跋郁律攻打刘虎，获得大胜。刘虎逃到塞外，堂弟刘路孤带领他的部落人民，投降拓跋郁律。于是拓跋郁律向西攻取了乌孙原来的土地，向东吞并了勿吉以西的地区，士兵精锐，战马强壮，称雄于北方。

汉主刘聪病重，任命大司马刘曜为丞相，石勒为大将军，都领尚书职务，接受遗命，辅佐国家政务。刘曜、石勒坚持推辞不接受。于是任命刘曜做丞相，并且担任雍州牧的职务，石勒当大将军，并且担任幽、冀两州牧的官职，石勒还是推辞，不答应。任命上洛王刘景当太宰，济南王刘骥当大司马，昌国公刘顗当太师，朱纪当太傅，呼延晏当太保，一起领尚书的职务；范隆仍是尚书令、仪同三司，靳准当大司空，并且担任司隶校尉的职务，都轮流裁决尚书所上奏的事务。癸亥日（十九日），汉主刘聪病逝。甲子日（二十日），太子刘粲登上皇位。册封皇后靳氏为皇太后，樊氏的尊号是弘道皇后，武氏尊号为弘德皇后，王氏尊号为弘孝皇后；册封他的妻子靳氏当皇后，儿子刘元公当太子。大赦天下，把年号改成了汉昌。将汉故主刘聪埋葬在宣光陵，死后的封号是昭武皇帝，祖庙里的封号是烈宗。靳太后这些人的年龄都还没到二十岁，刘粲时常有非礼的行动，没有悲哀痛心的神色。

靳准私底下有叛乱的想法，暗中向汉主刘粲说："好像听说各个公侯准备做出伊尹、霍光的事情，要先杀了太保呼延晏和我，让大司马济南王刘骥主宰朝廷大事，陛下您可要早做准备啊！"刘粲没有听他的话。靳准害怕了，又让靳氏两人向皇帝进言，刘粲这才听从了。逮捕了太宰刘景、大司马刘骥、刘骥同母的弟弟车骑大将军吴王刘逞、太师昌国公刘顗、大司徒齐王刘劢，并将他们都处死了。朱纪、范隆逃跑到了长安。八月，汉主刘粲从上林发兵，准备征讨石勒。派遣丞相刘曜为相国，统领内外一切军务，继续镇守在长安。靳准当大将军，领尚书职务。汉主刘粲经常在后宫游玩饮酒。军政大事全部让靳准决定。靳准假传皇帝的命令，让堂弟靳明当车骑将军，靳康当卫将军。

靳准准备造反，和王延暗中谋划。王延不肯听从，准备骑马去将事情告诉刘粲；路上碰到靳康，靳康把他劫持了回来。靳准于是带领军队来到光极殿，让士兵抓住汉主刘粲，罗列他的罪过，然后杀了他，死后的封号是隐帝。刘氏的族人，不论男女老少，都在东市斩首。靳准命人挖开刘粲祖父刘渊的永光陵、刘粲父亲刘聪的宣光陵，毁坏刘聪的尸体，并且将他的宗庙也烧掉了。靳准自封为大将军、汉天王，代替皇帝执行军国大事，设置百官，对安定人胡嵩说："从古至今，没有胡人当皇帝的，现在把传国玉玺托付给你，请你送还给晋皇室。"胡嵩不敢接受；靳准发怒便杀了他。派遣使者对司州刺史李矩说："刘渊，是屠各部的小丑，趁着晋朝的祸乱，假称得到天命，致使两位皇帝囚禁而死亡。我现在就要带领众人，带着先皇司马邺的棺木，希望你能够报知晋元帝司马睿。"李矩慌忙向晋元帝司马睿奉上表章，晋元帝让太常韩胤等人，迎接先皇司马邺的棺木。汉国尚书北宫纯聚集晋国人，在东宫设立堡垒，靳康把他们攻灭了。靳准准备派王延当左光禄大夫，王延骂他说："屠各族的叛逆奴才，为什么不快点将我杀死？将我的左眼放在西阳门，好能够看到相国刘曜攻打进来；右眼放在建春门，好能够看到大将军石勒攻打进来！"靳准把他杀了。

相国刘曜听说了叛乱的事情，从长安出发前往援助。石勒带领五万人的精锐部队，来征讨靳准，占领襄陵北方的平原。靳准多次前来挑战，石勒都坚守在自己的军营，来消耗他们的锐气。

冬季，十月，刘曜到了赤壁。太保呼延晏等人从平阳来归顺于他，和太傅朱纪等人，一起请求刘曜称皇帝尊号。刘曜于是登上皇帝位，大赦天下，只有靳准和族人没有在赦免的范围之中。把年号改为光初。让朱纪兼任司徒，呼延晏兼任司空，太尉范隆以下的官员，全部官复原职。派石勒当大司马、大将军，加赠九锡，增加十个郡作为他的封地，晋升他的爵位为赵公。

石勒在平阳攻打靳准，巴人和羌人、羯人投降过来的部落有十万人，石勒都把他们移民到自己封地的各个郡县中。

汉主刘曜派遣征北将军刘雅、镇北将军刘策，把军队驻扎在汾阴，和石勒一起征讨靳准。

十一月，乙卯日（十三日），夜间出现太阳，高有三丈。

晋元帝司马睿下令派王敦做荆州牧，命令陶侃总领交州一切军务。王敦坚决推辞没有接受，于是只好让他继续担任刺史的官职。

庚申日（十八日），晋元帝司马睿下令群臣公卿士子，各自诉说朝政的得与失。御史中丞熊远奉上奏折说："胡人叛贼于华夏作乱，先皇司马邺的棺木尚且没有送回来，也不能派遣军队，发兵征讨，这是第一个过失；官员们不把对贼人的仇怨没有报复当作自己的耻辱，只知道玩耍、吃喝而已，这是第二个过失；选拔官吏，任用人才，不调查真实的品德，只是在看虚假的声望，不注重真才实干，只是专门托付关系，当官的人把治理政事当作俗吏所为，把遵守法律制度看作苛刻的行为，尽心礼仪当作谄媚之举，把什么都不做看作清高美好，把放荡不羁的人看作通达人士，把傲慢放肆看作阔大高雅，这是第三个过失。世人所憎恶的人，应该沉入水底泥滓之中；时人所喜欢的人，应该得以在天空翱翔。因此朝廷政事还没有整治，风俗虚伪而又刻薄。朝廷各个等级的官吏，把顺从的人当作善良的人，把意见不合的人贬谪，这样朝廷中怎么会拥有据理力争的臣子，士子怎么会没有为了俸禄而做官的心理呢？古代的君王求取贤能的人才，让他们可以各自陈述治国的言辞；现在光禄的官员选拔不举行考试，完全违背了古人的制度。再加上选拔贤士，不超出豪强士族的范围，实施刑事法律，实施不到位高权重的人身上，因此选拔的人才，对政务没有好处；奸佞之人，也得不到惩罚。如果这种做法没有改变，希望通过这样来拯救祸乱是十分困难的！"

从前，晋元帝司马睿因为处于天下离散动乱的时期，想要抚慰取悦于民，州郡中的秀才、孝廉，过来的不需要经过考试，一般都把他们委派为官吏。尚书陈頵也进言说："应该慢慢地按照以前的制度，举行经义、策问的考试。"晋元帝司马睿听从了他们的建议，于是诏命说："凡是举荐的人不能考取科举的，刺史、太守将会免除官职。"于是秀才、孝廉都不敢前来，就算有前来的人，也都以生病为理由推脱，连续三年，都没有前来接受考试的人。晋元帝司马睿想给已经到了的孝廉破例任命官职，尚书郎孔坦奉上奏折说："近的州郡的人害怕连累到刺史、太守，没有敢前来的；远的州郡的人希望可以免去考试，冒险前来。现在如果只给这些人册封官职，那么那些约束自己的行为、遵守法律制度的人失去了应得的机会；心存侥幸、投机取巧的人，却获得了官职。那么风俗的败坏、教化不能实行，就会从这个做法开始。不如全部的人都不授予官职，但是推迟考试的时间，让他们继续完成学业，这样法令就公正而又诚信了。"晋元帝司马睿接受了建议，听任孝廉推迟到七年后才举行考试。孔坦，是孔愉的侄子。

靳准派遣侍中卜泰，送天子的马车、衣服和器物给石勒，向他请求讲和；石勒把卜泰关押了起来，交给汉主刘曜。刘曜向卜泰说："先帝刘粲末年，实在是扰乱了大的伦理。司空靳准使用伊尹、霍光的权力，以至于让我登上皇帝的地位，功劳十分大啊。如果可以早日迎来司空靳准的大驾，我会将所有的政事交给他处理，何况是免除死亡呢？你代替我进城，详细向靳准说明我的这个心意。"卜泰返回到平阳，靳准觉得自己杀死了刘曜的母亲和哥哥，犹豫着难以决断。十二月，左车骑将军乔泰、右车骑将军王腾、卫将军靳康这些人，一起杀死靳准，拥护尚书令靳明当主帅，让卜泰捧着皇帝的玉玺，向汉国投降。石勒十分恼怒，发兵攻打靳明；靳明出兵迎战，战败了，于是环绕城池来防守。

丁丑日（初五），晋元帝司马睿册封皇子司马焕为琅邪王。司马焕，是郑夫人的儿子，已经两岁了，晋元帝司马睿十分喜欢他，由于他病得很严重，才册封他为王。己卯日（初七），琅邪王司马焕死了。晋元帝司马睿用成人的礼仪来埋葬他，准备了吉凶仪服，建造陵墓，花费了很多的人力物力。琅邪国右常侍会稽人孙霄向晋元帝司马睿呈上奏章进谏说："古时候，谷物不熟的凶年，要简化繁文缛节，更何况现在到处的祸乱难以消除，就算是宪章和先代制度，还要节省，然而礼法原来没有的事，怎么可以大肆铺张地修建呢？使已经疲惫的人民竭尽全力，去干没有好处的事情，让已经匮乏的财物消耗，来建造没有用处的东西，这让我难以心安啊。”晋元帝司马睿没有听从。

彭城内史周抚杀掉了沛国内史周默，带着他的军队向石勒投降。晋元帝司马睿下令让下邳内史刘遐同时担任彭城内史的职务，和徐州刺史蔡豹、泰山太守徐龛一起讨伐周抚。蔡豹，是蔡质的玄孙。

石虎带着幽州和冀州的军队与石勒会合，进攻平阳。靳明多次战败，委托使者向汉国请求救援。汉主刘曜让刘雅、刘策迎接他，靳明带着平阳百姓一万五千人逃到汉国。刘曜向西驻扎在粟邑，收押逮捕靳氏男女，不分年老或者年幼全部杀死。汉主刘曜到平阳迎接他母亲胡氏的灵柩，将他的母亲葬在粟邑，取名为阳陵，谥号为宣明皇太后。石勒焚烧了平阳的宫殿，让裴宪、石会重修永光、宣光两座陵，收敛前汉主刘粲手下一百多人的尸体并将他们入土埋葬，安排好守卫陵墓的人，然后返回。

成国梁州刺史李凤多次获得功绩，成国君主李雄兄长的儿子李稚在晋寿，对李凤十分嫉恨。李凤占领巴地西部背叛李雄，李雄亲自来涪城，让太傅李骧征讨他，将他斩杀；并让李寿做前将军，监督管理巴地西部的军事。

资治通鉴卷第九十一　晋纪十三

起己卯（公元319年），止辛巳（公元321年），共三年。

【题解】本卷记录了晋元帝司马睿太兴二年至太兴四年共三年间东晋及各国大事。主要记录了苏峻在永嘉之乱中纠合乡邻数千家，结垒以求自保，后因曹嶷逼迫率领众人南渡，因助讨周抚有功，被晋元帝司马睿任命为淮陵内史，为其日后起兵作乱埋下伏笔；记录了汉将石勒在平定靳准余部后派王脩向汉主刘曜献捷，被人谗毁挑动，刘曜杀了王脩，石勒与刘曜反目；记录了汉主刘曜改国号为赵国（史称前赵），建都长安，尊奉匈奴单于冒顿为祖先，创立太学，容人纳谏，收服巴人部落，具有明主之象；记录了石勒也建国为赵（史称后赵），自称赵王，建都襄国（今河北邢台）；记录了石勒的生活琐事，颇具草莽豪迈的气概；记录了石勒部将石虎打败擒获邵续和段匹磾的部将段文鸯，段匹磾被部下劫持，被迫投降石勒，段匹磾、段文鸯、邵续都惹恼了石勒，被杀，东晋王朝的幽州、并州、冀州全部归入后赵版图；记录了东晋豫州刺史祖逖协调中原地区不同派系的晋朝将领，不断攻击后赵，使其疆土不断减少，使管区内的百姓与后赵百姓通商，稍得休息；由于晋元帝司马睿派亲信戴渊接任他为豫州刺史，祖逖愤慨失望病故；记录了东晋王朝内部晋元帝司马睿与大将军王敦的矛盾加剧，刘隗、司马丞等与王敦的斗争已经公开化；记录了凉州刺史、平西公张寔被部下所杀，其弟张茂继任；记录了慕容廆接受了东晋的任命，雄踞一方；拓跋猗㐌的妻子惟氏杀死代王拓跋郁律，拥立自己的儿子拓跋贺傉为代王，惟氏专制朝政，为日后拓跋什翼犍的兴起掌权埋下伏笔。

中宗元皇帝中

太兴二年（己卯，公元319年）

春季，二月，刘遐、徐龛在寒山攻击周抚，攻破并杀死周抚。起初，掖县人苏峻率领乡里数千家民众营造壁垒自保，远近民众大多附从他。曹嶷憎恶苏峻势力强大，准备攻击他，苏峻率部众渡海投奔东晋。因为帮助刘遐讨伐周抚有功，晋元帝司马睿任命苏峻为鹰扬将军；下诏任刘遐为临淮太守，苏峻为淮陵内史。

石勒派左长史王修向汉主刘曜献俘告捷，汉主刘曜派兼司徒的郭汜授石勒为太宰、领大将军，晋升爵位为赵王，给予特殊礼遇，出入宫禁，如同曹操辅佐汉室的旧制；拜王修和他的副将刘茂为将军，封为列侯。王修的舍人曹平乐跟随王修到达粟邑，因而留在汉国朝廷任职，对汉主刘曜说："大司马石勒派遣王修等人前来，表面上表现出十分恭敬的样子，内心里却是窥伺陛下的虚实，等他回去复命后，将要袭击陛下。当时汉国军队实在疲劳不堪，刘曜就相信他的话。于是把郭汜追回，在街市上把王修斩首。三月，石勒回到襄国。刘茂逃跑回去，报告王修被杀的情形。石勒大怒说："我侍奉刘氏，对于臣下的职分是尽到了的。他们的基业，都是我所创造的，现在帝业实现，却回头来图谋我。赵王、赵帝，我自己想当就当，何必等待他们的准许！"于是诛杀曹平乐的三族。

晋元帝司马睿命令文武百官议论祭祀天地的礼仪，尚书令刁协等人都认为，应该等到回洛阳后再实行。司徒荀组等人说："汉献帝在许县建都，随即举行祭祀。何必一定要在洛阳？"晋元帝司马睿听从了他们的意见，在建康城的东南方建立祭坛。辛卯日，皇帝亲自到南郊祭祀上天。因为没有北郊，把地祇与天神合一起祭祀。晋元帝司马睿下诏说："琅邪恭王应该称作皇考。"贺循说："依照《仪礼》，儿子不敢把自己的爵位加在父亲身上。"晋元帝司马睿于是不再提起。

起初，蓬陂坞主陈川自称陈留太守。祖逖攻打樊雅之时，陈川派部将李头助战。李头力战建功，祖逖对他另眼相看。李头常常感叹说：“能得到祖逖做自己的主公，我死而无憾！”陈川听说后杀了李头。李头的党徒冯宠率领部众投降祖逖，陈川更加恼怒，大肆攻掠豫州诸郡，祖逖派兵打败了他。夏季，四月，陈川占据浚仪背叛东晋，投降石勒。

周抚逃走时，徐龛的部将于药追击，并杀了他，等到朝廷评议功绩，刘遐却排在徐龛前面；徐龛发怒，在泰山反叛，投降石勒，自称为兖州刺史。

汉国君主刘曜返回，在长安建都，立妃子羊氏为皇后，儿子刘熙为皇太子，封儿子刘袭为长乐王，刘阐为太原王，刘冲为淮南王，刘敞为齐王，刘高为鲁王，刘徽为楚王。刘姓宗室都封爵为郡王。羊氏，就是从前晋惠帝的皇后。汉主刘曜曾经问她说：“我和司马家的小儿晋惠帝司马衷相比怎么样？”羊氏说：“陛下您是开创基业的圣明君主，司马衷是毁灭国家的一个白痴，怎么可以相提并论呢？司马衷有帝王的尊贵地位，一个妇人、一个儿子和他本身，三个人而已，竟然都不能庇护。臣妾在那时，实在不想活下去，认为世间上的男子都是如此。自从侍奉陛下以来，才知道天下原来是有真正男子汉的。”刘曜十分宠爱她，而她也常常干预国家政事。

南阳王司马保自称晋王，改年号为建康，设置百官，任张寔为征西大将军、开府仪同三司。陈安自称秦州刺史，投降汉国，后又投降成国。上邽发生严重饥荒，士民困迫，张春侍奉晋王司马保去南安的祁山。张寔派遣韩璞率领步和骑兵五千救援司马保；陈安退守緜诸，司马保回到上邽。不久，司马保又被陈安进逼，张寔派部将宋毅救援，陈安才退军。

江东发生大饥荒，晋元帝司马睿诏令官员们各自呈上密封奏章。益州刺史应詹上疏说：“自晋惠帝司马衷元康年以来，轻视儒家经典，崇尚道家学说，把虚无狂放视为通达，把儒学的清正俭朴视为鄙陋庸俗。现在应该尊崇、奖励掌管教化的官员，以便革新风俗教化。”

祖逖在蓬关进攻陈川，石勒派石虎率兵五万救援陈川，两军在浚仪交战，祖逖兵败，退军驻屯梁国。石勒又派桃豹率兵到达蓬关，祖逖退守淮南。石虎将陈川部众五千户迁徙到襄国，留下石豹守卫陈川故城。

石勒派遣石虎到朔方攻打鲜卑人日六延，把他打得大败，斩下二万首级，俘虏了三万多人。孔苌攻打幽州各郡，全部夺取。段匹磾的部众饥饿溃散，想转移到上谷据守，代王拓跋郁律调集军队，将要攻打他，段匹磾抛下妻子儿女，逃往乐陵，依附邵续。

曹嶷派遣使者贿赂石勒，请求以黄河为界线，石勒答应了他。

梁州刺史周访进攻杜曾，大胜。马俊等人抓住杜曾投降周访，周访斩杀杜曾，并抓获荆州刺史第五猗，送往武昌。周访因为第五猗本是朝廷任命的官员，而且有一定声望，告诉王敦最好不要杀他，王敦不听杀了第五猗。起初，王敦忧虑杜曾难以控制，对周访说：“如果能擒获杜曾，我将论功让你治理荆州。”等到杜曾死后，王敦不用周访。王廙在荆州，多次杀死陶侃的将领；因皇甫方回受到陶侃敬重，责怪他不来拜见自己，逮捕起来杀了他。官吏百姓怨恨愤怒，上下人心都不稳定。晋元帝司马睿听说后，征召王廙担任散骑常侍，委派周访接替王廙担任荆州刺史。王敦忌妒周访的威望名声，心中难以接受。从事中郎郭舒劝告王敦说：“荆州虽然荒芜凋零，却是军事要地，不可以转交他人，应该亲自统领，周访担任梁州刺史就足够了。”王敦听从了他的意见。六月，丙子日（初七），晋元帝司马睿下诏加授周访为安南将军，其他职务照旧。周访大为愤怒，王敦亲自写信解释，并赠送玉环、玉碗表示诚意。周访把这些东西摔在地上，说：“我难道是商人，可以用宝货取悦吗？”周访在襄阳，致力从事农业，训练军队，暗中有图谋王敦的心意，郡守县令出现缺额，就自行补充，然后才报告上去；王敦心中忧虑，却不能制止他。

魏该被胡族敌寇所逼迫，从宜阳率领部众向南迁徙到新野，因帮助周访讨伐杜曾有功，被拜为顺阳太守。

赵固死后，郭诵留下来驻守阳翟，石生多次攻打他，不能攻下。

汉主刘曜在长安建立宗庙、社稷和南郊、北郊，下诏说："我的祖先从北方开始兴盛。光文建立汉国宗庙是为了顺从民众愿望。现在应当改国号，奉单于为祖。尽快论议上报！"群臣上奏说："光文最早受封卢奴伯，陛下又曾在中山称王；中山本是赵国领土，请求改国号为赵。"汉主刘曜听从他们的话。将匈奴的冒顿单于配祀上天，光文配祀上帝。

徐龛掳掠济水、泰山一带，攻陷东莞。晋元帝司马睿向王导询问能够征伐徐龛的将帅，王导认为太子左卫率泰山人羊鉴，是和徐龛同州的豪门大族，一定能够制伏他。羊鉴极力推辞，认为自己不是将帅的材料，郗鉴也上奏章说羊鉴没有将帅的才干，不能使用；王导不听从他们的话。秋季，八月，晋元帝司马睿委派羊鉴担任征虏将军、征讨都督，统领徐州刺史蔡豹、临淮太守刘遐、鲜卑首领段文鸯等人征讨徐龛。

冬季，石勒的左长史张敬、右长史张宾、左司马张屈六、右司马程遐等人劝石勒称帝，石勒不同意。十一月，将领僚属又请求石勒称大将军、大单于，兼冀州牧、赵王，依照汉昭烈帝刘备在蜀地、魏武帝曹操在邺城的旧例，以河内等二十四个郡为赵国，太守都称为内史，依照《禹贡》，恢复冀州的疆域，以大单于的身份来统领各蛮族，撤销并、朔、司三州，统一设立部司来督察；石勒同意了。戊寅日，登上赵王位，大赦；依照春秋时各国的先例，称为元年。

当初，石勒因处在乱世，法律条令繁杂，命令掌管司法和掌管文书事务的法曹令史贯志，采集它们的要点，写作五千字的《辛亥制》；施行了十多年，才采用法律令文。石勒委派理曹参军上党人续咸担任律学祭酒；续咸执行法律详明公正，国中人士都称赞他。石勒委派中垒将军支雄、游击将军王阳兼任门臣祭酒，专门管理胡人的诉讼，严厉禁止胡人欺凌侮辱士大夫和华夏人士，把胡人称为国人。石勒派遣使者巡视各州郡，鼓励、督促耕作种桑。朝中晋见，开始采用天子的礼乐制度，衣服冠冕、礼仪器物，呈现出庄严肃穆的气氛。加授张宾为大执法，总管朝政；委派石虎担任单于元辅、都督禁卫诸军事，不久加授骠骑将军、侍中、开府，赐爵位为中山公；其他的官员，授予职位、晋升爵位，各有等级。

张宾的职位待遇，优厚显赫，其他官员没有比得上的；可是他谦虚谨慎，胸襟开阔，恭敬对待下属，杜绝营私舞弊行为，以身作则，入宫就尽力规劝，出宫就把美好的声誉归于君王。石勒十分器重他，每次朝见，常常为他整理自己的仪容，简略礼仪，称他为右侯，而不敢直呼其名。

十二月，乙亥日（初九），东晋大赦天下。

平州刺史崔毖自以为在中州享有声望，现在镇守辽东，而士民却大多归附慕容廆，心中不服。多次派遣使者招纳士民，但他们全都不来，崔毖怀疑是慕容廆羁留他们，于是暗地游说高句丽、段氏和宇文氏，让他们共同攻伐慕容廆，约定灭掉慕容廆后，共同瓜分他的辖地。崔毖的亲信、勃海人高瞻极力劝谏，崔毖不听他的劝告。

高句丽、段氏和宇文氏三国联合出兵讨伐慕容廆。慕容廆的将领请求反击，他说："高句丽、段氏和宇文氏被崔毖引诱，想侥幸地获取利益。军队刚刚会合，他们的锋芒十分锐利，不能同他们交战，应该稳固防守，来挫伤他们的锐气。他们如乌合之众，来到这里，既没有统一指挥，互相间又不相服从，时间一长，必然离散，一来是怀疑我们和崔毖设下圈套来消灭他们，二来是高句丽、段氏和宇文氏三国之间相互猜疑。等到他们人心离散，然后出击，是一定能打败他们的。"

高句丽、段氏和宇文氏三国进军攻打棘城，慕容廆关闭城门坚守，派遣使者用牛肉、酒食单独犒劳宇文氏。高句丽、段氏二国怀疑宇文氏和慕容廆有阴谋，各自率领军队返回。宇文氏大人悉独官说："高句丽、段氏二军虽然回去了，我们宇文氏却要单独地攻下棘城。”

宇文氏士卒有数十万，营寨相连有四十里。慕容廆派人从徒河征召儿子慕容翰。慕容翰派遣使者告诉慕容廆说：“悉独官倾国来犯，敌众我寡，易于智取，难以力敌。现在城中的军队，已足以防御，我请求作为外面的奇兵，伺机攻击，内外同时发兵，使他们惊骇而不知道如何防备，这样一定能打败他们。如果现在把兵力集中在一处，他们便能专心攻城，没有其他顾虑，这不是合适的对策。而且这是向民众表示内心的怯惧，恐怕还没作战士气就要先丧失了。”慕容廆犹疑不决。辽东人韩寿对慕容廆说：“悉独官有进逼的志向，将领骄纵，兵士懈怠，军阵不坚固周密，如果奇兵突然发动，趁着他们没有防备，两面夹攻，这是一定能打败他们的计策。”慕容廆于是准许慕容翰留在徒河。

悉独官听说慕容翰留在徒河，说：“慕容翰素来以骁勇果敢闻名，现在不进城，或许会成为祸患，应当先攻取他，城里不足为患。”于是分出几千骑兵去袭击慕容翰。慕容翰得知后，派人假装成段氏的使者，在途中迎接他们说：“慕容翰长久成为我们的忧患，听说你们将要攻打他，我们已整治军队等待着，应该赶快进发。”使者出发后，慕容翰马上出城，设置埋伏来等待宇文氏的军队。宇文氏的骑兵见到假装的段氏使者，大为欢喜，骑马飞奔，不再加以戒备，进入了埋伏圈中。慕容翰奋力出击，全部俘获了他们，乘胜一直前进，派遣使者从小路告诉慕容廆，调出军队大战一场。慕容廆命令他的儿子慕容皝和长史裴嶷率领精锐部队充当前锋，自己率领大军紧随其后。悉独官起初丝毫不加以防备，听说慕容廆到了，惊慌失措，下令全军出动应战。前锋刚刚交战，慕容翰率领一千骑兵从侧翼直接闯入悉独官的军营，放火焚烧军营。宇文氏的士兵都感到恐惧，不知如何是好。于是大败，仅悉独官一人逃脱。慕容廆尽数俘获他的士众，缴获三枚皇帝玉玺。

崔毖听说后，心中害怕，派遣他哥哥的儿子崔焘前往棘城假装祝贺。正巧，高句丽、段氏和宇文氏三国的使者也到了，向慕容廆请求和解，说："不是我们的本意，是崔平州教我们这样干的。"慕容廆把证词拿给崔焘看，用武器威胁他，崔焘害怕，自首服罪。慕容廆于是派遣崔焘回去对崔毖说："投降是上策，逃跑是下策。"率领军队跟在崔焘后面。崔毖和十几个骑兵抛弃家庭，逃到高句丽，他的部众都投降慕容廆。慕容廆委派儿子慕容仁担任征虏将军，镇守辽东，官府、街市城巷，如同从前一样安宁。

高句丽将领如奴子占据于河城，慕容廆派将军张统突然袭击，擒获如奴子，俘虏他的部众一千多家。因为崔焘、高瞻、韩恒、石琮归附棘城，慕容廆以客人的礼节对待他们。韩恒是安平人，石琮是石鉴的孙子。慕容廆任高瞻为将军，高瞻以有病为由不干，慕容多次亲临问候，抚摸他的心口说："您的病在这儿，不在别处。现在晋王室丧乱，我想和诸君共同廓清世上的灾难，辅翼拥戴帝室。您是中州的名门望族，应当与我同有此愿，为何因为华夏、夷族的区别，便耿耿于怀，故意疏远我呢？至于立功成事，只问志向、谋略怎样便可以了，何须再问是华夏还是夷族呢？"高瞻还是不肯出来做官，慕容廆心中愤愤不平。龙骧主簿宋该与高瞻有矛盾，劝慕容廆除去高瞻，慕容廆没有听从。最终高瞻因忧虑而死。

起初，鞠羡已死，苟晞又委派鞠羡的儿子鞠彭担任东莱太守。遇上曹嶷夺取青州，和鞠彭互相攻击；曹嶷的军队虽然强大，郡中人民都为鞠彭拼命作战，曹嶷不能取胜。过了很久，鞠彭叹息说："现在天下大乱，强大的人就是英雄。曹嶷也是我们的同乡，为上天所赞助，如果能够依靠，就是人民的首领，何必同他拼命相争，使得百姓肝血脑浆流满一地？我离开这里，祸乱就自然平息了。"郡中人士认为不可以，争相献出抗拒曹嶷的策略，鞠彭全都不采用，和同乡一千多家渡过大海，归附崔毖。北海人郑林旅居东莱，鞠彭、曹嶷相互攻击，郑林不偏向任何一方。曹嶷尊重他，不敢侵犯抢掠，鞠彭便和他一道离开。等到了辽东，崔毖已经失败，于是归附慕容廆。慕容廆委派鞠彭参议龙骧将军府军事。赠送郑林车辆、牛马、粮食、布匹，郑林都不接受，亲自在田野里耕作。

宋该劝慕容廆向江南晋王室献俘、告捷。慕容廆派宋该撰写上表，让裴嶷奉持，连同得到的三个玉玺，一起送到建康进献。

高句丽多次侵扰辽东，慕容廆让慕容翰、慕容仁领军攻打。高句丽国王乙弗利迎上请求缔结盟约，慕容翰、慕容仁这才回师。

这一年，蒲洪投降赵国，赵国君主刘曜封蒲洪为率义侯。

屠各部落路松多在新平、扶风起兵，归附晋王司马保，司马保派他的将领杨曼、王连据守陈仓，张顗、周庸据守阴密，路松多据守草壁，秦川、陇山一带的氐人、羌人大多响应他们。赵国君主刘曜派遣将领攻打，不能取胜；刘曜亲自率领军队前去攻打。

三年（庚辰，公元320年）

春季，正月，刘曜进攻陈仓，王连战死，杨曼逃奔南氐。刘曜进而攻取草壁，路松多逃往陇城；刘曜又攻取阴密。晋王司马保恐惧，迁都于桑城。刘曜回到长安，任命刘雅为大司徒。

张春谋划侍奉晋王司马保逃到凉州，张寔派遣他的部将阴监率领军队迎接，对外宣扬是翼戴保卫，其实是阻止他们。

段末柸攻打段匹磾，打败了他。段匹磾对邵续说："我本来是夷族，因为仰慕君臣大义，招致兵败家破。您如果不忘我们的旧约，便请和我共同抗击段末柸。"邵续答应了。于是一同追击段末柸，把他打得大败。段匹磾和弟弟段文鸯攻打蓟城。后赵王石勒得知邵续势单力薄，派遣中山公石虎率领军队包围厌次，孔苌攻打邵续另外的营寨十一处，全部攻下来了。二月，邵续亲自出城攻打石虎，石虎埋伏骑兵断绝他的退路，于是捉住了邵续，要他命令全城投降。邵续呼唤哥哥的儿子邵竺等人，对他们说："我立志要报效国家，不幸到了这步田地。你们要竭尽全力，尊奉段匹磾为首领，不要有二心！"段匹磾从蓟城回来，还没到厌次，听说邵续已被俘，部众畏惧打仗逃散了，又遭到石虎的阻击：段文鸯率领几百亲兵奋力作战，才得以入城，和邵续的儿子邵缉，邵续哥哥的儿子邵存、邵竺等人环绕城池，加固防守。

石虎把邵续送到襄国，石勒认为邵续忠诚，释放后给予优待，任命为从事中郎。因而下令："从今以后，打败敌人，俘虏了士人，不能擅自杀死，一定要活着送来。"

吏部郎刘胤听说邵续受到攻击，向晋元帝司马睿上言说："北方的藩镇已经尽失，只剩下邵续一处了；如果让他再被石虎攻灭，会使贞义之士心感孤寂，并阻塞回归祖国的道路。我认为应当发兵救助邵续。"晋元帝司马睿没有听从。后来听说邵续已受陷被擒，于是下诏把邵续的职位授予其子邵缉。

赵国将领尹安、宋始、宋恕、赵慎四支军队，驻扎在洛阳，反叛，投降后赵。后赵将领石生率领军队赶往洛阳；尹安等人又反叛，投降司州刺史李矩。李矩命令颍川太守郭默率领军队进入洛阳。石生俘虏了宋始的一支军队，向北渡过黄河。这时，黄河以南的民众都相率归附李矩，洛阳于是空了。

三月，裴嶷到达建康，盛赞慕容廆有威德，贤俊之士都乐意为他效力；朝廷这才开始重视慕容廆。晋元帝司马睿对裴嶷说："你是洛阳朝廷的知名大臣，应该留在江东，我另外下诏给龙骧将军慕容廆，让他送来你的家属。"裴嶷说："我年轻时得到国家的恩惠，出入于宫廷，如果能再侍奉天子，是我最大的荣耀。但是旧日京城陷落，王室陵墓被毁，即使是著名的大臣、有声望的将领，也没有人能洗刷耻辱，只有龙骧将军慕容廆为王室竭尽忠诚，立志除掉凶恶的敌人，所以派我奔波万里，来表达诚心。如果我来建康不返回，他一定会认为朝廷因为他偏僻鄙陋，因而抛弃他，这孤立了他归向大义的心愿，使他懈怠讨伐贼寇的事业，这是我所感到十分可惜的，所以不敢谋求私利，而忘记了大义。"晋元帝司马睿说："你说得对。"于是派遣使者跟随裴嶷，任命慕容廆为安北将军、平州刺史。

闰月，晋元帝司马睿委派周顗担任尚书左仆射。

晋王司马保部将张春、杨次和别将杨韬不和，劝司马保杀杨韬，并且请求进攻陈安；司马保都没听从。夏季，五月，张春、杨次软禁晋王司马保，并杀了他。司马保身高体胖，重八百斤，嗜睡，喜欢读书，但糊涂懦弱，缺少决断力，所以遇难。司马保没有儿子，张春立宗室子弟司马瞻为王世子，自称大将军。司马保的部众离散，逃奔到凉州的有一万多人。陈安上表给前赵国君刘曜，请求征讨司马瞻等人。刘曜任陈安为大将军，进攻司马瞻并杀了他。张春逃奔到枹罕。陈安抓住扬次，在司马保灵柩前将他斩首，用来祭奠司马保。陈安用对待天子的礼节把司马保葬于上邽，谥号元王。

羊鉴征讨徐龛，在下邳停兵，不敢前进。蔡豹在檀丘击败徐龛，徐龛向后赵求救。后赵王石勒派部将王伏都救援，又派遣张敬率领军队作为后备。石勒的要求很多，王伏都荒淫残暴，徐龛心中怨恨。张敬到达东平，徐龛怀疑他袭击自己，于是杀死王伏都等三百多人，又来晋国请求投降。石勒大怒，命令张敬占据险要地势，进行守卫。晋元帝司马睿也厌恶徐龛反复无常，不接受他的投降，下令羊鉴、蔡豹趁机进军讨伐。羊鉴仍然犹豫畏惧不进军，尚书令刁协上奏弹劾羊鉴，皇帝免除羊鉴的死罪，除去名籍，委派蔡豹接替，统领他的军队。王导因举荐人才失当，自己请求贬谪，晋元帝司马睿不准许。

六月，后赵孔苌攻打段匹磾，仗恃胜利而不设防备，段文鸯发动袭击，大败孔苌的军队。

京兆人刘弘客居凉州的天梯山，用妖术迷惑民众，随他受道的有一千多人，西平元公张寔身边的人也都信奉他。张寔的帐下阎涉、牙门赵印，都是刘弘的同乡，刘弘对他们说："上天送给我神玺，应当在凉州称王。"阎涉、赵印深信不疑，私下与张寔身边的十多人密谋杀害张寔，拥戴刘弘为首领。张寔的弟弟张茂知道了他们的阴谋，请求杀掉刘弘。张寔命令牙门将史初逮捕刘弘，还没有赶到，阎涉等人身上藏着刀子进入，把张寔杀死在办公处所中。刘弘看见史初到了，对他说："张寔已经死了，杀我有什么用？"史初发怒，割断他的舌头，把他囚禁起来，在姑臧街市用五马分尸的刑法处死他，诛杀他的党羽几百人。左司马阴元等人因张寔的儿子张骏年纪还小，推举张茂做凉州刺史、西平公，张茂赦免境内罪犯，委派张骏担任抚军将军。

丙辰日（二十三），前赵将领解虎和长水校尉尹车谋反，与巴族酋长句徐、厍彭等人相勾结；事发后，解虎、尹车都被处决。前赵主刘曜将句徐、厍彭等五十多人囚禁在阿房，准备统统杀掉；光禄大夫游子远规劝说："圣明君王施用刑罚，只是诛杀首恶分子而已，不应该杀得太多。"为这事争辩，叩头叩得头部流血。刘曜发怒，认为游子远是帮助反叛者，囚禁了他；把句徐、厍彭等人全部杀死，尸体在街市上陈列了十天，才投入水中。于是，巴族民众全部反叛，推举巴族酋长句渠知为君王，自称为大秦，改年号为平赵。四山之中氐人、羌人、巴人、羯人响应的，有三十多万，关中大乱，城门在白天都关上了。游子远又从牢狱中上奏章，规劝争辩，刘曜亲手毁掉他的奏章，说："大荔奴才，不担心性命危在旦夕，还敢这样做，是嫌死得晚了吗？"喝令左右马上杀掉他。中山王刘雅、郭汜、朱纪、呼延晏等人规劝说："游子远被囚禁，祸难不可预测，还不忘记尽力规劝，是忠诚到了极点。陛下即使不能采用他的建议，为什么要杀他呢？如果游子远早上被杀，我们这些人也要在晚上死去，来彰明陛下的过失，天下人都将抛弃陛下而离开，陛下再和谁生活在一起呢？"刘曜的怒气平息，于是赦免了游子远。

前赵主刘曜敕令都城内外严加戒备，自己将亲征句渠知。游子远又进谏说："陛下如果确实能用我的计谋，一个月可以平定叛乱，大驾也不必亲征。"刘曜说："你说说看。"游子远说："他们造反并非因为有什么远大志向，想要图谋帝王之业，只不过是畏惧陛下严厉的刑罚，想逃免一死罢了。陛下不如普遍地实行赦免，让他们重新做人；前些时日受解虎、尹车之事牵连坐罪，家中老弱被籍没为奴的人，全都释放遣返，让他们自己互相招引，允许他们重操旧业。他们既然得到生路，怎么会不降服呢？如果他们中有自知罪恶深重，却聚集不散的人，请陛下赐给我五千体弱的兵士，一定替陛下斩下他们的首级。不这样的话，现在的反叛者漫山遍野，即使对他们施加天子的威严，也恐怕不是几个月或几年能铲除的。”前赵主刘曜大喜，当天大赦，委派游子远担任车骑大将军、开府仪同三司，都督雍、秦征讨诸军事。游子远屯驻在雍城，归降的有十多万人；军队推进到安定，反叛的人都投降。只有句氏的家族和同乡五千多家，在阴密据守，游子远进军攻打，消灭了他们，于是率领军队进入陇西。在这以前，氐人、羌人部落十多万家，占据险要地势，不肯归附，他们的酋长虚除权渠自称为秦王。游子远进军，逼近他们的营垒，虚除权渠出兵抵御，五次交战都失败。虚除权渠想投降，他的儿子虚除伊馀在众人面前大声宣称：“从前前赵主刘曜亲自前来，还对我们无可奈何，何况这支小股部队，为什么要投降呢？”虚除伊馀率领五万强劲的兵士，在早晨直逼游子远的壁垒门。各将领想反击，游子远说：“虚除伊馀英勇强悍，当今没有对手，所率领的军队，又比我们精锐，加上他的父亲刚刚失败，怒气正旺盛，他的锋芒是不可抵挡的，不如等待一些时间，让他们的锐气衰竭，然后攻打他们。”于是坚守壁垒不交战。虚除伊馀有骄傲的神色，游子远趁他没有防备，在夜里，部署军队，在寝席上进食，清晨，遇上大风，尘土飞扬，天色昏暗，游子远出动所有军队，发动袭击，活捉了虚除伊馀，俘虏了他所有的部众。虚除权渠大为恐惧，披头散发、割破脸皮，请求投降。游子远上奏前赵主刘曜，委派虚除权渠担任征西将军、西戎公，分别把虚除伊馀兄弟和他们部落中二十多万人迁徙到长安。刘曜委派游子远担任大司徒，录尚书事。

前赵主刘曜建立太学，从民间选择一千五百个聪明上进、可以造就的人，择取通晓儒学的官员来教导他们。建造酆明观和西宫，在滈池兴修陵霄台，又在霸陵西南营造寿陵。侍中乔豫、和苞上奏疏规劝，认为：“卫文公在内乱败亡之后，节省开支，爱护民众，营造宫室，依照当时的制度，所以能复兴康叔的业绩，使国运持续了九百年。前些时接到诏书建造酆明观，街市上的民众都讥讽它的奢侈说：‘用一个观的劳役，足以平定凉州了！’现在又打算仿照阿房宫来建造西宫，效法琼台来兴修陵霄台，它们用的劳役费用，比酆明观多了亿万倍；如果用来资助军队，就可以兼并吴、蜀，统一齐、魏了！又听说营造寿陵，周围达四里，深达三十五丈，用铜做外棺，用黄金来装饰；劳役费用如此庞大，恐怕不是国内力量可以办到的。秦始皇埋葬在地下深处，土还没有干而墓就被挖掘毁坏。自古以来，没有不灭亡的国家、不被挖掘的坟墓，所以圣明君主主张安葬节俭，是有深谋远虑的见解。陛下为什么在国家重新兴盛的时候，却跟着去做灭亡国家的事情呢？”前赵主刘曜下诏说：“乔豫、和苞二位侍中诚挚恳切，有古人的风范，可以说是国家的重臣。现全部停止宫室的各种劳役；寿陵的规格，全部仿照霸陵的做法。封乔豫为安昌子，和苞为平舆子，都兼任谏议大夫；我还要向天下宣布，使人们知道我的朝廷，愿意听到自己的过失。”又撤销酆水囿，给予贫困的民众。

祖逖的部将韩潜和后赵的将军桃豹分别割据陈川老城，桃豹占据西台，韩潜占据东台，桃豹出入经由南门，韩潜出入经由东门，双方相持坚守达四十天。祖逖用布袋盛土，好像盛满粮米的样子，派一千多人输运到台上；又让一些人担挑真米，在路边休息。桃豹的士兵追来，祖逖的部下丢下担子逃走。桃豹的士卒挨饿已有很长时间，得到粮米，便以为祖逖的部众生活丰饱，心中更为恐惧。后赵将领刘夜堂用一千头驴子为桃豹运来军粮，祖逖派遣韩潜和别将冯铁在汴水截击，把军粮全数劫获。桃豹因此连夜遁逃，驻屯于东燕城。祖逖让韩潜进军驻扎在封丘，威逼桃豹。冯铁占据了陈川老城的东、西二台，祖逖则镇守雍丘，经常派遣士兵截击后赵军队，后赵国镇戍的士卒归降祖逖的很多，国土也日渐缩小。

以前，赵固、上官巳、李矩、郭默等人互相攻战，祖逖派遣使者前往调解，剖析利害，这些人便都接受祖逖的调度。秋季，七月，晋元帝司马睿下诏加授祖逖为镇西将军。祖逖在军营中，和将领士兵同甘共苦，约束自己，施行恩惠，鼓励耕田种桑，安抚新近归附的部众，即使是关系疏远、地位低贱的人，都以恩德、礼仪来结交。黄河边各坞堡，原先有人质送到了后赵的，都允许附属于两方，不时派遣小股军队假装抄掠他们，表示他们没有归附自己。坞堡首领都感恩戴德，后赵有异常的谋划，就秘密报告，因此多次取胜，黄河以南，大多叛离后赵，归附晋国。

祖逖训练士兵，积蓄粮食，为收复黄河以北的失地做准备。后赵王石勒为此担忧，于是下令让幽州守吏为祖逖修葺祖父和父亲的陵墓，并安置两户人家看守坟冢，然后写信给祖逖，要求互通使节和开放贸易。祖逖不回复他的信，但是听任双方来往贸易，因而获取了十倍的利润。祖逖的牙门童建杀死新蔡内史周密，投降后赵，石勒将童建斩首，把首级送给祖逖说："叛臣逃吏，是我深以为恨的，将军憎恶的人，也是我所憎恶的人。"祖逖深为感动，从此凡后赵叛降归附的人，祖逖都不接纳，禁止众将侵犯、攻掠后赵民众，两国边境之间，逐渐得以休养生息。

八月，辛未日，梁州刺史周访去世。周访善于抚慰军士，大家都愿为他效命。周访知道王敦有不甘为臣的心志，私下经常切齿为恨。王敦因此在周访活着的时候，一直不敢反叛。王敦派遣从事中郎郭舒到襄阳监察军队，晋元帝司马睿让湘州刺史甘卓为梁州刺史，总领沔水以北地区所有军事，镇守襄阳。郭舒回去后，晋元帝司马睿征召他任右丞，王敦却留住不放行。

后赵王石勒派遣中山公石虎率领步兵和骑兵四万人，攻打徐龛，徐龛送上妻子儿女做人质，乞求投降，石勒答应了。蔡豹驻扎在卞城，石虎将要攻打他，蔡豹退到下邳防守，被徐龛打败。石虎率领军队建造封丘城，然后返回，迁徙三百家士族，安置在襄国崇仁里，设立公族大夫来统领他们。

后赵王石勒施用刑法非常峻刻，特别忌讳"胡"这个字眼。宫殿修成后，最初有关门户的禁令。有个喝醉酒的胡人骑着马，闯进止车门。石勒大怒，训斥宫门小执法冯翥。冯翥惊慌畏惧，忘记了忌讳，回答说："刚才有个喝醉的胡人，骑着马奔驰进来，我拼命地呵斥阻止他，但总是跟他讲不清楚。”石勒笑着说：“胡人本来就难以说清楚。”宽恕了他不加处罚。

石勒命令张宾负责官吏选拔，开始定官品为五个等级，后来又定为九个等级。命令公卿和州郡，每年推举秀才、至孝、廉清、贤良、直言、武勇的人士各一名。

西平公张茂立兄长张寔的儿子张骏为世子。

蔡豹战败之后，准备到建康领受罪责，北中郎将王舒制止了他。晋元帝司马睿听说蔡豹败退不来，派使者前去拘捕他。王舒夜间派兵包围蔡豹，蔡豹以为是别的敌寇，率领麾下士兵攻击；听说有晋元帝司马睿的诏书，这才停止。王舒抓住蔡豹送到建康，冬季，十月，丙辰日（二十五日），斩杀蔡豹。

王敦杀死武陵内史向硕。

晋元帝司马睿开始统治江东的时候，王敦和堂弟王导同心同德，共同拥戴和辅佐，元帝也推心置腹，重用他们。王敦总领征讨军务，王导专管机要政事，同族兄弟子侄，分布在显要的职位上，当时人为此编出谣谚说：“王家与司马家，共同享有天下。”后来，王敦仗恃自己有功，并且宗族势力强盛，渐渐地骄横放肆，元帝心中畏惧，因而厌恶他，于是任用刘隗、刁协等人，作为心腹，逐步压制、削弱王氏的权势，王导也渐渐地被疏远。中书郎孔愉陈说王导忠诚贤能，有辅助建国的功勋，应该加以信任；元帝把孔愉调出宫中，去做司徒左长史。王导能够听其自然，安分守己，态度淡泊，有见识的人都称赞他在顺境和逆境中善于处事。可是王敦更加心怀不满，于是形成了裂痕。

起初，王敦征召吴兴人沈充为参军，沈充把同郡人钱凤推荐给王敦，王敦任用他为铠曹参军。这二人都是奸巧谄谀、凶恶狡诈之徒，知道王敦心怀异志，暗地促成，为王敦出谋划策；王敦宠信他们，二人权势倾重内外。王敦给晋元帝司马睿上疏，为王导鸣冤叫屈，言辞之间颇多怨恨。王导把疏文加封，退还给王敦，王敦又遣使奏上。左将军、谯王司马承，为人忠厚而有节操，晋元帝亲近并信任他。夜晚，晋元帝召见司马承，把王敦的奏疏拿给他看，说："王敦凭近年的功绩，职位已够高了；可是要求没有止境，言辞到了这个地步，该怎么办呢？"司马承说："陛下不早日制裁他，才到今天这个地步，王敦一定会成为祸患。"

刘隗为元帝司马睿出主意，派自己的心腹去镇守各地。适逢王敦上表，要让宣城内史沈充代替甘卓任湘州刺史，晋元帝对司马承说："王敦反叛的迹象已很明显，我像晋惠帝司马衷那样受强臣控制，按趋势为期不远了。湘州占据上流的形势，控制着三州的咽喉，我想用叔父来镇守湘州，怎么样？"司马承说："我接受诏命，只有尽力而为，哪里敢于推辞？不过，湘州经过蜀地贼寇的劫掠后，民众死伤太多，我如果能够到镇所，要到三年后，才可以组织起军队；如果没有到三年，即使粉身碎骨，也没有益处。"十二月，晋元帝司马睿下诏说："晋王室开创基业，地方长官的重任，亲属、贤士同时任用，现委派谯王司马承担任湘州刺史。"长沙人邓骞听说后，叹息说："湘州的祸乱，大概要出在这件事上！"司马承赴任，到了武昌，王敦和他一起宴饮，对司马承说："大王向来是位有德行的人士，恐怕不是担当将帅的人才。"司马承说："您不了解我而已，钝刀难道没有宰割一次的功用吗？"王敦对钱凤说："他不知畏惧，却学豪言壮语，足以知道他不懂军事，没有什么作为。"于是听凭他到达镇所。这时，湘州荒凉残破，官府私人都困乏艰难，司马承厉行节约俭朴，尽心地招徕、安抚民众，获得了很能干的名声。

高句丽进犯辽东，慕容仁与他们作战，大败来犯之敌，高句丽从此不敢侵犯慕容仁所在的边境。

四年（辛巳，公元321年）

春季，二月，徐龛再次向东晋请降。

张茂修筑灵钧台，台基高九仞。武陵人阎曾夜间叩击张茂府门，大声呼叫说："武公张轨派我来说：'为什么扰劳百姓修筑此台！'"主管官员认为这是妖人，请求把阎曾处死。张茂说："我的确使百姓辛劳。阎曾假称先君的意思来规劝我，怎能说是妖孽呢？”于是为此停止工役。

三月，癸亥日（初四），太阳中出现黑子。著作佐郎河东人郭璞以为皇帝施用刑罚失当，呈上奏疏，认为：“阴阳错乱，都是过重的刑罚所造成的。赦免罪犯不能经常进行，可是子产知道把刑法条文铸在鼎上不是良好的政治措施，却不得不这样做，是要用来补救弊端的缘故。现在应该赦免，道理也与这相同。”

后赵中山公石虎到厌次攻打幽州刺史段匹磾，孔苌攻打段匹磾统辖区域内的各个城池，全部攻下来了。段文鸯对段匹磾说：“我们以勇敢而闻名，所以为民众所依赖、景仰。现在看见民众被劫掠却不援救，这是胆怯的行为。民众失去了希望，谁还会为我们效命？”于是率领几十个壮士，骑马出城交战，杀死了很多后赵兵士。马匹困乏，伏在地上无法起来。石虎呼唤段文鸯说：“兄长您和我都是胡人，早就想同兄长结成一家。现在上天不违背我的愿望，得以在这里相见，为什么还要交战？请放下武器。”段文鸯骂着说：“你们是寇贼，早就该死了，我的哥哥不采用我的计策，才使你们能到今天这个地步。我宁可战死，也不为你们屈服！”于是下马苦战，长矛折断了，又拿起短刀不停地战斗，从辰时一直战至申时。后赵的兵士四面包围，解下马身上的披肩作掩护，上前捉住段文鸯；段文鸯力气用尽被捉，城内军队士气为之衰落。

段匹磾打算单人匹马奔回晋朝，邵续的弟弟乐安内史邵洎部署军队，不放行。邵洎又想捕捉朝廷使者王英，送给石虎，段匹磾严肃地斥责他说：“你不能遵从兄长邵续的志向，逼迫我不能回到朝廷，已经很过分了！还想捉住天子的使者吗？我虽然是胡人，也没有听说过你这样无仁无义的人！”邵洎和哥哥的儿子邵缉、邵竺等人，用车辆载着棺材出城投降石虎。段匹磾见到石虎说：“我蒙受晋国的恩惠，志向在于消灭你们，不幸到了这个地步，不能为你们施礼。”后赵王石勒和中山公石虎，曾与段匹磾结拜为兄弟，石虎立即起身叩拜他。石勒委派段匹磾担任冠军将军，段文鸯担任左中郎将，把他们的三万多户流民分散到各地，恢复他们的本业，设置郡守县令来安抚他们。于是，幽、冀、并三州都纳入后赵的版图。段匹磾不向石勒施礼，时常穿着晋国官服，手里拿着晋国符节；过了些时候，和段文鸯、邵续都被后赵杀死。

五月，庚申日（初二），元帝司马睿下诏免除因为战乱沦为扬州诸郡豪强士族的家僮、佃客的中州良民的奴仆身份，准备战争时征召他们服役。这是尚书令刁协的主意，因此豪门士族都更怨恨他。

终南山发生崩塌。

秋季，七月，甲戌日（十七日），东晋任命尚书仆射戴渊为征西将军，都督司、兖、豫、并、雍、冀六州诸军事，兼任司州刺史，镇守合肥；任命丹杨尹刘隗为镇北将军，都督青、徐、幽、平四州军务，兼任青州刺史，镇守淮阴。此二人均持朝廷符节统领军队，名义上是征讨胡人，其实是防备王敦。

刘隗虽在朝廷外，但朝廷的机密事宜、任免士大夫等，元帝司马睿都和他秘密商议。王敦送信给刘隗说："近来承蒙圣上垂青您，现在国家的大敌未能歼灭，中原大乱，我想和您以及周生等人同心合力辅佐王室，共同平定海内。此事如能行得通，那么国运由此昌隆；否则，国家便永远没有希望了。"刘隗回答说："'鱼得处于江湖就会彼此相忘，人为追求道义也会彼此相忘'，'竭尽自身的力量，以效忠贞'，这是我的志向。"王敦得到这封信，勃然大怒。

壬午日（二十五日），元帝司马睿委派骠骑将军王导担任侍中、司空、假节、录尚书事，兼任中书监。元帝因王敦的缘故，同时疏远、顾忌王导。御史中丞周嵩呈上奏疏，认为："王导忠实坦荡，竭尽诚心，辅佐陛下完成伟大业绩，陛下不应该听信少数臣属的言论，被似是而非的说法迷惑，贬谪旧日有德行的人士，把奸邪之徒排在贤士的行列中，这将亏损往日的恩德，招致将来的祸患。"元帝司马睿有些醒悟，王导因此得以保全性命。

八月，常山发生崩塌。

豫州刺史祖逖认为戴渊是吴地人，虽具有才能和名望，但没有远大的抱负和远见卓识；而且自己披荆斩棘，收复河南失地，而戴渊却从从容容，突然前来坐享其成，心中就怏怏不乐；又听说王敦与刘隗、刁协之间相互结怨，国家将有内乱，知道统一北方的大业难以成功，受到很大刺激，引发了重病。九月，壬寅日，祖逖死于雍丘。豫州的百姓都像失去了自己的亲生父母，谯国、梁国之间的民众都为祖逖建立祠堂。王敦长久以来就心怀不轨，听说祖逖去世，更加肆无忌惮。

冬季，十月，壬午日，元帝司马睿委派祖逖的弟弟祖约担任平西将军、豫州刺史，统领祖逖的部众。祖约没有安抚、统御的才能，不能受到士兵的亲附。

起初，范阳人李产为避战乱依附祖逖，见祖约志趣不同寻常，便对自己亲近的人说："我因为北方局势动荡，所以从远处来到这里，希望能保全宗族家人。现在我看祖约的所作所为，心怀叵测。我要以联结姻亲的名义，及早为自己安排脱身之计，不再侍奉再次使我陷身于不义境地的人了，你们这些人不可因为眼前的利益而忘却长久之计。"于是率领子弟十多人抄小路回归家乡。

十一月，皇孙司马衍出生。

后赵王石勒把武乡全部的耆旧故老们召到襄国，和他们坐在一起欢乐宴饮。起初，石勒微贱时，和李阳相邻居住，多次为争夺沤麻的池塘，互相殴打，唯独李阳因此不敢前来。石勒说："李阳，是个壮士；争夺沤麻池，是平民间的仇恨；我正要包容天下人，怎么能仇视一个平民呢？"急速召来，和他饮酒，拉着李阳的手臂说："我从前受够了你的重拳，你也饱尝了我的毒手。"于是任命李阳为参军都尉。把武乡比作丰县、沛县，免除三代人的赋役。

后赵王石勒因为百姓刚刚恢复旧业，财物储备不丰饶，因此严厉禁止酿酒。郊祀宗庙，都用一夜而成的醴酒，如此推行数年，不再有酿酒的人。

十二月，元帝司马睿委派慕容廆都督幽、平二州、及东夷诸军事，任车骑将军、平州牧，封为辽东公，照常做单于，派遣谒者前去授予印绶，准许他秉承制命设置官府、任命太守县令。慕容廆于是配备僚属，委派裴嶷、游邃担任长史，裴开担任司马，韩寿担任别驾，阳耽担任军咨祭酒，崔寿担任主簿，黄泓、郑林参议军务。慕容廆立儿子慕容皝为世子。兴建贵族子弟学校，委派平原人刘赞担任祭酒，命令世子慕容皝和众儒生一同接受学业，慕容廆一有空闲时间，也亲自前去听讲。慕容皝雄壮刚毅，有谋略，喜爱儒家义理，国中人士都称赞他。慕容廆调慕容翰镇守辽东，慕容仁镇守平郭。慕容翰安抚汉民和夷人，很有威望恩德；慕容仁仅次于他。

拓跋猗㐌的妻子惟氏，忌妒代王拓跋郁律的强盛，恐怕他不利于自己的儿子，就杀了拓跋郁律，立自己的儿子拓跋贺傉，被杀的大人达几十名。拓跋郁律的儿子拓跋什翼犍，还是裹在布包中的婴儿，他的母亲把他藏在裤子中，祈祷说："上天如果保存你，你就不要啼哭。"过了些时候，婴儿就不哭了，于是得以免死。惟氏独揽朝中大权，派遣使者到后赵通问修好，后赵人把使者称作"女国使"。

资治通鉴卷第九十二　晋纪十四

起壬午（公元322年），止癸未（公元323年），共二年。

【题解】本卷记录了晋元帝永昌元年至晋明帝太宁元年共两年间东晋及各国大事。主要记录了东晋大将军王敦以清除晋元帝司马睿宠信的刘隗、刁协为名，在武昌起兵谋反，攻克都城建康，刁协被杀，刘隗投降石勒，王敦又杀名臣周顗、戴渊等人；记录了湘州刺史谯王司马承举义旗讨伐王敦，长沙失陷，司马承与虞悝、桓雄、易雄等忠义之士被俘后惨遭杀害；记录了梁州刺史甘卓先是动摇观望，后来起兵讨伐王敦，却又畏敌不进，坐视湘州刺史司马承被王敦消灭；王敦攻下建康，甘卓率军返回襄阳，被王敦指派的襄阳太守周虑所杀，梁州刺史也遵从王敦号令；记录了王敦返回武昌遥控朝廷；后返回朝廷，独揽朝政，封宗族子弟为大州刺史；记录了晋元帝司马睿忧愤病死，太子司马绍继位；记录了王敦与心腹钱凤密谋篡位，被王舒的儿子王允之听到告发，朝廷做出防备；记录了氐族头领杨难敌称雄于武都，被前赵主刘曜说服称藩；记录了秦州军阀陈安被刘曜消灭，陇城、上邽一带并入前赵版图；记录了前凉张茂攻取陇西、南安，设置为秦州；刘曜亲征张茂，张茂不敌向刘曜臣服；记录了后赵石虎生擒自称兖州刺史的徐龛，破杀青州刺史曹嶷，使兖州、青州落入后赵手中；兖州刺史郗鉴被召入朝廷，豫州刺史祖逖身死，祖逖的继任者祖约无能，徐州、兖州、豫州都被后赵占领；记录了成国将军李骧、任回进犯壹登，东晋将领司马玖战死，越嶲、汉嘉太守投降成汉等等。

中宗元皇帝下

永昌元年（壬午，公元322年）

春季，正月，郭璞再次上疏，请求以元帝皇孙司马衍出世为契机，颁布赦免令，元帝司马睿允准。乙卯日（初一），大赦天下，改年号为永昌。

王敦委派郭璞担任记室参军。郭璞善于占卜吉凶，知道王敦必定作乱，自己卷进了这个祸乱，十分忧虑。大将军的属吏颍川人陈述去世，郭璞哭得极其悲哀，说："陈嗣祖，你去世了，怎能知道这不是福气呢？"

王敦已经与朝廷离心离德，于是羁留、录用当朝有名望的士人，安置在自己的幕府。委派羊曼和陈国人谢鲲担任长史。羊曼，是羊祜的哥哥的孙子。羊曼、谢鲲整天畅饮沉醉，所以王敦不把事务委托给他们。王敦将要作乱，对谢鲲说："刘隗奸诈邪恶，将要危害国家，我想除掉君主旁边的恶人，你看怎么样？"谢鲲说："刘隗的确是祸首，不过他只是城墙上的狐狸、土地庙里的老鼠罢了。"王敦发怒说："你是个平庸的人，哪里能明白国家大事？"调他出去担任豫章太守，又留下来不派出去。

戊辰日（十四日），王敦在武昌起兵，上奏疏指控刘隗的罪状，说："刘隗奸佞邪恶，进谗言害忠臣，作威作福，任意横行，擅自兴起劳役，烦劳、骚扰官吏百姓，赋税劳役，繁多沉重，怨恨之声充满道路。我身为宰相辅臣，不能对国家的兴亡漠不关心，于是进军讨伐。刘隗的首级早晨悬挂出来，各军就在晚上退回。从前商朝皇帝太甲败坏国家法度，幸好采纳伊尹的忠心规劝，殷商的国运才再度昌盛。希望陛下反复考虑，这样就能四海安宁，国家长久稳固。"沈充也在吴兴起兵来响应王敦，王敦委派沈充担任大都督、督护东南诸军事。王敦到达芜湖，又上奏章指控刁协。晋元帝大怒，乙亥日（二十一日），下诏说："王敦仗恃我的宠信，竟敢肆意犯上作乱，把我比作太甲，想囚禁我。如果这都可以容忍，那还有什么不可以容忍的？现在我要亲自统率六军，来诛杀这个大叛贼，谁能杀死王敦，就封为五千户侯。"王敦的哥哥光禄勋王含，乘坐轻快的小船逃到王敦那里。

太子中庶子温峤对仆射周顗说："大将军王敦这么做似乎有一定

原因，应当不算过分吧？”周顗说：“不对。人主本来就不是尧、舜那样的圣人，怎么能没有过失呢？作为人臣，怎么可以举兵来胁迫君王呢？如此举动，哪能说不是叛乱呢？王敦傲慢暴戾，目无主上，他的欲望难道会有止境吗？”

王敦开始起兵时，派使者告诉梁州刺史甘卓，与他相约共同顺长江向下游进发，甘卓同意了。等到王敦登船，甘卓却不来，派参军孙双到武昌劝阻王敦。王敦惊诧地说：“甘卓过去是和我怎么说的，怎么又改变主意了？他是顾忌我危害朝廷吧！我现在只想除去奸凶，如果事成，我将让甘卓当公爵。”孙双回去报知甘卓，甘卓心里犹豫不决。有人劝甘卓说：“暂且佯装答应王敦，等王敦到了京都建康再征讨他。”甘卓说：“往昔陈敏作乱，我先是随从作战，后来图谋反击他，论说此事的人都说我是害怕逼迫，因而改变立场，我心中常感愧赧。这回如果再这样做，怎样才能向天下人表明心迹呢？”

甘卓派人把王敦的意图告诉顺阳太守魏该，魏该说：“我之所以起兵抵御胡寇的原因，只是想忠于晋王室而已。现在王敦起兵威逼天子，不是我所能参与的。”于是拒绝了甘卓。

王敦派遣参军桓罴劝说谯王司马承，请司马承担任军司。司马承叹息说：“我就要死了！土地荒芜，民众寡弱，势力孤单，援助断绝，怎么能成功？不过，能够为忠义而死，还有什么不满足的呢？”司马承征召长沙人虞悝担任长史，碰巧虞悝的母亲去世，司马承前去吊唁，说：“我想讨伐王敦，可是兵少粮缺，而且刚刚到任，恩德威信还没遍及百姓。你们兄弟，是湘州的豪杰英才，王室正处于危难中，征战的事情，是古人所不推辞的，您将对我有什么指教呢？”虞悝说：“大王您不认为我们兄弟卑微愚劣，亲自屈驾光临，哪敢不效死命？然而本州荒芜凋敝，难以进军讨伐；应该暂且调集军队，稳固防守，向四方发布檄文，王敦的兵力必然分散，分散后再讨伐他，就有可能取胜。”司马承于是囚禁桓罴，委派虞悝为长史，任用他的弟弟虞望做司马，统领各军，和零陵太守尹奉、建昌太守长沙人王循、衡阳太守淮陵人刘翼、春陵令长沙人易雄，一同起兵讨伐王敦。易雄向远近郡县传布檄文，列举王敦的罪状，于是，一州之内都响应司马承。只有湘东太守郑澹不顺从，司马承命令虞望讨伐，杀了他，把他的首级巡行示众。郑澹，是王敦的姐夫。

谯王司马承派遣主簿邓骞到襄阳，劝告甘卓说："刘大连虽然傲慢放纵，失去人心，但并没有危害整个国家。大将军王敦因他的私怨，起兵逼向宫廷，这是忠臣义士竭力效命的时刻。您受命成为一方的统帅，奉命讨伐叛逆，这是与齐桓公、晋文公同等的功劳。"甘卓说："齐桓公、晋文公的事业，不是我所能实现的，不过立志报效国家，应当一起认真考虑这件事。"参军李梁劝告甘卓说："从前隗嚣专横跋扈，窦融据守河西，拥戴光武帝，终于得到福祥。现在将军在全国有很高的声望，只需要按兵不动，等待机会，如果大将军王敦的战事告捷，将把一方的重任委托给将军您，如果大将军王敦不能取胜，朝廷必定派将军接替他。何必担心不能富贵，而放弃这个不战而胜的策略，以一次交战决定存亡呢？"邓骞对李梁说："光武帝处于创业的初期，所以隗嚣、窦融可以口头称臣，实际上几面观望。现在将军同朝廷的关系，不是窦融所能比的；襄阳对于太府来说，没有河西那样坚固。假使大将军王敦消灭了刘隗，回到武昌，增强石城的防卫力量，断绝荆州、湘州的粮食供应，将军该怎么办呢？大局掌握在别人手中，却说自己处在不战而胜的地位，是从来没听到过的。况且作为臣子，国家有祸难，坐着观看不救援，道义上说得过去吗？"甘卓还在犹豫。邓骞说："现在既不兴起义兵，又不接受大将军的檄令，大祸一定会到来，这是无论愚蠢还是聪明的人都看得出来的。而且议论的人感到为难的，是因为敌人强大，我们弱小。现在大将军王敦的军队不过一万多人，留下来的不会超过五千人；可是将军现在的部队人数已经是他们的两倍了。凭着将军您的威望和名声，率领襄阳的精锐兵士，持着朝廷符节，敲起战鼓，以顺从朝廷的正义之师来讨伐叛逆，哪里是王含所能抵御的？逆水而上的军队，势必救援不了，将军攻拔武昌，如同折断干枯、腐朽的木头，还有什么可顾虑的呢？平定了武昌，夺取了他们的军需用品，镇守、安抚荆、江二州，用恩德招徕兵士，使返回的人如同到了家，这是吕蒙用来战胜关羽的策略。现在放弃必定取胜的策略，安稳地坐着等待他的灭亡，不能说是明智的做法。”

王敦害怕甘卓在后方发动变乱，又派参军丹杨人乐道融去邀请他，一定要和他一块东进。乐道融虽然侍奉王敦，但恨王敦悖逆作乱，于是劝甘卓说：“主上亲自处理国家所有事务，自己任用谯王司马承治理湘州，并非由刘隗专权。而王氏专权已经很久，一旦权势被分夺，便说是失去职位，于是背叛皇恩，肆行叛逆，对朝廷用兵。国家对您的待遇非常优厚，您如果与王敦共同叛乱，岂不是违背和辜负了君臣大义？生为叛逆之臣，死为愚昧之鬼，永远是宗族、党朋的耻辱，不是很可惜吗？为您打算，不如佯装听从王敦的命令，却急速突袭武昌，大将军王敦的士众听说此事，必定不战自溃，大功便可告成了。”甘卓原本就不想追从王敦，听了乐道融的话，于是决断说：“这正是我的本意。”于是与巴东监军柳纯、南平太守夏侯承、宜都太守谭该等人，发布檄书数落王敦叛逆的行状，率领麾下军队开始征讨。派遣参军司马、孙双持奉上表送到朝廷，派罗英到广州，约陶侃共同进讨。戴渊镇守在长江西部，先得到甘卓的信，用表文的形式奏上，朝廷内都欢呼万岁。陶侃见到甘卓的来信，随即派参军高宝领兵北上。武昌城内传言甘卓大军来了，众人都逃奔离散。

王敦派遣姨表弟南蛮校尉魏乂、将军李恒，率领二万披甲的战士攻打长沙。长沙城池不坚固，粮食储蓄又不足，人心惊慌。有人劝说谯王司马承，向南投靠陶侃或者退守零陵、桂阳。司马承说：“我起兵时，立志为忠义而死，岂能贪图活命，苟且偷生，成为逃跑的将领呢？事情不能成功，也要使百姓知道我的心意。”于是环绕城池，严密防守。没过多久，虞望战死。甘卓想留下邓骞担任参军，邓骞不答应。甘卓于是派遣参军虞冲和邓骞一同到长沙，写信给谯王司马承，劝他严密防守，自己将派兵到沔口，断绝王敦后撤的道路，湘州的围困就自然解除了。司马承回信说：“晋国在江东复兴，才刚刚开始，哪里料到邪恶的叛逆出自宠信的臣子中？我作为宗室成员接受任命，志在为国效命；可是到任时还很短，一切都没有头绪。您如能率军迅速进发，还来得及救援；如果犹豫，就只有到枯鱼铺子里找我了。”甘卓没有听从。

二月，甲午日（初十），元帝司马睿封皇子司马昱为琅邪王。

后赵王石勒立儿子石弘为世子。派遣中山公石虎统率精兵四万人攻击徐龛。徐龛坚守不出战，石虎筑起长长的围墙与之相持。

前赵君主刘曜亲自率军攻打杨难敌，杨难敌迎击，不能取胜，退守到仇池。仇池各氐、羌部落以及从前晋王司马保的将领杨韬、陇西太守梁勋，都向刘曜投降。刘曜把陇西一万多户百姓迁到长安，进军攻打仇池。正巧军中发生大瘟疫，刘曜也得了病，将要率军返回；恐怕杨难敌跟在后面追击，于是派遣光国中郎将王犷游说杨难敌，用祸福利害开导他，杨难敌派遣使者表示愿为臣属。刘曜委任杨难敌为假黄钺，都督益、宁、南秦、凉、梁、巴六州及陇上、西域诸军事，上大将军，益、宁、南秦三州牧，武都王。

秦州刺史陈安请求朝见前赵主刘曜，刘曜因病推辞不见。陈安发怒，以为刘曜已死，纵兵大肆劫掠后返回。刘曜病情严重，只能乘坐马车返回。前赵主刘曜派部将呼延寔随后监护辎重，陈安在半路截击，抓获了呼延寔，对他说：“刘曜已经死了，你还辅佐谁呢？我将和你共创大业。”呼延寔叱骂说：“你接受前赵主的宠爱、俸禄却又背叛他，自己瞧瞧你的智能哪点比得上主上刘曜？我看你的首级不久将会悬挂在上邽的街市上示众，还谈什么大业？你应该快快杀了我！”陈安发怒，杀死呼延寔，让呼延寔的长史鲁凭当参军。陈安派遣他的弟弟陈集率领三万骑兵追击刘曜，卫将军呼延瑜迎击，杀了陈集。陈安于是回到上邽，派遣将领袭击汧城，攻下来了。陇上的氐人、羌人都归附陈安，陈安拥有部众十多万人，自称为大都督，假黄钺，大将军，雍、凉、秦、梁四州牧，凉王，委派赵募担任相国。鲁凭对陈安大声哭着说：“我不忍心看到陈安的死！”陈安发怒，下令杀死他。鲁凭说：

"死是我的本分，请把我的头悬挂在上邽街市，观看前赵国如何处决陈安！"陈安于是杀了他。前赵主刘曜听说后，悲恸地哭泣说："贤明的人，是人民所仰望的。陈安在谋求贤人的时刻，杀死一些贤明的人，我知道他是没有什么作为的。"

休屠王石武献出桑城，投降后赵国，后赵国委派石武担任秦州刺史，封他为酒泉王。

元帝司马睿征召戴渊、刘隗回朝，保卫建康。刘隗到达，文武官员在道路上迎接，刘隗推起头巾，露出前额，高谈阔论，神色自若。等到入宫晋见元帝司马睿，和刁协一起劝元帝把王氏家族的人全部诛杀；元帝不同意，刘隗开始露出恐惧的神色。

司空王导率领堂弟中领军王邃、左卫将军王廙、侍中王侃、王彬以及各宗族子弟二十多人，每天清晨到朝廷等候定罪。周顗将进宫，王导叫他说："周伯仁，我把家族中一百多口人的性命托付给你了！"周顗径直入宫，头也不回一下。见到晋元帝后，称说王导忠心诚实，极力地营救；晋元帝听取了他的意见。周顗喜欢饮酒，直到喝醉了才出宫，王导还在门口，又叫唤他。周顗不同他讲话，回头对身边的人说："今年要杀掉那些叛贼，换取斗大的金印，系在胳膊肘后面。"出来后，又上奏章说明王导没有罪过，言辞十分恳切周到。王导不知道这些内情，非常憎恨他。

晋元帝令人把朝服送还王导，召王导进见。王导跪拜叩首至地说："叛臣贼子，哪一个朝代没有，想不到现在出在我的宗族之中！"元帝来不及穿鞋，赤脚拉着他的手说："王茂弘，我正要把朝廷政务交给你，你这是说的什么话！"

三月，晋元帝司马睿任命王导为前锋大都督，授予戴渊骠骑将军。元帝下诏说："王导为大义灭亲，可以把我任安东将军时的符节交给他。"又任命周顗为尚书左仆射，王邃为尚书右仆射。晋元帝司马睿派遣王廙前去开导、劝阻王敦；王敦不听从，留下了王廙。王廙又为王敦所任用。征虏将军周札，一向傲慢阴险，贪图私利，元帝任命他为右将军、都督石头诸军事。王敦将要到来，元帝命令刘隗驻扎在金城，周札守卫石头城，元帝亲自穿上铠甲，到郊外巡视军队。委派甘卓担任镇南大将军、侍中、都督荆梁二州诸军事，陶侃兼任江州刺史；让他们各自率领所部跟随在王敦的军队之后。

王敦到达石头城，想攻打刘隗。杜弘向王敦建议说："刘隗手下不怕死的士兵众多，不容易战胜，不如进攻石头城。周札对人缺少恩泽，士兵都不愿为他效力，一旦遭攻击必然败走，周札兵败则刘隗自己就会逃走。"王敦听从了他的意见，委派杜弘充当前锋，攻打石头城，周札果然打开城门，接纳杜弘。王敦占据石头城，叹息说："我不能再做出有大德的事情了！"谢鲲说："为什么要到这个地步呢？只要从今以后，日复一日地忘掉过去的事就行了。"

元帝司马睿令刁协、刘隗、戴渊率领兵众进攻石头城，王导、周顗、郭逸、虞潭等分三路出击，刁协等人的军队都大败。太子司马绍听说以后，打算自己率领将士与敌人决战；太子坐上军车正要出发，中庶子温峤抓住带嚼子的马笼头劝谏说："殿下是国家君位的继承人，怎么能逞一己之快，轻弃天下而不顾！"抽出剑斩断马笼头，司马绍这才罢休。

王敦聚集军队，不去朝见天子，放纵士兵抢劫掳掠，宫廷和官府的要员逃散一空，只有安东将军刘超控制住军队，入宫守卫，和侍中两个人在晋元帝身边侍奉。晋元帝脱下军服，穿上朝时的服装，环视周围后说："想得到我的位置，应该早点讲！为什么把民众害到这步田地？"又派遣使者对王敦说："您如果不忘记朝廷，就从此停止战斗，天下还可以相安无事；如果不能这样，我应当回到琅邪给贤明的人让路。"

刁协、刘隗失败后，一道进宫，在太极殿的东面台阶上晋见元帝。元帝握住刁协、刘隗的手，流着眼泪，悲痛地哭泣，劝说他们躲避祸患。刁协说："我应该守在这里等死，不敢有二心。"元帝说："现在情况紧迫，怎么能不离开？"于是下令，给刁协、刘隗调拨人马，让他们各自想办法。刁协年纪大，受不了骑马时的颠簸，因他一向没有恩惠和纪律，招募随从的人，都抛弃他而逃走了，行进到江乘，被人杀死，首级送给了王敦。刘隗逃奔到后赵，官位升到太子太傅时去世。

元帝司马睿命令百官公卿到石头城拜见王敦，王敦对戴渊说："前日的交战，还有剩余的力量吗？"戴渊说："岂敢留有余力，只是力量不足罢了！"王敦说："我现在这样的举动，天下人会怎么看？"戴渊说："只看到表象的人说是叛逆，体会诚心的人说是忠贞。"王敦笑着说："您可以称得上会说话了。"王敦又对周顗说："周伯仁，您辜负了我！"周顗说："您依仗武力违背顺上的道德，我亲自统率六军，不能胜任，致使君王的军队战败奔逃，这就是我辜负您的地方。"

辛未日（十八日），元帝司马睿大赦天下。元帝委派王敦担任丞相、都督中外诸军、录尚书事、江州牧，封为武昌郡公；王敦都推辞不肯接受。

当初，西晋都城覆没，四方人士都劝琅琊王司马睿即帝位。王敦想把持国政，怕琅琊王年龄较大，难以控制，想另行商议立君的人选，王导不同意。等到王敦攻克建康，对王导说："不遵从我的意见，几乎全族覆灭。"

王敦因太子有勇气谋略，为朝野人士所归向，想用不孝的罪名加以诬陷，从而废掉他。于是召集文武官员，问温峤说："皇太子有什么值得称颂的德行？"说话的声音和脸色都极为严厉。温峤说："探索事物的隐秘内情或深邃义理，不是浅薄的人所能估量的；从礼法的观点来看，可以说是孝顺的了。"众人都认为的确如此，王敦的阴谋因此而停止。

元帝在广室召见周顗，对他说："近来发生的大事，二宫未受伤害，大家平安，这是否表明大将军王敦本来就符合众望呢？"周顗说："二宫的情况，固然与陛下所说的相符，至于我们这些人的遭遇怎样，现在还未可知。"护军长史郝嘏等人劝周顗避让王敦，周顗说："我既然担任大臣的职位，眼见朝廷衰败，难道还能再蛰伏草野中求活命，出外投奔胡人、越人吗？”王敦的参军吕猗，曾经做过尚书郎，为人奸猾谄谀，戴渊当时任尚书，憎恶他的为人。吕猗劝说王敦道：“周顗、戴渊都有很高的名望，足以蛊惑士众，近来的言谈又毫无惭愧的意思，您不除去他们，恐怕将来必定会有重新举兵讨伐的忧患。”王敦素来忌妒他们二人的才能，心中颇以为然，不动声色地询问王导说：“周顗、戴渊，分别著称于北方和南方，应当升任三公之位是无疑的了。”王导不置可否。王敦又说：“如果不用为三公，只让他们担任令或仆射的职位如何？”王导又不回答。王敦说：“如果不是这样，正该诛戮他们！”王导还是不回答。丙子日（二十三日），王敦派遣部将陈郡人邓岳拘捕周顗和戴渊。此前，王敦对谢鲲说：“我将任用周顗为尚书令，任戴渊为仆射。”这天，王敦又问谢鲲说：“近来民情如何？”谢鲲说：“您的举动，虽然是想保全国家社稷，但民间的议论却认为不合大义。如果真能举用周顗和戴渊，那么民众的心情就熨帖平静了！”王敦发怒说：“你太粗疏不察了！这二人名实不相称，我已经收捕他们了。”谢鲲受惊自失。参军王峤说：“‘济济一堂人才多，文王安宁国富强’，怎么能诛戮诸位名士呢？”王敦勃然大怒，要将王峤斩首，众人中没有谁敢出言相救。谢鲲说：“您图谋大业，不屠戮一个人。现在王峤因陈献违背意旨，便要杀戮，不也太过分了吗？”王敦这才放了王峤，贬职为领军长史。王峤是王浑的族孙。

周顗被逮捕，路过太庙，大声说：“贼臣王敦，颠覆国家，冤杀忠臣。神明如果有灵，应当赶快杀掉王敦！”逮捕的人用戟戳伤他的口，鲜血流到脚跟上，他神态镇定自若，观看的人都为他流下眼泪。他和戴渊一起被杀死于石头城南门外。

元帝司马睿命令侍中王彬慰劳王敦，王彬一向和周顗友善，首先前去吊唁周顗，然后才去见王敦。王敦对他的面容悲惨感到奇怪，询问他。王彬说：“刚才哭了周伯仁，情绪不能控制。”王敦发怒说：“周伯仁自己招致杀戮；而且他把你作为普通人对待，你为什么悲哀地为他哭泣？”王彬说：“周伯仁是个忠厚长者，是兄长的亲朋好友；在朝廷里虽然没有正直敢言，也不是阿谀奉承的人，兄长却在赦免后对他处以死刑，所以我为他悲伤惋惜。”因而发怒变色，指责王敦说：“兄长起兵，违反正直，杀害忠臣义士，图谋反叛，就要降祸给家族了！”言辞慷慨，边诉说边哭泣。王敦大怒，声色严厉地说：“你竟然如此狂妄荒谬，以为我不能杀你吗？”当时王导在座，替王彬担心，劝王彬起身道歉。王彬说：“我脚痛不能叩拜，况且这事又有什么要道歉的？”王敦说：“脚痛与脖子痛，哪个更厉害？”王彬没有一点畏惧的样子，终究不肯叩拜。

王导后来清理中书省的旧有档案，才见到周顗救护自己的上表，拿着流下了眼泪说：“我虽没杀周伯仁，伯仁是因我而死，身处幽冥，我辜负了这样的好友！”

沈充攻下吴国，杀死内史张茂。

起初，王敦听说甘卓起兵，大为恐惧。甘卓兄长之子甘卬是王敦的参军，王敦派甘卬回去游说甘卓说：“您这么做自然是臣子的节义，我不责怪你。但我们王家没有更好的办法，不得不这样做。希望你这就回军至襄阳，我将与你重新交好。”甘卓虽然仰慕忠义之事，但性格多疑，缺少决断，驻军于豬口，想等待各方共同出兵，稽留数十天，驻足不前。王敦占领建康以后，便派遣朝廷使者传送饰有驺虞（传说中的仁兽）图案的旗帜给甘卓，让他的军队不要前进。甘卓听说周顗、戴渊死了，流着眼泪对甘卬说：“我所忧虑的，正是今天这种情况。只要圣上平安，太子没有灾祸，我处在王敦的上游，他也不敢猝然危害国家。假使我径直占据武昌，王敦受形势逼迫，必定劫持天子，来断绝天下的愿望，不如回到襄阳，日后再作打算。”于是下令退兵。都尉秦康和乐道融劝甘卓说：“现在分兵截断彭泽湖口，让王敦上下不能相救，他的部众就自然溃散，可以一次战斗就擒获他。将军发起义兵，却中途停止，私下里为将军感到太失策。而且将军手下，士兵各自想求得利益，就是想回到西边，也恐怕办不到。”甘卓不听从他的话。乐道融昼夜哭泣规劝，甘卓不采纳；乐道融因忧虑气愤而去世了。

甘卓本来性情宽厚温顺，突然变得强横固执，径直回到襄阳，仍然情绪浮躁不安，行动失去常态，有见识的人都知道他就要死了。

王敦委派西阳王司马羕任太宰，加授王导为尚书令，王廙为荆州刺史；改换文武官员和各地军事长官，贬降和罢免的以百计数；有的早上决定晚上又改动，一切都随心所欲。王敦将要回武昌，谢鲲对王敦说："您到京城建康以来，声称有病不入朝晋见，所以虽然建立了功勋，人们心里还有不明白的。现在如果朝见天子，使君臣间的芥蒂化解，那么民心就都会心悦诚服了。"王敦说："你能保证没有变故吗？"谢鲲回答说："我近日入宫晋见，主上侧身而坐，希望能见到您，宫廷中一片和睦，一定不会出意外的事故的。您如果入宫朝见，我请求跟随。"王敦发怒变色说："即使把你这种人再杀掉几百，对时局又有什么损失？"终究不朝见就离开了。夏季，四月，王敦回到武昌。

起初，宜都内史、天门郡人周级听说谯王司马承起兵，让自己兄长的儿子周该潜入长沙，向司马承效忠。魏乂等人攻打长沙，情况紧急，司马承派遣周该和从事邵陵人周崎，从小路出城请求救援，都被巡逻的人所抓获。魏乂命令周崎向城中喊话，称说大将军王敦已经攻下建康，甘卓回到了襄阳，外援势必断绝。周崎假装答应下来，到了城下，大声呼喊说："援军马上就要到来，要努力坚守！"魏乂杀了他。魏乂苦刑拷打周该，直到死去，始终不透露到长沙的原因，周级因而得以保全。

魏乂等人攻战日紧，王敦又送来得到的朝廷官员的信件，命令魏乂射进城中给司马承观看。城中人知道朝廷失守，没有谁不惆怅惋惜。相互对峙近一百天，刘翼阵亡，士兵死者一个接着一个。癸巳日（初十日），魏乂攻下长沙，司马承等人都被俘获。魏乂将要杀死虞悝，子弟们对着虞悝号啕大哭。虞悝说："人生该当有一死，现在我满门都是忠义之鬼，又有什么遗憾！"

魏乂用槛车载着司马承和易雄押送去武昌，司马承手下的佐吏大多逃奔离散，只有主簿桓雄、西曹书佐韩阶、从事武延三人，毁去官服，充当僮仆追随司马承，不离左右。魏乂见到桓雄的面貌举动，不像个普通的人，心中害怕，就杀了他。韩阶、武延怀有的志向，更为坚定。荆州刺史王廙秉承王敦的旨意，在途中杀了司马承，韩阶、武延把司马承的尸首送到京城建康，安葬后才离开。易雄到了武昌，意气高昂，竟然没有丝毫的畏惧。王敦派人把易雄发布的檄文拿给他本人看，对他加以斥责，易雄说："这事是确实有的，可惜我地位低微、力量薄弱，不能解救国家危难。今日丧命，本来是我所愿望的。"王敦害怕他正义的言辞，释放了他，遣送他回到馆舍。众人都来称贺，易雄笑着说："王敦怎能容我活下去？"不久王敦派人将易雄暗杀。

魏乂寻找邓骞十分急迫，乡人们都为邓骞担心，邓骞笑着说："这是想任用我而已，魏乂刚刚得到本州，杀了很多忠臣义士，所以寻找我来满足民众的愿望。"于是前往魏乂那里。魏乂高兴地说："你是古代的解扬式的人物。"任命邓骞为别驾。

元帝司马睿下诏让陶侃兼领湘州刺史职；王敦上书，又让陶侃返回广州，授予散骑常侍。

甲午日（十一日），前赵国羊皇后去世，谥号为献文。

甘卓家里的人都劝甘卓防备王敦，甘卓不听从，把兵士全部分散，去从事耕作，听到规劝，就要发怒。襄阳太守周虑秘密秉承王敦的旨意，假称湖中鱼很多，劝甘卓派遣左右侍卫全部出去捕鱼。五月，乙亥日（二十三日），周虑带领兵士在寝室里对甘卓进行袭击，杀了他，把他的首级传送给王敦，并杀了甘卓的几个儿子。王敦委派从事中郎周抚统领沔水以北一切军务，代替甘卓镇守沔中。周抚，是周访的儿子。

王敦实现志愿以后，暴虐傲慢，越发厉害，各地的上贡物品，大多进了他的府内，将领宰相、地方长官，都出自他的门下。以沈充、钱凤为主要谋士，对二人言听计从，他们所诬陷的人没有不死的。以诸葛瑶、邓岳、周抚、李恒、谢雍为得力干将。沈充等人都凶恶阴险、骄傲放肆，大造府第，侵夺他人的田地房舍，在市场上巧取豪夺，有见识的人都知道他们将要失败。

秋季，七月，后赵的中山公石虎攻取泰山，擒获徐龛送往襄国。后赵王石勒把徐龛塞进袋中，从百尺高楼上扔下摔死，又命令王伏都等人的妻子儿女割下徐龛身体上的肉吃掉，坑杀徐龛的降卒三千人。

兖州刺史郗鉴在邹山待了三年，拥有士众数万。因为当时争战不息，百姓饥馑难忍，以至挖掘田鼠和藏伏避寒的燕子作为食物，被后赵乘机进逼，郗鉴退守合肥。尚书右仆射纪瞻，认为郗鉴名望不错，道德高尚，应当在朝中施展才能，于是上疏请求征用他；元帝司马睿便征召郗鉴任尚书。徐州、兖州地区的坞堡大多投降后赵，后赵在当地设置官员加以抚慰。

王敦自己兼任宁、益二州都督。

冬季，十月，己丑日（初九日），荆州刺史武陵康侯王廙去世。

王敦委派下邳内史王邃统领青、徐、幽、平四州一切军务，镇守淮阴；卫将军王含统领沔水以南一切军务，兼任荆州刺史；武昌太守丹杨人王谅担任交州刺史。命令王谅逮捕交州刺史脩湛、新昌太守梁硕，杀掉他俩。王谅诱骗脩湛，杀了他。梁硕起兵，把王谅包围在龙编。

祖逖死后，后赵屡屡侵犯黄河以南，拔取襄城、城父，又围攻谯。豫州刺史祖约抵挡不住，退守寿春。后赵于是攻取了陈留，梁州、郑州地区的形势又变得动荡不安。

十一月，元帝司马睿委派临颍元公荀组担任太尉；辛酉日（十二日），荀组逝世。

元帝撤销司徒，职事并入丞相府中。王敦把司徒府改建成留府，司徒府原来的官员全纳进留府。

元帝司马睿因忧虑愤懑，导致疾病，闰月，己丑日（初十日），元帝驾崩。司空王导接受遗诏，辅佐朝政。晋元帝司马睿恭敬节俭有余，英明果断不足，所以大业还没恢复，祸乱就从内部爆发。庚申日（十一日），太子司马绍登上皇帝位，大赦天下，尊崇生母荀氏为建安君。

十二月，前赵国君主刘曜把他的父母安葬在粟邑，大赦。陵墓的下部，周围有二里长，上面的高度达到一百尺，共用了六万民工，修了一百天才完成。服役的人在夜间要点着灯火继续劳作，人民感到十分痛苦。游子远规劝刘曜，刘曜不采纳他的话。

后赵国濮阳景侯张宾去世，后赵王石勒哭得很悲恸，说："上天不想成全我的事业吗？为什么这么早就夺走我的右侯？"程遐接替张宾担任右长史。程遐，是石勒的世子石弘的舅父，石勒每次同程遐商议国事，意见不相合，就叹息说："右侯张宾抛弃我离开了，竟使我同这种人共事，岂不是太残酷了吗？"因此整天流着眼泪。

张茂命令将军韩璞率领军队攻取陇西、南安的土地，设置秦州。

慕容廆派遣他的世子慕容皝袭击段末柸，进入令支县，掳掠那里的一千多家居民后才返回。

肃宗明皇帝上

太宁元年（癸未，公元323年）

春季，正月，成汉李骧、任回侵犯台登，将军司马玖战死，越巂太守李钊、汉嘉太守王载都献出本郡投降成汉。

二月，庚戌日（初二日），把元帝司马睿安葬在建平陵。

三月，戊寅朔日（初一日），改年号太宁。

饶安、东光、安陵三县发生火灾，烧毁七千多家，死了一万五千人。

后赵侵犯彭城、下邳，徐州刺史卞敦和征北将军王邃退守盱眙。卞敦是卞壶的堂兄。

王敦阴谋篡夺帝位，暗示朝廷征召自己；晋明帝司马绍亲手书写诏书征召他。夏季，四月，给王敦加授黄钺，赐予排列持剑勇士作仪仗，奏事时不称名，入宫朝见不必小步快走，上殿时可以带剑穿鞋。王敦迁往姑孰镇守，驻扎在于湖，委派司空王导担任司徒，王敦自己兼任扬州牧。王敦想作乱，王彬苦苦地规劝。王敦变了脸色，示意左右侍卫，将要逮捕他。王彬表情严肃地说："你往年杀了哥哥，现在又杀弟弟吗？"王敦这才停止，委派王彬担任豫章太守。

后赵王石勒派遣使者，同慕容廆缔结友好关系，慕容廆拘捕使者，送到建康。

成国李骧等人进军攻打宁州，刺史褒中壮公王逊命令将军姚岳等人抵御，在螗蜋交战，成国军队大败。姚岳追击到泸水，成国军队争相渡河，淹死了一千多人。姚岳因路途遥远，不敢渡河就返回了。王逊因姚岳不穷追猛打，大怒，用鞭子抽打，愤怒到了极点，头顶冲血，气绝身亡。王逊在宁州任职十四年，举动不同寻常。州中人士拥立他的儿子王坚代理州府事务，晋明帝司马绍王下诏任命王坚为宁州刺史。

广州刺史陶侃派兵救援交州，还未到达目的地，梁硕已攻取了龙编。梁硕抢夺刺史王谅的符节，王谅不给，梁硕砍断他的右臂。王谅说："我连死都不怕，砍断手臂又有什么用？"过了十来天后去世。

六月，壬子日（初六日），晋明帝司马绍立妃子庾氏为皇后；委派皇后的哥哥中领军庾亮担任中书监。

梁硕占据交州后，因为凶残暴虐失去民心。陶侃派遣参军高宝领军进攻梁硕，将他斩首。明帝司马绍下诏让陶侃兼任交州刺史，进封号为征南大将军，开府仪同三司。不久，吏部郎阮放请求出任交州刺史，获得明帝司马绍的同意。阮放行至宁浦，路遇高宝，为高宝设宴，暗伏甲士把高宝杀害。高宝手下士兵攻击阮放，阮放逃走，幸免于难。到达任所不久，因病而死。阮放是阮咸的同族子孙。

陈安在南安围困前赵的征西将军刘贡，休屠王石武从桑城率领军队由上邽赶来救援，和刘贡合击陈安，给予重创。陈安收拢残余骑兵八千人，败逃退守陇城。秋季，七月，前赵君主刘曜亲自率军包围陇城，另外派遣军队包围上邽。陈安不断出击，屡战屡败。右军将军刘干攻打平襄，攻下来了，陇山以西各县全部投降。陈安留下他的将领杨伯支、姜冲儿守卫陇城，自己率领精锐的骑兵突围，出城逃往陕中。刘曜派遣将军平先等人追击。陈安左手挥动七尺长的大刀，右手运转一丈八尺长的蛇矛，对靠近的追兵刀矛一起使用，立即杀死五六人，离得远的就左右奔驰着，边跑边射。平先也勇敢灵活，勇敢快捷如飞，和陈安搏斗，三个回合，就夺下了陈安的蛇矛。遇到天黑暴雨，陈安抛弃马匹，和左右侍卫隐藏到深山中；赵国军队搜索，不知去向。次日，陈安派他的将领石容窥探前赵国军队动向，赵国辅威将军呼延青人捉住了石容，用苦刑逼他供出陈安藏身的地方，石容始终不肯讲，呼延青人杀了他。雨过天晴，呼延青人跟踪陈安的足迹，在山涧转弯处抓获了陈安，杀了他。陈安善于安抚将领士兵，和他们同甘共苦，在他死后，陇山以西的人思念他，为他作了《壮士之歌》。杨伯支杀死姜冲儿，献出陇城投降；别将宋亭杀了赵募，献出上邽投降。刘曜把秦州的大姓杨、姜等豪族两千多家迁到长安。氐人、羌人都送上人质请求归降；刘曜委派赤亭羌人首领姚弋仲担任平西将军，封他为平襄公。

明帝司马绍畏惧王敦的逼迫，想用郗鉴作为外援，于是任命郗鉴为兖州刺史、都督扬州江西诸军事，镇守合肥。王敦顾忌他，上疏推荐郗鉴担任尚书令。八月，下诏征召郗鉴回京，途经姑孰，王敦和他议论洛阳朝廷中人士，说："乐彦辅，庸才而已，考察他的实际才能，哪能超过满武秋？"郗鉴说："乐彦辅气韵冲和平淡，愍帝、怀帝之政废弛，他态度柔和却行事正直；满武秋是丧失气节的人，怎么能同他相比？"王敦说："在当时，危机四伏。"郗鉴说："大丈夫应当以生命维护正义。"王敦厌恶他的话，不再同他见面，长久扣留他，不放他走。王敦的党羽都劝王敦杀了郗鉴，王敦不听从。郗鉴回到朝廷，就和明帝司马绍商议讨伐王敦。

后赵中山公石虎率领步兵和骑兵共四万人攻击安东将军曹嶷，青州的郡县大多投降他，石虎于是进围广固城。曹嶷出城投降，被送到襄国处死，石虎坑杀投降的士众三万人。石虎原想把曹嶷的部众尽数杀死，青州刺史刘征说："现今让我留下，为的是统治百姓。没有人怎么统治？我准备回去了！"石虎于是留下男女人等七百多口，配属给刘征，让他镇守广固城。

前赵主刘曜由陇上出发向西进攻凉州，派遣部将刘咸进攻驻守冀城的韩璞，又派呼延晏进攻驻守桑壁的宁羌护军阴鉴，自己率领戍卒二十八万人屯军于黄河边，营寨连绵一百多里。金鼓之声震天动地，连黄河的流水都为之激荡。张茂沿黄河戍守的士兵，都望风溃逃。刘曜扬言要分兵百路，同时过河，直接抵达姑臧，凉州之人大为震惊。参军马岌劝张茂亲自出军抵御，长史汜祎发怒，请求杀死马岌。马岌说："汜祎是个食古不化的书生，钻空子伤害别人的小人，不考虑国家的根本大计。您父子多年来想替朝廷杀掉刘曜，现在刘曜自己送上门来，远近的人，都在观看您这次的举动，您应该树立起信誉和勇敢的形象，以符合秦川、陇山一带人民的愿望，力量虽然胜不过刘曜，气势是不能不发出的。"张茂说："对极了！"于是出兵，驻扎在石头。张茂对参军陈珍说："刘曜出动三秦的军队，乘着胜势席卷过来，该怎么办呢？"陈珍说："刘曜的军队虽然多，但精锐的兵士特别少，大抵都是氐族、羌族的乌合之众，恩泽和信义没有遍及下属，而且有关东方面的顾虑，怎么能丢下心头之患，旷日持久地同我们争夺河西的土地呢？如果他二十天不退兵，我请求给我几千老弱残兵，替您擒获他。"张茂大喜，命令陈珍率领军队救援韩璞。前赵国各将领争着要渡过黄河，前赵国君主刘曜说："我军的声势虽然盛大，但是畏惧声威而聚集来的有三分之二，主力部队疲劳困顿，实际上难以作战。现在只有按兵不动，用我们的声威来震慑他们，如果过了十天，张茂的降表还没送到，是我辜负了你们。"张茂不久派遣使者愿为藩属，献上的马、牛、羊、珍宝难以计数。刘曜任命张茂为侍中，都督凉、南秦、北秦、梁、益、巴、汉、陇右、西域杂夷、匈奴诸军事，太师，凉州牧，封为凉王，加赐尊礼大臣的九种器物。

杨难敌听说陈安被杀，十分恐惧，和兄弟杨坚头向南逃往汉中，前赵镇西将军刘厚在后追袭，多所缴获，随后退军。前赵主刘曜任命大鸿胪田崧为镇南大将军、益州刺史，镇守仇池。杨难敌呈送人质向成汉请求投降，成汉的安北将军李稚因为接受了杨难敌的贿赂，于是没有把杨难敌遣送到成都。前赵军队退走后，李稚便让杨难敌回到武都，杨难敌于是凭仗地势险固，不再服从成汉。李稚对自己的失策深为追悔，多次请求出兵征讨杨难敌。成汉主李雄派遣李稚的哥哥侍中、中领军李琀，和李稚从白水出兵，征东将军李寿和李琀的弟弟李玝从阴平出兵，去攻打杨难敌；文武官员规劝，不听从。杨难敌派遣军队抵御，李寿、李玝不能前进，李琀、李稚却长驱直入，到达下辨。杨难敌派遣军队截断他们的退路，从四面攻打他们。李琀、李稚孤军深入，没有后面的增援，都被杨难敌杀死，死亡的兵士有几千人。李琀，是李荡的长子，有才干声望，李雄想以他为嗣君，听说他死了，几天没有吃东西。

起初，前赵主刘曜有长子刘俭，次子刘胤。刘胤年方十岁，身高七尺五寸，汉主刘聪因此惊奇，对刘曜说："你这个儿子的神气，不是刘俭所能比拟的，应当让他当继承人。"刘曜说："藩国臣民的继承人，能保守住祖先的祭祀就够了，我不敢破坏长幼的秩序。"刘聪说："以你的功勋和德行，当会世世代代担任征伐的重任，不是别的臣子所可比拟的，我当会另外封给刘俭一个诸侯国封号。"于是封刘俭为临海王，立刘胤为世子。刘胤成年以后，力气很大，善于射箭，骁勇敏捷，如同旋风。靳准作乱时，流落到黑匿郁鞠部落中。陈安失败后，刘胤自己向黑匿郁鞠部禀明实情，黑匿郁鞠部大为惊奇，隆重地送他回去。刘曜悲喜交集，对文武官员说："刘熙虽然已立为太子，但年幼柔弱，恐怕支撑不了当今多灾多难的局势。刘胤，是从前的世子，才能器度，超过常人，而且经历了艰苦的磨炼。我想效法周文王、汉光武帝，来巩固国家，另外安排刘熙，怎么样？"太傅呼延晏等人都说："陛下为国家的长远利益着想，哪里只是臣下等人所依赖的，实在是皇室和天下民众的喜事。”左光禄大夫卜泰、太子太保韩广进言说：“陛下如果认为废立是正确的，不应该再询问文武官员；如果心有疑虑，自然乐意听取不同的言论。我私下认为废黜太子，是不对的。从前周文王决定嗣君是在没有立太子以前，这是可以的；汉光武帝因儿子的母亲失去恩宠就废黜她生的儿子，哪里值得圣明的朝廷效法呢？往日陛下以东海王刘熙为嗣君，未必赶不上汉光武帝刘秀立汉明帝为君。刘胤的文才武略，的确当今无人可比，但是太子孝顺、友爱、仁慈、温和，也足以成为太平年代的贤明君主。何况东宫，为民众和神明所归向，怎么能轻易变更？陛下果真要这样做，臣下等人只有一死而已，不敢奉行诏命。”刘曜沉默不语。刘胤进言说：“父亲对于儿子，应该同样爱护，现在废黜刘熙而立我，我怎么敢心安理得？陛下如果认为我有能力替国家效力，怎么不能辅助刘熙来继承神圣的大业呢？如果一定用我来代替刘熙，我请求死在这里，不敢听从诏命。”因而哽咽流泪。刘曜也因为刘熙是羊皇后所生的，不忍心废黜，于是对已故妃子卜氏追加谥号为元悼皇后。卜泰，就是刘胤的舅舅，刘曜赞美他的公正忠诚，任命他为上光禄大夫、仪同三司，兼任太子太傅；封刘胤为永安王，任命他为侍中、卫大将军、都督二宫禁卫诸军事、开府仪同三司、录尚书事。命令刘熙对刘胤采用普通家人的礼仪。

张茂在姑臧大兴土木，维修城墙，修筑灵钧台。别驾吴绍谏止说：“您之所以修城墙、筑高台，大概因为有鉴于以往遭到攻击的忧患。我以为只要君上的恩泽未曾施行于臣民，即使身处多层高台上也没有什么好处。只能够使臣下对自己的忠信志向产生疑虑，失去士民们寄托的期望，显示出怯弱的情形，挑动起相邻的敌方来犯的欲念，这怎么能辅佐天子，称霸诸侯呢？希望能急速废止这项工程，停止人力和钱财的巨大耗费。”张茂说：“已故的兄长突然间被人所杀，难道没有想竭尽全力保持节操的忠臣义士？只是因为祸乱出乎意料，即使有智慧勇气，也无法施展。王公设置险阻，勇士重重戒备，是古代就有的道理。现在国家没有安定，不能用太平年代的道理，来要求处在艰险年代的人。”最后还是把工程进行下去了。

王敦的侄子王允之，正当童年，王敦喜爱他聪明机警，经常让他跟随自己。王敦有次在夜晚饮酒，王允之以醉酒为由告辞先睡。王敦和钱凤一起商讨叛乱之事，被王允之原原本本听到；王允之随即在睡卧的地方大吐，衣物、脸面都沾上了污秽。钱凤走后，王敦果然持灯前来察看，见王允之睡卧在呕吐的污物中，便不再有疑心。不久，适逢王允之的父亲王舒升任廷尉，王允之请求归省父亲，便将王敦、钱凤密谋的内容全部告诉了王舒。王舒与王导一块儿禀报明帝司马绍，私下为应付突变做准备。

王敦想扩大家族的权势，削弱皇室的地位，冬季，十一月，调王含担任征东将军、都督扬州江西诸军事，王舒担任荆州刺史、监荆州沔南诸军事，王彬担任江州刺史。

后赵王石勒委派参军樊坦担任章武内史，石勒看到樊坦衣服帽子破破烂烂，询问他的原因。樊坦随口回答说：“最近被羯人贼寇抢劫，衣服财货全都没有了。”石勒笑着说：“羯人贼寇竟然如此蛮不讲理！现在应当对你赔偿。”樊坦大为恐惧，流着眼泪叩头赔罪。石勒赐给他车马、衣服及办装费三百万，派遣他上任。

这年，越嶲郡斯叟部落攻打成汉将领任回，成汉君主李雄派遣征南将军费黑前往讨伐他们。

会稽内史周札，一族之中有五人封侯，宗族势力强盛，吴地人士中无人可以比拟，王敦为此忌惮。王敦患病，钱凤劝王敦早日除掉周氏，王敦同意了。周嵩因为哥哥周顗被杀，心中时常愤愤不平。王敦没有儿子，收养王含的儿子王应为后嗣，周嵩曾在大庭广众中说王应不适宜统领军队，王敦憎恨他。周嵩和周札的哥哥的儿子周莛，都担任王敦的从事中郎。这时道士李脱用妖术迷惑众人，官吏民众中有不少人信奉他。

资治通鉴卷第九十三　晋纪十五

起甲申（公元324年），止丁亥（公元327年），共四年。

【题解】本卷记录了晋明帝太宁二年至晋成帝咸和二年共四年间东晋及各国大事。主要记录了王敦病笃，决定篡位登基，派王含率钱凤、邓岳、周抚等进攻建康，晋明帝司马绍任命王导、温峤、卞敦、应詹、郗鉴、庾亮、卞壶等人为将，又召江北的苏峻、刘遐、王邃、祖约、陶瞻等人援京师；记录了王敦病死，叛军被朝廷消灭，王敦被戮尸示众，王含、王应、沈充等党羽相继被杀；记录了东晋司州刺史李矩、颍川太守郭默等先后战败身死，司州、豫州、徐州、兖州全都被后赵占领，后赵与东晋遂以淮河为界；记录了东晋名臣陶侃为荆州刺史时的政绩，与陶侃勤于职守，兢兢业业，严教部下，黜斥清谈的动人故事；记录了晋明帝司马绍病死，五岁的皇太子司马衍即位，朝政大权落入外戚庾亮手中；记录了历阳内史苏峻与豫州刺史祖约以为功大而轻视朝廷，不满庾亮，庾亮解除苏峻的兵权，调其入朝任职，苏峻遂联络豫州刺史祖约起兵谋反，宣城内史桓彝起兵勤王，被苏峻打败，朝廷形势危急；记录了后赵将领石虎大破前赵，擒中山王刘岳、杀呼延谟，打败亲征的刘曜；记录了石勒为其太子石弘在邺城建造宫殿，削减大将石虎的兵权，迫令其搬迁，引起石虎强烈不满，为日后石虎的政变埋下伏笔；记录了凉州刺史张茂去世，世子张骏即位，攻掠前赵的秦州，被击败，丢失了河南之地；记录了段末柸的继承人段牙被段疾陆眷的孙子段辽杀死，段辽的势力日益强大，西接渔阳，东界辽水，有骑兵数万等等。

肃宗明皇帝下

太宁二年（甲申，公元324年）

春季，正月，王敦诬陷周嵩、周莚和李脱勾结，图谋不轨，因此就在军中拘捕了周嵩和周莚，并杀害了他们。王敦还派遣参军贺鸾到吴地联络沈充，把周札几位哥哥的儿子全部都杀死了。接着王敦就发兵攻击会稽，周札前去抵御进攻的军队，最终战死了。

后赵的将兵都尉石瞻入侵下邳、彭城，攻取了东莞和东海，刘遐就退守到了泗口。

后赵司州刺史石生在新安县攻击了前赵河南太守尹平，把他杀死了，抢夺了五千多户百姓后才回去。从此以后前赵、后赵就有了嫌隙，经常互相攻打掠夺，使得在边界之间居住的河东、弘农一带的百姓，都没有办法继续生活。

后赵司州刺史石生侵犯了许昌和颍川，俘虏了上万个百姓。然后在阳翟县攻击郭诵，郭诵和他交战，把他打败了，重创了他的军队，于是石生就退守到了康城。后赵汲郡内史石聪听说石生打败了，就赶过去支援他，攻击司州刺史李矩、颍川太守郭默，结果都获胜了。

成汉的君主李雄，他的王后任氏没有生下儿子，妾妃所生的儿子却有十几个，李雄册立他哥哥李荡的儿子李班为太子，让任后做李班的母亲。大臣们向李雄上书请求李雄在妾妃所生的子嗣中册立太子，李雄说："我的哥哥李荡，是先帝的嫡系血统，既有不平凡的才干，又建立了伟大的功勋，但是他却在事情快要完成的时候去世了，我经常在心里面为他哀悼。况且李班仁慈孝顺，又喜欢读书，我相信他一定能够承担起祖先留下来的大业。"太傅李骧、司徒王达向李雄进谏说："先代圣明的君王之所以一定会册立自己的儿子为继承人，为的就是彰明固定不变的名分，来防止篡权夺位的事情发生。从前宋宣公和吴国馀祭的先例，已经足够让人明了。"但是成汉主李雄不肯听从。李骧退下以后就流着眼泪说："祸乱就要从此开始了。"李班为人谦虚恭敬、礼敬士人，一举一动都遵守礼节和法度，李雄每一次和群臣讨论国家大事、进行重大决策的时候，往往让他参与其中。

夏季，五月，甲申日（十四日），张茂生了重病，他拉着世子张骏的手，哭泣着说："我们家世世代代都因为孝友忠顺而被世人称赞，虽然现在天下大乱，但是你必须遵守继承家风，不可以有丝毫的违背。"并且对张骏下命令说："我的官职并不是朝廷任命的，只是因为顺应事变才苟且自任的，又怎么敢以此为荣？在我死的时候，应当给我戴上白色的便帽入棺，不要为我穿上朝服殡敛。"当天张茂就去世了。愍帝时候的使者史淑当时留居在姑臧，左长史汜祎、右长史马谟等人，他们向史淑建议授予张骏大将军、凉州牧、西平公，赦免了他境内的罪犯。前赵主刘曜派遣使者追赠给张茂太宰的名号，谥号为成烈王；授予张骏为上大将军、凉州牧、凉王。

王敦病情加重了，矫称诏令任命王应为武卫将军，做自己的副职，任命王含为骠骑大将军、开府仪同三司。钱凤对王敦说："如果您发生了什么不幸的事情，是否就要把后事托付给王应去办理呢？"王敦说："不平常的事业，不是平常人所能够胜任的。况且王应尚年少，又怎么能够承担大事呢？我去世以后，不如就放下武器，把所有的兵众都遣散了，归顺朝廷，来保全宗族门户，这是上策；撤退回到武昌，召集所有的兵众谨慎镇守自己的领地，对朝廷进贡的物品不要有所废弃缺少，这是中策；趁我还活着的时候，就发动全部的兵众，攻打京城，万一能够侥幸获得胜利，这是下策。"钱凤对他的同党说："王敦所说的下等计策，其实正是上策。"于是钱凤就和沈充谋议商定，等到王敦死了以后，就立刻发兵作乱。又认为值宿的士兵太多了，就上奏表将三分之二的士兵都停职了。

起初，晋明帝司马绍亲近信任中书令温峤，王敦对此心里感到不满，就向晋明帝上书请求可以让温峤出任左司马。温峤就假装十分勤勉恭敬，治理王敦府内的大小事情，而且经常私下里向王敦提出一些秘密的主意，以附合王敦的欲望。温峤又和钱凤进行深入的交往，为钱凤树立声望和名誉，常常说："钱世仪满身都是活力。"温峤一向具有善于知人、褒奖后进的美名，钱凤感到非常喜悦，就尽力和他交好。恰好碰到丹杨尹的职位出现空缺，温峤就向王敦进言说："丹杨尹负责京城的守备，这样的职位就像人的咽喉一样，是非常重要的，您应该自己遴选人才出任，我恐怕朝廷任命的人是不会尽心治理的。"王敦认为他说得十分正确，就询问温峤说："你认为谁可以出任呢？"温峤回答说："我认为没有谁比钱凤更适合了。"钱凤也向王敦推荐了温峤，温峤假装推辞，王敦不肯答应。六月，王敦就向晋明帝司马绍上表推荐温峤出任丹杨尹，并且让他在暗中窥察朝廷的动向。温峤担心自己离开以后，钱凤会从中挑拨离间加以阻止，就借王敦设置酒宴为他饯别的机会，站起来向所有参加的人敬酒，等来到钱凤面前的时候，钱凤还没有来得及喝酒，温峤就假装自己已经喝醉了，并且用手板打掉了钱凤包头发用的头巾，变了脸色说："钱凤你是什么样的人，我温太真敬的酒你竟然敢不喝？"王敦以为他喝醉了，就把双方劝解开。温峤在临走的时候，去向王敦告辞，悲伤得眼泪、鼻涕横流，先后三次出门以后又回来。他走了以后，钱凤就对王敦说："温峤和朝廷的关系非常密切，而且他和庾亮的交情也很深厚，是不可以相信的。"王敦说："温峤昨天喝醉了，对你说话的态度是有一点不礼貌，但是你怎么能够因此就这样说谗言陷害他呢？"温峤到了建康以后，就把王敦叛乱的阴谋全部禀告了晋明帝司马绍，请晋明帝预先做好防备，又和庾亮共同谋划讨伐王敦的计谋。王敦听说了这个消息以后，就非常生气地说："我竟然被这个小人给欺骗了！"他在给司徒王导的信里面说："温太真和我分别才几天的时间，就做出这样的事情！我要找人把他活捉回来，亲自把他的舌头拔掉。"

晋明帝司马绍打算要去讨伐王敦的时候，就此事去询问光禄勋应詹的意见，应詹表示赞同，晋明帝这才下定了决心。丁卯日（二十七日），晋明帝加封司徒王导为大都督，兼领扬州刺史；让温峤都督东安北部诸军事，和右将军卞敦防守石头，任命应詹为护军将军、都督前锋和朱雀桥南诸军事，郗鉴兼任卫将军、都督从驾诸军事，庾亮兼任左卫将军，又任命吏部尚书卞壶兼任中军将军。郗鉴认为军号对事实没有什么补益，坚决推辞，不肯接受加封，请求晋明帝征召临淮太守苏峻、兖州刺史刘遐共同讨伐王敦。晋明帝司马绍颁下诏书，征召苏峻、刘遐和徐州刺史王邃、豫州刺史祖约、广陵太守陶瞻等人一起护卫京城。晋明帝亲自带兵在中堂驻扎。

司徒王导听说王敦病得很严重，就率领子弟们为王敦发丧，众人以为王敦真的去世了，都感到志气昂扬。于是尚书传送诏书到王敦的幕府，罗列出王敦的罪状说："从来就没有一个宰相的继任不是由朝廷任命的，但是王敦却没有经过朝廷的允许，就擅自任命哥哥王含的儿子王应为自己的后嗣来继承自己的官职。这真是凶顽之徒相互奖掖，丝毫顾忌都没有；心怀不轨，想要窥伺国家的政权。幸好上天是不会让奸佞邪恶的人长寿的，王敦因此毙命；钱凤继承了王敦的凶恶奸邪，再一次煽动叛乱。现在皇上派遣司徒王导等人率领勇猛的士兵三万人，分十路分别进攻；平西将军王邃等人率领精锐的士兵三万人，由水、陆两路齐头并进；朕亲自统率各路大军，前去讨伐钱凤的罪行。有谁能够杀死钱凤，并将他的首级送来的，就会被册封为五千户侯。所有被王敦任命的文武官员，朕也一概不再过问，你们也不要在心里面有什么猜疑和隔阂，以免遭到诛灭。王敦的将士们，跟随王敦也有很多年了，远离自己的家乡，朕对你们非常怜悯。凡是家里只有一个男丁而没有兄弟前来参军的，都将你们遣返回家，而且终生不再征用；其余的人都许给三年的假期，等到假期完了回到朝廷以后，都将和宿禁值卫的士兵相同，按三分之二的比例轮休。"

王敦看到了诏书以后，非常生气，病情加重，无法亲自率领军队。就在王敦即将发动军队去攻打京城的时候，让记室郭璞卜筮吉凶，郭璞说："事情无法成功。"因为王敦一直以来都怀疑郭璞帮助温峤和庾亮，所以当他听到郭璞卜卦以后说不吉的时候，就问郭璞说："你再卜筮一下，看看我的寿命还有多长。"郭璞说："根据刚才的卦象推算，您如果发兵作乱，灾祸一定很快就会降临；如果您仍旧在武昌居住，寿命就没有办法预测。”王敦非常生气地说：“那你的寿命还有多长呢？”郭璞回答说：“我的寿命到今天中午就没有了。”王敦就把郭璞拘捕了，并把他斩杀了。

王敦派遣钱凤和冠军将军邓岳、前将军周抚等人率领军队向京城进攻。王含对王敦说：“这是我们自己家里的事情，你应该让我亲自前去。”于是王敦就任命王含为元帅。钱凤等人问王敦说：“等到事情成功的时候，怎么处置天子呢？”王敦说：“皇上还没有在南郊进行祭天，又怎么可以被称为天子呢？你们只管发动你们所有的兵力，保护东海王和裴妃就行。”然后王敦就以诛伐奸臣温峤等人的名义向晋明帝上疏。秋季，七月，壬申朔日（七月辛未朔，壬申日当为初二），王含等人率领水、陆两军一共五万人，很快就到达了江宁的秦淮河南岸，人们心里对这样的情况感到恐惧。温峤就把军队转移驻扎在秦淮河的北岸，把朱雀桁烧毁了用来暂时挫伤他们的锋头，王含等人没有办法过河。晋明帝司马绍想要亲自率领军队去攻击他们，听说温峤已经把渡桥烧毁了，感到非常生气。温峤说：“现在宿禁的士兵人数少，体力弱，征召的援军还没有抵达，如果让敌人攻打过来，将会使国家受到危害，那时连宗庙恐怕都无法保住，又何必吝惜一座桥呢？”

司徒王导给王含送去一封信说：“我最近听说大将军王敦病情严重，有人说王敦已经去世了。不久以前我才知道钱凤大加戒严，想肆行奸逆不道之事；我认为兄长应当抑制他们，让他们的阴谋不能得逞，让军队回去防守武昌，但是现在你竟然和这一群愚昧无知的人一起东下。兄长这一次的举动，是因为你认为能够做到如同大将军王敦当年做到的事情吗？从前奸佞的臣子败坏了朝廷的纲纪，人心不平，像我这样的人，也心存外念，以求自救。但是现在却不是这种情况。大将军王敦带兵在于湖驻扎以来，就渐渐失去了民心，君子们恐惧不安，百姓们劳累疲惫。在临终的时候，王敦还把重任委托给王应，王应断奶才有几天啊？再说就凭他现在的声望，便可以承担宰相的职位了吗？自从开天辟地以来，可有宰相的职位让小孩子去担任的吗？凡是有耳朵的人听说了这件事，都知道他将要做篡逆谋弑的事情，这绝不是身为臣子应该做的事情啊！先帝中兴大业，在民间遗留惠爱、仁慈；当今圣主司马绍聪颖明智，恩泽广布朝野。兄长你竟然这么轻易地就萌生了叛逆大节的念头，凡是身为臣子的人，有谁不为这件事愤慨！王导一门之内，无论男女老少都蒙受国家的厚恩大德，对于今天的事情，我不会有丝毫的顾忌，明目张胆地出任六军的统帅，我宁愿做一个忠臣战死，也不愿意做一个无赖汉苟且偷生。"王含没有给他回复。

有人认为："王含、钱凤等人的军队人数和战斗力都要强出王师百倍，苑城不仅小，城池也不够坚固，所以应该在他们还没有摆好阵仗之前，皇帝就应大驾亲自出去抵御敌人。"郗鉴说："那群叛徒，恣意放纵，来势凶猛，不可抵挡，我们只能用谋略来战胜他们，难以用武力和他们较量。而且王含等人对军队发出的号令无法统一，相继掠夺与抢劫，官吏百姓们有鉴于他们往年凶残暴虐地掠夺资财，人人都各自进行防守。我们只需要利用我们顺应民心、他们违逆民心的情势，何必担心我们不能战胜他们？同时，贼人丝毫没有经营天下的谋略和长远的设想，只是依恃着驰骤飘忽，像野猪奔突一样盲目地作战；对战的时间长了，一定能够启导义士们的忠心，使他们的智慧和力量能够施展出来。现在如果以我们弱小的力量，去对抗那些强横的贼寇，还希望我们能够在极短的时间内就决定胜负，万一发生什么意外的失误，即使我们拥有像楚国的大夫申包胥这样的人，能够基于正义赴难救援，但是那对于已经造成的事实又有什么补益呢？"晋明帝司马绍这才罢休。

晋明帝率领诸军在南皇堂驻扎。在癸酉日（初三日）的夜里，晋明帝召募壮士，派遣将军段秀、中军司马曹浑等人率领一千士兵率先渡过秦淮河，在敌人还没有进行防备的时候就隐蔽起来。天即将亮的时候，两军在秦淮河以南的越城交战，晋明帝司马绍的军队打败了他们，并且把他们的前锋大将何康斩杀了。段秀，是段匹磾的弟弟。

王敦听说王含战败了，就非常生气地说：“我的这个哥哥，只是个老奴婢罢了！门庭衰落，大势已经去了。”然后王敦就回过头来对参军吕宝说：“我要尽力起行。”然后就要起来，但是他的力气不够，只好又躺下去。于是王敦就对他的舅舅、少府羊鉴和王应说：“我去世以后，王应就马上即位，首先把朝廷的文武百官设立好，然后再办理安葬我的事情。”没有多久时间，王敦就去世了，王应把这件事隐瞒了下来，没有把这个消息公开，用草席把尸体包裹起来，在外面涂上蜡，把王敦的尸体埋在了议事厅里面，和诸葛瑶等人一起日夜喝酒作乐。

晋明帝派遣吴兴人沈桢去说服沈充倒戈，许下承诺让他出任司空。沈充说：“三公的官职，是众人共同敬仰的职位，担负着如此重大责任的官职，又哪里是我能够去担任的呢？贵重的礼物，阿谀的言语，正是古人所畏惧的。况且男子汉大丈夫和别人一起做事，就应该始终同心，怎么可以中途改变心意，其他的人谁还肯容纳我呢？”随即就发兵攻打建康。当时宗正卿虞潭因为生病而回到了会稽，听到了这个消息以后，就在馀姚发兵去讨伐沈充。晋明帝任命虞潭兼任会稽内史。前安东将军刘超、宣城内史钟雅也都发兵讨伐沈充。义兴人周蹇把王敦任命的太守刘芳杀死了，平西将军祖约把王敦任命的淮南太守任台驱逐了出去。

沈充率领一万多士兵前去和王含的军队会合，司马顾飏游说沈充说：“现在即将要开始起事了，而皇上司马绍已经扼守住了咽喉要地，士兵们锋锐的士气受到了挫折而感到沮丧，交战相持得时间久了，我们一定会遭遇到失败的祸患。现在如果把秦淮河上的栅栏破开、河塘开决，借用玄武湖的水灌注到京城，然后趁着水势，率领水军坐着快船前去进攻，这是上等的策略；如果凭借着军队刚刚抵达的锐利士气，联合东、西两路军队的兵力，分十路同时进攻，这样我们兵士众多，敌人寡少，双方人数相差超过一倍，按理一定摧毁敌军，这是中等的策略；转换祸患为福气，以共同计议大事为借口把钱凤召来，趁这个机会把他斩杀了，然后向朝廷投降，这是下等的策略。”但是沈充一个都没有采用，顾飏便逃回到了吴地。

丁亥日（十七日），刘遐、苏峻等人率领一万精锐的士兵抵达了，晋明帝在夜间接见了他们，并且犒劳了他们，将士们各按等秩均有赏赐。沈充、钱凤想要趁着北方的军队刚刚抵达，身体疲惫劳累，袭击他们。乙未日（二十五日）的晚上，沈充、钱凤从竹格渚渡过淮河。护军将军应詹、建威将军赵胤等人率领士兵进行抵御，但是没有取得成功，沈充、钱凤到了宣阳门以后，就把栅栏拔掉，正要交战，刘遐、苏峻就率领士兵从南塘侧面进行攻击，战胜了沈充、钱凤的军队，有三千多人掉到水里面被淹死了。刘遐后来又在青溪这个地方打败了沈充。寻阳太守周光听说王敦起兵了，就率领了一千多人赶来。到了以后，周光求见王敦。但是被王应以王敦病重为名拒绝了。周光退下以后说："现在我远道而来却不能够见到王敦，难道他已经死了吗？"于是他就立刻去见他的哥哥周抚说："王敦已经死了，哥哥你为什么还要和钱凤一起做叛贼呢？"大家都感到非常吃惊。

丙申日（二十六日），王含等人把营帐烧毁，连夜逃走。丁酉日（二十七日），晋明帝司马绍回到了皇宫，下令大赦天下，只有王敦的同党不在被赦免的人员里面。晋明帝颁下诏书命令庾亮督率苏峻等人追击逃到吴兴的沈充，温峤督率刘遐在江宁追击王含和钱凤，并分别命令其他将领追捕王敦的同党。刘遐的士兵不少都在放肆地掳掠抢夺，温峤就责备他说："上天只会帮助顺应天道的人，所以王含才会被剿灭，你又怎么可以乘着这个混乱的时候而作乱呢？"刘遐惊惶恐惧，连连向他下拜谢罪。

王含打算逃到荆州，王应说："不如去江州。"王含说："大将军王敦平时和江州刺史王彬的交情怎么样，你怎么会想要去投奔他呢？"王应说："这是因为到那里合适啊。江州刺史王彬在别人势力强盛的时候，能够坚持不同的立场，这不是一般的人能够比得上的。现在看到我们遭受困厄，他一定会对我们产生怜悯同情的心理。荆州刺史王舒循规蹈矩，又怎么会有超出常规的行事呢？"王含没有采纳王应的意见，于是他就逃奔去了荆州。王舒派遣军队前去迎接他们，把王含父子沉到江水里面淹死了。王彬听说王应要来，便秘密地准备了船只等待他们到来；王应没有来，王彬为此感到深深的遗憾。钱凤逃到阖庐洲，周光把他斩杀了，就自己前往朝廷请求赎罪。沈充逃奔的时候迷失了道路，误入了自己的旧将吴儒的家里。吴儒引诱沈充进入墙壁中间的夹层里面，然后就笑着对沈充说："我可以被册封为三千户侯了。"沈充说："你如果顾及以往的情义保全我，我家人一定会给予你丰厚的答礼；但是如果你为了私人利益把我杀了，我死了以后，你的家族也会被灭绝的。"吴儒还是把他杀了，并且把他的首级传送到了建康。王敦的同党到了这时全部被平定了。沈充的儿子沈劲本来应当连坐被诛杀，和他同乡的钱举把他藏匿了起来，他这才幸免于难。后来，沈劲把吴儒全族灭绝了。

朝廷的官吏把埋葬王敦的地方挖开了，把他的尸体拖了出来，并且把他的帽子和衣服也都焚烧了，把他摆成跪姿，将他的头斩了下来，和沈充的头一起悬挂在朱雀桁。郗鉴对晋明帝说："以往朝廷诛杀杨骏等人，都是先对他们施加公家的刑罚，然后就任凭私人去进行安葬。我认为君王的刑罚表现了公理，私人的道义则体现了私交，您应该听任王敦的家里人前来对王敦进行埋葬，从义理来说更为宽大。"晋明帝答应了他的请求。司徒王导等人都因为讨伐王敦立下了功劳，各自得到了晋明帝的封赏。

周抚和邓岳一同逃亡，周光想要资助哥哥而只是逮捕邓岳。周抚非常生气地说："我和邓伯山一起逃亡，你为什么不先把我斩杀了呢？"正好邓岳到来，周抚出门远远地对他说："你还不赶快离开！现在就连亲骨肉都还想要加害，更何况是其他的人呢？"邓岳调转船头，和周抚一起逃到西阳的蛮中。第二年，晋明帝颁下诏令宽恕了王敦的同党，周抚、邓岳主动出来自首，才得以免除他们的死罪，但是还是被禁锢了起来。

原来的吴内史张茂的妻子陆氏，把自己所有的家产都拿了出来，率领张茂的部队充当先驱去讨伐沈充，以报她的丈夫被沈充杀害的仇恨。在打败了沈充以后，陆氏就前往京城向晋明帝上书，为张茂守郡的时候临敌不胜向晋明帝谢罪。晋明帝颁下诏令授予了张茂太仆的官衔。

有关部门向晋明帝上奏说："王敦的亲族王彬等人，都应当削除他们的名籍，并且取消他们原有的官职。"晋明帝颁下诏令说："司徒王导基于国家大义把自己的亲族诛灭了，他的后人即使犯有过失，还要宽恕百代，何况王彬等人还都是王导的近亲呢！"所以所有人都没有加以查问。

晋明帝颁下诏令说："把王敦的重要党羽削除名籍，革除王敦让他们出任的官职，其余僚属禁锢不用。"温峤向晋明帝上奏疏说："王敦固执自负，不讲仁义，个性残暴，喜好杀戮，这是朝廷制约不了的，是骨肉至亲不能够劝谏阻止的；在他幕府里面的人，长期畏惧着危险和死亡，所以那些士人们都不敢发表自己的言论，即使在途中相遇也只敢用眼睛互相看看，实在是贤人君子们遭遇了道义终结、时运不顺，只能安静地等待他恶贯满盈的时候。探究他们的内心深处，又怎么能够安然处之呢？诸如陆玩、刘胤、郭璞等人常常和我交谈，所以我对他们了解得很详细。如果他们真的是帮助或者引导王敦去做凶恶叛逆事情的人，您自然应当对他们根据律法严惩不贷；但是如果不是出于他们的本心，而是由于王敦的威胁和逼迫而委屈地陷身于奸党里面，那么您就应该宽恕他们犯下的罪行。我将陆玩等人的真实情况，禀报给皇上您听，本来应该承受和贼人同流合污的罪责；只是如果我沉默不把实情说出来，就实在是对不起他们的用心，我希望皇上您可以仁慈圣明地去裁决这件事情。"郗鉴认为先王设置有关君臣关系的条令，主要的目的就在于能够让臣子严守节操，为节义牺牲。辅助王敦的那些官吏们，虽然大多数都是由于遭到了王敦的逼迫，但是他们既不能阻止他叛逆的阴谋，又不能脱身逃到远处去，根据以往的典则，应该责罚他们没有君臣大义的罪过。最后晋明帝采纳了温峤的建议。

冬季，十月，晋明帝司马绍任命司徒王导为太保，兼任司徒，以特殊的礼仪对待他，西阳王司马羕兼领太尉，任命应詹为江州刺史，刘遐为徐州刺史，让他代替王邃镇守淮阴，任命苏峻为历阳内史，加封庾亮为护军将军，任命温峤为前将军。王导坚持辞谢，不肯接受晋明帝的任命。应詹到了江州以后，官吏和百姓尚且没有安定下来，应詹就抚慰他们，关怀他们，众人没有一个对他不心悦诚服的。

十二月，凉州的将领辛晏占据了枹罕县进行防守，不肯归服张骏，于是张骏就打算去讨伐他。从事刘庆劝谏他说："霸王的军队，必须天时和人事相互配合，然后才能出动军队。辛晏凶狠、狂妄、残忍，没有道义，他的灭亡是必然会发生的事情，您又何必要在饥荒的年月大举兴兵，在严寒的冬天进攻城池呢？"张骏这才作罢。

张骏派遣参军王骘访问前赵国，前赵主刘曜对他说："你们竭诚与我和好，你能保证这一点吗？"王骘说："我不能保证。"前赵国侍中徐邈说："你前来和我国结盟交好，却又说不能保证，这是为什么呢？"王骘说："齐桓公在贯泽和天下诸侯结盟的时候，忧心忡忡，诸侯们没有等到齐桓公的召请，就自动地前来参加；等到齐桓公在葵丘和诸侯们会盟的时候，自恃功高，盛气凌人，结果有九个国家叛变了联盟。赵国的教化，如果能够一直和现在一样，我就可以保证；但是如果政治教化衰微，就连身边的变化都无法察觉出来，更何况是我们呢！"刘曜说："这个人是凉州的贤人君子啊！张骏选择这个人出任使者，可以说是选对人了！"于是刘曜就赠送了一份厚重的礼物给他，然后就让他回去了。

这一年，代王贺傉开始亲自处理国家政事，因为大多数的下属部落不听从他的号令，代王贺傉就在东木根山修筑了一座城池，搬迁到那里居住。

太宁三年（乙酉，公元325年）

春季，二月，张骏知道了晋元帝的死讯，为晋元帝隆重哀吊了三天。刚好碰到嘉泉出现了一条黄龙，汜祎等人就请求张骏更改年号以彰显吉祥，但是张骏不允许。辛晏用枹罕县来向晋明帝投降，张骏又把黄河以南的地区收复了。

晋明帝授予因为王敦的叛乱而去世的谯王司马承、甘卓、戴渊、周顗、虞望、郭璞、王澄等人官爵。周札以前的下属为周札向晋明帝申诉冤屈，尚书卞壶议论这件事情的时候认为："周札在石头城进行防守的时候，把城门打开让敌人进入城中，不应当授予他谥号。"司徒王导却认为："往年的事情，王敦奸邪叛逆的行为没有表现出来，就连我们这样的有识之士，在刚开始的时候都没有察觉到，和周札没有什么不同；等到我们察觉了王敦的奸邪以后，周札便为国献身，不久就被王敦杀害了。我认为他应该得到和周顗、戴渊同样的待遇。"郗鉴认为："周顗、戴渊都是固守节操，为国而死；周札接纳敌人进入城中，如果因为所做的事情不同，但是得到的奖赏却是一样的，又怎么可以励劝忠臣，阻止奸党呢？按照司徒的提议，往年有见识的人刚开始都和周札没有什么区别，那么，谯王司马承、周顗、戴渊都应该受到责罚，哪里还应该授予他们谥号呢？既然现在这三位大臣已经受到了皇上的褒奖，那么周札应该受到责罚也是很明显的了。"王导说："周札和谯王司马承、周顗、戴渊，虽然他们表现出来的形式有所不同，但是都做到了身为臣子的人应该尽到的节义。"郗鉴说："王敦打算叛逆的阴谋，已经谋划了很长时间了，由于周札把城门打开让敌人进入城中，使陛下军队的士气无法振作。如果王敦过去所做的事情，在道义上和齐桓公、晋文公一样，那么先帝不就变成周幽王、周厉王那样的人了吗？"但是晋明帝最终还是采纳了王导的建议，授予周札卫尉的官衔。

后赵王石勒授予了宇文乞得归官爵，派他去进攻慕容廆。慕容廆派遣世子慕容皝、索头、段国一起去进行抵御，任命辽东相裴嶷为右翼，慕容仁为左翼。宇文乞得归占据了浇水抵御慕容皝，并且派遣他的哥哥的儿子宇文悉拔雄去抵抗慕容仁。慕容仁攻击宇文悉拔雄，把他斩杀了，然后乘胜和慕容皝联合起来一起去攻击宇文乞得归，打败了他。宇文乞得归把军队丢下逃走了，慕容皝和慕容仁进入了他的都城，派遣轻便的部队去追击宇文乞得归，越过了他的国土有三百多里才返回，获得了他的都城里面全部的重要的宝物，得到的畜产甚至可以用百万来计算，百姓向他投降、归顺的有几万人。

三月，段末柸去世了，他的弟弟段牙即位。

戊辰日（初二日），晋明帝册立皇子司马衍为太子，下令大赦天下。

前赵主刘曜册立刘氏为皇后。

北羌王盆句除归附了前赵，后赵的将领石佗从雁门经上郡去攻击他，俘虏了三千多个部落，获得了一百多万只牛、马、羊返回。前赵主刘曜派遣中山王刘岳去追击他们，刘曜的军队在富平驻扎，为刘岳声援，刘岳和石佗在黄河沿岸交战，刘岳把石佗斩杀了。后赵的士兵一共死了六千多人，刘岳全部夺回了被石佗掳去的百姓和家畜以后返回。

杨难敌去攻打仇池，把仇池攻取了。杨难敌逮捕了田崧，让人把他带到自己的面前，左右的人命令田崧向杨难敌跪拜，田崧瞪着眼睛叱骂他们说："你们这些氐狗！哪里有身为天子的官员却向叛贼跪拜的道理！"杨难敌对他说："田子岱，我打算和你共同建立国家大业，你可以忠于刘氏，为什么就不可以忠于我呢？"田崧面色严厉地大声说："氐族贼人，你本来只是奴才，还谈什么大业？我宁愿做前赵国的死鬼，也不做你的臣子。"回身推开行列中的一个人，把他的剑夺了过来，就上前去刺杀杨难敌，但是没有刺中，杨难敌就把他杀了。

都尉鲁潜占据许昌而叛变，向后赵投降。

夏季，四月，后赵的将领石瞻在邹山攻击兖州刺史檀斌，把他杀了。

后赵的西夷中郎将王腾把并州刺史崔琨、上党内史王昚都杀死了，占据了并州，向前赵投降。

五月，晋明帝司马绍任命陶侃为征西大将军，都督荆、湘、雍、梁四州诸军事，荆州刺史，荆州的百姓们相互庆贺。陶侃这个人聪明机智，做事谨慎勤劳，整天盘膝端坐在那里办理公务，对于军府里面的许多事情，他都检查管理得非常周到，丝毫遗漏都没有，一刻的闲暇都没有过。陶侃常常告诉别人说："大禹这样的圣人，尚且还会珍惜每一寸的光阴，至于我们这些一般人，就更应当珍惜每一分的光阴，又怎么可以只是追求安逸享乐，荒唐醉酒呢？活着的时候，对于当世没有一点贡献；死了以后，也没有给后世留下什么声誉，这就是自己糟蹋放弃自己啊！"那些为他办事的参佐幕僚们，有的因为谈笑游戏把工作耽误了，陶侃就命令把他们喝酒的器皿和赌博下棋的工具，全部投到了江水里面，耽误工作的将吏们则加以鞭打责罚并且教训他们，说："赌博不过是那些放猪的奴才们玩的游戏。老子、庄子的学说虚浮不切实际，并非先王可以用作典则的言论，不利于实际的使用。君子应当端正自己的仪容，怎么可以披散着头发，光着脚板，却认为自己才识宏大畅达呢？"有人送东西给他，他一定会询问对方这东西是从哪里得来的，如果是依靠自己努力工作所得到的，即使价值非常薄弱，也一定会欢欢喜喜地收下，并且回敬他超出两三倍价值的物品；如果不是通过正当的手段得到的，就会严词厉色地呵斥和责骂，坚决退还。有一次陶侃到郊外游玩，看到一个人手里拿着一把还没有成熟的稻子，陶侃就询问他说："你拔下这些稻子要用来做什么呢？"那个人回答说："我只是走在路上的时候看到了，随便摘下来玩玩罢了。"陶侃就非常生气地说："你不亲自进行耕作，竟还去随便毁坏别人的稻子拿来玩！"然后就把那个人抓起来用鞭子抽打他。所以老百姓们都很勤奋地进行耕作，家家都不缺乏粮食，人人生活富足。有一次陶侃制造船只，剩下来的那些不能用的木屑和竹头，陶侃都命令管事的人登记在簿籍上面收藏了起来，别人都不明白这些东西还会有什么用处。后来元旦群臣朝会，恰好碰到积雪以后天开始放晴，中庭前面残留的积雪仍然让地面十分潮湿，陶侃就命令人把那些木屑拿出来铺在地上。等到桓温去讨伐蜀地的时候，又用陶侃所贮存的竹头做钉子装配船只。陶侃治理事务仔细且缜密，一直都是这个样子。

后赵的将领石生在洛阳驻兵，侵犯并且抢掠了黄河以南的地方，司州刺史李矩和颍川太守郭默的军队多次战败，又缺乏粮食，于是他们就派遣使者请求可以依附前赵。前赵主刘曜就派遣中山王刘岳率领一万五千士兵赶去孟津，派遣镇东将军呼延谟统率荆、司两州的兵众从崤山、渑池向东进发，想要和李矩、郭默会合，共同去攻打石生。刘岳打败了在孟津、石梁两地防守的士兵，斩获首级五千多个，他们又进军把石生围困在了金墉。后赵的中山公石虎率领步兵和骑兵四万人，从成皋关入内，和刘岳在洛阳以西的地方交战。刘岳的军队战败了，就连刘岳也被流箭射中，后退到石梁进行防守。石虎挖掘了壕沟，修筑栅栏，从四面把刘岳围困住，使内外隔绝。刘岳率领的士兵非常饥饿，就把战马杀掉吃了。石虎又去攻击呼延谟，把他斩杀了。前赵主刘曜亲自率领军队赶去救援刘岳，石虎率领三万骑兵迎战，前赵的前军将军刘黑攻击驻守八特阪的石虎部将石聪，战胜了他。刘曜在金谷驻兵，夜里，军队无缘无故地突然发生了惊乱，士兵们奔逃溃乱，于是刘曜就退到渑池驻军；到了夜间军中再次发生了惊乱，士兵溃散，刘曜就返回了长安。六月，石虎攻取了石梁，俘虏了刘岳和他的将领、辅佐的谋士一共有八十多人，以及三千多个氐族、羌族的士兵，石虎把他们都送到了襄国，坑杀了刘岳的士兵九千多人。石虎随即又去并州攻打王腾，他把王腾逮捕斩杀了，并坑杀王腾的士兵七千余人。刘曜回到长安，穿上素服在郊外停驻，哭吊了七天以后才进城，并且因为愤怒而生病了。郭默又被石聪打败了，他把自己的妻子儿女丢下，向南逃回了建康。李矩的将士们私下密谋背叛向后赵投降，李矩没有力量镇压，也率领士兵逃回了南方，士兵在路上都逃走了，只有郭诵等一百多个人一直跟随着他，李矩到了鲁阳县就死了。李矩的长史崔宣率领他剩余的两千多个士兵向后赵投降。就这样司州、豫州、徐州、兖州四州的土地，全部都被归于后赵，与东晋以淮水为界限。

前赵主刘曜任命永安王刘胤为大司马、大单于，改封他为南阳王，让他在渭城修置单于台，他的左、右贤王以下的官吏，都由胡族、羯族、鲜卑族、氐族和羌族的豪杰人士出任。

秋季，七月，辛未日（初七日），晋明帝司马绍任命尚书令郗鉴为车骑将军，都督徐州、兖州、青州三州诸军事，兼任兖州刺史，镇守广陵。

闰月，晋明帝任命尚书左仆射荀崧为光禄大夫、录尚书事，任命尚书邓攸为左仆射。

右卫将军虞胤，是元帝司马睿元敬皇后的弟弟，他和左卫将军南顿王司马宗都是晋明帝司马绍所亲近信任的官员，主管禁卫的军队，在皇宫里面供职，他们招纳了很多的勇士，作为自己的党羽。就连王导、庾亮都对他们有所顾忌，经常为了这件事向晋明帝进言，但是晋明帝对待他们却愈来愈亲密，就连宫门的钥匙，也全部交给他们，让他们管理。晋明帝司马绍卧病在床，庾亮在夜里要向晋明帝进言，就去向南顿王司马宗要宫门钥匙，司马宗却不给他，并且大声责骂庾亮派遣去的人说："这里是你家的门户吗？"庾亮因此对他更加愤恨。等到晋明帝司马绍病重了，不想接见任何人，群臣没有一个可以进入皇宫。庾亮怀疑司马宗、虞胤以及司马宗的哥哥西阳王司马羕有叛乱的阴谋，就直接推开宫门进入皇宫，登上御床，看到晋明帝的时候，庾亮就流着眼泪，向晋明帝述说司马羕和司马宗等人谋划废黜大臣，自己请求辅佐朝廷，庾亮向晋明帝请求废黜驱逐他们，但是晋明帝没有接受他的请求。壬午日（十九日），晋明帝让太宰司马羕、司徒王导、尚书令卞壶、车骑将军郗鉴、护军将军庾亮、领军将军陆晔、丹杨尹温峤，共同接受了辅佐太子的遗诏，轮流进入皇宫率领禁军侍卫。晋明帝又任命卞壶为右将军、庾亮为中书令、陆晔为录尚书事。丁亥日（二十四日），晋明帝颁布了遗诏，戊子日（二十五日），晋明帝驾崩了。晋明帝司马绍聪明敏慧，机警果断，所以才能够以衰弱的国势制服强横的异族，诛灭了叛逆的臣子王敦，使晋朝的基业重新恢复了安定。

己丑日（二十六日），太子司马衍即位，当时只有五岁。群臣要把国玺进献给继位的国君，司徒王导因为生病没有前来。卞壸在上朝的时候表情端正严肃地说："王导难道还算是辅佐国君的大臣吗？先皇明帝司马绍尚未得到安葬，继位的皇上司马衍也还没有即位，现在哪里是身为臣子的以有病为由辞谢不到的时候啊！"王导听到了他说的这番话以后，就勉强拖着病躯坐车赶到。晋成帝司马衍下令大赦天下，提升文武官员两级职位。尊奉庾后为皇太后。

群臣因为晋成帝司马衍幼弱，就向太后上奏表请求太后依照汉代和熹皇后的例子临朝听政，暂代国君处理政事；太后先后四次推辞谦让，最后才遵从了群臣的意见。秋季，九月，癸卯日（十一日），太后上朝暂代国君处理政事。任命司徒王导为录尚书事，和中书令庾亮、尚书令卞壸共同辅佐朝政，然而，政事的要旨都由庾亮决定。太后加封郗鉴为车骑大将军，陆晔为左光禄大夫，都是开府仪同三司。任命南顿王司马宗为骠骑将军，虞胤为大宗正。

尚书召任乐广的儿子乐谟为郡中正，庾珉的族人庾怡为廷尉评，乐谟和庾怡两人都以遵从父亲的命令为理由不肯就任。卞壸就上奏说："人们如果没有父亲就不会诞生，官职如果没有事情就不会设立；有父亲就必定会有父亲的命令，出任官职就必定会有需要忧虑的事情。如果每一个家庭都把自己的子女看成私人的财产，那么，做君王的就没有臣民了，君臣之间的礼义也就废弛了。乐广和庾珉都曾经在圣朝受到过宠信，他们的身体已经不是自己所有的了，更何况到了他们的后嗣的身上，又怎么可以私人专占呢？所任命的职务，如果都能够顺从自己的私心，那么被任命去作战和戍守边境的官员的父母们，都应当命令他们的儿子不要去上任。"乐谟和庾怡没有办法，只好分别前去就任。

辛丑日（初九日），把晋明帝司马绍安葬在了武平陵。

冬季，十一月，癸巳朔日（初一），发生了日食。

慕容廆和段氏刚刚和睦，为段牙谋划，让他迁移都城。段牙采纳了他的建议，马上就离开了令支，国内的百姓都不乐意。段疾陆眷的孙子段辽想要篡夺段牙的权位，就把迁移都城的事情作为段牙的罪状，十二月，段辽率领国人攻打段牙，把他杀了，段辽自立为王。段氏自从段务勿尘以来，势力一天比一天强盛，其土地西边连接着渔阳，东边以辽水为边界，统领着三万多户的胡人和晋人，有四五万能拉弓射箭的骑兵。

荆州刺史陶侃因为宁州刺史王坚不能抵御敌寇，这一年，陶侃就向晋成帝司马衍上奏表请求晋成帝任命零陵太守南阳人尹奉为宁州刺史代替王坚。早一点的时候，王逊在宁州任职，蛮族首领梁水太守爨量、益州太守李逖，都叛变了晋朝归附了成汉。王逊就去讨伐他们，没有取得胜利。尹奉到了宁州以后，出重金招募外夷去刺杀爨量，把他杀死了，尹奉又劝谕李逖归降，宁州境内这才算安定了下来。

代王拓跋贺傉去世了，他的弟弟拓跋纥那继位。

显宗成皇帝上之上

咸和元年（丙戌，公元326年）

春季，二月，晋成帝下令大赦天下，更改年号为咸和。

前赵任命汝南王刘咸为太尉、录尚书事，光禄大夫刘绥为大司徒，卜泰为大司空。刘后生病了，前赵主刘曜问她还有什么话想要说，刘氏哭泣着说：“我自幼便由叔父刘昶养育，我希望陛下可以重用他；叔父刘皑的女儿刘芳品德容貌都出色，我希望陛下可以让她备列后宫。”刘后说完这些话就死了。刘曜任命刘昶为侍中、大司徒、录尚书事，册立刘芳做皇后；没有多久刘曜又任命刘昶为太保。

三月，后赵主石勒在夜里穿着便服外出巡视，检视巡查各个营帐守卫，他给看守营门的人送去金帛进行贿赂，请求让自己出去。永昌门候王假正要将他逮捕收押，因为随从的到来，才停止了。天亮的时候，石勒将王假传召过来，任命他为振忠都尉，并且给他封爵为关内侯。石勒召见记室参军徐光，徐光因为喝醉了酒，没有前来，石勒就将他贬为了牙门。徐光当值侍卫的时候，面带愤怒埋怨的神色，这让石勒感到非常生气，于是石勒就把他和他的妻子儿女一起囚禁了起来。

夏季，四月，后赵的将领石生入侵汝南，把内史祖济抓了起来。

六月，癸亥日（初五日），泉陵公刘遐去世了。癸酉日（十五日），晋成帝司马衍任命车骑大将军郗鉴兼任徐州刺史；征虏将军郭默为北中郎将、监察淮北诸军事，兼领刘遐的军队。刘遐的儿子刘肇年纪还小，刘遐的妹夫田防以及刘遐以前的部下史迭等人不愿意接受他人的统率，一起让刘肇继承刘遐原本的爵位，后来又叛变了。临淮太守刘矫偷袭刘遐的军营，把田防等人都斩杀了。刘遐的妻子，是邵续的女儿，骁勇果断，颇有她父亲的作风。刘遐曾经被后赵的士兵围困，他的妻子就单独率领了几名骑兵，从成千上万的士兵里面把刘遐救了出来。在田防等人企图作乱的时候，刘遐的妻子就去阻止他们，但是没有成功，于是刘遐的妻子就暗中点火，把全部的铠甲和兵器都烧光了，所以田防等人最终失败了。晋成帝司马衍颁下诏令让刘肇继承了刘遐泉陵公的爵位。

司徒王导称自己有病不去上朝，但是私底下去送别郗鉴。卞壶向晋成帝司马衍上奏疏说："王导不遵守王法，顺从私情，丧失了身为大臣应该具备的节操，我请求皇上罢免他的官职。"虽然这件事情中止下来，并没有按照他的意见进行处理，但是朝廷里面所有的臣子都很害怕他。卞壶节俭朴素，清白廉洁，对事情的裁断贴切正直，任官实干，但是性情不够宽厚，不肯随便地趋同当时的俗流，所以受到许多名士的轻视。阮孚对他说："你常常没有悠闲安定的时候，就好像嘴里面含着瓦砾石头一样，难道不觉得劳累吗？"卞壶说："各位君子以道德宽大，举止潇洒，品格清高，相互尊敬崇尚，那么表现庸俗、贪鄙的人，不是我卞壶还能有谁呢？"当时的王公子弟，大多数都仰慕王澄、谢鲲的放荡旷达，卞壶在上朝的时候，面色严厉地说："违背礼义，有伤教化，真的是没有比这个更大的罪过了；西晋中途的倾覆，实在就是这个理由造成的啊！”卞壶还想要上奏疏给朝廷，请求治理他们的罪过，王导、庾亮不肯采纳，这才停止了。

成汉人讨伐越巂人斯叟，把他打败了。

秋季，七月，癸丑日（二十五日），观阳烈侯应詹去世了。

起初，王导辅佐政事，因为他的宽厚顺德，众人对他十分信服。等到庾亮辅佐政事的时候，依照法令对事务进行裁断，很失人心。豫州刺史祖约，自认为自己的辈分，并不在郗鉴、卞壶的下面，却没有被列入辅佐幼主的大臣当中，他又希望自己能够得到开府之号，也没有实现，他向晋成帝司马衍上表请求的事情，大多数也没有得到允许，于是他心里面就满怀怨恨和失望。等到晋明帝司马绍的遗诏褒扬和进封大臣的时候，又没有祖约和陶侃，于是他们两个人就都怀疑是庾亮把他们两个人的名字删除了。历阳内史苏峻，为国家立下了功劳，渐渐地有了显赫的威望，拥有精锐的士兵一万人，兵器也非常精良，于是朝廷把长江以外交付给了他；但苏峻颇有骄纵之心，轻视朝廷，招纳亡命之徒人数日多，都依靠国家供给生活的物资，运送粮食的船只接连不断，稍微有一点不如意的事情发生，就毫无顾忌地说一些愤恨的话，肆无忌惮地斥骂。庾亮既怀疑苏峻和祖约的忠心，又畏惧陶侃深得人心，八月，晋成帝司马衍任命丹杨尹温峤为江州刺史、都督江州诸军事，镇守武昌；尚书仆射王舒为会稽内史，用来扩大自己的声势和援助，同时还修筑石头城用来防备他们。

丹杨尹阮孚因为太后上朝代理皇上处理政事，政事都由晋成帝司马衍的舅族决定，就对自己亲近信任的人说："现在江东朝廷创业的时间没有多长，皇上年纪幼小，创立的基业还不够深厚，时局艰难，庾亮年轻，他的德行和信誉，都尚且不能使国人信服，根据我的看法，祸乱将要发生。"于是阮孚就向晋成帝上书请求把自己调去出任广州刺史。阮孚，是阮咸的儿子。

冬季，十月，晋成帝司马衍册立自己母亲的弟弟庾岳为吴王。

南顿王司马宗自以为丢失了官职，所以心怀怨恨，再加上他又一向和苏峻要好，庾亮就想要把他诛杀了。司马宗也想要废黜庾亮，自己执政。御史中丞钟雅向晋成帝弹劾司马宗图谋造反，庾亮就派遣右卫将军赵胤去逮捕他。司马宗率领士兵拒捕，和赵胤交战，被赵胤杀死了，他的族人也受到连累，被贬黜改姓为马氏，他的三个儿子司马绰、司马超、司马演都被废为平民。庾亮又罢免了太宰西阳王司马羕，把他的封爵降低为弋阳县王，大宗正虞胤被降职为桂阳太守。司马宗，是皇室的近亲；司马羕，是先帝的太保、太傅，庾亮却轻易地杀戮和废黜他们，因此更加失去了众人之心。司马宗的同党卞阐逃奔到苏峻那里，庾亮给苏峻送去朝廷的符信，命令苏峻把卞阐送来，苏峻保护匿藏，不把他交给朝廷。司马宗被杀之事，晋成帝并不知道，过了很长时间以后，晋成帝询问庾亮说："往常看到的那个白头公在什么地方呢？"庾亮回晋成帝说因为他图谋造反，已经被诛杀了。晋成帝就哭泣着说："舅舅说别人图谋造反，便轻易地把他杀了；要是别人说舅舅图谋造反，应该怎么办呢？"庾亮恐惧得脸色都变了。

前赵的将领黄秀等人侵犯酂县，顺阳太守魏该率领着众人逃到襄阳。

后赵王石勒采用了程遐的计谋，营建邺地宫室，派遣世子石弘镇守邺，分配了一万禁卫军给他，还把车骑将军所统率的五十四个营也全部分配给他，并且派遣骁骑将军兼领门臣祭酒王阳专门统率六夷来辅佐他。中山公石虎认为自己立下了很多功劳，所以并没有离开邺的想法，等到修建三台的时候，石弘让石虎把他的家族迁移走，石虎因此便怨恨程遐。

十一月，后赵石聪攻打寿春，祖约多次向晋成帝上奏表请求朝廷派军队援救，但是朝廷不肯为他出兵。石聪于是就侵入了逡遒、阜陵，杀死、抢劫了五千多人。建康朝廷里的官员为此非常震惊，晋成帝颁下诏书加封司徒王导为大司马、假黄钺、都督中外诸军事去抵御石聪，在江宁驻扎军队。苏峻派遣他的将领韩晃进攻石聪，把他赶走了。王导解除了大司马的官职。朝廷官员议论又想兴修涂塘来遏止胡人的入侵掠夺，祖约说："这是弃我不顾啊！"对朝廷更加心怀愤恨。

十二月，济岷太守刘闿等把下邳内史夏侯嘉杀死了，占据下邳叛变，向后赵投降。石瞻在郏城攻打河南太守王瞻，把郏城占领了。彭城内史刘续又占领了兰陵石城，石瞻前去攻打，把兰陵石城攻取了。

后赵王石勒任命牙门将王波为记室参军，典掌评定九流高下，并且开始设立秀才和孝廉来考试经学的制度。

张骏畏惧赵人的逼迫，就在这一年，把陇西、南安的两千多户居民迁徙到了姑臧，又派遣使者向成汉修好，并且写信劝成汉的君主李雄，除去皇帝的尊号，向晋室称臣，成为东晋的藩属。李雄回信说："士大夫们对我的推崇太过分了，但是我本来并没有成为帝王的想法，我只想成为晋室的第一功臣，扫除世间的妖气和尘埃，但是晋室国运衰微，恩德和声威都不振作，我伸长了脖子向东边盼望，想要成为晋室的臣子，已经有很长时间了。刚好收到你的礼物和来信，和我想要成为晋室臣子的情意，甚是契合，我还有什么需要顾虑的呢？"自此以后，张骏和李雄就不断地相互派遣使者进行访问。

咸和二年（丁亥，公元327年）

春季，正月，朱提太守杨术和成汉的将领罗恒在台登这个地方交战，杨术的军队失败了，杨术也战死了。

夏季，五月，甲申朔日（初一日），发生了日食。

前赵武卫将军刘朗率领三万骑兵在仇池袭击杨难敌，没有成功，于是就抢劫了三千多户民众的财物返回。

张骏听说前赵的军队被后赵的军队打败了，就自己把自己前赵的官爵废除，再称自己为晋大将军、凉州牧，派遣武威太守窦涛、金城太守张阆、武兴太守辛岩、扬烈将军宋辑等人率领数万士兵，向东会同韩璞攻击和抢劫前赵秦州的诸郡。前赵南阳王刘胤率领军队对他进行攻击，在狄道驻扎军队。枹罕护军辛晏告急，秋季，张骏派遣韩璞、辛岩前去救援他。韩璞前行越过沃干岭。辛岩想要速战速决，韩璞说："夏末以来，太阳和星辰多次发生变化，我们不可以轻举妄动。而且前赵主刘曜和后赵主石勒正在相互攻打，刘胤一定不能和我们长时间地对峙下去。"韩璞等人和刘胤隔着洮水相互对峙了七十多天。冬季，十月，韩璞派遣辛岩到金城去督运军粮，刘胤听说了这个消息以后，就说："韩璞的兵众，比我们多出十倍，我们的粮食不多，很难和他们长时间地对峙，现在敌人分出一些士兵去运输粮食，这是上天授予我们的机会啊！如果我们可以打败辛岩，那么韩璞等人自然就会溃乱了。"于是刘胤就率领三千骑兵在沃干岭袭击辛岩，把他打败了；然后刘胤就继续前行直接到达了韩璞的军营，韩璞的士兵大多都溃逃了。刘胤乘胜追袭逃跑的士兵，渡过了黄河，攻占了令居县，斩杀了两万人，接着刘胤率领军队进攻并且占据了振武，河西民众为此感到非常惊骇。张阆、辛晏率领他们的数万士兵向前赵投降，张骏于是失去了黄河以南的土地。

庾亮认为苏峻在历阳，终究会引起祸乱，就想要下诏令征召他回到京城。于是就前去征询司徒王导的意见，王导说："苏峻多疑阴险，一定不会接受诏令返回京城，不如暂且先容忍他。"庾亮在上朝的时候说："苏峻秉性凶暴，放纵难制，最终一定会造成祸乱，现在征召他，纵然他不听从命令，引起的祸乱也不会大；但是如果再过些年，朝廷就无法再制服他了，这就会像汉朝时候的七国对待朝廷一样。"朝中没有一个大臣敢去反驳他，只有光禄大夫卞壶和他争辩说："苏峻拥有强大的兵力，与京城的距离又近，两地之间相距的路程用不了一个早上就可以到达，一旦发生了变乱，很容易发生意外的差错，应该深思熟虑。"庾亮没有听从，卞壶知道庾亮一定会失败，就给温峤写信说："庾元规征召苏峻的主意已经决定了，这是国家的大事。苏峻已经表现出了骄傲狂妄的样子，如果现在征召他，就是在加速祸乱的到来，苏峻一定会挺起毒刺面对朝廷。朝廷的声威势力虽然强大，但是不知道是否果真可以擒住他，王导也有同样的看法。我和庾亮争辩得非常恳切，但是我也不能够把他怎么样。我本来把你外调出去，是想要让你在外任官作为朝廷的外援，但是现在我反而后悔你在外面，不能够和我联合起来共同劝谏庾亮，来阻止这件事情，我或许会追从你的。”温峤也好几次写信劝导庾亮。朝廷中所有的大臣都认为不可以这样做，但是庾亮谁的话都不听。

苏峻听到了这个消息以后，就派遣司马何仍去晋见庾亮说：“讨伐贼寇，在外任职，无论远近，我都唯命是从，至于回到京城，在朝廷里面辅佐政事，实在是我不能够胜任的。”庾亮不准许苏峻的请求，征召北中郎将郭默为后将军，兼领屯骑校尉，司徒右长史庾冰为吴国内史，都率领军队来防备苏峻。庾冰，是庾亮的弟弟。晋成帝司马衍因此颁下礼遇优厚的诏书，征召苏峻为大司农，加封他为散骑常侍，赐位特进，任命他的弟弟苏逸代替他统领军队。苏峻向晋成帝上表说：“过去晋明帝司马绍亲自拉着我的手，派遣我到北方去讨伐胡寇。现在中原还没有平定，我哪里敢就此安心，贪图安逸呢？我请求您可以给我一个青州境内的荒远州郡，让我得以施展我作为朝廷鹰犬的作用。”也没有得到朝廷的允许。于是苏峻装束端整，准备赴召，但是又心里犹豫，不能做出决定。参军任让对苏峻说：“将军您向朝廷请求处居在一个荒郡，都没有得到允许，事情既然已经发展到了这种地步，恐怕已经没有生路了，您不如统率军队，自我防守。”阜陵令匡术也劝苏峻造反，于是苏峻就没有接受朝廷的诏令。

温峤听到了这个消息以后，立刻就想要率领军队东下前去保卫建康，三吴之地也准备出动义军。但是庾亮都不同意，反而写回信给温峤说：“我对西陲边境安危的忧虑，超过了对历阳苏峻的忧虑，你不要越过雷池一步。”朝廷派遣使者面谕苏峻，苏峻说：“朝廷大臣说我要造反，我又怎么能够活命呢？我宁愿在山头上观望廷尉，也不能从朝廷回望山头。以往国家危如累卵，没有我不行；可是现在狡兔已经死了，猎狗就到了被烹杀的时候。即使我死了，我也向出谋的人进行报复。”

苏峻知道祖约怨恨朝廷，就派遣参军徐会拥戴祖约，请祖约和自己共同去讨伐庾亮。祖约知道以后非常高兴，他的侄子祖智、祖衍都劝他答应苏峻的邀请。

谯国内史桓宣对祖智说：“本来因为顽强的胡人没有被消灭，大家准备合力征讨他。使君如果想要成就霸业，为什么不帮助国家讨伐苏峻，这样的话威名自然就确立了。可是你现在和苏峻一起造反，这又怎么能够长久呢？”祖智没有听从。桓宣到祖约的住处请求晋见祖约，祖约知道他想要劝谏自己，就拒绝了他的请求，不肯接见他。桓宣因此和祖约绝交了，不和他同流合污。十一月，祖约派遣自己哥哥的儿子沛内史祖涣、女婿淮南太守许柳带领军队前去和苏峻会合。祖逖的妻子，是许柳的姐姐，一再向祖约进行劝谏，但是祖约没有听从。晋成帝颁下诏令又任命卞壶为尚书令，兼任右卫将军，任命会稽内史王舒去代理扬州刺史的职务，吴兴太守虞潭都督三吴等诸郡的军事。

尚书左丞孔坦、司徒司马丹杨人陶回向王导进言，请求“在苏峻还没有到来之前，赶快截断阜陵的通路，防守长江以西当利等渡口，他们的人少而我们的人多，一战就可以决胜了，如果苏峻没有到来，我们也可以进军威逼他的城池。如果我们现在不先行前往，苏峻就一定会首先到达，等到苏峻来了以后，人心就会惊骇不安，我们就很难和他交战了。这样的时机是不可以失去的”。王导认为他说得很正确，但是庾亮没有采纳。十二月，辛亥朔日（初一日），苏峻派遣他的大将韩晃、张健等人攻下了姑孰，夺取了晋的食盐粮米，庾亮这时候才感到后悔。

壬子日（初二日），彭城王司马雄、章武王司马休背叛了朝廷，前去投奔苏峻。司马雄，是司马释的儿子。

庚申日（初十日），京城戒严，晋成帝司马衍授予庾亮符节，让他都督征讨诸军事；任命左卫将军赵胤为历阳太守，派遣左将军司马流率领军队据守慈湖来抵御苏峻；任命前射声校尉刘超为左卫将军，侍中褚翜执掌征讨军事。庾亮派遣他的弟弟庾翼以百姓的身份率领数百个人在石头城进行防守。

丙寅日（十六日），晋成帝司马衍改封琅邪王司马昱为会稽王，吴王司马岳为琅邪王。

宣城内史桓彝想要发兵前去支援朝廷，但是他的长史裨惠却认为郡中的士兵不仅人数少而且战斗力弱，经常受到山地居民骚扰，因此应该暂且按兵不动来等待时机。桓彝脸色严厉地说："'看到对国君没有礼义的人，就应该像凶猛的鹰鹯去追逐鸟雀一样对待他。'现在国家遭遇了这么危险的事情，在道义上我是无法享受安乐的。"辛未日（二十一日），桓彝进军在芜湖驻扎军队。韩晃把他打败了，就前去进攻宣城，桓彝退到广德据守，韩晃大肆抢劫了诸郡县之后才返回。徐州刺史郗鉴想要率领他所兼领的军队前去支援，但是朝廷却要他留守原地以便抵御北方的寇敌，没有允许他的请求。

这一年，后赵的中山公石虎攻打代王拓跋纥那，双方在句注陉北交战；拓跋纥那被石虎打败了，就将都城迁移到了大宁来躲避灾祸。

代王拓跋郁律的儿子拓跋翳槐住在他的舅父的贺兰部，拓跋纥那遣派使者前去寻找他，贺兰部首领蔼头护卫着他不让他离开。拓跋纥那就和宇文部共同攻打蔼头，但是没有取胜。

资治通鉴卷第九十四　晋纪十六

起戊子（公元328年），止辛卯（公元331年），共四年。

【题解】本卷记录了晋成帝咸和三年至咸和六年共四年间东晋及各国大事。主要记录了苏峻、祖约起兵进攻建康，庾亮无能，卞壶战死，建康失陷，苏峻迁晋成帝司马衍于石头城，掌控朝廷；记录了庾亮逃到江州，与江州刺史温峤起兵，请陶侃为盟主，号召天下讨伐苏峻、祖约，郗鉴在东方声援，组织军队；记录了陶侃、温峤等不敌苏峻，转攻石头城，苏峻酒醉轻出，被勤王军所杀；勤王军在历阳打败祖约，祖约逃奔石勒；接着勤王军攻破石头城，杀死苏峻之子苏逸，张健率众东逃，被郗鉴斩杀，叛乱平定；记录了朝廷重赏陶侃、郗鉴、温峤诸人，处置乱党和变节投降的人，庾亮也被贬；记录了温峤病逝，刘胤继任，激起郭默作乱，被杀。陶侃、庾亮等起兵讨伐郭默，郭默被部将擒获，郭默乱平；记录了前赵主刘曜在河东大破后赵石虎，围攻洛阳，被后赵主石勒在洛阳城西打败，刘曜被俘，太子刘熙率众西保上邽；前赵将领刘胤率众东攻长安，被后赵将石虎打败，石虎乘胜西破上邽，把刘熙、刘胤等杀了，前赵灭亡；记录了石勒即皇帝位，大封诸子与群僚，石勒之侄石虎怨恨石勒之子石宏，为石虎日后作乱埋下伏笔；此外还记录了慕容廆向东晋请封燕王，凉州张骏对后赵战和不定，以及西部吐谷浑建国，与蒲洪、姚弋仲的出世等等。

显宗成皇帝上之下

咸和三年（戊子，公元328年）

春季，正月，温峤返回支援建康，在寻阳驻扎军队。

韩晃在慈湖袭击司马流。司马流一向懦弱胆怯，在将要进行作战的时候，被吓得吃烤肉的时候都不知道嘴在哪里，最终兵败身死。

丁未日（二十八日），苏峻率领祖涣、许柳等人及两万名士兵，渡过横江，登上了牛渚山，在陵口驻扎军队。朝廷的军队前去对他进行抵抗，却屡次失败。二月，庚戌朔日（初一日），苏峻到达了蒋陵的覆舟山。陶回对庾亮说："苏峻知道石头城有重兵戍守，所以不敢直接前来进攻，他一定会从小丹杨南道步行前来，所以我们应当在那里埋伏军队对他进行截击，这样就可以一战把他擒获。"但是庾亮没有采纳陶回的建议。苏峻果然从小丹杨前来，因为迷失道路，就在夜里行军，一点秩序也没有。庾亮知道了这个情况以后，才感到后悔。

朝廷的官吏们因为京城的局势危险急迫，大多把自己的家人遣送到东边的吴地和会稽去避难，只有左卫将军刘超把自己的妻子和儿女迁移到皇宫里面居住。

朝廷下令派遣卞壶都督大桁东诸军事，和侍中钟雅一起率领郭默、赵胤等人的军队和苏峻在西陵进行作战。卞壶等人大败，死伤的人数需要以千为单位进行计算。丙辰日（初七日），苏峻攻打了青溪栅，卞壶率领各路军队去抵抗他，但是无法阻止苏峻的攻势。苏峻借着风势放火，把朝廷的台省及诸营寺官署都焚毁，一时间就全部都荡然无存了。卞壶背上的痈疽刚刚好，伤口还没有完全愈合，就支撑着身体率领左右的侍卫苦战而死。他的两个儿子卞眕、卞盱跟随在父亲的身后，也因为杀敌而死。他们的母亲抚摸着尸体哭着说："父亲是忠臣，儿子是孝子，我还能有什么遗憾呢？"

丹杨尹羊曼率领军队在云龙门进行防守，和黄门侍郎周导、庐江太守陶瞻一起战死。庾亮率领众将准备在宣阳门内布阵，结果还没有来得及排成队列，士兵们就都丢弃铠甲逃走，庾亮和他的弟弟庾怿、庾条、庾翼以及郭默、赵胤都逃到寻阳。在他们临走的时候，回头对钟雅说："以后的事情就全都深深地托付给你了。"钟雅说："户梁折断，屋椽崩毁，这是谁的过失啊？"庾亮说："今天的事情，不容许再说了。"庾亮乘坐小船，乱兵竞相争夺抢劫。庾亮的左右侍从用箭去射敌人，结果误射舵工，舵工应声倒下。船上的人吓得脸色都变了，准备逃散，只有庾亮一动也不动，缓缓地说："这种手法怎么可能使它射杀到贼寇呢？"众人这才安定下来。

苏峻的士兵进入台城，司徒王导对侍中褚翜说："皇上司马衍现在正在正殿，你可以发出指令请他赶快出来。"于是褚翜就进入内室，亲自抱着晋成帝司马衍登上太极前殿。王导以及光禄大夫陆晔、荀崧、尚书张闿共同登上御床，护卫晋成帝。任命刘超为右卫将军，让他和钟雅、褚翜立在晋成帝左右，太常孔愉则穿着朝服守护宗庙。当时文武百官奔逃离散，宫殿、朝省一片萧条，悄然无声。苏峻的士兵进来以后，大声叱责褚翜，让他让开。褚翜端正地站着，一动也不动，并且呵责他们说："苏峻前来觐见皇上，军人怎么能够侵扰逼近呢？"因此苏峻的士兵不敢上殿，就闯入了后宫，把宫女以及太后左右侍奉的人的财物都劫掠走。苏峻的士兵们驱赶百官去服劳役，光禄勋王彬等人都遭到棍锤的鞭挞，命令他们担着东西登蒋山。又把成年女子的衣物都剥光，让她们赤裸着身体，这些女子都只能用破席或者苫草遮盖自己的身体，没有草席的人，就坐在地上用土把自己的身体盖住。哀号哭泣的声音在皇宫内外震动。

起初，姑孰被攻陷后，尚书左丞孔坦对人说："我看苏峻的声势，一定会攻破台城，我不是士兵，没有穿军服的必要。"等到台城被攻陷的时候，穿着军服的人大多数都死了，穿着平民衣服的人反而没有遭遇到什么不幸。

当时，官府拥有二十万匹布，五千斤金银，亿万钱币，数万匹绢丝，其他的物品的价值也都和这些相当，苏峻把这些东西全部消耗光；掌管皇上饮食的太官只能把剩余的数石粮米用大火煮熟，来供给晋成帝司马衍的膳食。

有人对钟雅说："你的性情诚信正直，一定不会被寇仇所容忍，何不早点为自己作打算呢？"钟雅说："国家发生祸乱，不能匡正；皇上面对危难，不能挽救，各自逃走以求避免灾祸发生到自己的身上，这样还怎么做臣子啊？"

丁巳日（初八日），苏峻矫称诏命大赦天下，只有庾亮兄弟不在被赦免的人员之中。因为王导素有道德声望，就还让他保持原来的官职，位居自己之上。任命祖约为侍中、太尉、尚书令，苏峻自己出任骠骑将军、录尚书事，任命许柳为丹杨尹，马雄为左卫将军，祖涣为骁骑将军。弋阳王司马羕前去拜见苏峻，称赞苏峻的功德，于是苏峻又任命司马羕为西阳王、太宰、录尚书事。

苏峻派遣军队前去攻打吴国内史庾冰，庾冰不能抵抗，于是就放弃吴国逃到会稽，等他到浙江的时候，苏峻悬赏重金搜捕捉拿他。吴国随从护卫的侍从、门卒最后引导庾冰上船，把他用芦席覆盖起来，一边吟啸，一边划船，逆流而上。每一次遇到渡口设置有巡逻士兵，就用木杖敲着船身说："在什么地方能找到庾冰，庾冰就在这儿。"士兵以为他们喝醉酒，就没有对他们产生怀疑，庾冰这才幸免于难。苏峻任命侍中蔡谟为吴国内史。

温峤听说建康没有守住，悲恸号哭，前往探问他的人，也和他相对悲伤痛哭。庾亮到了寻阳以后宣布太后的懿诏，任命温峤为骠骑将军、开府仪同三司，又加封徐州刺史郗鉴为司空。温峤说："今天应当以消灭贼寇为首要的任务，没有立下功劳却先授予官职，将如何向天下的百姓示范呢？"于是坚决推辞不肯接受。温峤一向尊重庾亮，庾亮虽然战败逃亡，温峤却更加推崇敬重他，并且分出一部分士兵交给庾亮。

后赵实行大赦，把年号改为太和。

三月，丙子日（三月无此日），庾太后因为忧虑国事去世。

苏峻向南在于湖驻扎军队。

夏季，四月，后赵的将领石堪攻打宛城，南阳太守王国向他投降。于是石堪就去进攻在淮水岸边驻扎的祖约的军队。祖约的部将陈光发兵攻击祖约，祖约的属下阎秃，相貌和祖约相像，陈光把他当成祖约，于是就把他擒获，祖约因此翻过垣墙逃走，幸免于难。陈光逃到后赵。

壬申日（二十四日），把明穆皇后安葬在武平陵。

庾亮、温峤准备发兵讨伐苏峻，但是道路被阻断，无法知道建康的消息。刚好南阳人范汪到寻阳，说："苏峻政教法令混乱并且不能统一，贪婪暴戾，肆无忌惮，纵横无道，灭亡的征兆已经显现，虽然暂时强大，但是很容易转化为弱小，朝廷已经到了千钧一发的时刻，应当及时前去进攻讨伐。"温峤非常赞同他的意见。庾亮征召范汪为参护军事。

庾亮、温峤互相推举对方担任盟主。温峤的堂弟温充说："陶侃的职位重要，军队强大，我们应当共同推举他担任盟主。"于是温峤就派遣督护王愆期前往荆州，邀请陶侃和他们共同拯救国家危难。可是陶侃仍然因为没有能够参与顾命大臣的行列而心怀怨恨，回答说："我是戍守边疆、抵御外寇的将领，不敢逾越职分。"温峤多次对他进行劝说，都不能够使他回心转意。于是温峤就顺从了陶侃的意思，派遣使臣对他说："您暂且按兵不动，我们先去进行讨伐。"使者出发已经有两天，平南参军荥阳人毛宝去别的地方出使回来，听说了这件事情，就对温峤说："凡是干大事，应当与天下人共同参与。军队的取胜在于和同，不应该有不同的情况。即使有可疑的地方，也应当在表面上表现出没有发觉，何况是自己显露离心呢？您应当赶紧追回使者改写书信，说明一定要相互应从，共同发兵；如果来不及追上之前派遣的使者，就需要再另外派遣使者前往。"温峤心里领悟，立刻就派人去追赶使者，把书信改写了。陶侃果然同意，派遣督护龚登率领军队来见温峤。温峤有七千名士兵，于是，列名上呈尚书，陈述祖约和苏峻的罪状，并且转告四方的将军，然后才流着眼泪登上战船。

陶侃又征召龚登回来。温峤送给陶侃的书信上面说："军队只可以前进而不可以后退，只可以增加而不可以减少。最近我已经把公文发布到远近的各个地方，同时也向您说明，和您约定下半月的时候大举进兵，诸郡的军队都已经上路，只等待您的军队到来，就可以一齐进攻了。可是您现在把军队召集回去的做法，会使远近的人感到疑惑，成功失败就会由此决定。我才能浅薄，但是责任重大，实在需要凭仗您的厚爱，遥遵您所制定的规则制度。至于说到首先出动军队充当先锋，我也不敢有所推辞，我和您，就好像头和尾一样，需要互相卫护；就像嘴唇和牙齿一样，需要互相依靠。我担心有的人不能明白您这个高深的旨意，会认为您不急于讨伐贼寇，这种舆论一旦形成是很难弥补回来的。我和您同时都担负着地方统帅的要职，无论是安全危险，还是高兴忧虑，按理都应该共同承受。而且自从最近的交往以来，我们交往频繁，情深义重，一旦有了危难险急，也希望您能够带领全部的士兵前来救援，更何况是国家的危难呢？今天的忧患，哪里只是我的这一个州，文武百官没有一个不是翘首期望着您的军队到来。假如江州不能够保住，祖约、苏峻在这里设置官长，那么荆、楚西边邻近顽强的胡人，东边则与叛逆的贼寇相邻，再加上连年的饥馑，将来的危险，一定会比今天的江州所面临的更加厉害。您进可以成为大晋的忠臣，和齐桓公、晋文公的功劳相提并论；退则以慈父的深情，去洗雪爱子被杀的仇恨。现在，祖约、苏峻凶狠叛逆，一点道义也没有，产生的罪孽就连天地都感到痛苦，人心也都一样，已经怨恨愤怒到咬牙切齿的地步。现在发兵讨伐，就好像用石头去撞击鸡蛋一样而已。如果再把军队传召回去，就是在将要成功的时候自己造成失败，我希望您能够仔细体察我所说的一切。”王愆期对陶侃说：“苏峻，就像是凶狠的豺狼一样，如果让他达成志向，天下虽然广大，您难道还会有立足的地方吗？”陶侃深深地受到了感悟，即刻就换上了军服登上了战船。就连儿子陶瞻的丧礼也没有参加，日夜兼程向江州赶去。

郗鉴在广陵，城池孤立，粮食缺乏，又迫近胡人，人们没有固守的信心。接到了诏书以后，立刻就流着眼泪誓师，要返回京城挽救国家于危难，将士们个个奋勇争先。郗鉴派遣将军夏侯长等人偷偷地前去对温峤说：“有人听说贼人想要挟持成帝司马衍向东进入会稽，我们应当事先设立营帐壁垒，让军队占据重要的地方进行防守，这样既可以防止他们逃逸，又能够切断贼兵的粮食运输，然后我们再清理原野，使壁垒坚固，就可以坐等贼寇到来。贼人攻城不能取胜，原野上又没有可以劫取的财物，东边的道路已经被切断了，粮食运输自然也就断绝了，他们一定会自动地溃乱了。”温峤非常赞同他的意见。

五月，陶侃率领士兵到达了寻阳。议论的人都说陶侃要把庾亮诛杀了来向天下的百姓谢罪。庾亮因此感到非常恐惧，就采用了温峤的计谋，亲自前往拜见陶侃，向他叩拜谢罪。陶侃十分吃惊，就阻止他说："庾元规竟然来叩拜我陶士行吗？"庾亮援引自己的过错，责备自己，风度举止都很不错，陶侃不知不觉就放心开怀，说："您当年修缮石头城来对付老夫，今天反而来见我是对我有所求吗？"随即就和他谈笑宴饮了一整天，之后就和庾亮、温峤一同赶往建康。他们一共有四万士兵，旌旗飘扬了七百多里，敲钲击鼓的声音，震动了远近各个地方。

苏峻听说西方起兵了，就采纳了参军贾宁的计谋，从姑孰返回占据了石头城进行防守，分出了一部分兵力来抵抗陶侃等人。

乙未日（十八日），苏峻逼迫晋成帝司马衍迁移到石头城居住，司徒王导竭力争辩，苏峻仍然不肯同意。晋成帝悲哀哭泣着登上了车，宫里面的人也都非常哀伤地痛哭。当时天正下着大雨，道路上都是泥淖，非常难走，刘超、钟雅步行在晋成帝的左右随侍，苏峻给他们马让他们骑，他们不肯骑，悲哀慷慨地说话，苏峻听到了以后感到非常憎恶，但是他不敢把他们杀害了。苏峻任命他的亲信许方等人补任司马督、殿中监等官职，表面上假托他们是值宿的警卫，实际上是防备抵御刘超等人。苏峻用仓库的空屋作为晋成帝的宫室，每天来到晋成帝的面前毫无顾忌地说一些丑恶的话。刘超、钟雅和右光禄大夫荀崧、金紫光禄大夫华恒、尚书荀邃、侍中丁潭随侍，不离开晋成帝的左右。当时因为粮食收成不好，米价十分昂贵，苏峻来慰问或者赠送，刘超一概都没有接受；朝夕不离开晋成帝的身边，行臣子的礼节愈加恭敬严谨；虽然处在幽禁困厄的环境之中，刘超还是为晋成帝启蒙，为晋成帝讲授《孝经》和《论语》。

苏峻让左光禄大夫陆晔守卫禁城，逼迫居民，全部聚集在后苑。派遣匡术据守苑城。

尚书左丞孔坦投奔了陶侃，陶侃于是任命他为长史。

起初，苏峻派遣尚书张闿暂时管理督导东部的军事，司徒王导暗中命令他用太后的懿诏，晓谕三吴的官吏、士兵和百姓，让他们发动义兵救助晋成帝。会稽内史王舒任命庾冰兼领奋武将军，让他率领一万士兵，向西渡过浙江。于是吴兴太守虞潭、吴国内史蔡谟、前义兴太守顾从等人都发兵响应他。虞潭的母亲孙氏对虞潭说："你应当舍弃生命争取道义，不要因为我年老而受拖累！"然后就把她家里的僮仆全部都遣送去参军，把她的首饰环佩都典卖了，来作为军事费用。蔡谟认为庾冰应当恢复原来的吴国内史的官职，就即刻离开了吴国，把职位让给了庾冰。

苏峻听说东方起兵，就派遣将领管商、张健、弘徽等人去抵御他们。虞潭等人和对方交战，互相都有胜负，不能继续前进。

陶侃、温峤的军队在茄子浦驻扎。温峤因为南方的士兵熟悉水战，而苏峻的士兵熟悉陆战，就下命令说："凡是上岸的将士就处死！"刚好碰到苏峻送了十万斗米给祖约，祖约派遣司马桓抚等人前去迎接。毛宝率领了一千个人作为温峤的前锋，告诉他的部众说："兵法上面有'军令有时候可以不听从'，我们怎么可以眼看可以攻击贼人，而不上岸去攻击他们呢？"然后就擅自前往袭击桓抚，把他们运来的米粮全部劫获了，斩杀捕获了一万多人，祖约的军队因此饥饿疲乏。温峤就向庾亮上奏表推举毛宝担任庐江太守的官职。

陶侃向庾亮上奏表推举王舒监督浙东军事，虞潭监督浙西军事，郗鉴都督扬州八郡诸军事务。让王舒、虞潭都接受郗鉴的调度。郗鉴率领众人渡过长江，在茄子浦和陶侃等人会合，雍州刺史魏该也带兵前来和他们会合。

丙辰日（五月无此日），陶侃等人率领的水军直接向石头城进发，到达了蔡洲，陶侃在查浦屯兵，温峤在沙门浦屯兵。苏峻登上烽火楼，远远就望见了对方士兵众多，脸上显露了恐惧的神色，对在他左右的随从说："我本来就该知道温峤能够得到众人的拥护啊！"

庾亮派遣督护王彰去攻打苏峻的党羽张曜，王彰反而被张曜打败了。庾亮向陶侃送去了符节，借此向他谢罪，陶侃回答说："古人曾经遭受三次失败，您才失败了两次；不过当今情势危急，不能够多次这样。"庾亮的司马陈郡人殷融前去拜见陶侃谢罪说："这都是庾亮将军要求这样做的，不是我们出的主意。"王彰来了以后则说："是王彰自己要这样做的，庾亮将军根本不知道。"陶侃说："过去殷融是君子，王彰是小人；现在王彰是君子，殷融是小人。"

宣城内史桓彝，听说京城没有守住，悲叹流泪，就发兵在泾县驻扎军队。当时的州郡大多都派遣使者前去向苏峻投降，裨惠又劝桓彝应该暂且和苏峻派遣使者交好，以便缓解苏峻的士兵从四方交织而来的灾祸。桓彝说："我蒙受国家厚恩，在道义上也应该为国效死，又怎么能够忍受着耻辱和叛逆臣子通使慰问呢？如果事情不能够成功，这就是天命啊！"桓彝派遣将军俞纵防守兰石，苏峻派遣他的将领韩晃前来攻打。就在俞纵快要失败的时候，左右的侍从都劝俞纵退兵。俞纵说："我蒙受桓彝的厚恩，应当以死相报。我不可以辜负他，就如同他不会辜负国家一样。"于是拼力作战直到战死为止。韩晃发兵攻打桓彝，六月，城被攻下，韩晃捉住了桓彝，把他杀了。

各路军队刚到石头城，立刻就想要和苏峻交战，陶侃说："贼人的士兵气势正盛，我们很难和他争锋，应当等待一段时间，用智谋打败他。"接着，多次交战都没有成功，监军部将李根向陶侃请求修筑白石垒，陶侃采纳了他的建议。连夜修筑白石垒，到破晓的时候就完成了。听到苏峻军中击鼓严阵的声音，众将领都担心他前来攻打。孔坦说："不会的。如果苏峻前来攻打白石垒，必须等到东北风刮得很急，使我们的水军不能够前往救援的时候；今天天晴没有刮风，贼兵必定不会来。所以他们击鼓严阵整队，一定是派遣军队由江乘出发，攻击掠夺京口以东的地方。”不久，果然是这个情况。陶侃让庾亮带领两千名士兵防守白石垒，苏峻率领步兵和骑兵一共一万多人从四面围攻它，仍然没有攻下来。

王舒、虞潭等人和苏峻的军队交战了好几次，始终没有获得胜利。孔坦说：“本来不应该传召郗公，使得东边的门户失去防守。现在应该派遣他的军队回去，来巩固东边的防守，虽然为时已晚，但是仍然胜过不派遣他去。”陶侃于是就派遣郗鉴和后将军郭默回去据守京口，建立了大业、曲阿、庱亭三个壁垒来分散苏峻的兵力，派遣郭默去防守大业。

壬辰日（十五日），魏该去世了。

祖约派遣祖涣、桓抚袭击湓口；陶侃听到了这个消息以后，准备亲自率领军队前去反击。毛宝说：“义军全部仗恃您的领导，您不可以轻易出动，我请求让我前去讨伐他。”陶侃同意了他的请求。祖涣、桓抚经过皖的时候，顺便就去攻打谯国内史桓宣。毛宝前往救援桓宣，结果被祖涣、桓抚打败。敌人的箭贯穿了毛宝的大腿，直接插在了马鞍上面，毛宝命人踏着马鞍把箭拔出来，鲜血流满了他的靴子。毛宝回头继续去攻击祖涣、桓抚，把他们打败了，桓宣这才得以脱离困境，归附了温峤。毛宝在东关攻击祖约的军队，攻取了合肥的戍卫；刚好碰到温峤传召他回来，才又回到了石头城。

祖约的将领暗中和后赵勾结，答应做后赵的内应。后赵的将领石聪、石堪率领士兵渡过淮水，攻打寿春。秋季，七月，祖约的士兵溃逃，逃到历阳，石聪等人虏获了寿春两万多户百姓返回。

后赵的中山公石虎率领四万士兵，从轵关西进，攻打前赵的河东，有五十多个县响应他，于是石虎就去进攻蒲阪。前赵主刘曜派遣河间王刘述发动氐、羌两族的士兵在秦州驻扎，来防备张骏和杨难敌，自己则亲自率领朝廷内外精锐的水陆诸军去救援蒲阪，从卫关北渡黄河。石虎感到害怕，率领士兵退走了。刘曜在后面追击。八月，前赵主刘曜在高候追上了石虎，和石虎交战，把他打败了，把石瞻斩杀了，尸体纵横枕藉达到了两百多里，缴获的军械物资和以亿为单位计算，石虎逃到朝歌。刘曜从大阳渡过黄河，在金墉攻打在那里驻守的石生，决开了千金堨的蓄水淹灌他们。刘曜又分别派遣将领攻打汲郡、河内，后赵的荥阳太守尹矩、野王太守张进等人都向他投降。襄国的人们知道了以后非常震惊。

张骏整顿了军队，想要乘机袭击长安。理曹郎中索询劝谏张骏说："刘曜虽然去东征了，但是他的儿子刘胤留在长安进行防守，不可以轻视。即使小有收获，但是如果刘曜放弃了对东方的图谋，回来和我们较量，灾祸厄难的日子就是不可以预测的啊！"张骏这才停止了行动。

苏峻的心腹路永、匡术、贾宁听说祖约失败了，都担心事情不能成功，就劝苏峻把司徒王导等大臣全部杀死，另外安置自己的心腹；但是苏峻非常敬重王导，没有允许。因此路永等人对苏峻便怀有二心，不专忠于他，王导让参军袁耽暗中引诱路永，让他来归顺朝廷。九月，戊申日（初三日），王导带着两个儿子和路永一起逃到白石垒。袁耽，是袁涣的曾孙。

陶侃、温峤等人和苏峻长久相持不能分出胜负，苏峻分派将领向东西各地攻打和劫取财物，所到达的地方，大多都获胜了，一时人心恐惧不宁。朝廷的士大夫中逃到西军来的人都说："苏峻狡猾慧黠，既有胆识，又有决断力，他的士兵骁勇善战，所到过的地方，没有敌手。如果上天能够去讨伐有罪的人，那么苏峻终将灭亡；如果只从人事方面来说，就不容易铲除他了。"温峤知道了以后非常生气地说："你们自己胆怯懦弱，却去称赞叛贼。"等到温峤和苏峻多次交战，也无法获胜的时候，温峤也对苏峻有所忌惮。

温峤军队的粮食吃完了，就去向陶侃借粮食。陶侃非常生气地说："你从前对我说，不用为没有良将和军队的粮食而感到忧愁，只不过是想让我出任盟主罢了。现在几次作战我们都失败了，良将在哪里呢？荆州与胡夷、蜀汉两敌接壤，应当防备突然发生的情况；如果再没有粮食，我就打算回到西边，重新考虑更好的办法，慢慢再来歼灭贼人，也不算晚。”温峤说：“凡是能够获胜的军队，都在于和睦团结，这是古人成功的经验。汉光武帝刘秀能够攻下昆阳，魏武帝曹操能够占领官渡，以少数的军队战胜众多的敌人，是仗恃着正义的力量。苏峻、祖约这种小子，凶狠叛逆已经到了极点，何必忧愁不能消灭他们呢？苏峻因为多次获胜而骄傲自满，自己认为自己所向无敌，我们现在向他发起挑战，可以一鼓作气将他擒获。怎么能够舍弃即将获得的成功，反而去做退兵的计划呢？而且皇上现在正在遭受幽禁逼迫，国家危险不安，这正是天下的臣子为国捐躯的时候。温峤等人和您都蒙受了国家的大恩，如果事情能够成功，就可以君臣同享国家的福运；如果事情不能够成功，我们也应当作战到死报答先帝晋明帝司马绍的厚恩。现在的事情，在道义上是不能回头的，就好像是骑在老虎的背上，怎么可以中途跳下来呢？如果您违弃了众人，独自回去，人心必会沮丧，人心沮丧了，事情就必定会失败，到了那个时候，义军的军旗将要调回头来指向您了。”毛宝对温峤说：“我能把陶侃留下来。”于是就前往向陶侃劝说道：“您本来应该镇守芜湖，作为南北军队的后援，既然您前一段时间已经来这里了，在情势上就是不可以回去的。而且军事规则是只能前进而不能后退，不只是说整肃三军，向众人表示必死的决心而已，也是因为后退就没有可以据守的地方，终将至于灭亡的缘故。从前杜弢并不是不强盛，但是您竟然把他歼灭了，为什么到了苏峻，就偏偏不能取胜呢？贼人也是怕死的，并不是每个人都很勇敢雄健，您可以试着交给我一些士兵，让我率领他们上岸去断绝贼人的物资和粮食，如果我不能建立战功，然后您再离开，众人的心里也不会有遗憾了。”陶侃同意了他的建议，加封毛宝为督护然后派遣他前去。竟陵太守李阳向陶侃劝说道：“现在事情如果不能成功，您虽然有粮食，又怎么能够安享而吃呢？”陶侃于是就分了五万石米去送给温峤的军队。毛宝烧毁了苏峻在句容、湖孰两地积蓄的物资和粮食，苏峻的军队缺乏粮食，于是陶侃就留了下来没有回去。

张健、韩晃等猛攻大业，壁垒里面缺少饮水，人们只能够喝粪水。郭默心中感到惧怕，于是就悄悄地突破包围出来，留下士兵防守。郗鉴在京口，军士们听到这个消息以后，都大惊失色。参军曹纳说："大业，是京口的屏障，一旦大业失守，贼兵就可以直接到我们这里，我们抵挡不住。请求退回广陵，等待以后再发兵。"郗鉴会合全部的僚佐，责备曹纳说："我接受先帝的遗命，担负着辅佐幼主司马衍的重任，正想着为国家牺牲生命，也不足以报答先帝对我的厚恩。现在强悍的贼寇就在附近，士兵的心里紧张不安，你是我最亲信的佐吏，却产生了退兵的想法，我还怎么能够统率义士，号令三军呢？"郗鉴准备把曹纳斩首，过了很久才赦免了他。

陶侃打算去救援大业，长史殷羡对他说："我们的士兵不习惯于陆战，如果救援大业不能获胜，那么大事就不能够成功了。我们不如急速地去攻打石头城，那么现在围攻大业的军队，为了救援石头城自然就撤离了。"陶侃采纳了他的建议。殷羡，是殷融的哥哥。庚午日（二十五日），陶侃督导水军进攻石头城。庾亮、温峤和赵胤率领一万个步兵从白石垒向南，准备向苏峻的军队挑战。苏峻率领了八千人迎战，苏峻派遣他的儿子苏硕和他的将领匡孝分别带领士兵先行迫近赵胤的军队并且攻击他们，结果把他们打败了。苏峻当时正在慰劳他的将士们，乘着酒醉远远望见赵胤的军队战败逃走，就说："匡孝能够打败贼人，难道我还不如他吗？"于是，苏峻就撇下他的士兵，和数名骑兵向北突袭敌阵，但是无法突破，苏峻准备回头奔向白木陂的时候，他所骑的马被东西绊倒，陶侃的部将彭世、李千等人向他投掷长矛，苏峻从马上掉了下来，他们把苏峻的头砍了下来，把他的肉分割了下来，把他的骨头也焚烧了，三军将士都高呼万岁。苏峻剩余的士兵，也全部溃散败逃了。苏峻的司马任让等人共同拥立苏峻的弟弟苏逸为主公，把城门关上进行防守。温峤就设立了行台，向远近各地发布公文，凡是朝廷原任官吏爵禄在两千石以下的，传令他们都赶快到行台报到。于是，前来的人就像云彩聚集在一起似的那么多。韩晃听说苏峻已经被杀死了，就带领士兵赶往石头城。管商、弘徽攻打庱亭垒，督护李闳、轻车将军长史滕含把他打败了。滕含，是滕修的孙子。管商前去拜见庾亮，向他投降，剩余的士兵也都归附了张健。

冬季，十一月，后赵王石勒想要亲自率领士兵去援救洛阳，他的僚佐程遐等人极力劝谏他说："刘曜孤军深入千里之外，按照目前的形势，他们不能支撑很长时间。大王您不应该亲自出动，一旦出动是没有十足把握保证安全的。"石勒听了以后非常愤怒，手按着佩剑，大声呵斥程遐等人，让他们出去。石勒于是赦免了徐光的罪过，召见他并且问他说："刘曜凭借着一次作战的胜利，包围并占据了洛阳，平庸的人的心里都认为他的锋芒锐利不可以抵挡。刘曜带领穿着铠甲的十万士兵，攻打一座城花费了一百天都不能攻下来，军队疲惫，将领丧失了斗志，士兵懈怠，用我们刚刚出发的精锐部队去攻击他，可以一战就把他擒获。如果刘曜把洛阳攻克了，那么他必定会再来进攻冀州，从黄河的北边，席卷而来，我们的大事就完了。程遐等人不想我去，你认为我应该怎么做呢？"徐光回答说："刘曜乘着在高候战胜石虎的势头，不能够进军逼迫我们的都城襄国，却去围攻金墉，由此就可以知道他没有能力有所作为。以大王的声威和谋略去进攻他，他一定会远远望到我们的旌旗就逃跑了。平定天下，就在这次的发兵之举了，我们绝对不可以失去这个机会啊！"石勒笑着说："徐光说得很对。"于是，石勒就让朝廷内外戒严，如果有劝谏的人就把他们斩首。然后命令石堪、石聪以及豫州刺史桃豹等人各自率领现有的士兵在荥阳会合，中山公石虎进据石门，石勒亲自率领步兵和骑兵一共四万人赶往金墉，从大埸渡过黄河。

石勒对徐光说："刘曜把军队集中在成皋关驻扎，这是最高的策略；其次是循着洛水布阵；坐守洛阳，就只有被擒获的结果罢了。"十二月，乙亥朔日（初一日），后赵的各路军队在成皋集合，步兵有六万人，骑兵有两万七千人。石勒看到前赵没有防守的士兵，非常高兴，就举起手指指着天，又把手指放在自己的额头上面说："这就是天意啊！”然后命令士兵们把厚重的铠甲脱下，马匹衔枚噤声，从隐秘偏僻的小道日夜兼程向前进发，由巩县、訾城之间出兵。

前赵主刘曜只顾着和受到宠幸的近臣喝酒赌博，一点也不体恤士兵。身边有人对他进行劝谏，刘曜就对他们发怒，认为那是怪诞不合常理的言论，把他斩杀了。直到听说石勒已经渡河，这才和众人商议增加荥阳戍守的力量，关闭黄马关。不久，在洛水侦察的士兵和后赵的前锋交战，擒获羯族的俘虏送给了刘曜，刘曜问他说：“石勒是亲自前来的吗？他带来的士兵有多少个人？”羯人回答说：“大王是亲自前来进攻的，军队的气势十分盛大。”刘曜听了以后脸色改变了，立刻就下令解除军队在金墉的防守，在洛水的西边布阵，十几万士兵，南北排列了十几里。石勒远远地就望见了，于是更加高兴，对他左右侍从的人说：“你们现在可以向我贺喜了。”石勒率领步兵和骑兵一共四万人进入了洛阳城。

己卯日（初五日），中山公石虎带领步兵三万人自城北向西，攻打前赵的中军，石堪、石聪等人各自带领精锐的骑兵八千人自城西向北，攻击前赵的前锋，在洛阳的西阳门展开了激烈的战斗。石勒身穿铠甲，头戴着钢盔，从阊阖门出来，和石堪、石聪等人一起夹击前赵的军队。刘曜少年的时候就喜欢喝酒，年老后尤为嗜酒。在将要作战的时候，喝了数斗的酒。平常骑乘的红马，无缘无故地颠仆，于是刘曜就换骑了一匹小马。等到将要出去的时候，又喝了一斗多的酒。到了西阳门，指挥军阵向平坦的地方移动。石堪因此就乘机进行攻击，前赵的士兵大败溃逃。刘曜酒醉昏昏，往后退逃，所骑的战马在石渠失足，把他摔在了冰上，被刺伤了十几处，有三处伤及内脏，刘曜也被石堪擒获。石勒于是打败了前赵的士兵，斩下的首级就有五万多个。石勒下命令说：“我所想要擒获的只有一个人罢了，现在这个人已经被擒获。特敕令将士们停止攻击，放他们一条生路，给他们留下归顺投降的道路。”

前赵主刘曜见到石勒说：“石王，您是否还能够回想起我们在重门的盟约呢？”石勒让徐光对他说：“今天的事情，是上天的意思啊！你还有什么可说的呢？”乙酉日（十一日），石勒率领军队返回都城。石勒让征东将军石邃带兵护送刘曜。石邃，是石虎的儿子。刘曜的伤势十分严重，用马车载着他，让医生李永和他乘同一辆车。己亥日（二十五日），石勒等人回到了襄国，石勒让刘曜住在永丰小城，给他提供了妓妾，派遣士兵严密地看守着他。石勒派遣刘岳、刘震等族内跟从的男女穿着整齐的衣服去拜见刘曜，刘曜说：“我以为你们早就已经化成灰土了，石王仁慈宽厚，竟然一直保全宽容你们到现在。我杀死了石佗，长期以来心中惭愧。今天降临到我身上的灾祸，自然是对我的报应。”留他们宴饮了一整天然后才让他们离开。石勒让刘曜给他的太子刘熙写信，命令他赶快投降。刘曜却只是告知刘熙和诸位大臣“匡扶维护国家，不要因为我改变心意”。石勒看见了以后就对刘曜十分憎恶，过了一段时间，就把刘曜杀死了。

这一年，成汉加封的汉献王李骧去世了，他的儿子征东将军李寿因为奔丧回到了成都。成汉的君主李雄任命李玝为征北将军、梁州刺史，代替李寿在晋寿驻扎。

咸和四年（己丑，公元329年）

春季，正月，光禄大夫陆晔以及他的弟弟尚书左仆射陆玩劝说匡术，以苑城归附西军。百官都赶来这里，推举陆晔监督宫城军事。陶侃命令毛宝防守南城，邓岳防守西城。

右卫将军刘超、侍中钟雅和建康令管旆等人计划侍奉晋成帝司马衍逃出石头城投奔西军，事情泄漏了，苏逸派遣他的将领平原人任让率士兵进入皇宫逮捕了刘超和钟雅。晋成帝抱着他们，悲伤地哭泣着说：“把我的侍中、右卫还给我！”任让把他们夺过来并且把他们杀死了。起初，任让年少没有德行，太常华恒担任州中的大中正，贬斥他的品格。等到任让成为了苏峻的部下，利用自己的权势，诛杀了很多人，但是看到华恒往往很恭敬，不敢放纵暴虐。等到钟雅、刘超被杀死，苏逸也想把华恒一起杀死，多亏任让尽心营救卫护，华恒这才免于死难。

冠军将军赵胤派遣部将甘苗在历阳攻击祖约。戊辰日（二十五日），祖约在夜里率领左右侍从数百人逃到后赵，他的将领牵腾率领士兵出城向赵胤投降。

苏逸、苏硕、韩晃合力攻打台城，把太极东堂和秘阁都焚毁了，毛宝登上城墙，射杀了几十个人。韩晃对毛宝说："你不是以勇猛果敢著称的吗，为什么不出城战斗呢？"毛宝说："你号称英勇善战的将领，为什么不进来战斗呢？"韩晃笑笑退兵了。

前赵的太子刘熙听说前赵主刘曜被俘虏了，感到非常恐惧，就和南阳王刘胤商议，向西去保卫秦州。尚书胡勋说："今天我们虽然失去了国君刘曜，但是我们的国土仍然完整，将士也没有叛离，我们应当集中力量抵抗贼人；等到无法抵抗贼人的时候，我们再走也不晚。"刘胤听了以后十分生气，认为他这是在扰乱人心，就把他斩杀了，于是率领百官逃到上邽，各地方的官员也都放弃了自己所镇守的地方跟着他一起逃走，关中大乱。将军蒋英、辛恕率领了几十万人的士兵占据了长安，然后派遣使者向后赵投降，后赵派遣石生率领洛阳的士兵前往长安。

二月，丙戌日（十三日），各路军队进攻石头城。建威长史滕含攻击苏逸，把他打败了。苏硕率领了数百个骁勇善战的士兵，渡过秦淮河与敌军交战，结果在温峤攻击他的时候被斩杀了。韩晃等人感到恐惧，就带着他们的士兵前往曲阿依附张健，由于门道狭窄不方便进出，士兵互相践踏，因此而死的有上万人。西军擒获苏逸，把他斩杀了。滕含的部将曹据抱着晋成帝司马衍逃到温峤的船上，群臣看见了晋成帝，纷纷叩头至地大声哭泣着请求晋成帝治罪。随即把西阳王司马羕，以及他的两个儿子司马播、司马充、孙子司马崧和彭城王司马雄都杀死了。陶侃和任让有旧交，替他请求免除他的死罪。晋成帝说："他是杀死我的侍中、右卫的人，不可以赦免他的罪行。"然后就把他杀了。司徒王导进入了石头城，让人取来他讨伐王敦之时所持的符节，陶侃笑着说："苏武所持的符节好像不如你这个。"王导露出来惭愧的脸色。丁亥日（十四日），晋成帝司马衍下令大赦天下。

张健怀疑弘徽等人对自己不忠心，就把他们都杀死了，然后张健率领水军从延陵准备进入吴兴。乙未日（二十二日），扬烈将军王允之和他交战，重创了张健的军队，俘虏了男女一共一万多人。张健又和韩晃、马雄等人向西奔往故鄣，郗鉴派遣参军李闳对他们进行追击，最后在平陵山追上了他们，并且把他们全部都斩杀了。

这时，建康的宫阙已经化为灰烬了，用建平园充作宫殿。温峤想要把都城迁移到豫章去，三吴的豪杰请求把都城迁移到会稽，两种建议，议论纷纭，一直不能做出决定。司徒王导说："孙仲谋、刘玄德都说'建康是帝王的宅府'。古代的帝王，不一定会因为富裕或困穷而迁移国都。只要我们能够努力耕作，节省用度，又何必为暂时的凋敝而感到忧愁呢？如果我们在农事方面不肯努力的话，即使是乐土最终还是会变成废墟的。而且，北方的贼寇像游魂似的，随时都在窥伺我们的可乘之机，一旦我们表现出虚弱的样子，逃窜到了蛮荒的地方，无论从名望还是实际上考虑，都不是好的办法。我们现在应该保持镇静，人心自然也就安宁了。"因此决定不再迁都。晋成帝任命褚翜为丹杨尹。因为当时是在战争之后，人口和物品凋敝残缺，褚翜把散失的人口召集回来，京城这才安定了下来。

壬寅日（二十九日），东晋把湘州并入了荆州。

三月，壬子日（初十日），议论平定苏峻的功劳，晋成帝任命陶侃为侍中、太尉，加封陶侃为长沙郡公，兼都督交、广、宁州诸军事；任命郗鉴为侍中、司空、南昌县公；任命温峤为骠骑将军、开府仪同三司，加封散骑常侍、始安郡公；陆晔晋爵为江陵公；其余被赐爵侯、伯、子、男的有很多。卞壶以及他的两个儿子卞眕、卞盱以及桓彝、刘超、钟雅、羊曼、陶瞻，都追赐了谥号。路永、匡术、贾宁都是苏峻的党羽，在苏峻还没有失败的时候，路永等人离开了苏峻向朝廷归顺；王导想要给他们赏赐官爵，温峤说："路永等人都是苏峻的心腹，是首先参与和造成祸乱的人，没有比这个更大的罪过了。虽然他们后来觉悟改正了，但是还是不足以抵消他们之前犯下的罪行。他们的性命能够得到保全，就已经算是足够幸运了，又怎么可以再奖赏宠信他们呢？”王导这才作罢。

陶侃因为江陵偏远，所以迁移到巴陵镇守。

朝廷中的大臣们商议想要把温峤留下来辅佐政事，温峤认为王导是先帝任命的人选，就坚持推辞回到了自己的藩地。后来温峤又因为京城荒废残败，物资器用无法供给，于是把自己积蓄下来的物资都留了下来，并且准备了一些器皿用具，然后才回到武昌。

晋成帝司马衍从石头城出来的时候，庾亮前来觐见晋成帝，额头触碰到地面，呜咽哭泣，晋成帝下诏让庾亮和大臣们都登上御座。第二天，庾亮再一次叩头至地向晋成帝请罪，请求晋成帝罢免自己的官职，打算全家投身到深山或者海边隐居。晋成帝派遣尚书、侍中拿着他亲自手写的诏书安慰他说：“这是国家发生的祸难，并不是舅父的责任。”庾亮向晋成帝上奏疏陈述自己的罪状说：“祖约、苏峻放肆叛逆，罪过是由我引发的，即便是把我斩为寸段屠杀，也不足以向七庙的神灵谢罪，不足以平息天下人的责难。朝廷又有什么理由再让我与他人相提并论，我又有什么颜面跻身于人伦呢？我希望陛下即便是垂爱宽恕，保全了我的性命也就足够了，对我还是应当抛弃不顾，任由我自生自灭，那么天下的百姓才会粗浅知道劝善罚恶的纲要了。”晋成帝专门颁下诏书安抚他，没有允许他的请求。庾亮又想逃到深山或者海边，就从暨阳出发向东前行，晋成帝颁下诏书命令有关官员把庾亮的船只扣留夺走。庾亮于是向晋成帝上书请求把自己外放镇守以报效朝廷，于是晋成帝将他外放为都督豫州、扬州地段长江以西、宣城郡诸军事，豫州刺史，兼领宣城内史，镇守芜湖。

陶侃、温峤讨伐苏峻的时候，发布公文给各个地方的官员，让他们各自带兵前来救援。湘州刺史益阳侯卞敦拥兵不肯前来，又不供给军粮，只是派遣督护率领了几百个人跟随在大军的后面而已，朝野人士没有一个不惊叹和责怪的。等到苏峻的叛乱被平定了以后，陶侃向晋成帝司马衍上奏说卞敦阻碍军务，抱持着观望的态度徘徊不肯奔赴国难，请求晋成帝用槛车把卞敦收捕交给廷尉治罪。王导却认为在丧乱之后，应该表现宽容，于是晋成帝就调任卞敦为安南将军、广州刺史。卞敦因为生病不能赴任，于是就征召他为光禄大夫，兼领少府。卞敦忧虑愧疚而死，追赠了他原来的官职，加封他为散骑常侍，谥号为敬。

◆司马光说：庾亮以外戚的身份辅佐朝政，首先引发了祸乱，以致国家毁坏，国君危险，但是自己却想要逃窜到深山大海以求苟免；卞敦身负镇守一方的要职，军队粮食都很充足，在朝廷遭遇到危险的时候，却坐观胜败，不肯发兵进行救援，身为臣子的罪过，还有比这个更大的吗？但是朝廷对他们既不能够明断公正地使用刑罚彰明罪过，进行制裁，反而用宠信厚禄作为回报，晋成帝没有国政可言，由此也就可以知道了。应该承担这种责任的人，难道不是王导吗？◆

晋成帝司马衍改封高密王司马纮为彭城王。司马纮，是司马雄的弟弟。

夏季，四月，乙未日（二十三日），始安忠武公温峤去世了，他被安葬在了豫章。朝廷想要在晋元帝司马睿和晋明帝司马绍的陵墓北面替他修建一座大墓，太尉陶侃向晋成帝上奏表说："温峤的忠贞诚信著称于圣世，功勋节义让人神都感动了，如果他死后有知，又怎会为今天这种劳民伤财的事情感到高兴呢？我希望陛下慈爱有恩，停止移葬他的事情。"晋成帝颁下诏书同意了他的请求。

晋成帝司马衍任命平南军司刘胤为江州刺史。陶侃、郗鉴都向晋成帝说刘胤不具有地方大员的才能，但是司徒王导不听。有人对王导的儿子王悦说："现在是大难之后，朝廷纲纪废弛不振，从江陵到建康的三千多里中，流离失所的百姓数以万计，散布在江州。江州，是国家的南方屏障，也是国家的要害之地，但是刘胤以自己喜好奢侈的个性，横卧室内懒散地对待政事，即使没有外面的变乱，也必定会有内部的忧患。”王悦说：“这是温平南（温峤）的意思。”

秋季，八月，前赵的南阳王刘胤率领数万士兵从上邽赶往长安，陇东、武都、安定、新平、北地、扶风、始平诸郡的戎狄以及华夏族都发兵前来响应。刘胤在仲桥驻扎军队，石生围绕着城进行防守，后赵的中山公石虎率领了两万骑兵前来进行援救。九月，石虎在义渠打败了前赵的士兵，刘胤逃回了上邽。石虎乘胜追击刘胤，战死的尸体纵横枕藉，相连千里。上邽被石虎攻破了，石虎逮捕了前赵的太子刘熙、南阳王刘胤以及他的将军、郡王、公卿、校尉以下一共有三千多人，把他们全部都杀死了，并且把前赵的其他文武官员、关东地方的游民、以及秦、雍两州的大族九千多人迁徙到了襄国；又在洛阳坑杀五郡的屠各部五千多人。石虎到河西进攻羌族的集木且部，把他们打败了，有数万人被俘虏，秦州、陇西被完全平定。氐族君王蒲洪、羌族首领姚弋仲都向石虎投降，石虎向石勒上奏表推举蒲洪监管六夷军事，姚弋仲出任六夷左都督。把氐族和羌族十五万村落的居民迁徙到了司州和冀州。

起初，陇西的鲜卑族乞伏述延部在苑川居住，侵略和吞并邻近的部落，士兵马匹都很强盛。等到前赵灭亡了以后，乞伏述延感到恐惧，就迁徙到了麦田居住。乞伏述延去世了以后，他的儿子乞伏大寒继位。乞伏大寒去世以后，他的儿子乞伏司繁继位。

江州刺史刘胤崇尚豪奢的作风，一天比一天严重，专门从事商贾买卖，聚敛起来的家财达百万，终日纵情于饮酒作乐，不问政事。冬季，十二月，晋成帝下诏征召后将军郭默为右军将军。郭默喜欢担任戍守边疆的将领，不愿意在京城负责警卫的工作，于是郭默就把自己的想法告诉了刘胤。刘胤说：“这件事不是我能够干预的。”郭默即将赴召前去京城，向刘胤请求资助一些路费，刘胤不愿意给他，郭默因此而对刘胤产生怨恨。刘胤的长史张满等人一向看不起郭默，有时候甚至裸露着身体去见他，郭默常常为此感到怨恨。腊祭的那一天，刘胤派遣人去赠送郭默小猪和酒，郭默当着刘胤派遣来的信使的面，把刘胤赠送给自己的小猪和酒都扔到了水里面。刚好主管的官员向朝廷上奏说："现在朝廷的国库空虚，百官都没有俸禄，只能依靠江州运送粮食。但是刘胤的商人旅客不绝于路，因为自己的私利而废弃了公务，我请求皇上罢免刘胤的官职。"奏事下发朝廷评议，刘胤却没有返回朝廷惭愧请罪，反而还要为自己申辩冤屈。寄住在江州的其他州人盖肫把别人家的女儿抢走做自己的妻子，张满让盖肫把女儿还给人家，盖肫不肯听，却对郭默说："刘江州不服从官职被罢免的命令，秘密地有其他的图谋，和张满等人日夜都在策划商议，只是顾忌你一个人，准备先把你除掉。"郭默相信了盖肫所说的话，于是就率领他的士兵等到早上开门的时候去袭击刘胤。刘胤手下的将吏准备抵抗郭默，郭默大声地呵责他们说："我禀受了皇上的诏书讨伐有罪的人，敢妄动的人诛灭三族。"随即就进入了内寝，把刘胤从床上拉了下来，然后把他斩杀了。从刘胤的寝室出去的时候，又把刘胤的僚佐张满等人捉了起来，诬陷他们大逆不道准备谋反，把他们全部都斩杀了。郭默将刘胤的首级传送到了京城，然后诈写诏书宣示内外。又把刘胤的女儿和各位侍妾都掳掠走，连同刘胤的金银财宝一起带到船上，起初说要返回京城，而后就停留在刘胤的旧府。郭默招引谯国内史桓宣，桓宣坚守武昌驻地，不听从他的招引。

这一年，贺兰部和诸位大人共同拥立拓跋翳槐为代王，代王拓跋纥那逃到宇文部。拓跋翳槐派遣他的弟弟拓跋什翼犍到后赵做人质，请求和后赵讲和。

河南王吐延，雄健勇敢但是多猜忌，羌族首领姜聪去刺杀他，剑刺入了吐延的身体里面，吐延不把剑拔出来，反而把他的将领纥扢泥传召来，让他辅佐自己的儿子叶延，防守好白兰，然后才拔剑而死。叶延孝顺并且好学，他认为按照礼仪"公孙的儿子可以以王父的字作为姓氏"，于是就给他的国家自取国号为吐谷浑。

咸和五年（庚寅，公元330年）

春季，正月，刘胤的头颅被传送到了建康。司徒王导认为郭默骁勇难以制服，己亥朔日（初一日），晋成帝司马衍下令大赦天下，把刘胤的头悬挂在朱雀航示众，任命郭默为江州刺史。太尉陶侃听到了这个消息以后，把衣袖一甩站了起来说："这其中一定有诈。"随即陶侃将要率领军队去讨伐郭默。郭默派遣使者给陶侃送去妓妾与绢物，并且给陶侃写了密诏呈送过去。陶侃的僚佐大多数都劝谏陶侃说："郭默如果没有得到皇上的诏命，怎么敢做这样的事情呢？如果我们想要发兵讨伐他，也应该等待皇上的诏令。"陶侃面色严厉地说："皇上年纪尚且幼小，诏令并不是出自自己的意愿。刘胤被朝廷如此重用，虽然他没有镇守一方的能力，但是为什么会突然就对他处以死刑呢？郭默依恃着自己骁勇，任职行事，贪婪暴戾；因为国家的灾祸刚刚平定，朝廷法令纲纪宽松简略，他只是想要借着这个时机，肆意进行一些霸道强横的事情罢了。"陶侃派遣使者向晋成帝司马衍上奏表陈述郭默的罪行，并且给王导写信说："郭默把地方官吏杀死了，就任命他为地方官吏，那么如果他把宰相杀死了就可以任命他为宰相吗？"王导于是把刘胤的头收了起来，并且在回复陶侃的信里面说："郭默占据了长江上游的有利地势，再加上有舰船为其所用，所以我们现在只能对他包容忍耐，让他暂时占据江州，这样朝廷才能秘密地命令诸军严阵以待，等到您的大军来到，可以迅速发军前往，这难道不是暂且顺从，等待时机再定大事的策略吗？"陶侃笑笑说："这的确是对贼人屈从的策略！"

豫州刺史庾亮也向晋成帝司马衍上奏表请求发兵讨伐郭默。晋成帝颁下诏书加封庾亮为征讨都督，让他率领步兵和骑兵两万人前去和陶侃的军队会合。

西阳太守邓岳、武昌太守刘诩都怀疑桓宣和郭默是同党。豫州西曹王随说："桓宣尚且连祖约不会去附从，又怎么会愿意和郭默同流合污呢？"邓岳和刘诩派遣王随前往桓宣处，以观察他的动向，王随劝说桓宣道："您心里尽管不是这样的想法，但是你没有机会证明自己的忠心，只能把您的儿子交给我。"桓宣于是就派遣他的儿子桓戎和王随一起前去迎接陶侃。陶侃征召桓戎为自己的僚属，向晋成帝司马衍上奏表推荐桓宣出任武昌太守。

二月，后赵的群臣请求后赵王石勒登基即位。于是石勒就自称大赵天王，一切行事都依照皇上的礼仪进行。石勒册立妃子刘氏为皇后，世子石弘为太子，任命他的儿子石宏为骠骑大将军、都督中外诸军事、大单于，加封他为秦王；任命石斌为左卫将军，加封他为太原王；任命石恢为辅国将军，加封他为南阳王。任命中山公石虎为太尉、尚书令，爵位晋升为王；任命石虎的儿子石邃为冀州刺史，加封他为齐王；任命石宣为左将军；任命石挺为侍中，加封他为梁王。又加封石生为河东王，石堪为彭城王。任命左长史郭敖为尚书左仆射，右长史程遐为尚书右仆射，兼任吏部尚书，左司马夔安、右司马郭殷、从事中郎李凤、前郎中令裴宪，都被任命为尚书，任命参军事徐光为中书令，兼任秘书监。其余的文武官员，拜官封爵各有差事。

中山王石虎十分生气，私底下对齐王石邃说："主上石勒自从建都襄国以来，端身拱手，坐享别人取得成功，把我的身体当作箭石，冲锋陷阵，二十多年来，我在南边擒获刘岳，在北边赶走了索头，向东平定了齐、鲁，向西平定了秦州、雍州，攻克了十三个州郡。成就了大赵功业的，其实是我啊！大单于的称号应当授予我，但是现在竟然把它授予了一个奴婢生下的黄口小儿，一想到这件事，就令人气愤得吃不下睡不着！等到主上石勒去世以后，我不会让他继续活命。"

程遐向石勒进言说："现在天下刚刚安定下来，应当彰明善恶和顺逆，所以汉高祖才会赦免了季布，把丁固斩杀了。大王您自从起兵以来，看到忠心于自己国君的人，就会褒扬他，看到背叛国君不是忠臣的人，就把他诛杀了。这正是天下人赞美大王您的盛德的原因。现在祖约尚且活着，我私底下心里面感到很迷惑。"安西将军姚弋仲也对石勒这样说。于是石勒就把祖约逮捕了，并且把他和他的内外亲属一百多人，全部诛杀了，把他的妻妾、儿女分别赐给了胡人。

起初，祖逖有一个胡族的奴仆叫王安，祖逖非常宠爱他。在雍丘的时候，祖逖对王安说："石勒和你是同一个种族的，我也不在乎你一个人。"然后就送了丰厚的资财给他把他遣送回去。王安因为勇敢能干，在后赵担任左卫将军。在祖约被诛杀的时候，王安叹息着说："我怎么能够让祖逖祖士稚没有后代呢？"于是就前往市朝观看行刑。祖逖的庶子祖道重，当时只有十岁，王安偷偷地把他带了回去，并且把他藏匿起来，为他改换服装装作出家。等到石氏灭亡了以后，祖道重才又重新回到了江南。

郭默想要向南占据豫章，刚好太尉陶侃的军队前来讨伐他，郭默出去迎战陶侃，但是被打败了，于是郭默就回到城里面进行严密防守，把大米聚起来充当堡垒，以显示自己有多余的粮食。陶侃修筑了土山和他对抗。三月，庾亮的军队到达了湓口，各路军队都会合了。夏季，五月，乙卯日（十九日），郭默的将领宋侯把郭默父子缚绑着出城向陶侃投降。陶侃在军营门口把郭默斩杀了，然后把他的头传送到了建康，被处死的郭默同党有四十人。晋成帝司马衍颁下诏书派遣陶侃都督江州，兼领江州刺史；派遣邓岳都督交州、广州诸军事，兼领广州刺史。陶侃回到巴陵，就迁移去镇守武昌。庾亮回到芜湖，辞谢了晋成帝的封爵和赏赐，拒绝接受。

后赵的将领刘征率领数千士兵，渡海掠取东南诸县的财物，把南沙都尉许儒杀害了。

张骏乘着前赵灭亡，又把黄河以南的地区收复了，一直到狄道，设置了五屯护军，与后赵接壤。六月，后赵派遣鸿胪孟毅任命张骏为征西大将军、凉州牧，赐给他九锡的礼遇，张骏把做后赵的臣子视为耻辱，不肯接受封职，扣留了孟毅不遣送他回去。

起初，丁零人翟斌，世代都在康居居住，后来迁入了中原定居，至此才去后赵朝见，后赵任命他为句町王。

后赵的大臣们坚持请求石勒扶正皇帝的尊号，秋季，九月，后赵王石勒登基即位。下令大赦天下，年号更改为建平。文武百官封爵进位各有差别。石勒册立他的妻子刘氏为皇后，太子石弘为皇太子。

石弘喜欢写文章，为人亲近并且礼敬儒雅的人。石勒对徐光说：“石弘石大雅性格安和深静，一点也不像将军世家的儿子。”徐光说：“汉高祖依靠马上的功绩得到了天下，汉文帝凭仗沉静无为巩固天下。圣人的后代，一定会有能够使残暴的人不再作恶，因此可以废除刑戮的人，这是上天的规律啊！”石勒听了以后心里感到非常高兴。徐光乘机劝说石勒道：“皇太子石弘仁慈孝顺，温和恭敬，但是中山王石虎却狡诈暴虐，诡计多端，陛下您一旦辞世，我担心国家就不是太子所能够据有的了。您应该慢慢削减中山王石虎的权势，让太子能够早日参与朝政大事。”石勒心里认为他说得很正确，但是没有按照徐光说的去做。

后赵的荆州监军郭敬侵犯襄阳。东晋的南中郎将周抚监察沔北军事，在襄阳驻扎。后赵国君石勒以邮驿传书的形式敕告郭敬退到樊城驻扎军队，让他将旗帜收卷藏起，寂静得像没有一个人一样。石勒说：“敌人如果派人来观察，你就告诉他说：‘你们应当爱惜自己坚固防守，七八天以后，大队的骑兵就将要到达，和我们相互策应，你们就再也不能逃走了。’”郭敬让人在渡口洗马，周而复始，昼夜不断。侦察的人回去把这种情形报告给了周抚，周抚以为后赵的大队兵马将要到达，心里感到恐惧，就逃到武昌。郭敬进入襄阳，中州转徙在外的百姓，全部向后赵投降。魏该的弟弟魏遐率领他的部众从石城向郭敬投降，郭敬把襄阳城毁坏了以后，把百姓迁徙到沔水以北的地区居住，在樊城修筑城堡派遣士兵进行戍守。后赵任命郭敬为荆州刺史。周抚获罪被罢免了官职。

休屠王石羌背叛了后赵，后赵的河东王石生把他打败了，石羌逃到凉州。西平公张骏知道了这件事情以后感到恐惧，就把孟毅遣返回去，并且派遣他的长史马诜向后赵称臣进贡。

晋室因为苏峻的叛乱，宫阙都被焚毁了，于是在建康重新建造了一座新的宫殿。

甲辰日（初九日），晋成帝司马衍改封乐成王司马钦为河间王，册封彭城王司马纮的儿子司马浚为高密王。

冬季，十月，成汉的大将军李寿督率征南将军费黑等人攻打巴东的建平，占据了它。巴东太守杨谦、监军毌丘奥退到宜都据守。

咸和六年（辛卯，公元331年）

春季，正月，后赵的刘征又来侵犯娄县，把武进的财物都掠夺了，郗鉴把他击退了。

三月，壬戌朔日（初一日），发生了日食。

夏季，后赵国君石勒到达了邺，准备在那里营建新的宫室。廷尉上党人续咸向石勒苦苦劝谏，石勒发怒，要把他斩杀了。中书令徐光对石勒说："即便您不采纳续咸的谏言，也应当包容他，怎么可以因为一时直言劝谏就把大臣斩杀呢？"石勒叹了一口气说："作为国君的人，就是这样不能自己决断啊！一个平常的人家里的资产达到一百匹，还想要买一栋房子，更何况我是富有天下呢？这座宫殿终究是会营建的，我暂且下令停止修建，以成全我耿直的忠臣的气节吧。"然后石勒就赐给续咸一百匹绢布和一百斛稻米。又颁下诏书让公卿以下的官吏每年向自己推举贤良方正的人，并且命令被荐举的人交相推荐援引，用来开拓求纳贤士的途径。在襄国城西建造了用以祭祀的明堂、辟雍和灵台。

秋季，七月，成汉的大将军李寿攻打阴平、武都，杨难敌向李寿投降。

九月，后赵国君石勒又营建邺城宫室。把洛阳作为南都，设置行台。

冬季，在太庙进行蒸祭，晋成帝司马衍颁下诏书命令把祭祀剩下的胙肉给司徒王导送去，并且准许他不用跪拜谢恩。王导以自己生病了为理由推辞，不敢接受。起初，晋成帝司马衍即位的时候，年纪尚小，每一次见到王导，一定会下拜，给王导的手诏，上面则说"惶恐而言"，中书写的诏书，则说"敬问"。负责的官员议论说："元旦朝会大臣们的那一天，皇上是否应该下拜礼敬王导呢？”博士郭熙、杜援评议，他们认为：“礼书上面没有国君拜大臣的记载，我们认为应该免除下拜礼敬。”侍中冯怀评议，他认为：“天子驾临大学，拜见三老，更何况是先帝的师傅呢？我认为应该对王导倍加礼敬。”侍中荀弈评议，他认为：“元旦是一年当中的第一次朝会，应该彰明君臣之间各自的身份，因此不应当下拜礼敬；如果是其他日子的小朝会，自然可以对王导倍加礼敬了。”晋成帝颁下诏书采纳了他的建议。荀弈，是荀组的儿子。

慕容廆派遣使者给太尉陶侃送去书信，劝他发兵北伐，共同廓清中原。慕容廆的僚属宋该等人一起向慕容廆建议，应写“慕容廆在边陲一隅建立功业，职位低微，责任重大，等级没有区别，不足以震慑华夏和胡夷，您应该向皇上上奏表请求提升慕容廆的官爵”。慕容廆的参军韩恒驳斥说：“建立功绩的人忧虑的是诚信、道义不彰明，而不是忧虑名位不高。齐桓公、晋文公有匡救复兴国家的功劳，但是他们并没有事先要求天子按礼制加以任命就来号令天下诸侯。您应该修缮甲胄、兵器，除去群凶，功成以后，您自然就会得到九锡的礼遇。这比起向国君要求宠信，不也是很光荣吗？”慕容廆听了以后心里感到不高兴，就调任韩恒出任新昌县令。于是东夷校尉封抽等人向陶侃幕府上奏疏，请求册封慕容廆为燕王，摄行大将军事。陶侃回信说：“建立功劳，晋封爵位，这是古人已经制定的制度。车骑将军慕容廆虽然还没有能够为朝廷摧毁石勒，但是忠诚仁义，尽心尽力。我现在将你的书信禀报给皇上，至于你所请求给你晋爵的事情，同意不同意，授予官职的早晚，则应当由朝廷决定。”

资治通鉴卷第九十五　晋纪十七

起壬辰（公元332年），止丁酉（公元337年），共六年。

【题解】本卷记录了晋成帝咸和七年至咸康三年共六年间东晋及各国大事。主要记录了赵主石勒的僚属程遐、徐光提醒石勒小心石虎，石勒不听，等到石勒病死，石虎杀程遐、徐光、石堪与石勒皇后刘氏，控制太子石弘；石勒部将石生、石朗起兵讨伐石虎，失败，石虎废石弘，将他与石宏、石勒皇后程氏等杀掉，自称居摄赵天王；记录了石虎迁都邺城，大造宫室，穷奢极侈；石虎极度尊崇"大和尚"佛图澄，在国内形成风尚；石虎喜怒无常，荒耽酒色，与太子石邃矛盾加深，遂杀石邃改立石宣；记录了棘城慕容廆卒，子慕容皝即位，慕容皝之弟慕容仁占领辽东自立，慕容皝用高诩之计，踏冰渡海讨平慕容仁，又大破段辽与宇文氏，备置百官，自称燕王；记录了凉州渐平，勤修诸政，民富兵强，张骏被称为贤君，西域的焉耆、于阗等国都到姑臧朝贺称臣，张骏遂有兼并秦、雍二州之志；记录了成汉将领李寿进攻宁州，宁州刺史投降，李寿又一度夺得梁州；成主李雄病死，养子李班继位，李雄子李越杀李班，拥立李雄子李期，成国走向了衰败；记录了陶侃晚年以满盈自惧，辞官还居封地，死于归途；记录了晋成帝司马衍成年，仍委政于王导，向他行礼，侍中孔坦以为不妥，被王导黜逐；王导、庾亮聘用爱好清谈的王濛、王述及殷浩等人，清谈蔚然成风，朝廷虽立太学、招生员，而士大夫习尚《老》《庄》，儒学不振；记录了石虎南游临江，数十骑哨探至历阳，历阳太守袁耽虚报军情，引起东晋慌乱动员、征兵遣将，慌乱不堪。

显宗成皇帝中之上

咸和七年（壬辰，公元332年）

春季，正月，辛未日（十五日），晋成帝司马衍下令大赦天下。

后赵国君石勒飨宴犒赏群臣，他对徐光说：“我可以和古代哪一等君主相比呢？”徐光回答石勒说：“陛下您神圣勇武谋划策略超过了汉高祖刘邦，后世也没有人可以和您相比的。”石勒笑着说：“人哪里会有不了解自己的，你的话说得也太过了。假如我遇到了汉高祖的话，我也应当向他北面称臣，和韩信、彭越同列并肩；假如我遇到汉光武帝刘秀的话，我就和他一起逐鹿中原，不知道这个天下将会是谁的啊。大丈夫做事情，就应该光明磊落，如同日月之光一样光亮洁白，终究不应该效法曹孟德、司马仲达，欺侮他人孤儿寡母，用不正当的手段得到天下。”群臣们都叩头顿首，高呼万岁。

石勒虽然没有上过学，但是他十分喜欢让众儒生读书给自己听，常常按照自己的心意去议论古今得失，听到的人没有一个不对他心悦诚服。石勒曾经让人给自己读《汉书》，听到郦食其劝谏汉高祖册立战国时六国诸侯后裔的时候，他吃惊地说：“这种做法是失策的，为什么汉高祖最后会得到了天下呢？”等到石勒听到留侯张良劝谏的时候，石勒这才说：“幸亏有过这么一回事。”

郭敬后退戍守樊城以后，东晋又收复了襄阳。夏季，四月，郭敬再一次攻占襄阳，留下防守的军队以后就返回了。

后赵的右仆射程遐向后赵国君石勒建议说：“中山王石虎勇猛精悍，有权谋，有武略，群臣当中没有一个人能比得上他。观察他的志向，除了陛下以外，他对其他的人都视若无物。再加上他性格凶恶好杀，残忍成性，长期担任将帅，威势震惊朝廷内外，他的几个儿子都已经长大，手中都握有兵权。陛下在世，自然不会有什么其他的变化，但是我担心他不会甘心做少主的臣子。您应该早日把他除掉，以便利于帝王大业。”但是石勒说：“现在天下还没有安定，石弘的年龄尚且幼小，需要得到强大的辅佐。中山王石虎是我的骨肉至亲，又有辅佐王命、创立大业的功劳，我正应该委托他辅佐少主的重要责任，就像商朝任命伊尹辅佐太甲，汉朝任命霍光辅佐汉昭帝、汉宣帝一样，何至于像你说的那样呢？你是担心不能够专擅皇上舅父的权力罢了，我也会让你参与辅政，你不用过分地忧虑。”程遐哭泣着说：“我所忧虑的是整个国家，陛下却认为我这是在为自己的利益做打算而对我的建议加以拒绝，这样如何能够使你听得进去忠言呢？中山王石虎虽然是皇太后养大的，但是他和陛下并没有血缘上的关系，虽然他立下了些微小的功劳，但是陛下酬答他们父子的恩惠荣耀也已经足够了，然而他的心愿、欲望却是无穷无尽的，难道会是对将来有益处的人吗？如果您现在不把他除去，我就将会看到宗庙不能享受牲牢的祭祀了。”但是石勒没有采纳程遐的建议。

程遐退下以后，把这件事情告诉了徐光，徐光说：“中山王石虎常常对我们两个人心怀怨恨，恐怕将来他不仅会危害到国家，也将会成为你我家庭的灾祸啊！”后来，徐光寻找到机会向石勒劝谏说：“现在国家太平无事，但是陛下您的神色却好像不高兴，这是为什么呢？”石勒回答说：“东吴和西蜀尚且没有平定，我担心后世的人不把我当作承受天命的君王看待。”徐光说：“魏国继承了汉朝的国运，虽然刘备在蜀地建立了国家，但是又怎么能够说汉朝还没有灭亡呢？孙权在东吴，就如同今天的成汉主李雄一样。陛下的疆土囊括了长安、洛阳两都，占据了冀州、幽州、并州、青州、兖州、豫州、司州、雍州八个州的土地，帝王的正统不在陛下，还会在谁呢？况且陛下不忧虑心腹之患，反而去忧虑四肢之患吗？中山王石虎凭借着陛下的威势和谋略，所向无敌，但是天下的百姓都说他的英勇威武比不上陛下。而且他禀性不仁慈，见利忘义，父子又都占据了权势和地位，势力可以颠覆王室，而他们自己却又心中挂怀，不安于目前的官职，常常有不满意的想法。最近在东宫侍奉宴饮的时候，石虎有轻视皇太子的神色。我担心在陛下辞世以后，就不可以再控制他了。”石勒沉默不语，开始命令太子审查、决断尚书的奏事，并且派遣中常侍严震参与判断决策是否可行，只有征伐断斩方面的大事才上呈给石勒决定。因此严震的权力超过了君主和丞相，中山王石虎门庭冷清，可以网罗麻雀了。石虎更加心中郁闷、不高兴。

秋季，后赵的郭敬向南攻掠长江以西的地区，太尉陶侃派遣他的儿子平西参军陶斌以及南中郎将桓宣乘虚攻打樊城，把在那里留守的士兵全部都俘虏了。郭敬返回去救援樊城，桓宣和他在涅水交战，把郭敬打败了，并且得到了郭敬在长江以西的地区劫去的全部财物。陶侃哥哥的儿子陶臻和竟陵太守李阳攻占了新野。郭敬知道了以后心里感到恐惧，就逃走了，桓宣于是就把襄阳占领了。

陶侃命桓宣镇守襄阳，桓宣招抚了刚刚归降的民众，就从简刑罚，从略威仪，鼓励、督促从事农桑生产活动，有时候用轻便的小车装载着锄头耒耜等农具，亲自率领百姓进行耕耘收获。桓宣在襄阳十几年，后赵的士兵多次前来进攻，桓宣以寡少疲弱的士兵进行防守抵抗，后赵的士兵无法获得胜利。当时的百姓都以为他仅次于祖逖和周访。

成汉的大将军李寿侵略宁州，任命他的征东将军费黑为前锋，从广汉出兵，镇南将军任回从越巂出兵，以便使宁州的兵力分散。

冬季，十月，李寿和费黑到达了朱提，朱提太守董炳据城进行防守，宁州刺史尹奉派遣建宁太守霍彪率领士兵前去援助董炳。李寿准备迎击霍彪，费黑说：“城中粮食短缺，你应该放任霍彪进城，让他们共同消耗粮食，为什么要阻挡他呢？”李寿采纳了他的意见。朱提城长时间都无法攻占，李寿想要大举猛攻。费黑说：“南中地势险阻，很难制服，我们应当待以时日，等到他们的智慧和勇气都消磨殆尽了，然后再去攻打他们，城里面的人，就如同困在圈栏中的牲畜，终究是会被擒获的，何必急急地求一时之功呢？”李寿不肯听从，进攻果然不能取得胜利，于是李寿就把军事全权委托给了费黑。

十一月，壬子朔日（初一日），晋成帝司马衍提升太尉陶侃为大将军，准许陶侃可以佩戴着剑穿着鞋上殿，朝见皇上的时候不必趋行小跑，唱礼通名的时候可以不直接称呼名字。陶侃再三推辞，坚持不肯接受。

十二月，庚戌日（二十九日），晋成帝司马衍迁居到了新建成的宫殿居住。

这一年，凉州的僚属们劝张骏自称凉王，兼任秦州、凉州两州的州牧，设置公卿百官，仿照以前的魏武帝曹操、晋文帝司马昭的做法。张骏说："这不是为人臣子应该说的话。敢说这种话的，一定要治罪，绝不赦免！"但是凉州境内都称呼他为王。张骏册立次子张重华为世子。

咸和八年（癸巳，公元333年）春季，正月，成汉的大将军李寿攻占了朱提城，董炳、霍彪都向李寿投降，李寿的声威震惊了南中。

丙子日（二十六日），后赵国君石勒派遣使者来与东晋重修旧好，晋成帝颁下诏书命令把后赵的使者带来的礼物全部焚烧掉。

三月，宁州刺史尹奉向成汉投降，成汉占领了南中所有的土地。成汉国君李雄下令大赦，任命大将军李寿兼管宁州。

夏季，五月，甲寅日（初六日），辽东武宣公慕容廆去世了。六月，世子慕容皝以平北将军摄行平州刺史的职务，督察、统领境内士众。慕容皝赦免了囚禁的犯人。任命长史裴开为军咨祭酒，郎中令高诩为玄菟太守。慕容皝任命带方太守王诞为左长史，王诞认为辽东太守阳骛有才干就把左长史的官职让给了他，慕容皝同意了他的请求，任命王诞为右长史。

后赵国君石勒病重卧床，中山王石虎进入禁宫侍卫，矫称诏令，群臣亲戚都不能进入。石勒病情的轻重，宫外没有一个人知道。石虎又假传诏令传召秦王石宏、彭城王石堪回到襄国。石勒病情稍微好转，看见石宏，惊讶地说："我派遣你镇守藩镇，正是为了防备今天这种情况，你回来是有人征召你呢，还是你自己前来的？如果有传召你回来的人，应当按罪诛杀。"石虎恐惧地说："秦王因为思念您，暂时回来罢了，现在就遣送他回去。"但是石虎仍旧把他留着没有把他遣送走。过了几天，石勒又问起了石宏这件事情，石虎说："接到了您的诏令以后就即刻遣送他回去了，现在已经在半路上了。"广阿县发生了蝗灾，石虎秘密地派遣他的儿子冀州刺史石邃率领三千骑兵前去发生蝗灾的地方游弋。

秋季，七月，石勒病重，颁布遗命说："石弘的兄弟们，应当好好互相扶持，司马氏兄弟的自相残杀，最终使晋朝倾覆，他们就是你们的前车之鉴，你们应该好好引以为戒。中山王石虎应当深深追思像周公、霍光一样辅佐幼孤，不要为后世留下口实。"戊辰日（二十一日），石勒去世了。中山王石虎把太子石弘劫持了，让他到殿前，收捕右光禄大夫程遐、中书令徐光，交给廷尉治罪，传召石邃率领军队进入禁宫宿卫，文武官员都纷纷逃亡奔散。石弘非常恐惧，自己说自己才能低劣，性情懦弱，要把帝位让给石虎。石虎说："国君去世，太子即位，这是礼仪常规。"石弘流着眼泪坚决辞让，石虎发怒说："如果你不能承担重任，天下的百姓自然会按照大道理行事，哪里能事先谈论？"石弘于是即位，大赦，并且下令把程遐、徐光杀死。夜里，把石勒的遗体偷偷地在山谷埋葬了，没有一个人知道埋葬石勒的地方。己卯日（七月无此日），备齐仪仗护卫，假装把石勒安葬在了高平陵，谥号明帝，庙号高祖。

后赵的将领石聪和谯郡太守彭彪，各自派遣使者前来向晋朝投降。石聪本来是晋朝的百姓，因为被收养而改姓石。朝廷派遣督护乔球率领士兵前去援救他们，但是援兵还没有到达，石聪等人便已经被石虎杀害了。

慕容廆派遣长史勃海人王济等人赶到晋报丧。

八月，后赵国君石弘任命中山王石虎为丞相、魏王、大单于，赐加九锡，划分魏郡等十三个郡作为石虎的封国，总领朝廷大小政事。石虎下令赦免他的境内的犯人，册立他的妻子郑氏为魏王后；儿子石邃为魏太子，授予他使持节、侍中、都督中外诸军事、大将军兼领尚书事；次子石宣为使持节、车骑大将军、冀州刺史，加封他为河间王；

石韬为前锋将军、司隶校尉，加封他为乐安王；石遵被封为齐王，石鉴被封为代王，石苞被封为乐平王；改封平原王石斌为章武王。石勒过去的文武官员，都被委派了闲散没有职权的官职。石虎的僚佐亲属，全部都出任了朝廷的重要职务。石虎任命镇军将军夔安兼领左仆射，尚书郭殷为右仆射。把太子的宫室改名为崇训宫，太后刘氏以下的人员全部迁移到那里居住。石虎又挑选了石勒原有的宫人、车马和服装珍玩中美丽、精良和珍贵的，全都运到了丞相府里面。

宇文乞得归被自己手下的东部大人逸豆归所驱逐，逃跑的时候死在了外面。慕容皝率领军队去讨伐逸豆归，在广安驻扎军队。逸豆归惧怕，请求和好，于是慕容皝就修建了榆阴、安晋两个城堡以后回去了。

成汉的建宁、牂柯两郡之人前来向东晋投降，又被李寿攻占了。

后赵的刘太后对彭城王石堪说："先帝石勒才刚刚去世，丞相石虎就如此欺压践踏我们。帝王血统的灭绝，大概不会有多久了，您对此将要怎么办呢？"石堪说："先帝过去的臣子，都遭到了疏远或者排斥，我们手中没有掌握军事大权，不能调遣军队，出任宫中宿卫和台省要职的，都是石虎的僚佐亲属，也没有有所作为的人，我请求出奔兖州，扶持南阳王石恢做盟主，占据廪丘，向各州郡的牧、守和四方的征、镇将军，颁布太后懿诏，让他们各自举兵去诛灭暴虐叛逆的人，或许还可以挽救。"刘氏说："事情已经非常紧急了，你应当赶快采取行动。"九月，石堪换上平民穿的衣服，骑着快马，奔袭兖州，没有取得成功，于是石堪向南逃到谯城。丞相石虎派遣他的将领郭太前去追击石堪，在城父把石堪捕获以后，送回了襄国，石虎用火把石堪灼烧以后杀死了。石虎征召南阳王石恢回到襄国。刘氏的计划泄漏了，于是石虎先把她废黜，然后又杀死了，尊奉石弘的母亲程氏为皇太后。石堪本来是田氏的子孙，因为他多次建立功劳，后赵国君石勒就把他领养为自己的儿子。刘氏有胆识，有谋略，石勒常常和她共同商议决断军事，她辅佐石勒建立功业，有西汉吕后的遗风，但是刘氏在不妒忌这方面要胜过吕后。

后赵的河东王石生镇守关中，石朗镇守洛阳。冬季，十月，石生、石朗都起兵讨伐丞相石虎。石生自称为秦州刺史，派遣使者前来向东晋投降。氐族统帅蒲洪自称为雍州刺史，向西依附张骏。

石虎把太子石邃留下来防守襄国，自己亲自率领步兵和骑兵一共七万人到金墉进攻石朗；金墉被石虎攻破了，石朗也被石虎抓获了，石虎砍断石朗的双脚后，把他杀死了。随后石虎向长安发起了进攻，任命梁王石挺为前锋大都督。石生派遣将军郭权率领鲜卑人涉璝的两万士兵作为前锋对敌人进行抵抗，石生率领大军随后出发，在蒲阪驻扎军队。郭权和石挺在潼关交战，石挺被郭权打败了，石挺和丞相左长史刘隗都战死了，石虎回军逃到渑池，纵横倒地的尸体有三百多里。鲜卑族暗中和石虎勾结，反戈攻击石生。石生不知道石挺已经死了，心中畏惧害怕，就一个人骑着马逃到长安。郭权把剩余的士兵都召集起来，退到渭水转弯处驻扎军队。于是石生就放弃了长安，藏匿到了鸡头山。将军蒋英据守长安抵御石虎的进攻，石虎进兵攻击蒋英，把他斩杀了。石生的部下把石生斩杀了以后，向石虎投降。郭权逃到陇右。

石虎分别命令将领在汧水、陇上驻扎军队，派遣将军麻秋去讨伐蒲洪。蒲洪率领两万户向石虎投降，石虎接受了蒲洪的投降，并且任命他为光烈将军、护氐校尉。蒲洪到达了长安，就劝说石虎把关中的豪强和氐、羌等部落都迁徙走以充实东方，他说："所有的氐族部落都是我家的部属，我率领着他们归顺你，有谁敢违抗的呢？"石虎采纳了他的建议，于是就把秦州、雍州的士兵、百姓以及氐族、羌族十多万户都迁徙到了关东。石虎任命蒲洪为龙骧将军、流民都督，让他在枋头居住；任命羌族的统帅姚弋仲为奋武将军、西羌大都督，让他率领他的数万名部众迁徙到清河的滠头居住。

石虎返回襄国以后，就下令大赦。后赵国君石弘命令石虎建造魏台，一切都完全仿照魏武帝曹操辅佐汉朝的旧例。

慕容皝刚刚即位，使用的刑法过于严厉峻刻，国内的百姓大多数都不知所措，主簿皇甫真对慕容皝进行劝谏，但是慕容皝却不肯听从。

慕容皝的庶母兄长建威将军慕容翰和同母的弟弟征虏将军慕容仁，都勇敢而有谋略，多次建立战功，深得人心；小弟弟慕容昭，有才干、有技艺。他们都得到了慕容廆的宠爱和信任。慕容皝忌妒他们，慕容翰叹息着说："我从先父慕容廆那里接受了任职，不敢不竭尽心力，幸好仰仗先父慕容廆的在天之灵，所向披靡，凡是我所到达的地方都能够建立功劳，这是上天在帮助我们的国家，并非人为的力量。但是别人却认为这是我的力量，认为我具有杰出的才能，不容易被制服，我怎么能够在这里坐着等待着灾祸的降临呢？"于是他就和他的儿子出奔段氏。段辽平素就听说他有才干，一直希望能够把他收为己用，所以非常宠爱、器重他。

慕容仁从平郭回来奔丧，对慕容昭说："我们平时一直傲慢放纵，常常对现在在位的新君慕容皝没有礼貌，新君为人刚毅严厉，没有犯罪尚且觉得他可怕，更何况是有罪呢？"慕容昭说："我们都是正室的嫡子，国家也应该有我们的一份，兄长您一向能得人心，我在皇宫里面也没有什么令人感到怀疑的地方，只要我们等待适当的机会，除掉他并不是一件困难的事情。兄长您赶快发兵前来，我来当内应，等到事情成功的时候，您只要把辽东分给我就可以了。男子汉做事情，不成功就是死，不能效法建威将军慕容翰在其他地方苟且偷生。"慕容仁说："好！"于是慕容仁就返回平郭。闰月，慕容仁发兵向西进发。

有人向慕容皝报告了慕容仁、慕容昭的阴谋，但是慕容皝却不相信，就派遣使者前去考查验证这件事。慕容仁的军队已经到达了黄水，知道事情已经败露了，于是就把慕容皝的使者杀死了，回去据守平郭。慕容皝赐令慕容昭自尽；派遣军祭酒封奕去抚慰辽东；任命高诩为广武将军，率领五千名士兵和他的庶弟建武将军慕容幼、慕容稚、广威将军慕容军、宁远将军慕容汗、司马辽东人佟寿共同去讨伐慕容仁。他们和慕容仁在汶城以北交战，慕容皝的军队被打败了，慕容仁把慕容幼、慕容稚、慕容军都俘获了。佟寿曾经担任过慕容仁的司马，于是就向慕容仁投降。前大农孙机等人占据了辽东城来响应慕容仁。封弈不能进去，只好和慕容汗一起回去了。东夷校尉封抽、护军平原人乙逸、辽东相太原人韩矫都放弃了城池逃走了，于是慕容仁占领了辽东所有的土地。段辽和鲜卑族的各部都和慕容仁遥相接援助。慕容皝追忆起了皇甫真过去劝谏自己的话，于是任命皇甫真为平州别驾。

十二月，郭权占领了上邽，派遣使者来向东晋投降。京兆、新平、扶风、冯翊、北地都起来响应他。

起初，张骏想要向成汉借路去建康呈送上表，但是成汉国君李雄不答应借路给他。于是张骏就派遣治中从事张淳向成汉称臣以便借路。李雄假装答应了他，却准备遣人在东峡伏击他。蜀人桥赞悄悄地告诉了张淳这件事情。张淳对李雄说："我的主君派遣我来到这个未曾通行的地方，不辞万里向建康表达我们的诚意，是因为陛下的嘉许和崇尚忠义，能够成全他人之美的缘故。假如您想把我杀死，也应当在都市把我斩杀，向众人宣谕晓示说：'凉州没有忘记国家曾经接受过的恩德，派遣使者与琅邪通好，因为君主圣贤，臣子英明，察觉到了这件事，于是就把他杀死了。'如果这样做的话，您有道义的声誉就会远播，天下人都畏惧你的声威。您现在派人在江中把我暗杀了，就无法彰显您的声威和刑罚，又怎么能够宣示于天下呢？"李雄大吃一惊，说："哪里有这种事情呢？"

司隶校尉景骞向李雄建议说："张淳是一名勇士，请您把他留下来。"李雄说："他既然是勇士，又怎么会愿意留下来呢？你先暂且用你的意愿去试探一下。"景骞对张淳说："您的身体强壮，体格有点胖，现在天气炎热，您何不派遣你的下吏前去，您在这里小住一段时间，等到天气凉爽一些以后再出发。"张淳说："我的主君因为皇室远徙江南，先帝的棺木尚未送返，生民疾苦，没有人前去拯救，所以才会派遣我向皇都表达我们的诚意。所要商议的事情很重要，不是下吏就能够传达的，假如下吏就可以完成这件事情，那么，我的主君也就不会派遣我前去了。即使有火山汤海，我也将会前往，天气的寒暑又哪里值得我害怕呢？”李雄对张淳说：“您的君主英明盖世，境内地势险要，军队强大，为什么不自己称帝，占据一方土地享乐呢？”张淳说：“我的君主从祖父、父亲开始，世世代代，笃厚忠贞，因为国家的仇恨耻辱还未能洗雪，枕戈待旦，时时准备杀贼复仇，又哪里能够自乐呢？”李雄听了以后感到很惭愧，于是说：“我的祖先本来也是晋室的臣子，因为遇到天下大乱，和六个郡的百姓逃到这里躲避灾难，被众人推举拥戴，所以才有今天。晋朝皇帝如果真的有人能够在中原中兴大晋的基业，我也将会率领众人前去帮助他。”于是李雄送了一份很丰厚的礼物给张淳后就遣送他上路了。张淳终于到达建康转达了张骏的心意。

长安失守以后，敦煌郡掌管计簿的官吏耿访从汉中进入江东，多次向晋成帝司马衍上书请求派遣职高位重的使节抚慰凉州的臣民。于是朝廷任命耿访为守侍书御史，任命张骏为镇西大将军，挑选了陇西贾陵等一共十二个人配备给耿访作为副使。耿访到达梁州以后，因为道路不能通行，于是就把诏书交给了贾陵，自己假扮商贩通过了。这一年，贾陵刚刚到达凉州，张骏就派遣部下督导王丰等人前去答谢。

咸和九年（甲午，公元334年）

春季，正月，后赵把年号更改为延熙。

晋成帝司马衍颁下诏书任命郭权为镇西将军、雍州刺史。

仇池王杨难敌去世了，他的儿子杨毅继位，自称为龙骧将军、左贤王、下辨公；任命叔父杨坚头的儿子杨盘为冠军将军、右贤王、河池公，派遣使者来向东晋称臣。

二月，丁卯日（二十三日），晋成帝司马衍颁下诏书派遣耿访、王丰带着印绶拜张骏为大将军，并且让张骏都督陕西、雍州、秦州、凉州诸军事。从此以后每年使者来往不断。

慕容仁任命司马翟楷兼领东夷校尉，任命原来担任平州别驾的庞鉴兼领辽东相。

段辽派遣军队袭击了徒河，但是没有取得成功。于是段辽又派遣他的弟弟段兰和慕容翰共同进攻柳城，柳城都尉石琮、城主慕舆泥合力进行防守，段兰等人不能取得成功，只好退军。段辽发怒，严厉地责备段兰等人，命令他们一定要把柳城攻取下来。段兰等人休息了二十天以后，又增加了兵力前去攻打柳城。士兵们都穿着重重的战袍，用盾牌保护自己，架上云梯从四面同时进行攻击，昼夜不停。石琮和慕舆泥防守得更加严密，段兰的士兵死伤达到千余人，但是仍然不能取胜。慕容皝派遣慕容汗和司马封弈等人一同前去进行救援。慕容皝告诫慕容汗说："贼人的气势正盛，不要和他们争斗决胜负。"慕容汗的性情骁勇果敢，派遣一千多骑兵充当前锋，直接向柳城发起进攻。封弈对他进行劝阻，但是慕容汗不听。结果他们和段兰在牛尾谷相遇，慕容汗的军队大败，一大半的士兵都战死了。封弈整顿军阵拼命作战，这才避免全军覆没。

段兰想要乘着战胜追击敌方，慕容翰担心自己的国家会就此灭亡，于是就阻止他说："身为将领，应当以慎重为要务，审查自己，度量敌人，知己知彼，不到万全的时候不可以妄自行动。我们虽然现在挫败了他们的部分军队，但是还不能够挫败他们的主力军队。慕容皝多权谋诡诈，喜欢深藏不露，如果他亲自率领全国的士兵来抵御我们，而我们孤军深入他们的境内，寡不敌众，这是很危险的做法。而且我们接受君命的时候，只是为了求得这一次的胜利。如果我们违背了君主的命令，贪功求进，万一失败了，就会失去全部的功劳和名誉，还有什么脸面回去面对君主呢？"段兰说："这些人被擒已经成为定局了，并没有其他的理由，你只不过忧虑会趁这个机会把你的国家灭掉罢了！现在慕容千年在东边，如果进攻真的能够达到目的，我将会迎接他充当你们国家的继承人，终究不会辜负你，让你们的宗庙断绝祭祀的。”千年，是慕容仁的小名。慕容翰说：“我既然投身相依靠，就没有再回去的道理。故国的存亡，和我有什么关系呢？我只是想要为贵国出谋划策，而且珍惜你我的功名罢了。”于是就命令自己所带领的士兵，准备独自返回，段兰不得已，只好跟着他一起返回。

三月，成汉国君李雄把宁州的一部分分割出来，设置为交州，任命霍彪为宁州刺史，爨深为交州刺史。

后赵的丞相石虎派遣他的将领郭敖和章武王石斌率领步兵和骑兵四万人向西攻打郭权，在华阴驻扎军队。夏季，四月，上邽豪族把郭权杀了向郭敖等人投降。石虎把秦州的三万多户迁徙到了青州和并州两州。长安人陈良夫逃到黑羌，和北羌王薄句大等人一起侵扰北地和冯翊。章武王石斌和乐安王石韬合力对他们发起攻击，把他们打败了，薄句大逃到马兰山。郭敖乘胜追击，结果被羌人打败了，战死的士兵有十分之七八。石斌等人收兵回到三城。石虎派遣使者去处死郭敖。秦王石宏有怨恨的言辞，石虎就把他幽禁了起来。

慕容仁自称为平州刺史、辽东公。

长沙桓公陶侃，年老的时候十分担心因为自己的功劳大、地位高，会为自己招来祸害，于是就不再过问朝廷的事情，曾经好几次想要向晋成帝司马衍告老回到长沙国，但是都被他的部下苦苦地挽留住了。六月，陶侃的病情加重了，于是陶侃就向晋成帝上奏表请求退休。朝廷派遣左长史殷羡归还了他所持有的符节、大将旌旗、幡幢、曲柄伞盖、侍中貂蝉、太尉印章，以及荆州、江州、雍州、梁州、交州、广州、益州、宁州八个州刺史的印传和棨戟。至于军用物资、各种兵器、牛马舟船等，都有一定的簿籍登记，封存在仓库里面，陶侃亲自加上锁，掌管钥匙。陶侃把后事托付给右司马王愆期，加封他督护的官职，统领文武官员。甲寅日（十二日），他坐着车子离开了武昌，到渡口乘船，准备回到长沙去，回头对王愆期说：“你看我现在这样东倒西歪，精疲力竭，蹒跚难行，都是因为你们一再地挽留啊。”乙卯日（十三日），陶侃在樊溪去世了。陶侃率领军队四十一年，明智坚毅，善于决断，观察事物细密周详，谁也不能轻易欺骗他。在他管辖的区域内，从安徽的南陵到四川的白帝城，方圆数千里的辖区，都非常安定，甚至东西掉在地上都没有人会拾走。他去世以后，尚书梅陶在给他的亲友曹识的信里面说："陶侃的神机明鉴就如同魏武帝曹操，忠顺勤劳好比诸葛孔明，陆抗等人是比不上他的。"谢安经常说："陶侃虽然运用刑法，但是常常能够领会刑法之外的含义。"谢安，是谢鲲的侄子。

成汉国君李雄头上生疮，身上原本就有很多刀、箭的创伤，等到他生病的时候，旧的疤痕全部都生脓溃烂了，他的几个儿子都因为厌恶而远远走开。只有太子李班白天夜晚都在李雄的身边侍候，衣帽也不脱下，亲自为他吮吸脓肿。李雄征召大将军建宁王李寿接受遗诏辅佐政事。丁卯日（二十五日），李雄去世，太子李班继位。李班任命建宁王李寿录尚书事，国家大事全部都委托李寿和司徒何点、尚书令王瑰决断，李班居住在宫中恭行丧礼，一切政事都不干预。

辛未日（二十九日），晋成帝司马衍加封平西将军庾亮为征西将军、假节，都督江州、荆州、豫州、益州、梁州、雍州六个州的诸军事，兼领江州、豫州、荆州三个州的刺史，镇守武昌。庾亮征召殷浩为记室参军。殷浩，是殷羡的儿子，和豫章太守褚裒、丹杨丞杜乂，都因为见识清晰，气度弘远，善于进谈《老子》和《易经》，在江东负有盛名，其中，殷浩尤其受到了风流名士的推崇。褚裒，是褚䂮的孙子；杜乂，是杜锡的儿子。桓彝曾经评价褚裒说："褚裒褚季野有皮里《春秋》。"意思是说他表面上不作任何评论，但是心里面却有所褒贬。谢安说："褚裒虽然什么话也不说，但是气度弘远。"

秋季，八月，王济回到了辽东，晋成帝司马衍颁下诏书派遣侍御史王齐去祭奠辽东公慕容廆，然后又派遣谒者徐孟前去任命慕容皝为镇军大将军、平州刺史、大单于、辽东公、持朝廷符节、都督，秉承皇上的旨意封官拜爵，一切与慕容廆时候的旧例完全相同。舟船到了马石津，都被慕容仁扣留了下来。

九月，戊寅日（初八日），卫将军江陵穆公陆晔去世了。

成汉国君李雄的儿子车骑将军李越在江阳驻扎军队，返回成都奔丧。他认为太子李班不是李雄的亲生儿子，心里不服气，于是就和自己的弟弟安东将军李期谋划作乱。李班的弟弟李玝劝李班遣送车骑将军李越回到江阳，任命安东将军李期为梁州刺史，镇守葭萌。但是李班因为李雄还没有安葬，不忍心把他们遣走，推心置腹地对待他们，对他们没有任何的猜忌和疏远，反而派遣李玝出去，在涪驻扎军队。冬季，十月，癸亥朔日（十月辛丑朔日，癸亥当为二十三日），李越趁着李班在夜里哭吊，就把他在停丧的宫殿里面杀死了，并且把李班的哥哥领军将军李都也杀死了。李越矫称太后任氏的诏令，罗列李班的罪状，把李班废黜了。

起初，李期的生母冉氏身份低贱，于是李期认任氏为母，由任氏抚养他。李期多才多艺，有好的名声；等到李班死了以后，众人打算拥立李越为国君，李越则推举拥立李期。甲子日（二十四日），李期即位为皇帝。给李班赐予的谥号是戾太子。李期任命李越为相国，加封他为建宁王；加封大将军李寿为大都督，改封他为汉王，都录尚书事。任命他的哥哥李霸为中领军、镇南大将军；任命他的弟弟李保为镇西大将军、汶山太守；任命堂兄李始为征东大将军，代替李越镇守江阳。丙寅日（二十六日），把李雄安葬在安都陵，谥号为武皇帝，庙号为太宗。

李始想要和李寿共同攻打李期，但是李寿不敢发兵。李始发怒，反而向李期诬告李寿，请求把李寿杀死。李期想要依靠李寿以便讨伐李玝，所以没有答应李始的请求，并派遣李寿率领军队向涪进攻。李寿事先派遣使者向李玝剖析了逃亡与归降之间的利害关系，并为他让开了离开的道路，于是李玝就前去投靠东晋。朝廷颁下诏书任命李玝为巴郡太守。李期任命李寿为梁州刺史，在涪驻扎军队。

后赵国君石弘自己送玉玺印绶到丞相石虎所居住的魏宫，请求把帝位禅让给石虎。石虎说："帝王的大业，天下人自会有公正的评议，为什么要自己选择这样做呢？"石弘流着眼泪回到宫里，对太后程氏说："先帝的骨肉真的不会再留下来了。"这时尚书进言说："魏王请求您依照唐尧、虞舜禅让帝位的旧例行事。"石虎说："石弘愚昧无知，守丧期间不遵守礼节，不可以作为国君，应该把他废黜，何必让他禅让呢？"十一月，石虎派遣郭殷拿着符节进宫，把石弘废黜为海阳王。石弘缓步上车，神色和以往一样淡定从容，对群臣们说："我平庸愚昧不能够继承帝王大统，没有什么可说的！"群臣没有一个不流下眼泪的，宫人哭得更加伤心。群臣前往魏台进劝石虎即位，石虎说："皇帝是美盛品德的名号，不是我敢承受的，暂且可以称我为居摄赵天王。"把石弘和太后程氏、秦王石宏、南阳王石恢都幽禁在崇训宫，不久，把他们全部都杀死了。

西羌大都督姚弋仲假称自己生病了，没有前去道贺，石虎多次召见他，他这才前往。姚弋仲表情端庄严肃地对石虎说："我姚弋仲一直以来都认为大王您是闻名于世的英雄，但是您怎么能够握着手臂接受先帝的委托辅佐遗孤，却反而把别人的君位夺走呢？"石虎说："我岂会喜欢这样做呢？只是海阳王石弘年纪小，恐怕不能治理家事，所以我才会代替他罢了。"石虎心里面虽然怨怒不平，但是看在姚弋仲为人诚恳实在，也就没有加罪于他。

石虎任命夔安为侍中、太尉，兼领尚书令，郭殷为司空，韩晞为尚书左仆射，魏郡人申钟为侍中，郎闿为光禄大夫，王波为中书令。其余的文武官员的封爵任命各有差别。石虎出行前往信都，又返回襄国。

慕容皝讨伐辽东，甲申日（十五日），到达了襄平。辽东人王岌秘密地派遣使者前去向他请求投降。军队前进，进入了辽东城里面，翟楷和庞鉴单骑逃走，居就、新昌等县相继向慕容皝投降。慕容皝想要把辽东的居民全部坑杀了，高诩劝谏他说："辽东的叛变，其实并不是他们原本的意图，只不过是畏惧慕容仁的凶戾横威，不得不听从他的命令。现在首恶还活着，我们刚刚把辽东城攻克下来，就急于把当地的民众都诛灭了，那么，那些尚且没有被攻克下来的城池，不是就没有归善从良的道路可走了吗？"慕容皝这才罢休。于是慕容皝把辽东的豪门大姓分批迁徙到了棘城。同时，慕容皝任命杜群为辽东相，安抚其余的百姓。

十二月，后赵的徐州从事兰陵人朱纵把刺史郭祥斩杀了，献上彭城向东晋投降，后赵的将领王朗前去攻打朱纵，于是朱纵就逃到淮南。

慕容仁派遣军队袭击新昌，督护新兴人王寓把他击退了，于是就把新昌的官吏百姓都迁徙到了襄平。

咸康元年（乙未，公元335年）

春季，正月，庚午朔日（初一日），晋成帝司马衍加冠。下令大赦天下，把年号更改为咸康。

成汉、后赵都下令大赦，成汉把年号更改为玉恒，后赵把年号更改为建武。

成汉国君李期把阎氏册立为皇后，任命卫将军尹奉为右丞相，骠骑将军，任命尚书令王瑰为司徒。

后赵王石虎命令太子石邃省视、决断尚书奏事，只有祭祀郊庙、选拔任命州牧郡守、征伐贼寇、刑杀罪犯方面的奏事才会亲自决定。石虎喜欢修建宫室，鹳雀台崩塌了，石虎就把典匠少府任汪处死了；命人重新修建，规模比原来的宫殿扩大了一倍。石虎册封石邃的保姆刘芝为宜城君，她干预朝权，接受贿赂，谋求任官的人大多数都出自她的门下。

慕容皝设置了左、右司马，任命司马韩矫、军祭酒封弈分别出任。

司徒王导因为身患手足麻木的疾病，不能够参与朝会，三月，乙酉日（十七日），晋成帝司马衍亲自到他的家里面，和群臣们在内室宴饮，向王导以及王导的妻子曹氏行下拜礼。侍中孔坦私底下向晋成帝司马衍上表诚恳地进行劝谏，认为晋成帝刚刚加冠，举动应该遵从礼节，晋成帝采纳了他的意见。孔坦又因为晋成帝把政事全部委托给王导处理，对晋成帝缓缓地说："陛下的年龄逐渐增大，聪明、端肃一天天增进，应该广泛地听取朝廷里面的大臣们的意见，向他们征询治国安民的正确的方法。”王导听说了这些事情以后就对他感到十分厌恶，把他外调出去出任廷尉。孔坦因为不得志，就称自己生病辞职了。

丹杨尹桓景，为人谄媚、巧佞，王导和他非常亲近，对他十分宠爱。恰好碰到荧惑神（火星）在南斗六星位滞留了十多天（荧火守南斗，是宰相信用小人之象），于是王导对领军将军陶回说：“南斗，是扬州的分野，我应当退位来安定上天的谴责。”陶回说：“您凭仗圣明的显德出任辅佐幼主，但是您竟然亲近桓景这种小人，怎么能够让荧惑退去，回归正位呢？”王导对此深深地感到惭愧。

王导征召太原人王濛为僚属，王述为中兵属。王述，是王昶的曾孙。王濛不修小节，并且以清廉简约被人称赞，和沛国人刘惔齐名，两个人之间非常友善。刘惔常常称赞王濛性情通达、自然而有礼节。王濛说：“刘惔对我的了解，胜过了我对自己的了解。”当时被称为潇洒风流的雅士的，以刘惔、王濛为首。王述性格沉稳安静，每当在座的宾客争相辩驳论理的时候，王述却恬静自如地处在其中。王述三十岁的时候，还没有出名，大家都说他痴呆。王导因为他的门第关系而征召了他。两个人见面以后，王导只问他在东边的时候的米价（王述从东吴到建康），王述大睁着眼睛却没有回答。王导说：“王述并不痴呆，为什么人们却说他痴呆呢？”王述曾经看到只要王导发表言论，在座的人没有一个不赞美他的，于是王述表情严肃地对王导说：“人又不是尧、舜，怎么可能每件事都是正确的呢？”王导改用严肃的脸色向他道谢。

后赵王石虎去南方巡游，到达了长江以后才回去。手下游动的骑兵有十几个人到达了历阳，东晋历阳太守袁耽向晋成帝司马衍上表说明了这件事，但是没有说骑兵有多少个人。朝廷百官听到了这个消息以后，震惊恐惧，司徒王导请求晋成帝派遣军队前去讨伐。夏季，四月，晋成帝加封王导为大司马、假黄钺、都督征讨诸军事。癸丑日（十六日），晋成帝在广莫门检阅军队，分别命令众位将领前去救援历阳，以及防守慈湖、牛渚和芜湖。司空郗鉴派遣广陵相陈光带领军队进入京城进行护卫。不久听说后赵的骑兵数量很少，并且已经离开了，戊午日（二十一日），晋成帝解除了京城的戒严状态，王导卸除了大司马的职务。袁耽因为轻率妄奏不察，被晋成帝罢免了官职。

后赵的征虏将军石遇前往襄阳去攻打桓宣，但是没有取得成功。

东晋发生了严重的旱灾，会稽、余姚每斗米的价格是五百钱。

秋季，七月，慕容皝册立他的儿子慕容儁为世子。

九月，后赵王石虎把都城迁移到了邺城，下令大赦。

起初，后赵国君石勒因为天竺的和尚佛图澄预言事情的成败，多次都得到了验证，于是就恭敬地侍奉他。等到石虎即位，对他的侍奉更加恭敬、谨慎，给他穿绫罗锦缎的衣服，让他乘坐雕花的大车。在上朝集会的日子，太子、各位公卿左右扶着他上殿，掌管朝仪的人高声唱说“大和尚”，在场的众位大臣全部都站起来。石虎派遣司空李农早晚去问候佛图澄的起居，太子、各位公卿每隔五天就要去朝拜一次佛图澄。国内的百姓受到影响，大多数都信奉佛教。凡是佛图澄所在的地方，没有一个人敢向他所在的那个方向擤鼻涕和吐口水。大家争着去建造寺庙，把头发削去出家做和尚。这些出家人中真出家和假出家的人混杂在一起，有的人是借这种方式逃避劳役赋税，犯法作乱，于是石虎就颁下诏书询问中书说：“佛教，是国家所敬奉的，乡里闾巷中的平民百姓没有爵位官职的人，是否应该侍奉佛祖呢？”著作郎王度等人评议说：“君王的祭祀，有典制礼仪可供遵循。佛，是外国的神灵，不是皇上和华夏民族所应该祠奉的。佛教的教义最早是从汉朝开始传入的，那个时候只是准许西域人在都邑建立寺院来祠奉佛祖，汉人都不准许出家；曹魏的时候也是这个样子。您现在应该禁止公卿以下的人到寺庙里面去烧香、拜佛。至于那些已经做和尚的人，都要重新穿上没有出家的时候的衣服。”石虎颁下诏书说：“我在边鄙之地出生，很侥幸地成为华夏民族的君主，至于飨神祭祀，我本来应该遵从我们原本的习俗。那些夷族、后赵的百姓乐意侍奉佛祖、尊崇佛教的，我特别准许他们可以这样做。”

后赵的章武王石斌率领精锐的骑兵两万人，加上秦州、雍州两个州的军队合力去讨伐薄句大，把他们平定了。

成汉太子李班的舅父罗演，和汉王李寿的相天水人上官澹密谋杀害成汉国君李期，拥立李班的儿子。事情被李期察觉了，于是李期就把罗演、上官澹和李班的母亲罗氏杀了。

李期自以为志得意满，轻视那些老臣，听信重用尚书令景骞，尚书姚华、田褒，中常侍许涪等人，刑罚赏赐之类的重大政事，都由他们几个人决定，很少再询问其他公卿的意见。田褒没有其他的才能，曾经劝说成汉国君李雄册立李期为太子，所以才得到了李期的宠信。自此国家纲纪败坏紊乱，李雄创下的基业开始衰败。

冬季，十月，乙未朔日（初一日），发生了日食。

慕容仁遣送王齐等人返回南方。王齐等人从海路前往棘城，王齐因为乘坐的船遇到海风没有到达。十二月，徐孟等人到达了棘城，慕容皝这才开始接受东晋朝廷的任命。

段氏、宇文氏各自派遣使者去拜见慕容仁，在平郭城外的客舍里面住宿。慕容皝帐下的都督张英率领了一百多个骑兵从小路偷偷地前去偷袭他们，把宇文氏派遣的十几个使者斩杀了，把段氏的使者活捉了回来。

这一年，晋明帝司马绍的母亲建安君荀氏去世了。荀氏在皇宫里面，受到的尊重和太后相同。晋成帝司马衍颁下诏令赐荀氏名号为豫章郡君。

代王拓跋翳槐因为贺兰蔼头对自己不恭敬，准备传召他前来，然后把他杀死，各个部落都起来叛变。代王拓跋纥那从宇文部进入境内，各个部落又重新尊奉他为代王。拓跋翳槐逃到邺城，后赵的百姓以盛大的礼仪来对待他。

起初，张轨和他的两个儿子张寔、张茂，虽然据守河右，但是每一年都会发生战争。等到张骏即位以后，境内渐渐平定。张骏勤奋地治理各种政事，总领文武百官，让他们都能得到适当的重用，民生富裕，军队强大，远近的人都称赞他，认为他是贤能的国君。张骏派遣将领杨宣去讨伐龟兹、鄯善，于是西域各国例如焉耆、于阗之类的国家，都前往姑臧进行朝贡。张骏在姑臧城南修建了五座宫殿，官属都自称为臣。

张骏有兼并秦州、雍州两个州的志向，于是张骏就派遣参军麹护向晋成帝上奏疏，以为："虽然石勒、李雄已经死了，但是石虎、李期继承了叛逆，百姓离开了君主，已经逐渐经过了一代人。先生老辈衰老死亡，后生小辈不知旧事，仰慕思恋的想法，一天天疏远，一天天忘记。我请求您颁下诏书派遣司空郗鉴、征西将军庾亮等人在长江和沔水之上泛舟，一个在京口，一个在武昌同时举兵，与我互相呼应。"

咸康二年（丙申，公元336年）

春季，正月，辛巳日（十八日），彗星在奎宿、娄宿一带出现了。

慕容皝准备前去讨伐慕容仁，司马高诩说："慕容仁背叛、抛弃了君主和亲人，引起了百姓和神灵共同的愤怒。从前这个海从来没有结过冰，自从慕容仁反叛以来，已经连续结冰三年了。况且慕容仁专门防备陆路，上天大概是想要我们趁着海水结冰的时候前去袭击他吧。"慕容皝采纳了他的意见。众僚佐都说从冰上面过海是一件危险的事情，不如改从陆路前去。慕容皝说："我已经决定要这样做了，敢来阻止我的人就斩首！"

壬午日（十九日），慕容皝率领他弟弟、军师将军慕容评等人从昌黎东踏冰前进，一共有三百多里。到了历林口，把装载衣物、器械、仪仗等物品的车子都舍弃了，轻兵赶往平郭。等到距离平郭城只剩下七里的时候，侦查敌人的骑兵才告诉慕容仁这个消息，于是慕容仁狼狈地出城迎战。张英俘虏段氏和宇文氏两个使者的时候，慕容仁心里对自己没有穷追不舍感到悔恨。等到慕容皝到来的时候，慕容仁又以为慕容皝只是派遣了一部分军队轻装出发侵扰劫掠，并不知道慕容皝亲自前来，慕容仁对左右的人说："这一次应该让他连一匹马也不能够回去！"乙未日（正月无此日），慕容仁全部的士兵在平郭城的西北列阵。慕容军率领的所属部众全部向慕容皝投降，慕容仁的士兵十分气馁，发生了骚动，慕容皝就趁这个机会放纵士兵进行攻击，把慕容仁打败了。慕容仁逃走了，他帐下的官吏和士兵全部都叛变了，于是慕容仁就被擒获。慕容皝先为慕容仁把他帐下那些反叛的人全部斩杀了，然后把慕容仁处死了。丁衡、游毅、孙机等人，都是慕容仁所信任重用的，慕容皝把他们逮捕了以后就把他们全部都杀死了。王冰自杀了。慕容幼、慕容稚、佟寿、郭充、翟楷、庞鉴等人，都向东逃走了，慕容幼中途返回。慕容皝的士兵追上了翟楷、庞鉴，把他们两个人都斩杀了；佟寿、郭充逃到高丽。其余被慕容仁所蒙蔽连累而犯了过失的官吏百姓，慕容皝把他们都赦免了。慕容皝册封高诩为汝阳侯。

二月，东晋尚书仆射王彬去世了。

辛亥日（十九日），晋成帝司马衍驾临殿前，派遣使者按照六礼的仪式迎接原来的当阳侯杜乂的女儿杜陵阳为皇后，并且下令大赦天下，群臣全部都前来向晋成帝道贺。

夏季，六月，段辽派遣中军将军李咏袭击了慕容皝。李咏赶往武兴，都尉张萌向他发起了攻击，并把他擒获。于是段辽就另外派遣段兰带领数万步兵和骑兵在柳城以西的回水驻扎，宇文逸豆归攻打安晋以此与段兰互相援助。慕容皝率领五万步兵和骑兵向柳城发起了进攻，段兰没有出来迎战就逃走了。慕容皝率领士兵向北赶往安晋，宇文逸豆归把装载衣服、器械、仪仗等物品的车俩丢弃了逃走，于是慕容皝就派遣司马封弈率领轻便的骑兵前去追击宇文逸豆归，把他打败了。慕容皝对众位将领说："这两个敌虏因为没有建立战功而感到羞耻，一定会再一次前来，我们应当把士兵埋伏在柳城附近等待他们到来。"于是慕容皝就派遣封弈率领数千名骑兵在马兜山埋伏。三月（一作七月），段辽果然率领了数千骑兵来侵扰劫掠。封弈出动骑兵进行攻击，把他们打败了，并且把他们的将领荣伯保斩杀了。

原来的廷尉孔坦去世了。孔坦在病重的时候，庾冰前去探视他，为他流下了眼泪。孔坦感慨地说："大丈夫将要死了，你不向他询问治国安民的方法，却要像小儿女一样哭泣吗？"庾冰向他深深道歉。

九月，慕容皝派遣长史刘斌、兼郎中令辽东人阳景送徐孟等人返回建康。

冬季，十月，广州刺史邓岳派遣督护王随等人前去攻打夜郎、兴古，把这些地方都攻占了。晋成帝司马衍任命邓岳督察宁州。

成汉国君李期因为他的侄子尚书仆射武陵公李载才能俊逸出众，心里面对他十分妒忌，于是就诬陷他谋反，并且把他杀了。

十一月，晋成帝司马衍颁下诏令派遣建威将军司马勋率领军队在汉中集合；成汉的汉王李寿把他打败了。李寿随即设置了汉中的守宰，派遣士兵在南郡戍守，然后就回去了。

索头部郁鞠率领三万士兵向后赵投降，后赵任命郁鞠等十三个人为亲赵王，把他的部众都遣散到了冀州、青州等六个州。

后赵王石虎在襄国建造太武殿，又在邺城建造了东宫、西宫两个宫殿，十二月，这些宫殿全部都竣工了。太武殿殿基高二丈八尺，长六十五步，宽七十五步，用有纹理的石块建筑。殿基下面挖掘了地下宫殿，安置了五百个卫士负责守卫。用漆涂饰屋瓦，用金子装饰瓦当，用银装饰楹柱，珍珠做成的帘子，玉石砌成的墙壁，极为精工巧妙。宫殿里面安放了白玉床，挂着流苏帐，帐顶上装饰着精心制作的金莲花。又在显阳殿的后面建造了九座宫殿，从士民里面挑选女孩住在里面，佩戴着珠玉，穿着绫罗绸缎的人有一万多个。教导这些宫人占验星象的学问和在马下、骑在马上射箭的方法。设置了女太史，各种杂术、技巧，都和外面的男子相同。任命一千个女骑兵出任卤簿（卤簿是指古代帝王驾出时扈从的仪仗队。也有人说：天子出车驾次第谓之卤，兵卫以甲盾居外为前导，皆谓之薄，故曰卤簿），都戴着紫色的纶巾，穿着蜀锦制作的裤子，金银雕镂的带子，五彩织成的靴子，手里面拿着羽仪，演奏着军乐，跟随自己游巡宴饮。这时后赵发生了严重的旱灾，一斤金子只能买两斗的粟，百姓哀愁叫苦；但是石虎却没有停止用兵作战，各种赋税劳役十分沉重。石虎派遣牙门张弥把洛阳的钟虡、九龙、翁仲、铜驼、飞廉等钟都搬运到了邺城，用四轮缠辋车载运，车轮碾过的车辙，宽有四尺，深有二尺。运载的过程中有一座钟掉到了黄河，石虎就召募了三百个能够浮游水面又能潜水的人，潜入黄河里面，用竹篾编成大索捆扎，然后使用一百头牛，用滑轮牵引它，这才把钟从黄河里面拖了出来，又制造了可以装载万斛的大船来运载它。钟被运到了邺城以后，石虎非常高兴，为此赦免了二年的刑罚，赐给文武百官谷物丝帛，赐给百姓爵位一级。石虎又采纳了尚方令解飞的建议，在邺城的南面把石头投掷到黄河里面，用来建造凌空架设的高桥，工程耗费数千万亿，而大桥最终也没有建成，从事劳役的百姓非常饥饿，这才停工。石虎派遣令长率领百姓进入深山大泽采集橡子以及捕鱼来作为辅助食物，但是又被有权有势的人抢夺走，百姓什么也得不到。

起初，日南夷族的首领范稚，有一个奴仆名字叫作范文，常常跟随着商贾来往中原。后来到了林邑，教林邑王范逸修建城郭、宫室、器械，范逸对他非常宠爱信任，于是就任命他为将领。范文却诬告范逸的几个儿子，结果，逼得他们有的迁徙，有的逃走。这一年，范逸去世了，范文从别的国家把范逸的儿子们骗回来，把毒放在椰子酒里面把他们都毒害了，范文自立为王。派遣士兵前去攻打大岐界、小岐界、式仆、徐狼、屈都、乾鲁、扶单等国，把他们全部都消灭了，范文拥有四五万士兵，派遣使者奉上奏表前来建康朝贡。

后赵的左校令成公段在杠杆的末梢安装宫廷中照亮的火炬，高十几丈，上盘放置大烛，下盘安置人，后赵王石虎试用了以后很喜欢。

咸康三年（丁酉，公元337年）

春季，正月，庚辰日（正月无此日），后赵的太保夔安等文武官吏一共五百多人进上皇帝尊号，上盘庭燎用油浇到下，有二十多个人死了。后赵王石虎为此很厌恶，就把成公段腰斩了。辛巳日（正月无此日），石虎依照殷、周的制度，称自己为大赵天王，在南郊即位，下令大赦。册立他的皇后郑氏为天王皇后，太子石邃为天王皇太子，他的几个儿子当中本来称王的都降为郡公，宗室子弟当中称王的则降为县侯。百官的封爵拜官各有差等。

国子祭酒袁瑰、太常冯怀，因为江东逐渐安定，向晋成帝司马衍请求兴办学校，晋成帝采纳了他们的意见。辛卯日（初四日），设立太学，征召学生门徒。但是士大夫们习惯于学习和崇尚老子、庄子的学说，儒家的学术始终不能得到振兴。袁瑰，是袁涣之的曾孙。

三月，慕容皝在乙连城以东建筑好城，威逼乙连城，把折冲将军兰勃留在那里进行防守。夏季，四月，段辽用数千辆车向乙连城运输粮食，遭到了兰勃的攻击，把他运输的粮食都截获了。六月，段辽又派遣他的堂弟扬威将军段屈云率领精锐的骑兵趁着夜里在兴国城偷袭慕容皝的儿子慕容遵，结果慕容遵把他打败了。

起初，北平人阳裕侍奉段疾陆眷一直到段辽一共五代国君，都受到了尊重和礼遇。段辽和慕容皝多次相互攻打，阳裕就劝谏他说："'亲和仁厚的人，和善对待相邻的国家，是治国最重要的方法啊！'何况慕容氏和我们世代通婚，相互具有甥舅的关系，慕容皝有才干、有德行，但是我们却与他结怨。每一个月都有战争发生，百姓疲惫，我们所得到的利益不能够弥补我们受到的伤害，我担心国家的忧虑将要由此开始了。我希望双方都能够追悔、弥补以前的过失，像从前一样地往来交好，以此来使国家和百姓安定下来。"段辽不但没有采纳阳裕的建议，反而贬黜阳裕，把他外调出任北平相。

后赵太子石邃一向骁勇，后赵王石虎很宠爱他，常常对群臣说："司马氏父子兄弟自相残杀，所以我才能够有今天的地位。而我又怎么会有杀死阿铁（石邃小名为阿铁）的道理呢？"后来，石邃傲慢荒淫，残忍无道，喜欢把美丽的姬妾装饰打扮起来，然后把她们的头斩下来，洗去血污，盛放在盘子里面，和宾客们相互传送着观览，再把姬妾身体上的肉烹煮了一起品尝。河间公石宣、乐安公石韬都得到了石虎的宠爱，石邃就像忌恨自己的仇敌一样忌恨他们。石虎荒废政事，沉溺于酒色，喜怒无常。他让石邃省视决断尚书奏事，每一次当石邃有事情向石虎禀报的时候，石虎就恼怒地说：“这种小事，怎么值得向我禀报啊！”有时候石虎听不到石邃的奏报，又会不满地说：“你为什么不把这件事告知我呢？”于是就对石邃责骂鞭打，一个月之内多次发生。石邃私底下对中庶子李颜等人说：“皇上的心意很难得到满足，我想要做冒顿杀害自己的父亲头曼单于自立为王那样的事情，你们会跟从我吗？”李颜等人伏在地上，不敢回答。秋季，七月，石邃谎称自己生病了，不理政事，暗地里秘密率领宫中大臣、文武官员五百多人前去李颜的别宅饮酒，趁这个机会对李颜等人说：“我想要到冀州把河间公石宣杀死，凡是不跟从我的人全部都斩首。”出行了数里以后，众人都逃走了。李颜再三叩头向石邃进行劝谏，石邃这才昏昏欲醉地返回。他的母亲郑氏听说了这件事以后，就私底下派遣宦官去责问石邃，石邃发怒了，就把郑氏派遣去的宦官杀死了。佛图澄对石虎说：“陛下不适宜经常前往东宫。”石虎本来打算去探望石邃的病情，但是想到了佛图澄的话就返回了宫中。接着，石虎就瞪大了眼睛大声地说：“我是天下所有人的君主，难道父子之间都不能互相相信吗？”然后石虎就命令自己所亲近信任的女尚书前去察看石邃的病情。石邃把她叫到自己的面前和她说话，趁势拔剑刺死了女尚书。石虎知道了以后大怒，把李颜等人拘捕起来诘问，李颜把所有的情况都向石虎说了，石虎把李颜等三十多个人都杀死了。石虎把石邃幽禁在东宫，不久又把他赦免了，在太武东堂召见他，石邃朝见石虎的时候没有谢罪，顷刻就离开了。石虎派使者对他说：“太子应该朝见皇后，怎么可以即刻离去呢？”但是石邃直接出宫，没有回头。石虎为此大怒，把石邃贬为平民。在当天夜里，石虎就把石邃和他的妃子张氏都给杀了，连同男女二十六人一起葬在一口大棺材里面；并且把石邃宫臣里面的二百多个门党全部诛杀了；废郑皇后为东海太妃。册立自己的儿子石宣为天王皇太子，册封石宣的母亲杜昭仪为天王皇后。

安定人侯子光，自称为佛太子，说自己是从大秦前来的，应当在小秦称王，在杜南山聚集了好几千个士兵，自称为大黄帝，把年号更改为龙兴。石广前去讨伐他，并且把他斩杀了。

九月，镇军左长史封弈等人劝慕容皝称燕王，慕容皝采纳了他们的意见。于是设置了各级官吏，任命封弈为国相，韩寿为司马，裴开为奉常，阳骛为司隶，王寓为太仆，李洪为大理，杜群为纳言令，宋该、刘睦、石琮为常伯，皇甫真、阳协为冗骑常侍，宋晃、平熙、张泓为将军，封裕为记室监。李洪，是李臻的孙子；宋晃，是宋奭的儿子。冬季，十月，丁卯日（十四日），慕容皝即燕王位，下令大赦。十一月，甲寅日（十一月无此日），追尊武宣公慕容廆为武宣王，夫人段氏为武宣后；又册立自己的夫人段氏为王后，世子慕容俊为王太子，效仿魏武帝曹操、晋文帝司马昭辅佐朝政的旧例。

段辽多次侵扰后赵的边境，于是燕王慕容皝就派遣扬烈将军宋回向后赵称臣，请求石虎出兵讨伐段辽，说自己将会率领国内所有的士兵和后赵的士兵相会合，共同讨伐，并且派遣他的弟弟宁远将军慕容汗去后赵做人质。后赵王石虎非常高兴，盛情慰劳和酬答，谢绝了慕容汗为人质，并且遣送他回去，与燕王慕容皝秘密约定明年一起去讨伐段辽。

这一年，后赵的将领李穆护送拓跋翳槐返回大宁，拓跋翳槐原有的部落大多数都来归从了他。代王拓跋纥那逃到前燕，国内的百姓又都尊奉拓跋翳槐为代王，拓跋翳槐修筑了盛乐城用来居住。

仇池氐王杨毅的同族之兄杨初，把杨毅击杀了，并且把杨毅的部众都兼并了，自立为仇池公，向后赵称臣。

资治通鉴卷第九十六　晋纪十八

起戊戌（公元338年），止辛丑（公元341年），共四年。

【题解】本卷记录了晋成帝咸康四年至咸康七年共四年间东晋及各国大事。主要记录了慕容皝与石虎联合夹击段辽，慕容皝占领辽西；石虎占领四十余城，拥有整个幽州，段氏政权消失。记录了石虎率军北攻慕容皝，慕容皝坚守棘城，石虎久攻不下，退兵时被燕军追击大败，慕容氏所失辽西全部收复。燕军东破高句丽，西破宇文部，疆域扩大；石虎在青州沿海聚兵屯粮，想要渡海破燕。记录了燕使刘翔至建康，据理力争，说服各方，使慕容皝被册封为燕王；刘翔还痛斥东晋的腐朽，指出不及时消灭成汉的危险。记录了荆州刺史庾亮部属军队，请求北伐，太常蔡谟以为不可；左卫将军陈光又请求北伐，朝廷令其攻取寿阳，蔡谟又以为不可。记录了庾亮改变当年陶侃的守边策略，派毛宝在邾城驻兵，后赵南侵，庾亮不及时援救，邾城失守，毛宝等人牺牲，东晋多处城池失守，庾亮自请降职。记录了太尉郗鉴病死，推荐蔡谟为后任，王导病死，丧事如霍光、司马孚，庾冰继任。记录了成主李期多杀残暴，族兄李寿袭取成都，杀李期自立，改国号为汉。记录了汉主李寿轻狂，先想讨伐东晋，被群臣劝止；又把石虎向他转赠的楛矢石砮，说成石虎向他臣服进献的贡品。李寿还奢侈严刑，闹得民不聊生，人心思叛。此外还记录了石虎命石宣与石韬对掌朝政，大臣谏阻，石虎不听；石宣、石韬嗜酒怠事，大权落入中书令申扁之手，为石虎政权的失败埋下伏笔等等。

显宗成皇帝中之下

咸康四年（戊戌，公元338年）

春季，正月，燕王慕容皝派遣都尉赵槃前往后赵，打听军队出征的日期。后赵王石虎准备攻打段辽，招募了三万个骁勇善战的士兵，把他们全部都任命为龙腾中郎。恰好碰到段辽派遣段屈云袭击了后赵的幽州，幽州刺史李孟退到易京进行防守。于是石虎就任命桃豹为横海将军，王华为渡辽将军，率领了十万水军从漂渝津出发；又任命支雄为龙骧大将军，姚弋仲为冠军将军，率领步兵和骑兵七万人作为前锋去攻打段辽。

三月，赵槃回到了棘城。燕王慕容皝率领士兵攻打劫掠了令支以北的城池。段辽准备前去追击，慕容翰说："现在后赵的士兵就在南边，我们应当集中力量抵御他们，却又要和燕王慕容皝争斗。燕王慕容皝亲自挂帅带领军队前来，他的士兵精锐，我们万一失利了，将要用什么去抵御南边的敌人呢？"段兰发怒地说："我上一次就是被你耽误，以至于造成了今天这样的祸患。我不会再掉进你的阴谋里面了。"然后段兰就率领了他所有的士兵前去追击慕容皝。慕容皝早就埋伏了军队等候他，因此把段兰的军队打败了，斩杀了数千名段兰的士兵，劫掠了五千户民众的财物和数以万计的畜产回去了。

后赵王石虎进军，在金台驻扎军队。支雄一直前进，直接进入了蓟城，段辽所任命的渔阳、上谷、代郡各太守都相继向石虎投降，攻取了四十多个城镇。北平相阳裕率领他的数千个百姓登上燕山进行严密的防守。诸位将领担心他会成为以后的祸患，就想要发兵对他进行攻击。石虎说："阳裕是一个读书人，爱惜自己的名节，这样做不过是耻于投降，不会有什么作为的。"于是，经过燕山，到达了徐无县。段辽因为他的弟弟段兰已经战败，不敢再迎战，就带领着自己的妻子、宗族和当地的千余豪族，放弃了令支，逃到密云山。在他们准备出发的时候，段辽握着慕容翰的手哭泣着说："没有采纳您的建议，自己招致了败亡；我固然是咎由自取，也让您失去了安身之处，我为此深深地感到惭愧。"慕容翰向北逃到宇文氏。

段辽的左右长史刘群、卢谌、崔悦等人把府库封存了向石虎请求投降。石虎派遣将军郭太、麻秋率领轻捷的骑兵两万人前去追击段辽，到达了密云山以后，把段辽的母亲和妻子都俘获了，三千多人被斩杀了。段辽一个人骑着马逃往险要的地方以求自保，派遣他的儿子段乞特真向后赵奉上了降表，并且献上了名马，石虎接受了他的请降。

石虎进入令支的宫殿，根据功劳封爵赏赐群将领，各有差等。把段国的两万多户百姓迁徙到了司州、雍州、兖州、豫州四个州；士大夫当中有才干、有德行的人，全部都加以提拔和录用。阳裕到军门前面向石虎投降，石虎责备他说："你过去是奴虏的时候逃走，今天以士人的身份来向我投降，难道你知晓了天命，想逃匿却没有可以藏身的地方吗？"阳裕回答石虎说："我从前侍奉王公（王浚），不能有所匡扶，逃到段氏以后，又不能保全。现在您把天网高高地张开，笼络天下的士人，幽州、冀州的豪杰没有一个不望风归从的，像我这样的人比肩接踵，因此我并没有感到特别的惭愧。至于我的生死，全部交由您来决定！"石虎听了以后感到很高兴，即刻就任命他为北平太守。

夏季，四月，癸丑日（初三日），晋成帝司马衍任命慕容皝为征北大将军、幽州州牧，兼任平州刺史。

成汉国君李期一天天地骄纵暴虐，有很多人都被他诛杀了，并且把他们的资财和妻女都没收了，因此大臣们大多数都惶恐不安。汉王李寿一向职高位重，有权威，有名望，李期和建宁王李越等人都忌惮他。李寿心里害怕自己不能避免被杀害，每一次应当入宫朝见李期的时候，常常伪作边境告急的文书，以军情紧急为理由推辞不去。

起初，巴地西部有一个学问德行都很好可是却不愿意出来做官的龚壮，他的父亲和叔父都被李特杀害了。龚壮想要报仇，很多年都没有把丧服脱掉。李寿好几次按照礼仪征召他做官，他都不肯接受征召。这时龚壮前往拜见李寿，李寿悄悄地向龚壮询问可以保全自己的方法。龚壮说："巴、蜀一带的百姓，本来都是晋王室的臣民，假如你能够发兵向西攻占成都，向晋朝称臣，谁会不争先做您奋臂而起的前驱呢？这样福泽就可以绵延到子孙身上，名声可以永垂不朽，岂止避免今天的灾祸呢？"李寿十分赞同。于是李寿就暗中和长史略阳人罗恒、巴西人解思明商议进攻成都。

李期对这件事颇有耳闻，好几次派遣许涪到李寿的住处，侦察他的动静。又把李寿的养弟安北将军李攸毒杀了。于是李寿就伪作了一封妹夫任调写给自己的书信，信上面说李期要把李寿逮捕。他的部下相信了这件事，于是李寿就率领了步兵和骑兵一万多人从涪城出发去偷袭成都，并且李寿答应攻下成都以后，就把城中的财物赏赐给他们作为对部众的奖赏。李寿派遣他的将领李弈担任前锋。李期没有料想到李寿突然就到达了，完全没有防备。李寿的世子李势当时出任翊军校尉，就把城门打开迎接李寿进城，于是李寿就攻占了成都，在宫门口驻扎军队。李期派遣侍中前去慰劳李寿。李寿奏言建宁王李越、景骞、田褒、姚华、许涪和征西将军李遐、将军李西等人图谋不轨，扰乱朝政，应该把他们全部都收捕处死。然后放任士兵们大肆劫掠，几天之后才平定下来。李寿矫称太后任氏的诏令把李期废除了，让李期担任邛都县公，把李期幽禁在别宫里面。追谥戾太子李班为哀皇帝。

罗恒、解思明、李弈等人都劝李寿自称镇西将军、益州牧、成都王，向东晋王室自称藩属，把邛都公李期送到建康。但是任调和司马蔡兴、侍中李艳等人则劝李寿自称皇上。李寿令人为这件事占筮以便做出决定，占筮的人说："您可以当几年的天子。"任调高兴地说："可以当一天的皇帝就已经足够了，更何况是几年呢！"解思明说："几年天子，怎么比得上百世的诸侯呢？"李寿说："早上悟到真理，就是当天晚上就死了也可以！"于是李寿就即帝位，把国号更改为汉，下令大赦，把年号更改为汉兴。李寿用安车束帛征召龚壮出任太师，龚壮誓死不肯出来做官，对于李寿所赠送的礼物，一概都不接受。

李寿改立宗庙，追尊他的父亲李骧为献皇帝，母亲昝氏为皇太后，册立妃子阎氏为皇后，世子李势为皇太子。又把旧庙更改为大成庙，制度大多都有所更改。李寿任命董皎为相国，罗恒为尚书令，解思明为广汉太守，任调为镇北将军、梁州刺史，李弈为西夷校尉，他的侄子李权为宁州刺史。凡是公、卿、州牧、郡守，都由他自己的僚佐接替。成汉的旧臣、近亲以及和李特兄弟一起进入蜀地的六郡士人，都遭到了疏远和斥逐。

邛都公李期叹息着说："天下的人主竟然变成了一个小小的县公，还不如死掉！"五月，李期自缢而死。李寿追赠他的谥号为幽公，按照诸侯王的礼节把他安葬了。

后赵王石虎因为燕王慕容皝没有和后赵的军队会合一起去攻打段辽，却独自虏获占有那里的百姓和畜产，就打算去讨伐他。太史令赵揽劝谏石虎说："岁星正位于燕的边界，现在派遣士兵去讨伐燕，一定不能取得胜利。"石虎听了以后发怒，就用鞭子抽打他。

慕容皝听到了这个消息以后，就派遣士兵进行严密地防备。慕容皝废除了六卿、纳言、常伯、冗骑常侍等官职。后赵发动了数十万个士兵，前燕的百姓知道了以后都震惊恐惧。慕容皝对内史高诩说："我们将要怎么办呢？"高诩回答说："后赵的军队虽然强大，但是不值得忧虑，只要坚固防守来抵御他们，他们就什么也做不了了。"

石虎派遣使者到四方去征召和劝诱百姓归降，前燕的成周郡内史崔焘、居就县令游泓、武原县令常霸、东夷校尉封抽、护军宋晃等人都前去响应他，石虎因此得到了三十六个城池。游泓，是石邃哥哥的儿子。冀阳郡客居无定所的人士共同把太守宋烛杀死了以后向后赵投降。宋烛，是宋晃的堂兄。营丘郡的内史鲜于屈也派遣使者向后赵投降。武宁县令广平人孙兴晓谕官吏和百姓，共同逮捕了鲜于屈，历数了他的罪状，然后把他处死了，把城门关闭进行严密地防守。朝鲜县令昌黎人孙泳率领士兵抵御后赵的军队。豪门大族王清等人秘密策划归降后赵，孙泳把他逮捕了以后斩杀了；和他一起进行策划的数百个人都惶恐地向孙泳请求治罪，孙泳把他们都放了，不予追究，和他们一起进行防守。乐浪郡的太守鞠彭因为境内的官吏和百姓大多都叛变投降，就选拔了乡里的两百多个勇士一起返回了棘城。

戊子日（初九日），后赵的军队进攻棘城。前燕王慕容皝想要离开棘城逃走，他帐下的将领慕舆根劝谏他说："现在后赵国强大，我们弱小，大王您一抬脚，那么后赵国的气势就会养成了，假如后赵好好管理百姓，他们的军队就会更加强大，粮食也会更加充足，我们就没有能力再去抵抗他们了。我私底下认为后赵的人也希望大王您可以这样做，我们为什么要掉进他们的计谋当中呢？现在我们牢牢地守住这座坚固的城池，我们的气势就可以增强一百倍，纵然后赵的军队向我们发起猛烈的进攻，我们还是能够支持得住，而且我们还可以继续观察形势的变化，然后等待适当的时机出城进行反击，以求得胜利。假如我们事情不能够取得成功，也仍然有逃走的机会，为什么您要远远地看到后赵的士兵就把棘城丢弃了逃走，造成国家一定会灭亡的局面呢？”慕容皝就中止了逃跑的计划，但是犹豫、恐惧的心情仍然表现了出来。玄菟郡的太守河间人刘佩说：“现在强大的敌人就在城外，众人的心里都感到恐惧，事情是安全或者危险，全部都维系在您一个人的身上。大王您在这样紧急的时候是很难把职责推卸给他人的，应当自我勉励以鼓舞将士，不应该表现出懦弱、胆怯。现在事情已经非常危险紧急了，我请求您准许我出城去攻击敌人，纵然我不能获得大的胜利，也足以安定众人的心情了。”然后刘佩就率领了数百个不怕死的骑兵出城攻击后赵的军队，所到之处敌人都溃败散乱，他们斩杀了一些敌人以后就回来了，前燕的士气因此增强了百倍。慕容皝向封弈询问抵御敌人的计策，封弈回答说：“石虎的凶狠暴虐早就已经非常过分了，百姓和神灵都对他十分疾恨，灾祸、败亡的到来，指日可待！现在他们不在自己的国家进行防守，反而远道前来，但是进攻和防守的情势是不一样的，攻难守易，虽然他们的兵马强大，但是也不足以造成祸患。他们在此滞留多日以后，矛盾和隔阂自然就会产生，我们只需要进行严密的防守以等待机会就可以了。”慕容皝的心意这才算安定了下来。有人劝说慕容皝投降，慕容皝说：“我正要夺取这整个天下，说什么投降啊！”

后赵的军队像蚂蚁一样从四面冒着箭石攀附在城墙上面，慕舆根等人日夜竭力苦战，一连十几天，后赵的士兵都不能够把棘城攻取下来，壬辰日（十三日），后赵的军队撤退了。慕容皝派遣他的儿子慕容恪率领两千名骑兵前去对他们进行追击，后赵的军队大败，有三万多个后赵的士兵被斩杀了。后赵剩下的军队都丢弃了铠甲四处逃散，只有游击将军石闵率领的一支军队没有遭到创伤。石闵的父亲石瞻是内黄县人，本来姓冉，当年后赵国君石勒攻取陈午的时候，把他俘获了，命令石虎把他当作自己的儿子一样抚养。石闵骁勇善战，多计谋，石虎很喜爱他，对待他如同对待自己的孙子们一样。

石虎回到了邺城，任命刘群为中书令，卢谌为中书侍郎。蒲洪因为立下了功劳被石虎任命为使持节、都督六夷诸军事、冠军大将军，并且加封他为西平郡公。石闵对石虎说："蒲洪雄健俊迈，得到了将士们的拼死效力，就连他的几个儿子，也都有不平常的才能，而且他又握有五万强悍的士兵，驻扎在京城附近，您应当秘密地把他除掉，来使国家安定。"石虎说："我正要倚仗他们父子去攻取东吴和巴蜀，为什么要把他们杀死呢？"石虎给蒲洪的待遇反而更加优厚了。

燕王慕容皝分别派遣士兵前去讨伐那些叛变的城池，都取得了胜利。把前燕的疆域拓展到了凡城县。崔焘、常霸逃到邺城，封抽、宋晃、游泓逃到高句丽。慕容皝赏赐了鞠彭、慕舆根等立下了功劳的人，对那些叛变的人则依照法律进行惩治，有很多人因此都被诛灭了。功曹刘翔就从中为他们向慕容皝申辩求情，很多人因此才得以保全了生命。

后赵攻打棘城的时候，前燕的右司马李洪的弟弟李普认为棘城一定会失败，就劝说李洪出城躲避灾祸。李洪说："天道深远难测，人事变化难以知晓，况且我承担了国家委托给我的重大责任，我不能够轻举妄动，自己招来悔恨。"但是李普却再三向他请求，不肯罢休。李洪说："你认为自己的看法正确、精明，就自己去这样做吧。我蒙受了慕容氏的大恩，在道义上，我是不能离开这里到其他地方去的，我应该在这里誓死效忠。"李洪和李普流着眼泪诀别。李普随即就向后赵投降，跟着后赵的军队南归的时候，在丧乱中去世了。李洪自此因为忠贞笃厚而闻名于世。

后赵王石虎派遣渡辽将军曹伏率领青州的士兵去海岛戍守，运输了三百万斛的谷子供给他们食用；又用三百艘船运送了三十万斛的谷子到高句丽，派遣典农中郎将王典率领一万多个士兵在海滨开垦荒田，种植农作物，又命令青州制造一千艘战船，用来准备攻打前燕。

后赵太子石宣率领步兵和骑兵共两万人前去攻击朔方鲜卑斛摩头，取得了胜利，有四万多个人被斩杀了。

冀州八郡发生了严重的蝗灾，后赵的司隶向石虎请求将郡守和县宰治罪。后赵王石虎说："这是我处理朝政失误所造成的，却想要把罪过推卸给郡守和县宰，这哪里符合我明白自己有罪的心意呢？司隶不向我进陈正直的言论，辅助我纠正我的过失，反而想要随便地陷害那些没有犯下罪过的人，应当罢黜他的官职，让他以平民的身份执行司隶的职务。"

石虎派遣襄城公涉归、上庸公日归率领士兵在长安戍守。他们两个人向石虎告发了镇西将军石广，私自树立自己对百姓的恩泽，秘密进行图谋不轨的行动。石虎把石广传召回了邺城，然后把他杀死了。

乙未日（十六日），晋成帝司马衍任命司徒王导为太傅，都督中外诸军事，郗鉴为太尉，庾亮为司空。六月，晋成帝又任命王导为丞相，废除了司徒这个官职，并入丞相府。

王导的性情宽大忠厚，他所任命的许多将领，如赵胤、贾宁等人，大多都不遵守法令，大臣们为此感到忧虑。庾亮给郗鉴的书信里面说："主上从八九岁开始一直到长大成人，进入皇宫的时候，由宫人们服侍；外出的时候，则只有武官、地位低的人在左右随侍；读书的时候，没有接受文字音韵和文章句逗的教导；对于政事想要询问的时候，又不曾遇到才德兼备的君子。秦王嬴政想要使他的百姓愚昧，天下的百姓还知道这样不对，更何况是想要使他的君主愚昧呢！君主既然正当茂盛的年华，就应该把政权归还给贤明的君主。但是王导不但不恭敬地归还政权，却开始自居太师太傅的尊位，反而养了许多没有什么才能的人士；你和我都接受了先帝晋明帝司马绍托付的辅佐幼主的重要责任，不能清除这样的大奸之人，我们还有什么脸面到地下去见先帝呢？”庾亮因此想要和郗鉴一起发兵把王导废黜，但是郗鉴没有同意。南蛮校尉陶称，是陶侃的儿子，他把庾亮的计谋告诉了王导。有人劝王导秘密地进行防备，王导说：“我和庾亮休戚与共，这种没有根据的谣言，不是有智慧的人应该说的。即使就像你所说的那样，庾亮如果真的来了，我就穿着平民的衣服戴着头巾，归隐还乡，又有什么需要担心害怕的呢？”王导又给陶称写信，信里面说：“庾公是皇上的大舅，你应该好好地侍奉他。”征西参军孙盛悄悄地劝谏庾亮说：“王公常常有辞绝政事、优游于尘世之外的想法，又哪里愿意做平凡之人沽名钓誉的事情呢？这一定是奸佞邪僻的小人想要离间内廷与百官的关系罢了。”庾亮这才作罢。孙盛，是晋初名士孙楚的孙子。当时，虽然庾亮在外面镇守，但是他却远远地控制着朝廷的政权，既权势显赫，又拥有强大的军队，趋炎附势的人大多都依附在他的门下。王导的内心愤愤不平，每当他遇到西风吹起尘土，他就举起手中的扇子把自己遮蔽住，慢慢地说：“庾亮的尘土玷污人！”

王导任命江夏人李充为丞相掾。李充因为当时的风俗崇尚浮华空虚，于是就著作了《学箴》一书。他认为老子所说的“弃绝了仁义，百姓返归孝敬慈爱”哪里是说崇尚仁义的道路被断绝了，然后才会产生孝慈的行为呢？大概是那些忧虑真心崇尚仁义的人很少，而假借仁义为名谋求利益的人却有很多，因此想要将责任归罪于圣人的提倡，问题归咎以往的事情。平庸的人只能看到外在形象的多，真正领悟到大道理的却很少，追求圣人的业绩越是虔诚，离开圣人的本质也就越远。所以他才会著作《学箴》，用来除去外在的蒙蔽。文中说：“声名之所以彰显，道德之所以废毁，只有减损显赫的虚名，才能提高被废弃的道德；没有仁无法使万物生长，没有义无法统一羞耻观念，仁义原本不可以丢弃，只是要除去危害仁义的东西而已。”

成汉李弈的堂兄广汉郡太守李乾告发大臣们谋划废黜成汉国君

的事情。秋季，七月，成汉国君李寿让他的儿子李广和大臣们在前殿盟誓，改任李乾为汉嘉太守；任命李闳为荆州刺史，镇守巴郡。李闳，是李恭的儿子。

八月，蜀地下了很长时间的雨，百姓饥饿，疾病流行。李寿命令群臣尽情地陈述朝政的得失。龚壮呈上的密封奏章说："陛下当初起兵的时候，上指着星辰，明白地求告天地，和众人饮血盟誓，将会举全汉之地向晋室自称藩属，上天应允，人民喜悦，这才大功告成，但是议论的人不明其理，以至陛下跟从情势即位称制。现在阴雨连绵了一百天，饥荒和疫病同时降临，也许这是上天想要以此向陛下显示警戒的缘故吧。我认为您应该遵守以前的盟誓，推重和尊奉在建康的东晋王室，晋室一定不会吝惜高厚的爵位、重要的职务以报答您立下的大功劳；虽然地位降低了一等，但是子子孙孙却可以永远地保有福祚，不也是很好的吗？评论的人也许会说梁州、益州两个州归附晋室就可以得到荣宠，但是跟随李特兄弟进入蜀地并且羁旅在蜀地的六郡在人事安排上就会不方便。从前公孙述在蜀地，以羁留客居的身份任职；刘备在蜀地，楚国的士人大多数都很显贵。等到吴汉、邓艾向西攻伐蜀汉的时候，蜀汉全国被屠灭，又怎能分别出客与主呢？评论的人不明白安定稳固的根本，吝惜已经拥有的名位，认为刘备的守令都在州郡任职，但是竟然不知道他们是国家灭亡，君主改易，哪里能够和现在举国奉晋的义举相比，能够使君主荣耀，臣子显赫呢！评论的人又认为我应当效法蜀汉的法正。我蒙受了陛下的大恩，听任我安居世外，至于荣耀富贵，无论是在汉还是在晋，我都没有想要得到过，又为什么要效法法正呢？"李寿看了奏章以后，内心感到很惭愧，秘密地把奏章扣留下来，没有宣示。

九月，成汉的仆射任颜谋划反叛，被李寿处死了。任颜，是任太后的弟弟。成汉国君李寿因此就把成汉原来的国君李雄的几个儿子全部都诛杀了。

冬季，十月，光禄勋颜含因为年老退位。朝廷议论的人以为："王导是皇上的师傅，名望隆盛，地位重要，百官看见王导的时候对他行跪拜的礼节。”太常冯怀就这件事询问颜含的意见。颜含说：“王导的名位虽然贵重，但是照理不应该特别地示敬行跪拜礼节。行跪拜的礼节拜见王导的说法，或许是你们因事制宜去做。我已经年老了，不能够审察世事了。”过了不久，他又告诉别人说：“我听说攻伐别人的国家，不应该去询问有仁德的人，前一段时间冯怀冯祖思拿谄媚奸佞的事情向我询问意见，我怎么能够有邪恶的德行呢？”郭璞曾经遇到颜含，想要为他占筮。颜含说：“年寿的长短在于天，地位的高低在于人。修养自己但是上天不帮助，这是命，谨守道德但是他人不了解，这是性；人自有自己的性命，不需要劳动蓍龟来卜筮。”颜含辞官二十多年，活到了九十三岁才去世。

代王拓跋翳槐的弟弟拓跋什翼犍到后赵做人质，拓跋翳槐生病了，命令诸大人拥立拓跋什翼犍。拓跋翳槐去世以后，诸大人梁盖等人认为国家新有重大丧事，拓跋什翼犍身在远方，不一定可以及时回来；等到他回来，恐怕会有变乱发生，因此谋划重新立君。但是拓跋翳槐的第二个弟弟拓跋屈，性情刚猛并且诡诈，不如拓跋屈的弟弟拓跋孤仁慈忠厚，于是他们就联合起来把拓跋屈杀死了，然后拥立拓跋孤。拓跋孤不肯同意，亲自前往邺城迎接拓跋什翼犍，请求把自己留在后赵代替拓跋什翼犍作为人质。后赵王石虎认为他讲道义，于是就把他们全部都遣送了回去。十一月，拓跋什翼犍在繁畤县北即代王位，把国号更改为建国，又分出国家一半的国土给拓跋孤。

起初，代王猗卢死了以后，国家内乱频仍，部落彼此之间离散，拓跋氏逐渐衰微了。等到拓跋什翼犍即位以后，雄健勇敢，并且有机智、有谋略，能够修治祖先遗留下来的大业，国内的百姓都归附了他。拓跋什翼犍这时开始设置百官，分别掌管各种政务。拓跋什翼犍任命代人燕凤为长史，许谦为郎中令。并且开始制定反逆、杀人、奸盗的法律，法令规定得清楚明白，政事清简，没有囚禁、讯问、逮捕、株连的烦扰，百姓安居乐业。于是东边自濊貊，西边远及破落那，南边到阴山，北方一直到沙漠，众人全部都归服了，拓跋什翼犍拥有十万士众。

十二月，段辽从密云山派遣使者向后赵请求投降；不久心里面又感到后悔，于是就又派遣使者向前燕请求投降。

后赵王石虎派遣征东将军麻秋率领三万士兵迎接段辽，石虎敕令麻秋说："接受投降就如同接受敌人的攻击一样，不可以轻视。"因为尚书左丞阳裕是段辽过去的臣子，石虎就命令他担任麻秋的司马。

燕王慕容皝亲自率领众将领迎接段辽，段辽秘密地和慕容皝谋划要覆灭后赵的军队。慕容皝派遣慕容恪在密云山埋伏了七千个精锐的骑兵，在三藏口把麻秋的军队重创了，麻秋军队十分之六七的士兵都战死了。麻秋步行逃走，这才避免死亡，前燕的士兵把阳裕捉住了。

后赵的将军范阳人鲜于亮失去了坐骑，到达了步缘山以后，无法继续前进，因此就停了下来，端坐在那里。前燕的士兵环绕着他，呵斥他，命令他站起来。鲜于亮说："我是身份尊贵的人，按照道义我是绝对不会屈服于地位低的人的威胁的，你们这些人能杀我就赶快把我杀死，不能把我杀死就离开这个地方。"鲜于亮仪表堂堂，身材高大魁伟，声气雄壮凌厉，前燕的士兵对他感到害怕，不敢把他杀了，于是他们就把这件事告诉了慕容皝。慕容皝就牵着马前去迎接他，和鲜于亮交谈之后，感到非常高兴，就任命他做左常侍，并且把崔毖的女儿嫁给了他做妻子。

慕容皝得到了段辽全部的士众，他用对待上宾的礼节对待段辽，任命阳裕为郎中令。

后赵王石虎听说麻秋失败了，大发脾气，把他的官爵降低了。

咸康五年（己亥，公元339年）

春季，正月，辛丑日（二十五日），晋成帝司马衍下令大赦天下。

三月，乙丑日（三月无此日），广州刺史邓岳率领军队前去进攻成汉的宁州，成汉的建宁太守孟彦把宁州的刺史霍彪逮捕了向东晋投降。

征西将军庾亮想要开拓疆域并且收复中原的失地，于是庾亮就向晋成帝司马衍呈上奏表请求晋成帝派遣桓宣都督沔北前锋诸军事，出任司州刺史，镇守襄阳；又向晋成帝呈上奏表请求派遣他的弟弟临川太守庾怿都督梁州、雍州两个州诸军事，出任梁州刺史，镇守魏兴；任命西阳太守庾翼为南蛮校尉，兼任南郡太守，镇守江陵；他们都假以符节。又向晋成帝请求把豫州分割出来，用来授予征虏将军毛宝。晋成帝颁下诏书任命毛宝都督扬州地段长江以西地区的诸军事，出任豫州刺史，和西阳太守樊峻一起率领一万精锐的士兵在邾城戍守。又任命建威将军陶称为南中郎将、江夏相，进入沔中。陶称带领两百个人从长江上游前往武昌去拜见庾亮，庾亮一向厌恶陶称轻浮狡狯，数落陶称前前后后的罪恶，然后把他逮捕起来杀死了。后来因为魏兴地处偏远，地势险恶，就命令庾怿把军队迁移到半洲驻扎；重新任命武昌太守陈嚣为梁州刺史，前往汉中。派遣参军李松进攻成汉的巴郡、江阳。夏季，四月，把成汉的荆州刺史李闳、巴郡太守黄植逮捕了押送到了建康。成汉国君李寿任命李弈为镇东将军，代替李闳镇守巴郡。

庾亮向晋成帝司马衍呈上奏疏，说："蜀地的成汉国势很弱小，但是北方的胡虏仍然强大，我想要率领十万大军迁移到石头城去镇守，派遣各路军队罗列分布在长江、沔水一带，作为讨伐后赵的准备。"晋成帝把他的奏疏下交朝廷官员进行决议。丞相王导请求晋成帝允许庾亮的建议。太尉郗鉴评议，认为："物资费用都不够充足，不能发动大规模的战争。"

太常蔡谟评议，认为："时机有适合和不适合的时候，道义有屈辱和伸张的时候，如果我们不去计较敌我的强大和衰弱的情势就轻举妄动，那么我们就会迅速地失败灭亡，哪里还会有什么功劳呢？当今之计，不如培养我们自己的威势来等待适当的时机。时机是否适合，完全在于胡虏势力的强大还是衰弱；而胡虏势力的强大还是衰弱，完全在于石虎是否具有能力。自从石勒发兵侵扰以来，石虎就常常充当他的爪牙，百战百胜，于是平定了中原，所占据的地域，和当年的曹魏一样。石勒死了以后，石虎挟持继位的君主石弘，把将领和大臣都诛杀了，平定了内部的祸乱以后，又对外消灭和削弱敌寇，第一次发兵就把金墉攻占了，再一次发兵就把石生擒获，诛灭石聪就好像拾取遗失的东西一样简单，战胜郭权就如同振落枯掉的树叶一样容易，在他的四周国境之内，就连一尺的土地也没有失去。由此看来，石虎是有才能呢还是没有才能呢？过去胡虏攻打襄阳没有取得成功，议论的人就认为他没有能力。但是百战百胜的强敌，却因为偶尔没有攻取下来一座城池就被认为是没有才能的，就好像射箭的人百发百中，偶尔有一次失误，就能够说他笨拙吗？

"况且，石遇率领的军队只是后赵的一部分军队，桓宣桓平北，只是一位戍守边疆的将领，他们两个争夺疆土有伸有缩，有利就会进攻，不利就会退守，这不是什么紧急的问题。现在征西将军庾亮，以重镇名贤的地位和身份，亲自率领军队想要把黄河以南的土地全部收复，石虎一定会亲自率领全国的士兵前来和我们一决胜负，这哪里能够和攻打襄阳的那次战争进行比较呢？现在征西将军庾亮想要和石虎交战，他和石生相比怎么样呢？如果庾亮是想要据城固守，他所固守的城池和金墉城相比又怎么样呢？如果是想要依靠沔水的天险来阻隔敌人，那么沔水和大江相比又怎么样呢？如果是想要抵御石虎，那么抵御石虎和抵御苏峻相比又怎么样呢？凡此种种，都应该详细地考虑一下。

"石生是勇猛的将领，他拥有关中的精锐士兵，征西将军庾亮和他交战恐怕难以取得胜利；金墉险固，刘曜的十万之众攻不下来，征西将军固守是难以取胜的，况且在那个时候，洛阳、关中都发兵前去攻击石虎，但是现在洛阳、关中、上邽这三个重镇反而都被石虎所用；用石虎现在的实力和他从前的实力进行比较，石虎现在实力有超出过去一倍的势头；石生不能抵御相当他现在一半的实力，但是征西将军庾亮却想要抵抗超出当年一倍的力量，这是我所感到疑惑的地方。苏峻的强大势力比不上石虎，沔水的天险也比不上大江；大江连苏峻都不能够阻挡，庾亮却想要利用沔水来阻挡石虎，这又是我所感到疑惑的地方。起初祖逖祖士稚在谯国的时候，在城北边垦荒耕种，担心胡人前去攻打，就预先设置了军队在外围驻扎，以便抵御外来的侵略。等到谷物快要成熟的时候，胡人果然前来了，年轻力壮的男丁都在外围作战，老弱妇孺在里面进收割，许多人手持着火炬，战况紧急来不及收获谷物就把庄稼焚毁了以后再逃走。像这样有好多年，最终也没有得到屯田的利益。在那个时候，胡人只占据了河北，和今天相比起来，只有四分之一而已；祖士稚那时不能够抵御他的四分之一兵力，但是征西将军庾亮现在却想要抵御他的全部兵力，这又是我所感到疑惑的地方。

“然而，这些还只是谈论到征西将军庾亮到达中原以后的情况而已，还没有谈论到路途方面的顾虑。从沔水向西，两岸陡绝，水面狭窄，水流湍急，舟船不能并列航行，只能溯流鱼贯而上，往往首尾相衔百里，不能相互接应。如果胡人不能像宋襄公一样讲求道义，在我们还没有把阵势排列好之前，尚在渡河的时候就攻击我们，后果将会如何？现在我们和胡虏的所在地，水上和陆地的地势不同，熟悉的技能也不同；胡人如果前来送死，那么我们打败他们就还有余力，但是如果我们放弃长江转而向远方进发，就是用我们的短处去攻击敌人的长处，恐怕不是在庙堂之中取胜的成算。”

朝臣的评论大多数都和蔡谟相同，于是晋成帝司马衍就颁下诏书不接受庾亮转移镇守地点的请求。

前燕的前军师慕容评、广威将军慕容军、折冲将军慕舆根、荡寇将军慕舆埿联合起来一起去袭击后赵的辽西，俘获了一千多户民众以后离开了。后赵的镇远将军石成、积弩将军呼延晃、建威将军张支等人一起前去追击，慕容评等人和他们交战，把呼延晃和张支都斩杀了。

段辽图谋反叛前燕，前燕的人把段辽和他的十几个同党都杀死了，然后把段辽的头送到了后赵。

五月，代王拓跋什翼犍在参合陂会见诸部大人，商议在灅源川定都。他的母亲王氏说："我们从祖先开始，就一直追逐水草以为行国，现在国家多难，如果修筑城郭来居住，一旦敌人来侵扰我们，就没有可以躲避的地方了。"于是定都这件事就中止，不再进行商议了。

代国的人把其他国家前来代国归附的百姓都称为乌桓，拓跋什翼犍把他们分为两个部落，各自设置大人来监管他们。他的弟弟拓跋孤监管他们的北部，儿子拓跋寔君监管他们的南部。

拓跋什翼犍向前燕求婚，前燕的国君慕容皝把自己的妹妹嫁给他做他的妻子。

秋季，七月，后赵王石虎任命太子石宣做大单于，树立天子旌旗。

庚申日（十八日），始兴文献公王导去世了，他的丧葬等一切的礼仪都比照汉代的博陆侯霍光和安平献王司马孚的旧例，并且参考使用天子的礼节。

王导的生活简单朴素，没有什么欲望，善于顺应时势获得成功，治理国家虽然每日用度没什么宽裕，但是每年的费用却有结余。他辅佐元帝司马睿、明帝司马绍、成帝司马衍三代皇上，担任相职，自己家里面的仓库却没有储存的米谷，他所穿的衣服，没有一件是丝织品制作的。

起初，王导和庾亮共同向晋成帝司马衍推荐丹杨尹何充，请求晋成帝任命他为自己的副职，并且说："我死去的那一天，希望您可以提拔何充到内廷供职，那么国家就没有忧虑了。"因此晋成帝任命何充为吏部尚书。等到王导去世以后，晋成帝任命庾亮为丞相、扬州刺史、录尚书事；庾亮再三推辞，坚决不肯接受。辛酉日（十九日），晋成帝司马衍任命何充为护军将军；任命庾亮的弟弟会稽内史庾冰为中书监、扬州刺史，参录尚书事。

庾冰担当了重要的职位，治理政务，不分昼夜，对朝廷贤臣彬彬有礼，提拔后进的才俊，所以朝野人士都同声称赞他，认为他是贤能的丞相。起初，王导辅佐朝政的时候，每一次都采取宽恕的态度；庾冰则时常依靠威严的刑令，丹杨尹殷融劝谏他。庾冰说："凭借以前的丞相的贤能宽容，尚且因为政令过于宽大而不能胜任，更何况是像我这样的人呢？"范汪对庾冰说："最近日月和五星的运行，错乱失度，失去了次序，你应该采取消除、防御的对策。"庾冰说："玄妙深奥的天象变化，哪里是我所能够猜测得知的？我正应当勤勉地恪尽人事罢了。"庾冰又审度核实户口，清理出了一万多个户籍上面没有名字的人，于是庾冰就把他们派遣到边境屯种，用来充实军队。庾冰喜欢做纠察的工作，近于烦琐苛细，后来矫枉过正，又宽松纵容，更加远离正道，法令宽松还是严密，全部都由他自己的意思做决定，法律政令因此都失去了应该有的作用。

八月，壬午日（初十），晋成帝司马衍把丞相的官职改为司徒。

南昌文成公郗鉴病重，把太尉府和都督府的事务，都托付给长史刘遐，自己向晋成帝司马衍上奏疏请求可以辞去自己的官职，并且说："我所率领的百姓错综复杂，一般来说北方人居多，有的恋念乡土原本不肯南渡，但是因为受到了士兵的逼迫才迁徙到这里；有的是最近才归附，百姓们怀念家乡，都有回归故土的想法。我宣扬国家的恩德，明白地告诉他们在南方好，回北方不好的理由，把居住的房屋和耕种的土地分给他们，这才渐渐地换来平定。现在听说我病重了，众人的情绪惊骇骚动，如果真的让他们向北渡江，一定会引起敌寇侵扰我们的野心。太常大臣蔡谟，处理事情公平公正，为人忠贞正直，一直是众望所归，我认为您可以让他出任都督、徐州刺史。"于是晋成帝颁下诏书任命蔡谟为太尉军司，授予他侍中。辛酉日（八月无此日），郗鉴去世了，晋成帝司马衍随即就任命蔡谟为征北将军，都督徐州、兖州、青州三州诸军事，徐州刺史，假节。

当时左卫将军陈光向晋成帝司马衍请求讨伐后赵，晋成帝颁下诏书派遣陈光去攻打寿阳。蔡谟向晋成帝上疏说："寿阳城虽然小但是十分坚固，从寿阳到琅邪，后赵的墙壁远远地就可以相互看到，一座城池遭到攻打，必定会有众多城池的军队前来支援。况且，皇上的军队在路上行军就需要五十多天，先驱部队还没有到达目的地，消息就已经传播很长时间了，贼人军书的邮驿，以一日千里的速度传递消息，那么黄河以北的骑兵，就会有足够的时间前去援救。就连白起、韩信、项籍那样勇猛的将领，还需要把桥梁损坏，把舟船烧毁，陷入绝境以后再列阵奋战。现在我们却想要把船全部停泊在水渚中备用，率领士兵前往敌人的城池，前方面对着强大的敌人，回头看归还的道路，这正是兵法上的大忌。如果我们向寿阳发起攻击，但是没有把寿阳城攻下来，胡人的骑兵却突然到达了，我担心陈光会像春秋时代晋国的中行桓子一样不知道应该怎么办，士兵争船渡河，以致被砍断的手指双手可捧的局面又将重演。现在陈光所率领的士兵都是宫中精锐的士兵，我们应该让他们无论到哪里都是只有出征却不交战。我们现在却在坚城下面驻扎军队，用国家的精锐士兵，去攻击敌寇的下等城池，如果取胜，我们获得的利益微小不足以给敌人造成多大伤害，但是如果我们失败了，那么就会损失惨重并且足以有利于增强敌寇的士气，我恐怕这不是一个周全的计策。"晋成帝司马衍这才停止了讨伐后赵的计划。

起初，陶侃镇守武昌的时候，有人议论，认为长江的北岸有邾城，所以应该分出一部分士兵前去戍守。陶侃一次也没有做出回复，但是这件事一直被提及。于是陶侃就渡江打猎，他把将领和辅佐的官吏召来，告诉他们说："我之所以设置险阻用来抵御敌寇，正是因为有长江而已。邾城被隔在长江北岸，自身没有可以依靠的天险，外面又和西阳各夷族接壤。对夷人来说利害关系更大，如果我们贪图眼前的小利，诸夷就不能忍受，一定会带领士兵前来侵犯。这正是导致灾祸的根由，并不是用来抵御敌寇的好办法。况且吴国当初戍守邾城的时候，一共动用了三万名士兵，现在纵然我们派遣士兵在那里进行防守，对长江以南的地区来说也没有什么太大的好处。如果羯族的敌虏有可以利用的机会，占据邾城又没有太大的帮助。”

等到庾亮镇守武昌的时候，晋成帝司马衍最终还是派遣毛宝、樊峻戍守邾城。后赵王石虎心里对此感到厌恶，于是就任命夔安为大都督，统率石鉴、石闵、李农、张貉、李菟五位将军，以及士兵五万人侵犯荆州、扬州两个州北边的边境，并且另外派遣了两万名骑兵攻打邾城。毛宝向庾亮求救，庾亮认为邾城城池险固，就没有立刻派遣救兵前去进行支援。

九月，石闵在沔水以南把东晋的军队打败了，并且把将军蔡怀杀死了；夔安、李农把沔南攻陷了；朱保在白石把东晋的军队打败了，并且把郑豹等五个将军都杀死了；张貉攻陷了邾城，东晋有六千个人都战死了；毛宝、樊峻突破重围逃跑，却在渡江的时候溺水淹死了。夔安攻占了胡亭，侵扰江夏；义阳将军黄冲、义阳太守郑进都向后赵投降。夔安前进围攻石城，竟陵太守李阳出兵迎战，把他打败了，斩下了五千多个首级，夔安这才退兵，趁势劫掠汉水以东，挟持了七千多户民众迁徙到了幽州、冀州两个州。

在这时，庾亮还在向晋成帝司马衍上疏想要迁徙到石城进行镇守，直到他听说邾城被攻陷了，这才停止。庾亮向晋成帝上表谢罪，请求把自己降职三等，兼领安西将军的官职；晋成帝颁下诏书恢复了庾亮原来的职位。晋成帝任命辅国将军庾怿为豫州刺史，监察宣城、庐江、历阳、安丰四郡诸军事，假节，镇守芜湖。

后赵王石虎忧虑贵戚们狂放恣肆，于是就提拔殿中御史李巨出任御史中丞，对他特别加以亲近和信任，朝廷内外为此肃然。石虎说：“我听说良臣就如同猛虎，大步在旷野上面行走，就连凶狠的豺狼也会把道路让开，果然是这个样子。”

石虎任命抚军将军李农为使持节，监察辽西、北平诸军事，征东将军，营州牧，镇守令支。李农率领三万士兵和征北大将军张举一起攻打前燕的凡城。前燕王慕容皝任命榼卢城主悦绾为御难将军，调拨了一千名士兵给他，命令他去驻守凡城。等到后赵的士兵到达的时候，将士官吏们都非常恐惧害怕，想要把凡城丢弃逃走。悦绾说：“我们接受了国家的命令抵御敌寇，就应该将生死置之度外。况且我们依靠城池进行严密防守，一个人就可以抵挡一百个人，胆敢用胡妄言论使众人惶惑的就斩首！”众人这才安下心来。悦绾以身作则，亲身承受流矢飞石；张举等人一连攻打了十几天，也无法把凡城攻陷，只好撤兵退走。石虎因为辽西迫近前燕的边境，屡次遭受到攻击和突袭，于是就把那里所有的百姓都迁徙到了冀州的南部。

成汉国君李寿生病了，罗恒、解思明又议论着要推举李晋继承王位，李寿没有同意。李演也向李寿上书劝谏他册立李晋继承王位，李寿因此大怒，就把李演杀死了。

李寿时常仰慕汉武帝刘彻、魏明帝曹叡的为人，以听到父兄在世时候的事迹为耻辱，向李寿上书的人不能够谈及先世的政教业绩，自己认为自己胜过他们。舍人杜袭写了十篇诗，假托说那些是魏人应璩的诗，用婉言隐语来劝谏李寿。李寿回复说：“我看到诗的时候，就已经知道它的含义了，如果那些诗是现在的人所写的，确实是贤哲的善言；如果是古代的人所写的，那么不过是死鬼的平常言辞罢了。”

前燕王慕容皝自认为称王以来还没有接受晋王室的诏命，冬季，慕容皝派遣长史刘翔、参军鞠运前来呈献多次战胜后赵的战果，报告自己立下的功劳，并且说明了自称燕王的权宜的意愿，请求约定日期大举起兵，共同平定中原。

前燕王慕容皝前去攻击高句丽，军队到达了高句丽西方边境的新城，高句丽王钊向慕容皝请求缔结盟约，于是前燕的军队就返回了。慕容皝又派遣他的儿子慕容恪、慕容霸前去攻击宇文氏的别部。慕容霸当时年纪仅有十三岁，却勇冠三军。

张骏设立了辟雍、明堂以进行宣教礼仪活动。十一月，张骏派遣世子张重华兼管凉州的事务。

十二月，丁丑日（初七日），后赵的太保桃豹去世了。

丙戌日（十六日），晋成帝司马衍任命骠骑将军、琅邪王司马岳为侍中、司徒。

成汉的李弈侵犯巴东，进行防守的将领劳杨战败身死。

咸康六年（庚子，公元340年）

春季，正月，庚子朔日（初一日），都亭文康侯庾亮去世了。晋成帝司马衍任命护军将军、录尚书事何充为中书令。庚戌日（十一日），晋成帝派遣南郡太守庾翼去都督江州、荆州、司州、雍州、梁州、益州六个州的诸军事并且让他出任安西将军、荆州刺史、假节，代替庾亮镇守武昌。当时的人都怀疑庾翼年纪尚轻，不能继承他哥哥庾亮的业绩。庾翼全心全力治理事务，军务和政务都很严明，几年之间，官府和私人两方面的用资都充实完备，众人都称赞他的才干。

辛亥日（十二日），晋成帝司马衍任命左光禄大夫陆玩为侍中和司空。

宇文逸豆归妒忌慕容翰的才能和名望；于是慕容翰就假装癫狂，终日醉酒，有时躺在那儿就大小便，有时又披散着头发高声唱歌呼叫，跪拜在地上向别人乞讨食物。宇文部全国的百姓都轻视他，不再监视和记录他的行动，慕容翰因此才能够依照自己的想法往来行动，把宇文部的山川形势以及交通，都默默地在心里面记下来。前燕王慕容皝因为慕容翰当初并不是由于叛乱，而是因为遭到了猜疑，产生了嫌隙才出逃的，虽然居住在其他的国家，但是常常暗中为前燕谋划，就派遣商人王车到宇文部去做生意借此观测慕容翰的心意。慕容翰见到了王车，一句话也没有说，只是用手抚摸着胸口点了点头而已。慕容皝说："慕容翰想要回来。"于是慕容皝又派遣王车前去迎接慕容翰回来。慕容翰拉弓的力量有三石多，箭身特别长大，慕容皝就为他制造适合他使用的弓箭，命令王车把弓箭埋在路旁并且秘密地告诉慕容翰这件事。二月，慕容翰盗取了宇文逸豆归的名马，然后带着他的两个儿子到路旁取出弓箭，上马逃回前燕。宇文逸豆归派遣了一百多个骁勇的骑兵前去追赶他，慕容翰说："我长久客居在其他国家，现在我想要回到自己的国家，既然我已经上了马，就没有再回去的道理。我过去那段日子一直假装愚蠢来欺骗你们，可是我从前的技艺并没有丢失，你们不要逼迫我，那是自寻死路！"前来追赶的骑兵都看不起他，径直奔驰而来，慕容翰说："我在你们的国家居住了很长一段时间，心里还存有一种依恋之情，不想把你们杀死；你们在距离我一百步的地方把你们的刀竖起来，让我用箭来射击，如果我一发就射中了，你们就可以回去，如果我不能射中，你们就上前来抓我。"前来追赶的骑兵把自己佩带的刀解下来插在地上，慕容翰射出一支箭，正好射中了刀环。前来追赶的骑兵就都四散逃走了。慕容皝听说慕容翰回来了，非常高兴，对他的恩赐和礼遇都非常优厚。

庚辰日（十一日），有异星在太微星附近出现。

三月，丁卯日（二十九日），晋成帝司马衍下令大赦天下。

成汉的人攻占了丹川，在丹川进行防守的将领孟彦、刘齐、李秋全部都战死了。

代王拓跋什翼犍开始在云中郡的盛乐宫建都。

后赵王石虎向成汉的君主李寿送去一封信，想要和他联合起来发兵南下侵略东晋，并且和李寿约定好平分江南之地。李寿知道以后非常高兴，就派遣散骑常侍王嘏、中常侍王广出使后赵。龚壮向李寿劝谏，但是李寿不肯听从。李寿修造了大量舟舰，整修兵器，训练军队，积蓄军粮。秋季，九月，李寿任命尚书令马当为六军都督，征集了七万多士兵编为水军，在成都举行了盛大的阅兵式，鼓声和呼叫声充溢了江面。李寿登上城楼检阅，大有吞并江南的志向。解思明向李寿劝谏说："我们的国家小、军队弱，东吴、会稽地势险要并且和我们距离遥远，想要攻占并不是一件容易的事情。"于是李寿就命令群臣广泛评论出兵的利害关系。龚壮说："陛下和胡人结盟，又怎么比得上与东晋王室结盟呢？胡人的性情和豺狼一样凶狠，消灭了东晋之后，我们就不能不在北面以臣子之礼节侍奉他；如果我们和他们争夺天下，则后赵强大而成汉弱小，强弱不相称，我们处于危险灭亡的境地，春秋时虞国借路给晋献公去讨伐虢国，晋献公消灭了虢国之后，在回国的途中又消灭了虞国的事实，就是以往的警戒，我希望陛下能够仔细地考虑考虑！”群臣都认为龚壮说的话很正确，于是李寿就停止了攻打晋王室的计划。士兵们都高呼万岁。

龚壮认为人的德行当中最重要的莫过于忠孝。既然已经为父亲和叔父报仇了，就又想要让李寿以臣子的礼节侍奉晋王室，但是李寿不肯听从。龚壮就诈称自己的耳朵聋了，手也因为风湿举动迟缓，不能够拿东西，告辞还乡，以读书写文章自娱，终生不再前往成都。

后赵的尚书令夔安去世了。

后赵王石虎命令司州、冀州、青州、徐州、幽州、并州、雍州七个州的百姓五个男丁中征召三个，四个男丁中征召两个，和邺城原有的士兵结合起来，一共五十万人，准备了一万艘船，从黄河通到了大海，运输一千一百万斛谷子到乐安城。石虎还把辽西、北平、渔阳的一万多户百姓迁徙到了兖州、豫州、雍州、洛州四个州。从幽州以东到白狼县，大规模地开辟耕田，种植农作物。把所有百姓的马匹全部收缴上来，敢于私自藏匿马匹不交出的人处以腰斩的刑罚，一共得到了四万多匹马。石虎在宛阳举行了盛大的阅兵式，准备用来进攻前燕。

前燕王慕容皝对诸位将领说：“石虎自以为乐安城的防守力量强大，十分严密，蓟城南北一定不会进行防备，现在如果我们不走正常的大路，转而抄小路趁他们不注意的时候出兵进行攻击，就可以把他们彻底打败。”冬季，十月，慕容皝率领各路军队进入蠮螉塞，袭击了后赵的军队，后者负责戍守的将领有敢于在路上阻拦的都被慕容皝擒获，前燕的军队一直抵达了蓟城之下。后赵的幽州刺史石光虽然拥有数万士兵，但是他紧闭城门不敢出来迎战。前燕的士兵攻破了武遂津，进入了高阳，凡是前燕的士兵所到的地方，就把后赵军积蓄的军资焚毁一空，夺取了三万多家民众的财物以后离开了。石光因为面对敌人表现懦弱坐罪被征召返回。

后赵王石虎任命秦公石韬为太尉，和太子石宣两个人按日轮流省视、裁决尚书的奏事，可以独自决定赏赐或刑罚，不用专门向石虎禀报。司徒申钟劝谏石虎说：“赏赐和刑罚，是人君治理国家掌握的大权，不可以借给他人，这是用来防微杜渐，防止和消除叛逆祸乱的发生。太子的职务在于侍奉供养父母，不应当参与朝政；庶人石邃因为参与朝政而招致失败，前车之鉴距今还没有多远。而且由两个人掌握朝政，政权不统一，权力分散，很少有不会发生祸乱的情况。爱惜他们却没有使用正当的方法，这正是害了他们的根由。”但是石虎不肯听从。

中谒者令（即宦官）申扁因为聪慧颖悟又能言善辩，而深受石虎宠信，石宣也和他很亲近，让他负责管理机密要事。石虎既不处理政事，而石宣和石韬又都喜欢喝酒和打猎，因此官吏的任免升迁、赏赐刑罚、人员的生杀都由申扁决定，从九卿以下的官员大都是远远地看见申扁的车尘就施行下拜的礼节。

太子詹事孙珍的眼睛出现了问题，于是孙珍就向侍中崔约寻求治疗的方法，崔约就和他开玩笑说：“向眼睛里面小便，眼睛就会痊愈。”孙珍说：“眼睛里面怎么可以小便呢？”崔约说：“你的眼窝深陷，正好适合小便进去。”孙珍因此对他十分怨恨，就把这件事情告诉了太子石宣。石宣的面貌在兄弟当中最像胡人的样子，眼窝深陷，听到这件事情以后就十分生气，因此就把崔约父子都处死了。于是公卿以下的官员都对孙珍感到畏惧，不敢正眼看他。

燕公石斌在监督北边州郡事务的时候，也喜欢打猎，常常佩挂着城门的钥匙进出。征北将军张贺度为此经常劝谏他，石斌发脾气，羞辱张贺度。石虎知道了这件事情以后，就派遣主书礼仪持节监视他们。石斌把礼仪杀了以后，又想把张贺度也杀死，张贺度调集护卫人员骑马去把这件事禀报了石虎。石虎派遣尚书张离带领骑兵追赶石斌，打了他三百鞭，罢免了他的官职让他回家，又把他的十几个亲信都杀死了。

张骏派遣别驾马诜到后赵呈献贡物，奏表里面的言辞冷漠孤傲。石虎看了非常生气，想要把马诜斩首。侍中石璞向石虎谏诤说：“现在国家要最先除灭的，应该是东晋；河西所处的地方荒僻简陋，不值得关注。现在您把马诜斩首了，就必定要去征讨张骏，那么兵力就要分成两部分，建康朝廷就又可以延长几年的寿命了。”于是石虎就没有斩首马诜。石璞，是石苞的曾孙。

起初，成汉的将领李闳被晋朝的士兵俘虏了，他又逃跑到了后赵，成汉的国君李寿就向后赵王石虎写了一封信请求把李闳放回来，信里面署名：“赵王石君。”于是石虎不高兴，就把这件事情交给外廷进行评议。中书监王波说：“应该让李闳用性命来起誓说：‘如果能够返回蜀地，将会率领所有的宗族，一同接受君王您的教化。’将来如果他真的这样做了，那么我们不用烦劳一支军队，很容易就可以安定梁州和益州；如果他心存犹豫，不兑现诺言，我们也只不过是失去了一个逃亡的人，对赵国又有什么损失呢？李寿既然越礼僭称皇帝之号，现在如果我们用皇帝诏书的形式给他回复，他一定也会用同样的形式回报我们，不如再以信件的形式答复他。”刚好碰到挹娄国向后赵呈献楛矢石砮，王波就趁势向石虎请求把它们转送给成汉，并且对石虎说：“让成汉知道我们能够使远方的国家臣服。”石虎采纳了他的建议，就遣送李闳返回成汉，并且用隆重的礼仪对待他。李闳到了成都以后，李寿颁下诏书说：“羯族的使臣前来王庭进行朝拜，呈献他们的楛矢。”石虎知道了这件事情以后，大发脾气，罢免了王波的官职，让他以平民的身份兼理职务。

咸康七年（辛丑，公元341年）

春季，正月，前燕王慕容皝派遣唐国内史阳裕等人在柳城以北、龙山以西的地方修筑一座城池，设立宗庙和宫殿，并将这座城命名为龙城。

二月，甲子朔日（初一日），发生了日食。

刘翔到了建康以后，晋成帝司马衍接见了他，向他询问慕容镇军是否平安。刘翔回答说："我接受派遣的时候，慕容镇军穿着朝服在外庭向南跪拜了以后才把章表发给我。"

刘翔为前燕王慕容皝向东晋王室请求授予他大将军的官衔和燕王的章玺。朝廷里面的官员议论认为："按照旧例，不将大将军委任到边关地区；自从汉、魏以来，就不册封异姓的功臣为王。所以刘翔向您请求的事情不能得到允许。"刘翔说："自从刘氏、石氏图谋叛乱以来，长江以北的地方，全部沦为了戎人所居住的地区，从来没有听说过中华公卿的后裔，有一个人能够高举手臂，挥动干戈，摧败凶狠叛逆的贼人。只有慕容镇军父子竭尽力量，心里想着要卫护本朝，用少数的兵力去攻击人数众多的敌人，屡次歼灭强大的仇寇，使石虎感到害怕，把边陲地区所有的百姓全部迁徙，让他们分别居住在三魏（魏郡、阳平、广平）一带，国土也因此缩小了一千里，以至于蓟城成为了他们北方的边境。慕容氏的功勋如此显赫，朝廷却吝惜渤海以北的土地不让给他做封邑，这是为什么呢？从前汉高祖不吝惜王爵，授予了韩信和彭越，所以才能够完成伟大的帝业；项羽把官印藏到棱角都磨损了也不舍得授人，结果因此遭到了灭亡。我至诚的内心，并不只是随便地想要尊敬我所侍奉的人，我私下里还为朝廷疏远忠义的边国，使得四海之人无从劝勉和仰慕深感惋惜。"

尚书诸葛恢，是刘翔的姐夫，独自主张不同的看法，他认为："夷狄之间互相攻打，这对中原之国有利；只有礼器和名号，不可以轻易地答应。"于是他就对刘翔说："如果慕容镇军能除掉石虎，这就是又出现了一个石虎，朝廷又有谁可以仰仗呢？"刘翔说："寡妇尚且知道怜悯宗周的陨灭。现在晋室危险，你的职位和高辛氏的八个才子以及高阳氏的八个才子相当，难道就没有忧虑国家大事的想法吗？以前，如果靡氏不能够率领鬲氏的众人，消灭了寒浞，建立功劳，那么，少康如何能够中兴并且奉祀夏的宗庙呢？如果齐桓公不能够向北讨伐山戎，向南讨伐楚；晋文公不能够在城濮战胜楚国，率领诸侯去尊奉周室，那么，周朝的百姓都要穿着左襟的衣服沦为夷狄了。慕容镇军枕着戈睡觉等着天亮，一心想着杀敌立功，立定志向要消灭凶狠叛逆的敌人，但是您却说这些宣扬偏颇和令人迷惑的话，忌恨并且离间忠臣，天下之所以不能够统一，实在是因为有你这样的人。”刘翔在建康留住了一年多的时间，群臣的议论始终没有结果。

刘翔就去游说中常侍彧弘说：“石虎拥有八个州的土地，拥有一百万带甲的士兵，立志要吞并长江、汉水，从索头、宇文氏以及其他各个小国，没有一个不向他称臣归服的。只有慕容镇军辅助和拥戴晋朝的天子，精诚可以上通日月，却不能获得特殊礼遇的任命，我担心天下的百姓会因此而改变心意，背叛晋王室，不再向南方称臣了。公孙渊对东吴没有一点点功绩，吴主却册封他为燕王，给予他九锡的礼遇。现在慕容镇军屡次挫败了贼人的精锐，声威震惊了秦州、陇上一带地区，石虎最近连续派遣重要的使者，说了很多好听的话，送了很多厚重的币帛，想要授予他曜威大将军、辽西王的职位。只是慕容镇军厌恶他不是皇室正统，一直推辞，不肯接受。现在朝廷却吝惜虚名，排斥和压抑忠顺的臣民，这哪里是国家长远的计划呢？即使将来后悔了，恐怕也来不及了。”彧弘为他入朝向晋成帝司马衍说明了这件事，晋成帝的心里也同意了刘翔的请求。刚好慕容皝向晋成帝上表，表中说：“庾氏兄弟专权，导致了祸乱，您应当斥退他们，借此使国家安定。”又在给庾冰的信里面，责备他占据国家重要的职位，秉持国家政权，却不能够为国家洗雪耻辱。庾冰因此感到非常恐惧，因为慕容氏所在地偏远，晋王室无力钳制，于是庾冰就和何充一起向晋成帝进言请求晋成帝同意刘翔的请求。乙卯日（二月无此日），晋成帝司马衍任命慕容皝为使持节、大将军、都督河北诸军事、幽州牧、大单于、前燕王，又赐予了他王者所用的仪仗，诸如车辂、旗章、弓矢、斧钺等物品，并加上典法和策书，一切都依照特殊的礼节待遇。又任命他的世子慕容儁为假节、安北将军、东夷校尉、左贤王；赐给他数千万的军备物资和常用器械。又册封了一百多个功臣，任命刘翔为代郡太守，并且册封他为临泉乡侯，加封员外散骑常侍；刘翔再三推辞，无论如何也不肯接受。

刘翔痛恨江南的士大夫们以骄傲奢侈酣饮放纵互相推崇，曾经趁着朝廷的显贵们宴饮集会的机会，对何充等人说："天下混乱，动荡不安，奄忽之间，已经超过了三十六年，宗庙社稷变成了废墟，百姓生活困苦，生灵涂炭，现在正是朝廷焦急忧虑的时候，忠贞臣子效命的年代。但是诸位却在江沱宴饮逸乐，放纵情欲，以奢侈靡乱为光荣，以傲慢放诞为贤能；忠正耿直的言论不闻于耳，征伐的功劳没有建立，准备依靠什么来尊奉主上、救助百姓呢？"何充等人听到他的话以后非常惭愧。

晋成帝司马衍颁下诏书，派遣兼大鸿胪郭悕持符节前往棘城向前燕王传送册封的命令，于是他就和刘翔等人一同向北出发。公卿大夫们在江边为他们饯行，刘翔对公卿们说："从前夏朝少康凭借一支军队就消灭了有穷氏，勾践凭借会稽一个地方向强大的吴国复仇；蔓生的杂草尚且应该早日割除，何况是对待寇仇呢！现在石虎和李寿相互立定志向想要吞并对方，朝廷的军队纵然不能平定北方的混乱，也应当暂且治理巴、蜀。一旦石虎抢先发动了战争，把李寿消灭了，并且把李寿的土地占为己有，凭借地形的便利，逼近东南，即使是有智慧的人出现，也不能够妥善地处理这之后的事情了。"中护军谢广说："你说的这一切和我的想法是一样的。"

三月，戊戌日（初五日），皇后杜氏去世了。夏季，四月，丁卯日（初五日），恭皇后被安葬在了兴平陵。

晋成帝司马衍颁下诏书，命令王公以下至平民，凡是从北方迁来的，都需要各自按照其所寄居的郡县，确定为他的户籍地，登记在白纸制作成的户口版籍上面。

秋季，七月，郭悕、刘翔等人到达了前燕，前燕王慕容皝任命刘翔为东夷护军，兼领大将军长史，任命唐国内史阳裕为左司马，典书令李洪为右司马，中尉郑林为军咨祭酒。

八月，辛酉朔日（初一日），东海哀王司马冲去世了。

九月，代王拓跋什翼犍在故城南八里的地方，修筑了盛乐城。

代王妃慕容氏去世了。

冬季，十月，匈奴刘虎入侵了代国的西部地区，代王拓跋什翼犍派遣军队迎面对刘虎进行攻击，把敌军打得大败。刘虎去世了以后，他的儿子刘务桓继任了王位，派遣使者向代王求和，拓跋什翼犍把自己的女儿嫁给他做妻子。刘务桓又向后赵国朝拜，向后赵进贡地方上的特产，后赵王任命刘务桓为平北将军、左贤王。

后赵的横海将军王华率领水军从海上袭击了前燕的安平，获得了胜利。

前燕王慕容皝任命慕容恪为渡辽将军，镇守平郭。自从慕容翰、慕容仁之后，诸位将领中没有一个人能够接替他们。等到慕容恪来到平郭以后，抚慰旧属，怀柔新附民，屡次打败了高句丽的军队，高句丽对慕容恪感到畏惧，不敢再来侵犯平郭。

十二月，兴平康伯陆玩去世了。

成汉国君李寿任命他的太子李势兼大将军、录尚书事。起初，成汉国君李雄因为节俭宽厚，对百姓施行恩泽，深得蜀地百姓信服。等到李闳、王嘏从邺城回来，大肆称赞邺中的繁华富庶，宫殿的壮观华丽，而且说后赵王石虎用刑罚杀戮驾驭部下，所以能够控制境内的百姓。李寿听了以后感到很羡慕，就把附近各州郡的百姓凡是有三个壮丁以上的家庭全部迁徙来充实成都，大规模地修筑宫室，制造器皿和珍玩；人们一旦有一点小的过失，就被杀死来建立他的威严。左仆射蔡兴、右仆射李嶷都因为直言谏诤被坐罪处死。百姓们因为缴纳赋税和服劳役而疲惫不堪，道路上充满了吁嗟叹息的声音，出现了很多想要叛乱的人。

资治通鉴卷第九十七　晋纪十九

起壬寅（公元342年），止丁未（公元347年），共六年。

【题解】本卷记录了晋成帝咸康八年至晋穆帝永和三年共六年间东晋及各国大事。主要记录了晋成帝司马衍去世，庾冰、庾翼兄弟立成帝之弟司马岳为嗣，以便把持朝权，晋康帝司马岳在位二年，去世后庾氏兄弟又欲立元帝之子（成帝之叔）司马昱为帝，因何充反对，立康帝子司马聃为嗣，是为穆帝。是时穆帝两岁，太后临朝听政。庾翼以灭胡、灭蜀为己任，率桓宣、桓温等人北伐，在丹水被打败。记录了桓温为荆州刺史，举兵伐蜀，攻占成都，成汉主李势兵败投降。桓温派益州刺史周抚、征虏将军杨谦留守西蜀，自己返回荆州；成汉将领邓定、隗文等举兵反对东晋，入据成都，立范长生之子范贲为帝，蜀人纷纷响应；东晋将领萧敬文叛杀杨谦，自称益州牧，占据巴西、汉中。记录了慕容皝用慕容翰之计，先后灭高句丽、宇文氏、夫余国；慕容皝罢苑囿、贷耕牛与贫民，发展农业，国力日强。记录了后赵石虎父子扩大猎场，痴迷畋猎；广建宫室，大肆搜刮民女。记录了石虎政权严刑酷法，小人乱政，相互告讦，谗杀大臣，太子石宣与其弟石韬矛盾尖锐，乱象丛生。记录了西平公张骏死，其子重华继位，赵将麻秋、孙伏都等攻打凉州，被凉将谢艾、张悛、张据等打败。此外还记录了石虎部下姚弋仲、蒲洪，有胆有识，为其日后兴起作铺垫。记录了林邑王两次攻陷日南郡，杀日南太守夏侯览、都护刘雄等等。

显宗成皇帝下

咸康八年（壬寅，公元342年）

春季，正月，己未朔日（初一日），发生了日食。

乙丑日（初七日），晋成帝司马衍下令大赦天下。

豫州刺史庾怿送酒犒赏江州刺史王允之。王允之感觉酒里面有毒，就把酒倒给狗喝，狗喝了酒以后死了，王允之就把这件事秘密地上奏了晋成帝司马衍。晋成帝说："我的大舅庾亮曾经导致国家动乱，小舅庾怿又想这样吗？"二月，庾怿喝毒酒自杀了。

三月，开始把武悼后的牌位供奉在武帝司马炎庙进行祭祀。

庾翼在武昌的时候，多次发生了妖异的事情，于是他就想要把镇守地点转移到乐乡。征虏长史王述在给庾冰的信件里面说："乐乡和武昌之间相距一千多里；数万的士众，一旦真的迁移起来，又要修筑城墙，对公家、对私人两方面都是劳累困扰。再加上江州需要逆流而上数千里，供给军府所需要的物资，所需要的劳役也要成倍地增加。而且武昌处在江东镇戍地至西陲的中点，它的作用不只是防御抵抗由上流而下的敌寇而已；而且一旦京城发生紧急的情况需要支援，或者有需要快速赶去禀报的事情，快马奔驰及时赶到一点也不难。如果你把镇守地点转移到乐乡，远在西边的边境，一旦长江沿岸发生了忧患，就来不及相援救。镇守一方的重要将领，本来就应该驻守在要害的地方，成为对内对外的屏障要冲，形成内外可以互相接应的形势，使那些窥伺间隙、图谋侵扰的人没有可以乘虚而入的机会。从前秦始皇嬴政因为忌讳'亡秦者胡也'的谶语，最终被刘邦、项羽所利用；周宣王因为厌恶檿弧的童谣，却造成了周幽王时候褒姒的乱国。所以通达事理的人和才华道德都好的君子，直道而行，都不会去采取禳避妖异的方法；同时应当在人情事理上择选符合民众理解接受的标准，考虑国家的长远发展。"朝廷议论的官员也都认为他说得很正确。庾翼这才打消了迁徙的念头。

夏季，五月，乙卯日（五月无此日），晋成帝司马衍生病了，身体不适。六月，庚寅日（初五日），晋成帝病情加重。有人伪造尚书符令，告诫看守宫门的人不能够让宰相进入皇宫；众人都大惊失色。庾冰说："这其中一定有诈。"经过推究查问，果然如此。晋成帝的两个儿子司马丕和司马奕，都还在襁褓之中。庾冰因为他们兄弟执掌国家政权已经有很长时间了，担心一旦皇上换代以后，自己和皇上之间的亲属关系愈加疏远，因而会被他人离间，因此常常劝说晋成帝，国家外面有强大的敌人，应该册立年纪大的儿子继位担任国君；并且向晋成帝请求册立他自己的同母兄弟琅邪王司马岳为继位的国君，晋成帝答应了他的请求。中书令何充说："皇位父子相传，这是先王确立的旧制，改变旧制很少有不招致祸乱发生的。所以，周武王没有把王位传让给具有圣德的弟弟周公旦，并不是因为不疼爱他。如果现在琅邪王司马岳即皇帝位，皇上的两个幼子又将要如何安置呢？"但是庾冰不肯听从。晋成帝颁下诏令，册立司马岳为继位的国君，并且让自己的儿子司马弈承袭琅邪哀王的封号。壬辰日（初七），庾冰、何充和武陵王司马晞、会稽王司马昱、尚书令诸葛恢同时接受了晋成帝司马衍的遗命。癸巳日（初八日），晋成帝去世了。晋成帝年幼的时候继位，没有亲自处理国家的政事；等到年龄慢慢增加以后，颇有勤俭的美德。

甲午日（初九日），琅邪王司马岳继承帝位，下令大赦天下。

己亥日（十四日），册封晋成帝司马衍的儿子司马丕为琅邪王，司马弈为东海王。

晋康帝司马岳居丧不言，把朝政委托给了庾冰和何充。秋季，七月，丙辰日（初一日），晋成帝司马衍被安葬在了兴平陵。晋康帝司马岳步行送葬，一直走到了阊阖门，然后才登上素白的车舆到达陵墓的所在地。晋成帝被安葬了以后，晋康帝司马岳驾临殿前，庾冰和何充陪坐在晋康帝的旁边。晋康帝说："我继承国家大业，靠的是你们两位的力量。"何充说："陛下登上帝位，是大臣庾冰出的力量；如果像我所说的那样，那么陛下就不能目睹这太平的时代了。"晋康帝司马岳露出惭愧的神色。己未日（初四日），任命何充为骠骑将军，都督徐州、扬州的晋陵诸军事，兼领徐州刺史，镇守京口，来避让庾氏家族。

冬季，十月，前燕王慕容皝把都城迁移到了龙城，下令赦免境内。

建威将军慕容翰向慕容皝建议说："宇文部强盛的时间已经很久了，多次骚扰我们的国家，成为国家的忧患。现在宇文逸豆归篡夺君位得到国家，群情不肯依附；再加上他性情资质都平庸昏昧，见识不明，任用没有才能的将领，国家没有设置防卫措施，军队没有严密的组织。我在他们国家里面居住了很长时间，对那里的地理形势非常熟悉；他们虽然依附远方强大的羯族（称后赵），但是声威、力量都远不可及，一旦有什么紧急的事情无法前去救援；如果我们现在前去攻打，一定可以百战百胜。不过高句丽和我国的距离太近，常常有窥探我们的心志；他们知道宇文氏灭亡了以后，战祸将会降临到自己身上，必定会趁我们没有防备的时候，对我们进行偷袭。如果我们留下的士兵数量少，就不足以进行防御；留下的士兵数量多，就不能够攻克宇文部，这是我们的心腹大患，应该把他们首先铲除；我观察他们的国势和力量，我们一次出兵就可以把他们消灭。宇文氏需要自我防守，一定不会到远方来和我们争夺利益。我们把高句丽攻取了以后，再调转回来去进攻宇文部，这样就会易如反掌了。这两个国家被平定了以后，我们就可以尽收东海的利益，国家富有，军队强大，没有后顾的忧虑，然后我们就有可能图谋中原了。"慕容皝说："好。"

前燕的军队准备进攻高句丽。有两条道路通往高句丽，北边的那一条道路平坦宽阔，南边的那一条道路危险狭隘，众人都想要从北边的那一条道路进行攻击。慕容翰说："敌人根据人之常情推测猜想，一定会认为大军走北边的那一条道路，因此肯定会严密地防守北边的那一条道路，而疏忽南边的那一条道路。大王您应当亲自率领精锐的士兵从南边的那一条道路发起进攻，出乎他们的意料，就可以很容易把丸都攻取下来了。另外派遣一部分军队从北边的那一条道路发起进攻，即使遭受了挫折，但是高句丽的腹心已经溃败了，四肢也就无能为力了。"慕容皝采纳了他的意见。

十一月，慕容皝亲自率领四万个强悍的士兵从南边的那条道路出发，任命慕容翰、慕容霸为前锋；另外派遣长史王寓等人率领一万五千个士兵从北边的那条道路出发，前去攻打高句丽。高句丽王钊果然派遣他的弟弟武率领五万个精锐的士兵在北边的那条道路迎敌，自己则率领羸弱的士兵去防守南边的那一条路。慕容翰等人率先到达，和高句丽王钊率领羸弱的士兵进行交战，慕容皝率领大队的士兵陆续赶到。左常侍鲜于亮说："我以俘虏的身份蒙受大王以国士之礼相待的恩泽，不可以不报答；今天，就是我以死报效的日子。"然后就独自率领几名骑兵先去冲击高句丽的阵地，所经过的地方敌军都遭到了挫败。高句丽的军阵发生骚动，前燕的军队趁势发起进攻，高句丽的军队被打得大败。左长史韩寿把高句丽的将领阿佛和度加斩杀了，各路军队乘胜进行追击，于是进入了丸都。高句丽王钊一个人骑着马逃走了，轻车将军慕舆埿前去追击，把他的母亲周氏和他的妻子都抓获了以后才返回。刚好碰到王寓等人在北边的道路与高句丽的军队作战，都战败了。因此，慕容皝不再穷追高句丽王。慕容皝派遣使者招安钊，但是钊躲藏起来不肯出来。

慕容皝准备回去的时候，韩寿对他说："高句丽这个地方，不可以设置士兵戍守。现在他们的君主逃亡，百姓流散，在山谷里面潜伏；我们的大军离开了以后，他们一定会再一次聚集起来，整编残余的军队，仍然足以造成祸患。我请求你用车把他父亲的尸体载上，把他的母亲用囚车载上带回国去，等到他自己把自己绑着前来归降，然后再把他们放回去，用恩泽诚信安抚他们，这是上策。"慕容皝采纳了他的意见。就把高句丽国王钊的父亲乙弗利的陵墓挖掘开，用车载着他的尸体，把他的府库里面历代积累的财宝都没收了，俘虏了五万多个百姓，把他们的宫室烧毁了，把丸都城郭也毁坏了以后才返回。

十二月，壬子日（二十九日），晋康帝司马岳册立妃子褚氏为皇后。征召豫章太守褚裒为侍中、尚书。褚裒因为自己是褚皇后的父亲，不愿意在宫廷里面担任官职，苦苦地向晋康帝司马岳请求外调，于是晋康帝就任命他为建威将军、江州刺史，镇守半洲。

后赵王石虎在邺城修筑了四十几个高台楼阁，又修筑了洛阳、长安两座宫殿，参与劳作的有四十多万人；石虎又想要修建从邺城直达襄国的阁道，敕令黄河以南的洛州、豫州、徐州、兖州四个州郡准备向南攻打所需要的一切装备，并州、朔州、秦州、雍州四个州准备向西讨伐所需要的军用物资，青州、冀州、幽州三个州准备向东征战所需要的军费，各州凡是家中有三个壮丁的就要征集两个壮丁去当兵，有五个壮丁的就要征集三个壮丁去当兵。各州郡的军队里面有五十多万个为军队制造铠甲的工匠，十七万个船夫，被水淹死和被虎狼吃掉的有三分之一。再加上公侯、州牧、郡守争着牟取私人的利益，百姓们失去了自己所从事的家业，生活陷入愁困之中。贝丘人李弘顺应众人心里对石虎的怨恨，自己说自己的姓名和谶语相符合，联络并且聚集党羽，设置各种官吏，但是事情泄露了，被杀死了，有几千家百姓受到连累。

石虎打猎没有节制，早晨出去，夜晚才回来，又常常便服出去巡视，亲自检视工地的劳役情形。侍中京兆人韦謏劝谏石虎说："陛下轻视了治理天下的重任，轻易地在危险的地方来往，倘若突然发生了狂人的叛变，即使有智谋、有勇气，又将如何施展呢？再加上征发徭役不分时节，使百姓的耕耘和收获都荒废了，道路上充满了吁嗟叹息的声音，这恐怕不是仁圣的国君所能够忍心做的事情。"石虎赏赐了很多谷物布帛给韦謏，但是修建的工程更加繁多，自己游巡察看泰然自若。

秦公石韬得到了石虎的宠信，太子石宣憎恶他。右仆射张离兼领五兵尚书的官职，想要讨好石宣，就劝他说："现在各诸侯的官吏和士兵都超过了限定的数量，应该渐渐地裁减，来增强朝廷的势力。"石宣让张离向石虎上奏说："秦公石韬、燕公石斌、义阳公石鉴、乐平公石苞这四公，允许他们设置一百九十七个官吏，帐下两百个士兵；由此而下，依照等位高低按三分之一的比例设置官吏，配备士兵；剩下的五万个士兵，全部配备给东宫。"于是各位王公都很怨恨，矛盾越来越深。

青州的地方官呈上奏疏说："济南平陵城北的一只石雕老虎，有一天晚上移动到了城东南，沿途有一千多只狼和狐狸跟随着它，沿途的足迹都形成了一条小路。"石虎高兴地说："石虎，也就是我，从西北移动到了东南的意思，表明上天的意思是想要让我平定江南。现在我要下令各州的军队明年全部汇集起来，我将要亲自督率六军，来遵循上天的命令。"群臣都前来向石虎道贺，向石虎呈上《皇德颂》的有一百〇七个人。石虎颁布了法令："被征调的士兵每五个人交出一辆车子，两头牛，十五斛米，十匹绢，应该交出这些东西但是不能够准备好的人就斩杀。"百姓甚至于卖了子女以供给行军所需用的一切，仍然没有办法凑够，在路边树上上吊自尽的人从这一头可以望见另一头。

康皇帝

建元元年（癸卯，公元343年）

春季，二月，高句丽王钊派遣他的弟弟向前燕入朝称臣，贡献了数千件珍宝异物。前燕国君慕容皝这才把他父亲的尸体归还给他，仍然把他的母亲留下来作为人质。

宇文逸豆归派遣他的宰相莫浅浑率领士兵进攻前燕。前燕的众将领都争着想要前去迎击，前燕国君慕容皝都没有允许。莫浅浑因此就以为慕容皝害怕他，于是他就每天喝酒打猎，不再设置防备。慕容皝派遣慕容翰前去进攻他，莫浅浑被打得大败，只有他自身没有被杀死，前燕的士兵把他所有的士兵都俘虏了。

庾翼为人慷慨，喜欢功名，不崇尚浮华。琅邪内史桓温，是桓彝的儿子，娶了南康公主为妻子，为人豪迈直爽有气概，庾翼和他的关系很好，二人相约共同平定、拯救天下。庾翼曾经向晋成帝司马衍推荐桓温，说："桓温具备英雄的才干，希望陛下不要用常人的礼节来对待他，应该像女婿一样地培养他；您应该安排他出任像周宣王时候的方叔和邵虎所担任的重任，他一定能够对匡救世事艰难建立很大的功劳。"当时杜乂、殷浩都是才华声名冠绝于世的人，只有庾翼对他们不重视，他说：“这些人应该束之高阁，弃置不用，等到天下太平了以后，再慢慢地商议他们能够出任的官职。”殷浩多次拒绝官府的征辟，屏绝尘世，在墓地里面隐居，如此将近十年的时间，当时的人把他和管仲、诸葛亮相比。江夏相谢尚、长山县令王濛，常常观察他的出仕与隐居，来推测江南的兴亡。他们曾经共同前去探视他，知晓了殷浩有坚定不移的志向，回来了以后，相顾而言说：“殷浩殷深源不肯出来担任官职，百姓们应该怎么办呢？”谢尚，是谢鲲的儿子。庾翼请殷浩出任司马；晋康帝司马岳颁下诏书任命殷浩为侍中、安西军司，殷浩都没有应允。庾翼在给殷浩送去的信件里面说：“王导王夷甫树立的声名并不真切，虽然说是在谈论玄道，但实际上助长了浮华豪奢的竞争之风。德行光明的君子，遇到机会的时候，处在能够建立功名的时代，难道可以这样吗？”殷浩还是不肯出来就任。

殷羡担任长沙相，在郡中贪婪残暴，庾冰在给庾翼的信件里面，嘱咐他庇护殷羡。庾翼给庾冰回信说：“殷羡骄矜豪横，恐怕就是因为有一个好儿子殷浩，所以我也从人情方面出发对他稍加宽容（庾翼，是庾冰的弟弟）。总体考较一下江南的朝政，因为纵容豪强，常常成为危害百姓的蠹虫；当时实行的法令，则往往施加在那些没有势力或者地位卑下的百姓身上。比如往年有人偷取了石头城仓库一百万斛藏米，都是那些势力强大的将领们所做的，却只是把管理米仓的官吏杀死了来搪塞责任。山遐担任馀姚县的县长，为官府清理出豪强大户藏匿没有上报的二千户人家，于是众豪强共同把他驱逐了，使得山遐不能够安宁。这些虽然都是前任宰相王导为官昏昧荒谬导致的，但是江东的大业日渐衰微，实在是出于这个原因。我们兄弟身遭不幸，枉自陷身政务之中，自然不能够从攘扰的世事当中拔足出来，就应当共同擦亮眼睛观察以后再加以治理。荆州所统辖管理的二十多个郡，只有长沙恶迹最为昭著；恶迹昭著却不会遭到贬黜，这和只把监督的官吏杀死又有什么不同呢？”山遐，是山简的儿子。

庾翼以消灭石虎攻取蜀国为自己的责任，派遣使者向东和前燕国君慕容皝相约，向西和张骏相约，决定日期准备大规模发兵。朝廷的评论多数都认为很困难，只有庾冰的意见和他相同，而桓温、谯王司马无忌都赞成他。司马无忌，是司马承的儿子。

秋季，七月，后赵的汝南太守戴开率领数千人前去向庾翼投降。丁巳日（初八日），晋康帝司马岳颁下诏书让大臣们评议经营谋划中原的事宜。庾翼想要率领他所有的士兵北伐，向晋康帝呈上奏表推荐桓宣出任都督司州、雍州、梁州三个州，以及荆州的南阳、新野、襄阳、南乡四个郡的诸军事，梁州刺史，前往丹水；又推荐桓温为前锋都督、假节，率领士兵进入临淮；并且同时出动自己统领的六州的奴仆和车、牛、驴、马等，百姓都叹息怨恨。

代王拓跋什翼犍又向前燕求婚，前燕国君慕容皝让他送一千匹马作为聘礼。拓跋什翼犍不肯送，态度又骄倨傲慢，一点作为女婿应该有的礼节也没有。八月，慕容皝派遣世子慕容俊率领前军师慕容评等人前去进攻代国。拓跋什翼犍率领众人避开，前燕的士兵一个敌人也没有遇到，于是就回来了。

成汉国君李寿去世了，谥号为昭文，庙号为中宗。太子李势即位，下令大赦。

后赵太子石宣进攻鲜卑部的斛谷提，把他们打败了，斩杀了三万个人。

宇文逸豆归把段辽的弟弟段兰捉住了，然后就把他送到了后赵，并且向后赵献上了一万匹骏马。后赵王石虎命令段兰率领跟随他的那五千个鲜卑人在令支驻扎。

庾翼想要转移到襄阳镇守，但是又担心朝廷不允许，于是就向晋康帝司马岳呈上奏表说转移到安陆镇守。晋康帝和朝廷大臣都派遣使者晓谕并且阻止庾翼，于是庾翼就违背诏令，向北行进；到达了夏口以后，庾翼又向晋康帝司马岳呈上奏表请求可以镇守襄阳。庾翼当时已经拥有四万士兵，晋康帝颁下诏书加授庾翼都督征讨诸军事。此前，车骑将军、扬州刺史庾冰多次向晋康帝呈上奏表请求把自己调出去任职，辛巳日（初二日），晋康帝任命庾冰都督荆州、江州、宁州、益州、梁州、交州、广州七个州，及豫州宣城、历阳、庐江、安丰四郡诸军事，兼领江州刺史、假节，镇守武昌，来作为庾翼的后援。征召徐州刺史何充都督扬州、豫州、徐州的琅邪诸军事，兼领扬州刺史，录尚书事，辅佐朝政。任命琅邪内史桓温都督青州、徐州、兖州三个州诸军事，徐州刺史。征召江州刺史褚裒为卫将军，兼领中书令。

冬季，十一月，己巳日（二十二日），东晋下令大赦天下。

建元二年（甲辰，公元344年）

春季，正月，后赵王石虎在太武殿宴请群臣，有一百多只白雁在马道的南边停栖，石虎就让人去射雁，但是他们一只都没有射到。当时各州军队已经有一百多万人会集起来，太史令赵揽秘密地对石虎说："白雁在庭院里面停栖，这是宫室将要空寂无人的征兆，不适宜向南进发。"石虎听信了他的话，就到宣武观举行盛大的阅兵式，然后作罢。

成汉国君李势把年号更改为太和；尊奉母亲阎氏为皇太后，册立妻子李氏为皇后。

前燕国君慕容皝和左司马高诩谋划准备前去讨伐宇文逸豆归，高诩说："宇文氏强盛，现在不去把他攻灭，以后必定会成为国家的祸患，如果现在前去攻打他一定会成功，只是对于将领有些不利。"高诩出来以后告诉别人说："我这一次前去攻打宇文氏，一定不会回来了，但是身为忠臣不能躲避灾祸。"于是慕容皝亲自率领士兵前去讨伐宇文逸豆归。任命慕容翰为前锋将军，刘佩为他的副将；分别命令慕容军、慕容恪、慕容霸和折冲将军慕舆根率领士兵，兵分三路同时进发。高诩即将要出发的时候，没有看见他的妻子，就让人把家中事务转告她，然后就出发了。

宇文逸豆归派遣南罗城主涉夜干率领精锐的士兵前去迎战，慕容皝派人骑快马赶去对慕容翰说："涉夜干的勇敢是三军第一，你应当稍微避让他。"慕容翰说："宇文逸豆归把他国内所有的精锐的士兵，全部都交托给涉夜干率领，涉夜干素来有勇敢强悍的名声，是他们全国所仰仗的人；现在我战胜了他，他的国家不需要进行攻打就会自然溃败了。况且我很了解涉夜干的为人，虽然拥有虚名，但实际上很容易对付，我不应该避让他。这样会挫伤我军的士气。”于是就进攻。慕容翰亲自出去突袭敌人的阵地，涉夜干出来迎战，慕容霸从侧面进行截击，于是把涉夜干斩杀了。宇文氏的士兵看到涉夜干已经死了，还没有交战就溃散了；前燕的士兵乘着胜利追击，就把他们的都城占领了。宇文逸豆归逃走了，最后死在了大漠以北的地区，宇文氏因此离散灭亡。慕容皝把他们所有的畜产和财货全部都没收了，把他的五千多户部众都迁徙到了昌黎，开辟了一千多里的疆土。把涉夜干原来居住的城镇名字更改为威德城，派遣他的弟弟慕容彪在那里进行防守，然后就回来了。高诩、刘佩都被流箭射中死亡了。

高诩擅长天文学，慕容皝曾经对他说：“你有好书却没有看到你拿来让我看，怎么能说是尽忠了呢？”高诩说：“我听说担任国君的要秉持重要的权柄，出任臣子的要各自执掌具体的事务。秉持重要权柄的人安逸，执掌具体事务的人劳苦。所以后稷播种庄稼的时候，唐尧不去参加。通过气象等来推测吉凶的占卜，和研究日月星辰的运行轨迹以及风霜雨露现象的天文学，早晨夜晚都十分辛苦，不是地位最尊贵的君王所应该亲自学习的，您学习这个准备要用来做什么呢？”慕容皝沉默，什么话也没有说。

起初，宇文逸豆归侍奉后赵十分恭敬谨慎，贡献礼物的人不绝于路。等到前燕攻打宇文逸豆归的时候，后赵王石虎派遣右将军白胜、并州刺史王霸从甘松出兵前去援救，但是等到他们到达的时候，宇文氏已经灭亡了，于是他们就顺势进攻威德城，但是没有攻取下来，只好撤兵返回了；慕容彪前去追击，把他们打败了。

慕容翰和宇文氏作战的时候，被流箭射中，在家卧病，很长一段时间没有出门。后来渐渐地痊愈，就在家里面试着骑马奔驰。有人告发慕容翰假称自己生病了但是私自在家里面练习骑马，怀疑他想要叛变。前燕国君慕容皝虽然仰仗慕容翰的智勇谋略，但是他的心里面始终都对慕容翰有所忌惮，于是就赐令慕容翰自杀。慕容翰说："我当初戴罪出逃，后来又返回，今天才死已经算晚了。不过羯贼占据了中原，我不自量力，想要为国家荡平贼寇统一中原；现在这个志向不能实现了，我死了也会有遗憾，这就是命运吧！"随即就把毒药喝下死了。

代王拓跋什翼犍派遣他的大人长孙秩到前燕迎娶妻子。

夏季，四月，凉州的将领张瓘在三交城把后赵的将领王擢打败了。

起初，后赵的领军王朗向后赵王石虎进言说："正直隆冬雪寒的季节，皇太子石宣却命人砍伐修筑宫室的木材，沿着漳水运送过来，有数万个百姓参与劳役，道路上面充满了长吁短叹的声音，陛下应该趁着出游的机会进行制止。"石虎采纳了他的意见。太子石宣因此很生气。刚好碰到荧惑星长时间地停留在房宿四星的地方，石宣让太史令赵揽向石虎进言说："房星代表天王，现在荧惑星长时间地在那里停留，祸患不小，应该让显贵的臣子当中姓王的人承担责罚啊。"石虎说："哪一个大臣可以来承担呢？"赵揽说："没有一个大臣比领军王朗更显贵的了。"石虎的心里怜惜王朗，就让赵揽另外说出次一等的人选。赵揽无法做出回答，因此就说："其次就只有中书监王波了。"于是石虎就颁下诏书，追究王波从前送楛矢给汉国，自取其辱一事的罪过，处以腰斩的死刑，并且把他的四个儿子也都杀死了，然后把尸体全部都丢弃到漳水里面。不久以后又怜悯他没有罪过却遭遇极刑，就追赠他为司空，册封他的孙子为侯。

后赵的平北将军尹农前去攻打前燕的凡城，但是没有攻取下来就回去了。

成汉的太史令韩皓向成汉国君李势上奏说："荧惑星长时间停留在心宿三星的地方，这是上天在谴责没有修缮宗庙。"李势命令群臣讨论这件事情。相国董皎、侍中王嘏认为："景武皇帝李特和武皇帝李雄创立了国家大业，献皇帝李骧和文皇帝李寿秉承了国家的政权，都是至亲骨肉并且关系并不疏远，不应该疏远和断绝祭祀。”于是重新下令祭祀成汉始祖李特和太宗李雄，都使用汉的称谓进行祭祀。

征西将军庾翼派遣梁州刺史桓宣到丹水去攻击后赵的将领李罴，结果却被李罴打败了，于是庾翼就把刺史桓宣贬为建威将军。桓宣因此惭愧愤怒甚至生病了，秋季，八月，庚辰日（初七日），桓宣去世了。庾翼任命他的长子庾方之为义城太守，代为率领桓宣的士兵；又任命司马应诞为襄阳太守，参军司马勋为梁州刺史，防守西城。

中书令褚裒坚持要辞去中枢的要职。闰月，丁巳日（十四日），晋康帝司马岳任命褚裒为左将军，都督兖州、徐州的琅邪诸军事，兖州刺史，镇守金城。

晋康帝司马岳病重，庾冰、庾翼想要册立会稽王司马昱为嗣君。中书监何充向晋康帝建议册立皇子司马聃，晋康帝采纳了他的建议。九月，丙申日（二十四日），晋康帝司马岳册立司马聃为皇太子。戊戌日（二十六日），晋康帝在式乾殿去世了。己亥日（二十七日），何充按照晋康帝的遗旨推奉太子司马聃即位，下令大赦天下。因此庾冰、庾翼非常痛恨何充。晋穆帝司马聃尊奉皇后褚氏为皇太后。当时晋穆帝司马聃刚刚两岁，太后亲临朝廷代替晋穆帝处理政事。何充被加封为中书监，录尚书事。何充自己陈述说既然已经担任了录尚书事，不应该再领导中书。朝廷答应了他的请求，又加封何充为侍中。

何充认为左将军褚裒是褚太后的父亲，应该总揽朝廷的政事，就向朝廷上疏推荐褚裒出任参录尚书。于是朝廷就任命褚裒为侍中、卫将军、录尚书事，持节和原先的都督、刺史职位不变。褚裒因为是亲近的外戚的身份，担心会因此而遭受到别人的诽议和怀疑，就向朝廷上疏再三请求回到藩地出任藩镇长官。于是朝廷就改授他都督徐州、兖州、青州三个州，及扬州的晋陵和义兴两个郡诸军事，卫将军，徐州、兖州两个州刺史，镇守京口。尚书奏议说：“褚裒拜见太后的时候，在公庭就遵照臣子的礼节，两个人在私底下见面的时候，太后就尊礼父亲。”太后听从了尚书上奏的事情。

冬季，十月，乙丑日（二十三日），晋康帝司马岳被安葬在崇平陵。

江州刺史庾冰生病了。太后征召庾冰入朝辅佐政事，庾冰辞谢没有接受，十一月，庚辰日（初九日），庾冰去世了。庾翼因为家庭私事和国家政事不能兼顾，就把儿子庾方之留下来担任建武将军，戍守襄阳。因为庾方之年轻，就任命参军毛穆之为建武司马来辅佐他。毛穆之，是毛宝的儿子。庾翼返回夏口镇守。朝廷颁下诏书征召庾翼再督察江州，又兼领豫州刺史。庾翼辞谢了豫州刺史的官职，仍然想要迁徙到乐乡镇守，朝廷颁下诏书没有允许。庾翼仍旧修缮兵器，大力开垦治理农田，积存谷子，以方便以后举事。

后赵王石虎在灵昌津修建黄河渡桥，开采石头作为桥墩，但是因为河流湍急，石头放下去以后，往往就被河水冲走了，耗用了五百多万的劳力和钱财，却没有把渡桥修建好，石虎因此非常生气，把工匠斩杀了以后，才停止了渡桥的修建。

孝宗穆皇帝上之上

永和元年（乙巳，公元345年）

春季，正月，甲戌朔日（正月辛未朔日，甲戌当为初四），皇太后在太极殿设置白纱帷帐，抱着晋穆帝司马聃驾临殿前。

后赵的义阳公石鉴镇守关中，徭役繁多，赋税苛重。文武官员有头发长的，就把他们的头发拔下来做帽子的带子，剩下的就拿去送给宫女。长史拿着头发把这件事告诉了后赵王石虎，石虎把石鉴传召回到邺城，派遣乐平公石苞代替他镇守长安。又征发雍州、洛州、秦州、并州一共十六万人去修筑长安未央宫。

石虎喜欢打猎，晚年的时候，身体沉重不能骑马，就制造了一千辆猎车，定期举行射猎比赛。从灵昌津向南到荥阳、向东到阳都，都被划为猎场，派御史负责监督视察，如果有人敢入侵伤害猎场里面的禽兽，就获罪，被处以大辟的极刑。百姓有美丽的女子或者上好的牛马，御史如果不能得到的话，就以伤害禽兽的名义诬告他们，有一百多个人因此而被判决死刑。石虎征发各州二十六万人去修筑洛阳宫。征发百姓的牛两万头调配给朔州的牧官。又增设宫中女官，分置二十四等，东宫十二等，七十多个公侯封国都分九等，大举征选了三万多个民女，分成三等配置给他们；太子、各王公私下发令征选的美女又将近一万人。各个郡县极力选取美女，经常把别人的妻子强行夺占，把她们的丈夫杀死的和他们丈夫自杀的，人数达三千多。美女被送到邺城以后，石虎在殿前挑选分等，因为挑选美女的人能干，被册封为侯的有十二个人。荆楚、扬州、徐州等地的百姓，有的流失，有的背叛，几乎都逃光了。当地的守令们坐罪，原因是不能安绥关切他们，被下狱诛杀的有五十多个人。金紫光禄大夫逯明趁着侍奉石虎的时候对石虎直言劝谏，石虎因此大发脾气，让龙腾中郎把他拉出去杀死。

前燕国君慕容皝把耕牛借给贫穷的百姓，让他们在养禽兽的地方耕种，赋税抽取十分之八，自己有耕牛的赋税抽取十分之七。记室参军封裕向慕容皝上书进行劝谏，认为："古时候按十分之一的比例收税，这是天下最公正的税法。到了魏、晋的时候，仁政衰微，借用官田官牛的也不过纳税十分之六，自己有牛的只纳税一半，也没有纳税十分之七八。从晋怀帝司马炽永嘉年以来，国内分崩离析，武宣王慕容廆用仁德安抚百姓，汉族和夷族的百姓，都不远万里前来汇集归附，那些背负着幼儿前来归附的情景，就好像小孩子前来归附父母一样，所以百姓的户口数量比以前增加了十倍，没有田地的百姓达到了十分之三四。等到殿下承继了大统，在南方挫败了强大的后赵，在东方兼并了高句丽，在北方攻取了宇文氏，把国土拓展了三千里，增加十万户的百姓。所以应该把所有养禽兽的地方都废除，把这些地方分给新的前来归附的百姓，对于没有耕牛的百姓，官府把耕牛赐给他，不应当再收取重税。况且殿下的百姓使用殿下的耕牛，耕牛不是殿下私有的，又能够是什么人的呢？能够这样，那么军旗指向南方进行攻击的时候，百姓谁不用筐把饭菜装好，用壶把酒水装好，拿来迎接殿下的军队呢？石虎又能够和谁共处呢？河川沟渠有废置和堵塞的，应该把它们全部都开通和疏浚，天旱的时候可以用来灌溉，天涝的时候可以泄洪。一个人不耕种，就会有人遭受饥饿，更何况有数万个游手好闲、不劳而食的人，怎么才可以做到家家充裕、人人富足呢？现在官吏众多，白白地耗费国家俸禄，只要是才干不能够胜任他所担任的职务的官员，都应该把他们罢免。从事工商业获利，应当设置固定的人数。学生三年没有任何成就，白白地堵塞了有才干的人晋升的道路，都应当把他们归于农夫。殿下圣德，宽厚明智，广泛地考察征求并且接受樵人、渔夫的意见，参军王宪、大夫刘明都因为陈述政事的得失忤逆了您的旨意，当时主持并且判决他们案件的官员，判处他们死刑，殿下虽然饶恕了他们的死罪，还把他们的官职也罢免了，禁锢不用，把他们做官上进的道路断绝了。要寻求忠臣的谏诤，却降罪惩罚那些言论正直的人，这就好像要去越国却反而向北行走一样，一定不能实现他所希望的心愿。右长史宋该等人阿谀谄媚，苟且安身，随便地弹劾谏诤的人士，自己没有脊骨，却嫉恨别人具有，遮掩殿下的耳目，这是最不忠心的表现。”于是慕容皝下令，说：“阅览了记室封裕的谏书以后，我实在是为此感到恐惧。国家以百姓为根本，百姓以粮食为生命，可以把所有养禽兽的地方都废除了，交给那些没有土地的百姓用来耕种。实在贫穷的，官府就把耕牛借给他们；财力有余却希望得到官府耕牛的，都按照魏、晋的旧法收税。各种有利于耕种的沟渠，派人按时整修疏通。现在战事才刚刚开始，一定有很多可以建立功勋的机会。不可以裁减官吏的人数，等到平定中原以后，再慢慢地议论这件事。工商人士和学生都应当进行裁减和选择。人臣向人主陈言，这是一件非常困难的事情，虽然也有轻率不合理的地方，但是也应当选择那些有利于国事的来遵照实行。王宪、刘明，虽然按罪应该废黜，也是因为我的器量不大，可以把他们原来的官位全部都恢复，仍旧担任谏诤官的官职。封裕对我忠心耿耿，深切了解王臣的礼节，特地赏赐五万钱给他。现在向内外宣示晓谕，凡是想要指出我的过失的人，不论显贵贫贱，不必有任何的忌讳。”慕容皝一直喜欢文学，常常亲自到学校里面进行讲授，考察录取了一千多个学徒，其中有很多姑妄滥收的人，所以封裕才会谈到这件事。

晋穆帝司马聃颁下诏书征召卫将军褚裒，想要任命他为扬州刺史、录尚书事。吏部尚书刘遐、长史王胡之劝说褚裒道："会稽王司马昱德行昭著，素有雅望，他是国家的周公，你应该把朝政大权交给他。"于是褚裒就坚决辞谢不受封职，回到了藩地。壬戌日（正月无此日），晋穆帝司马聃任命会稽王司马昱为抚军大将军，录尚书六条事。

会稽王司马昱清心寡欲，尤其擅长谈论道家深远的言论，常常让刘惔、王濛和颍川人韩伯作为交谈的客人，又征召郗超为抚军掾吏，谢万为从事中郎。郗超，是郗鉴的孙子，年少的时候就气韵高雅富有才华，但是豪迈超逸并且不受羁绊。他的父亲郗愔，简微静默，性情淡泊谦虚，但是在钱财方面很吝啬，储积了多达数千万的钱财，曾经把库房打开任由郗超取用；郗超就把那些钱财都拿出来分别发放、施舍给亲戚朋友，一天之内就全部都散发殆尽。谢万，是谢安的弟弟，清静旷达，卓尔不群，在当时也很有名望。

又有黑龙和白龙同时在前燕的龙山出现，它们交首游戏，把龙角丢下以后离开了，前燕国君慕容皝亲自用太牢的礼节进行祭祀，下令赦免他的境内，把自己居住的新宫殿命名为和龙宫。

都亭肃侯庾翼的背疽发作，于是他向晋穆帝司马聃呈上奏表推荐他的儿子庾爰之兼领辅国将军、荆州刺史，接替自己的职务；又任命司马义阳人朱焘为南蛮校尉，让他率领一千士兵防守巴陵。秋季，七月，庚午日（初三日），庾翼去世了。

庾翼部下的将领干瓒等人作乱，把冠军将军曹据杀了。朱焘和安西长史江虨、建武司马毛穆之、将军袁真共同前去讨伐他把他杀死了。江虨，是江统的儿子。

八月，豫州刺史路永背叛了东晋逃到后赵，后赵王石虎让路永在寿春驻扎军队。

庾翼死了以后，朝廷的议论都认为庾氏家族世世代代都驻守西方的边界，为人心所向，应该同意庾翼的请求，派遣庾爰之去接替他的职务。何充说："荆楚，是国家西方的门户，当地有一百万户的百姓，北边连接着国势强大的后赵，西方邻近武力雄厚的成汉，山川形势险要，周边有万里之遥；任用合适的人选，那么中原可以平定，所用不合适的人选，那么国家命运可堪忧虑，这正是陆抗所说的'存则吴存，亡则吴亡'的意思，怎么可以派遣白面少年去出任这样的职位呢？桓温英勇，谋略超过常人，有文武两方面的能力和才干，防守西边的重任，没有比桓温更适合的人了。"议论的人又说："庾爰之肯把这个官位让给桓温吗？如果他率领军队阻止，国家将会遭受的耻辱和惊惧都不会小。"何充说："桓温足以把他制服，你们不必担忧。"

丹杨尹刘惔常常为桓温的才干惊奇，但是刘惔知道桓温有不甘心为人臣子的志向，于是刘惔就对会稽王司马昱说："不可以让桓温占据山川地势便利的地方，对他的官位封号也应该常常贬抑。"劝司马昱亲自镇守长江上游，任命自己为军司，但是司马昱不肯听从；刘惔又请求自己前往，也没有获得司马昱的准许。

庚辰日（十三日），晋穆帝司马聃任命徐州刺史桓温为安西将军，持节，都督荆州、司州、雍州、益州、梁州、宁州六个州诸军事，领护南蛮校尉、荆州刺史，庾爰之果然不敢和他争位。又任命刘惔监察沔中诸军事，兼领义成太守，代替庾方之。把庾方之和庾爰之都迁移到了豫章。

桓温曾经趁着下雪想要出去打猎，于是他就先去拜访刘惔，刘惔看到他装束十分严整，就询问他："老贼你这样子想要去做什么呢？"桓温笑着说："我不去打猎，你还哪能在家里坐谈呢？"

成汉国君李势的弟弟大将军李广，因为李势没有儿子，就向他请求让自己当皇太弟，但是李势没有答应。马当、解思明劝谏李势说：

"陛下的兄弟不多，如果再有所废黜罢免，将会更加孤独危弱。"再三请求李势答应李广的请求。李势怀疑他们和李广有预谋，就把马当和解思明都逮捕并杀死了，并且把他们的三族都诛灭了。李势派遣太保李弈在涪城袭击李广，把李广贬为临邛侯，李广自杀了。解思明被逮捕的时候，叹息着说："国家之所以没有灭亡，就是因为有我们几个人在，现在恐怕国家要危险了。"然后就像平常一样地谈笑赴死了。解思明有智慧，有谋略，敢于直言诤谏；马当一向深得百姓信服；他们死了以后，官吏百姓们没有一个不为他们哀悼的。

冬季，十月，前燕国君慕容皝派遣慕容恪去进攻高句丽，把南苏攻占了，在那设置好军队进行防守以后回来了。

十二月，张骏攻打焉耆，焉耆向张骏投降。这一年，张骏分出了武威、武兴、西平、张掖、酒泉、建康、西海、西郡、湟河、晋兴、广武十一个郡设置为凉州，任命世子张重华为刺史；分出了兴晋、金城、武始、南安、永晋、大夏、武成、汉中八个郡设置为河州，任命宁戎校尉张瓘为刺史；分出了敦煌、晋昌、高昌等三个郡和西域都护的三营设置为沙州，任命西胡校尉杨宣为刺史。张骏自称大都督、大将军、假凉王，监督代理三州，开始设置祭酒、郎中、大夫、舍人、谒者等官职，官号都仿效东晋朝廷，只是把名称稍稍改变了一下；车服旌旗都仿效帝王所使用的。

后赵王石虎任命冠军将军姚弋仲为持节、十郡六夷大都督、冠军大将军。姚弋仲清廉俭约而且为人正直，不重视自己的容貌和举动，说话的时候，没有任何的畏惧和避讳，石虎非常器重他；朝廷的重大决议，姚弋仲时常参与决断，公卿大臣都对他心存忌惮，执礼恭敬。武城左尉，是石虎宠姬的弟弟，曾经闯入姚弋仲的军营，侵扰他的士兵。姚弋仲把他捉住了以后责备他说："你身为制止邪妄行为的校尉，却胁迫小小的百姓；我身为大臣，亲眼看到了，就绝对不可以宽纵你。"说完姚弋仲就命令左右的人把他杀死。左尉求饶，叩头直至流血，左右的人再三对他进行劝说，姚弋仲这才没有把他杀死。

前燕国君慕容皝认为古代诸侯即位，都各自称为元年，于是开始不使用东晋的年号，自称十二年。

后赵王石虎命征东将军邓恒率领几万士兵在乐安驻扎，制造进攻需要使用的工具，为攻打前燕做准备。前燕国君慕容皝任命慕容霸为平狄将军，率领军队在徒河进行防守。邓恒害怕他，不敢前去侵犯。

永和二年（丙午，公元346年）

春季，正月，丙寅日（初一日），晋穆帝司马聃下令大赦天下。

己卯日（十四日），都乡文穆侯何充去世了。何充有才识，有气度，上朝的时候脸色端正严肃，把国家的兴亡看作自己的责任，被他选拔任用的官吏，都是因为对国家立下了功劳，做事有成绩，不为自己的亲戚朋友徇私情。

起初，夫馀部在鹿山居住，被百济侵扰，部落衰微散乱，向西迁徙到接近前燕的地方，而不设置防备。前燕国君慕容皝派遣世子慕容儁率领慕容军、慕容恪、慕舆根三位将军，带一万七千骑兵前去进攻打夫馀。慕容儁负责指挥，具体的军事全部都交给慕容恪负责，于是就把夫馀攻占了，把夫馀部的国王玄和部落里面的五万多人俘虏了返回。慕容皝任命玄为镇军将军，并且把自己的女儿嫁给他做他的妻子。

二月，癸丑日（十九日），晋穆帝司马聃任命左光禄大夫蔡谟兼领司徒，和会稽王司马昱共同辅佐朝政。

褚裒向晋穆帝举荐前光禄大夫顾和、前司徒左长史殷浩。三月，丙子日（十二日），晋穆帝司马聃任命顾和为尚书令，殷浩为建武将军、扬州刺史。当时顾和正在为亡母守丧，所以就坚决推辞不肯就任，并且对自己亲近的人说："古人当中那些把丧服脱掉去担任国家的要职的人，是因为他们具有能够济世治国的才能；像我顾和这样的人如果这么做的话，就只会使孝道受到损伤，伤风败俗罢了。"有见识的人都为此赞美他。殷浩也坚决推辞不肯接受。

会稽王司马昱给殷浩写了一封信，信里面说："国家正在遭受困厄的命运，危殆的弊病已经发展到了极点，你有深远的见识和治国的才干，足以经世济民。如果你再深存谦抑之心，随随便便满足个人的心愿，我担心天下的大事就会无法挽回了。你愿不愿意出来任职治事，关系着时势的废弛和兴盛，家庭与国家命运紧密相连不可分割，国兴盛则家兴盛，国废弛则家废弛，你应该再仔细考虑考虑是否就任！”殷浩这才同意就职。

夏季，四月，己酉朔日（四月甲午朔日，己酉当为十六日），发生了日食。

五月，丙戌日（二十三日），西平忠成公张骏去世了。前凉的官员属吏上表请世子张重华为使持节、大都督、太尉、护羌校尉、凉州牧、西平公、假凉王；下令赦免他的境内；尊奉父亲的正室严氏为大王太后，自己的生身母亲马氏为王太后。

后赵的中黄门严生与尚书朱轨互相仇恨敌视，刚好遇到连续降雨，于是严生就诬告朱轨不修整道路，并且诽谤、讥讽朝政，于是后赵王石虎就把他囚禁了起来。蒲洪劝谏石虎说：“陛下您已经拥有了襄国和邺宫，又在长安和洛阳修筑了宫殿，准备用来做什么呢？又制造了一千辆猎车，围了几千里的土地用来饲养禽兽，把百姓的妻子和女儿十几万人抢夺过来充实后宫，贤圣的帝王、明智的君主的所作所为，难道原本就是如此吗？现在又因为道路没有修整好，要把尚书朱轨杀死。陛下的道德政教不修，上天才会连续降下大雨，经历了七十天才刚刚放晴。现在天晴才刚刚两天，即使有一百万个鬼神的士兵，也不能把道路上面的泥浆和积水清除干净，更何况是人呢？政治和刑法变成这个样子，你要如何对天下的百姓交代呢？你对你后代的人如何交代呢？希望您可以停止劳役，把养禽兽的地方废除，把宫女释放，把朱轨赦免，用来满足众人的愿望。”石虎听了以后虽然感到不高兴，但是也没有降罪蒲洪，并且为此停止了长安、洛阳两个地方的劳役，但是最后还是把朱轨处死了。石虎还制定了惩治私下议论朝政的刑罚，允许官吏告发他们的长官，奴仆告发他们的主人。自此公卿大臣以下的官吏，朝会觐见的时候只敢用眼睛相互看看示意，不敢再互相来往交谈。

后赵的将军王擢发兵进攻张重华，袭击武街，把护军曹权、胡宣捉住了，将七千多户迁徙到雍州。凉州刺史麻秋、将军孙伏都攻打金城，太守张冲请求投降，凉州之人震惊而恐惧。

张重华出动了境内所有的士兵，派遣征南将军裴恒率领士兵前去抵御后赵的士兵。裴恒在广武驻扎军队，过了很长时间也没有去应战。凉州司马张耽向张重华进言说：“国家的存亡取决于军队，军队的胜败取决于将领。现在评议的人举荐将领，大多都举荐故旧。就像韩信被举荐，并非由于他是过去的功臣。所以圣明君主的举荐，并没有固定不变的人选，只要才干能够胜任，就可以委以重任。现在强大的敌人就在国境里面，诸位将领都不肯进攻，人心恐惧并且不安。主簿谢艾，兼有文武的才能，可以起用他来抵抗后赵的士兵。”张重华召见了谢艾，向他询问抵御敌人的方法和策略。谢艾请求张重华可以分配给他七千个士兵，一定可以把后赵的士兵打败作为报答。张重华任命谢艾为中坚将军，给他配备了步兵和骑兵一共五千个人，让他前去攻打麻秋。谢艾率领军队从振武出发，夜里有两只猫头鹰在军营里面鸣叫，谢艾说：“玩六博棋的时候得到饰有猫头鹰图案棋子的人获胜。现在猫头鹰在军营里面鸣叫，这是战胜敌人的征兆。”于是就继续进军和后赵的士兵进行交战，把后赵的军队打败了，斩杀了五千个后赵的士兵。张重华册封谢艾为福禄伯。

麻秋攻占金城的时候，县令敦煌人车济始终不肯投降，最后用剑自杀而死。麻秋又去进攻大夏，护军梁式把太守宋晏捉住，举城投降来响应麻秋，麻秋就派遣宋晏带着书信去劝诱宛戍都尉敦煌人宋矩前来投降，宋矩说：“作为人主的臣子的，既然不能成就功业，只有为气节而死罢了。”于是他就先把自己的妻子和子女都杀死，然后自杀而死了。麻秋说：“这些人全部都是义士啊！”然后为他们收尸，把他们安葬了。

冬季，成汉的太保李奕在晋寿起兵造反，蜀人大多都跟从他，以至于他拥有数万个士兵。成汉国君李势登上城墙指挥抵抗，李奕单独骑马突袭城门，守门的士兵向他射击，把他杀死了，他剩余的士兵全部溃散逃走。李势下令大赦，把年号更改为嘉宁。

李势骄奢淫逸，不操心国家大事，大部分时间都待在宫殿里面，很少和公卿大臣接触，疏远忌惮昔日的臣子，信任并且任用跟随在身边的人，谗言谄媚同时并进，刑罚苛刻泛滥，因此宫廷内外的人们全都和他离心离德。蜀地以前本来没有獠族人，到了这时他们开始从山里出来，从巴西到犍为和梓潼，布满了山谷，共有十多万个部落，无法禁止和控制，给百姓带来了深重的祸患，再加上临逢荒年，国境之内，于是变得一片萧条。

安西将军桓温准备讨伐成汉，将领和佐吏们都认为不可行。江夏相袁乔劝谏他说："经营谋划天下这样的大事，本来就不是按常理所能预测的，有智慧的人如果心中已经考虑得非常明白，不必等众人的意见都能够全部统一。现在作为天下祸患的，只有后赵、成汉两个地方的敌寇而已，成汉虽然地势险固，但是力量比后赵弱，如果准备把他们除掉，应该先攻打容易攻取的那一方。李势行事不合理法，毫无道义，大臣百姓都不想归附他，而且他凭借着自己的国家偏远，地势险固，没有修筑一切攻战的防备，没有做交战的准备。应该派遣一万精锐的士兵带着轻便的装备，迅速地前往，等到他察觉的时候，我们已经越过了他的险要的地方到达了平坦的地方，可以一次交战就把他擒获。蜀地物产丰富，人口众多，武侯诸葛亮曾经利用那里来和中原相抗衡，如果我们能够得到并且占有它，这对国家是有很大的好处的。谈论此事的人担心大军向西征讨的时候，后赵一定会趁机前来进攻，这实在是说起来好像对，但是实际上并不正确的说法，成汉听说我们到万里远的地方征讨敌寇，会认为国内设置有严密的防备，必定不敢轻举妄动；纵然敌人有所侵扰，沿着长江布防的各路军队也足以进行抵御和防守，一定没有什么忧患。"桓温采纳了他的意见。袁乔，是袁瑰的儿子。

十一月，辛未日（十一日），桓温率领益州刺史周抚和南郡太守谯王司马无忌前去讨伐成汉，向晋穆帝司马聃呈上奏表以后就马上出发了。委托安西长史范汪留下来处理一切留守事务，并且让他都督梁州的涪陵、巴东、巴西、巴郡四郡诸军事；派遣袁乔率领两千个士兵担任前锋。

朝廷的大臣们都因为蜀道危险而遥远，桓温率领的士兵人数少，并且又深入敌人的国境而感到担忧，只有刘惔以为桓温必定会取胜。有人向他询问原因，刘惔说："我是通过博弈知道的。桓温，是擅长博弈的人，不能肯定获胜的事他就不会去做。只是担心攻占了蜀地以后，桓温最终要在朝廷专权罢了。"

永和三年（丁未，公元347年）

春季，二月，桓温的军队到达了青衣县。成汉国君李势大规模地发动军队，派遣他的叔父右卫将军李福、堂兄镇南将军李权、前将军昝坚等人率领，从山阳前往合水。诸位将领想要在长江以南设下埋伏等待东晋军队到来，但是昝坚没有听从，率领士兵从长江以北的鸳鸯碕渡过长江前往犍为。

三月，桓温的军队到达了彭模。有人提议应该兵分两路，从不同的道路同时并进，用来削弱成汉士兵的威势。袁乔说："现在我们孤军深入万里之外，胜利了就可以建立大功，失败了就不可能保全性命，没有剩下活人，应当聚合威势，齐心协力，以争取一战就胜利。如果兵分两路，那么士兵们的想法不能一致，万一有一路军队被成汉打败了，那么讨伐成汉的大事就完了。不如全军一起前进，把烧饭用的釜甑一类的器具全部丢弃，只带着足够三天用的干粮，来显示不后退的决心，那么我们就一定可以取得胜利。"桓温采纳了他的意见。留下参军孙盛、周楚率领羸弱的士兵防守载着装备的车辆，桓温自己率领步兵直接前往成都。周楚，是周抚的儿子。

成汉右卫将军李福发兵攻打彭模，桓温的参军孙盛等人奋力进行反击，将李福的士兵赶走。桓温进军的时候，遇到了成汉镇南将军李权，双方进行了三次交战，桓温取得了三次胜利，成汉的士兵分散逃走返回了成都，成汉镇东将军李位都前来迎接向桓温投降。昝坚到达了犍为以后，才知道和桓温走的不是同一条路，就掉头返回，从沙头津渡过长江，等他到达成都的时候，桓温的军队已经在成都的十里陌驻扎了，昝坚的士兵自己就溃乱了。

李势把所有的士兵都调出城和桓温的军队在成都的笮桥交战，桓温的前锋部队出师不利，参军龚护战死了，桓温的马头也被流箭射中。士兵见状十分害怕，想要撤退，而负责击鼓的官吏却误敲了进攻的鼓声；袁乔拔出佩剑督促士兵奋力作战，终于把李势的军队打败了。桓温趁着胜利长驱直入成都，放火把城门烧毁了。成汉的百姓惊慌恐惧，再也没有继续抵抗下去的斗志了。李势在夜里打开东门逃走了，到达了葭萌，派遣散骑常侍王幼把投降的文书给桓温送去，自己称“略阳李势叩头请求死罪”。不久，李势就用车子载着空棺，把双手反绑在背后，来到了桓温的军营门前向桓温投降。桓温把他绑手的绳索解开，把棺材烧毁了，把李势以及他的宗室亲属十多个人都送到了建康。任用成汉司空谯献之等人为参佐，推举贤能，表扬良善，成汉的百姓都感到很高兴。

日南太守夏侯览贪婪放纵，侵吞并且剥削胡族的商人，又下令调集造船使用的木材，说是要在讨伐征战的时候使用，因此日南一带各小国的人对他十分怨恨气愤。林邑王范文攻陷了日南，日南的将士有五六千人都战死了，林邑王范文把夏侯览杀死了，然后用他的尸体祭祀上天。范文给交州刺史朱蕃送去檄文，请求以郡北的横山作为与东晋的边界。范文离开了以后，朱蕃派遣督护刘雄戍守日南。

成汉过去的尚书仆射王誓、镇东将军邓定、平南将军王润、将军隗文等人全部都起兵造反，各自拥有一万多个士兵。桓温亲自攻打邓定，派遣袁乔去攻打隗文，把他们都打败了。桓温派遣益州刺史周抚镇守彭模，把王誓和王润都斩杀了。桓温在成都逗留了三十天，就整顿军队返回了江陵。李势到达了建康，晋穆帝册封他为归义侯。夏季，四月，丁巳日（二十九日），邓定、隗文等人进攻并且占据了成都，征虏将军杨谦把涪城放弃了，撤退到德阳进行防守。

后赵的凉州刺史麻秋进攻枹罕。晋昌太守郎坦因为枹罕城大难以进行防守，就想要把外城放弃。武成太守张悛对他说："放弃外城会使众人的心理动摇，那么大事也就完了。"宁戎校尉张璩听从了张悛的话，严密地防守大城。麻秋率领八万士兵将护城河团团包围，有的士兵通过云梯登城，有的士兵通过地道进入城中，利用各种攻城的方法，同时发起进攻。城中的士兵顽强抵抗，麻秋的士兵死伤的有数万人。后赵王石虎又派遣他的将领刘浑等人率领步兵和骑兵共两万人前往枹罕与麻秋会合。郎坦痛恨自己的建议没有被张璩采纳，就命令军士李嘉悄悄地率领一千多个后赵的士兵登上城墙。张璩督促众位将领奋力作战，杀死了两百多个后赵的士兵，后赵的士兵这才撤退。张璩把他们攻城使用的工具全部都烧毁了，麻秋退到大夏进行防守。

石虎任命中书监石宁为征西将军，率领并州和司州的两万多个士兵，作为麻秋的后继部队。张重华的将领宋秦等人率领两万多户向后赵投降。张重华任命谢艾为使持节、军师将军，率领步兵和骑兵一共三万人进军临河。谢艾乘坐着轻便的车子，戴着白色的帽子，敲着鼓前进。麻秋远远地看见，生气地说："谢艾只不过是一个年轻的读书人，就如此穿戴，这是在轻视我。"于是麻秋就命令三千个装备有黑色长矛的气概威武的士兵骑快马赶去攻击他。跟随在谢艾周围的人大为惊忧。有的人劝谢艾应该骑马，但是谢艾不肯听从，他下车坐在椅子上，指挥部署，后赵的士兵以为他有埋伏的士兵，因而感到害怕不敢继续前进攻击。别将张瑁率领士兵从小路截断了后赵军队的退路，后赵的军队撤退了，谢艾乘势向前进行攻击，把后赵的军队打得大败，把他们的将领杜勋和汲鱼都斩杀了，俘获和斩杀了一万三千多名后赵的士兵，麻秋独自骑着马逃到大夏。

五月，麻秋和石宁又率领十二万名士兵在黄河以南的地方驻扎，刘宁、王擢攻占了晋兴、广武、武街，一直挺进到曲柳。张重华派遣将军牛旋出兵进行抵抗，牛旋退到枹罕进行防守，姑臧城内民众非常震惊。张重华想要亲自率领士兵出征抵抗，谢艾再三进行恳切的劝谏。别驾从事索遐说："君王，是安定国家的重要人物，不可以轻举妄动。"就任命谢艾为使持节、都督征讨诸军事、行卫将军，索遐为军正将军，率领步兵和骑兵两万人前去抵抗。别将杨康在沙阜把刘宁打败了，刘宁撤退以后，在金城驻扎军队。

六月，辛酉日（初五），晋穆帝司马聃下令大赦天下。

秋季，七月，林邑王范文又攻陷了日南，把都护刘雄杀死了。

隗文、邓定等人拥立以前的国师范长生的儿子范贲为皇上并且尊奉他，他们用妖异的言辞使众人迷惑，成汉百姓大多数都归附了他们。

后赵王石虎又派遣征西将军孙伏都、将军刘浑率领步兵和骑兵两万人和麻秋的军队会合，长驱直入，渡过黄河，攻打张重华，修筑了长最城。谢艾在军队前面竖起大旗向众人宣誓，恰好风吹着旌旗指向东南方向，索遐说："风向就是号令，现在旌旗指向敌人的方向，这是上天在帮助我们。"谢艾在神鸟驻扎军队，王擢和谢艾的前锋进行交战，结果被打败了，就逃回了黄河以南地区。八月，戊午日（初三日），谢艾发兵攻打麻秋，麻秋被谢艾打得大败，就逃回了金城。石虎听到了这个消息以后，叹息着说："我率领一部分军队把九州平定了，现在我拥有九州的兵力却受困于枹罕，。他们有人才在这里，不可以图谋占领啊！"谢艾回来的时候，讨伐反叛的敌虏斯骨真等一万多个部落，把他们全部都打败并且平定了。

后赵王石虎占据了幽州、并州、冀州、司州、豫州、兖州、青州、徐州、雍州、秦州十州的土地，聚积收敛金银丝帛，以及外国所进献的珍异宝物，府库里面的财物，已经算都算不完了，但是石虎还是觉得不够，就把所有前代的陵墓都挖掘开，把里面的金银财宝都取出来夺走了。

僧人吴进向石虎进言说："成汉的时运将要衰微，晋王室当要复兴，应该让晋人服苦役，来抑制他们的气势。"石虎命令尚书张群征发附近各郡的男女一共十六万人，车子十万辆，运土到邺城以北的地方修筑华林苑和漫长的围墙，占地方圆数十里。申钟、石璞、赵揽等人向石虎上疏陈述日月星辰的运行失去了常规，百姓疲惫，民生凋敝。石虎听了以后非常生气地说："如果宫苑和围墙在早上修筑好，那么即便我晚上就死了，也没有遗憾了。"石虎督促张群让工人们在夜里点燃蜡烛继续工作；狂风大雨，有几万人都因此死了。各郡国先后为石虎送来十六只青麟，七头白鹿，石虎命令司虞张曷柱调驯它们用来驾驶车盖像瑞芝的形状的车子，在举行盛大的朝会的时候陈列在殿堂前的庭院里面。

九月，石虎派遣太子石宣出城到各地的山川祈求福祉，顺便到各处周游打猎。石宣乘坐着大车，华丽的车盖上面用连缀的鸟的羽毛作为装饰，竖立着象征天子的旌旗，十六路军队的十八万个士兵从金明门出发，石虎从他的后宫登上陵霄观远远望去，笑着说："我家父子如此，除非是天崩地陷，否则还有什么需要我忧愁的呢？我只管去抱儿子逗孙子，终日享受天伦之乐罢了。"

石宣每到一处停留，往往让人们结成漫长的包围圈，四边各有一百多里，然后驱赶禽兽，到了傍晚的时候把野兽全部都聚集在他们所住宿的地方，让文武官员全部都跪立着，再把禽兽重重包围起来，火炬的光亮把四周照得像白天一样明亮，石宣命令一百多个强健的骑兵一面奔驰，一面向围圈中间射箭，石宣和他的姬妾们在那里乘车观看，一直到所有的禽兽都被射死了才停止。有时有个别的禽兽从包围圈逃走，负责围守该地段的人，有爵位的就把他的马剥夺，让他步行赶一天的路，没有爵位的就处以一百下鞭打的责罚。有一万多士兵因为饥饿寒冷而死，他们所经过的司州、兖州、豫州三州十五个郡，储存的所有物资都耗尽了，一点也没有留下来。

石虎又命令秦公石韬继石宣之后出行，从并州到秦州、雍州，和石宣的情况一样。石宣因为石韬和自己势均力敌而感到生气，对他越来越嫉恨。宦官赵生得到了石宣的宠信，但是没有得到石韬的宠信，他就暗地里劝说石宣把石韬除掉，于是石宣从这时开始有了想要把石韬杀死的图谋。

后赵的麻秋又去袭击张重华的将领张瑁，把他打败了，斩杀了三千多个人。枹罕护军李逵率领了七千个士兵向后赵投降，自黄河以南，氐族、羌族都归附了后赵。

冬季，十月，乙丑日（十一日），晋穆帝司马聃派遣侍御史俞归前往凉州，授予张重华为侍中，大都督、都督陇右、关中诸军事，大将军，凉州刺史，西平公。俞归到了姑臧以后，张重华想要称凉王，于是不肯接受诏书，并命令他的亲信沈猛私底下对俞归说："我们主公张重华好几代都是晋王室的忠臣，但是现在竟然连鲜卑都不如，这是为什么呢？朝廷册封慕容皝为燕王，但是我们的主公张重华才是大将军，依靠什么来褒奖勉励忠贞贤良呢？您应该向黄河以西地区的百姓发布文告，共同劝州主张重华担任凉王。臣子在外面出使，如果是有利于国家的事情，擅自决定也是可以的。"俞归说："你这么说可就错了，从前夏、商、周三代的君王，尊贵的爵位没有什么能比得上上公。但是等到周王室衰微的时候，吴国、楚国的诸侯就开始僭越尊号称自己为王，但是其他的诸侯国并没有非难他们，那是因为把他们当作蛮夷来对待。如果齐国、鲁国诸侯也称自己为王，其他的诸侯国岂不是要从四面前去攻打他们吗？汉高祖刘邦册封韩信、彭越为王，不久就把他们全部都诛灭了，这些都只是一时的权宜之计，并不是在厚待他们。圣上因为你们的主公张重华忠贞贤良，所以赐予他上公的爵位，任命他为镇守一方的刺史，恩宠荣耀已经是登峰造极了，这哪是鲜卑夷狄所能够比拟的呢？而且我听说，功劳有大小，赏赐有轻重，现在你们的主公张重华才刚刚继承他父亲的爵位就被封为王，那么如果他率领黄河以西的士兵，在东边平定了胡人、羯人，修复了陵墓和宗庙，迎接天子返回洛阳，那将要授予他什么爵位呢？"张重华这才放弃了称凉王的想法。

武都氐王杨初派遣使者来向东晋朝廷自称藩属，晋穆帝司马聃颁下诏书任命杨初为使持节、征南将军、雍州刺史、仇池公。

十二月，振威护军萧敬文把征虏将军杨谦杀死了，攻打涪城，也攻下了，萧敬文就自称益州牧；占据了巴西，直接通达汉中。

资治通鉴卷第九十八　晋纪二十

起戊申（公元348年），止庚戌（公元350年），共三年。

【题解】本卷记录了晋穆帝永和四年至永和六年共三年间东晋及各国大事。主要记录了后赵太子石宣暗杀石虎爱子石韬，并欲借机弑父篡位，被石虎发觉杀死，石虎改立幼子石世为太子。记录了后赵主石虎病死，石世即位，张豺把持朝政，石虎子石遵在姚弋仲、蒲洪等人的拥护下杀石世称帝；石虎养孙石闵（后称冉闵）恨石遵食言，与石虎子石鉴勾结，杀死石遵，立石鉴为赵主，自己控制朝政。石闵欲灭石氏之迹，改国号为卫；石鉴想除掉石闵，反被石闵杀死，石闵自称皇帝，改国号为大魏；石虎子石祗在襄国称帝，命石琨、王朗、刘国、张贺度等多次攻魏，都被石闵打败。记录了姚弋仲派子姚襄击蒲洪，被蒲洪打败，蒲洪自称三秦王，改姓名为苻洪；苻洪被降将麻秋毒死，其子苻健退守，仍称东晋官爵；赵将杜洪据守长安，自称东晋征北将军，关西各族纷纷响应；苻健假装受后赵官爵，麻痹杜洪，不久麾军长驱入关，所过城邑，纷纷归降；苻健进入长安，西取上邽，向东晋朝廷告捷，和桓温修好。记录了燕主慕容皝病死，其子慕容俊继位，燕国将相劝慕容俊起兵伐赵，慕容俊起兵南伐，攻克乐安、蓟城，进军鲁口，被魏将鹿勃早夜袭，引兵退守蓟城，二次南伐，取得章武、河间、乐陵等地。记录了东晋王朝奖赏桓温平蜀之功，又恐桓温怙权不可制，就起用殷浩和他抗衡，使桓温与殷浩内外对立。记录了褚裒率军北伐，在代陂兵败；梁州刺史司马勋率军出骆谷，破赵长城戍，又攻下宛城，因孤立无援退回汉中。记录了东晋王朝以殷浩为都督，谋取北伐。此外还记录了蔡谟被授司徒之职，三年不上任，殷浩欲处以大辟，听从荀羡的建议，罢免蔡谟为庶人等等。

孝宗穆皇帝上之下

永和四年(戊申,公元348年)

夏季,四月,林邑国的军队入侵九真郡,把九真郡十分之八九的士大夫和百姓都杀死了。

后赵王石虎十分宠爱后赵的秦公石韬,想要把他册立为太子,但是又因为太子石宣年长,所以一直犹豫不决。石宣曾经有一次忤逆了他的旨意,石虎就很生气地说:“我真后悔当初没有将石韬立为太子。”石韬因此就更加骄傲,在太尉府建造了一座殿堂,命名为宣光殿,横梁长达九丈。石宣看到了以后,认为冒犯了他的姓名,就发了很大的脾气,把所有参与修建工程的石匠都斩杀了,把宫殿的梁也截断,然后就离开了。石韬知道以后也大发脾气,又把横梁增长到了十丈。石宣听到这个消息以后,就对他所宠信的近臣杨柸、牟成、赵生说:“这个小子竟然敢如此傲慢乖戾,如果你们能够将他杀了,那么当我进入西宫登上皇位的时候(石虎居住西宫),我就会把石韬现在所有的封国郡邑全部都分封给你们。石韬死了以后,主上一定会亲自去祭奠,到了那个时候,我就趁机把他也杀了,没有不可以成功的。”杨柸等人答应了他。

秋季,八月,石韬在夜里和他手下的僚属们在东明观宴饮,因此就在佛精舍里面住宿。石宣让杨柸等人攀缘着猕猴梯(梯小而长,人如猕猴攀缘而上)进入佛精舍,将石韬杀死了,然后把杀人用的刀箭扔下以后离开了。第二天,石宣向石虎禀报了石韬被人杀死的消息,石虎闻讯后悲惊交加,顿时昏厥过去,许久才苏醒过来。当石虎正要亲自前去祭奠石韬的时候,司空李农劝阻石虎说:“把秦公石韬杀死的还不知道是什么人,凶手尚且还在京城,国君的车驾不适宜轻易出动。”于是石虎就取消了亲自前去祭奠的计划,只是在太武殿进行哀悼,命令士兵严加戒备。石宣亲自前去祭奠石韬,但是他不仅没有哭,还“呵呵”窃笑,又让人揭开覆盖尸体的被子看,然后大笑离去。

他又把大将军记室参军郑靖、尹武等人逮捕起来，准备把罪行诬陷到他们身上。

石虎怀疑是石宣把石韬杀死了，想要召见他，但是又担心他不肯入宫，就欺骗他说他的母亲杜后因为悲哀过度导致身体疲困，气息微弱。石宣没有察觉石虎已经怀疑到了自己，就入宫拜见杜后，结果被扣留在了宫里。建兴人史科知道了石宣策划杀害石韬的阴谋，就把这件事告诉了石虎。石虎就下令把杨柸、牟成逮捕起来，但是他们都逃走了，只有赵生被捉住了，向他质问事情的真相，经过追问，他把事实全部都供了出来。石虎听完以后悲伤愤怒到了极点，于是石虎就把石宣囚禁在储藏坐具的仓库里面，用铁环穿透他的下巴颏并且上了锁，把杀害石韬的刀箭拿来让他舔上面的血，石宣哀痛号叫的声音震动了宫殿。佛图澄对石虎说："石宣和石韬都是陛下的儿子，今天如果为了石韬被杀而再杀了石宣，这就是祸上加祸了。陛下如果能够对他施以仁慈和宽恕，福祚的气运尚且可以延长；如果您一定要把石宣杀了，石宣将会变成扫帚星下来大扫邺宫。"但是石虎没有听从。石虎下令在邺城北堆积很多柴草，在上面架设了一根横杆，横杆的末端安置了一个辘轳，绕上绳子，把梯子倚靠在柴堆上，然后把石宣押解到梯子的下面，让石韬所宠信的宦官郝稚、刘霸把石宣的头发拔掉，拽着他的舌头，牵着他登上梯子；郝稚把绳索套在他的脖子上，用辘轳绞上去。刘霸把石宣的手脚都砍断，把他的眼睛挖出来，把他的肠子刺穿，使他被伤害的程度和石韬一样。然后在柴堆的四周放火，浓烟烈焰冲天而起。石虎带着昭仪（女官名）以下数千人登上铜爵台观看。火熄灭了以后，石虎又取来灰烬分别放在通向各个城门的十字大路当中。石虎把石宣的九个妻子都杀死了。石宣最小的儿子当时只有几岁大，石虎平常非常喜欢他，因此临杀前抱着他哭泣，想要把他赦免，但是他的大臣们却不同意，就从石虎的怀抱里面夺过来把孩子杀死了；当时小孩子拉着石虎的衣服大喊大叫，以至于连石虎的腰带都拽断了，石虎因此生了病。石虎又把皇后杜氏废黜了，贬为平民。又把石宣周围的三百个人都诛杀了，五十个宦官，全部都被车裂，凡是有骨节的地方，都一节一节地被分解开，尸体被丢到了漳水里面。石宣居住的太子东宫被改作饲养猪牛的地方。十几万东宫的卫士全部都被革职后派遣到凉州的边界去戍守。在石韬被谋杀的事情发生之前，散骑常侍赵揽曾经向石虎进言说："宫中将要发生变乱，应该早一点进行防备。"等到石宣把石韬杀死了，石虎就怀疑他事先知道这件事但是没有禀告，于是就把他也杀死了。

东晋朝廷讨论平定蜀地的功劳，晋穆帝司马聃想要把豫章郡封给桓温。尚书左丞荀蕤劝晋穆帝司马聃说："如果桓温把黄河、洛水一带平定了，那么您将要用什么来赏赐他呢？"于是朝廷就任命桓温为征西大将军、开府仪同三司，并且加封他为临贺郡公；进封谯王司马无忌为前将军；袁乔为龙骧将军，加封他为湘西伯。荀蕤，是荀崧的儿子。

桓温平定了蜀地以后，权威日盛，名声大振，就连朝廷也对他惧怕三分。会稽王司马昱认为扬州刺史殷浩颇有盛名，朝野都对他很推崇、信服，所以让他作为自己的心腹骨干，参与总揽朝政大事，想要借用他来和桓温相抗衡；从此他便与桓温逐渐开始互相猜忌，进而彼此产生了异心。

殷浩认为征北长史荀羡和前江州刺史王羲之，名声一向不错，就擢升荀羡为吴国内史，王羲之为护军将军，来作为自己的辅佐。荀羡，是荀蕤的弟弟；王羲之，是王导的侄子。王羲之认为只有朝廷内外融洽团结、和谐相处，国家才可以安定，于是就劝说殷浩和荀羡不应该和桓温制造隔阂，但是殷浩没有听从。

前燕国君慕容皝生病了，他把太子慕容俊传召来嘱咐他说："现在中原地区尚且没有平定，正是需要依靠贤良杰出人士掌管朝政的时候。慕容恪兼备智谋和勇气，才干也足以担任重要的职务，你可以把重任交付给他，来实现我入主中原的远大志向！"又说，"阳士秋为人品行高尚而且廉洁，做事忠贞干练而且稳重，可以委托他掌管大事，你一定要好好地对待他。”九月，丙申日（十七日），慕容皝去世了。

后赵国君石虎和大臣们商量册立太子的事情，太尉张举说：“燕公石斌勇武有谋；彭城公石遵有文才道德，关键看陛下的选择。”石虎说：“你所说的意见和我的意思正好相符合。”戎昭将军张豺说：“燕公石斌的母亲出身低贱，他本人也曾经有过过失；彭城公石遵的母亲以前因为太子石邃的事情被废除，现在如果再立石遵为太子，我担心他对您不可能没有丝毫的忌恨，希望陛下您慎重考虑一下。”起初，石虎攻占上邽的时候，张豺俘获了前赵国君刘曜的小女儿安定公主，因为她姿色出众，就把她献给了石虎，被石虎纳为妾，生下了齐公石世。眼下张豺考虑到石虎年老有病，想要册立石世为太子，希望刘氏为太后，这样自己就能够辅佐朝政，就劝石虎说：“陛下之前两次册立太子，他们的母亲都是出身低贱之人，所以才导致了朝廷的祸乱接连不断；现在您应该选择母贵子孝的，把他册立为太子。”石虎说：“你不用说了，我知道太子应该是谁了。”石虎又一次和群臣在东堂商议的时候，石虎说：“我想要用三斛的纯灰洗涤自己内脏的罪恶，否则为什么我专生凶恶无赖的儿子，年龄一过二十岁就想要把他的父亲杀死。现在石世才十岁，等到他二十岁的时候，我已经老了。”于是石虎就和张举、李农做出决定，命令公卿大臣们上书请求册立石世为太子。大司农曹莫不肯在上书上面签名，于是石虎就让张豺去询问他原因，曹莫叩头拜首回答说：“治理天下这样的重任，不应该选择年少的人，所以我不敢签署。”石虎说：“曹莫，确实是忠臣，但是他不能领会我的意思；张举、李农了解我的心意，可以让他们去说明一下。”于是石虎就册立石世为太子，册立刘昭仪为皇后。

冬季，十一月，甲辰日（二十六日），安葬前燕文明帝慕容皝。太子慕容俊即位，下令大赦；慕容俊派遣使者前往建康向东晋朝廷报告了丧事的经过。任命弟弟慕容交为左贤王，左长史阳骛为郎中令。

十二月，晋穆帝司马聃任命左光禄大夫、兼司徒、录尚书事蔡谟为侍中、司徒。蔡谟向晋穆帝司马聃上疏坚决辞让，不肯接受，他对周围亲近的人说："如果我担任司徒的官职，必将会被后代的人讥笑，所以按照道义我不敢接受任命。"

永和五年（己酉，公元349年）

春季，正月，辛未朔日（正月无此日），晋穆帝司马聃下令大赦天下。

后赵王石虎即皇帝位，下令大赦，改年号为太宁；他的几个儿子的爵位也都晋升为王。

原来守卫石宣东宫号称"高力"的一万多个人被贬谪到凉州的边境进行戍守（石宣选拔多力之士保卫东宫，称为高力，设置督将领导他们），这时已经走到了雍城，因为他们不在赦免的范围里面，石虎就命令雍州刺史张茂继续遣送他们，张茂却趁机把他们所有的马匹都扣留了，让他们推着运粮的小车徒步运送到戍守的地方。高力督将定阳县人梁犊利用众人心里的怨恨，策划谋反作乱，返回家园，众人听到这个消息，全部都高兴得跳跃鼓掌，大喊大叫。于是梁犊就自称为东晋征东大将军，率领众人攻占了下辨，安西将军刘宁率领士兵从安定出发进行攻击，结果被梁犊打败了。这些号称"高力"的卫士们全都身强力壮，善于射箭，一个人就足以抵挡十几个人，他们虽然没有兵器和铠甲，但是他们把百姓的斧头抢夺来，再安上一丈左右长的斧柄，交战时用起来出神入化，所向披靡。戍守边界的士兵们都跟随着梁犊，攻占了郡县，就把郡守、县令和俸禄为两千石的官吏都杀死，长驱直入，一直向东打去，等到他们到达长安的时候，已经拥有十万士兵。乐平王石苞率领所有精锐部队进行抵抗，但是一交战就被打败了。于是梁犊就从东经过潼关，直接向洛阳进发。后赵国君石虎任命李农为大都督、兼大将军事，率领卫军将军张贺度等人的步兵骑兵十万人前去讨伐梁犊，双方在新安县交战，李农等人的军队被打得大败；后来在洛阳交战，又被打败了，只好撤退到了成皋，在那里驻扎军队进行防守。

梁犊于是就继续向东前进攻占荥阳、陈留诸郡，石虎感到十分害怕，于是任命燕王石斌为大都督，督导中外诸军事，率领冠军大将军姚弋仲、车骑将军蒲洪等人前去讨伐梁犊。姚弋仲率领他的八千多个士兵到达邺城，请求进见石虎。石虎当时正患病，没有接见他，而是让人把他带到领军将军视察事务的地方，赐给他专供自己食用的食物。姚弋仲因此发脾气，不仅不吃，还说："主上传召我前来讨伐贼人，理当向我面授计谋，难道我是为了吃一顿饭才来的吗？而且如果主上不接见我，我怎么知道他是活着还是死了呢？"石虎勉强拖着病体接见了他，姚弋仲责备石虎说："儿子死了，你很忧愁吧？要不然为什么生病了呢？儿子年纪还小的时候，不选择性行良善的人教育他，这才使他长大后干出了叛逆的事情；既然你是因为他干了叛逆的事情才把他杀死了，你又有什么可忧愁的呢？而且你病了这么久，现在被立为太子的儿子又年纪幼小，如果你的病情没有好转，天下必定会发生大乱，这才是你应当首先忧虑的事情，不必忧虑那些贼人。梁犊等人是因为穷困无路，思家心切，才会相聚在一起当盗贼，他们在所经过的地方残杀暴虐，烧杀抢掠，能成什么事呢？老羌（姚弋仲是羌人，所以自称老羌）可以为你一举解决。"姚弋仲性情耿直暴躁，对人不论贵贱高下都直接称呼"你"，因此石虎也不责怪他。当即坐在座位上任命他为使持节、侍中、征西大将军，并且赏赐了铠甲和战马给他。姚弋仲说："你看老羌能够打败乱贼吗？"说着他就在庭院中穿上铠甲，骑上战马，然后用鞭子鞭打战马向南奔驰，连告辞的话也没有向石虎说。随即和石斌等人到荥阳去攻击梁犊，大败梁犊，砍下他的首级以后返回，接着又前去讨伐他剩余的党羽，把他们也彻底地消灭了。石虎因此准许姚弋仲上朝的时候可以不把佩剑摘去，不脱鞋，给予他大步入朝晋见国君的特殊礼遇，并且进封他为西平郡公。任命蒲洪为车骑大将军，开府仪同三司，都督雍州、秦州诸军事，雍州刺史，并进封他为略阳郡公。

始平人马勖聚集士兵，自称为将军，后赵的乐平王石苞前去讨伐并消灭了他，诛杀了三千多家。

夏季，四月，益州刺史周抚和龙骧将军朱焘前去攻击范贲，把他斩杀，平定益州。

晋穆帝司马聃下诏派遣使者陈沈到前燕去，任命慕容俊为使持节、侍中、大都督、监督河北诸军事，幽州、平州两州牧，大将军，大单于，燕王。

桓温派遣督护滕畯率领交州、广州两州军队前往卢容去攻击林邑王范文，但是却被范文打败，就把军队撤退，在九真驻扎下来。

乙卯日（初九日），后赵王石虎病情加重，任命彭城王石遵为大将军，镇守关右；燕王石斌为丞相、录尚书事；张豺为镇卫大将军、领军将军、吏部尚书；并且他们都接受了石虎的遗诏辅佐幼主处理朝政。

刘后讨厌石斌辅佐朝政，担心这样会对太子不利，因此就和张豺一起计划把他除掉。石斌当时正好在襄国，刘后就派遣使者前去欺骗石斌说："主上的病情已经渐渐好转了，如果你想要狩猎的话，可以稍微迟一些再来。"石斌一向喜欢打猎、喜欢喝酒，听到这个消息以后就留下来打猎，并且肆意地喝酒。刘氏和张豺于是就假传诏令说石斌没有忠孝的心意，把他的官职罢免了，让石斌回家，刘氏派遣张豺的弟弟张雄率领五百个勇猛的将士看守着他。

乙丑日（十九日），石遵从幽州来到邺城，石虎传诏让他在朝堂接受任命，给他配备三万个宫中的亲兵，就让他回去，石遵流着眼泪离开了。这一天，石虎的病情稍微好了一些，询问说："石遵来了没有？"左右的人对他说："他已经离开很久了。"石虎说："没有见到他真是痛心！"

石虎亲自来到太武殿的西阁，担任宫中护卫的两百多个龙腾中郎列队跪拜在他的面前，石虎询问说："你们有什么请求吗？"他们都回答说："陛下身体欠安，应该让燕王石斌入宫主管警卫，掌管兵马大事。"有人对石虎说："请求您册立他为皇太子。"石虎说："燕王不在宫殿里面吗？把他召来！"左右的人回答说："燕王因为喝酒喝得太多了，身体不舒服，不能够进宫。"石虎说："赶快用我乘坐的车子去把他接过来，我要把玺印交给他。”但是左右竟然始终没有一个人行动。没有过多长时间，石虎因为头晕目眩，只好返回后宫。张豺派遣张雄假传石虎的诏令把石斌杀了。

戊辰日（二十二日），刘氏再次假传诏令任命张豺为太保、都督中外诸军事、录尚书事，就像西汉霍光辅政专权一样。侍中徐统感叹说：“祸乱将要来临了，我没有办法预防。”随即就服毒自杀。

己巳日（二十三日），石虎去世，太子石世即位，尊奉刘氏为皇太后。刘氏亲临朝廷，代替皇上处理朝政大事，任命张豺为丞相，张豺推辞不肯接受，请求刘氏任命彭城王石遵、义阳王石鉴分别为左右丞相，以此来安抚他们，刘氏采纳了他的意见。

张豺和太尉张举计划把司空李农杀死，张举和李农的关系一向要好，就悄悄地把此事告诉了李农。李农知道以后逃到广宗，率领乞活等数万家的残余部众固守上白，刘氏派遣张举率领多路朝廷禁卫军队把他们包围了。张豺任命张离为镇军大将军，监督中外诸军事，来作为自己的副手。

彭城王石遵到达河内，听到石虎已经去世的消息。姚弋仲、蒲洪、刘宁和征虏将军石闵、武卫将军王鸾等人在讨伐梁犊回来的路上，和石遵在李城相遇，他们一起劝石遵说：“殿下年长而且贤能，先帝也曾经有意册立殿下为太子。只是因为晚年昏然迷惑，才被张豺欺误。现在女主亲临朝廷，奸臣治理政事，上白那里双方战争相持不下，京城的守卫力量空虚，殿下如果声讨张豺的罪过，击鼓行军对他进行讨伐，有哪一个人会不打开城门、调转武器来迎接殿下呢？”石遵听从了他们的劝说。

五月，石遵从李城发兵，调转头直奔邺城，洛州刺史刘国率领洛阳的士兵前去和他会合。讨伐的檄文传送到了邺城以后，张豺感到十分害怕，就派人骑着快马把在围攻上白的军队传召回来。丙戌日（十一日），石遵在荡阴驻扎军队，共有九万士兵，石闵出任前锋。张豺将要出兵抵御，但是邺城德高望重的老人和羯族的士兵都说：“彭城王石遵前来奔赴亲丧，我们应当出城前去迎接他，不能为张豺守城了。”于是纷纷翻越城墙跑了出来，张豺虽然斩杀了一些越墙而出的人，但是仍然不能禁止。就连张离也率领了两千勇猛的士兵，冲破关卡前去迎接石遵。刘氏感到十分恐惧，就传召张豺入宫，对他悲伤地哭着说：“先帝的灵柩还没有安葬，而祸难就已经到了这样的地步！现在太子年龄幼小，只能依靠将军您了。将军您打算怎么办呢？我想要给石遵加封重要的职位，这样的做法能够安抚住他止息祸乱吗？”张豺这时也惶恐害怕，不知道应该回答什么，只是说“是的是的”。于是刘氏就颁下诏令，任命石遵为丞相，兼领大司马、大都督、监督中外诸军事、录尚书事，并且给予他持黄钺、加九锡等特殊权力和礼遇。己丑日（十四日），石遵到达安阳亭，张豺恐惧而出城迎接，石遵命人抓捕了他。庚寅日（十五日），石遵穿着铠甲阅兵，炫耀武力，从凤阳门进入邺城，登上太武前殿，捶胸顿足，宣泄悲哀，然后退到太武殿的东阁。石遵在平乐市把张豺杀了，并且诛灭他的三族。石遵假借刘氏的命令说：“太子年龄幼小，之所以立他为太子，那是先帝个人的情义所致，但是国家的大业非常重要，不是他所能够胜任的，应当让石遵继位。”于是石遵即位，实行大赦，并且解除了对上白的包围。辛卯日（十六日），石遵册封石世为谯王，废黜刘氏为太妃；过了不久，石遵就把他们都杀死了。

李农回来向石遵谢罪，石遵恢复了他原来的官职。石遵尊奉自己的母亲郑氏为皇太后，册立自己的妃子张氏为皇后，原来的前燕王石斌的儿子石衍被册立为皇太子。任命义阳王石鉴为侍中、太傅，沛王石冲为太保，乐平王石苞为大司马，汝阴王石琨为大将军，武兴公石闵为都督中外诸军事、辅国大将军。

甲午日（十九日），邺城里刮起暴风，树木被狂风拔掉，电闪雷鸣，降下的冰雹像盂钵和粮升一样大。太武殿和晖华殿发生火灾，许多门观亭阁都受到了波及，全部被烧毁了，皇宫的车乘服饰，也被烧了大半，钟鼎彝器碑碣石刻之类的东西也全部都被烧光了，大火一直烧了一个多月才熄灭。

那时沛王石冲正在镇守蓟城，听说石遵把石世杀了自立以后，就对辅佐他的同僚官吏们说："石世是秉承先帝的旨意继位的，但是石遵却把他废黜并且把他杀了，再也没有比这更大的罪过了！我命令内外严密警戒，我准备亲自前去讨伐石遵。"于是石冲把宁北将军沐坚留下来戍守幽州，自己率领五万士兵从蓟城南下，并且将讨伐石遵的檄文传送到了燕、赵各地，他每到一个地方，士兵都像云涌似的向他集结；等他到达了常山以后，已经拥有了十多万士兵，石冲在苑乡驻扎军队。碰巧见到了石遵实行大赦的诏书，石冲说："石世、石遵都是我的弟弟，死去的已经无法复生，为什么还要再互相残杀呢？我要回去了。"他的将领陈暹对他说："彭城王石遵篡夺帝位，把国君杀死，自立为帝，他所做的一切，实在是罪恶大极！您虽然要返回北方了，但是我还将继续南进，等到我把京城平定了，把彭城王捉住了，然后我再来恭敬地迎接您的大驾。"于是石冲又改变了主意，继续向前进军。石遵派遣王擢骑着快马带着书信前来劝说石冲，但是石冲没有听从。石遵派遣武兴公石闵和李农率领十万精锐的士兵前去讨伐石冲，双方在平棘县交战，石冲的军队被打得大败；石冲在元氏县被擒获并被赐死；他手下的三万多士兵都被坑杀了。

武兴公石闵向石遵建议说："蒲洪，是一个杰出的人才，现在派遣蒲洪去镇守关中，我担心秦州、雍州这两个州的土地就不再是国家所能占有的了。让蒲洪镇守关中虽然是先帝临终时的命令，然而现在陛下即位以后，自然应该有所改变和计划。"石遵采纳了他的建议，把蒲洪都督的职务罢免了，其余的官职待遇还和以前一样。蒲洪对此感到很气愤，回到枋头以后，就派遣使者前去向东晋朝廷投降。

前燕的平狄将军慕容霸给前燕国君慕容儁上书说："石虎凶恶残暴已经到达了极点，就连上天都把他抛弃了，余下的子孙仅能活命，还自相残杀，现在中原百姓生活困苦，十分盼望仁者的赈救，假若大军发动，在情势上他们必定不会抵抗。"北平太守孙兴也向慕容俊呈上奏表说："眼下石氏内部发生了大乱，您应该利用这个时机向后赵进军进而攻取中原。"慕容俊考虑到先帝的大丧刚刚过去，就没有答应。慕容霸骑着快马急忙赶往龙城，向慕容俊进言说："很难得到却很容易失去的，就是时机啊！万一石氏由衰微转而复兴，抑或是有英雄之辈出现趁着现在的混乱把后赵占领了，拥有了他们已经有的积聚，那我们岂止是失去了这个大的利益，更恐怕会成为我们以后更大的祸患。"慕容俊说："邺城里面虽然已经大乱，但是邓恒据守安乐（"安乐"当作"乐安"），军队强大，粮食充足，如果我们现在前去讨伐后赵，就无法走东边，只能够走卢龙；但是卢龙的山路险峻狭窄，如果敌人借助高山的地形把我们的军队拦腰截断，使首尾都受到祸患，那么我们将要怎么办呢？"慕容霸说："邓恒虽然想要为石氏抵抗坚守，但是他的将士们顾念家庭，人人怀着回家的念头，如果我们的大军到达，他们自然就会土崩瓦解。我愿意率领士兵作为殿下的前驱，由徒河向东出发，暗中赶往令支，出乎他们的意料，等到他们听到消息的时候，在情势上必定会感到震惊害怕，上策只不过是闭门固守而已，下策就不免要丢弃城池逃走了，哪里还有功夫来抵御我们呢？然而殿下却可以慢慢地前进，这样就不会出现被截留围困的灾难了。"慕容俊仍然犹豫不决，因此就去向五材将军封弈询问意见，封弈回答慕容俊说："用兵的方法，在于遇到强大的敌人就用智谋夺取，遇到软弱的敌人就用威势夺取。因此以大国吞并小国，就好像野狼吃小猪一样简单；拨乱反正，就好像太阳消融积雪一样容易。大王自从先帝在世以来，积累道德仁义，士兵强悍武器精良。石虎则因为残忍凶暴，死的时候也不能瞑目，他的子孙争夺国家，上下一片混乱。中原地区的百姓，落入水深火热的深渊，生活十分困苦，伸长脖子提起脚踵地等待起兵拯救。大王如果率领士兵向南进发，先攻取蓟城，再直接进攻邺城，炫耀威力，弘扬道德，关怀安抚失去国家的百姓，他们当中有哪一个能不扶老携幼地来迎接大王呢？那些凶残的党羽（指石氏）必将会远远望到我们的旌旗，就会像冰块碎裂一样顷刻溃散，怎么还能够继续为害呢？”从事中郎黄泓对慕容俊说：“现在太白星过午，岁星在毕星以北，阴国（昴星和毕星之间，叫作天街，天街之阴，叫作阴国）承受天命，这是必然会得到验证的，所以大王您应该赶快出兵，以奉行上天的旨意。”折冲将军慕舆根对慕容俊进谏说：“中原地区的百姓长久地受困于石氏的祸乱，他们全部都想改换君主，以摆脱像陷入汤火中一样的危急苦难，这是一个千载难逢的机会，不可丧失。我国自从武宣王（慕容廆谥武宣王）以来，招纳贤士，教化养育百姓，勤力耕种，训练军队，就是为了等待这一天。现在时机已经来了，如果放弃不去利用，还要顾虑那么多，难道是上天的意思不想使海内安定，还是大王您不想取得天下呢？”慕容俊笑着就采纳了他们的建议。任命慕容恪为辅国将军，慕容评为辅弼将军，左长史阳骛为辅义将军，称他们为“三辅”。任命慕容霸为前锋都督、建锋将军，选拔了二十多万精锐士兵，讲习武艺，严密警戒，进入临战状态，为进攻石氏做准备。

六月，安葬后赵王石虎于显原陵，谥号武帝，庙号为太祖。

桓温听说后赵大乱，就出兵在安陆驻扎军队，派遣众将领前去经营北方。后赵的扬州刺史王浃用寿春城前来向桓温投降，桓温手下的西中郎将陈逵前去占据寿春城。征北大将军褚裒向晋穆帝司马聃呈上奏表请求让自己前去讨伐后赵，并从当天开始进入临战的戒备状态，目标直指泗口。朝廷官员商讨后认为褚裒是太后的父亲，又肩负着镇守京口的重大责任，身份尊贵，责任重大，不应该过于深入敌方阵地，应该先派遣其他部分军队出征。褚裒向晋穆帝司马聃上奏说：“前已派遣督护王颐之等人直接前往彭城，后又派遣督护麋嶷进攻并且占据了下邳，现在应该赶快发兵，以造成强大的声势。”秋季，七月，晋穆帝司马聃加封褚裒为征讨大都督，监督徐州、兖州、青州、扬州、豫州五个州诸军事。褚裒率领三万士兵，一直前往彭城，北方士民前来投降归附的每天都有上千人。

东晋朝野上下都认为很快可以光复中原地区，只有光禄大夫蔡谟一个人对与他亲近的人说："胡人被消灭确实值得庆贺，然而恐怕这要给朝廷带来忧患。"听的人说："您这么说是什么意思呢？"蔡谟说："能够顺从天意，把握时机，把百姓从艰难困苦之中拯救出来的事业，如果不是最杰出的圣人和英雄是不能承担的，不如老老实实地衡量一下自己的德行与力量。反观现在要去讨伐后赵的事情，恐怕不是现在的这些贤达人士就能够做到的，结果只能步步为营，分兵攻守，这是以劳民伤财为代价，来炫耀个人的志向；而最后会因为才能和见识粗陋平庸，难以符合心意，物资财力耗尽，智慧和勇气全部都变得困窘，怎么可能不会带给朝廷忧患呢？"

后赵鲁郡五百多家百姓共同起兵归附东晋，他们向褚裒请求援助，褚裒派遣他的部将王龛、李迈率领三千精锐的士兵前去迎接他们。后赵的南讨大都督李农率领两万骑兵在代陂和王龛等人交战，王龛等人被打得大败，都被后赵俘获了。八月，褚裒撤退，在广陵驻扎军队。陈逵听闻这个消息以后，就把在寿春城里贮存的粮草武器全部都焚烧了，把城池破坏以后逃了回去。褚裒主动向晋穆帝司马聃呈上奏疏请求把自己的官职降低，晋穆帝司马聃下诏没有允许，命令褚裒返回京口继续镇守，解除了他征讨都督的职务。当时黄河以北的地区大乱，二十多万的晋朝遗民想要渡过黄河前去归附东晋，但是褚裒这时已经回到京口，声威气势已去，不能接应，结果遗民们陷于孤立无援的境地而不能自救，几乎全部都死了。

后赵的乐平王石苞想要率领关右的士兵前去攻打邺城，左长史石光和司马曹曜等人再三向石苞进行劝谏，石苞因此发脾气，把石光等一百多人都杀死了。石苞生性贪婪暴戾但是没有计谋，雍州的豪杰们都知道他不会有什么成就，于是就一起派人把他想攻打邺城的事情报告东晋朝廷，梁州刺史司马勋率领军队前往雍州。

杨初攻打后赵的西城，把西城攻占了。

九月，凉州的官吏部属们共同向晋穆帝司马聃上奏请求任命张重华为丞相、凉王及雍、秦、凉三州牧。张重华经常用金钱绢帛赐给周围他宠信的臣子；又喜欢玩樗蒲（赌博的一种）和围棋，十分耽误政事。从事索振向张重华劝谏说：“先王昼夜勤于政务，生活简朴，以使国家府库充实，正是因为仇恨未报，耻辱未雪，立定志向平定天下的缘故。殿下刚刚即位时，顽强的敌寇前来侵略逼迫，依靠着用金钱绢帛厚赏战士，才得到他们的拼死效力，勉强保全国家。现在积蓄的资财已经耗尽了，但是敌人和仇恨还依旧存在，怎么可以轻易地耗费，把它拿去送给那些没有功劳的人呢？从前汉光武帝刘秀日理万机，臣民所呈上来的奏章送到朝廷以后，复诏不出当天就发下，所以他才能够使中兴大业兴隆昌盛。现在臣民所呈上来的奏章滞留积压，往返传递动辄就要数月的时间，这使得下面的民情不能够及时向上通达到朝廷，遭受到冤屈诬陷的人还被困在监狱里面，这大概不是圣明的君主所应该做的事情。”张重华向索振表示谢罪。

司马勋率领军队出骆谷，把后赵的长城戍攻下后，在悬钩设置营垒，这个地方距离长安两百里，他派遣治中刘焕去攻打长安，把京兆太守刘秀离斩杀了，又攻占了贺城。三辅地区的豪杰之士大多数都把郡守和县令杀死来响应司马勋，这时，司马勋一共有三十多个营垒，五万士兵。后赵的乐平王石苞也就放弃了攻打邺城的计划，派遣他的将领麻秋、姚国等人率领士兵前去抵抗司马勋。后赵国君石遵派遣车骑将军王朗率领两万精锐的骑兵，利用讨伐司马勋的名义，顺势把石苞劫持送到邺城。司马勋这时手下的士兵少，由于害怕王朗的精锐骑兵，不敢继续前进。冬季，十月，司马勋放弃悬钩，把在那里驻扎的军队撤走，攻占了宛城，把后赵的南阳太守袁景杀死，又回到了梁州。

起初，后赵国君石遵在李城起兵的时候，他对武兴公石闵说：“你好好努力！事情成功了以后，我就册立你为太子。”但是石遵后来却把石衍册立为太子。石闵依恃自己的功劳，想要专权朝廷，但是石遵不听他的。石闵向来英勇善战，多次建立战功，四夷和中原久经沙场的老将都惧怕他。他出任都督之后，总揽内外兵权，就安抚手下的将士，他向石遵上奏推举他们出任殿中员外将军，封爵关外侯。石遵对石闵的所作所为没有产生怀疑，反而对这些人题记姓名，品评善恶，加以贬抑，于是众将士都怨恨愤怒。中书令孟准、左卫将军王鸾都劝说石遵应该逐渐剥夺石闵的兵权，石闵因此更加怨怒心怀不满，孟准等人全都劝说石遵把他杀掉。

十一月，石遵传召义阳王石鉴、乐平王石苞、汝阴王石琨、淮南王石昭等人入宫在郑太后面前进行商议，石遵说："石闵不忠于君主的迹象渐渐显著，现在我想要把他诛杀，怎么样呢？"石鉴等人都说："应该如此。"郑氏说："当初在李城起兵的时候，如果没有棘奴（石闵，小字棘奴），又怎么会有今天？石闵有点居功自傲，应当对他有所宽纵，怎么能急急忙忙把他杀掉呢？"这时石鉴借故外出，派遣宦官杨环骑快马去告诉了石闵这个消息。于是石闵就胁迫李农和右卫将军王基秘密谋划把石遵废黜，派遣将军苏彦和周成率领三千带甲的士兵在南台（铜雀台之南的金雀台）把石遵逮捕了。士兵们来到石遵的住处时，石遵正在和妇人弹棋，他询问周成说："是谁造反的？"周成说："应当让义阳王石鉴做皇上。"石遵说："我尚且如此，石鉴又能支撑多长时间！"于是，石鉴就在琨华殿把石遵杀死了，并且把郑太后、张后、太子衍、孟准、王鸾以及上光禄大夫张斐都杀死了。

石鉴即位，下令大赦，任命武兴公石闵为大将军，册封他为武德王；司空李农为大司马，并录尚书事。郎闿为司空，秦州刺史刘群为尚书左仆射，侍中卢谌为中书监。

秦州、雍州两州一带流徙的百姓结伴西归，路经枋头时，共同推举蒲洪做他们的领袖，人数多达十几万。蒲洪的儿子蒲健在邺城，这时也冲破关卡逃到枋头。石鉴害怕蒲洪过于靠近自己，就想要用计谋把他调离，于是石鉴就任命蒲洪为都督关中诸军事、征西大将军、雍州牧，兼领秦州刺史。蒲洪把手下的官吏和僚属召集起来，和他们商量应不应该接受石鉴的任命。主簿程朴请求蒲洪可以暂且和后赵讲和，就像诸侯列国一样分地而治。蒲洪听了以后生气地说："难道我没有资格做天子吗？为什么说列国分地而治的话呢？"因此就把程朴拉出去杀了。

都乡元穆侯褚裒回到京口，听到到处都是哭声，就向周围的人询问是什么人在哭，周围的人回答他说：“都是代陂一战当中死者的家属。”褚裒听了以后既惭愧又愤恨，因此生病。十二月，己酉日（初七日），褚裒去世。晋穆帝司马聃任命吴国内史荀羡为使持节，监徐兖二州、扬州之晋陵诸军事，徐州刺史，这时他才二十八岁，晋朝中兴以来的地方长官当中，没有一个像荀羡这么年轻的。

后赵国君石鉴派遣乐平王石苞、中书令李松、殿中将军张才夜里到琨华殿去攻击石闵和李农，但是他们没有取得成功，反而引起宫中的混乱。石鉴很害怕，就装作不知道发生什么事情一样，当天夜里就在西中华门把李松和张才斩杀，并且把石苞也杀了。

新兴王石祗，是石虎的儿子，当时镇守襄国，和姚弋仲、蒲洪等联合军队，四处传递檄文，想要共同把石闵和李农诛灭。石闵和李农任命汝阴王石琨为大都督，和张举以及侍中呼延盛率领步兵骑兵七万人分别前去讨伐石祗等人。

中领军石成、侍中石启、前河东太守石晖计划把石闵和李农诛杀了，结果石闵和李农反把他们都杀死了。龙骧将军孙伏都和刘铢等人率领羯族三千士兵在胡天（石氏禁中署舍的名称）埋伏，也想把石闵和李农诛杀了。当时石鉴在中台，孙伏都率领三十多个人想要进入中台挟持石鉴一起攻打石闵和李农。石鉴看到孙伏都把楼阁通道毁坏了，就亲自前去向他询问原因。孙伏都说：“李农等人造反了，眼下他们已经在东掖门了，我想要率领士兵前去讨伐他，特地先来把这件事禀告你。”石鉴说：“你是对朝廷有功的臣子，好好为我出力讨伐，我在中台上面观看，你不必顾虑事成之后没有丰厚的赏赐。”于是孙伏都和刘铢率领众人前去攻打石闵和李农，但是没有获得成功，于是就在凤阳门驻扎军队。石闵和李农率领数千士兵把金明门毁坏了进入中台。石鉴害怕石闵把自己杀死，就派人骑马把石闵和李农传召来，打开门把他们迎接进来，对他们说：“孙伏都造反了，你们应该赶快去讨伐他。”于是石闵和李农前去攻打孙伏都，并且把孙伏都等一大批人都斩杀了。从凤阳门到琨华殿，纵横的尸体相互枕藉，流出的鲜血汇聚成沟渠。石闵还向朝廷内外六夷宣布命令，如果有胆敢拿起武器的，一律斩首。胡人当中有的冲破关卡，有的越过城墙逃走，逃出来的人多得数都数不完。

石闵派遣尚书王简、少府王郁率领数千士兵把石鉴看押在御龙观，用绳子把食品悬吊进去让他吃。石闵还在邺城中颁布命令说：“最近孙伏都、刘铢交相叛逆，他们的亲信党羽已经全都被杀掉，良善的人没有一个参与这些事情。从今天以后，凡和我们同心的人留下，不同心的人想去哪里悉听尊便。我命令不再关闭城门。”于是方圆百里之内的汉人全部进入城里面，而离去的胡人和羯人则把城门都填满了。石闵知道胡人不愿意被自己所用，便又在宫廷内外颁布命令说：“凡是斩掉一个胡人并送首级到凤阳门的汉人，文官可以晋升官位三等，武官全部都被任命为牙门将。”命令发布后，一天之内，有好几万的胡人被斩首。石闵亲自率领汉人诛杀胡人和羯人，无论贵贱、男女、老幼全部都被斩杀，有二十多万人被杀死，堆在城外面的尸体，全都被野狗豺狼吃掉了。那些在四方的边界驻扎军队进行防守的胡人和羯人，石闵用书信命令军队中汉人当将帅的把属下胡人、羯人统统杀掉，以至于长得鼻子高一点、胡须多一点的人，大半都被滥杀而死。

前燕国君慕容俊派遣使者到凉州，和张重华约定一同前去攻击后赵。

高句丽王钊遣送前东夷护军宋晃到前燕，前燕国君慕容俊把他赦免了，把他的名字改为宋活，任命他为中尉。

永和六年（庚戌，公元350年）

春季，正月，后赵大将军石闵想要把石氏的痕迹消除掉，以谶文中有“继赵李”的字样为托词，把国号更改为卫，改姓李氏，下令大赦，改年号为青龙。太宰赵庶、太尉张举、中军将军张春、光禄大夫石岳、抚军（当有“将军”二字）石宁、武卫将军张季以及公、侯、卿、校、龙腾等一万多人，全部都投奔襄国，汝阴王石琨逃到冀州。抚军将军张沈占据滏口，张贺度占据石渎，建义将军段勤占据黎阳，宁南将军杨群占据桑壁，刘国占据阳城，段龛占据陈留，姚弋仲占据滠头，蒲洪占据枋头，各自拥有数万士兵，都不归附石闵。段勤，是段末柸的儿子；段龛，是段兰的儿子。

王朗、麻秋从长安前去洛阳。麻秋接到石闵的信件，把王朗部下的一千多胡兵都杀了。王朗逃到襄国。麻秋率领众人回到邺城，蒲洪命令他的儿子龙骧将军蒲雄前去截击，把他俘获，任命他为军师将军。

汝阴王石琨和张举、王朗率领七万士兵前去攻打邺城，大将军石闵率领一千多骑兵在城北和他们交战。石闵手持两刃矛，骑着马奔驰前去攻击他们，所向披靡，斩杀对方三千人，石琨等人大败逃走。石闵和李农率领三万骑兵到石渎去讨伐张贺度。

闰二月，卫国国君石鉴秘密派遣宦者给张沈等人送去书信，让他们趁着石闵率领士兵外出，后方没有人进行防备的时候来突袭邺城。但是送信的宦官把这件事情告诉了石闵和李农，于是石闵和李农骑马急忙返回，把石鉴废除，然后把他杀死了，并且把后赵王石虎的三十八个孙子也都杀死了，石氏就这样全部被消灭。姚弋仲的儿子曜武将军姚益、武卫将军姚若率领数千宫廷卫兵冲破关卡逃到滠头。姚弋仲率领士兵前去讨伐石闵的军队，在混桥驻扎军队。

司徒申钟等人向石闵进献尊号，石闵要谦让给李农，李农坚决推辞。石闵说：“我们原本都是晋朝的人士，现在晋王室尚且存在，我希望可以和诸君一起分割州郡进行治理，各自称州牧、郡守、公、侯，然后上表迎接晋朝的天子返回故都洛阳如何？”尚书胡睦向石闵进言说：“陛下的圣德顺应天意，理应登上天子的位置，现在晋氏衰微，远逃到江南，怎么能够驾驭天下英雄，统一四海江山呢？”石闵说：“胡尚书的话，真可以说是明白时机知道天命啊。”于是石闵就即皇帝位（石闵，父名瞻，本姓冉，字永曾，小字棘奴，石虎的养孙），下令大赦，改年号为永兴，立国号为大魏。

东晋朝廷听说中原大乱的消息，再次谋划进取收复。己丑日（十七日），任命扬州刺史殷浩为中军将军，假节，都督扬州、豫州、徐州、兖州、青州五个州诸军事；任命蒲洪为氐王、使持节、征北大将军、都督河北诸军事、冀州刺史、广川郡公；蒲健为假节、右将军、监河北征讨前锋诸军事、襄国公。

姚弋仲、蒲洪都怀有占据关右的志向。姚弋仲派遣他的儿子姚襄率领五万士兵前去攻击蒲洪，蒲洪出来迎战，把他打败，有三万多人被斩杀。蒲洪自称大都督、大将军、大单于、三秦王，把姓氏改为苻氏。任命南安人雷弱儿为辅国将军；安定人梁楞为前将军，兼左长史；冯翊人鱼遵为右将军，兼右长史；京兆人段陵为左将军，兼左司马；王堕为右将军，兼右司马天水人赵俱、陇西人牛夷、北地人辛牢都为从事中郎，氐人首领毛贵为单于辅相。

二月，前燕国君慕容俊派遣慕容霸率领两万士兵从东路出徒河，慕舆根从西路出蠮螉塞，慕容俊自己则从中路出卢龙塞前去讨伐后赵。慕容俊任命慕容恪、鲜于亮为前驱，命令慕舆泥砍伐树木，修通道路。把世子慕容晔留在龙城进行防守，任命内史刘斌为大司农，和典书令皇甫真一起留下来统管后方的事务。

慕容霸的军队到达三陉，后赵的征东将军邓恒惶恐害怕，就把仓库焚烧以后，放弃安乐（当作“乐安”）城逃走，去和幽州刺史王午共同保卫蓟城。徒河南部都尉孙泳迅速进入安乐城，把余火扑灭，把粮食和绢帛布匹没收。慕容霸把安乐、北平的武器粮饷都收取以后，在临渠和慕容俊会合。

三月，前燕的士兵到达无终，王午把他的部下王佗留了下来，让他率领数千士兵防守蓟城，自己和邓恒一起前去保卫鲁口。乙巳日（初五日），慕容俊攻占蓟城，把王佗逮捕，并且把他斩杀了。慕容俊准备把他的一千多士兵全部坑杀，慕容霸向慕容俊进谏说：“后赵暴虐无道，大王您才发兵前来讨伐他，目的是想把百姓从水深火热之中拯救出来，进而安抚占据整个中原地区。现在我们才刚刚得到蓟城，您就想要把他们的士兵坑杀了，恐怕不能以此作为王者之师的先声。”于是慕容儁把那些士兵都释放了，把都城定在蓟城，中原地区的士人百姓相继前来归降。

前燕的士兵到达范阳，范阳太守李产想要为石氏抵抗前燕，但是他手下的士兵却不愿意听命上阵，于是李产只好率领他所管辖的八个县城的令长出来投降（范阳郡统领涿、良乡、方城、长乡、遒、故安、范阳、容城八县）。慕容儁又任命李产为太守。

李产的儿子李绩出任幽州别驾，他远离家乡跟随王午防卫鲁口。邓恒对王午说：“李绩的家乡在北方，他的父亲已经向前燕投降，虽然他现在在这里，但是恐怕最终也难与我们相互保全，徒然成为我们的忧患，不如趁早把他除掉。”王午说：“你说的这叫什么话！面对当今这样的丧乱局势，李绩仍然能够坚持道义，置家园于不顾，这种高尚的情操，即使是古代的刚烈之士也难以超越，而你却想以毫无根据的猜忌谋害他，如果让燕、赵的将士听到这个消息的话，只能说我们不过是一帮乌合之众，毫无见识。众人的心意一旦离散，就再也难以凝聚到一起了，这样就等于坐在这儿自行屠杀溃败。”邓恒这才放弃杀害李绩的念头。王午仍然担心手下的众将领持有异见，或许会违背自己的意愿而擅自把李绩杀害，于是就打发李绩返回家乡。李绩辞别王午以后就前去拜见前燕国君慕容儁，慕容儁责备他说：“你不知道天命，背弃父亲而去沽名钓誉，直到今天才迷途知返呀！”李绩回答说：“我一直眷恋旧主，心存小小的气节，但我的身子是官家的，什么事不由君主做主呢！现在正是殿下用道义统一天下的时候，我不认为现在来投奔您已经来不及了。”慕容儁听了以后感到很高兴，就很好地对待他。

慕容儁任命他的弟弟慕容宜为代郡城主，孙泳为广宁太守，并且全部安置了幽州各郡的太守和各县的令长。

甲子日（二十四日），慕容俊派遣中部俟釐慕舆句监督蓟中，留下来处理城中的留守事务，自己则亲自率领军队到鲁口去攻击邓恒。军队到达清梁的时候，邓恒的部将鹿勃早率领数千士兵在夜里突袭前燕的军营，当一半的士兵已经潜进军营以后，首先去捉拿前锋都督慕容霸，士兵们突然冲进慕容霸的军帐里面，慕容霸起来奋力攻击，亲手把十几个人杀死，鹿勃早无法继续进攻，前燕的军队因此得以严加戒备。慕容俊对慕舆根说："敌人的先锋部队很精锐，应该暂且避开他们一下。"慕舆根严正脸色说："我们的士兵多而他们的士兵少，力量悬殊，所以他们才会趁着夜里来突然袭击，寄希望于侥幸获得胜利。现在我们正想要把他们消灭，他们就送上门来，理当给以打击，还有什么可迟疑的呢？大王您只需要安睡，我们自然会去为您消灭他们。"慕容俊当然无法自己安心入睡，内史李洪跟着慕容俊走出营外，在一个高土堆上停了下来。慕舆根率领左右几百个精锐勇敢的士兵从中牙军帐出发径直前去攻击鹿勃早，稍后，李洪也返回去整理好骑兵队伍前往助战，鹿勃早就撤退逃走了。众军追击他追了四十多里，鹿勃早仅仅得以逃生，其他跟随他的士兵差不多都已经死亡了。慕容俊率领军队回到蓟城。

魏国国君石闵又恢复了冉姓，尊奉母亲王氏为皇太后，册立妻子董氏为皇后，儿子冉智为皇太子，冉胤、冉明、冉裕皆为王。任命李农为太宰、兼太尉、录尚书事，加封他为齐王，他的儿子都被封为县公。冉闵派遣使者带着作为凭证的符节向在各地驻扎的将领通报任命，但是他们都不服从。

麻秋劝说苻洪道："冉闵、石祗正在相持不下，中原的混乱难以平定。您不如先攻占关中，等到大业的根基稳固以后，再向东进发争夺天下，到了那时谁敢与我们为敌？"苻洪认为他说得很正确。此后不久，麻秋利用宴请的机会让苻洪喝下毒酒，想要吞并苻洪的军队；太子苻健把麻秋逮捕，并且把他斩杀。苻洪对苻健说："我以前之所以没有入关，是因为我以为中州可以安定；现在我不幸被麻秋这个小子困在了这里。平定中州不是你们兄弟几个就可以做到的事情，我死了以后，你们要赶快入关。”说完这话，苻洪就死了。苻健代替他率领军队，就去掉了大都督、大将军、三秦王的名号，改称晋朝的官职爵位，派遣他的叔父苻安前往东晋朝廷报告丧讯，同时向朝廷请求旨意。

后赵的新兴王石祗在襄国即皇帝位，改年号为永宁。任命汝阴王石琨为相国，占据州郡的六夷（胡、羯、氐、羌、段氏及巴蛮）全部都响应了他。石祗任命姚弋仲为右丞相、亲赵王，用特殊的礼遇对待他。姚弋仲的儿子姚襄，雄健勇敢，而且有才华，多谋略，大多数士人百姓都喜欢他，就请求姚弋仲册立他做嗣子，姚弋仲以姚襄不是长子为理由，没有答应。但继续前来请求的人，每天有数千人那么多，于是姚弋仲就让他率领军队。石祗任命姚襄为骠骑将军、豫州刺史、新昌公。又任命苻健为都督河南诸军事、镇南大将军、开府仪同三司、兖州牧、略阳郡公。

夏季，四月，后赵国君石祗派遣汝阴王石琨率领十万士兵前去攻打魏国。

魏国国君冉闵把李农和他的三个儿子，以及尚书令王谟、侍中王衍、中常侍严震、赵升都杀死了。冉闵派遣使者到长江畔向东晋的朝廷报告说：“叛逆的胡人使中原地区大乱，现在我已经把他们都诛灭了；如果能够共同讨伐乱军的话，可以派遣军队前来。”东晋朝廷没有理会。

五月，庐江太守袁真攻打魏国的合肥，最后攻取了，把那里的居民俘虏了以后返回。

六月，后赵的汝阴王石琨进攻并且占据了邯郸，镇南将军刘国从繁阳县前来与他相会。魏国的卫将军王泰攻击石琨，把石琨打得大败，有一万多个将士都战死了。刘国只好回到繁阳。

起初，段兰死在了令支，段龛代替他率领他的士兵，趁着石氏大乱的机会，就率领着部队向南迁徙。秋季，七月，段龛率领士兵从陈留向东进发，占据广固，自称为齐王。

八月，代郡人赵榼率领三百多家背叛前燕，然后归附后赵的并州刺史张平。前燕国君慕容俊把广宁、上谷两郡的百姓都迁徙到徐无县，把代郡的百姓迁徙到凡城。

王朗离开长安的时候，他的司马杜洪占据长安，自称为晋朝征北将军、雍州刺史，任命冯翊人张琚为司马，关西夷人和汉人全部都响应了他。苻健想要夺取长安，又担心杜洪知道，就接受了后赵授予的官职爵位。任命赵俱为河内太守，戍守温县；牛夷为安集将军，戍守怀县；在枋头修筑宫室，督促百姓种植麦子，来表示没有西进的意图，如果有知道他的底细而不愿意种植麦子的，苻健就把他杀了来展示给众人作为警戒。此后，苻健就自称为晋朝征西大将军、都督关中诸军事、雍州刺史。任命武威人贾玄硕为左长史，略（他本“略”作“洛”）阳人梁安为右长史，段纯为左司马，辛牢为右司马，京兆人王鱼、安定人程肱和胡文等为军咨祭酒，命令他们全部向西进发。任命鱼遵为前锋，当行进到盟津的时候，把船联合起来架设浮桥渡过黄河。派遣他的弟弟辅国将军苻雄率领五千士兵从潼关进入，他哥哥的儿子扬武将军苻菁率领七千士兵从轵关进入。在临别的时候，他拉着苻菁的手说：“如果事情不能够成功，你死在黄河之北，我死在黄河之南，就不再有相见的机会了。”渡过黄河以后，就把桥烧毁了，苻健亲自率领大批士兵跟随着苻雄前进。

杜洪听到这个消息以后，就给苻健写信侮辱他。任命张琚的弟弟张先为征虏将军，率领一万三千名士兵在潼关以北迎战苻健。张先的军队被打得大败，逃回了长安。杜洪征召关中所有的士兵来抵抗苻健。杜洪的弟弟杜郁劝说杜洪前去迎接苻健，但是杜洪不肯听从，杜郁就率领着他自己的部队向苻健投降。

苻健派遣苻雄率领士兵巡行渭水以北的地区。氐人首领毛受在高陵县驻扎军队，徐磋在好畤县驻扎军队，羌人首领白犊在黄白城驻扎军队，各自都拥有数万士兵，他们都把杜洪的使者斩杀，派遣自己的儿子向苻健投降。苻菁、鱼遵所经过的城乡，没有一个不投降归附的。

杜洪十分害怕，坚守着长安。

张贺度、段勤、刘国、靳豚在昌城相会，准备攻打邺城。魏国国君冉闵亲自率领军队进行反击，双方在苍亭交战，张贺度等人被打得大败，有两万八千士兵都战死了，冉闵一直追击靳豚追到阴安县然后把他斩杀，把他所有的士兵都俘虏以后才返回。冉闵有三十多万名士兵，旌旗、战鼓绵延一百多里，即使是石氏最强盛的时候，也无法和他相比。

晋朝前散骑常侍陇西人辛谧，名声高尚，虽然经历了刘氏、石氏两代，但是征召授官全部都不接受。冉闵以完备的礼遇征召他出任太常。辛谧给冉闵写信，认为："事物到了极点就会产生相反的情形，所以到了极点就会有危险。现在你的功劳已经达成了，应该借着这次的大胜，归附晋朝，必定会有许由、伯夷那样正直廉洁的名声，享受赤松子、王子乔那样的天年高寿。"接着他就绝食而死。

九月，前燕国君慕容俊率领士兵南巡冀州，占领章武和河间。起初，渤海人贾坚，从小就崇尚气节，在后赵担任殿中督的官职。后赵灭亡以后，贾坚离开了魏国国君冉闵回到家乡，拥有数千家兵。前燕的慕容评率领士兵巡行渤海，派遣使者前去招降他，但是贾坚始终不肯投降。慕容评和他交战，把他擒获。慕容俊任命慕容评为章武太守，封裕为河间太守。慕容俊和慕容恪都欣赏贾坚的才能，贾坚当时已经六十多岁，慕容恪听说他善于射箭，就把一头牛放在百步远的地方来试验他射箭的技术。贾坚说："年轻的时候能够让箭不射中牛，现在老了，往往要射中牛了。"于是就射出了两支箭，一支箭擦过牛的脊梁，一支箭擦过牛的肚子，上下两箭都是紧擦牛皮，射落牛毛，上、下完全一样，围观的人都佩服他的妙技。慕容俊任命贾坚为乐陵太守，在高城县设置了郡政府。

苻菁和张先在渭水以北作战，苻菁把张先擒获，周围的三个郡、县以及营垒、营寨全部都向苻菁投降。冬季，十月，苻健长驱直入长安，杜洪和张琚逃到司竹。

前燕国君慕容俊回到蓟城，把一些将领留下来进行防守。慕容俊又回到了龙城，拜谒陵庙。

十一月，魏国国君冉闵率领步兵骑兵一共十万人前去攻打襄国。任命他的儿子太原王冉胤为大单于、骠骑大将军，并且把一千多投降的胡人都分配给他做部下。光禄大夫韦謏劝谏冉闵说："胡族和羯族都是我们的仇敌，现在他们前来归附投降，只是为了苟且地保全性命罢了，万一他们叛变，后悔就来不及了。我请求您把那些投降的胡兵都斩尽杀绝，去掉单于的封号，以谨慎地防止祸乱的发生。"冉闵正想要安抚并且招纳那些胡人，听了此话非常生气，就把韦謏和他的儿子韦伯阳都杀死了。

甲午日（十一月无此日），苻健进入长安，考虑到百姓的心里都思念晋朝，就派遣参军杜山伯前往建康去进献俘虏和战利品，并且和桓温重修旧好。于是秦州、雍州一带的夷夏百姓都归附苻健，后赵的凉州刺史石宁独自占据着上邽，暂时没有被攻下；十二月，苻雄前去进行攻击并且把他杀死。

蔡谟被东晋朝廷任命为司徒以后，三年都没有前去就职。朝廷的诏书多次颁下，太后也派遣使者前去告诉他朝廷的旨意，但是蔡谟最终还是不肯接受朝廷的任命。于是晋穆帝司马聃亲自临朝，派遣侍中纪据、黄门郎丁纂去征召蔡谟。蔡谟向他们陈说自己身患重病，并且派遣主簿谢攸陈述自己辞让的原因。从早到晚朝廷派来征召蔡谟的使者往返十几次，然而蔡谟就是不肯前去任职。当时晋穆帝司马聃才八岁，非常疲倦，他问周围的人说："我所征召的人为什么到现在还不来呢？临朝什么时候才能结束呢？"太后考虑到晋穆帝司马聃和臣子们都很疲倦，就颁下诏书说："一定不会来的话，就结束临朝吧。"中军将军殷浩向晋穆帝司马聃上奏请求罢免吏部尚书江彪的官职。会稽王司马昱给尚书曹下令说："蔡公傲慢地违抗皇上的命令，这是没有臣下之礼的行为。如果在上位的皇上谦卑屈下，在下面的臣子又不能履行君臣大义，那么也就不知道应该依靠什么来处理朝政了。"于是公卿们就向晋穆帝司马聃上奏说："蔡谟狂妄傲慢地对待皇上的命令，他的罪恶和不遵守人臣应守的节操相同，请把他送交廷尉依照刑法治罪。"蔡谟十分害怕，就率领他的子弟们到朝廷去叩头谢罪，并亲自到廷尉处等待治罪。殷浩想要判处蔡谟死刑；恰好这时徐州刺史荀羡来到了朝廷，殷浩就拿这件事去询问荀羡，荀羡说："如果蔡公今天被判死刑，明天就必定会出现像齐桓公、晋文公那样发兵请问其罪的行动。"于是殷浩放弃了处死蔡谟的打算。晋穆帝司马聃颁下诏书罢免了蔡谟的官职，将他贬为平民。

资治通鉴卷第九十九　晋纪二十一

起辛亥（公元351年），止甲寅（公元354年），共四年。

【题解】本卷记录了晋穆帝永和七年至永和十年共四年间东晋及各国大事。主要记录了后赵残余势力石祗与魏主冉闵反复争夺，石祗被部将刘显杀死，刘显先降冉闵，后又反叛称帝，被冉闵杀死，后赵彻底被灭。记录了燕将慕容恪、慕容评等大举攻魏，破冉闵于常山，俘获冉闵，在龙城把他斩杀。记录了燕将慕容评攻占邺城，冉闵政权彻底被灭，魏所辖州郡纷纷投降前燕、东晋，慕容儁在蓟城即位。记录了北方州郡纷纷投降东晋，关中地区的苻健政权也不稳定，荆州刺史桓温屡次请求北伐，而东晋朝廷害怕桓温势大难治而坚决不许。后殷浩率领谢尚、荀羡等出兵北伐，在许昌被秦军打败，只有谢尚的部将戴施从邺城得到一块传国玉玺；不久殷浩二次北伐，在山桑被姚襄打败。桓温上书罗列殷浩之罪，殷浩被削职流放，死于贬所；殷浩北伐之前，王羲之劝阻，殷浩不听；败回后，复谋再举，王羲之再次劝阻，同时上书司马昱。又记录了桓温北伐关中，步兵由武关入，在蓝田大破秦军，又破秦军于白鹿原，进抵灞上，距长安只剩咫尺之遥；又与秦军战于白鹿原，战败，加上东晋军队缺乏粮草，就把关中三千户带回东晋。记录了苻健既挫败桓温，又平定了各地反抗，稳定了关中。苻健治理有方，深得百姓拥护。苻健在关中即位，国号为秦。记录了羌族头领姚弋仲死，遗言令诸子归晋，其子姚襄不从，与秦兵作战，被秦兵打败，姚襄率部归顺东晋，后又反叛投靠燕国。记录了凉州张重华误用族人张祚，外放功臣谢艾；重华死后，张祚废重华子张曜灵，杀死谢艾，自称凉王等等。

孝宗穆皇帝中之上

永和七年（辛亥，公元351年）

春季，正月，丁酉日（初一日），发生了日食。

苻健的左长史贾玄硕等人呈上奏表，请求依据刘备号称汉中王的做法，上表东晋朝廷任命苻健为都督关中诸军事、大将军、大单于、秦王。苻健生气地说："我怎么能够胜任秦王呢？而且东晋的使臣还没有回去，我的官职爵位，不是你们所能够知道的。"紧接着他却悄悄地让梁安暗示贾玄硕等人向他进献尊号，苻健经过表面上的再三推辞谦让，就接受了。丙辰日（二十日），苻健即天王位、大单于位，立国号大秦，下令大赦，把年号改为皇始。追尊他的父亲苻洪为武惠皇帝，庙号为太祖；册立他的妻子强氏为天王后，儿子苻苌为太子，苻靓为平原公，苻生为淮南公，苻觌为长乐公，苻方为高阳公，苻硕为北平公，苻腾为淮阳公，苻柳为晋公，苻桐为汝南公，苻廋为魏公，苻武为燕公，苻幼为赵公。任命苻雄都督中外诸军事、丞相、兼车骑大将军、雍州牧、东海公；苻菁为卫大将军、平昌公，负责警卫苻健及苻苌所居住的两座宫殿；雷弱儿为太尉，毛贵为司空，略阳人姜伯周为尚书令，梁楞为左仆射，王堕为右仆射，鱼遵为太子太师，强平为太傅，段纯为太保，吕婆楼为散骑常侍。姜伯周，是苻健的舅舅；强平，是王后的弟弟；吕婆楼，本来是略阳的氐族的酋长。

段龛请求用自己占据的青州归附东晋。二月，戊寅日（十三日），东晋朝廷任命段龛为镇北将军，册封为齐公。

魏国国君冉闵围攻襄国一百多天。后赵国君石祗境况危急，就去掉了皇帝的尊号，改称自己为赵王，派遣太尉张举向前燕请求救兵，并且答应送去传国玉玺。中军将军张春向姚弋仲请求救兵。姚弋仲派遣他的儿子姚襄率领了两万八千名骑兵前去援救后赵，他告诫姚襄说："冉闵抛弃仁爱，背离道义，把石氏屠灭诛杀了。我受过石虎优厚的待遇，应当为他们报仇，但是因为我年老有病不能亲自前去，你的才干高出冉闵十倍，如果你不能把他的头颅带回来或者把他擒获回来，你也就不必再来见我了！”姚弋仲也派遣使者到前燕去报告，前燕国君慕容俊派遣御难将军悦绾率领三万士兵前往和姚弋仲的军队会合。

冉闵听说慕容俊想要去救援后赵，就派遣大司马从事中郎广宁人常炜出使前燕。慕容俊派遣封裕前去诘问他说：“冉闵，是石氏的养子，他背弃养育之恩而为叛逆之举，怎么胆敢狂妄地自称皇帝的名号呢？”常炜说：“商汤放逐夏桀，周武王讨伐商纣，因此才振兴了商、周的大业；曹孟德被宦官抚养长大，没有谁知道他的生身父母是谁，却最终奠定了魏氏的基业。如果不是顺应了天命，他们怎么能够成功呢？以此类推，何必还要来责问我呢？”封裕说：“听人家说冉闵刚刚即位的时候，曾经用金子铸造自己的形象用来占卜成败，然而最终却没有铸成，这事情是真的吗？”常炜说：“我没有听说过这件事。”封裕说：“从南方来的人都说确实是这样，你为什么要隐瞒呢？”常炜说：“奸邪的人凡是想要假传天命来使人心迷惑的，就需要假借祥瑞的征兆，伪托占卜的结果，用来显示自己说话的分量。魏国国君冉闵拥有传国玉玺，占据了中州，承受了天命，还有什么值得怀疑的呢？难道还要改变事实，变真为伪，取决于金像吗？”封裕说：“那么传国的玉玺在哪里呢？”常炜说：“在邺城。”封裕说：“张举说在襄国。”常炜说：“诛杀胡人的时候，在邺城的人差不多没有能够活下来的；当时即使有逃脱漏网的，也都是潜伏在水渠水沟里面罢了，他们怎么会知道传国玉玺在什么地方呢？那些求救的人，说出一些虚妄荒诞的话，没有什么不可以编造进去的，何况是一个传国玉玺呢？”

慕容俊依然认为张举的话是真实的，于是就在常炜身边堆上木柴，派遣封裕用个人的私下关心劝诱常炜说：“请你再仔细考虑考虑，没有必要白白地变成灰烬。”常炜厉言正色地说：“石氏贪婪暴戾，曾经亲自率领大军进攻前燕的都城。虽然没有攻下就撤退了，却仍然存有必须攻取下来的决心。所以他们把物资和粮食武器运送到东北地区的目的，并不是要用这些东西帮助你们，而是想用这些东西把你们消灭。魏国国君冉闵把石氏诛灭了，虽然不是为了前燕，然而在做臣子的心里面，听到仇人被消灭的消息，从道义上又该如何呢？现在你反而替他们来责备我们，难道不也是奇怪的事情吗？我听说死去的人，虽然骨肉被埋在了土里面，但是灵魂能升天。承蒙你的恩惠，请赶快添加木柴点火，使我能够到上帝那里去诉说冤屈也就满足了！”周围的人都请求把常炜杀死。慕容儁说：“他为了他的主君冉闵而不怕遭受杀身之祸，甘愿牺牲生命，的确是一个忠臣。而且有罪的是冉闵，和他的使臣有什么关系呢？”于是就让常炜离开此地，住进了馆舍。夜里，慕容儁派遣常炜的同乡赵瞻前往慰劳他，并且对他说：“你为什么不说实话呢？如果大王生气，要把你流放到辽海和碣石山以外的地方，您有什么办法呢？”常炜说：“我自从结发成年以来，就连一般的平民百姓都没有欺骗过，更何况是君主呢！违心地苟且迎合，这是我的本性所不能做到的事情；说出正直真实的言论，就是被沉到东海，也不敢逃避不说！”说完就面向墙壁躺下，不再和赵瞻说话。赵瞻把谈话的所有内容都告知了慕容儁，于是慕容儁就把常炜囚禁在了龙城。

后赵的并州刺史张平派遣使者向前秦投降，前秦国君任命张平为大将军、冀州牧。

前燕国君慕容儁从龙城回到了蓟城。

三月，姚襄和后赵的汝阴王石琨各自率领士兵前去救援襄国。冉闵派遣车骑将军胡睦到长芦阻击姚襄，将军孙威到黄丘阻击石琨，但是他们全部都失败返回，大多数士兵也都战死了。

冉闵想要亲自出去攻打姚襄以及石琨，卫将军王泰劝谏冉闵说：“现在襄国没有攻下，外面的救兵像云一样聚集而来，如果我们再出去作战，必定会前后都受到敌人的攻击，这是一种极其危险的做法。不如坚固营垒来消磨挫伤他们的锐气，慢慢地看着他们之间出现裂痕再去进行攻击。况且陛下亲自到军中作战，如果出现危险，宏图大业就全完了。”冉闵听了劝谏后将要不再出征，而道士法饶却向冉闵进言说：“陛下围攻襄国已经有一年时间了，却没有取得丝毫的胜利。现在贼兵到来了，又躲避不去进行攻击，今后将如何调动将士呢？而且太白星进入昴星的位置，正是诛杀胡王的征兆，一定会百战百胜，我们绝对不可以失去这个机会！”冉闵挽起袖子大声说：“我已经决定要出发征战了，胆敢出言阻止军队使士兵士气沮丧的人就处死！”然后冉闵就率领所有的军队出去，和姚襄、石琨交战。恰好这时悦绾率领前燕的士兵到来了，在距离魏国士兵大约有几里的地方，他让骑兵稀疏地分布着，拖着木柴前进，扬起漫天尘土，魏国的士兵一看见这样的阵势便骚动不安、惊恐万状，姚襄、石琨、悦绾从三面进行攻击，后赵王石祗则从后面发起冲锋，魏国的士兵被打得大败，冉闵和十多个骑兵逃回邺城。过去向冉闵投降的胡人栗特康等人把大单于冉胤和左仆射刘琦挟持了向后赵投降，后赵王石祗把他们全部都杀死了。胡睦和司空石璞、尚书令徐机、中书监卢谌等人以及冉闵的众将士加起来死亡的一共有十几万人。冉闵悄悄地返回邺城，没有一个人知道。邺城里面的百姓都感到震惊恐惧，讹传冉闵已经死了。射声校尉张艾请求冉闵亲自露面去参加郊祀祭天的活动，以安定民心，冉闵采纳了他的建议，这才平息了讹传。冉闵肢解了法饶父子，追封韦謏为大司徒。姚襄回到了滠头，姚弋仲因为他没有把冉闵捉住而感到生气，就打了他一百杖。

当初，冉闵担任后赵国宰相的时候，把国家仓库里的粮食财物全都散发给人们，以树立他对百姓的恩德，和羌族、胡族之间互相攻打，没有一个月不发生战争的。后赵所迁徙来的青州、雍州、幽州、荆州四个州的百姓，以及氐族、羌族、胡族、蛮族数百万人，都因为后赵的法令不能施行，分别返回了自己的本土。道路交错，互相残杀和劫夺，最终能回到目的地的只有十分之二三。中原地区大乱，因此导致了饥荒遍野，瘟疫流行，人们互相残杀啃食，再也没有人耕田种地了。

后赵王石祗派遣他的将领刘显率领七万士兵前去攻打邺城，在明光宫驻扎军队，那个地方和邺城相距二十三里。魏国国君冉闵十分恐惧，就把王泰召来，想要和他商量对策。王泰对冉闵以前不听从他的劝告十分气愤，就以疮口伤势严重为理由拒绝了。冉闵亲自前去慰问他，王泰仍然坚持说自己的伤势很严重。冉闵因此感到很生气，回到宫里以后，冉闵对左右的人说："巴蛮奴才（王泰本是巴蛮），难道我还要依靠你才能活命吗？我要先把群胡消灭掉，然后再把王泰斩了。"于是冉闵就率领所有的军队出去迎战，把刘显的军队打得大败，一直追击到了阳平，斩杀了三万个刘显的士兵。刘显十分害怕，就秘密地派遣使者前去向冉闵请求投降，并且向冉闵请求把石祗杀掉来表示自己效忠，冉闵这才率领军队撤回。有人向冉闵报告王泰想要背叛他归附前秦，冉闵就把王泰杀死了，并且把他的三族都诛灭了。

前秦国君苻健分别派遣使者询问百姓疾苦，招纳才干卓越优秀的人士，减轻横征暴敛的赋税，开放为修建离宫划定的禁区，撤掉没有用处的事务和器具，去掉华丽奢侈的服装，凡是后赵制定的不利于百姓的烦琐苛刻的政令，全部都废除了。

杜洪、张琚派遣使者征召梁州刺史司马勋。夏季，四月，司马勋率领步兵和骑兵三万人前往，前秦国君苻健在五丈原对司马勋进行阻击。司马勋和苻健多次交战都失败了，只好退回到南郑。苻健因为中书令贾玄硕在开始的时候，没有主动奉上尊号，对他怀恨在心，就指使人诬告贾玄硕和司马勋私底下有来往，借此把他和他的几个儿子都杀死了。

渤海人逄约趁着后赵国发生内乱的机会，就带领几千家百姓归附魏国，魏国任命逄约为渤海太守。前太守刘准，是刘隗哥哥的儿子；地方豪强封放，是封弈的堂弟。他们则另外聚集众人独自进行防守。冉闵任命刘准为幽州刺史，把渤海一分为二，让逄约和刘准分地而治。前燕国君慕容俊派遣封弈前去讨伐逄约，派遣昌黎太守高开前去讨伐刘准和封放。高开，是高瞻的儿子。

封弈率领军队直接到达了逄约的军垒，派人告诉逄约说："你和我本来是乡亲，分开以后到现在已经有很长时间了，要想见面十分困难。眼下事情的利害得失，人人心里都有数，不必多说。我希望你可以单独出来和我见上一面，倾诉聚集于心头的思念之情。"逄约一向信任并且尊重封弈，随即出来，在营垒门外与封弈见面，他们各自都没带骑兵卫士，只是单人匹马交谈。封弈和他叙说完毕各自的经历以后，就劝他说："你我两家几代都是同乡，在感情上彼此爱护尊重，因此我真心希望您能享受无穷的幸福。既然今天我能够和你见面，我就不得不向你尽吐肺腑之言了。冉闵乘着石氏大乱的机会，囊括了其已经拥有的成果，是应该让天下人都佩服他强大的力量，然而战祸动乱也从此开始，因此天命不能靠人力来争夺。燕王几代人都具有仁德，奉行大义，讨伐叛乱，所征伐的地方没有人奋起抵抗。现在已经在蓟城定都，南边与后赵、魏国相连接，远近的百姓，都纷纷背负着子女前来归附。百姓厌恶荼毒之苦，都思念有道德的国君，冉闵的灭亡，不是早晨就是晚上，成功失败的形势，很容易就可以看出来。况且燕王刚刚开始创立帝王大业，虚心对待俊贤之士。如果你能够改变主意，另做打算，那么你的功劳就可以和周勃、灌婴相比，福祉可以流传后代子孙，何必做亡国的将领，防守孤城，等待必定会来临的祸患呢？"逄约听到他的这番话，心情悲怅，默不作声。封弈左右的使者张安，有勇力，封弈事先对他做了布置，等到逄约气势低落的时候，张安突然冲上前去拉住他的马鞍，顺势就挟持了他疾驰返回。回到营地以后，封弈和逄约坐在一起，对他说："你不能决定自己的计划，所以我帮你一起决定，并不是想要把你捉住去邀功请赏，而是想要保全你的生命来使民心安定。"

高开到达了渤海，刘准和封放前来迎接并向高开投降。慕容俊任命封放为渤海太守，刘准为左司马，逄约为参军事。因为逄约是被别人劝诱才向前燕归附投降的，于是就把他的名字改为逄钓。

刘显把后赵王石祗以及他的丞相乐安王石炳、太宰赵庶等十多人都杀死了，并且把他们的头都传递到了邺城。骠骑将军石宁逃到柏人县。魏国国君冉闵在广通大道上把石祗的头焚烧了，任命刘显为上大将军、大单于、冀州牧。

五月，后赵的兖州刺史刘启从鄄城前来向东晋投降。

秋季，七月，刘显又率领士兵前去攻打邺城，魏国国君冉闵把他打败了。刘显回去，在襄国称帝。

八月，魏国的徐州刺史周成、兖州刺史魏统、荆州刺史乐弘、豫州牧张遇用廪丘、许昌等城邑前去向东晋投降。平南将军高崇和征虏将军吕护把洛州刺史郑系逮捕了，用他的土地来向东晋投降。

前燕国君慕容儁派遣慕容恪去攻打中山，慕容评到鲁口去攻打王午，魏国的中山太守上谷人侯龛关上城门进行防守。慕容恪向南巡行常山，在九门县驻扎军队，魏国的赵郡太守辽西人李邽带领全郡人向前燕投降，慕容恪给了他丰厚的抚慰，率领李邽的军队返回去包围攻击中山，侯龛这才向前燕投降。慕容恪进入中山，把侯龛手下的将帅、地方豪强数十家迁徙到了蓟城，其余的则让他们全都就地安居，军队纪律非常严明，没有进行一丝一毫的侵犯。慕容评到达了南安，王午派遣他的将领郑生进行抵抗，慕容评发起攻击，把郑生斩杀了。

悦绾从襄国回来以后，慕容儁才知道张举所说的送传国印玺是荒诞之辞，就把他杀死了。常炜在中山有四个儿子两个女儿，慕容儁解除了对常炜的囚禁，让他的儿女们前来见他。常炜向慕容儁上疏谢恩，慕容儁亲自复信回答说："你的行动本来不是为了活命谋生考虑，但是我与你是同乡，所以才对你加以保全。在大乱的形势下，你的几个儿子全部都能来到这里，这难道不是上天对你的关怀吗？上天尚且关怀你，更何况是我呢！"慕容儁赐给常炜妾一人，粮食三百斛，让他在凡城居住。任命北平太守孙兴为中山太守。孙兴善于安抚别人，于是中山就安定下来。

库傉官伟率领他手下的士兵从上党向前燕投降。

姚弋仲派遣使者来向东晋投降。冬季，十一月，晋穆帝司马聃任命姚弋仲为使持节、六夷大都督、督江北诸军事、车骑大将军、开府仪同三司、大单于、高陵郡公；又任命他的儿子姚襄为持节、平北将军、都督并州诸军事、并州刺史、平乡县公。

逢钓逃回到渤海，招集原来的士兵背叛前燕。乐陵太守贾坚派人劝谕乡里的人，给他们分析成败大势，逢钓的旧部逐渐离散，于是逢钓就前来投奔东晋。

吐谷浑的首领叶延去世了，他的儿子叶碎奚继立。

起初，桓温听到石氏混乱的消息，就向晋穆帝司马聃上疏请求出兵整治中原地区，但是事情过了许久也没有回音。桓温知道朝廷依仗殷浩来对抗自己，对此感到很气愤；然而他一向知道殷浩的为人，所以对此不惧怕。因为国家没有其他的灾祸变故，也就相持共处了一年多，虽然有君臣的痕迹，但也是一般性的相互联系、应付而已，桓温管辖的八州（永和元年桓温都督荆州、司州、雍州、益州、梁州、宁州六个州，五年又加督交州、广州两个州）百姓的财货、赋税几乎都没有让朝廷使用。他多次请求向北攻伐，晋穆帝司马聃颁下诏书不肯答应。十二月，辛未日（十一日），桓温向朝廷上表后就立即出发，率领四五万士兵顺流而下，在武昌驻扎。东晋朝廷非常恐惧。

殷浩想要把官职辞去避开桓温，又想要出示驺虞幡（驺虞是仁兽，幡是旗帜。幡用驺虞的名字，表示仁爱不杀的意思）使桓温的部队不再继续前进。吏部尚书王彪之向会稽王司马昱进言说：“这些举动全都是为自己打算，并不能保卫国家，不是为殿下考虑的，如果殷浩把官职辞去，必将会导致人心离散混乱，天子独坐天下，在这时，必定要有人出来承担责任，这个人不是殿下还能是谁呢？”王彪之又对殷浩说：“如果桓温向皇上上表直说他人的罪过并且要追究，第一个被追究的人就是你。您在朝廷担任如此重要的职务，已经造成和桓温的猜忌隔阂，这时想要去做一个平常人，难道还能保全自己吗？你暂且保持冷静等待桓温。可以先让宰相写一封亲笔信给他，向他表示恳切的诚意，为他分析出兵成败的情形，他就一定会率领军队返回了；如果他不肯听从，那就请皇上司马聃亲自下达手诏；如果他仍然不肯听从，就应当用正义之师去制裁他。您为什么要平白无故地匆匆行事，先自我倾覆呢？”殷浩说：“决定大事，自己正感到难以决策，近日一直使我感到非常烦闷。听到你这个计谋，这才能决定下来。”王彪之，是王彬的儿子。

抚军司马高崧向司马昱建议说：“您应该向桓温写信，明白地告诉他出兵的利害得失，他自然就会率领军队返回了。如果他不这么做，就整顿六军的人马，按照朝廷的命令前去讨伐他。”于是他就在座位上为司马昱起草书信说：“贼寇的祸乱应该平定，光复中原的时机到来应该利用。这确实是为国家着想的深远谋划，夺取天下的伟大计策，而能够弘扬光大这种时运的，除了你还能有哪个人呢？但是最近兴师动众，应该以财货和粮食为基础，而运输转送的艰苦，正是古人最头疼的事情，不能从开始就认为它容易而不加以认真考虑。近来我之所以对你的举动深以为疑，原因就在这里。对于异乎寻常的举动，人们都感到惊骇，所以最近到处议论纷纷，我想你也多少会听到一些。如果人们生怕自己原来拥有的一切再失去，那什么事情都做得出来，也许有些人就会震恐惊忧，甚至会顷刻崩溃逃散。但是如此则宏大的愿望和已有的成果全都会丧失，国家的大业也就完了。这都是由于我昏庸懦弱，没有表现出崇高的道德和信誉，才没能使百姓沉着安定，凭借险势连城固守，以保卫国家，这就是我于内问心有愧，于外对不起好友的原因。我和你，担任的职务虽然有内外的区别，但是安定社会、保卫国家这个目标却是一致的。天下的安危，与完美的德行相联系。应当先考虑使国家内部安定，然后再谋求向外扩展，使帝王的基业兴隆昌盛，道义弘扬彰著，这正是我对你的希望。这是我的一点诚挚的想法，难道还能再顾虑疑忌而不坦诚尽言吗？”桓温看到书信以后立刻向晋穆帝司马聃上疏诚惶诚恐地谢罪，并且率领军队返回了原来镇守的地方。

东晋朝廷将要在郊外举行祭祀天地的仪式。会稽王司马昱询问王彪之说："在郊外举行祭天大典的时候是否应该下令大赦天下呢？"王彪之回答说："自从朝廷中兴以来，举行祭天大典的时候，往往会颁布赦令。我的意见是，如果经常这样做，是不合适的。凶残愚顽的人，认为祭天的时候必定颁布大赦令，那么他们必将产生侥幸的心理！"司马昱采纳了他的建议。

前燕国君慕容儁去了龙城。

丁零翟鼠率领自己的士兵向前燕投降，被封为归义王。

永和八年（壬子，公元352年）

春季，正月，辛卯日（初一日），发生了日食。

前秦丞相苻雄等人请求前秦国君苻健正式称皇帝的尊号，依照汉朝、晋朝的旧制，直接即位为皇帝，而不要效法石氏的做法，在起初的时候先称天王，然后再即皇帝位。苻健采纳了他们的建议，即皇帝位，下令大赦。诸公的爵位全部都晋升为王。苻雄等人还说，单于用来统治百蛮的种种措施、办法，不宜由天子亲自掌管，所以苻健把这方面的权力授予太子苻苌。

司马勋回到汉中以后，杜洪和张琚在宜秋驻扎军队。杜洪自以为出身于高门大族而轻视张琚，张琚就杀了杜洪，自立为秦王，把年号改为建昌。

刘显攻打常山，魏国国君冉闵把大将军蒋干留下来辅助太子冉智在邺城进行防守，自己则亲自率领八千骑兵赶去常山进行支援。刘显的大司马清河人王宁用枣强县向魏国投降。冉闵前去进攻刘显，把他打败，一直追击到了襄国。刘显的大将军曹伏驹把城门打开迎接冉闵进城，冉闵把刘显和他的一百多个公卿以下的官员都杀死，把襄国的宫殿都烧毁，把襄国的百姓都迁徙到邺城。后赵的汝阴王石琨带着他的妻妾向东晋投降，在建康的闹市街头被斩杀，石氏家族就被彻底灭绝了。

尚书左丞孔严向殷浩建议说："最近一段时间，百姓们的情绪，实在让人心寒，不知道您将要用什么方法安定他们。我认为应该明确各人承担职务的权限，就像在汉朝的时候，韩信、彭越专门从事征战讨伐的武略，萧何、曹参则专门担任丞相掌握朝政，对内外的职责，分别有专门的官吏担任。还应该深思廉颇和蔺相如能够为国家利益而捐弃前嫌的道理，陈平和周勃为制止吕氏专权而结为至交的谋略，使得彼此和睦团结，然后就可以保卫皇室，保有天下，成就功业。看看近日来投降归附的那些人，全都人面兽心，贪婪至极而且六亲不认，恐怕用道义很难感化他们。”殷浩没有采纳他的建议。孔严，是孔愉的侄子。

殷浩向晋穆帝司马聃上疏请求准许自己向北出兵许昌和洛阳，晋穆帝司马聃颁下诏书准许了他的请求，任命安西将军谢尚、北中郎将荀羡为督统，在寿春驻扎军队。谢尚不能抚慰张遇，张遇非常愤怒，就占据武昌叛乱，并且派遣他的将领上官恩占据洛阳，乐弘也在仓垣攻打督护戴施，殷浩的军队不能前进。三月，命令荀羡镇守淮阴，不久加任他监察青州诸军事，又兼任兖州刺史，镇守下邳。

乙巳日（十五日），前燕国君慕容俊回到蓟城，把少量的军中文武官员、士兵的家属迁徙到了蓟城。

姚弋仲有四十二个儿子，等到他病重的时候，他对他的儿子们说：“石氏对待我很优厚，我本来想为他们尽力。现在石氏被消灭了，中原混战无主；我死以后，你们赶快归附东晋朝廷，坚守作为臣子的节气，不要做和义理不合的事情。”姚弋仲死了以后，他的儿子姚襄隐瞒了他死亡的消息，没有告诉别人，率领六万户部众向南攻打阳平郡、元城县和发干县等地，全部攻下，在碻磝津驻扎军队。任命太原人王亮为长史，天水人尹赤为司马，太原人薛瓒和略阳人权翼为参军。

姚襄和前秦的士兵交战，被打败了，有三万多户战死、溃逃，姚襄向南到达了荥阳，才公开了父亲姚弋仲死亡的消息。又和前秦的将领高昌、李历在麻田作战，他的战马被飞箭射中死了。他的弟弟姚苌给了姚襄一匹马，姚襄说：“你自己要怎么脱身呢？”姚苌说：“只要哥哥平安，那帮小子一定不敢伤害我。”恰好援兵在这时赶到，他们全都幸免于难。尹赤逃到前秦，前秦任命尹赤为并州刺史，镇守蒲阪。

于是姚襄就率领众人归附东晋朝廷，并且把他的五个弟弟送去做人质。晋穆帝司马聃颁下诏书派遣姚襄在谯城驻扎军队。姚襄单人匹马渡过淮河，前往寿春拜见谢尚。谢尚早就听说过他的名字，命令把仪仗和侍卫撤去，自己把帽子摘掉，只用全幅的缣束着头就出来热情地接待他，就像是见到了过去的老朋友一样。姚襄学问渊博，善于谈论，江东的人士都很尊重他。

魏国国君冉闵攻下了襄国以后，就在常山、中山诸郡周游吃喝。后赵的立义将军段勤聚集了一万多胡人、羯人，保卫据守绎幕，自称赵帝。夏季，四月，甲子日（初五日），前燕国君慕容俊派遣慕容恪等人前去进攻魏国，慕容霸等人前去攻击段勤。

魏国国君冉闵准备和前燕作战，大将军董闰、车骑将军张温劝谏冉闵说："鲜卑人乘着胜利的气势，锋芒锐利，而且他们的士兵多而我们的士兵少，我们应该暂时避开他们，等到他们骄慢怠惰的时候，我们再增加军队对他们进行攻击。"冉闵听了以后生气地说："我想要利用这些士兵平定幽州，把慕容俊斩杀了；现在遇到了慕容恪却避开他们，人们该说我什么呢？"司徒刘茂、特进郎闿互相议论说："我们的国君这一次出征，必定是不会回来的了，我们为什么要在这里坐等被杀戮的耻辱呢？"于是他们两个人都自杀了。

冉闵在安喜驻扎军队，慕容恪率领士兵在后面跟着他。冉闵率军前往常山，慕容恪紧追不舍，一直追到了魏昌的廉台。冉闵率军和前燕士兵交战了数十次，前燕士兵都没有取得胜利。冉闵历来就有勇猛的名声，所率领的也都是精良的士兵，前燕士兵对他感到害怕。慕容恪巡视阵地，对他的将士们说："冉闵勇敢却没有计谋，只能一个人对抗一人罢了！他的士兵们饥饿疲惫，武器装备虽然精良，但是实际上很难使用，打败他们并不是多么困难的事情！"冉闵认为他所率领的大多数都是步兵，而前燕士兵都是骑兵，于是就率领士兵前往树林里面。慕容恪的参军高开说："我们的骑兵在平坦的地方作战更加有利，如果冉闵率军到树林里面去，我们将对他无可奈何。我们应该赶快派遣轻便的骑兵把他拦截下来，交战以后再假装逃跑，诱使他到平坦的地方，我们就可以对他进行攻击了。”慕容恪采纳了他的建议。魏国的士兵回到平坦的地方，慕容恪把军队分为三部，对诸位将领说：“冉闵生性轻敌，锐气十足，又自认为士兵比较少，必定会拼死和我们作战。我要在中军的阵地上集中优势兵力等着他，等到他们和我们的中军交战的时候，你们就从两翼对他们进行攻击，没有什么是不可以战胜的。”于是就选拔了五千个擅长射箭的鲜卑人，用铁锁把他们所骑的马连接起来，组成方阵，布置在军队的前面。冉闵所骑的骏马名字叫作朱龙，一天可以行走一千里。冉闵左手持着两刃矛，右手拿着钩戟，攻击前燕士兵，前燕有三百多个士兵被冉闵斩杀了。当冉闵远远望见宽大的仪仗旗帜之后，知道他们就是中军，就径直向前发起冲击。这时，前燕其他两部分的军队从两翼夹击，把冉闵的军队彻底打败了。好几重的士兵把冉闵团团围住，冉闵突破包围向东逃了二十多里，冉闵的骏马朱龙忽然死了，冉闵被前燕士兵捉住。前燕士兵把魏国的仆射刘群杀死，并且把董闵（当作董闰）、张温和冉闵都捉住了，把他们全部都押送到蓟城。冉闵的儿子冉操逃到鲁口。高开受伤去世。慕容恪继续前进，在常山驻扎军队，慕容儁命令慕容恪镇守中山。

己卯日（二十日），冉闵被押送到了蓟城。慕容儁下令大赦。他让冉闵站在那里然后斥责他说：“你不过就是一个才能低下的奴仆下人，怎么能够自称为皇上呢？”冉闵说：“现在天下大乱，你们这些夷狄禽兽之类的还可以自称为皇上，更何况我是中原的英雄，为什么不能够自称为皇上呢？”慕容儁听了以后很生气，就打了他三百鞭，然后把他送到了龙城。

慕容霸的军队到达了绎幕，段勤和他的弟弟段思聪举城向慕容霸投降。

甲申日（二十五日），慕容儁派遣慕容评和中尉侯龛率领一万精锐骑兵前去攻打邺城。癸巳日（四月无此日），军队到达了邺城，魏国的蒋干和太子冉智把邺城的城门紧紧地关上，抵抗固守，城外的士兵和百姓都向前燕投降，刘宁和他的弟弟刘崇率领三千胡族骑兵逃到晋阳。

前秦任命张遇为征东大将军、豫州牧。

五月，前秦国君苻健到宜秋攻打张琚，把他斩杀了。

邺中地区发生了严重的饥荒，人们互相残杀啃食，后赵的宫人差不多都被吃掉了。蒋干派遣侍中缪嵩、詹事刘猗向东晋朝廷呈上降表，请求投降，并且向谢尚请求救援。庚寅日（初二日），前燕国君慕容俊派遣广威将军慕容军、殿中将军慕舆根、右司马皇甫真等率领步兵和骑兵两万人，协助慕容评攻打邺城。

辛卯日（初三日），前燕士兵在龙城把冉闵斩杀了。恰好这时发生了严重的旱灾和蝗灾，前燕国君慕容俊就认为这是冉闵在作祟，就派遣使者前去祭祀他，给他追封谥号为悼武天王。

起初，谢尚派遣戴施在枋头进行防守，戴施听说蒋干派人求救，就把军队从仓垣迁移到了棘津驻扎，把蒋干的使者留了下来向他索要传国的玉玺。刘猗派遣缪嵩回到邺城把这件事禀告了蒋干，蒋干怀疑谢尚不能前来援救自己，犹豫再三，不能决定。六月，戴施率领一百多个壮士进入邺城，协助蒋干防守三台，并且哄骗他说："现在燕寇在外面陈兵，道路不能够通行，不敢把传国玉玺送过去。你暂且把它拿出来交给我，我会派人骑快马去向天子司马聃禀告这件事。天子如果知道传国玉玺在我们这里，一定会相信你十分诚恳，必定会多发一些兵粮来救助你。"蒋干认为他说得很有道理，就把传国玉玺拿出来交给了他。戴施公开宣称要派遣督护何融前去迎接兵粮，暗中却把传国玉玺藏在怀里送到枋头。甲子日（初六日），蒋干率领五千精锐士兵和戴施率领的东晋士兵出城作战，结果被慕容评彻底打败，有四千人被斩杀，蒋干脱身逃回了邺城。

甲申日（二十六日），前秦国君苻健从宜秋回到长安。

谢尚和姚襄一起到许昌攻击张遇。前秦国君苻健派遣丞相东海王苻雄、卫大将军平昌王符菁攻占了关东地区，率领步兵和骑兵一共两万人前去救援。丁亥日（二十九日），双方在颍水的诫桥交战，谢尚等人被打得大败，有一万五千人战死。谢尚逃回淮南，姚襄把载运仪仗、兵器等军用物资的车辆丢弃，护送谢尚到达芍陂；谢尚把自己的后事全部都托付给了姚襄。殷浩听说谢尚失败了，就把军队撤退，在寿春驻扎。秋季，七月，前秦丞相苻雄把张遇和陈郡、颍川、许昌、洛阳等地的五万户百姓迁徙到关中，任命右卫将军杨群为豫州刺史，镇守许昌。谢尚的名号被贬降为建威将军。

后赵过去的西中郎将王擢派遣使者向东晋请求投降，晋王室任命王擢为秦州刺史。

丁酉日（初十日），晋穆帝司马聃任命武陵王司马晞为太宰。

丙辰日（二十九日），前燕国君慕容俊到达中山。

王午听说了魏国失败的消息，当时邓恒已经死了，于是王午就自称安国王。八月，戊辰日（十一日），前燕国君慕容俊派遣慕容恪、封弈、阳骛前去攻打他，王午把城门紧紧地关闭进行防守，把冉操送到前燕军队，前燕军队把他们的庄稼砍掠一空后返回了。

庚午日（十三日），魏国的长水校尉马愿等人把邺城城门打开，迎接前燕士兵进入邺城，戴施、蒋干系着绳索从城墙上面悬垂着滑下来，逃到仓垣。慕容评把魏后董氏、太子冉智、太尉申钟、司空条攸以及王宫车乘服饰等送到蓟城。尚书令王简、左仆射张乾、右仆射郎肃全部自杀。前燕国君慕容俊谎称董氏得到传国的玉玺，并且献给他，所以赐董后号为奉玺君，册封冉智为海宾侯。任命申钟为大将军右长史，派遣慕容评镇守邺城。

桓温派遣司马勋协助周抚在涪城讨伐萧敬文，把他斩杀。

谢尚从枋头迎接传国玉玺到达建康，朝廷百官都前来道贺。

前秦任命雷弱儿为大司马，毛贵为太尉，张遇为司空。

殷浩出兵北伐时，中军将军王羲之写信劝他不要去，但他不肯接受劝告。后来殷浩没有立功就返回，于是他就计划再一次发兵出征。

王羲之给殷浩写信说："现在我们占据着区区江左之地，天下人都因为这件事心寒，本来已经很久了，竭力争取军事方面的功劳，不是你现在应该做的事情。近来在朝廷内外任职的官员们，没有进行深远的谋虑，却任意挥霍摧残国家的根基，使国家的根本疲敝空虚，每个人都追求实现自己的志向，却没有一桩战功可言，结果使天下将有分崩离析的趋势，干这种事情的人，怎么能够推卸掉天下人的责怪呢？现在在外面的军队被打败，国家府库里面的财货被消耗尽，保全淮南的志向，已经不再是您力所能及的了，您不如回来确保长江，让都督将领们各自回到自己原来镇守的地方，长江以外的地区，保持着联系就可以了。官员们引咎自责，重新实施良好的治理方法，减免百姓的田赋和徭役，帮助百姓重新开始奋斗，或许还可以解救千钧一发的危急局势。您出身于布衣百姓，承担着天下的重大责任，掌管着督察统管之责，却失败落魄到如此地步，恐怕朝廷里面所有的贤臣，没有一个会愿意为别人分担责任。如果您还认为以前的事情考虑得不周到、细致，所以应该再去追求分外之功，那么虽然宇宙广大，恐怕也没有什么地方能够容纳你，这就是我愚钝的头脑所不能理解的地方。"

王羲之又在给会稽王司马昱的书信里面说："做臣子的，哪一个不愿意尊奉自己的国君，希望他的国势比前代更加兴隆昌盛，更何况是遇到难得的时运呢？但是，在力量有所不及的情况下，难道可以不权衡轻重而随意行事吗？现在虽然有值得我们高兴的机会，然而检查我们国家自身的情况，令人担忧的事情仍然多于令人可喜的事情。成功尚且无法预期，遗留下来的黎民损失殆尽，劳役没有限定时间，征收的田赋日益繁重，以区区吴、越之地去征服统治天下十分之九的广阔地区，不灭亡又会怎么样呢？不权衡自己的德行与力量，不彻底失败就不善罢甘休，这正是国内的人士所痛心疾首而又不敢直接说出自己意见的原因啊。'过去的已经无法挽回，但未来的还可以补救。'我希望您能再三思考，先奠定了敌人不能战胜的根基，等到根基牢固、势力强大的时候，再谋划也不算晚。如果不这么做，恐怕麋鹿的游息，将不限于林薮之中，危险就会降临到我们江南！我希望你能暂且放下虚华高远的想法，来挽救眼前千钧一发的危急局势，这才可以说是利用败亡求生存，把灾祸转变为幸福。”但是司马昱不肯采纳王羲之的建议。

九月，殷浩在泗口驻扎军队，派遣河南太守戴施据守石门，荥阳太守刘遁占据仓垣进行防守。殷浩以征集财物供军用为由，停止了太学学生的学习，并且把他们都遣散回去，学校从此关闭了。

冬季，十月，谢尚派遣冠军将军王浃进攻许昌，王浃把许昌攻占了。前秦的豫州刺史杨群撤退后，在弘农驻扎军队。朝廷征召谢尚为给事中，戍守石头城。

丁卯日（十一日），前燕国君慕容儁回到蓟城。

以前后赵的将领率领士兵占据州郡的，全都各自派遣使者向前燕投降。前燕国君慕容儁任命王擢为益州刺史，夔逸为秦州刺史，张平为并州刺史，李历为兖州刺史，高昌为安西将军，刘宁为车骑将军。

慕容恪在安平县驻扎军队，储备粮食，准备进攻使用的武器装备，将要讨伐王午。丙戌日（闰十月初一日），中山人苏林在无极县起兵，自称天子。慕容恪从鲁口回来后前去讨伐苏林。闰月，戊子日（初三日），前燕国君慕容儁派遣广威将军慕舆根协助慕容恪去攻击苏林，把他斩杀。王午被他的将领秦兴杀死；吕护又把秦兴杀死，自称安国王。

前燕的官吏们共同给前燕国君慕容儁上皇帝尊号，慕容儁同意了。十一月，丁卯日（十二日），开始设置百官，任命国相封弈为太尉，左长史阳骛为尚书令，右司马皇甫真为尚书左仆射，典书令张悕为右仆射；其余的文武官吏，授予的官职各有等差。戊辰日（十三日），慕容儁即皇帝位，下令大赦。自称得到了传国玉玺，把年号改为元玺。追尊武宣王慕容廆为高祖武宣皇帝，文明王慕容皝为太祖文明皇帝。这时，东晋的使臣刚好到达前燕，慕容儁就对他说：“你回去禀报你的天子晋穆帝司马聃，趁着天下没有人才的时机，我被中原的士民推举，已经即位做皇上了！”慕容俊把司州改为中州；在当初的都城龙城修筑留台；任命玄菟太守乙逸为尚书，委任他管理留台的事务。

前秦丞相苻雄在陇西攻击王擢，王擢逃到凉州，苻雄回来后在陇东驻扎军队。张重华任命王擢为征虏将军、秦州刺史，对他特别宠爱和优待。

永和九年（癸丑，公元353年）

春季，正月，乙卯朔日（初一日），晋穆帝司马聃下令大赦天下。

二月，庚子日（十七日），前燕国君慕容俊册立他的妃子可足浑氏为皇后，世子慕容晔为皇太子，把他们全部从龙城迁移到蓟宫。

张重华派遣将军张弘和宋修，和王擢会合共同率领步兵和骑兵一万五千人去攻打前秦。前秦丞相苻雄和卫将军苻菁率领士兵进行抵抗，前凉士兵在龙黎被打得大败，有两万多人被斩杀，张弘和宋修都被俘虏。王擢放弃秦州，逃到姑臧。前秦国君苻健任命领军将军苻愿为秦州刺史，镇守上邽。

三月，东晋的交州刺史阮敷讨伐林邑，攻破五十多个军垒。

后赵原来的卫尉常山人李犊聚集数千士兵，背叛前燕。

西域胡人刘康谎称自己是刘曜的儿子，在平阳聚集士兵，自称晋王。夏季，四月，前秦左卫将军苻飞讨伐刘康并把他捉住。

晋穆帝司马聃任命安西将军谢尚为尚书仆射。

五月，张重华又派遣王擢率领两万士兵，前去攻打上邽，秦州大多数郡县都响应他。苻愿战败，逃到长安。张重华就向东晋朝廷呈上奏疏请求讨伐前秦，晋穆帝司马聃颁下诏书晋升张重华为凉州牧。

前燕国君慕容俊派遣卫将军慕容恪前去讨伐李犊，李犊向前燕投降，于是慕容恪就向东前进，到鲁口去攻打吕护。

六月，前秦的苻飞到仇池攻打氐王杨初，结果被王杨初打败。前秦丞相苻雄和平昌王苻菁率领步兵和骑兵四万人，在陇东驻扎军队。

前秦国君苻健迎娶张遇的继母韩氏为昭仪，他好几次在众人当中对张遇说："你是我的养子。"张遇对此感到羞耻，就乘着苻雄等精锐士兵在外征战，暗中和关中豪杰进行联络，想要把苻氏消灭掉，用他所占据的土地向东晋投降。秋季，七月，张遇和黄门刘晃计划在夜里袭击苻健，刘晃约定到那时打开门等待他。刚好苻健派遣刘晃外出，刘晃再三推辞，不得已只好去了。张遇不知道这件事，当他率领士兵到达门时，门并没有打开；事情被发觉了，张遇被杀死。这时，孔持在池阳县起兵，刘珍和夏侯显在鄠县起兵，乔秉在雍县起兵，胡阳赤在司竹起兵，呼延毒在灞城起兵，参加者达到了几万，他们各自都派遣使者前去向东晋请求援兵。

前秦任命左仆射鱼遵为司空。

九月，前秦丞相苻雄率领两万士兵返回长安，派遣平昌王苻菁平定治理上洛，在丰阳川设置荆州州政府，任命步兵校尉金城人郭敬为刺史。苻雄和清河王苻法、苻飞分别去讨伐孔持等人。

姚襄在历阳驻扎军队，考虑到前燕、前秦的势力正是强盛的时候，所以没有向北攻伐的意愿，就在淮河两岸让戍守的士兵大规模地开垦田地种植五谷，训练勉励将士。殷浩在寿春，厌恶他日益强盛，于是就把他的几个弟弟都囚禁起来，并且多次派遣刺客刺杀他，然而刺客们却都告诉姚襄实情。安北将军魏统去世了，他的弟弟魏憬就代替他率领军队。殷浩暗中派遣魏憬率领五千士兵前去袭击姚襄，姚襄把魏憬杀死，把魏憬的士兵都兼并。于是殷浩对他更加厌恶，殷浩命令龙骧将军刘启在谯城进行守卫，把姚襄调配到梁国的蠡台，向晋穆帝司马聃呈上奏表请求授给姚襄梁国内史的官职。

魏憬的子弟们多次往来于寿春，姚襄越来越怀疑担心，就派遣参军权翼到殷浩的军队出使。殷浩说："我和姚平北都是君王的臣子，休戚与共，祸福相同。姚平北每一次举动都是自行专擅，还没有请命就去行动，有失辅车相依的道理，这难道是我所希望的事情吗？"权翼说："姚襄英俊的风姿堪称绝世，拥有数万士兵，不辞辛苦，从遥远的地方前来归附晋室，就是因为朝廷具有道义，政治清明、宰辅大臣贤明智慧的缘故。现在将军您轻易相信邪恶奸佞之人的言语，和姚襄有了嫌隙隔阂，我认为产生猜忌的根源，在你这里而不在姚襄那里。”殷浩说：“姚襄生性豪放不羁，赏罚随意，肆意生杀，又纵容小人抢夺我的战马。君王大臣的行为，原本就是像这样的吗？”权翼说：“姚襄归附听命于圣明的晋朝，怎么肯随便杀死没有罪的人呢？邪恶作乱的小人，即便是帝王的法律也不能够容忍，把他杀了又有什么害处呢？”殷浩说：“那么他为什么要抢夺我的战马呢？”权翼说：“将军您认为姚襄雄健勇武，难以控制，终究也要去讨伐他，所以他才会想要夺取您的战马来保卫自己。”殷浩笑着说：“哪里到了这种地步！”

起初，殷浩暗中派遣人劝诱梁安和雷弱儿，让他们把前秦国君苻健杀死，许诺把镇守关右的重任交付给他们。雷弱儿表面上假装答应他，请求派遣士兵前来接应。殷浩听说张遇在夜里偷袭苻健，苻健哥哥的儿子辅国将军苻黄眉从洛阳向西逃走，以为梁安等人杀死前秦国君苻健的事情已经成功。冬季，十月，殷浩从寿春率领七万名士兵向北攻伐，想要进攻并且占据洛阳，来修复帝王的茔墓。吏部尚书王彪之给会稽王司马昱上书，认为：“雷弱儿等或许有欺诈，殷浩不应该轻易进攻。”但是殷浩没有听从。

殷浩任命姚襄为前驱。姚襄率领军队向北进发，当预计殷浩将要到达时，假装让他手下的士兵趁着夜间逃走，实际上却是悄悄埋伏起来等候截击殷浩。殷浩听到了这个消息，就追赶姚襄一直追到山桑县；姚襄纵任士兵攻击他，殷浩被打败，把装载衣物的车辆丢弃，逃回谯城进行防守。一万多人被姚襄俘虏和杀死，姚襄还把他的财货和兵器全部没收，并让哥哥姚益在山桑进行防守，姚襄就回到淮南。会稽王司马昱对王彪之说：“你所说的没有一个与事实不符，就是张良和陈平也无法超过你啊！”

西平敬烈公张重华生病了，他的儿子张曜灵当时才十岁，被册立为太子，下令大赦。张重华的庶兄长宁侯张祚，力气很大，果敢勇猛，具有担任官吏的才干，然而他为人狡诈，巧于谄媚，善于看风行事，左右逢源，他和张重华宠信的臣子赵长、尉缉等人结拜为异姓兄弟。都尉常据向张重华请求把他调离，张重华说："我正要任命张祚为周公，让他来辅佐幼子，你说的这是什么话呢？"

谢艾因为平定枹罕的功劳，得到了张重华的宠信，周围的人因此非常嫉妒他，说胡话诬陷他，于是张重华派遣他出去担任酒泉太守。谢艾向张重华呈上奏疏说："有权势、有地位而又得到国君宠幸的人掌握政权，君王的政权将会有危险，请求您让我入朝侍奉。"而且谢艾还说："长宁侯张祚和赵长等人将要作乱，您应该把他们全部都赶走。"十一月，己未日（初十日），张重华病情加重，他亲自写下命令征召谢艾出任卫将军，监察中外诸军事，辅佐朝政；张祚和赵长等人却将手令隐藏起来而没有加以公布。

丁卯日（十八日），张重华去世了，世子张曜灵继承了王位，被称为大司马、凉州刺史、西平公。赵长等人假传张重华的遗命，任命长宁侯张祚都督中外诸军事、抚军大将军，辅佐朝政。

殷浩派遣他手下的将领刘启和王彬之在山桑攻打姚益，姚襄从淮南出兵前去攻击他们，刘启和王彬之全都战败而死。姚襄继续前进，占据了芍陂。

后赵快要灭亡的时候，乐陵人朱秃、平原人杜能、清河人丁娆、阳平人孙元各自拥兵分别占据了所在的城邑，到了这时，他们全部都向前燕请求投降。前燕国君慕容儁任命朱秃为青州刺史，杜能为平原太守，丁娆为立节将军，孙元为兖州刺史，各自都留下来平定安抚自己军营的士兵。

前秦丞相苻雄攻下池阳，把孔特杀死。十二月，清河王苻法和苻飞攻下鄠县，把刘珍和夏侯显杀死。

姚襄渡过淮水在盱眙驻扎军队，招募困穷转徙在外的百姓，一共招募了七万人，分别设置地方长官，勉励督促他们耕种田地，种植桑树；同时姚襄还派遣使者前往建康报告殷浩的罪状，自己向朝廷上书陈述自己的谢意。晋穆帝司马聃颁下诏书，任命谢尚都督江西、淮南诸军事、豫州刺史，镇守历阳。

前凉右长史赵长等人提出建议，认为："现在祸难没有平定，应该册立年长的人为主君，张曜灵年纪幼小，请求册立长宁侯张祚。"张祚原先深得张重华母亲马氏宠幸，马氏就答应了他的请求，于是就将张曜灵废黜为凉宁侯，册封张祚为大都督、大将军、凉州牧、凉公。张祚达到目的后，肆无忌惮地施展淫威暴虐，把张重华的妃子裴氏和谢艾都杀了。

前燕卫将军慕容恪、抚军将军慕容军、左将军慕容彪等人曾经多次向前燕国君慕容俊推荐给事黄门侍郎慕容霸，说他有显赫于世的才华，应该总揽重任。这一年，前燕国君慕容俊任命慕容霸为使持节、安东将军、北冀州刺史，镇守常山。

永和十年（甲寅，公元354年）

春季，正月，张祚自称凉王，把建兴四十二年改为和平元年；册立他的妻子辛氏为王后，儿子张太和为太子；册封弟弟张天锡为长宁侯，儿子张庭坚为建康侯，张曜灵的弟弟张玄靓为凉武侯；设立文武百官，在郊外祭祀天地，使用天子的礼节乐器。尚书马岌恳切地向张祚进行劝谏，却因此被降罪罢免官职。郎中丁琪又向张祚劝谏说："我们自从武公张轨以来，世代谨慎地遵守臣子的节义，胸怀忠诚，行事谦恭了五十多年，所以才能够凭借区区一州士兵，抵抗整个天下的敌虏，虽然士兵连年征战，百姓却没有诉说疲敝。殿下的功勋道德都没有高出先公，却迫不及待地谋求改变命运，我没有见过这样做能行得通的，那些士兵百姓之所以肯为我们效命，远方的部族之所以肯前来归附，就是因为我们能够尊奉晋室的缘故。现在您自己尊奉自己为帝，必定会内外异心，还怎么能够凭借一隅的地方来抵抗整个天下的强大敌人呢？"张祚听了以后大发脾气，就在宫殿前面把他斩杀。

过去魏国来投降的将领周成造反，从宛县出发去袭击洛阳。辛酉日（十三日），河南太守戴施逃到鲔渚。

前秦丞相苻雄攻占司竹，胡阳赤逃到霸城，投奔呼延毒。

中军将军、扬州刺史殷浩连年北伐，军队多次被打败，粮食和武器消耗殆尽。征西将军桓温乘着朝野上下对殷浩的怨恨，向晋穆帝司马聃呈上奏疏列举殷浩的罪过，请求把他废黜。朝廷不得已，把殷浩的官爵罢免，将他贬为平民，流放到东阳郡的信安县。此后，朝廷内外大权全都掌握在桓温的手中。

殷浩年少的时候就和桓温齐名，但是双方暗自争胜，不相上下，桓温常常轻视他。殷浩被废黜后，虽然心里面忧愁怨恨，却没有在言语中或者脸色上表现出来，只是他常常用手指在空中书写“咄咄怪事”四个字（咄咄，惊叹声，咄咄怪事则是猝乍相惊的意思）。过了很久，桓温对掾（佐吏）郗超说：“殷浩有德行，善言辞，如果过去让他出任尚书令和仆射的话，足以成为百官的模范，朝廷对他的任用，配不上他本身的才能。”桓温准备任命殷浩为尚书令，把这件事写信告诉他。殷浩很高兴地答应，在准备回信的时候，殷浩担心信中还有不妥之处，就拆开信封检查了十几次，最后忙中出错，送达桓温手里的竟然只是一个空信封。桓温看到信封非常生气，从此就断绝起用殷浩的想法，殷浩最后死在流放的地方。桓温任命以前的会稽内史王述为扬州刺史。

二月，乙丑日（二月无此日），桓温率领步兵和骑兵四万人从江陵出发，水军从襄阳进入均口，到达南乡，步兵从淅川前往武关。命令司马勋从子午道出发前去攻打前秦。

前燕的卫将军慕容恪包围鲁口，三个月后，慕容恪把鲁口攻下。吕护逃到野王，派遣他的弟弟向前燕呈上奏表谢罪，前燕任命吕护为河内太守。

姚襄派遣使者向前燕投降。

前燕君主慕容儁任命慕容评为镇南将军，都督秦州、雍州、益州、梁州、江州、扬州、荆州、徐州、兖州、豫州十个州诸军事，暂且镇守洛水；任命慕容强为前锋都督，督导荆、徐二州，及缘淮诸军事，他率领士兵前行，占据了黄河以南。

桓温的另一位将领攻打上洛城，把前秦荆州刺史郭敬捉住。继续前进攻打青泥城，又把青泥城攻下。司马勋夺取前秦西部边陲地带，前凉秦州刺史王擢攻打陈仓来接应桓温。前秦国君苻健派遣太子苻苌、丞相苻雄、淮南王苻生、平昌王苻菁、北平王苻硕率领五万士兵在峣柳驻扎来抵抗桓温。夏季，四月，己亥日（二十二日），桓温率领军队在蓝田和前秦士兵交战。前秦淮南王苻生单枪匹马冲进敌阵，往返十几次，很多东晋士兵被杀伤杀死。桓温督导士兵奋力作战，前秦军队被打得大败。将军桓冲又在白鹿原把前秦丞相苻雄打败。桓冲，是桓温的弟弟。桓温辗转作战继续前进，壬寅日（二十五日），到达灞上。前秦太子苻苌等人撤退到城南驻扎军队，前秦国君苻健和六千老弱民众固守长安小城，把三万精锐士兵全部派遣出去，派遣大司马雷弱儿等人和苻苌的士兵联合起来抵抗桓温。三辅地区的郡县都派人来向桓温投降。桓温一方面安抚，一方面明白地告诉当地居民，让他们安居复业。当地百姓争先恐后带着酒肉来迎接慰劳桓温的军队，男女老幼站在道路两旁围观，有的老年人还激动得流下眼泪，说："没有想到今天我又看到了朝廷的军队！"

前秦丞相苻雄率领七千骑兵在子午谷袭击司马勋，把司马勋打败了，司马勋撤退后在女娲堡驻扎军队。

戊申日（四月无此日），前燕国君慕容俊册封抚军将军慕容军为襄阳王，左将军慕容彭为武昌王；任命卫将军慕容恪为大司马、侍中、大都督、录尚书事，加封他为太原王；镇南将军慕容评为司徒、骠骑将军，加封他为上庸王；册封安东将军慕容霸为吴王；左贤王慕容友为范阳王，散骑常侍慕容厉为下邳王，散骑常侍慕容宜为庐江王，宁北将军慕容度为乐浪王；又册封弟弟慕容桓为宜都王，慕容逮为临贺王，慕容徽为河间王，慕容龙为历阳王，慕容纳为北海王，慕容秀为兰陵王，慕容岳为安丰王，慕容德为梁公，慕容默为始安公，慕容偻为南康公；儿子慕容咸为乐安王，慕容亮为渤海王，慕容温为带方王，慕容涉为渔阳王，慕容暐为中山王；任命尚书令阳骛为司空，仍旧担任尚书令。

慕容俊命令冀州刺史吴王慕容霸把治所从常山迁移到了信都。起初，前燕王慕容皝认为慕容霸有卓越的才干，所以给他起名为“霸”，准备册立他为世子，因为群臣的劝谏，才没有这样做，然而慕容皝对他的宠爱程度仍然超过太子慕容俊。因此慕容俊十分嫉妒他，便以慕容霸曾经从马背上摔下来摔坏牙齿为理由，把他的名字改为慕容缺。不久，又以他应验谶文中的谶语为理由，把他的名字改为慕容垂，将慕容垂升迁为侍中，总领留台事务，把他调去镇守龙城。慕容垂深得东北民众的拥戴，慕容俊对他越来越嫉妒，就把他又传召回来。

五月，江西流民郭敞等千余人把陈留内史刘仕捉住向姚襄投降。东晋朝廷知道了以后感到十分震惊害怕，晋穆帝司马聃任命吏部尚书周闵为中军将军，在中堂驻扎军队，豫州刺史谢尚从历阳返回，戍卫京师，加固长江防线，严密守备。

王擢攻占陈仓，把前秦扶风内史毛难杀死。

北海人王猛，年龄还很小的时候就喜欢读书，才能卓越，有远大的志向，不屑于处理琐碎细小的事情，人们都看不起他。王猛却自得其乐，在华阴隐居。当他听说桓温入关后，就穿着粗布衣服前去拜见他，摸着虱子谈论当时的大事，旁若无人。桓温觉得他与众不同，就询问他：“我奉天子的命令，率领十万精锐士兵为百姓铲除残余的贼兵，而三秦的豪杰之士至今没有人前来归附，这是为什么呢？”王猛说：“你不畏惧数千里远路，深入敌境，现在长安近在咫尺您却不渡过灞水，百姓们不知道您的意图，所以不来。”桓温沉默不语，无以应答，过了一会儿慢慢地说：“长江以南的地区没有人能够和你相比。”于是桓温就任命王猛为军谋祭酒。

桓温和前秦丞相苻雄在白鹿原交战，桓温的军队没有战胜，一万多士兵战死。起初，桓温指望着用前秦田地里面的麦子来作为军粮，后来，前秦百姓把所有麦子都收割走了，等待桓温的只有经过清理的空旷农田，因此桓温的军队十分缺乏粮食。六月，丁丑日（初一日），桓温裹挟着关中三千多户百姓开始撤退返回。桓温任命王猛为高官督护，想让他和自己一起返回东晋，王猛坚决推辞，不肯前去就任。

呼延毒率领了一万士兵跟着桓温回去。前秦太子苻苌等人跟在恒温的后面对他进行攻击，桓温的军队屡次战败，等到达潼关以后，兵士损失死亡数以万计。

桓温在灞上驻扎军队时，顺阳太守薛珍劝说桓温直接进攻逼近长安，但是桓温没有听从。于是薛珍就率领一部分的军队独自渡过灞水，打了胜仗。等到桓温撤退的时候，他回来了，向士兵们大肆显耀自夸，夸耀自己勇敢果断而责怪桓温谨小慎微，于是桓温就把他杀死。

前秦丞相苻雄在陈仓攻击司马勋和王擢，司马勋逃到汉中，王擢逃到略阳。

前秦朝廷任命光禄大夫赵俱为洛阳（其他本“阳”作“州”）刺史，镇守宜阳。

前秦东海敬武王苻雄到雍攻打乔秉，丙申日（二十日），苻雄去世。前秦国君苻健为苻雄哭得吐血，说：“上天这是不想让我平定四海呀！为什么这么快就把我的元才夺走了呢？”（苻雄，字元才。）追封苻雄为魏王，葬礼规格如同过去晋朝安平献王司马孚。苻雄虽然具有辅助苻健创立大业的第一功臣的身份，权势和君主相当，然而对人的态度却十分谦恭，博爱民众，遵奉国家法度，所以苻健对他非常看重，常常说：“元才，就是我的周公。”

苻雄的儿子苻坚继承了东海王的爵位。苻坚生性孝顺，幼年的时候，就有远大的志向和不凡的气度，学识渊博，多才多艺，结交英雄豪杰，吕婆楼、强汪和略阳人梁平老都和他的关系很好。

前燕乐陵太守慕容钩，是慕容翰的儿子，和青州刺史朱秃共同治理厌次。慕容钩仗恃自己是宗室嫡传，常常欺负侮辱朱秃。朱秃按捺不住愤恨，秋季，七月，朱秃突袭慕容钩，把他杀死，然后向南逃走，投奔段龛。

前秦太子苻苌在雍县攻打乔秉，八月，把乔秉斩杀，关中全部平定。前秦国君苻健封赏抵抗桓温有功劳的人，任命雷弱儿为丞相，毛贵为太傅，鱼遵为太尉，淮南王苻生为中军大将军，平昌王苻菁为司空。苻健勤于政事，经常邀请手下大臣，询问讨论治国之道。继后赵的苛刻残暴、奢侈浪费之后，他改行宽容简略、节约勤俭，崇尚儒学礼待贤士的政策，因此前秦百姓都很喜欢他。

前燕大规模调动军队，根据发布诏令的日期，号称“丙戌举”（丙戌日〔十一日〕举事）。

九月，桓温讨伐前秦回来，晋穆帝司马聃派遣侍中、黄门到襄阳去慰劳他。

有人向东晋朝廷秘密报告，说前燕黄门侍郎宋斌等人计划尊奉冉智为主并且反叛，于是他们都被杀死。宋斌，是宋烛的儿子。

前秦太子苻苌在抵抗桓温的时候被飞箭射中；冬季，十月，苻苌去世，谥号为献哀。

前燕国君慕容俊前往龙城。

桓温进入函谷关时，王擢派遣使者向前凉国君张祚报告了这件事，说桓温善于用兵，很难猜测他的志向。张祚知道后感到恐惧，又担心王擢背叛自己，于是就派人去刺杀他。事情败露了以后，张祚更加害怕，大规模调动士兵，声称要向东攻伐，实际上想要向西退去保全敦煌，恰好这时桓温撤兵返回，他这才停止行动。不久，他又派遣秦州刺史牛霸等人率领三千士兵去攻击王擢，王擢被打败。十一月，王擢率领士兵向前秦投降，前秦朝廷任命王擢为尚书，任命上将军啖铁为秦州刺史。

前秦国君苻健的叔父武都王苻安从东晋回来，被姚襄俘虏，姚襄任命他为洛州刺史。十二月，苻安逃回前秦，苻健任命苻安为大司马、骠骑大将军、并州刺史，镇守蒲阪。

这一年，前秦遭遇大饥荒，一升大米的价钱相当于一匹布。

资治通鉴卷第一百　晋纪二十二

起乙卯（公元355年），止己未（公元359年），共五年。

【题解】本卷记录了晋穆帝永和十一年至升平三年共五年间东晋及各国大事。主要记录了秦主苻健死，太子苻生继位。苻生生性残暴，即位后宠用佞臣小人，杀死皇亲国戚、文臣武将数十人；又欲杀堂兄弟苻坚、苻法，消息走漏，被苻坚、吕婆楼等人所杀；随后苻坚被拥立为大秦天王，苻坚讨伐张平，在铜壁大破张平，张平投降。记录了苻坚绝对支持信任王猛，王猛治理国家使秦民大悦。记录了凉王张祚残虐无道，忌恨部将张瓘，想要杀了他，结果被张瓘、宋混所杀，张瓘等立张重华之子张玄靓为凉王；张瓘为政苛虐，人心不附，想要杀掉宋混、宋澄，废张玄靓自立，结果被宋混、宋澄所杀，宋混劝张玄靓去凉王之号，仍称东晋凉州牧。记录了燕国大将慕容恪先在广固城破鲜卑段氏残余段龛，占据青州。又记录了燕将慕容垂在塞北大破敕勒，慕舆根协助慕容评在上党攻破冯鸯，慕容评又在并州讨张平，张平请降于燕。记录了晋将荀羡在山茌攻打前燕泰山太守，燕将慕容尘派兵救援，打败晋将荀羡。记录了燕将慕容垂受到燕主慕容俊的歧视，慕容俊利用慕容垂妃段氏之短罗织罪名，欲加害慕容垂，事虽未成，但兄弟之间已产生不可调和的矛盾。记录了燕主慕容俊生病要改立慕容恪为继承人，慕容恪表示自己愿做周公，尽力辅佐太子。记录了晋将桓温多次请求移都洛阳、修复园陵，朝廷不许。记录了桓温在伊水打败姚襄，进而攻克洛阳；桓温修复西晋诸陵，留毛穆之、陈午、戴施等驻守洛阳，自己回师江陵。记录了东晋泰山太守诸葛攸率军击燕，在东阿被燕将慕容评打败。记录了东晋王朝命谢万、郗昙兵分两路攻打前燕，郗昙因病退军彭城，谢万则畏惧燕兵引兵回退，以致全军溃散，许昌、颍川、谯郡、沛郡都落入燕人之手等等。

孝宗穆皇帝中之下

永和十一年(乙卯,公元355年)

春季,正月,以前的仇池公杨毅的弟弟杨宋奴派遣他姑姑的儿子梁式王去刺杀杨初,杨初的儿子杨国把梁式王和杨宋奴都杀死了,自立为仇池公。桓温向晋穆帝司马聃上表请求任命杨国为镇北将军、秦州刺史。

二月,前秦发生了严重的蝗灾,蝗虫把各种野草都吃光,一点也没有留下来。牛马互相啃食对方的毛来充饥。

夏季,四月,前燕国君慕容儁从和龙回到了蓟城。在此之前,幽州、冀州两个州的百姓以为慕容儁已经向东迁移到了和龙,因此互相侵扰,在他们所居住的地方屯集结聚。群臣向慕容儁请求前去讨伐他们,慕容儁说:“这些小人因为我去东部巡视,所以才会相互猜疑作乱。既然我现在已经回来了,用不了多长时间他们就会安定,不值得我前去讨伐。”

兰陵太守孙黑、济北太守高柱、建兴太守高瓮和秦河内太守王会、黎阳太守韩高都用自己的郡向前燕投降。

前秦淮南王苻生在小的时候就失去一只眼睛,性情暴烈。他的祖父苻洪曾经和他开玩笑说:“我听说一只眼睛瞎了的小孩子哭的时候只有一只眼睛流泪,这是真的吗?”苻生听了以后很生气,就抽出佩刀刺向自己瞎了的眼睛,鲜血直流,然后指着流血的地方说:“这也是一只眼的泪水。”苻洪看到以后非常吃惊,就用鞭子抽打他。苻生说:“我的生性能够耐得住刀矛的刺杀,但是不能忍受鞭棰抽打的痛苦!”苻洪对他的父亲苻健说:“这个小孩子狂妄得违背常理,应该早日把他除掉,不然一定会导致家破人亡。”苻健正准备把苻生杀死的时候,苻健的弟弟苻雄劝阻他说:“小孩子长大以后自然就会改变,怎么这么急不可耐呢?”等到苻生长大以后,力气大得可以把千钧的东西举起来,徒手就可以把凶猛的野兽打死,疾步能够追上奔驰的骏马，击剑刺矛，骑马射箭，各种武艺全部都冠绝一时。献哀太子苻苌去世后，强太后想要册立小儿子晋王苻柳。前秦国君苻健因为谶文有“三羊五眼”的字眼，就册立苻生为太子（按三羊应有六目，此言五眼，乃少其一，正苻生之应）。任命司空、平昌王苻菁为太尉，尚书令王堕为司空，司隶校尉梁楞为尚书令。

姚襄的部属大部分都劝说姚襄返回北方，姚襄答应了。五月，姚襄在外黄攻打晋朝冠军将军高季，恰好高季死了，于是姚襄就进军把许昌攻占了。

六月，丙子日（初六日），前秦国君苻健患病，庚辰日（初十），平昌公（公一作王）苻菁率领士兵进入东宫，准备把太子苻生杀死自己当皇帝。当时苻生正在西宫服侍生病的苻健，苻菁以为苻健死了，就向东掖门发起进攻。苻健听说发生叛乱的消息，就登上端门，部署士兵来保卫自己。苻菁的士兵看到苻健以后都十分惶恐，就全都丢下武器四散逃走。苻健把苻菁捉住，把他的罪状列举后把他杀死，对其余的人都不加以追究。

壬午日（十二日），苻生派遣大司马、武都王苻安都督中外诸军事。甲申日（十四日），苻健召唤太师鱼遵、丞相雷弱儿、太傅毛贵、司空王堕、尚书令梁楞、左仆射梁安、右仆射段纯、吏部尚书辛牢等人前来接受遗诏，辅佐朝政。苻健对太子苻生说：“六夷的酋长将帅和大臣中握有权力的人，如果他们不服从你的命令，就应该把他们慢慢除掉。”

◆臣司马光说：天子临终前之所以要嘱托大臣辅政，是要依靠他们来辅佐教导太子，以作为太子的羽翼。既然是太子的羽翼，却又告诉太子剪除他们，能够不自取灭亡吗？如果知道他们不能尽忠，就不对他们加以任用；既然任用他们，让他们执掌大权，却又对他们横加猜忌，很少有不招致变乱的。◆

乙酉日（十五日），前秦国君苻健去世，谥号景明皇帝，庙号是高祖。丙戌日（十六日），太子苻生即位，下令大赦，把年号改为寿光。群臣向苻生上奏说："即位没有超过一年就把年号改了，不符合古礼。"苻生听了以后大发脾气，于是深入追究提出这个议论的人，最后查到是右仆射段纯，就把他杀了。

秋季，七月，苻生任命吏部尚书周闵为左仆射。

有人向会稽王司马昱报告："武陵王司马晞的宅第准备了大量的兵器，看来将要谋划政变。"司马昱就把这个消息告诉了太常王彪之，王彪之说："武陵王的心志，全都在驰骋打猎方面，我希望你能够保持沉默不要再说了，用来平息不同的言论，不要再把这件事情作为谈论的资料了！"司马昱认为他说的话很有道理。

前秦国君苻生尊奉母亲强氏为皇太后，册立妃子梁氏为皇后。梁氏，是梁安的女儿。苻生任命他宠信的臣子太子门大夫南安人赵韶为右仆射，太子舍人赵诲为中护军，著作郎董荣为尚书。

前凉王张祚荒淫暴虐没有人君之道，大臣和百姓们都对他怨恨愤怒。张祚忌惮河州刺史张瓘的强大，于是就派遣张掖太守索孚代替张瓘镇守枹罕，派遣张瓘前去讨伐叛乱的胡人，又派遣他手下的将领易揣和张玲率领步兵和骑兵一共一万三千人前去袭击张瓘。张掖人王鸾懂得卜筮占候一类的事情，就对张祚说："这些军队出去，一定有去无回，前凉国将要危险了。"并且同时历数了张祚三种不符合人君之道的事情。张祚听了以后大发脾气，就以妖言惑众的罪名把王鸾斩杀了，把他的尸体陈列出来警戒众人。王鸾临刑前说："我死了以后，军队战败于外，国君死于内，这是必定会发生的！"张祚把王鸾的宗族也诛灭了。张瓘听到了这个消息后，就把索孚杀死，发兵攻击张祚，他把檄文传递到了各州各郡，宣称要把张祚废掉，让他以侯爵的身份回到家里，重新册立凉宁侯张曜灵为王。易揣和张玲的军队刚刚渡过黄河，张瓘就把他们打败。易揣等人单人匹马逃回来，张瓘的军队紧紧跟随在他们后面，姑臧城里的百姓都感到震惊惶恐。骁骑将军敦煌人宋混的哥哥宋修和张祚有矛盾，害怕张祚加害自己。八月，宋混和他的弟弟宋澄向西边逃去，聚集了一万多名士兵来接应张瓘，还向姑臧。张祚派遣杨秋湖把张曜灵带到东苑，扳断他的腰把他斩杀，然后在沙坑里面埋葬他，谥号为哀公。

前秦国君苻生册封卫大将军苻黄眉为广平王，前将军苻飞为新兴王，这两个人都是他平常喜欢的人。苻生征召大司马武都王苻安兼任太尉。任命晋王苻柳为征东大将军、并州牧，镇守蒲阪；任命魏王苻廋为镇东大将军、豫州牧，镇守陕城。

中书监胡文和中书令王鱼对苻生说："最近有彗星划过大角星的位置，火星进入了东井八星的位置。大角星的位置是天王帝廷的星座，东井八星是秦州和雍州的分界（前秦的分野）。经过占卜，不超过三年，国家就会出现帝王、皇后死亡，大臣被杀死的事情。我希望陛下修养德行以避免这个丧乱的出现。"苻生说："皇后和我一起统治天下，可以应验大丧的出现。毛太傅、梁车骑、梁仆射接受了先王的遗诏，辅佐朝政，可以应验大臣的结局。"九月，苻生就把皇后梁氏以及毛贵、梁楞、梁安等人都杀死了。毛贵是皇后梁氏的舅舅。

右仆射赵韶和中护军赵诲，都是洛州刺史赵俱的堂弟，得到苻生的宠信，于是苻生就任命赵俱为尚书令。赵俱以自己生病为由坚决推辞，并且对赵韶和赵诲说："你们不顾念祖先的宗祧，想要做灭门的事情啊，毛贵、梁楞等人哪有什么罪却被处死了，我又有什么功劳可以取代他们？你们可要好自为之，我大概快要死了。"于是赵俱为国忧虑而死。

前凉宋混在武始大湖边驻扎军队，哀悼张曜灵。闰月，宋混的军队到达了姑臧，前凉王张祚把张瓘的弟弟张琚和儿子张嵩都拘捕了，准备把他们都杀死。张琚和张嵩听到了这个消息后，招募了城里的数百人，公开宣称："张祚没有人君之道，我哥哥的大军已经到达了城东，敢动手杀我们的人就诛灭三族！"于是就把西城门打开来迎接宋混的军队进城。领军将军赵长等人因为有请立张祚的罪行，十分害怕，于是他们就进入内宫请张重华的母亲马氏登堂升殿，册立凉武侯张玄靓为国君，易揣等人率领士兵进入大殿，把赵长等人拘捕，把他们都杀死了。张祚在殿上按着剑，大声呼叫，命令左右的人奋力作战。张祚其实早已失去了民心，没有一个人肯为他战斗，于是他就被士兵杀死。宋混等人把他的头割下来悬挂在木头上面，公告宫廷内外，张祚的尸体就暴露在路边，城里的人都高呼万岁。宋混等人把张祚以普通百姓的规格埋葬，把他的两个儿子都杀死。宋混和张琚向东晋朝廷上书请求封张玄靓为大将军、凉州牧、西平公，实行大赦，纪年恢复为建兴四十三年。当时张玄靓才刚刚七岁。

张瓘到达了姑臧，推举张玄靓为前凉王，自己则为使持节、都督中外诸军事、尚书令、凉州牧、张掖郡公，任命宋混为尚书仆射。陇西人李俨据守自己所在的郡，不接受张瓘的命令，仍然使用东晋的永和年号，很多士兵和百姓都归附了他。张瓘派遣将领牛霸前去讨伐李俨。牛霸还没有到达，西平人卫綝也据守自己所在的郡进行叛乱，牛霸的士兵溃败，牛霸就逃了回来。张瓘派遣自己的弟弟张琚去攻击卫綝，把他打败。酒泉太守马基发兵来响应卫綝，于是张瓘派遣司马张姚和王国前去进行攻击，把他杀死。

冬季，十月，晋王室派遣豫州刺史谢尚督导并州、冀州、幽州三个州的军事，镇守寿春。

镇北将军段龛给前燕君主慕容俊写信，使用中表亲戚的礼仪，对他称帝加以非难。慕容俊看到信后很生气，任命太原王慕容恪为大都督、抚军将军，让阳骛担任他的副将，前去攻击段龛。

前秦任命辛牢代理尚书令，任命赵韶为左仆射，尚书董荣为右仆射；中护军赵诲为司隶校尉。

十二月，高句丽国王钊派遣使者来到前燕进贡，以此请求让他的母亲返回高句丽。前燕君慕容俊答应了他的请求，派遣殿中将军刁龛护送钊的母亲周氏回到她的国家。慕容俊任命钊为征东大将军、营州刺史，并且册封他为乐浪公，高句丽王的称号则仍旧保留。

上党人冯鸯赶走了前燕的太守段刚，占据了安民城，自称太守，派遣使者去向东晋投降。

前秦的丞相雷弱儿性情刚强正直，因为赵韶和董荣扰乱朝政，他常常在朝廷公开议论，看见这两个人的时候就咬牙切齿。赵韶和董荣就向前秦国君苻生进谗言诬陷雷弱儿，苻生就把雷弱儿和他的九个儿子、二十七个孙子都杀死。各羌族部落因此对前秦产生了叛离之心。

苻生虽然在居丧期间，但游乐饮食仍然和平时一样，张着弓，露着刀，接见朝廷的大臣的时候，锤、钳、锯、凿等可以残害人的刑具，全部都放在他的左右。苻生即位没有多长时间，后妃、公卿以下至于奴仆，一共有五百多人被杀，被截断脚腿的、拉断肋骨的、锯断脖子的、剖开肚子拉出胎儿的，比比皆是。

前燕君慕容儁考虑到段龛的势力正强，就对太原王慕容恪说："如果段龛的军队在黄河抵御，阻止我们不能渡过黄河，可以直接去捉拿吕护然后返回。"慕容恪分别派遣轻便的部队先到达黄河岸边，准备渡河使用的舟船，用来观察段龛的动向。段龛的弟弟段罴，骁勇善战，而且有智慧、有谋略，他向段龛建议说："慕容恪善于用兵，再加上他们的士兵众多，如果我们任由他们渡过黄河，到达城下，即使我们向他请求投降，也不能得到允许。我请哥哥你固守城池，让段罴我率领精锐士兵到黄河岸边去阻止他们渡过黄河。如果战斗有幸获胜，哥哥你再率领大军随后赶来，一定会大举成功。如果战斗不能获胜，不如早日向他投降，大约还可以保住千户侯的地位。"但是段龛不肯听从。段罴依然坚持请求，段龛大发脾气，竟把段罴杀了。

永和十二年（丙辰，公元356年）

春季，正月，前燕的太原王慕容恪率领军队渡过黄河，在距离广固只有一百多里的地方，段龛率领三万士兵前去迎战，慕容恪在淄水把段龛的军队打败，并且把段龛的弟弟段钦捉住，把他的右长史袁范等人杀死。齐王段龛的僚属辟闾蔚受伤了，慕容恪听说他很贤能，就派人前去寻找他，找到的时候辟闾蔚已经死了，段龛的士兵有好几千人都向慕容恪投降。段龛逃走了，返回广固城中进行严密防守，慕容恪进军将他包围。

前秦司空王堕性情刚劲严厉，右仆射董荣和侍中强国都是凭借谄媚得宠而得到提升重用，王堕痛恨他们就如同痛恨仇人一样，每次上朝，见到董荣都不和他说话。有人对王堕说：“董君得到的尊贵和宠幸没有人能和他相提并论，您应该稍微抑制自己的心意，和他接触。”王堕说：“董龙（龙是董荣的小字）是什么样的鸡狗之徒，而让全国所推崇敬仰的贤杰人士和他说话呢？”刚好这时碰到天象发生变故，董荣和强国就向前秦国君苻生建议说：“现在上天的谴责非常严重，应该让显贵的大臣去接受上天的谴责。”苻生听了说：“显贵的大臣只有大司马和司空两个人。”董荣说：“大司马苻安是王室的至亲，是你的叔父，不可以杀。”于是就把王堕杀了。在王堕将要受刑的时候，董荣对王堕说：“你今天还敢把董荣我比作鸡狗吗？”王堕愤怒地瞪着眼睛叱责董荣。洛州刺史杜郁，是王堕的外甥，左仆射赵韶厌恶他，就向苻生进谗言，诬告他对前秦有二心，和东晋有来往，于是苻生就把他杀死。

壬戌日（正月无此日），苻生在太极殿宴请群臣，任命尚书令辛牢为掌酒官，正喝到尽兴的时候，苻生发怒说：“为什么不强迫他们尽力喝酒，反而还有没喝醉端坐在那里的人呢？”说着就拉开弓箭，把辛牢射死了。群臣感到十分恐惧，再也没有人敢不喝醉，全都横躺竖卧地连帽子都掉在地上，苻生这才高兴。

匈奴的首领刘务桓去世，他的弟弟刘阏头继任，对代国有二心，准备背叛代国。二月，代王拓跋什翼犍带兵西去巡视到达黄河的岸边，刘阏头感到恐惧，就向拓跋什翼犍请求投降。

前燕太原王慕容恪招纳安抚段龛辖境内的各座城邑。己丑日（二月无此日），段龛所任命的徐州刺史阳都公王腾率领众人向慕容恪投降，慕容恪任命王腾仍然担任原来的职务，回去屯守阳都。

前秦征东大将军晋王苻柳派遣参军阎负和梁殊到前凉出使，用书信劝说前凉王张玄靓。阎负和梁殊到达姑臧，张瓘见到他们以后说：“我们，是晋王朝的臣子。做臣子的不能私自与其他国家进行交往，你们两个人为什么来这里呢？”阎负和梁殊说：“晋王苻柳和你们是毗邻的藩国，虽然山河互相隔阻，但是风俗相通，道路相接，所以前来和你们修好，对此您有什么可奇怪的呢？”张瓘说：“我们忠心侍奉晋王室，到现在已经有六代人了（轨、寔、茂、骏、重华、曜灵、祚应该是七代人，现在说六代人，是斥祚不为世数）。如果我们和征东大将军苻柳互通使者，对上则违背先君的意志，对下则败坏士人百姓的气节，怎么可以这样呢？”阎负和梁殊说：“晋王室衰微，失去天命，已经有很长时间了。所以凉王张茂向前赵自称藩属，张骏向后赵自称藩属。这是知道时宜的。现在前秦正值威势恩德强盛的时候，凉王如果想要在黄河以西的地区称帝，那就不是前秦的对手；如果想要以小国侍奉大国，那么为什么不抛弃晋王室而侍奉前秦，以求永保福禄呢？”张瓘说：“中原人喜欢讲话不去实践，过去赵国石氏使者的车辆刚刚回去，而前去侵扰的军队就已经到达了，我们不敢相信你们。”阎负和梁殊说：“自古以来住在中原的帝王，政治教化，各不相同，赵国施行奸诈，前秦则崇尚信义，怎么能一概而论呢？张先、杨初全是依恃军队的强大顽抗抵御，不肯服从，所以前秦的先帝才会去讨伐他们把他们擒获，然而前秦的先帝赦免他们的罪过，用官爵俸禄宠待他们，这本来就不是石氏可以比拟的。”张瓘说：“如果确实像你们所说的那样，前秦的威势和恩德没有其他国家可以相比，为什么不先去攻取长江以南的地区？那么，整个天下就全部都归前秦所有了。何必劳动征东大将军派遣使者辱赐恩命于我们呢？”阎负和梁殊说：“长江以南现在还盛行断发文身的习俗，朝廷道义衰落，就首先叛乱，政治教化隆盛的时候，却最后才来归服。主上认为长江以南必须依靠武力来征服，而黄河以西可以靠道义安抚，所以才派遣使者先来申明和好的道理，如果您不能洞察天命，那么长江以南有能够残喘数年的命运，而黄河以西的土地恐怕就不是你所能够占有的了。”张瓘说：“我们有跨越凉州、河州、沙州三个州的土地，拥有十万全副武装的将士，西边，有葱岭作为依托，东边有黄河作为屏障，攻打其他国家尚且还有多余的力量，何况是自我防守，何必要畏惧你们前秦呢？”阎负和梁殊说：“阁下领土内山河的险固程度，哪一个能比得上崤山和函谷关呢？百姓赖以生存物产的富饶程度，哪一样能比得上秦州和雍州呢？杜洪和张琚，虽然凭借着赵国已有的资产和基业，军队强大，物产丰富，大有吞并关中、席卷四海的志向，可是我们先帝的军旗向西指去的时候，短短的一个月之内，就像冰消融，云飞散，不知不觉中君主就已经改换。现在我们主上如果认为你们不肯顺服，大发脾气，率领百万士兵，击鼓向西进军，不知道你们将要怎么样应付呢？”张瓘笑着说：“这件事情应当由我们的君王决定，不是我所能够做主的。”阎负和梁殊说：“凉王虽然从小就英明智慧，但年纪幼小；您所处的地位，就如同伊尹在夏，霍光在汉，承担辅佐幼主的重任，国家的安全和危险，全都维系在您的决断上。”张瓘听后感到恐惧，就用张玄靓的名义派遣使者去向前秦自称藩属，前秦也就将张玄靓自称的官位和爵号正式授予他。

东晋将军刘度在卢氏攻打前秦青州刺史王朗；前燕将军慕舆长卿进入轵关，在裴氏堡攻打前秦幽州刺史强哲。前秦国君苻生派遣前将军新兴王苻飞去抵抗刘度，建节将军邓羌去抵抗慕舆长卿。苻飞还没有到达，刘度就已经撤退。邓羌和慕舆长卿进行交战，邓羌把慕舆长卿打败了，俘获了慕舆长卿，并将两千多披甲士兵斩首。

桓温请求东晋朝廷将都城迁到洛阳，修复先帝的茔墓，奏章递上去十多次，朝廷都没有准许。只是任命桓温为征讨大都督，督导司州、冀州诸军事，讨伐姚襄。

三月，前秦国君苻生调集三辅的居民去修建渭水桥，金紫光禄大夫程肱向苻生加以劝谏，认为这样做会妨碍农作物的生产，苻生就把他杀死。

夏季，四月，长安刮起大风，风力大到卷起屋瓦，掀起檐角，树木也被拔起。前秦宫殿里面一片惊慌混乱，有人说贼兵来了，因此宫门在白天也紧紧关闭，这样的情况一直持续了五天。前秦国君苻生追查谎称贼兵来了的人，要把他的心脏剜出来。左光禄大夫强平向苻生进言劝谏说："上天降下灾祸，陛下应该爱护百姓，恭敬地侍奉神明，减轻刑罚，崇尚仁德来应合天意，灾祸才可以被消除。"苻生听后发怒，把他的头顶凿开把他杀死。卫将军广平王苻黄眉、前将军新兴王苻飞、建节将军邓羌，都因为强平是强太后的弟弟，再三叩头恳切地劝止。但是苻生不肯听从，并且贬黜苻黄眉去担任左冯翊、苻飞出任右扶风、邓羌代理咸阳太守，只是念及他们作战勇敢，没有把他们全部杀死。五月，太后强氏因为忧虑怨恨而去世，谥号为明德。

姚襄从许昌进发到洛阳，进攻周成。

六月，前秦国君苻生颁下诏书说："我承受了上天的大命，统治万国，继嗣大统以来，有什么不好的地方，诽谤的声音，煽动的言辞，竟然充满了整个天下？被我杀死的人还没有超过一千，却说我残忍暴虐。现在路上的行人还肩并着肩，并不能说是稀少。正应当严明重刑，施以极罚，又有谁能把我怎么样呢？"

自从春天以来，从潼关以西，一直到长安一带，虎狼暴虐，肆行无忌，大白天相继出现在道路上面行走，到了夜里则毁坏屋墙进入室内，不吃六畜，专门吃人，有七百多人被吃掉。百姓们停止耕田种桑，不敢散居在田庐里面，只能相互聚居在邑里，但是虎狼仍然不停为害。秋季，七月，前秦大臣向苻生上奏请求设祭禳除虎狼之害，苻生说："野兽饥饿要吃人，吃饱了就会停止，有什么值得设祭禳除的呢？而且上天难道会不爱惜百姓吗？正是因为有太多的人犯罪，所以上天才会帮助我把他们消灭。"

丙子日（十二日），前燕的献怀太子慕容晔去世了。

姚襄攻打洛阳，过了一个多月也没有攻下来。长史王亮劝谏姚襄说："您英名盖世，军队强大，百姓都前来归附。现在在防守严密的城池下面驻扎军队，武力受到阻碍，威势受到挫折，其他敌人或许会利用这个机会发起进攻，这是危险灭亡的道路啊！”但是姚襄不肯听从。

东晋的桓温从江陵向北出发进行攻击，派遣督护高武据守鲁阳，辅国将军戴施在大河岸边驻扎军队，自己则亲自率领大军随后进发。他和僚属们一起登上大船的高楼，遥望中原，深有感慨地说：“竟然使神州大地沉沦，百年基业变为废墟，崇尚清谈而不忧虑王事的王夷甫（王衍字夷甫）等人，不能不承担这个责任。”他的秘书陈郡人袁宏说：“时运有兴盛，有衰废，岂会一定是他们的过失呢？”桓温改变了脸色说：“从前刘景升有一头千斤重的大牛（刘表字景升），吃进去的刍草和豆料是普通的牛的十倍，但是要载负重物行远路的时候，却比不上一头瘦弱有病的母牛，魏武帝曹操到了荆州以后，就把它杀了用来慰劳军队。”

八月，己亥日（初六日），桓温到达洛阳城南的伊水，姚襄把包围洛阳攻打周成的部队撤下来，调过来抵抗桓温，他把精锐士兵藏匿在伊水北岸的森林里，派遣使者对桓温说：“承蒙您亲自率领朝廷军队前来，姚襄今天束身归从请求投降，希望您能命令三军稍微退后，我们当在道路的左方下拜迎接。”桓温说：“我本来是光复中原，察看拜谒先帝的陵墓，和你们无关。想要前来见面的话就随便前来，近在咫尺，不用再派遣使者前来那么麻烦。”姚襄凭借伊水和桓温交战，桓温将部队列阵前进，穿着铠甲亲自督战，率先发起进攻，姚襄的士兵被打得大败，几千人战死。姚襄率领剩余的几千骑部下逃奔到北芒山，当天夜里，有五千多百姓抛弃妻子儿女追随姚襄。姚襄勇敢并且爱护百姓，虽然他多次作战失败了，但是百姓只要知道姚襄所在的地方，往往就搀扶着年老的，携带着幼小的，急忙追赶投奔他。桓温的军队传说姚襄受伤死了，许昌、洛阳一带被桓温所俘虏的男女，没有一个不面向北方仰望悲泣的。姚襄向西逃走，桓温去追击他但是没有追上。弘农人杨亮从姚襄那里来投奔桓温，桓温就向他询问姚襄的为人，杨亮说：“姚襄的英明、智慧、胸襟及度量，如同孙策一样，而雄才武略却超过孙策。”

周成率领士兵出城投降，桓温在原来的太极殿前面驻扎，接着又迁移到金墉城驻扎。己丑日（八月无此日），桓温拜谒先帝的陵墓，有被毁坏的地方，就又重新修筑完好，分别设置了看守陵园的陵令。周成向晋穆帝司马聃上表推荐镇西将军谢尚都督司州诸军事，镇守洛阳。因为谢尚还没有到来，就留下颍川太守毛穆之、督护陈午、河南太守戴施率领两千人戍守洛阳，保卫陵墓，桓温把投降的三千多户百姓都迁徙到了长江、汉水之间，逮捕周成押解返回。

姚襄逃到平阳，前秦并州刺史尹赤又带着士兵向姚襄投降，于是姚襄就占据襄陵县。前秦大将军张平前去攻击姚襄，姚襄被张平打败，就和张平结为兄弟，各自罢兵休战。

段龛派遣部下段蕴来向东晋求救，朝廷命令徐州刺史荀羡率领士兵跟随段蕴前去救援。荀羡到达了琅邪以后，害怕前燕兵力强大不敢继续前进。王腾进犯鄄城，荀羡就前去进攻王腾驻扎的阳都，刚好碰到连绵大雨，城墙被淋塌了，荀羡就把王腾捉住，把他斩杀。

冬季，十月，癸巳朔日（初一日），发生了日食。

前秦国君苻生在夜里吃了过多的枣，第二天早晨起来感觉不舒服，就把太医令程延召来，让他把脉诊治。程延说：“陛下没有其他的病，只是吃枣过多。”苻生听了以后愤怒地说：“你又不是圣人，怎么会知道我吃了枣呢？”于是就把他杀死。

前燕大司马慕容恪在广固围攻段龛，诸位将领向慕容恪请求马上发动进攻，慕容恪说：“用兵的方法，有应该缓慢的时候，也有应该急速的时候，不可以不仔细审度。如果敌方和我们势均力敌，而敌人又在外边有强大的援军，我们恐怕就有遭到腹背受攻的祸患，则进攻不可以不急速。如果我们强大而敌方弱小，敌人在外面又没有援兵，我们的武力足以制服他们，就应该包围并守住他们，等待他们自己灭亡。兵法里面说，武力是敌人的十倍就包围，是敌人的五倍就进攻，说的正是这个道理。眼下段龛的军队还多，还没有出现叛离的征兆；济南之战的时候，不是段龛的士兵不精锐，只是段龛调动军队的时候没有策略，所以才自取失败。如今他凭借险阻坚守城池，上下合力，我如果调动全部精锐士兵去进攻他，几天也可以攻取下来；然而我们士兵的伤亡也必定有很多。自从中原发动战争，士兵们连短暂的休整也没有，我每一次想到这里，即使是在夜里也会忘记睡觉，又怎么能轻易地使用让士兵们献身的战术呢？最重要的是要把广固城攻占下来，不一定要求快速地成功。”诸位将领都说：“这不是我们所能够想得到的。”军队里面的士兵听到了慕容恪的这话后，都感动和喜悦。于是他们就修筑高围墙、挖掘深水沟用来坚守包围圈。齐地的百姓争着给前燕的军队运去粮食供他们食用。

段龛围绕着城池进行严密防守，就连打柴采薪的小路也被切断，城里面的人没有粮食可以食用，就互相残杀啃食。段龛发动所有士兵出城迎战，结果在城外的高围墙里被打败。慕容恪事先就分别派遣骑兵在广固城的各个城门驻扎，段龛经过只身拼搏，也仅能逃回到城里，其余的士兵全都战死。于是城里的人丧失勇气，没有再继续固守下去的斗志。十一月，丙子日（十四日），段龛将双手反绑在背后出城向前燕投降，他和朱秃一起被押解送往蓟城。慕容恪安定抚慰新近投降的百姓，把齐地全部平定了，把三千多户鲜卑族、胡族、羯族人迁徙到蓟城。前燕国君慕容俊修整先帝的五座陵墓，任命段龛为伏顺将军。慕容恪把慕容尘留下来镇守广固，任命尚书左丞鞠殷为东莱太守，章武太守鲜于亮为齐郡太守，然后就回去了。

鞠殷，是鞠彭的儿子。鞠彭当时出任前燕的大长秋，他利用书信劝诫鞠殷说：“王弥和曹嶷，必定有子孙后代，你一定要好好地招纳抚慰他们，不要再计较以前的怨恨，以防扩大祸乱的根源。”鞠殷经过推问访察，终于在山里面找到了王弥的侄子王立和曹嶷的孙子曹严，邀请他们前来相见，并且结下了深厚的情谊，鞠彭又派遣使者给他们送去车马衣服，东莱郡的百姓从此安享太平。

荀羡听说段龛失败了，就退回到下邳，留下将军诸葛攸和高平太守刘庄率领三千名士兵防守琅邪，参军谯国人戴遂等人率领两千名士兵防守泰山。前燕的将领慕容兰在汴城驻扎军队，荀羡前去进行攻击并且把他杀死。

晋穆帝司马聃颁下诏书派遣兼司空、散骑常侍车灌等人持符节前往洛阳，修整先帝的五座陵墓。十二月，庚戌日（十九日），晋穆帝司马聃和大臣们都穿着用缌布做成的丧服，在太极殿祭奠了三天。

司州都督谢尚因为生病无法料理政事，东晋朝廷让丹阳尹王胡之代替他。王胡之，是王廙的儿子。

这一年，仇池公杨国的叔父杨俊把杨国杀死自立。于是东晋朝廷就任命杨俊为仇池公。杨国的儿子杨安逃到前秦。

升平元年（丁巳，公元357年）

春季，正月，壬戌朔日（初一日），晋穆帝司马聃行加冠礼。太后颁下诏书把朝政归还晋穆帝，让他主持朝政，晋穆帝司马聃下令大赦天下，把年号改为升平，太后迁移到崇德宫居住。

前燕国君慕容儁征召幽州刺史乙逸出任左光禄大夫。乙逸夫妇两人一起乘坐一辆窄小的鹿车前去赴任。他们的儿子乙璋却带着数十骑随从，穿戴着华丽的衣服和佩饰，恭敬地在道路上迎接。乙逸非常愤怒，把车门紧紧关上，不与他相见说话，到了蓟城，乙逸严厉地责备乙璋。乙璋还是不认错。乙逸常常忧虑他会衰败下去，但是乙璋却多次被擢升，一直做到中书令、御史中丞。乙逸就叹息着说：“我年少的时候，就修身养性，克制私欲，遵守圣道，到头来也仅仅能够避免犯罪。乙璋不加以节制和检点约束自己的品行，专干奢侈和放纵的事情，反而多次出任政事轻简地位显赫的官职，这难道仅仅是乙璋受之有愧的幸遇吗？这实在是时世的颓败啊！”

二月，癸丑日（二十三日），前燕国君慕容儁册立他的儿子中山王慕容暐为太子，下令大赦，把年号改为光寿。

金星进入井宿。前秦有关官吏向苻生呈上奏章说：“金星是主惩罚之星，井宿是原秦的分野，京师一定会出现暴动。”前秦国君苻生说："金星进入井宿，自然是因为它自己口渴，有什么值得大惊小怪的呢？"

姚襄计划进攻关中，在夏季四月的时候，从北屈县进军占据杏城，将军队驻扎在杏城，姚襄派遣辅国将军姚兰攻占敷城，曜武将军姚益生和左将军王钦卢各自率领士兵去招徕和接纳羌人和胡人。姚兰，是姚襄的堂兄；姚益生，是姚襄的哥哥。前来归附的羌人、胡人以及前秦百姓，共有五万多户。前秦将领苻飞龙攻击姚兰，把他擒获。姚襄率领士兵进攻并且占据黄落。前秦国君苻生派遣卫大将军苻黄眉、平北将军苻道、龙骧将军东海王苻坚、建节将军邓羌率领步兵和骑兵一共一万五千人前去抵抗他们。姚襄坚守营垒，不肯外出迎战。邓羌对苻黄眉说："姚襄被桓温和张平打败，已经丧失锐气。然而他为人刚强狠戾，如果我们敲响战鼓，挥舞旌旗，大军直接压向他的营垒，他一定会气愤狠怒，然后出来迎战，这样我们就可以一战把他擒获。"五月，邓羌率领三千骑兵逼近姚襄的营垒，摆开战阵，姚襄很生气，率领所有士兵出来迎战。邓羌表面假装不能战胜而逃跑，姚襄从后面追赶一直追到三原，这时邓羌调转骑兵来攻击他，苻黄眉等人率领士兵随后赶到，姚襄的军队被彻底打败。姚襄所骑的骏马名字叫作黧眉騧，失蹄摔倒，前秦士兵捉住姚襄然后把他杀死，他的弟弟姚苌率领士兵向前秦投降。姚襄把他父亲姚弋仲的灵柩停放在军营里面，前秦国君苻生用诸侯王的礼仪把姚弋仲安葬在孤磐，也用公爵的礼仪安葬姚襄。苻黄眉等人返回长安后，苻生不但没有奖赏他们，而且还屡次在大庭广众之下侮辱苻黄眉。苻黄眉因此感到生气，就计划把苻生杀死，但是被苻生发觉，苻黄眉就被判处死刑。事情牵连到王公亲戚，因此有很多人被杀死。

戊寅日（十九日），前燕国君慕容儁派遣抚军将军慕容垂、中军将军慕容虔、护军将军平熙率领步兵和骑兵一共八万人到塞北进攻敕勒部族，彻底把他们打败，有十几万人被俘虏和斩杀，缴获马匹十三万匹，牛羊亿万头。

匈奴单于贺赖头率领本部落所属的三万五千户向前燕投降，前燕把他们安置在了代郡的平舒城。

前秦国君苻生做梦梦见大鱼吃蒲草，另外长安城里也有谣言说："东海大鱼化为龙，男皆为王女为公。"于是苻生就把太师、录尚书事、广宁公鱼遵以及他的七个儿子、十个孙子全都杀死。金紫光禄大夫牛夷害怕自己也遭到灾祸，就向苻生请求出任荆州刺史。苻生没有准许，反而任命他为中军将军，召见他时，苻生调戏他说："老牛的性情迟缓稳重，善于负持辕轭，虽然没有千里马走得那么快，但是拉车的时候也能够拉一百石的重物。"牛夷说："虽然驾着大车，但是没有走过险峻的山坡；愿意试一试拉重车，就可以知道我的功用了。"苻生笑着说："这是多么爽快啊！你嫌所负载轻吗？我将要任命你担任鱼公的职位。"牛夷心里十分恐惧害怕，回家就自杀了。

苻生不分昼夜喝酒，有时甚至一连几个月都不临朝处理政事。臣下上奏的章表，不加以审阅，常常搁置不理或者丢失，有时在喝醉以后处理政事；他周围的人因此就经常做一些奸邪的事情，赏罚没有标准。有时到了晚上才出来临朝视政，趁着喝醉把很多人都杀死。他由于有一只眼睛瞎了，就忌讳说"残、缺、偏、只、少、无、不全"一类的字眼，不小心误说了这些字眼而被杀死的人，数都数不清。苻生还喜欢活剥牛、羊、驴、马的皮，用热水煺活鸡、活猪、活鹅、活鸭的毛，然后把它们放到大殿前面，任它们在大殿前面行走，几十个为一群。有时则把人的脸皮剥掉，让他们唱歌跳舞，他来观看，以此作为娱乐。他曾经询问周围的人说："自从我统治天下以来，你们在外面都听到些什么呢？"有人回答他说："圣明的君主主宰天下，赏赐得当，刑罚严明，天下百姓只有歌颂太平盛世了。"他愤怒地说："你向我献媚！"于是就让人把他拉出去斩杀。改天他又询问众人这个问题，有人回答他说："陛下的刑罚稍微过分了一点。"苻生又愤怒地说："你诽谤我！"就把他也斩杀了。立下功勋的故旧和世臣，以及宗亲姻戚，都差不多快要被杀光，群臣能够保全一天生命，就好像度过了十年那么长的时间一样。

东海王苻坚，一直被当时的人所赞美，和过去的姚襄的参军薛赞、权翼关系十分好。薛赞和权翼秘密地劝苻坚说：“主上苻生猜忌残忍，行为暴虐，朝中朝外都对他有叛离的想法，现在适合主持前秦祭祀的人，不是你还能有谁呢？我们希望您可以早一点做打算，不要让大权落入其他姓氏的人手中。”苻坚就拿这件事情去询问尚书吕婆楼，吕婆楼说：“我是一个没有什么作用的人，不能够办理大事，我乡里的邻居有一个人叫作王猛，他的计谋策略是世间不常有的，殿下应该请他来向他询问。”苻坚就凭借着吕婆楼的关系招来王猛，两个人一见面就像是已经相交很多年的老朋友一样。当谈到国事的时候，苻坚感觉十分高兴，说自己就像刘玄德遇到了诸葛孔明一样。

六月，太史令康权对前秦主苻生说：“在昨天夜里有三个月亮同时出来，并且孛星进入太微，同时连接着东井，从上个月的上旬来看，天气沉霾阴暗却不下雨，持续到现在，这是将要发生下人谋叛在上位者的灾祸。”前秦主苻生发怒，以为他说得怪诞不符合经典，就击杀了他。

特进、兼御史中丞梁平老等人对苻坚说：“主上失去仁德，群臣和百姓就都会愁苦呻吟，现在人们怀着叛离的心志，尤其是前燕、东晋两国，趁机窥伺衅隙，想要兴兵攻打我国，恐怕到了战祸开始的那一天，我们的家与国都会灭亡。这是殿下你的事情，应该早日谋划才好。”苻坚心里认为他说得很对，但是畏惧苻生的矫捷勇敢，不敢发动变乱。

夜里苻生对侍婢说：“阿法（法是苻坚兄清河王的名字）兄弟也是不可信任的，明天应当把他们除掉。”婢女就把这件事告诉了苻坚和苻坚的哥哥清河王苻法。苻法和梁平老以及特进光禄大夫强汪率领几百壮士暗中进入云龙门，而苻坚和吕婆楼则率领部下三百人击鼓喧噪跟着进去，宿卫的将士都舍弃了兵器归附苻坚。苻生还在醉睡，苻坚的士兵已经到了，苻生吃惊地问左右的人说：“这些都是什么人？”左右的人回答说：“是贼！”苻生说：“那他们为什么不跪拜我？”苻坚的士兵都在笑。苻生又大声地说：“你们为什么不赶快跪拜？不跪拜的马上斩掉！”苻坚的士兵把苻生拉到另外的房间，废他为越王，不久杀了他，谥号为厉王。

苻坚要把王位让给苻法，苻法说：“你是嫡子，而且也很贤能，应该是你即位。”苻坚说：“但是哥哥的年纪大，应该你即位。”苻坚的母亲苟氏哭泣着对群臣说：“国家大事是很重要的，小儿他自己知道不能胜任，将来要是有所后悔的话，那么过失全在诸君。”于是群臣都叩头至地请苻坚即位。苻坚就去掉皇上的尊号，称自己为大秦天王，在太极殿即位；并且刑杀苻生嬖幸的大臣中书监董荣、左仆射赵韶等二十多人。又进行大赦，改年号为永兴。追尊他的父亲苻雄为文桓皇上帝，母亲苟氏为皇太后，妃子苟氏为皇后，世子苻宏为皇太子，并派清河王苻法做都督中外诸军事、丞相、录尚书事、东海公，而诸王都降低爵号为公。又任命堂祖父右光禄大夫、永安公苻侯做太尉，晋公苻柳做车骑大将军、尚书令。封他的弟弟苻融为阳平公，苻双为河南公，封儿子苻丕为长乐公，苻晖为平原公，苻熙为广平公，苻叡为巨鹿公。苻坚任命汉阳人李威为左仆射，梁平老为右仆射，强汪为领军将军，吕婆楼为司隶校尉，任命王猛为中书侍郎。

苻融非常喜欢文学，他的聪明智慧都超过了一般人，只要耳朵听过的就能够背诵，眼睛看过的就不会忘记；而且力气大得可以对抗一百个人，又擅长骑马、射箭和使用戈矛击刺，他年少时就有很好的声誉。苻坚宠爱他、器重他，常常和他共同商议国家大事。苻融还经略综理朝廷内外的政事，处理刑法政令严明，也会推荐有才干的人，显扬不得志的仁人志士，这些对朝廷的助益很多。苻丕也有文武双全的才干，他治理百姓，决断讼案，也都和苻融一样。

李威，是苟太后姑母的儿子，一向和魏王苻雄交情很好，苻生屡次想要杀苻坚，都是依赖李威的营救才得以避免。李威得到苟太后的宠幸，苻坚像对父亲一样侍奉他。李威知道王猛的贤能，常常劝苻坚把国家大事交给他处理。苻坚对王猛说："李公了解你，就好像鲍叔牙了解管仲一样。"王猛就以侍奉兄长的礼节来侍奉李威。

前燕君主慕容儁杀死了段龛，并且坑杀他的徒众三千多人。

秋天，七月的时候，前秦大将军冀州牧张平派遣使者向东晋请求投降，被任命为并州刺史。

八月，丁未日（十九日），晋穆帝司马聃立何氏为皇后。皇后何氏，是前朝散骑侍郎庐江人何淮的女儿。一切礼仪就像晋成帝司马衍成康二年迎娶杜氏时候一样，只是没有举行庆贺典礼。

前秦君王苻坚封权翼为给事黄门侍郎，薛赞则为中书侍郎，和王猛共同掌管国家的机要秘密。九月，又追复太师鱼遵等人官位，依照应有的礼节重新埋葬，他们子孙还活着的则根据他们的才干高低拔擢叙用。

张平占据了新兴、雁门、西河、太原、上党、上郡等地后，壁垒就有三百多个，夷人和夏人共有十万多户，设置并任命了东西南北四征将军及四镇将军，想要和前燕、前秦成为敌国。冬天，十月，张平入侵前秦国境，前秦君王苻坚派晋公苻柳都督并、冀州诸军事，加并州牧，镇守蒲阪抵抗张平。

十一月，癸酉日（十七日），前燕君主慕容儁从蓟城迁都到了邺城。

当年前秦太后苟氏到宣明台游览的时候，在东海公苻法的府第门前，看到从四面八方来的马车很多，恐怕以后会对前秦君王苻坚不利，于是就和李威计划赐死苻法。苻坚和苻法在东堂诀别的时候，悲伤痛哭到吐血；后来苻坚封苻法谥号为献哀公，封他的儿子苻阳为东海公，苻敷为清河公。

十二月，乙巳日（十九日），前燕君主慕容儁进入邺宫，下令大赦。后来又修建了铜雀台。

东晋朝廷派太常王彪之做左仆射。

前秦君王苻坚来到尚书办公的地方，认为没有把公文处理好，于是就免去程卓左丞相的官职，派王猛代替他。苻坚选拔任用有特殊才干的人，完善兴办荒芜的政事，劝百姓勤奋地耕田种桑，还通过考核来加以奖惩，他还救助困苦贫穷的百姓，祭祀各种神灵，设立学校，表扬有气节义气的人，凡是子孙乏绝的家庭，都替他们立后嗣；前秦百姓对这些政策感到非常高兴。

升平二年（戊午，公元358年）

春天，正月，司徒司马昱想要叩头回来效力朝政；但是晋穆帝司马聃没有答应。

当初，冯鸯用上党投降后，先跟随张平，后来又归顺前燕，最后背叛了前燕。二月，前燕派司徒上庸王慕容评去讨伐他，没有成功。

后来前秦君王苻坚亲自率领军队去讨伐张平，派邓羌做前锋都护，率领五千骑兵，在汾水上排兵布阵；张平命令他的养子张蚝去抵抗敌军的进攻。张蚝不仅力气大而且动作敏捷跑得快，能够从牛的后面用手拖着牛走；无论城墙有多高，他都可以翻过。在和邓羌相持的十几天里，谁也没有战胜对方。三月，苻坚到达铜壁，张平为了迎战调出了所有军队，张蚝边骑马边大声喊叫，在前秦的兵阵中四五次冲进冲出。苻坚向所有战士要求活捉张蚝然后献给他，最后鹰扬将军吕光对战张蚝，战胜了他，邓羌活捉了张蚝并把他献给苻坚，这时张平的士兵人心大乱。张平看到这种情况害怕了，请求投降。苻坚任命张平为右将军，张蚝为虎贲中郎将。张蚝，本姓弓，上党人。苻坚对他非常宠幸给他很优厚的待遇，常常让他跟随在自己身边。前秦百姓都说邓羌和张蚝两个人就能够对抗一万人。吕光，是吕婆楼的儿子。苻坚把张平部属的三千多户百姓迁到长安。

甲戌日（二十日），为了进攻冯鸯，前燕君主慕容俊派遣领军将军慕舆根率领军队协助司徒慕容评。慕舆根想要马上进攻，慕容评说："冯鸯的营垒有很严密的防守，我们不如等一等再进攻。"慕舆根说："我认为不能这样。你一个月前就到达城下，但是一次都没有交战过。贼人认为我们国家的兵力只有这些才会这样，他们就会互相团结，想着万一会侥幸成功。现在我的军队刚刚到达与你汇合，正是振奋人心的形势，而贼人却恐惧我们的实力，起了叛离之心，趁着他们的计划和谋略还没有定，我们现在去进攻，一定会成功。”于是他们决定急速进攻。正如慕舆根所说，冯鸯和他的党徒互相猜疑忌畏，冯鸯依靠吕护逃到野王，他的士兵全部投降。

夏天，四月，前秦君王苻坚来到雍，祭祀五畤。六月，又到河东，祭祀后土。

秋天，八月，豫州刺史谢奕去世。谢奕，是谢安的哥哥。司徒司马昱派建武将军桓云去代替他。桓云，是桓温的弟弟。司马昱去拜访仆射王彪之，彪之说：“桓云并不是没有才干，而是桓温驻守在长江的上流，天下的一半已经被他割占，他的弟弟桓云防守西方作为屏障，一家掌握兵权，对于稳固国家基业，实在是不合适。人才的善恶不是开始就能预测的，只是应当先任命不和你作对的罢了。”司马昱点头说：“你说得很对。”壬申日（二十一日），司马昱派吴兴太守谢万做西中郎将，用来监督司，兼任豫州刺史。

王羲之在写给桓温的书信里说：“谢万有经世达变的才能，若使他在朝廷任职，必定是后起之秀；现在派他去治理兵荒马乱、动荡不安的地区，似乎是没有发挥他的才干，并且原本的职务也被改变了。”又在送给谢万的信里说：“以你豪迈奋发的性格，又不屑于俗事的风韵，却委屈自己去处理那些琐碎的杂事，实在是很难想象。然而所谓有才能通达的之人，正应该根据事理决定说什么话，做什么事。希望你能常常和最低贱的士兵同甘共苦，那做得就很好了。”谢万不能采用。

担任徐、兖两州刺史的荀羡生病了，所以就派御史中丞郗昙做军司。郗昙，是郗鉴的儿子。

九月，庚辰日（九月无此日），前秦君王苻坚回到长安，派太尉苻侯掌管尚书令。恰逢前秦大旱；苻坚下令减少膳食，撤去音乐娱乐，命令后妃以下不能穿绫罗绸缎；充分开掘山水资源，这些所带来的利益，由百官民众共同享有，停止战争，让百姓休养生息，大旱才没有造成灾害。

王猛受到苻坚的亲近和宠幸而管理政治事务，大多数的宗族、亲戚以及有勋业的旧友和世家大臣都很忌恨他，特进、姑臧侯樊世，本来是氐的豪帅，辅佐前秦主苻健平定关中，对王猛说："我们辛勤耕耘，你却安然地坐享其成？"王猛说："我不仅教你耕耘，还要教你如何将这些果实煮熟！"樊世非常生气地说："一定要把你的头悬挂在长安城门上，不然的话，我就不活在世上！"王猛把这件事情告诉了苻坚，苻坚说："一定要杀死这个老氐，然后才能使百官感到敬畏。"正好遇到侯樊世进宫谈论事情，和王猛在苻坚的面前发生争论，樊世想要站起来攻击王猛；苻坚发怒了，于是斩杀了他。之后群臣看到王猛都屏住气，不敢呼吸。

赵国灭亡后，将领张平、李历和高昌都派遣使者向前燕投降，之后又向东晋投降，接着又向前秦投降，他们都接受了爵位，又想保持中立来使自己的权位得以稳固。前燕君主慕容儁下令司徒慕容评到并州讨伐张平，司空阳骛到东前燕讨伐高昌，乐安王慕容臧到濮县讨伐李历。阳骛到黎阳攻打高昌部属的其他将领，攻打不下。李历逃到荥阳，他的士兵全都向前燕投降。并州的屏障壁垒一百多个都向前燕投降，慕容儁为了安抚他们，便派右仆射悦绾来做并州刺史。由张平所任命的征西将军诸葛骧等人率领一百三十八个壁垒投降前燕，慕容儁都恢复了他们原有的官爵作为嘉奖。张平率领其余士兵三千人逃到平阳，又向前燕请求投降。

十月的冬天，泰山太守诸葛攸进军攻打前燕的东郡，到了武阳，前燕君主慕容儁派遣大司马慕容恪率领阳骛和乐安王慕容臧的军队去迎击他。诸葛攸失败逃走，回到泰山，慕容恪渡过黄河，占据黄河以南的地方，并在那里分别设置了郡守和县宰。

前燕君主慕容儁打算统领管理前秦、东晋，十二月，为了使国家步兵满一百五十万，他下令检查校准国家现有壮丁的实际数目，每一户留下一名壮丁，其余的全部征发去当兵，并且指定要求第二年春天在洛阳大集合。武邑人刘贵向君主表书，并尽力陈说："百姓凋残疲惫，如此征发士兵是不合乎法令的，必定会导致百姓溃乱。"慕容俊以为他说得很对，就另外下命令每户有三名壮丁或五名壮丁的，才征发一个人去当兵，同时宽限了日期，在第二年冬天在邺城集合。

当时前燕户税征收，不仅多而且频繁，负责此事的官吏有各自的派遣者，因此在纵横交错的道路上都有来来往往的使者，郡县百姓为此很愁苦。太尉、兼中书监封弈奏请："从现在开始，如果不是军事的期限紧迫，不能够派遣使者，其余户税征收都可以命州郡办好，那些官吏所派遣在外弹劾督催的使者，一概追回。"慕容俊采纳了他的意见。

前燕泰山太守贾坚驻守在山茌，荀羡带兵去攻击他。贾坚才率领了七百多名士兵，荀羡的兵力比他多十倍。贾坚将要出去迎战，众将领都说："我们兵少，不如加强防守。"贾坚说："固守也不能避免落败，倒不如出去迎战。"于是他就出兵迎战了，贾坚在前面亲自率领士卒，杀死荀羡一千多名士兵，这才回到城里。不久荀羡就来进攻，贾坚叹口气说："我从成年以来，抱定要建立功名的志向，却常常遭遇到困难和危险，难道这是命中注定吗？与其没有尊严地活着，不如很有骨气地死。"于是他就对将军和士兵说："现在我们的处境艰难困苦，如果再想不出合适的计策，你们便可以离开这儿了，我将要誓死留守。"将军和士兵听了以后都哭泣着说："如果府君你不肯出去，我们也不会离去，我们会与你一起守在这儿。"士兵们就扶着贾坚上了马，贾坚说："假如我想要逃走的话，是一定不会派你们去的。但是现在我要为你们决一死战，如果形势不乐观的话，你们要及时离去，不用再担心我了。"然后就打开城门一直出去。荀羡的士兵从四方八方聚集过来，贾坚骑着马，站在桥上，向四周射箭，中箭者都倒在地上。荀羡的士兵很多，有的从水沟下面砍断了桥，贾坚和马都掉进水中，他被活捉后，荀羡就占据了山茌。荀羡对贾坚说："你的父亲、祖父都为晋朝效忠，为什么你背弃了晋朝，不肯投降？”贾坚说：“是晋朝自己遗弃了中原，并不是我背叛了它。既然百姓没有了君主，如果有强者，百姓就会把自己的生命寄托给他。既然已经效忠于他人，怎么可以随便改变呢？自从我拜师读书，就立下了一个志向，经过了赵国和前燕，都没有想过改变，你怎么可以急急忙忙地劝我投降呢？”荀羡又严厉地指责他，贾坚非常生气地说：“小子，你想驾驭你的老子像驾驭你的儿女一样吗？”于是荀羡大发脾气，捉住他把他放在雨中，过了几天，贾坚愤恨惋叹而死。

前燕青州刺史慕容尘派遣司马悦明前去援救前燕泰山太守贾坚，荀羡的士兵被打得大败，前燕又占据了山茌。前燕君主慕容儁便派贾坚的儿子贾活前去做任城太守。

荀羡病重，又被征召回去，任命郗昙为北中郎将，掌管徐、兖、青、冀、幽五州诸军事，徐、兖两州刺史，镇守在下邳。

前燕吴王慕容垂娶了段末柸的女儿做妻子，生下儿子慕容令、慕容宝。段氏才华横溢，天赋异人、个性刚烈，自以为姓氏非常显贵，在侍奉慕容儁皇后可足浑氏的时候不是很尊敬，可足浑氏就非常恨她。前燕的君主慕容儁向来对慕容垂不满意，中常侍涅皓因而就乘机迎合慕容儁的旨意，诬告段氏和吴国典书令辽东人高弼利用巫觋的诅咒之术蛊惑谋害他人，想要借着这个理由使慕容垂受到牵连而获罪。慕容儁把段氏和高弼逮捕下放到监狱，让大长秋（皇后宫官）和廷尉（决断狱讼的官）共同审讯拷问他们，段氏和高弼的意志都坚定不移，始终没有屈挠的言辞。大长秋和廷尉拷问得一天比一天急迫，慕容垂哀怜他们，就暗中叫人对段氏说：“人生在世终究会有一死，你怎么能够忍受如此惨毒的拷问？不如认罪算了。”段氏叹息着说：“我哪里是怕死的人啊！如果我委屈自己承认做了这种大逆不道的恶事，我岂不是辱没了我的祖宗，而且还会连累到王爷你，我一定不能这么做！”在拷问之下她辩答得更为明确，所以慕容垂才能够免遭这场灾祸，段氏也因此死在了监狱。慕容儁派慕容垂出去做了平州刺史，镇守辽东，慕容垂又娶了段氏的妹妹做继室。可足浑氏因恨又把段氏的妹妹贬为妾室，把自己的妹妹长安君嫁给慕容垂做妻子。慕容垂非常不高兴，可足浑氏更加厌恶他。

匈奴刘阏头部下的大户大多数都叛逆了他，他因害怕而向东逃走，危急之中踏冰渡河，在过了一半的时候冰融解了，后面众多士兵都归附了刘悉勿祈，刘阏头逃到代。刘悉勿祈，是刘务桓的儿子。

升平三年（己未，公元359年）

春季，二月，前燕君主慕容儁立他的儿子慕容泓为济北王，慕容冲为中山王。

前燕人杀死了段勤，段勤的弟弟段思投奔东晋。

前燕君主慕容儁在邺城的蒲池宴饮群臣，他谈到周灵王的太子姬晋，感慨万分，流着眼泪说："有才气的人真的很难得到。自从景先（前燕故太子慕容晔字景先）死了以后，我的鬓发都已经白了一半。你们认为景先怎么样？"司徒左长史李绩回答说："献怀太子（慕容晔谥号叫献怀）在东宫的时候，我做他的中庶子，献怀太子慕容晔的志向和行为我怎么能不知道呢？献怀太子的品德大概有八种：第一是孝顺；第二是聪明伶俐，反应敏捷；第三是沉着冷静，意志坚定；第四是不喜欢别人阿谀奉承，喜欢大胆直言；第五是喜欢学习；第六是多才多艺；第七是懂得谦恭之道；第八是乐善好施。"慕容儁说："你的赞誉有点过分，但是这孩子要是还活着，我就是死了也没有什么忧虑的了。景茂（前燕今太子慕容暐字景茂）又怎么样呢？"当时太子慕容暐正跟随侍奉在一侧，李绩回答说："皇太子慕容暐天资聪颖又有识见，虽然献怀太子慕容晔的八德已闻名于世，但他也有两种缺失没有弥补，就是喜欢游猎和音乐，这正是他所缺失的地方。"慕容儁回过头来对慕容暐说："伯阳（李绩字伯阳）所说的话，就像药石可以医治人的疾病一样，也可以弥补你的缺失，你应该以此来警戒自己。"当时慕容暐心里就对李绩充满了愤恨。

慕容儁梦到赵王石虎咬了他的手臂，就下令挖掘石虎的坟墓，但是没有找到石虎的尸体，于是就下令悬赏一百金寻找石虎的尸体。邺城有一个叫李菟的女子，知道石虎的尸体在哪儿，就告诉了慕容俊。终于在东明观下找到了石虎的尸体，但那尸体只是僵硬却没有腐烂。慕容俊践踏石虎的尸体骂他说："死石虎，你死了还敢让活着的天子害怕。"慕容俊让人列举了石虎残忍暴虐的罪过，下令用马鞭抽打他的尸体，再投到漳水里，石虎的尸体倚靠着桥柱不向下流。等到前秦消灭前燕，王猛因此杀了李菟，收石虎的尸体并埋葬。

前秦平羌护卫军高离占据洛阳，发起叛变，永安威公苻侯前去讨伐他（威是永安公的谥号，《通鉴》在说到一个人快要死的时候，在他的封号中加上他死后的谥号，表示他的行谊将到此为止），不但没有成功还死在了那里。夏季，四月，骁骑将军邓羌和秦州刺史啖铁又去讨伐高离，平定了洛阳。

匈奴刘悉勿祈去世时，他的弟弟刘卫辰杀死了他的儿子代替了他。

五月，前秦君王苻坚占领河东。六月，苻坚大赦，改年号为甘露。

凉州牧张瓘是一个容易猜疑、忌恨他人、苛刻暴虐的人，专以自己的喜爱和憎恶作为赏罚准则。郎中殷郇劝止他，张瓘说："老虎生下来三天的时候，自己就能够吃肉，从来不需要人教导。"因此百姓都不愿意归顺依附他。辅国将军宋混，是一个性情耿直的人。张瓘害怕他，想要杀死宋混和他的弟弟宋澄，借此废掉凉王张玄靓，自己好取而代之。于是征召数万士兵，让他们在姑臧集合。宋混知道后，就和宋澄率领壮士杨和等四十多位骑士，乘张瓘不备，突然进入南城，向诸军营战士宣布说："张瓘阴谋叛逆，太后下令杀他。"没过多久，士兵就到了两千人，张瓘率领众士兵出来迎战，宋混带领士兵攻击打败了他。张瓘的部下玄胪暗中刺杀宋混，匕首没能穿透铠甲。宋混捉住了他，最后，张瓘的士兵全部投降，张瓘和他的弟弟张琚也都自杀，宋混诛灭他们的宗族。张玄靓派宋混为使持节、骠骑大将军、都督中外诸军事、酒泉郡侯，代替张瓘辅佐朝政。宋混就请张玄靓去掉他的凉王的尊号，再封称号为凉州牧。宋混对玄胪说："你刺杀我，我幸运没有受伤，你不畏惧现在我辅佐朝政吗？"玄胪说："我曾蒙受张瓘的恩惠，只恨刺你刺得不够深，我没有什么可畏惧的！"宋混认为他是一个讲道义的人，就任用他做自己的亲信。

高昌不能抵抗前燕士兵，秋季，七月，他从白马逃到荥阳。

前秦君王苻坚又从河东回来，派遣骁骑将军邓羌做御史中丞。八月，派遣咸阳内史王猛做侍中、中书令，兼任京兆尹。特进、光禄大夫强德是强太后（前秦主苻健之后）的弟弟，喝酒没有节制又借酒做凶恶的事情，骄横暴虐，掠夺百姓的财宝、货物甚至是百姓的儿女，是百姓眼中的祸害。王猛到任后就上报给前秦君王苻坚，还没有等到奏表批示下来，就下令抓捕强德，把他处死在刑场；苻坚派使者骑快马前去赦免他，但是已经来不及了。王猛和邓羌有着共同的志趣，嫉恨邪恶。在问案审查时，他毫无顾虑和畏惧，短短几十天内，对有权势的豪强以及贵族亲戚进行杀戮、科刑和免职的有二十多人，朝廷上下都震惧战栗，奸恶狡猾的人都害怕得屏住呼吸，遗落在地上的东西，都没有人敢拾起来。苻坚感慨叹息着说："我到现在才知道天下有法令的重要性！"

泰山太守诸葛攸率领水军、陆军两万人攻击前燕，他们从石门进入，把士兵驻扎在黄河岸上。前燕的上庸王慕容评和长乐太守傅颜率领步兵和骑兵共五万人，和诸葛攸在东阿交战，诸葛攸的军队被打败。

冬季，十月，朝廷命令谢万屯驻在下蔡、郗昙屯驻在高平城攻击前燕。谢万为人矜持豪贵，傲慢视人，总是高歌吟咏，又自命清高，带兵时又不曾安抚众人。他的哥哥谢安深深地替他担忧，对他说："你作为元帅，应该常常与众将领接触使他们心里高兴，你如此傲慢放诞怎能建立一番成功的事业？"谢万就召集众将领，没有说什么话，只是用铁如意指着四周的将领们说："诸位将领都是勇猛的士卒。"于是众将领就更加愤恨他。谢安非常忧虑谢万不能幸免于难，就亲自前往造访军队首领以下将领，重相交欢拜托。不久，谢万率领士兵进入涡水与颍水之间去救援洛阳。郗昙因为生病撤退屯驻在彭城。谢万认为是前燕士兵获得大胜，所以郗昙才撤退，他也带兵回去，士兵们因此惊慌溃乱。谢万狼狈地单独而归，军士们想要乘着他失败的时候发动叛变，因为谢安的缘故而没有那么做。到了京师以后，朝廷下令把谢万贬为平民，降郗昙的爵号为建武将军。于是许昌、颍川、谯、沛诸城相继都沦陷于前燕。

前秦君王苻坚任用王猛做吏部尚书，不久后又把他升迁为太子詹事。十一月，他又做了左仆射，其余的官职如旧。

十二月，朝廷封武陵王司马晞的儿子司马逢做梁王。

这月发生大旱。

辛酉日（十七日），前燕君主慕容儁卧病在床，对大司马太原王慕容恪说："我的病一定不会有起色。现在东晋、前秦两方都没有平定，国家又多灾多难，太子景茂又幼小，我把国家托付给你，我想要效法宋景公，舍弃他的儿子与他的国土，而立他的弟弟穆公，你觉得怎么样？"慕容恪说："太子虽然年龄幼小，但能够教化残暴的人使他们不再作恶，能够治理天下使天下太平。如果我敢扰乱君位由父传子的正统，那我到底是什么人？"慕容儁愤怒地说："我们兄弟之间，哪里需要说这些好听的空话？"慕容恪说："陛下如果认为我能够担负天下的重任，难道不认为我能辅佐少主吗？"慕容儁高兴地说："如果你能够像周公辅佐成王一样地辅佐幼主，我还有什么忧虑呢？李绩为人方正、清正廉洁、忠贞而诚信，你一定要好好对待他。"慕容儁召吴王慕容垂回到邺城。

前秦君王苻坚派王猛做辅国将军、司隶校尉，来管理宿卫，居住在禁中，其他的仆射、詹事、中书令、侍中、兼选等官职照旧。王猛上奏折推辞，借此机会举荐散骑常侍阳平公苻融、有学行而不愿做官的京兆人朱彤、以光禄大夫做散骑常侍的西河人任群来代替自己。苻坚不答应，于是派苻融做侍中、中书监、左仆射等官，任群做光禄大夫，兼太子家令，朱彤做尚书侍郎，兼太子庶子。当时王猛三十六岁，权势倾倒朝廷内外，一年中升迁五次，如果有人毁谤王猛，苻坚往往都降罪于他，于是群臣没有人敢再说话。苻坚右仆射梁平老为使持节、都督北陲诸军事、镇北大将军，派遣左仆射李威兼护军驻守朔方之西；丞相司马贾雍做云中护军，驻守在云中以南。

前燕向各郡国征召的士兵，全部集结在邺城。